2024년 11월 97회분까지 **최신 기출유형 반영**

한국어능력시험 대비서
Test of Proficiency in Korean

韩国语能力考试备考书籍
Sách luyện thi năng lực tiếng Hàn

토픽300⁺
TOPIK II
NEW 실전모의고사

MP3 다운로드

동영상 강의

시원스쿨 토픽개발연구회 저
TOPIK开发研究会
Hiệp hội nghiên cứu và phát triển TOPIK

模拟试题
Đề thi thử thực tế

KB207705

短期合格
Thi đỗ trong thời gian ngắn

TOPIK Video
为中国人
dành cho người Việt

Đặc điểm của sách
① Phản ánh hoàn hảo xu hướng đề thi mới nhất
② Gồm chiến lược ôn theo từng dạng bài
③ Cung cấp khóa học ôn TOPIK (có phí)

教材特点
① 完美展现最新出题趋势
② 题型全面，解析透彻
③ TOPIK配套解析视频(付费)

도서특징
① 최신출제경향 완벽 반영
② 유형별 학습전략 수록
③ TOPIK 유료강의 제공

5
회분

토픽300⁺
TOPIK Ⅱ
NEW 실전모의고사

초판 1쇄 발행 2025년 3월 7일

지은이 시원스쿨 TOPIK평가연구소
펴낸곳 (주)에스제이더블유인터내셔널
펴낸이 양홍걸 이시원

홈페이지 www.siwonschool.com
주소 서울시 영등포구 영신로 166 시원스쿨
교재 구입 문의 02)2014-8151
고객센터 02)6409-0878

ISBN 979-11-6150-951-8 13710
Number 1-580101-25189900-08

머리말

한국어능력시험(Test of Proficiency in Korean)은 외국인을 비롯한 한국어를 모국어로 하지 않는 외국인과 재외 동포를 대상으로 한국어의 학습 방향을 제시하고 한국어의 보급과 확대를 목적으로 하는 시험 제도입니다. 해마다 응시자의 수가 증가하고 있는 TOPIK 시험은 한국어의 사용 능력을 측정하고 평가하는 대표적인 시험 제도로서 유학과 취업 현장에서 외국인들의 한국어 능력을 평가할 때 주로 TOPIK 점수를 기준으로 삼고 있습니다. 하지만 요구되는 TOPIK 점수를 받는 일이 그렇게 쉽지만은 않습니다.

TOPIK에서 원하는 점수를 받기 위해서는 먼저 기본적인 한국어 실력이 뒷받침되어야 합니다. 특히 TOPIK은 2014년 35회 시험부터 새로운 체제로 개편이 되어 현재까지 시험이 실시되고 있습니다. 그렇기에 기본 실력이 갖추어져 있다고 하더라도 시험의 특성을 이해하지 못하거나 그에 대한 대비가 충분히 되어 있지 않으면 시험장에서 자신의 실력을 발휘할 수 없을 것입니다.

이에 시원스쿨에서는 TOPIK 평가연구원들을 주축으로 하여 기출문제 분석과 최신 시험 경향을 파악하여 수험자들이 한국어능력시험에 완벽히 준비할 수 있도록 TOPIK II 실전모의고사 5회를 새롭게 출간하게 되었습니다.

TOPIK II 실전모의고사 5회는 영역별 5회분의 실전 모의고사를 통해 수험생들이 실제 시험에서 본인의 실력을 충분히 발휘할 수 있도록 돕기 위해 만들어졌습니다. 여기에 수록된 모든 지문은 새로운 시험 체제와 최근 기출문제를 완벽히 분석하여 반영하고 있으며, 문제의 난이도 또한 실전과 동일하게 책정되어 있습니다. 따라서 본 시리즈로 학습하는 수험생들은 비교적 짧은 기간 내에 실전에 대한 적응력을 기를 수 있을 것입니다.

이 책이 한국어능력시험(TOPIK)을 준비하는 수험자와 한국어능력시험 강의를 담당하시는 현장의 선생님들께 조금이나마 도움이 되기를 바라며, 모든 수험생들이 원하는 TOPIK 점수를 받고 또한, 한국어 능력이 조금이나마 향상되었으면 합니다. 끝으로 이 책이 나오기까지 집필에 힘써 주신 연구진들에게 심심한 감사의 뜻을 전합니다. 또한 이 책의 출간을 흔쾌히 허락해 주신 '시원스쿨'의 양홍걸 대표님과 이하 '시원스쿨닷컴'의 편집진 여러분께도 감사드립니다.

시원스쿨 토픽개발연구회

목차

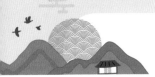

문제집

해설집

부록

TOPIK 안내

시험 수준 및 등급

구분	토픽I		토픽II			
	1급	2급	3급	4급	5급	6급
등급 결정	80~139	140~200	120~149	150~189	190~229	230~300

시험 시간표

시험수준	교시	영역	한국			시험시간(분)
			입실 완료 시간	시작	종료	
토픽I	1교시	듣기, 읽기	09:20 까지	10:00	11:40	100
토픽II	1교시	듣기, 쓰기	12:20 까지	13:00	14:50	110
	2교시	읽기	15:10 까지	15:20	16:30	70

시험 수준별 구성

시험 수준	교시	영역	문제유형	문항수	배점	총점
토픽I	1교시	듣기	선택형	30	100	200
		읽기	선택형	40	100	
토픽II	1교시	듣기	선택형	50	100	300
		쓰기	서답형	4	100	
	2교시	읽기	선택형	50	100	

응시자 유의사항

시험당일 준비물	수험표, 신분증(여권, 외국인등록증 등) * 학생증, 자격증은 신분증으로 인정하지 않으며 신분증의 사본 또한 신분증으로 인정하지 않는다.
입실 시간 및 고사실 확인	토픽I 오전 09:20, 토픽II 오후 12:20까지 시험실 입실 완료 * 토픽I 오전 09:20, 토픽II 오후 12:20 이후 시험실 입실 절대 불가
반입 금지 물품 관련	반입 금지 물품을 시험실에 가지고 들어온 경우, 1교시 시작 전 감독관 지시에 따라 제출한다. * 1교시 시작 전 제출하지 않은 경우, 부정행위로 간주함 * 휴대전화, 이어폰, 디지털카메라, MP3, 전자사전, 카메라 펜, 전자계산기, 라디오, 휴대용 미디어 플레이어, 스마트 워치, 웨어러블 장비, 시각 표시와 교시별 잔여 시간 표시 이외의 기능이 부착된 시계 등 모든 전자기기

등급 평가 기준

시험수준	등급	평가기준
토픽 I	1급	- 자기 소개하기, 물건 사기, 음식 주문하기 등 생존에 필요한 기초적인 언어 기능을 수행할 수 있으며 자기 자신, 가족, 취미, 날씨 등 매우 사적이고 친숙한 화제에 관련된 내용을 이해하고 표현할 수 있다. - 약 800개의 기초 어휘와 기본 문법에 대한 이해를 바탕으로 간단한 문장을 생성할 수 있다. 또한 간단한 생활문과 실용문을 이해하고 구성할 수 있다.
	2급	- 전화하기, 부탁하기 등의 일상생활에 필요한 기능과 우체국, 은행 등의 공공시설 이용에 필요한 기능을 수행할 수 있다. 약 1,500~2,000개의 어휘를 이용하여 사적이고 친숙한 화제에 관해 문단 단위로 이해하고 사용할 수 있다. - 공식적 상황과 비공식적 상황에서의 언어를 구분해 사용할 수 있다.
토픽 II	3급	- 일상생활을 영위하는 데 별 어려움을 느끼지 않으며 다양한 공공시설의 이용과 사회적 관계 유지에 필요한 기초적 언어 기능을 수행할 수 있다. - 친숙하고 구체적인 소재는 물론, 자신에게 친숙한 사회적 소재를 문단 단위로 표현하거나 이해할 수 있다. - 문어와 구어의 기본적인 특성을 구분해서 이해하고 사용할 수 있다.
	4급	- 공공시설 이용과 사회적 관계 유지에 필요한 언어 기능을 수행할 수 있으며, 일반적인 업무 수행에 필요한 기능을 어느 정도 수행할 수 있다. 또한 뉴스, 신문 기사 중 비교적 평이한 내용을 이해할 수 있다. - 일반적인 사회적, 추상적 소재를 비교적 정확하고 유창하게 이해하고 사용할 수 있다. - 자주 사용되는 관용적 표현과 대표적인 한국 문화에 대한 이해를 바탕으로 사회, 문화적인 내용을 이해하고 사용할 수 있다.
	5급	- 전문 분야에서의 연구나 업무 수행에 필요한 언어 기능을 어느 정도 수행할 수 있으며 정치, 경제, 사회, 문화 전반에 걸쳐 친숙하지 않은 소재에 관해서도 이해하고 사용할 수 있다. - 공식적, 비공식적 맥락과 구어적, 문어적 맥락에 따라 언어를 적절히 구분해 사용할 수 있다.
	6급	- 전문 분야에서의 연구나 업무 수행에 필요한 언어 기능을 비교적 정확하고 유창하게 수행할 수 있으며 정치, 경제, 사회, 문화 전반에 걸쳐 친숙하지 않은 주제에 관해서도 이해하고 사용할 수 있다. - 원어민 화자의 수준에는 이르지 못하나 기능 수행이나 의미 표현에는 어려움을 겪지 않는다.

쓰기 영역 작문 문항 평가 범주

문항 번호	평가 범주	평가내용
51-52	내용 및 과제 수행	- 제시된 과제에 맞게 적절한 내용으로 썼는가?
	언어사용	- 어휘와 문법 등의 사용이 정확한가?
53-54	내용 및 과제 수행	- 주어진 과제를 충실히 수행하였는가? - 주제에 관련된 내용으로 구성하였는가? - 주어진 내용을 풍부하고 다양하게 표현하였는가?
	글의 전개 구조	- 글의 구성이 명확하고 논리적인가? - 글의 내용에 따라 단락 구성이 잘 이루어졌는가? - 논리 전개에 도움이 되는 담화 표지를 적절하게 사용하여 조직적으로 연결하였는가?
	언어사용	- 문법과 어휘를 다양하고 풍부하게 사용하며 적절한 문법과 어휘를 선택하여 사용하였는가? - 문법, 어휘, 맞춤법 등의 사용이 정확한가? - 글의 목적과 기능에 따라 격식에 맞게 글을 썼는가?

시험 소개와 접수 방법은 토픽 홈페이지(www.topik.go.kr)를 참고하여 작성하였습니다.

TOPIK 시험 접수 방법

STEP 01 로그인

1 TOPIK 홈페이지에서 회원 가입 후
2 로그인 화면에서 회원 가입한 아이디/비밀번호 입력 후
　로그인 클릭

1. After registering as a member on the TOPIK website.
2. On the login screen, enter the ID/password you registered as a member and click Login.

STEP 02 접수

1 시험접수메뉴를 클릭합니다.
2 접수 회차 일정 확인, 접수기간이 아닌 경우 접수하실 수 없습니다.

1. Click the test registration menu.
2. Check the reception schedule, if it is not during the reception period cannot be accepted.

STEP 03 시험장 선택

1 원하는 시험장을 검색, 또는 아래 시험장 목록 확인
2 시험장 별 접수인원/정원 표시, 정원이 모두 신청된 경우 더 이상 접수 불가
3 원하는 시험장의 시험수준을 클릭합니다.

1. Search for the test center you want, or check the test center list below.
2. Check the Indication the number of applicants/quota for each test site. If all applicants have applied for the test, no more applications will be accepted.
3. Click the test level of the test center you want.

STEP 04 정보입력

1 시험 수준, 시험장 등 시험접수정보 확인
2 개인정보를 입력한 후 다음단계 버튼을 클릭합니다.

1. Check test registration information such as test level and test site.
2. After entering personal information, click the Next Step button.

STEP 05 사진 등록

1 사진 수정/등록하기 버튼을 클릭하여 사진파일 등록
2 사진 등록 시 표준 사진이 맞는 지 꼭 확인하시기 바랍니다.
수업표의 사진과 시험일 본인 얼굴이 다를 경우,
불이익을 받을 수 있습니다.

1. Register the photo file be clicking the Edit/Register
   photo button.
2. When registering a photo, be sure to check that the
   standard photo is correct.
   Please be patient. If the photo on the class table and
   your face on the test day are different, you may be
   penalized.

STEP 06 정보확인/수정

1 시험 수준 및 시험장, 등록한 개인정보를 다시 확인하고
다음단계 버튼을 클릭합니다.
2 등록한 정보가 잘못된 경우, 이전단계 버튼 클릭

1. Check the test level, test site, and registered personal
   information again and click the Next Step button.
2. If the registered information is incorrect, click the
   previous step button.

STEP 07 응시료 결제

1 결제 시 결제 수단 선택은 신용카드와 가상계좌로 결제
2 국내신용카드 계좌가 없을 시 이용 – 본인에게 주어진
가상계좌로 응시료 입금. 지원자마다 계좌번호를 다르게
부여하기 때문에 타인의 가상계좌로 입금할 경우 확인이
불가능하므로 반드시 본인에게 주어진 계좌번호로만 입금

1. When paying, the choice of payment method is credit
   card and virtual account pay with.
2. Use if you do not have a domestic credit card account–
   Deposit the test fee to the virtual account given to
   you. Since each applicant is given a different account
   number, it is impossible to check if the deposit is made
   to another person's virtual account.

STEP 08 접수 내역 확인

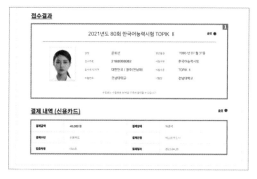

1 결제 여부 및 접수 결과를 확인합니다.
2 마이 페이지 메뉴 접수현황에서도 접수내역 확인 가능

1. Check the payment status and receipt result.
2. You can check the registration history in the My page
   menu reception status.

TOPIK 한국어능력시험

제1회 실전모의고사

The 1st Actual Mock Test

TOPIK II

1교시	듣기, 쓰기 (Listening, Writing)

수험번호 (Registration No.)		
이　름 (Name)	한국어(Korean)	
	영　어(English)	

유 의 사 항
Information

1. 시험 시작 지시가 있을 때까지 문제를 풀지 마십시오.
   Do not open the booklet until you are allowed to start.

2. 수험번호와 이름을 정확하게 적어 주십시오.
   Write your name and registration number on the answer sheet.

3. 답안지를 구기거나 훼손하지 마십시오.
   Do not fold the answer sheet; keep it clean.

4. 답안지의 이름, 수험번호 및 정답의 기입은 배부된 펜을 사용하여 주십시오.
   Use the given pen only.

5. 정답은 답안지에 정확하게 표시하여 주십시오.
   Mark your answer accurately and clearly on the answer sheet.

6. 문제를 읽을 때에는 소리가 나지 않도록 하십시오.
   Keep quiet while answering the questions.

7. 질문이 있을 때에는 손을 들고 감독관이 올 때까지 기다려 주십시오.
   When you have any questions, please raise your hand.

※ [1~3] 다음을 듣고 가장 알맞은 그림 또는 그래프를 고르십시오. (각 2점)

1.

2.

※ [1~3] 다음을 듣고 가장 알맞은 그림 또는 그래프를 고르십시오. (각 2점)

3.

①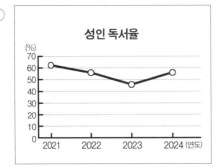

②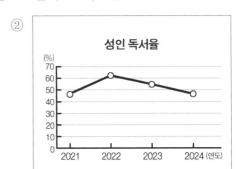

③

④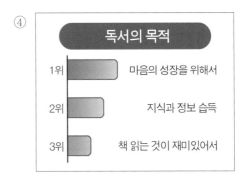

※ [4~8] 다음 대화를 잘 듣고 이어질 수 있는 말을 고르십시오. (각 2점)

4.
① 그럼 빨리 건전지를 바꿔야겠네.
② 그렇다면 시계를 빨리 찾지 그래.
③ 시계를 선물해 달라고 말하는 게 어때?
④ 그래? 시계를 미리 고쳤으면 좋았을 텐데.

5.
① 넘어지면 빨리 일어날게요.
② 그렇군요. 천천히 걸을게요.
③ 빨리 수영을 하는 게 좋겠어요.
④ 다치게 되면 치료하면 되지 않나요?

6. ① 6시까지 가도록 할게요.

② 그래요? 그럼, 5시 반까지 갈게요.

③ 그럼 6시로 예약하면 되지 않을까요?

④ 진료 시간이 6시까지니까 5시 50분에 갈게요.

7. ① 맞아요. 다른 집보다 비싸지만 맛이 좋아요.

② 그래요? 다른 과일은 비싼데다가 맛이 별로였어요.

③ 맞아요. 가게 사장님이 직접 농사를 지어서 그렇대요.

④ 그래요? 다른 과일은 싸게 팔지만 사과는 비싸더라고요.

8. ① 그냥 환불해 주세요.

② 다른 주방 세제는 사용하기 싫은데요.

③ 더 이상 주방 세제는 필요 없을 것 같아요.

④ 집에 돌아가서 다른 주방 세제가 있는지 살펴볼게요.

※ **[9~12] 다음 대화를 잘 듣고 여자가 이어서 할 행동으로 알맞은 것을 고르십시오. (각 2점)**

9. ① 음식을 주문한다.　② 옆자리에서 수저를 가져온다.

③ 가방에서 일회용 수저를 꺼낸다.　④ 남자가 수저를 줄 때까지 기다린다.

10. ① 신발을 벗는다.　② 신발 끈을 묶는다.

③ 일을 하러 회사로 돌아간다.　④ 남자의 신발 끈을 묶어준다.

11. ① 휴대폰의 전원을 끈다.　② 미술관 안으로 들어간다.

③ 휴대폰을 직원에게 맡긴다.　④ 휴대폰을 친구에게 건넨다.

12. ① 전화를 한다.　② 문자를 보낸다.

③ 열쇠를 찾는다.　④ 회의실 문을 열어본다.

※ [13~16] 다음을 듣고 들은 내용과 같은 것을 고르십시오. (각 2점)

13. ① 여자는 전에도 이 공원에 자주 왔다.

② 남자는 나무의 이름을 많이 알고 있다.

③ 남자는 이 공원에 꽃과 나무를 심었다.

④ 이 공원에서는 나무의 이름을 알 수 있다.

14. ① 3주차장에는 통행하지 못하고 있는 차량이 있다.

② 아파트에 불법 주차한 차량 주인은 벌금을 내야 한다.

③ 1234 차량 주인은 오늘 안으로 차를 이동 주차하면 된다.

④ 불법 주차된 차량으로 인해 경찰이 안내 방송을 하고 있다.

15. ① 백화점에는 안전 요원이 많이 있었다.

② 인주백화점은 매년 파격 할인 행사를 한다.

③ 백화점에 물건이 많아서 사람들이 넘어지는 일이 발생했다.

④ 백화점의 대표는 이런 사고가 다시 일어나지 않도록 하겠다고 말했다.

16. ① 여자는 구조한 동물을 계속해서 기른다.

② 여자는 동물을 구조하자마자 야생에 돌려보낸다.

③ 여자는 구조한 동물에게 적절한 집과 먹이를 준다.

④ 구조된 동물 대부분이 사람에 의해 부상을 당한 것이다.

※ [17~20] 다음을 듣고 남자의 중심 생각으로 가장 알맞은 것을 고르십시오. (각 2점)

17. ① 비가 올 것 같으면 우산을 미리 준비해야 한다.

② 비가 안 올 때는 우산을 가져가지 않아야 한다.

③ 비가 오는 것과 관계없이 항상 우산을 준비해야 한다.

④ 비가 올 때 우산이 없으면 가까운 편의점에서 사야 한다.

18. ① 태권도는 어른에게 인기가 없다.

② 태권도를 하면 건강해질 수 있다.

③ 태권도를 하는 데에는 나이가 상관없다.

④ 일반적으로 어른은 태권도를 하지 않는다.

19. ① 스무 살이 되면 누구나 운전을 할 수 있다.

② 나이와 운전을 안전하게 하는 것은 관계가 없다.

③ 운전면허를 따기 위해 집 가까운 학원에 다니는 것이 좋다.

④ 고등학교 졸업 직후보다 사회생활을 한 후에 운전을 하는 것이 좋다.

20. ① 올바른 자세를 가지면 통증의 발생을 줄일 수 있다.

② 환자를 치료할 때 근육을 치료하는 것이 가장 중요하다.

③ 잘못된 생활 습관으로 생긴 통증은 한의사만 치료할 수 있다.

④ 환자가 자신의 몸을 관찰하여 스스로 통증을 줄이도록 해야 한다.

21. 남자의 중심 생각으로 가장 알맞은 것을 고르십시오.

① 체험학습 장소로 놀이공원이 좋다.

② 체험학습은 전에 가보지 않은 곳으로 가야 한다.

③ 체험학습은 학생들이 좋아하는 곳으로 가야 한다.

④ 체험학습은 학생들이 체험 프로그램에 참여하는 것이 중요하다.

22. 들은 내용과 같은 것을 고르십시오.

① 이번 학기 체험학습 장소는 놀이공원과 한옥마을이다.

② 이 학교에서는 전에 체험학습을 놀이공원으로 간 적이 있다.

③ 학생들은 한옥마을의 문화체험 행사에 의무적으로 참여해야 한다.

④ 학생들은 체험학습 장소를 놀이공원과 한옥마을 중에서 선택할 수 있다.

※ [23~24] 다음을 듣고 물음에 답하십시오. (각 2점)

23. 남자가 무엇을 하고 있는지 고르십시오.

① 전기자전거의 장점을 설명하고 있다.

② 전기자전거 홍보기획안을 설명하고 있다.

③ 대학교의 자전거 동아리를 소개하고 있다.

④ 전기자전거 타기 행사에 참여할 것을 권하고 있다.

24. 들은 내용과 같은 것을 고르십시오.

① 여자는 남자의 기획안을 검토하지 않았다.

② 남자는 다섯 학교에서 예비 조사를 실시하였다.

③ 홍보기획안 안에는 전기자전거 타기 행사가 있다.

④ 여자는 홍보 활동에 참여가 적을 것을 우려하고 있다.

※ [25~26] 다음을 듣고 물음에 답하십시오. (각 2점)

25. 남자의 중심 생각으로 가장 알맞은 것을 고르십시오.

① 아프리카와 아시아의 일부 지역의 사막화는 막을 수 없다.

② 땔감을 살 돈이 없는 이들에게 태양열 조리기를 제공해야 한다.

③ 일부 지역의 사막화를 막기 위해 태양열 조리기를 보급해야 한다.

④ 특정 지역에서는 마실 물과 음식 재료를 반드시 가열 조리해야 한다.

26. 들은 내용과 같은 것을 고르십시오.

① 태양열 조리기의 사용은 나무 채취를 막을 수 있다.

② 태양열 조리기를 사용하려면 특별한 연료가 필요하다.

③ 태양열 조리기에서 발생하는 연기로 대기가 오염될 수 있다.

④ 기후 이상으로 아프리카와 아시아의 일부 지역이 사막화되고 있다.

※ [27~28] 다음을 듣고 물음에 답하십시오. (각 2점)

27. 남자가 말하는 의도로 알맞은 것을 고르십시오.

① 경찰의 정기적인 순찰이 필요함을 알리려고

② 학교 시설에 대한 경비원의 관리가 중요함을 강조하려고

③ 학교에서 추진하는 울타리 설치가 적절하지 않음을 말하려고

④ 학교 시설을 훼손하는 사람은 처벌받을 수 있음을 경고하려고

28. 들은 내용과 같은 것을 고르십시오.

① 학교 시설의 훼손 방지를 위해 CCTV를 설치할 계획이다.

② 사람들의 출입을 통제하기 위해 울타리를 설치할 계획이다.

③ 울타리가 설치되면 학생들은 운동장을 전혀 이용할 수 없다.

④ 현재 휴일에 운동장을 이용하려면 경비원의 허락이 필요하다.

29. 남자가 누구인지 고르십시오.

    ① 전광판을 제작하는 사람

    ② 야간에 도로를 포장하는 사람

    ③ 도로에서 차량을 통제하는 사람

    ④ 공사 중인 현장에서 차량을 운전하는 사람

30. 들은 내용과 같은 것을 고르십시오.

    ① 남자는 조명을 준비한다.

    ② 남자는 아침에 일을 시작한다.

    ③ 남자는 안전 운전을 해야 한다.

    ④ 남자는 모든 차량을 멈추게 한다.

※ [31~32] 다음을 듣고 물음에 답하십시오. (각 2점)

31. 남자의 중심 생각으로 가장 알맞은 것을 고르십시오.

    ① 발명대회 수상자들에게 더 많은 상금을 주어야 한다.

    ② 발명대회 수상자들에게 발명 관련 연수를 받게 하여야 한다.

    ③ 발명대회 수상자들에게 주는 상금은 매년 변함이 없어야 한다.

    ④ 수상자들이 연수할 연수 기관을 선정하기에는 시간이 부족하다.

32. 남자의 태도로 가장 알맞은 것을 고르십시오.

    ① 이유를 들어 자신의 의견을 바꾸고 있다.

    ② 상대방 의견에 대하여 근거를 요구하고 있다.

    ③ 사례를 들어 상대방의 의견에 공감하고 있다.

    ④ 예상되는 문제에 대한 해결 방안을 스스로 찾고 있다.

※ [33~34] 다음을 듣고 물음에 답하십시오. (각 2점)

33. 무엇에 대한 내용인지 알맞은 것을 고르십시오.

① 스마트폰 사용의 문제점과 부작용

② 모바일 치매의 효과적인 치료 방법

③ 스마트폰을 계속 사용하는 현대인의 일상

④ 모바일 의존증을 발생시키는 디지털 기기

34. 들은 내용과 같은 것을 고르십시오.

① 현대인은 스마트폰을 사용할 때마다 따분함을 느낀다.

② 스마트폰 사용과 현대인의 일상은 관련성이 높지 않다.

③ 현대인은 스마트폰을 사용하면서 학습 능력이 향상되었다.

④ 스마트폰을 계속해서 사용하면 집중력이 일시적으로 부족해질 수 있다.

※ [35~36] 다음을 듣고 물음에 답하십시오. (각 2점)

35. 남자가 무엇을 하고 있는지 고르십시오.

① 우리말 큰사전의 편찬 과정에 대해 설명하고 있다.

② 잃어버린 원고를 다시 찾았을 때의 기쁨을 알리고 있다.

③ 일제가 원고를 압수해 간 것에 대한 아쉬움을 표하고 있다.

④ 우리말 큰사전의 편찬 과정이 중단된 이유에 대해 알리고 있다.

36. 들은 내용과 같은 것을 고르십시오.

① 광복 이후 일제는 압수해 간 원고를 돌려주었다.

② 사전 편찬에 참여한 사람은 모두 감옥에 갇혔다.

③ 조선어 학회는 원고를 빼앗겼지만 계속해서 사전을 만들었다.

④ 잃어버린 원고를 찾았지만 우리말 큰사전을 완성하지는 못했다.

37. 여자의 중심 생각으로 가장 알맞은 것을 고르십시오.

① 머리를 다칠 수 있는 활동을 한다면 안전모를 꼭 써야 한다.

② 머리를 보호하기 위해 안전모 대신 다른 것을 활용해도 된다.

③ 최근 안전에 대한 관심이 높아지면서 안전모가 주목받고 있다.

④ 턱끈을 조이기 때문에 머리에 맞지 않는 안전모를 써도 상관없다.

38. 들은 내용과 같은 것을 고르십시오.

① 철로 만든 안전모가 가장 안전하다.

② 자전거를 탈 때 안전모를 쓰지 않으면 처벌받는다.

③ 안전모를 쓴 다음에는 흔들리지 않는지 확인해야 한다.

④ 안전모에 반드시 충격 흡수재가 들어 있는 것은 아니다.

39. 이 대화 전의 내용으로 가장 알맞은 것을 고르십시오.

① 서큘레이터의 작동원리에 대해 설명했다.

② 서큘레이터의 판매량이 갑자기 증가하였다.

③ 에어컨이 시원한 바람을 만들어내는 과정을 설명했다.

④ 에어컨을 더 시원하게 사용하기 위해 서큘레이터를 사용했다.

40. 들은 내용과 같은 것을 고르십시오.

① 서큘레이터는 빠르게 공기를 순환할 수 있다.

② 선풍기는 에어컨의 찬바람을 빠르게 먼 곳까지 전달할 수 있다.

③ 서큘레이터와 선풍기를 같이 사용하는 냉방의 형태가 늘어나고 있다.

④ 에어컨은 찬바람을 만들어내므로 에어컨만 사용해도 충분히 시원하다.

※ [41~42] 다음을 듣고 물음에 답하십시오. (각 2점)

41. 이 강연의 중심 내용으로 가장 알맞은 것을 고르십시오.

① 세계화는 지역의 경쟁을 제한하는 장벽을 사라지게 했다.

② 지역 문화의 전파를 막음으로써 지역 경쟁력을 높일 수 있다.

③ 지역 경쟁력을 높이기 위해 지역의 산업 구조의 변화가 필요하다.

④ 현대 사회에서 지역 경쟁력은 세계적인 가치를 지닐 정도로 중요하다.

42. 들은 내용과 같은 것을 고르십시오.

① 지역 문화는 국가의 산업 구조를 변화시킨다.

② 상품화된 지역 이미지는 주민 생활에 변화를 가져온다.

③ 국가는 지역 경제를 활성화하기 위해 다양한 노력을 하고 있다

④ 지역 문화는 국가 공동체의 형성, 유지 및 국가 발전에 기여한다.

※ [43~44] 다음을 듣고 물음에 답하십시오. (각 2점)

43. 무엇에 대한 내용인지 알맞은 것을 고르십시오.

① 장 속에 사는 해로운 세균

② 유산균의 역할과 증식 방법

③ 유산균이 많이 들어있는 음식

④ 유산균이 해로운 균을 없애는 방법

44. 유산균에 대한 설명으로 맞는 것을 고르십시오.

① 유산균의 종류에는 1,000가지가 있다.

② 유산균은 질병을 일으키는 해로운 세균이다.

③ 유산균을 많이 섭취하면 질병을 예방할 수 있다.

④ 김치나 요구르트를 많이 먹으면 유산균이 줄어든다.

45. 들은 내용과 같은 것을 고르십시오.

　① 유리공예는 유리에 장식품을 덧붙여 만든다.

　② 유리공예는 인류가 태어나면서부터 시작되었다.

　③ 유리공예는 유리에 열을 가함으로써 이루어진다.

　④ 유리공예는 전적으로 유리의 투명성을 이용하는 것이다.

46. 여자가 말하는 방식으로 알맞은 것을 고르십시오.

　① 유리공예의 어려운 점을 나열하고 있다.

　② 유리공예의 예술적 가치를 요약하고 있다.

　③ 유리공예의 역사를 시간 순서로 설명하고 있다.

　④ 유리의 특징을 들어 유리공예의 방법을 설명하고 있다.

※ [47~48] 다음을 듣고 물음에 답하십시오. (각 2점)

47. 들은 내용과 같은 것을 고르십시오.

　① 청소년들은 공부에 인터넷을 활용하고 있다.

　② 적은 수의 청소년들만 인터넷을 활용하고 있다.

　③ 인터넷은 소통의 공간으로 활발하게 활용되고 있다.

　④ 게임중독 청소년은 인터넷의 올바른 사용법 교육이 필요하다.

48. 남자의 태도로 알맞은 것을 고르십시오.

　① 인터넷이 청소년에게 끼칠 해를 우려하고 있다.

　② 청소년이 인터넷을 올바르게 사용하길 바라고 있다.

　③ 인터넷이 청소년에게 긍정적으로 작용할 것이라고 기대하고 있다.

　④ 청소년이 인터넷을 활용하여 여론을 형성할 것이라고 확신하고 있다.

※ [49~50] 다음을 듣고 물음에 답하십시오. (각 2점)

49. 들은 내용과 같은 것을 고르십시오.

　① 정의와 기본권 보장과는 상관관계가 적다

　② 정의가 실현된 사회에서 집단 간의 갈등은 발생할 수 없다.

　③ 정의로운 사회에서는 구성원들의 사회에 대한 신뢰도가 높다.

　④ 인간다운 삶을 누리기 위해서는 법치주의가 실현되어야 한다.

50. 남자의 태도로 알맞은 것을 고르십시오.

　① 정의 실현의 당위성을 강조하고 있다.

　② 정의 실현의 필요성을 비판하고 있다.

　③ 정의 사회에 대한 맹신을 경계하고 있다.

　④ 정의 실현과 사회 통합의 관련성을 부인하고 있다.

※ [51~52] 다음 글의 ㉠과 ㉡에 알맞은 말을 각각 쓰시오. (각 10점)

51.

세탁소 폐업 안내

개인적 사정으로 세탁소를 8월 31일까지만 운영하게 되었습니다.

맡기신 옷은 8월 31일까지 꼭 방문하셔서 (㉠   ).

8월 31일까지 방문이 (㉡   ) 세탁소로 꼭 전화 주시기 바랍니다.

전화번호는 123-4567입니다.

52.

　　건물에 화재가 발생했을 때 화재 확산을 막고 대피로 역할을 하는 복도 및 계단, 출입구에 설치된 문을 방화문이라 한다. 건물주는 법적으로 건물의 크기에 따라 알맞은 방화문을 (㉠   ). 설치된 방화문 주위에 물건이 있으면 화재 시 닫히지 않을 수 있다. 따라서 평소에 방화문 주위에 물건을 (㉡   ) 주의해야 한다.

53. 다음을 참고하여 한국의 전기 자전거 판매량의 변화에 대한 글을 200~300자로 쓰시오. 단, 글의 제목은 쓰지 마시오. (30점)

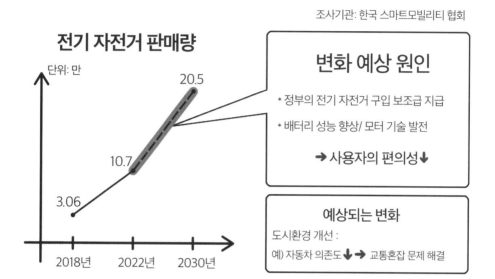

조사기관: 한국 스마트모빌리티 협회

전기 자전거 판매량

단위: 만

20.5

10.7

3.06

2018년　2022년　2030년

변화 예상 원인

* 정부의 전기 자전거 구입 보조금 지급

* 배터리 성능 향상/ 모터 기술 발전

➜ 사용자의 편의성⬇

예상되는 변화

도시환경 개선 :

예) 자동차 의존도⬇ ➜ 교통혼잡 문제 해결

54. 다음을 참고하여 600~700자로 글을 쓰시오. 단, 문제를 그대로 옮겨 쓰지 마시오. (50점)

> 　　현대사회에서 기업과 같은 상품 공급자는 자신들의 상품을 팔기 위해 다양한 광고를 한다. 그런데 광고가 상품의 성능을 지나치게 과장하여 표현하거나 없는 성능을 있는 것처럼 허위로 표현하는 경우가 있다. 이에 소비자는 광고를 볼 때 비판적인 시각으로 볼 필요가 있다. 아래의 내용을 중심으로 허위 과장 광고에 대해 자신의 의견을 쓰라.
>
> - 허위 과장 광고가 생겨나는 배경은 무엇인가?
> - 허위 과장 광고의 문제점은 무엇인가?
> - 허위 과장 광고에 대한 소비자의 적절한 대응 방안은 무엇인가?

* 원고지 쓰기의 예

		스	트	레	스	는		자	신	의		노	력	으	로		얼	마	든	지
극	복	이		가	능	하	다	.	스	트	레	스	를		없	애	는		좋	

제1교시 듣기, 쓰기 시험이 끝났습니다. 제2교시는 읽기 시험입니다.

TOPIK 한국어능력시험

제1회 실전모의고사
The 1st Actual Mock Test

TOPIK II

2교시

읽기
(Reading)

수험번호 (Registration No.)		
이 름 (Name)	한국어(Korean)	
	영 어(English)	

유 의 사 항
Information

1. 시험 시작 지시가 있을 때까지 문제를 풀지 마십시오.
   Do not open the booklet until you are allowed to start.

2. 수험번호와 이름을 정확하게 적어 주십시오.
   Write your name and registration number on the answer sheet.

3. 답안지를 구기거나 훼손하지 마십시오.
   Do not fold the answer sheet; keep it clean.

4. 답안지의 이름, 수험번호 및 정답의 기입은 배부된 펜을 사용하여 주십시오.
   Use the given pen only.

5. 정답은 답안지에 정확하게 표시하여 주십시오.
   Mark your answer accurately and clearly on the answer sheet.

marking example

6. 문제를 읽을 때에는 소리가 나지 않도록 하십시오.
   Keep quiet while answering the questions.

7. 질문이 있을 때에는 손을 들고 감독관이 올 때까지 기다려 주십시오.
   When you have any questions, please raise your hand.

제1회 │ 읽기 (1번~50번)

※ [1~2] (   )에 들어갈 말로 가장 알맞은 것을 고르십시오. (각 2점)

1. 어젯밤에 책을 (   ) 잠이 들었어요.

    ① 읽도록   ② 읽지만

    ③ 읽자마자   ④ 읽으니까

2. 오늘 아침에 늦잠을 자느라고 학교에 (   ).

    ① 지각할 뻔했다   ② 지각하곤 했다

    ③ 지각하는 척했다   ④ 지각하기 마련이다

※ [3~4] 밑줄 친 부분과 의미가 가장 비슷한 것을 고르십시오. (각 2점)

3. 밤에 바람이 <u>세게 불어서</u> 모든 촛불이 꺼졌다.

    ① 세게 불어 봐야   ② 세게 부는 대로

    ③ 세게 분다고 해도   ④ 세게 부는 바람에

4. 나에겐 친구가 <u>너 말고도 많다.</u>

    ① 뿐이다   ② 하나이다

    ③ 밖에 없다   ④ 외에도 많다

제1회 실전모의고사   31

※ [5~8] 다음은 무엇에 관한 글인지 고르십시오. (각 2점)

5.

발이 편안해야 몸 전체가 편안합니다.
여러분이 가는 곳 어디든 편안하고 안전하게

① 신발　　　　② 장갑　　　　③ 칫솔　　　　④ 모자

6.

당신에게 어울리는 집
저희가 바로 당신이 되어 찾아드립니다.

① 박물관　　　② 도서관　　　③ 부동산　　　④ 유치원

7.

투명 페트병 속도 겉도 깨끗하게!
내용물은 버리고 라벨은 제거하세요!

① 건강 관리　　② 분리 배출　　③ 절약 습관　　④ 봉사 활동

8.

◎ 졸리면 꼭 쉬었다 가세요.
◎ 절대 휴대 전화를 보거나 만지지 마세요.

① 안전 운전　　② 예약 문의　　③ 사용 방법　　④ 제품 설명

※ [9~12] 다음 글 또는 그래프의 내용과 같은 것을 고르십시오. (각 2점)

9.

실내 인테리어 공사 안내문

안녕하세요. 404호에서 내부 인테리어 공사를 진행합니다.
공사로 인해 이웃 분들에게 불편함을 드려 죄송합니다.

※ 공사 기간 : 2024. 12. 10(목) ~ 2024. 12. 16(수)
※ 공사 세대 : 108동 404호
※ 공사 내용 : 시스템에어컨 설치공사(12월 10일) *소음 발생
전기, 조명공사(12월 11일~12일) *소음 발생
도배 공사, 필름 공사
※ 공사 주관 : 새집 인테리어
※ 전화 번호 : 010 - 1234 - 5678

주민 여러분의 양해를 부탁드립니다.

① 인테리어 공사를 열흘 동안 진행한다.
② 아파트 전체가 인테리어 공사를 진행한다.
③ 인테리어 공사 중 사흘 동안 소음이 발생한다.
④ 인테리어 공사에 화장실 공사가 포함되어 있다.

10.

환경을위해 당신이 실천하는 작은행동은?

기타, 6%
이면지 사용, 11%
차를 두고 걸어다니기, 13%
빨대 사용 안 하기, 18%
종이컵 사용 안 하기, 30%
대중교통 이용하기, 22%

〈조사 대상 : 성인 남녀 각각 500명〉

① 성인 500명을 대상으로 조사하였다.
② 종이컵을 사용하지 않는다는 비율이 절반을 넘었다.
③ 환경을 위해 이면지를 사용한다는 응답은 세 번째로 많았다.
④ 대중교통 이용하기의 비율은 이면지를 사용한다는 비율의 두 배이다.

※ [9~12] 다음 글 또는 그래프의 내용과 같은 것을 고르십시오. (각 2점)

11.

일회용으로 사용되는 플라스틱 숟가락은 분해되는 데 1,000년 이상이 걸린다. 이러한 단점을 보완하여 만들어진 친환경 숟가락이 있다. 친환경 숟가락은 사용하고 나서 먹을 수 있다. 이 숟가락은 수수, 쌀, 밀가루를 혼합해 만들어졌기 때문에 사용 후에 먹어도 인체에 아무런 해가 없다. 먹지 않고 버린다고 하더라도 땅속에서 비교적 짧은 시간에 분해가 다 된다.

① 친환경 숟가락은 먹을 수 있다.
② 친환경 숟가락은 버릴 경우 분해가 되지 않는다.
③ 플라스틱 숟가락은 분해되는 데 100년 정도 걸린다.
④ 플라스틱 숟가락을 만들 때 쌀이나 밀가루가 들어간다.

12.

한파 속에서 쓰러진 80대 할머니를 한 시민이 구한 사실이 화제다. 눈 쌓인 골목길에서 80대 할머니가 손수레를 끌며 폐지를 줍다 갑자기 의식을 잃고 쓰러졌다. 때마침 출근 중이던 간호사 출신 공무원이 달려와 심폐소생술을 한 덕에 할머니는 목숨을 구할 수 있었다. 이 공무원은 갑자기 내린 눈의 제설 작업을 위해 평소보다 일찍 출근하던 길이었다. 할머니는 자신을 구해준 시민에게 감사의 인사를 전했다.

① 할머니는 폭염 때문에 쓰러졌다.
② 할머니를 구해준 사람은 현재 간호사로 일하고 있다.
③ 시민은 평소보다 빠른 출근길에서 쓰러진 할머니를 발견했다.
④ 할머니의 가족은 할머니를 구해준 사람에게 감사의 인사를 전했다.

※ [13~15] 다음을 순서에 맞게 배열한 것을 고르십시오. (각 2점)

13.

(가) 적당히 말린 옥수수 알갱이에 열을 가한다.

(나) 수분이 수증기로 변화하면서 부피가 크게 커진다.

(다) 알갱이 속 껍질 내부의 수분이 열에 의해 수증기로 변한다.

(라) 늘어난 부피로 인해 옥수수 껍질이 터지면서 팝콘이 만들어진다.

① (가)-(다)-(나)-(라) ② (가)-(다)-(라)-(나)

③ (다)-(가)-(나)-(라) ④ (다)-(가)-(라)-(나)

14.

(가) 동네 사람들이 달려와 불을 끄고 동생을 구했다.

(나) 나는 술래가 되었고 동생은 촛불을 들고 안방 옷장 안에 숨었다.

(다) 동생과 내가 숨바꼭질 놀이를 하던 중 정전이 되어 마루에 촛불을 켰다.

(라) 동생을 찾으러 장독대에 갔다가 집에 불이 난 것을 발견하고 소리를 질렀다.

① (다)-(나)-(가)-(라) ② (다)-(나)-(라)-(가)

③ (라)-(다)-(가)-(나) ④ (라)-(다)-(나)-(가)

15.

(가) 현재는 내부에 찬 습기를 조절하기 위해 제습기를 사용하고 있다.

(나) 석굴 바닥에 물이 흐르지 않자 내부에 습기가 차고 조각상에 이슬이 맺혔다.

(다) 석굴암을 지을 때 습기 방지를 위해 샘을 두어 석굴 바닥에 물이 흐르게 했다.

(라) 1140년 후 석굴암을 발견한 이들은 물의 역할을 몰라 석굴 밖으로 흘려보냈다.

① (가)-(나)-(다)-(라) ② (가)-(나)-(라)-(다)

③ (다)-(가)-(라)-(나) ④ (다)-(라)-(나)-(가)

16.

열기구가 떠오르는 것도 기체의 온도와 부피의 관계를 이용하는 현상이다. 열기구의 풍선 속 기체를 가열하면 (   ) 기체의 부피가 늘어나 풍선이 크게 부풀어 오른다. 이때 풍선 속 기체의 일부가 밖으로 밀려 나가면서 열기구가 가벼워져 하늘 위로 떠오른다.

① 온도가 높아지면서   ② 풍선 주위가 차가워지면서
③ 풍선 밖과 온도가 같아지면서   ④ 일정 기온이 계속 유지되면서

17.

산업화와 도시화는 거주 공간의 변화를 가져왔다. 사람들은 산업화와 도시화 이후 (   ) 되었다. 도시에 많은 사람과 기능이 집중하면서 제한된 공간을 효율적으로 이용하기 위하여 고층 건물이 들어서고, 아파트와 같은 공동 주택이 등장하였다. 또한 도시에는 주거, 업무, 상업, 교육, 여가 등을 수행하기 위한 다양한 공간이 형성되었다.

① 공원을 많이 만들게   ② 대중교통이 발달하게
③ 토지를 집약적으로 이용하게   ④ 도시 안에서도 농업이 이루어지게

18.

식테크는 식물과 재테크를 합친 신조어로서 식물을 키워 (   ) 행위를 뜻한다. 코로나19 여파로 외부 활동이 줄어들고 집에서 할 수 있는 취미에 대한 관심이 커지면서 식물 가꾸기에 대한 관심이 증가했다. 동시에 검역 강화로 식물 수입이 까다로워진 탓에 기존에 키우고 있던 식물에 대해 중고 플랫폼 내 개인 간 거래가 활성화되면서 식테크가 자리 잡을 수 있게 되었다.

① 사막에 보내는   ② 무료로 나누어주는
③ 공공기관에 기부하는   ④ 더 비싼 가격으로 되파는

※ [19~20] 다음을 읽고 물음에 답하십시오. (각 2점)

> 인간은 오래전부터 생물이 지닌 놀라운 특징을 발견하고 모방해 왔다. 생물을 모방한 예로는 잠자리를 모방한 헬리콥터, 도꼬마리의 열매를 모방한 벨크로 테이프, 상어 비늘을 모방한 전신수영복 등이 있다. (   ) 다양한 생물의 특징을 모방해 새로운 기술이나 장치를 개발하는 연구 분야를 생체 모방이라고 한다. 생체 모방은 자동차, 항공기, 로봇, 의료 등 여러 분야에서 활용되고 있어 기존의 과학과 공학의 한계를 뛰어넘게 해 줄 것으로 기대하고 있다.

19. (   )에 들어갈 말로 가장 알맞은 것을 고르십시오.

① 또한　　　　　　② 이처럼　　　　　　③ 오히려　　　　　　④ 이를테면

20. 윗글의 주제로 가장 알맞을 것을 고르십시오.

① 헬리콥터는 잠자리를 본떠 만들어졌다.

② 생체 모방은 아직 의료 분야에서는 활용되고 있지 않다.

③ 인간은 최근에서야 생물의 특징을 발견하고 모방하고 있다.

④ 생체 모방은 여러 분야에서 활용되고 있으며 과학의 한계를 뛰어넘을 것이다.

자녀의 성장에 부모들은 늘 관심이 많다. 특히 키 성장에 관심이 많은데 성장기에 성장 호르몬이 부족하면 키가 충분히 크지 못할 수 있다. 성장 호르몬의 충분한 분비에 필수적으로 필요한 것은 충분한 수면과 균형 있는 영양 섭취 그리고 운동이다. 특히 성장 호르몬은 여러 가지 음식물을 골고루 먹어야 부족하지 않을 수 있는데 ( ) 아이는 균형 있는 영양 섭취에 문제가 있을 수 있고 이것은 성장 호르몬의 부족으로 나타날 수 있다.

21. ( )에 들어갈 말로 가장 알맞은 것을 고르십시오.

① 손이 큰

② 입이 짧은

③ 다리가 긴

④ 머리가 굵은

22. 윗글의 내용과 같은 것을 고르십시오.

① 수면과 키는 전혀 관계가 없다.

② 부모는 자녀의 공부에 가장 관심이 많다.

③ 성장 호르몬이 부족하면 키가 크지 않을 수 있다.

④ 영양 섭취가 부족하더라도 운동을 하면 키가 클 수 있다.

※ [23~24] 다음을 읽고 물음에 답하십시오. (각 2점)

시간이 흐를수록 대야의 물이 시커멓게 변했다. 나는 더러워진 물을 버리고 깨끗한 물을 받아 헹구었다. 물속에 잠긴 건반들이 눈이 부시도록 하얗게 반짝였다. 이마에는 어느새 땀이 송골송골 맺혔다. 다음에는 검은 건반들을 대야에 쏟아 부었다. 검은 건반들에서 검은 물이 조금씩 배어 나왔다. 건반을 문지르는 나의 손에도 검은 물이 스몄다. 검은 건반까지 모두 다 깨끗하게 씻은 뒤, 나는 바지랑대를 내려 빨랫줄을 눈언저리까지 낮췄다. 먼저 흰 건반이 담긴 바구니를 들고 와서 아직도 물기가 흥건한 건반을 하나하나 집어서 널었다. 하얀 건반들은 양말들처럼 나란히 줄을 맞춰서 매달렸다. 검은 건반이 담긴 바구니도 들고 왔다. 검은 건반도 빨래집게로 꼭꼭 집어서 매달았다. 빨랫줄에는 하얀 건반과 검은 건반이 나란히 걸렸다. "다 됐다."

23. 밑줄 친 부분에 나타난 '나'의 심정으로 가장 알맞은 것을 고르십시오.

① 상쾌하다

② 미안하다

③ 섭섭하다

④ 아찔하다

24. 윗글의 내용과 같은 것을 고르십시오.

① 하얀 건반과 검은 건반을 물로 씻었다.

② 양말과 하얀 건반을 빨랫줄에 같이 널었다.

③ 하얀 건반에서 나온 물 때문에 손에 검은 물이 들었다.

④ 다 씻은 하얀 건반과 검은 건반을 바구니 안에 넣고 말렸다.

※ [25~27] 다음 신문 기사의 제목을 가장 잘 설명한 것을 고르십시오. (각 2점)

25.

> 혀 일부 절단한 가수 진영, 설암 극복하고 컴백

① 설암에 걸려 혀의 일부를 잘라냈던 가수 진영이 다시 가수로 복귀했다.
② 가수 진영이 설암에 걸려 혀의 일부를 절단하고 가수를 그만두게 되었다.
③ 혀 수술로 좌절을 겪었던 가수 진영이 설암을 극복하고 복귀할 것을 약속했다.
④ 진영이 노래할 때 관객 중 한 명이 소리를 지르다가 혀가 잘리는 사고를 당했다.

26.

> 한여름 같은 9월, 오늘 폭염 신기록 또 갱신

① 9월에도 더위가 이어지고 있으며 오늘이 가장 더운 날로 기록되었다.
② 오늘이 9월 들어 가장 더웠으며 처음으로 폭염 신기록을 세운 날이다.
③ 한여름에 폭염이 계속되고 있으며 이러한 더위는 9월에도 계속될 것이다.
④ 보통 9월은 가을로 여겨지는데 더운 날씨가 계속되기에 여름으로 불러야 한다.

27.

> 고물가에 지갑 닫은 추석, 지난해와 달리 송편 하루 한 판도 안 팔려

① 물가가 올라 지난해 추석과 올해 추석에 송편을 한 판도 팔지 못했다.
② 높은 물가 속에 추석 송편이 작년보다 하루에 한 판 정도만 더 팔렸다.
③ 물가가 올라서 팔리지 않을 것 같아 올해 추석에 송편을 팔 계획이 없다.
④ 작년에 비해 물가가 너무 올라 사람들이 올해 추석에는 송편을 사지 않았다.

※ [28~31] (   )에 들어갈 말로 가장 알맞은 것을 고르십시오. (각 2점)

28.

> 뇌사란 뇌간을 포함한 뇌의 활동이 (   ) 상태를 말한다. 뇌사에 이른 환자는 자발적 호흡이 불가능하다. 인공호흡기 등 연명 의료 기기를 이용하여 일정 기간 호흡을 유지할 수는 있지만 결국 가까운 시일 안에 심장과 폐 기능이 정지한다. 이러한 뇌사와 관련된 윤리적 쟁점은 뇌사를 죽음의 판정 기준으로 삼을 것인지 말 것인지의 여부이다.

① 매우 활발한
② 일시적으로 멈춘
③ 간헐적으로 운동하는
④ 회복할 수 없을 정도로 정지된

29.

> 동물 권리 논쟁의 핵심은 동물이 도덕적으로 고려 받을 권리를 가지는가이다. 이에 관하여 동물은 도덕적으로 고려 받을 권리를 가지지 않는다는 입장이 있다. 예를 들면 데카르트는 동물을 '자동인형' 또는 '움직이는 기계'에 불과하다고 주장하면서 동물은 고통과 쾌락을 경험할 수 없으며, 동물이 고통을 느낄 때 몸부림치거나 고통스러운 소리를 내는 것은 자동인형이 움직이거나 시계가 째깍거리는 소리와 같다고 주장했다. 데카르트의 이런 주장은 당시 유럽에서 (   ) 데 이용되었다.

① 육식을 장려하는
② 동물권이라는 개념을 생성하는
③ 동물 복지를 한 단계 끌어올리는
④ 마취제 없이 동물 실험을 정당화하는

30.

태권도와 같은 투기 도전 활동은 움직이는 상대에게 도전하기 때문에 항상 상대방의 움직임에 집중해야 하며, ( ) 방법을 짧은 시간 안에 판단해야 한다. 이러한 순간적인 판단은 경기 전 상대방의 전력을 미리 분석하거나, 경기 중 상대방의 움직임을 예상함으로써 얻을 수 있다. 이처럼 경기 중에 발생하는 문제에 적절한 대처 방법을 실행하는 과정을 통해 문제 해결력을 기를 수 있다.

① 나의 움직임을 숨길
② 상대방의 움직임에 대처할
③ 상대방의 움직임을 무시할
④ 나의 움직임을 과장되게 보여줄

31.

오늘날에는 게임, 쇼핑, 정보 검색, 동영상 시청 등 인터넷을 통해 할 수 있는 활동이 늘어나면서 생활은 편리해졌다. 하지만 인터넷 사용에 지나치게 몰입하여 문제가 발생하기도 한다. 인터넷 중독은 약물 중독처럼 ( ) 내성이 생기고 중단했을 때 우울, 불안 등의 금단 증상이 나타나는 등 일상생활에 지장을 주는 상태를 말한다.

① 일관된 행동을 보여주는
② 자극이 덜한 행동을 원하는
③ 더 자극적인 행동을 요구하는
④ 점진적으로 완화된 반응을 일으키는

※ [32~34] 다음을 읽고 글의 내용과 같은 것을 고르십시오. (각 2점)

32.

> 조각칼로 판을 새겨 찍어 낸 판화는 그 독특한 느낌을 선명하게 드러낸다. 하지만 초기 판화는 서적이나 회화작품의 보급을 위한 복제 수단으로 사용되었다. 이러한 이유로 오랫동안 판화 작품은 복제품으로 간주되어 왔으며, 예술의 영역으로 취급받지 못했다. 그러나 시간이 흐르자 미술가들은 사용하는 도구, 재료, 인쇄법 등에 따라 매우 독특한 질감 및 효과를 보이는 판화의 특수성에 매료되었다.

① 판화는 현재 복제품으로 인식되고 있다.
② 판화는 초기부터 예술작품으로 인정받았다.
③ 판화는 사용하는 도구와 재료에 따라 독특한 질감을 보여준다.
④ 판화가 예술작품으로 인정받으려면 꼭 조각칼을 이용해야 한다.

33.

> 보호 무역은 대부분 후진국에서 지지할 것으로 생각하기 쉽지만, 반드시 그렇지만은 않다. 자유 무역을 통해 외국의 값싼 상품을 수입하게 되면 국내 상품의 공급량 감소로 이어지고 그 과정에서 실업이 발생할 수 있다. 이는 후진국뿐만 아니라 선진국에서도 나타나는 문제이다. 더욱이 선진국은 자유 무역을 통한 저임금 노동자의 유입으로 임금 수준이 하락하게 되어 고용 불안이 심화될 수 있다. 따라서 이러한 문제를 해소하기 위해 선진국에서도 보호 무역이 필요하다.

① 보호 무역은 후진국에서만 지지한다.
② 선진국에서도 여러 상황에 따라 자유 무역이 필요하다.
③ 보호 무역을 통해 외국의 값싼 상품을 수입할 수 있다.
④ 임금의 하락을 막기 위해 보호 무역 조치가 필요할 수 있다.

34.

> 사격은 총으로 표적을 맞혀 그 정확도를 겨루는 경기로, 안전한 장소와 장비만 갖추어지면 남녀노소 누구나 손쉽게 즐길 수 있다. 과거에는 사격이 주로 수렵이나 군사적 목적으로 사용되었으나, 오늘날에는 대표적인 표적 도전 스포츠로 발전하였다. 사격은 비교적 움직임이 적은 활동이지만 훈련을 통해 근력과 근지구력을 기를 수 있다. 또한, 표적에 대한 주의 집중 훈련을 통해 심리적 안정을 얻을 수 있으며, 자신의 기록을 경신할 때마다 자신감과 성취감을 기를 수 있다.

① 사격은 심리적 안정을 얻을 수 있는 스포츠이다.
② 사격은 총을 다루는 스포츠로 성인만 할 수 있다.
③ 사격은 많은 활동으로 근력과 근지구력을 기를 수 있다.
④ 사격은 다른 사람의 기록을 넘어설 때 자신감을 얻는다.

※ [35~38] 다음을 읽고 글의 주제로 가장 알맞은 것을 고르십시오. (각 2점)

35.

> 오늘날에는 의료 기술의 발달과 생활수준의 향상으로 사람들의 평균 수명이 늘어남에 따라 노후 생활을 대비해야 할 필요성이 더욱 높아졌다. 또한 미래에 예상되는 지출과 더불어 뜻밖의 사고나 질병 등과 같이 예기치 못한 지출에도 대비해야 한다. 이에 따라 안정적인 경제생활을 위한 효율적인 자산 관리의 필요성이 커지고 있다.

① 의료 기술의 발달은 평균 수명을 연장시켰다.
② 안정적인 노후 생활을 위해 자산 관리가 중요해졌다.
③ 뜻밖의 질병이나 사고 등에 대비하기 위해 운동을 해야 한다.
④ 건강한 노후 생활을 보내기 위해 꾸준히 건강 검진을 받아야 한다.

36.

　　환경문제 관련 국가들의 자발적 참여를 유도하기 위해서는 지역 사회 및 민간 부문의 적극적인 참여가 중요하다. 따라서 최근에는 비정부 기구(NGO)와 민간단체의 활동이 환경 관련 국제 협력에 크게 기여하고 있다. 예를 들면, 환경 관련 연구와 캠페인 진행, 국제회의 참여, 환경 관련 대회 유치 등 다양한 방식으로 환경 문제 해결에 적극적으로 참여하고 있다. 1990년대 말부터 진행되고 있는 황사 발원지의 숲 만들기 사업 역시 한국, 중국, 일본, 몽골 등 각국 정부와 함께 민간단체의 활발한 참여를 통해 이루어지고 있다.

① 환경문제를 해결하기 위해 국가별로 대응해야 한다.
② 환경문제를 해결하기 위해 한국, 중국, 일본, 몽골이 앞장서야 한다.
③ 환경문제 관련 국가들의 참여를 유도하기 위해서 정부가 나서야 한다.
④ 환경문제를 해결하기 위해서는 지역 사회 및 민간 부문의 역할이 중요하다.

37.

　　교통·통신의 발달과 세계화의 영향으로 인구 이동이 국제적으로 활발해지면서 서로 다른 문화권에 속한 사람들 간의 접촉이 빈번해지고 있다. 그 결과 다양한 인종, 종교, 언어 등 서로 다른 문화적 배경을 가진 사람들이 함께 살아가는 사회, 즉 다문화 사회로 변화하게 되었다. 다문화 사회로의 변화는 사회에 긍정적인 영향을 끼치기도 하지만 문화적 갈등을 초래하는 사회 문제를 발생하기도 한다. 다문화 사회로의 변화 과정 속에서 사회가 발전하기 위해서는 다문화 사회 구성원의 다문화 사회에 대한 올바른 이해를 전제로 갈등을 최소화하려는 태도가 필요하다.

① 다문화 사회가 나타나게 된 배경은 교통과 통신의 발달이다.
② 다문화 사회에서 상대에 대한 이해 중 가장 중요한 것은 종교에 대한 이해이다.
③ 다문화 사회에서 발전을 이루려면 다문화 사회에 대한 이해가 우선되어야 한다.
④ 다문화 사회에서 갈등은 자연스러운 현상이므로 그것에 대해 걱정할 필요가 없다.

38.

현대 사회에서 사회적 자원을 구성원에게 분배하는 것과 관련된 정의를 분배적 정의라고 한다. 분배적 정의의 실질적 기준에는 능력, 업적, 필요 등이 있는데 그것을 바라보는 사람에 따라 공정하다고 생각되는 것이 달라질 수 있다. 능력에 따라 분배하는 것은 타고난 재능이나 환경과 같은 우연적 요소가 개입할 수 있다. 업적에 따라 분배하는 것은 사회적 약자에 대한 배려가 부족할 수 있다. 필요에 따른 분배는 사회적 자원이 모든 사람의 필요를 충족할 수 없다는 문제가 있다. 이처럼 분배적 정의의 다양한 기준은 각각의 문제점이 있어서 어느 한 가지 기준만이 정의롭다고 말할 수 없다.

① 분배적 정의에서 가장 공정한 기준은 사회 공헌에 대한 업적이다.
② 분배적 정의가 요구될 때 가장 적합한 기준을 찾는 것이 중요하다.
③ 사회 구성원은 각각의 분배적 정의 기준의 문제점을 없애도록 노력해야 한다.
④ 분배적 정의의 여러 실질적 기준에서 하나의 기준이 일관되게 적용되어야 한다.

※ [39~41] 주어진 문장이 들어갈 곳으로 가장 알맞은 것을 고르십시오. (각 2점)

39.

또한 춤을 통해서 줄거리의 극적 전개를 보여준다.

뮤지컬은 20세기 초 미국의 브로드웨이와 영국의 웨스트사이드를 중심으로 발달하였다. (㉠) 이것은 노래가 중심이 되어 음악, 무용, 연극적인 요소가 조화를 이룬 현대적인 음악극의 한 유형이다. (㉡) 음악은 대중적인 재즈나 민요 등을 많이 사용한다. (㉢) 다양한 이야기 소재와 여러 가지 음악 양식을 폭넓게 수용하고 있어 대중에게 많은 사랑을 받고 있으며 음악 영화로도 제작되고 있다. (㉣)

① ㉠   ② ㉡   ③ ㉢   ④ ㉣

40.

> 다양한 역량 중에서 성공적인 직업 생활을 위해 필요한 역량이 직업윤리이다.

성공적인 직업 생활을 위해서는 그 직업을 수행하는 데 필요한 다양한 역량을 갖추어야 한다. (㉠) 직업윤리는 사회에서 직업인에게 요구하는 도덕적 원리와 행동 규범, 마음가짐, 태도 등을 뜻한다. (㉡) 직업에 대한 긍정적이면서 윤리적인 태도는 직업 생활과 사회 조직 내 공동생활에 영향을 끼친다. (㉢) 따라서 청소년 시기에는 건전한 직업인으로서 직업윤리를 바르게 이해하고 실천하려는 의지를 기르도록 노력해야 한다. (㉣)

① ㉠   ② ㉡   ③ ㉢   ④ ㉣

41.

> 하지만 방짜는 독특한 제작 방식을 사용하기에 쉽게 깨지지 않는다.

구리를 주재료로 하여 주석, 아연 등을 섞은 합금을 유기라고 한다. (㉠) 우리 선조들은 독특한 합금 기술로 유기의 일종인 방짜를 만들어 사용해 왔다. (㉡) 유기에서 주석의 합금 비율이 10%를 넘으면 쉽게 깨진다. (㉢) 방짜는 합금 비율이 구리 78%, 주석 22%로 주석의 비율이 10% 이상이다. (㉣) 선조들은 방짜 제품을 만들 때 구리와 주석의 합금을 불에 달구면서 망치나 메로 쳐서 모양을 잡아가며 만들었는데 이러한 제작 방식은 방짜가 깨지는 것을 방지하였다.

① ㉠   ② ㉡   ③ ㉢   ④ ㉣

내가 당한 것만도 이번이 두 번째였다. 우방국 원수를 위해 교통을 차단하는 바람에 무려 세 시간 이상을 인파에 밀려 시달리다 에라 모르겠다 약속을 둘이나 깨고, 물먹은 솜이 되어 돌아와 보니 이런 반갑잖은 일이 나를 기다리고 있었다.

"뭐가 없어졌어요? 좀 들어가서 기다리겠다고 하길래 아는 분이어서 아무 생각도 없이 그러라고 했는데."

"저 없을 땐 누구든지 방엔 들여보내지 마세요."

나는 방문을 닫아버렸다.

망할 자식. 첫 번째는 잠을 재워줬더니 새벽같이 달아나면서 손목시계를 집어가 버렸었다. 말을 할까 말까 했으나, 그것이 놈의 소행이라는 것을 알기 때문에 언제고 제 편에서 먼저 이야기가 있기만 기다리던 참이었는데, 오늘은 또 내 유일한 재산 목록으로 되어 있는 트랜지스터 라디오를 집어가 버린 것이다. (중략)

그러던 어느 날, 그가 불쑥 학교로 나타나서 이틀 뒤에 영국으로 떠나겠다는 것이었다. 그리고 이틀 뒤 그는 정말로 영국으로 떠나가 버렸다. (중략)

그는 돌아와서 아무것도 하지 않았다. 사실은 아무것도 할 수 없었다. 그에게는 박사학위를 가져오지 못한 약점을 보완할 지인도 없었고, 지인을 만들 만한 주변머리도 없었다.

42. 밑줄 친 부분에 나타난 '나'의 심정으로 알맞은 것을 고르십시오.

① 허전하다

② 우울하다

③ 짜증스럽다

④ 자랑스럽다

43. 윗글의 내용으로 알 수 있는 것을 고르십시오.

① 문을 열어 준 사람은 그를 전혀 모른다.

② 나는 그가 나의 물건을 가지고 간 것을 알고 있다.

③ 그는 영국에서의 성공적인 유학 생활로 박사학위를 땄다.

④ 그는 내가 방에 없을 때 방에 들어와 나의 손목시계를 가져갔다.

※ [44~45] 다음을 읽고 물음에 답하십시오. (각 2점)

조선 후기에는 농업과 상공업이 발달하면서 서민들의 경제력이 향상되었다. 이에 따라 문화의 폭이 서민층에까지 확대되었으며, (　　　　　) 서민 문화가 발달하였다. 이와 함께 서당이 널리 보급되고 한글 사용이 늘면서, 서민들의 의식 수준도 높아졌다. 이에 따라 서민들의 소망과 양반 사회의 비판을 담은 한글 소설이 유행하였다. '홍길동전'은 서얼에 대한 차별 철폐와 이상 사회 건설을 묘사하여 사회 문제를 비판하였고, '춘향전'은 신분을 뛰어넘는 남녀 간의 사랑을 묘사하였다. 또 사설시조가 널리 유행하였는데, 형식에 얽매이지 않고 서민들의 솔직하고 소박한 감정을 자유로이 표현한 작품이 많았다. 서민을 비롯해 많은 사람이 즐긴 오락에는 판소리와 탈춤이 있었다. 판소리는 감정 표현이 솔직하여 여러 계층에서 인기가 많았으며 탈춤은 양반의 위선을 폭로하거나 사회 모순을 풍자하는 내용이 많았다.

44. (　　　　　)에 들어갈 말로 가장 알맞은 것을 고르십시오.

① 형식과 틀을 중요시하는

② 서민들의 생각과 감정을 표현한

③ 양반의 주도 아래 자유로움을 표현한

④ 여러 계층의 솔직함과 소박한 감정을 아우르는

45. 윗글의 주제로 가장 알맞은 것을 고르십시오.

① 서민들의 경제력이 향상되면서 다양한 문화를 향유하였다.

② 서민들이 즐긴 문화의 주된 내용은 솔직한 남녀의 사랑이었다.

③ 서민들이 향유한 문화에는 양반을 존중하는 내용을 포함하고 있다.

④ 서당에서 서민들도 한문을 공부할 수 있게 되어 여러 문화를 즐겼다.

과거에는 번성했지만 현재 개체 수가 많이 줄어 멸종 위기에 처한 생물종을 멸종 위기종이라고 한다. 멸종 위기종이 늘고 많은 생물이 사라지는 주요 원인은 인간 활동과 깊은 관련이 있다. 숲의 나무를 베거나 습지를 없애 생물의 서식지가 파괴되었고, 지나친 채집과 사냥으로 야생 동식물의 개체 수가 급격히 줄었다. 또, 외래 생물을 들여와 그 지역에 살던 고유 생물이 살아가는 데 어려움을 겪고 있으며, 환경오염과 기후변화가 일어나 서식지의 환경이 변하고 있다. 이와 같은 인간의 활동으로 현재 지구의 생물 다양성은 빠른 속도로 줄고 있다. 생물의 멸종을 막고 생물 다양성을 보전하려면 인간의 활동이 생물 다양성 감소에 미치는 영향을 이해하고, 생물 다양성을 유지하기 위해 우리가 할 수 있는 활동을 찾아야 한다. 최근 우리나라에서는 생물 다양성을 보전하기 위해 우리 밀 살리기, 토종 얼룩소 키우기, 외래 생물 제거하기 등의 사회적인 노력을 하고 있다. 이러한 노력은 앞으로 더욱 활성화되어야 한다.

46. 윗글에 나타난 필자의 태도로 가장 알맞은 것을 고르십시오.
① 동식물의 생태계가 인간의 활동에 미치는 영향을 분석하고 있다.
② 생물 다양성을 유지하기 위해 외래 생물을 들여올 것을 촉구하고 있다.
③ 환경오염을 이겨내기 위해 동식물이 서식지를 바꿀 것을 기대하고 있다.
④ 생물 다양성을 보전하기 위해 사회적인 노력이 필요함을 주장하고 있다.

47. 윗글의 내용과 같은 것을 고르십시오.
① 외국에서도 생물 다양성을 지키려고 노력하고 있다.
② 인간의 노력으로 생물 다양성이 증가하는 나라가 있다.
③ 지나친 채집과 사냥은 동식물의 개체 수가 줄어들게 했다.
④ 많은 생물이 사라지는 데에는 동물의 활동이 관계가 깊다.

※ [48~50] 다음을 읽고 물음에 답하십시오. (각 2점)

저작권 침해란 저작권법에 의해 배타적으로 보호되는 저작물을 무단으로 이용하여 저작권자의 권리를 침해하는 행위를 말한다. 저작권 침해는 저작자의 소유물인 저작물을 무단으로 사용하는 것이며, 이러한 현상이 널리 퍼지면 저작자의 창작 의욕을 감소시키고 궁극적으로 양질의 정보를 생산할 수 없게 만든다. 이에 저작권이 침해되지 않도록 '저작권 보호'가 강화되고 있다. 하지만 저작물의 자유로운 공유를 강조하는 '정보 공유 권리'를 주장하는 입장도 있다. 이 입장에서는 모든 저작물이 인류가 생산한 정보와 지식을 활용하여 구성된 공공재로, 저작물에 관한 과도한 권리 행사는 새로운 창작을 방해할 수 있으며 정보 격차에 따른 불평등을 발생시킨다고 말한다. 또한 정보를 공유할 때 정보의 질적인 발전이 가능하다고 주장한다. 이처럼 '저작권 보호'와 '정보 공유 권리'의 (   ) 우리는 정보가 사회에 미치는 영향력을 인식하고, 더 많은 양질의 정보를 생산할 수 있는 환경을 조성해야 한다.

48. 윗글을 쓴 목적으로 가장 알맞은 것을 고르십시오.
① 저작권의 배타적 특징을 분석하려고
② 저작권에 대한 상반된 두 입장을 소개하려고
③ 저작권법 위배 시 처벌을 받을 수 있음에 대해 경고하려고
④ 저작권법이 지니는 창작 의욕을 고취하는 특징을 설명하려고

49. (   )에 들어갈 말로 가장 알맞은 것을 고르십시오.
① 개념을 제대로 이해하지 못하는   ② 입장이 대립하고 있는 상황에서
③ 차이가 거의 없는 것을 바탕으로   ④ 상호 배타적인 특징은 무시한 채로

50. 윗글의 내용과 같은 것을 고르십시오.
① 양질의 정보는 저작권 침해와 관계없이 계속 생산되고 있다.
② 저작권 침해는 저작자의 허락 아래 저작물을 사용하는 것이다.
③ 정보 공유 권리를 주장하는 입장은 모든 저작물을 공공재로 인식한다.
④ 저작물에 관한 과도한 권리 행사는 정보 격차에 따른 불평등을 없앤다.

TOPIK 한국어능력시험

제2회 실전모의고사
The 1st Actual Mock Test

TOPIK II

1교시	듣기, 쓰기 (Listening, Writing)

유 의 사 항
Information

1. 시험 시작 지시가 있을 때까지 문제를 풀지 마십시오.
   Do not open the booklet until you are allowed to start.

2. 수험번호와 이름을 정확하게 적어 주십시오.
   Write your name and registration number on the answer sheet.

3. 답안지를 구기거나 훼손하지 마십시오.
   Do not fold the answer sheet; keep it clean.

4. 답안지의 이름, 수험번호 및 정답의 기입은 배부된 펜을 사용하여 주십시오.
   Use the given pen only.

5. 정답은 답안지에 정확하게 표시하여 주십시오.
   Mark your answer accurately and clearly on the answer sheet.

   marking example   

6. 문제를 읽을 때에는 소리가 나지 않도록 하십시오.
   Keep quiet while answering the questions.

7. 질문이 있을 때에는 손을 들고 감독관이 올 때까지 기다려 주십시오.
   When you have any questions, please raise your hand.

※ [1~3] 다음을 듣고 가장 알맞은 그림 또는 그래프를 고르십시오. (각 2점)

1.

①

②

③

④

2.

①

②

③

④

3.

①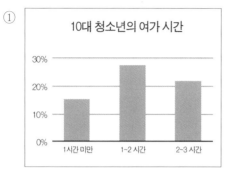

②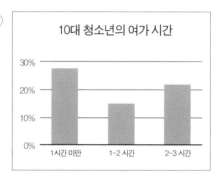

③

④

※ [4~8] 다음 대화를 잘 듣고 이어질 수 있는 말을 고르십시오. (각 2점)

4. ① 그러면 지하철을 타는 게 낫겠네.

② 미술관에 어떻게 가야 하는지 알아볼게.

③ 미술관까지 버스를 타고 가면 늦을 거야.

④ 그럼 내일 학교 앞 버스 정류장에서 만나자.

5. ① 수업 시간에 그림을 그리면 안 되지.

② 그 포스터는 이쪽에 붙이는 게 어떨까?

③ 저런 직업들이 생긴다면 정말 재미있겠다.

④ 나중에 취직하려면 지금 열심히 공부해야 해.

6. ① 강아지를 훈련시키는 것이 중요해.

② 이 약을 먹으면 배가 안 아플 거야.

③ 먹이를 너무 많이 줘서 그런 거 아니야?

④ 강아지를 동물병원에 데려가 보는 게 어때?

7. ① 신청서가 어디에 있나요?

② 전자 학생증도 가능한가요?

③ 여기에 학과명을 쓰면 되나요?

④ 장학금 신청을 해야 하는지 몰랐어요.

8. ① 나도 정말 기대되는데?

② 그 식당은 예전부터 손님이 많았잖아.

③ 한 번 먹으면 너도 나처럼 좋아하게 될 거야.

④ 회사 근처에 맛있는 음식점이 많이 있으니까 좋네요.

※ **[9~12] 다음 대화를 잘 듣고 여자가 이어서 할 행동으로 알맞은 것을 고르십시오. (각 2점)**

9. ① 따뜻한 수건으로 목을 찜질한다.

② 고개를 높이 들고 핸드폰을 본다.

③ 치료 받을 수 있는 병원을 찾아본다.

④ 목을 천천히 움직이면서 고개를 숙인다.

10. ① 불고기 도시락 재료를 확인한다.

② 남아있는 재료로 도시락을 만든다.

③ 닭갈비 도시락과 비빔밥 도시락을 포장한다.

④ 포장해 갈 수 있는 음식 메뉴들을 알려준다.

11. ① 날짜를 다시 확인한다.

② 토요일에 볼 영화표를 예매한다.

③ 가족들과 식사할 식당을 예약한다.

④ 친구에게 전화해 영화를 다음에 보자고 말한다.

12. ① 민수 씨에게 해바라기꽃을 가져다준다.

② 해바라기꽃 그림을 배달해 주는 곳을 찾아본다.

③ 내일 남자와 같이 해바라기꽃 그림을 사러 간다.

④ 민수 씨에게 집들이 선물을 보낼 주소를 물어본다.

※ [13~16] 다음을 듣고 들은 내용과 같은 것을 고르십시오. (각 2점)

13. ① 여자는 다음 주에 발표하기로 했다.

② 여자는 내일 오전에 남자를 만나기로 했다.

③ 남자는 내일 오후에 여자의 사무실로 갈 것이다.

④ 남자는 다음 주까지 발표 자료를 준비할 것이다.

14. ① 이 축제에는 아이들이 참여하는 프로그램이 있다.

② 이번 요리 대회에는 14명의 요리사들이 참가한다.

③ 여러 나라의 음식을 맛보려면 비행기를 타야 한다.

④ 이번 주 토요일에 한국 전통 음식을 먹을 수 있다.

15. ① 이 승객은 배에 타려다 사고를 당했다.

② 이 승객은 오후 1시쯤에 바다에 빠졌다.

③ 이 승객은 배에서 미끄러져 발을 다쳤다.

④ 이 승객은 낚시를 하다가 바다에 빠졌다.

16. ① 여자는 30년 전에 생긴 맛집에 가 봤다.

② 여자의 책에는 여러 나라의 맛집이 나와 있다.

③ 여자는 새로 생긴 식당은 바로 찾아가 보는 편이다.

④ 여자는 요즘 책에 나온 식당이 좋은 식당이라고 생각한다.

※ [17~20] 다음을 듣고 남자의 중심 생각으로 가장 알맞은 것을 고르십시오. (각 2점)

17. ① 일회용 종이컵을 사용하면 편하다.

② 개인 컵을 사용하면 환경을 지킬 수 있다.

③ 한 번 쓰고 버리는 종이컵을 사용해야 한다.

④ 일회용 종이컵을 여러 번 사용하고 버려야 한다.

18. ① 물을 많이 마시는 것은 몸에 좋지 않다.

② 물을 마실 때는 의사에게 물어봐야 한다.

③ 텔레비전에 나오는 말을 다 믿으면 안 된다.

④ 몸에 좋은 것도 자신의 몸 상태에 맞게 먹어야 한다.

19. ① 김밥은 들고 먹기에 편한 음식이다.

② 김밥은 만들기도 간단하고 몸에도 좋다.

③ 김밥은 배가 고플 때 먹기 좋은 음식이다.

④ 김밥은 다양한 재료를 넣어 만들어야 한다.

20. ① 광고 포스터를 만들 때 글씨가 작으면 안 된다.

② 광고 포스터가 눈에 띄려면 밝은색을 사용해야 한다.

③ 광고 포스터는 사람들에게 강한 인상을 주는 것이 중요하다.

④ 광고 포스터는 사람들이 많이 지나다니는 길에 붙이는 게 좋다.

※ [21~22] 다음을 듣고 물음에 답하십시오. (각 2점)

21. 남자의 중심 생각으로 가장 알맞은 것을 고르십시오.

① 미라클 모닝을 하면 집중력이 향상된다.

② 독서나 운동을 하면 몸이 피곤하지 않다.

③ 자기 계발은 한 달 이상 하는 것이 효과적이다.

④ 집중력을 기르려면 평소보다 2시간 일찍 일어나야 한다.

22. 들은 내용으로 맞는 것을 고르십시오.

① 남자는 매일 일찍 일어나서 몸이 피곤하다.

② 남자는 일주일 전부터 독서와 운동을 하고 있다.

③ 남자는 마음먹은 일을 하기 위해 2시에 일어난다.

④ 남자는 자기 계발을 위해 미라클 모닝을 실천하고 있다.

※ [23~24] 다음을 듣고 물음에 답하십시오. (각 2점)

23. 남자가 무엇을 하고 있는지 고르십시오.

① 다음 학기 수업을 신청하고 있다.

② 수강 신청 자격을 확인하고 있다.

③ 수강료 할인에 대해 안내하고 있다.

④ 수강 신청에 필요한 서류를 문의하고 있다.

24. 들은 내용으로 맞는 것을 고르십시오.

① 남자는 이번 학기에 영어 회화 수업을 들었다.

② 수강 신청을 할 때 반드시 거주지를 말해야 한다.

③ 65세 이상이면 누구나 수강료 할인을 받을 수 있다.

④ 인주시에 거주하는 사람에 한해 수강 신청이 가능하다.

※ [25~26] 다음을 듣고 물음에 답하십시오. (각 2점)

25. 남자의 중심 생각으로 가장 알맞은 것을 고르십시오.

   ① 즉석식품의 맛을 위해 말린 채소를 사용해야 한다.

   ② 채소의 향과 색이 좋아지려면 얼리고 말려야 한다.

   ③ 즉석식품에는 향과 색이 유지된 말린 채소를 넣어야 한다.

   ④ 채소에 압력과 열을 가하면 채소의 특징이 변해서 좋지 않다.

26. 들은 내용으로 맞는 것을 고르십시오.

   ① 즉석식품에 넣는 채소는 높은 압력에서 말린 것이다.

   ② 동결건조는 높은 온도에서 채소를 건조시키는 것이다.

   ③ 채소를 얼리고 열을 가하면 채소 속의 얼음이 없어진다.

   ④ 채소를 일반적인 방법으로 건조하면 색과 냄새가 변한다.

※ [27~28] 다음을 듣고 물음에 답하십시오. (각 2점)

27. 남자가 말하는 의도로 알맞은 것을 고르십시오.

   ① 국민의 권리인 투표권에 대해 소개하려고

   ② 사전투표가 가능한 투표소의 위치를 안내하려고

   ③ 사전투표를 하지 않는 것에 대해 불만을 말하려고

   ④ 자신의 경험을 통해서 사전투표 방법을 알려주려고

28. 들은 내용과 같은 것을 고르십시오.

   ① 선거일에 출장을 가면 투표를 할 수 없다.

   ② 출장을 가는 사람들만 사전투표를 할 수 있다.

   ③ 사전투표를 하려면 신분증을 가지고 가야 한다.

   ④ 선거일 전에 미리 투표할 수 있는 제도가 올해 처음 생겼다.

※ [29~30] 다음을 듣고 물음에 답하십시오. (각 2점)

29. 남자는 누구인지 맞는 것을 고르십시오.

　① 머리카락을 가장 길게 기른 사람

　② 암 치료로 머리카락이 빠져 우울한 사람

　③ 어린 암 환자들을 위해 머리카락을 기부한 사람

　④ 기부한 머리카락으로 맞춤형 가발을 만드는 사람

30. 들은 내용과 같은 것을 고르십시오.

　① 남자는 머리를 길게 길러서 칭찬을 받았다.

　② 남자는 기부하기 위해 머리를 다시 기르기로 했다.

　③ 남자는 암에 걸렸지만 희망을 갖고 치료를 잘 받았다.

　④ 어린 암 환자를 위한 가발은 여자 머리카락으로 만들 수 없다.

※ [31~32] 다음을 듣고 물음에 답하십시오. (각 2점)

31. 남자의 중심 생각으로 가장 알맞은 것을 고르십시오.

　① 어린이들은 공원에서 공놀이를 자제해야 한다.

　② 어린이들은 늦은 시간에 공원에서 놀면 안 된다.

　③ 어린이들이 공놀이를 할 수 있는 공원이 필요하다.

　④ 공원에서 공놀이할 때 주민들의 허락을 받아야 한다.

32. 남자의 태도로 가장 알맞은 것을 고르십시오.

　① 발생할 사고에 대해 염려하고 있다.

　② 문제의 해결 방안을 촉구하고 있다.

　③ 여자의 의견에 조심스럽게 반박하고 있다.

　④ 피해 사례를 바탕으로 자신의 주장을 펼치고 있다.

※ [33~34] 다음을 듣고 물음에 답하십시오. (각 2점)

33. 무엇에 대한 내용인지 알맞은 것을 고르십시오.
① 거짓 정보를 구별하는 방법
② 사람들이 전염병에 걸리는 이유
③ 거짓 정보가 사람들에게 미치는 영향
④ 거짓 정보가 사람들에게 퍼져나가는 과정

34. 들은 내용과 같은 것을 고르십시오.
① 위기 상황에서 거짓 정보는 더 빨리 공유된다.
② 전염병은 미디어나 온라인을 통해 퍼져나간다.
③ 신뢰할만한 정보는 사람들의 불안감을 높인다.
④ 미디어나 인터넷의 정보에는 항상 거짓 정보가 있다.

※ [35~36] 다음을 듣고 물음에 답하십시오. (각 2점)

35. 여자는 무엇을 하고 있는지 고르십시오.
① 이탈리아의 유명 관광지를 소개하고 있다.
② 베네치아를 관광하는 관광객 수를 발표하고 있다.
③ 베네치아를 관광할 때 불편한 점을 지적하고 있다.
④ 베네치아에 관광 입장료가 생긴 이유를 설명하고 있다.

36. 들은 내용과 같은 것을 고르십시오.
① 베네치아의 놀이공원은 입장료를 내야 한다.
② 베네치아는 세계 최초로 물의 도시가 되었다.
③ 베네치아에서 숙박하면 입장료를 내지 않아도 된다.
④ 베네치아에 사는 주민들은 소음 때문에 두통이 생겼다.

37. 여자의 중심 생각으로 가장 알맞은 것을 고르십시오.

① 생각하는 능력을 기르려면 반드시 독서를 해야 한다.

② 책 내용을 요약한 영상 시청은 독서를 대신할 수 없다.

③ 책 내용이 모두 포함된 흥미로운 영상을 만들어야 한다.

④ 책을 읽는 대신 영상을 보면 새로운 지식을 얻을 수 있다.

38. 들은 내용과 같은 것을 고르십시오.

① 편집된 영상을 보면 분별력 향상에 도움이 된다.

② 세상이 복잡해질수록 단순화된 영상이 많이 제작된다.

③ 책 내용을 편집한 영상을 시청하면 궁금한 것을 빨리 찾을 수 있다.

④ 짧고 흥미로운 영상을 보게 되면 균형 잡힌 생각을 할 수 없게 된다.

※ [39~40] 다음을 듣고 물음에 답하십시오. (각 2점)

39. 이 대화 전의 내용으로 가장 알맞은 것을 고르십시오.

① 불법 영상물에 유명인들이 나오는 일이 흔하게 일어나고 있다.

② 인터넷에서 딥페이크 불법 영상물이 만들어지는 과정이 알려졌다.

③ 일반인들의 얼굴을 합성한 딥페이크 영상물이 확산되는 사건이 발생했다.

④ 딥페이크 영상물의 피해자들은 자신의 사진이 사용된 것을 알고 신고했다.

40. 들은 내용과 같은 것을 고르십시오.

① 인터넷에 개인 사진을 올리는 것은 불법이다.

② 특정한 사람들만 딥페이크 영상물의 피해자가 된다.

③ 다른 사람들에게 딥페이크 영상물을 보내는 것은 불법이다.

④ 딥페이크 영상물은 유명인들의 사진만을 활용해 만들어진다.

※ [41~42] 다음을 듣고 물음에 답하십시오. (각 2점)

41. 이 강연의 중심 내용으로 맞는 것을 고르십시오.
① 반드시 주차 위반 벌금을 납부해야 한다.
② 주차 위반 벌금 납부 방법이 새로워졌다.
③ 개인 정보를 해킹하는 사기 수법에 주의해야 한다.
④ 주차 위반 스티커가 가짜인지 확인할 필요가 있다.

42. 들은 내용과 일치하는 것을 고르십시오.
① 가짜 주차 위반 스티커는 컴퓨터 해킹을 유도한다.
② 주차 위반 벌금을 내려면 웹사이트를 방문해야 한다.
③ 가짜 주차 위반 스티커를 받으면 개인 정보가 사라진다.
④ 가짜 웹사이트에 방문하면 컴퓨터가 바이러스에 감염된다.

※ [43~44] 다음을 듣고 물음에 답하십시오. (각 2점)

43. 무엇에 대한 내용인지 알맞은 것을 고르십시오.
① 물고기가 떼로 이동할 때의 장점
② 물고기가 무리 지어 다니는 방향
③ 물고기가 무리로 다닐 때의 모습
④ 바닷속에서 물고기들이 이동하는 방법

44. 물고기들이 함께 다니는 것이 종족 번식에 유리한 이유로 맞는 것을 고르십시오.
① 체외 수정을 한 후 흩어지기 때문에
② 이동할 때 에너지를 절약하기 때문에
③ 외부의 적이 습격하기 어렵기 때문에
④ 암수가 만날 확률이 높아지기 때문에

※ [45~46] 다음을 듣고 물음에 답하십시오. (각 2점)

45. 들은 내용과 일치하는 것을 고르십시오.

① 이 장치는 2년 전에 설치되었다.

② 이 장치는 운전자에게 사각지대를 보여준다.

③ 이 장치는 차량과 보행자의 접근 여부를 판단한다.

④ 이 장치는 보행자가 교차로로 접근하는 것을 차단한다.

46. 여자가 말하는 방식으로 가장 알맞은 것을 고르십시오.

① 우회전 차량 사고가 발생하는 과정을 설명하고 있다.

② 이 장치를 소개하면서 긍정적인 결과를 예측하고 있다.

③ 우회전 차량 사고를 예방하기 위한 대책을 제시하고 있다.

④ 이 장치로 인해 우회전 사고가 감소되었음을 증명하고 있다.

※ [47~48] 다음을 듣고 물음에 답하십시오. (각 2점)

47. 들은 내용과 일치하는 것을 고르십시오.

① 임금피크제로 청년들이 모두 일자리를 갖게 되었다.

② 고위직의 임금을 줄여도 청년 실업 문제를 해결하기 어렵다.

③ 정부는 근로 시간 단축을 통해 청년들에게 일자리를 제공한다.

④ 새로운 일자리를 창출하기 위해 민간 부문에서 노력해야 한다.

48. 남자의 태도로 가장 알맞은 것을 고르십시오.

① 임금피크제의 도입을 반기고 있다.

② 청년 실업의 심각성을 알리고 있다.

③ 정부가 내놓은 대책에 대해 회의적이다.

④ 공공 부문 일자리 창출을 우려하고 있다.

※ [49~50] 다음을 듣고 물음에 답하십시오. (각 2점)

49. 들은 내용과 일치하는 것을 고르십시오.

① 머그샷은 사회적으로 규정되지 않은 용어이다.

② 머그샷 공개에서 범죄자의 개인 정보는 제외된다.

③ 머그샷을 활용하려면 반드시 대상자의 동의가 있어야 한다.

④ 머그샷 공개로 범죄자의 사회적 지위 박탈을 막을 수 있다.

50. 여자의 태도로 가장 알맞은 것을 고르십시오.

① 범죄자의 인권침해에 대해 우려하고 있다.

② 머그샷 공개의 긍정적인 효과를 기대하고 있다.

③ 범죄자 처벌에 대한 인식 변화를 당부하고 있다.

④ 머그샷 공개로 인한 수사기관의 어려움을 호소하고 있다.

제2회 | 쓰기 (51번~54번)

※ [51~52] 다음 글의 ㉠과 ㉡에 알맞은 말을 각각 쓰시오. (각 10점)

51.

화장실 이용 안내

화장실에서는 금연이므로 담배를 (㉠   ) 안 됩니다.
또한 화장실에 화장지가 없으니 미리 (㉡   ) 후에 이용하시기 바랍니다.
사람이 많을 때는 줄을 서서 기다리시기 바랍니다.

52.

    사람은 다른 사람의 감정을 똑같이 느끼는 능력이 있다. 친구가 슬퍼하면 함께 슬퍼하고, 기뻐하면 함께 기뻐한다. 그런데 개도 사람의 감정을 똑같이 (㉠   ) 연구 결과가 나왔다. 이 연구에 따르면 개에게 사람의 웃음소리와 울음소리를 각각 들려줬을 때, 정확히 울음소리에만 (㉡   ). 하품을 하는 것은 개가 슬픈 감정을 느껴 스트레스를 받고 있다는 의미이다.

53. 다음은 '한국인의 생활체육 참여율'에 대한 자료이다. 이 내용을 200~300자의 글로 쓰시오. 단, 글의 제목은 쓰지 마시오 (30점)

조사기관 : 문화체육관광부

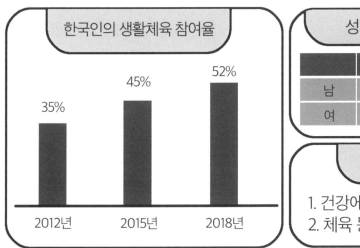

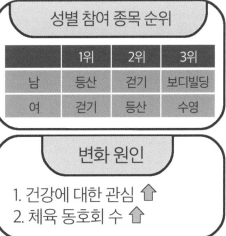

	1위	2위	3위
남	등산	걷기	보디빌딩
여	걷기	등산	수영

변화 원인

1. 건강에 대한 관심 ⬆
2. 체육 동호회 수 ⬆

54. 다음을 참고하여 600~700자로 글을 쓰시오. 단, 문제를 그대로 옮겨 쓰지 마시오. (50점)

키오스크는 가게나 식당 등에서 직원 대신 서비스를 제공하기 위해 설치된 기기로 손님들이 화면을 눌러 주문하거나 결제할 수 있다. 이러한 기능을 갖춘 키오스크의 등장으로 최근 직원을 채용하는 대신 키오스크를 설치하는 곳이 늘고 있다.

아래의 내용을 중심으로 키오스크의 장점과 문제점에 대해 자신의 의견을 쓰라.

- 키오스크 사용의 장점은 무엇인가?
- 키오스크 사용의 문제점은 무엇인가?
- 키오스크 사용의 문제점을 해결할 수 있는 방법은 무엇인가?

* **원고지 쓰기의 예**

	스	트	레	스	는		자	신	의		노	력	으	로		얼	마	든	지
극	복	이		가	능	하	다	.	스	트	레	스	를		없	애	는		좋

제1교시 듣기, 쓰기 시험이 끝났습니다. 제2교시는 읽기 시험입니다.

TOPIK 한국어능력시험

제2회 실전모의고사
The 1st Actual Mock Test

TOPIK II

2교시	읽기 (Reading)

수험번호 (Registration No.)		
이 름 (Name)	한국어(Korean)	
	영 어(English)	

유 의 사 항
Information

1. 시험 시작 지시가 있을 때까지 문제를 풀지 마십시오.
   Do not open the booklet until you are allowed to start.

2. 수험번호와 이름을 정확하게 적어 주십시오.
   Write your name and registration number on the answer sheet.

3. 답안지를 구기거나 훼손하지 마십시오.
   Do not fold the answer sheet; keep it clean.

4. 답안지의 이름, 수험번호 및 정답의 기입은 배부된 펜을 사용하여 주십시오.
   Use the given pen only.

5. 정답은 답안지에 정확하게 표시하여 주십시오.
   Mark your answer accurately and clearly on the answer sheet.

6. 문제를 읽을 때에는 소리가 나지 않도록 하십시오.
   Keep quiet while answering the questions.

7. 질문이 있을 때에는 손을 들고 감독관이 올 때까지 기다려 주십시오.
   When you have any questions, please raise your hand.

※ [1~2] (   )에 들어갈 말로 가장 알맞은 것을 고르십시오. (각 2점)

1. 아무리 화가 (   ) 친구와 싸우면 안 된다.

① 나듯이   ② 나든지

③ 나니까   ④ 나더라도

2. 밥을 조금만 먹는 것을 보니 입맛이 (   ).

① 없게 한다   ② 없나 보다

③ 없는 셈이다   ④ 없을 리가 없다

※ [3~4] 밑줄 친 부분과 의미가 가장 비슷한 것을 고르십시오. (각 2점)

3. 회사에 <u>늦을까 봐</u> 택시를 타고 갔다.

① 늦을수록   ② 늦었는데

③ 늦는 바람에   ④ 늦을 것 같아서

4. 약속 시간이 다 되어서 지금 막 <u>나가려던 참이었다</u>.

① 나갈 뻔했다   ② 나가려고 했다

③ 나갔어야 했다   ④ 나가는 척했다

※ [5~8] 다음은 무엇에 관한 글인지 고르십시오. (각 2점)

5.

얇고 가벼워~ 한 손에 쏙!
이제 모든 곳이 나의 사무실이 된다~

① 노트북 　　② 에어컨 　　③ 자동차 　　④ 카메라

6.

이제는 미래를 위해 가입하세요.
어려울 때 큰 도움이 됩니다.

① 은행 　　② 여행사 　　③ 결혼식장 　　④ 보험 회사

7.

지하철 안이 복잡할수록 교통 약자를 위해 일어나세요~
배려하는 마음, 항상 노약자를 위해 비워 두세요.

① 봉사 활동 　　② 건강 관리 　　③ 자리 양보 　　④ 안전 규칙

8.

1편보다 더 큰 재미와 따뜻한 감동!
세계가 인정한 봉중호 감독의 새로운 작품, 5월 개봉!

① 영화 소개 　　② 행사 안내 　　③ 관람 안내 　　④ 상품 설명

※ [9~12] 다음 글 또는 그래프의 내용과 같은 것을 고르십시오. (각 2점)

9.

① 이 체험은 오전에 진행된다.

② 체험할 학생들을 이틀 동안 모집한다.

③ 교육문화관에서 모든 비용을 지원한다.

④ 가오리연 만들기 체험 신청은 전화접수만 가능하다.

10.

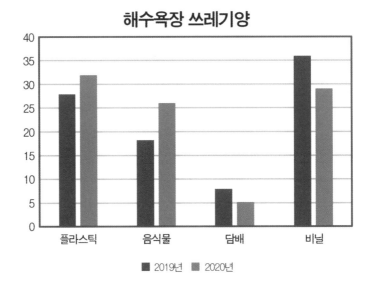

해수욕장 쓰레기양

① 두 해 모두 음식물 쓰레기양이 가장 많다.

② 1년 동안 비닐 쓰레기양이 가장 많이 줄었다.

③ 2020년에 담배 쓰레기양은 전년에 비해 크게 늘었다.

④ 플라스틱 쓰레기양은 2019년보다 2020년이 더 적었다.

※ [9~12] 다음 글 또는 그래프의 내용과 같은 것을 고르십시오. (각 2점)

11.

프랑스 우체국에서 프랑스 대표 음식인 바게트를 기념하기 위해 만든 우표가 사람들에게 인기를 끌고 있다. 이 우표에는 프랑스 국기를 상징하는 파란색, 흰색, 빨간색의 리본을 묶은 바게트가 그려져 있다. 이곳을 손으로 문지르면 방금 구운 빵 냄새가 난다. 실제로 우표 냄새를 맡은 사람들은 빵집에 있는 것 같다고 말했다.

① 이 우표에는 리본이 묶여 있다.
② 프랑스 우체국에서 만든 바게트가 인기다.
③ 이 우표에서 빵 구운 냄새를 맡을 수 있다.
④ 바게트가 그려진 우표는 빵집에서 판매한다.

12.

지난 주말 아무것도 하지 않기 위해 모인 사람들이 있다. 바로 '멍때리기 대회'에 참가한 사람들이다. '멍때리기 대회'는 일정한 시간 동안 어떤 말이나 행동도 하지 않고 그대로 자세를 유지하는 대회로, 2014년부터 시작되었다. 이 대회를 통해 자기의 몸과 마음을 잠시 쉬게 할 수 있는 기회가 되기 때문에 회사나 학교에서 스트레스를 받는 직장인과 학생들의 참여가 꾸준히 늘고 있다.

① 2014년부터 일하지 않는 사람들이 늘어나고 있다.
② 멍때리기 대회는 직장인과 학생만 참가할 수 있다.
③ 이 대회에 참가하면 주말 내내 아무 말도 하면 안 된다.
④ 잠시 동안 아무것도 하지 않는 것은 스트레스 해소에 좋다.

※ [13~15] 다음을 순서에 맞게 배열한 것을 고르십시오. (각 2점)

13.

(가) 그러면 오히려 건강을 해칠 수 있으므로 주의해야 한다.

(나) 하지만 몸무게를 줄이려고 굶는 시간을 더 늘리려는 사람들이 있다.

(다) 보통 16시간을 굶고 8시간 동안 음식을 먹는 방식이 많이 사용된다.

(라) 정해진 시간에만 음식을 먹고 나머지 시간에는 굶는 것이 건강에 좋다고 한다.

① (다)-(나)-(라)-(가)　　　　② (다)-(라)-(가)-(나)

③ (라)-(나)-(다)-(가)　　　　④ (라)-(다)-(나)-(가)

14.

(가) 현대인들에게 냉장고는 없어서는 안 될 필수품이다.

(나) 그곳에 얼음을 저장하면 여름에도 얼음이 녹지 않았다고 한다.

(다) 외부에서 들어오는 뜨거운 열을 막아 내부 온도를 유지했기 때문이다.

(라) 하지만 냉장고가 없던 옛날에도 얼음을 보관할 수 있는 창고가 있었다.

① (가)-(라)-(나)-(다)　　　　② (가)-(라)-(다)-(나)

③ (다)-(가)-(나)-(라)　　　　④ (다)-(나)-(가)-(라)

15.

(가) 우리가 사용하는 돈도 그중에 하나이다.

(나) 돈을 함부로 사용하거나 훼손하면 그만큼 세금이 낭비된다.

(다) 그러므로 돈을 찢거나 구기지 않고 깨끗하게 사용해야 한다.

(라) 국민이 낸 세금으로 국가에 필요한 여러 가지 것들이 만들어진다.

① (나)-(가)-(다)-(라)　　　　② (나)-(다)-(라)-(가)

③ (라)-(가)-(나)-(다)　　　　④ (라)-(가)-(다)-(나)

※ [16~18] (   )에 들어갈 말로 가장 알맞은 것을 고르십시오. (각 2점)

16.

북극성은 예로부터 뱃사람들에게 매우 중요한 별이라고 한다. 왜냐하면 북극성은 1년 내내 북쪽에서 빛나고 있어서 뱃사람들의 나침반 역할을 하기 때문이다. 이러한 북극성을 사람들은 방향을 알려주는 기준이 된다고 해서 '길잡이 별', '여행자의 별'이라고 불렀다. 우리는 넓고 넓은 바다에서 길을 잃어도 북극성만 찾아낸다면 자신이 가려고 하는 방향을 찾을 수 있다. 또 원하는 곳에 도착할 수 있다는 희망을 품을 수 있다. 북극성을 바라보며 가면 (   ) 때문이다.

① 방향을 잃지 않기　　　　② 집에 도착할 수 있기
③ 다른 별들은 볼 수 없기　　④ 원하는 것을 찾을 수 있기

17.

오늘날 우리는 세계가 한마을과 같은 지구촌에서 살아가고 있다. 우리는 지구 반대편에 사는 농부가 재배한 밀을 먹고, 이웃 나라 공장에서 만든 운동화를 신기도 하고, 반대로 우리나라에서 만든 전자 제품을 다른 나라 사람이 사용하기도 한다. 또한 외국 문화가 우리나라에서 유행하는 모습이나 문화가 다른 나라에 퍼지는 모습도 낯선 광경이 아니다. 이처럼 지구촌의 많은 사람이 (   ) 살아가면서, 함께 관심을 두고 해결해 나가야 하는 문제도 더욱 많아졌다.

① 서로 영향을 주고받으며　　② 유행하는 문화를 퍼트리며
③ 서로에게 필요한 것을 만들며　④ 공장에서 만든 제품을 사용하며

18.

역사는 '과거에 일어난 사실'과 '과거에 일어난 사실에 대한 기록'이라는 두 가지 의미를 가지고 있다. '과거에 일어난 사실'로서의 역사는 과거부터 현재까지 일어난 모든 사실을 의미하기 때문에 객관적이다. 반면 '과거에 일어난 사실에 대한 기록'으로서의 역사는 기록하는 과정에서 (   ) 들어가기 때문에, 일어난 사실에 대한 개인의 주관적인 해석이 포함된다.

① 기억하고 있는 사실만　　② 기록하는 사람의 의견이
③ 인간이 살면서 경험한 것들이　④ 과거에 일어난 사실의 한 부분이

연극의 종류 중, 희극은 쉽게 말해서 웃음을 주는 장르로 사람이 겪는 사건과 문제들을 재미있게 표현하며 그들의 바람을 담은 연극이다. 반면 비극은 슬프고 무거운 주제의 내용들로 구성되어 있으나 고통을 통해 인류가 조금 더 발전할 수 있다는 희망을 제공하는 연극이다. 희극과 비극은 (   ) 그 성격은 다르지만, 사회의 다양한 문제들을 다루며 관객들에게 희망을 전하려는 공통된 목적을 가지고 있다.

19. (   )에 들어갈 말로 가장 알맞은 것을 고르십시오.

① 과연   ② 비록   ③ 만약   ④ 설마

20. 윗글의 주제로 가장 알맞을 것을 고르십시오.

① 희극은 무거운 주제의 내용으로 구성되어 있다.

② 희극과 비극은 사람들의 감정에 대한 연극이다.

③ 희극과 비극은 사회 문제를 통해 희망을 전달한다.

④ 비극은 관객에게 희망을 주지만 희극은 그렇지 않다.

※ [21~22] 다음을 읽고 물음에 답하십시오. (각 2점)

> 아이들은 호기심을 해결하기 위해 온갖 감각들을 동원하는데 이 중 가장 쉽고 유용한 자극이 손과 입이다. 따라서 뭔가를 자꾸 입에 넣어보거나 집어 먹는 등의 행동을 하는데 이는 큰 사고로 이어질 수 있다. 아이들은 주로 작고 먹음직하게 생긴 장난감이나 동전 등을 입에 넣는 경우가 많다. 문제는 이런 것들을 삼킨 직후에는 증상이 잘 나타나지 않는다는 것이다. 그래서 보호자가 (   ) 아이가 물건들을 삼켰는데도 알아채지 못하는 경우가 많다.

21. (   )에 들어갈 말로 가장 알맞은 것을 고르십시오.

① 열을 올렸을 때

② 눈 밖에 났을 때

③ 한눈을 팔았을 때

④ 진땀을 흘렸을 때

22. 윗글의 내용과 같은 것을 고르십시오.

① 아이들은 큰 장난감만 입에 넣으려고 한다.

② 아이들은 작고 먹을 수 있는 장난감을 좋아한다.

③ 보호자는 아이들이 삼킨 물건을 바로 알 수 있다.

④ 아이들은 호기심을 해결하려고 자주 입을 사용한다.

나는 공연을 계속 지켜보며 풀잎 역을 맡은 현이의 모습을 기다렸다. 무대의 배경에 풀잎들이 앉아 있었다. '현이가 저 많은 풀잎 중의 하나로 끼여 앉아 있는 거구나!' 지금까지 흥분해 있던 마음이 싹 가셨다. <u>현이는 바로 그런 역을 맡고 있었다.</u> 양손에 든 풀잎 그림판으로 얼굴을 계속 가리고 앉아 있어서, 누가 현이인지 알 수 없었다. 나는 무대 위에서 벌어지는 중요한 장면을 보는 대신, 풀잎의 움직임만 보았다.

연극이 끝나고 현이를 찾아갔다.

"엄마! 나 하는 것 보았어요?"

현이가 물었을 때, 보았다고 해야 할지, 못 보았다고 해야 할지, 망설였다. 혹시 못 보았다는 것을 알아채고 실망하는 게 아닌가 눈치를 살폈는데,

"엄마, 나 못 보았지? 내 뒤에 있던 친구가 건드리는 바람에 모자가 벗겨져서, 그것을 엄마가 보았으면 어떻게 하나 하고 얼마나 걱정했는지 몰라."

이렇게 말하는 것이 아닌가? 나는 현이의 이 말에 또 한 번 마음속으로 놀랐다.

23. 밑줄 친 부분에 나타난 '나'의 심정으로 가장 알맞은 것을 고르십시오.

① 감격스럽다

② 실망스럽다

③ 걱정스럽다

④ 자랑스럽다

24. 윗글의 내용과 같은 것을 고르십시오.

① 현이만 풀잎 역할을 맡았다.

② 나는 풀잎 그림판을 들고 있었다.

③ 바람이 불어 현이의 모자가 벗겨졌다.

④ 나는 무대에 있는 현이를 찾지 못했다.

※ [25~27] 다음 신문 기사의 제목을 가장 잘 설명한 것을 고르십시오. (각 2점)

25.

> 영화 '제하' 관객 100만 명 돌파, 올해 최고 흥행작

① 관객 수 100만 명이 넘은 영화 '제하'는 올해 최고 제작 비용이 들었다.
② 영화 '제하'가 관객 수 100만 명을 넘어 올해 상업적으로 가장 성공했다.
③ 영화 '제하'의 관객 수가 100만 명이 넘으면 올해 최고 인기상을 받는다.
④ 관객 수 100만 명이 올해 가장 인기 있는 작품으로 영화 '제하'를 뽑았다.

26.

> 위반 차량 수두룩, 갈 길 먼 '우회전 통행법'

① 우회전 통행법을 모르는 운전자들은 먼 길로 돌아서 가야 한다.
② 우회전 통행법을 위반하는 차량 때문에 도로가 막혀 문제가 되고 있다.
③ 우회전 통행법을 위반하는 운전자들에게 우회전하는 방법을 교육해야 한다.
④ 우회전 통행법을 위반하는 차량이 많아, 제도 정착에 여전히 어려움이 있다.

27.

> 64년 만에 아시아 대회, 우승 도전 물거품

① 64년 만에 아시아 대회에 출전해서 마침내 우승하였다.
② 64년 만에 아시아 대회에 나가 우승을 노렸지만 실패했다.
③ 64년 만에 아시아 대회에 출전했지만 비로 인해 경기가 취소됐다.
④ 64년 만에 아시아 대회에 나가 우승하기 위해 열심히 훈련하고 있다.

※ [28~31] (　　　　　)에 들어갈 말로 가장 알맞은 것을 고르십시오. (각 2점)

28.

상품을 선택하는 기준은 가격과 품질이다. 품질이 같은 두 상품이 있다면 대부분의 사람들은 더 저렴한 상품을 구입한다. 이를 합리적 소비라 한다. 그런데 최근 또 다른 소비 형태가 생겨났다. 가격과 품질보다 (　　　　　) 상품을 구매하는 것이다. 이는 아동의 노동력이나 잔인한 동물 실험을 통해 생산되는 제품은 구매하지 않겠다는 것이다.

① 제품을 사용한 사람들의 글을 읽고
② 상품을 만든 회사 이름을 확인하고
③ 상품이 나오기까지의 과정을 살펴보고
④ 깨끗한 환경에서 생산된 제품인지를 알아보고

29.

어떤 대상을 표현하는 방법과 그 형식이 정해지면, 같은 언어를 사용하는 사람들은 그 규칙을 따라야 원활한 의사소통이 가능하다. 언어는 사회적 약속으로 이루어지기 때문이다. 다시 말해, 사회적으로 특정한 의미를 특정한 소리로 표현하자고 정한 뒤에는 (　　　　　). 이러한 언어의 특성을 우리는 '언어의 사회성'이라고 한다. 따라서 언어는 개인의 창의성이 아닌, 사회적 합의에 의해 형성된다.

① 자유롭게 변경할 수 있다.
② 개인의 의견을 말해야 한다.
③ 새로운 언어를 만들어야 한다.
④ 개인이 마음대로 바꿀 수 없다.

※ [28~31] (   )에 들어갈 말로 가장 알맞은 것을 고르십시오. (각 2점)

30.

> 인간의 시각은 다양한 색을 인지하는 데 뛰어나지만 색이 없는 흑백 이미지를 처리하는 데도 능숙하다. 신생아 초기에는 색을 감지하는 원추세포가 제대로 발달하지 않아 색을 잘 인지하지는 못하지만 빛의 밝기로 사물을 구별할 수는 있다. 이는 신생아가 색이 아닌 (   ) 사물을 구별하기 때문이다. 그러므로 신생아에게 컬러 이미지를 흑백으로 바꿔 보여줘도 물체를 인식하는 데에 전혀 문제가 없다.

① 빛의 강도에 따라
② 물체의 크기에 따라
③ 시각의 적응 상태에 따라
④ 원추세포의 발달 정도에 따라

31.

> 동양에서는 주로 종이나 비단에 먹물로 그림을 그렸다. 종이나 비단에 그림을 그리면 먹물이 즉시 스며들기 때문에 한번 그린 그림을 덧칠하거나 수정하기가 어렵다. 그래서 먹물로 그릴 때는 한 번의 붓질로 완성해야 하므로 (   ) 매우 중시되었다. 이렇듯 동양의 미술은 붓의 움직임과 그 순간의 감정을 담아내는 데 중점을 두기 때문에 '선의 예술'이라고 불린다.

① 붓을 잡는 방법이
② 순간적인 표현력이
③ 먹물의 양을 조절하는 것이
④ 편안한 장소에서 그리는 것이

※ [32~34] 다음을 읽고 글의 내용과 같은 것을 고르십시오. (각 2점)

32.

　　반려견은 가족의 일원으로 사람들과 정서적 교류를 나누는 존재이다. 반려견 훈련은 행동을 조절하고 인간과의 관계를 개선하는 데 필수적이다. '앉아', '기다려'와 같은 기본 명령어 훈련은 반려견이 다른 동물이나 사람과 잘 어울리도록 돕고, 적절한 사회화를 통해 공격성을 감소시킨다. 또한, 주인을 동반한 훈련은 주인과의 유대감을 강하게 형성하는 기회를 제공하여, 깊은 신뢰를 쌓을 수 있다. 이런 훈련은 반려견이 행복하고 안정적인 삶을 살 수 있도록 만들어준다.

① 주인과의 훈련으로 주인과 반려견 간의 믿음이 강화된다.
② 주인은 기본 명령어 교육을 받아야 반려견을 키울 수 있다.
③ 반려견이 다른 동물을 공격하면 가족의 일원이 될 수 없다.
④ 반려견의 훈련은 다른 동물과의 상호관계에 더 중점을 둔다.

33.

　　제주도에 관리로 부임한 최부는 아버지가 돌아가셨다는 소식을 듣고 고향으로 가다가 폭풍우를 만난다. 그는 16일간 바다에서 길을 잃고 표류하다가 결국 중국의 명나라에 도착하게 된다. 뜻하지 않게 도착한 명나라에서 그는 여러 차례 고난을 겪다가 반년 만에 조선으로 돌아온다. 그는 성종의 지시에 따라 명나라에서의 경험을 책으로 엮었는데 이 책이 바로 『표해록』이다. 이 책은 조선 시대 최초의 표류기로 명나라의 교통, 풍속, 기후 등에 대한 내용이 일기 형식으로 자세히 기록되어 있다.

① 최부는 명나라에서 반년이 지나서야 떠날 수 있었다.
② 최부는 바다에서 표류하다가 명나라에 갈 계획을 세웠다.
③ 이 책은 명나라에서 지내면서 쓴 최부의 일기를 엮은 책이다.
④ 최부는 성종의 지시로 명나라를 방문하여 새로운 지식을 쌓았다.

※ [32~34] 다음을 읽고 글의 내용과 같은 것을 고르십시오. (각 2점)

34.

　　땅속에 사는 지렁이는 농사를 짓는 데 아주 유용한 동물이다. 지렁이는 먹이를 소화하는 과정에서 해로운 미생물을 제거하고 질소, 칼슘 등이 포함된 분변토를 배출하여 식물 생장을 돕는다. 또한 지렁이는 땅 표면과 땅속을 오가면서 지표면의 물질과 땅속의 흙을 순환시킨다. 이때 땅속에 생긴 미세한 구멍은 식물의 뿌리가 성장하는 데에 도움을 줄 뿐만 아니라 빗물을 스며들게 하여 식물이 필요한 수분을 저장하고 지하수를 확보하는 데에 도움이 된다.

① 지렁이는 필요한 수분을 빗물을 통해 얻는다.
② 지렁이는 농작물의 수확량을 높이는 데 기여한다.
③ 지렁이는 식물이 자라는 데 필요한 영양소를 제공한다.
④ 지렁이는 식물의 뿌리가 수분을 저장하도록 땅속에 구멍을 만든다.

※ [35~38] 다음을 읽고 글의 주제로 가장 알맞은 것을 고르십시오. (각 2점)

35.

　　현대 사회에서 경제적 불안정이 심화됨에 따라, 국민에게 조건 없이 정기적으로 금액을 지급하는 기본 소득 제도가 주목받고 있다. 이 제도는 개인과 가정의 최소한의 생계를 보장하여 경제적 안정성을 높이는 것을 목표로 한다. 또한 취업 여부와 관계없이 경제적 지원을 제공하여 불평등을 줄임으로써 사회적 안전망을 강화한다. 따라서 기본 소득 제도는 단순한 재정 지원이 아니라, 경제와 사회를 건강하게 만드는 중요한 역할을 할 것이다.

① 취업 여부와 관계없이 단순한 경제적 지원은 피해야 한다.
② 기본 소득 제도는 경제적 안정성과 사회적 안전망 강화를 위해 필요하다.
③ 국민에게 조건 없이 정기적으로 금액을 지급하면 생계가 어려워질 수 있다.
④ 경제적 불평등을 줄이려면 적절한 기본 소득 금액을 정하는 것이 중요하다.

36.

   대부분의 사람이 자신이 소속된 문화를 가장 바람직하고 옳은 것으로 인식하는 경향이 있다. 하지만 이러한 시각은 자신의 것만 옳다고 주장하는 편협한 시각에 불과하다. 인간 사회의 모든 문화 간에는 일방적인 우열이 있을 수 없다. 힌두교 교인들이 쇠고기를 먹지 않는 것, 유대교 교인들이 돼지고기를 먹지 않는 것과 같은 음식 문화 역시 인간 사회의 서로 다른 방식으로 형성된 다양한 문화적 양상이다. 따라서 인간 사회의 다양한 문화는 일방적으로 우열을 가리거나 옳고 그름을 따지는 것은 합당하지 않다.

① 다양한 음식 문화는 인류의 종교와 경험을 반영한다.
② 사람은 특정 문화의 관습을 기준으로 다른 문화를 평가한다.
③ 모든 문화는 고유한 가치를 지니고 있어 우열을 가릴 수 없다.
④ 문화 간에 우열을 가리는 것은 문화의 다양성을 인정하는 것이다.

37.

   무언가를 진정으로 이해하려는 사람은 고정된 생각에서 벗어나야 한다. 우리가 가진 지식은 새로운 것을 배우는 데 방해가 될 수 있다. 기존의 지식으로 인해 새로운 경험을 과거의 틀로 해석하게 되는데, 이로 인해 진정한 이해가 방해받는다. 새로운 것을 경험하기 위해서는 이전의 지식이나 선입견이 개입하지 않아야 한다. 따라서 기존의 지식에서 자유로워질 때, 우리는 진정한 이해를 위한 자유를 얻을 수 있다.

① 새로운 것을 알아보기 위해서는 기존의 지식이 필요하다.
② 자유롭게 생활하려면 새로운 지식과 경험에서 벗어나야 한다.
③ 무언가를 진정으로 이해하는데 새로운 경험은 방해가 될 수 있다.
④ 진정한 이해는 기존의 지식에서 벗어나 새로운 경험을 받아들이는 것이다.

※ [35~38] 다음을 읽고 글의 주제로 가장 알맞은 것을 고르십시오. (각 2점)

38.

> 투명하게 경영하고 윤리적으로 제품을 생산하며 기업의 이익을 지역 사회에 환원하면 실질적인 이윤은 줄어들 것이라 생각한다. 그러나 장기적으로 보면 이미지가 좋아지고 소비자의 신뢰를 얻어 기업은 더 큰 혜택을 받을 수 있다. 한 설문 조사에서 소비자의 대부분은 가격이 비슷할 경우 사회적 책임을 위해 노력하는 기업의 제품을 선택하겠다고 응답했다. 그러므로 기업이 사회적 책임을 다한다고 해서 기업의 이익이 줄어드는 것은 아니다.

① 기업의 사회적 책임 실천은 기업의 신뢰와 경쟁력을 높이는 방법이다.
② 기업의 실질적 이윤 증가는 소비자의 기업에 대한 이미지에 달려있다.
③ 소비자는 사회적 책임을 다하는 기업의 제품을 선호하는 경향이 강하다.
④ 투명한 경영과 지역 사회에 대한 기여는 기업의 긍정적인 이미지를 만든다.

※ [39~41] 주어진 문장이 들어갈 곳으로 가장 알맞은 것을 고르십시오. (각 2점)

39.

> 홍합의 사례 외에도, 생명체를 모방하여 우리의 삶에 적용하려는 노력은 다양한 분야에서 계속되고 있다..

> 홍합은 바닷물 속에서도 표면이 거친 바위에 잘 붙어 있다. 이는 홍합의 '족사'에 있는 접착 단백질 때문이다. (㉠) 족사의 접착 단백질은 독성이 없고 감염의 우려가 적으며, 질기고 탄성이 뛰어나 천연 접착제로 활용될 수 있다. (㉡) 예를 들어, 홍합에서 접착 단백질을 추출하여 여기에 접착력과 유연성 등을 강화하는 과정을 거치면 의료용 접착제로 사용된다. (㉢) 이러한 기술은 치과용 접착제나 외과 수술용 접착제 등, 의료 분야에서 널리 활용되고 있다. (㉣)

① ㉠   ② ㉡   ③ ㉢   ④ ㉣

40.

> 이런 가치들을 지닌 운석을 연구하기 위해서는 많은 운석이 필요하다.

지구 밖에서 온 운석은 태양계와 지구의 비밀을 풀 수 있는 중요한 자료가 된다. (㉠) 태양계가 탄생할 때 생겨난 운석에는 태양계가 탄생할 당시에 어떤 일이 있었는지를 알 수 있는 정보가 담겨 있다. (㉡) 게다가 태양계가 생성된 이후의 운석에는 행성의 초기 진화에 대한 기록이 보존되어 있다. (㉢) 그런데 흥미롭게도, 지구에 떨어지는 운석의 상당수는 남극에서 발견된다. (㉣) 이는 남극의 독특한 지형 조건으로 인해 운석이 특정 장소에 집중되기 때문이다.

① ㉠   ② ㉡   ③ ㉢   ④ ㉣

41.

> 그래서 우리는 잘 우는 사람들이 그렇지 않은 사람들보다 부정적인 정서가 더 많을 거라고 생각한다.

우리는 '눈물'을 참아내는 것에 익숙해져 있다. 이처럼 우는 것에 인색한 우리들에게 눈물을 적극 권하는 책이 있다. 최근 주목받고 있는 『울어야 삽니다』라는 책에서는 눈물이 내면의 상처를 치유하는 데 필수적이라고 강조한다. (㉠) 치열하게 경쟁하며 사는 현대 사회에서 눈물은 종종 부정적 요소로 여겨진다. (㉡) 하지만 한 심리학과에서 실시한 조사 결과에 따르면 우리의 예상과 달리, 잘 우는 사람이 오히려 긍정적인 정서가 더 많이 느낀다는 사실이 밝혀졌다. (㉢) 이는 눈물이 부정적인 정서를 배출하고, 마음을 치유하는 데 효과적인 방법이 될 수 있기 때문이다. (㉣)

① ㉠   ② ㉡   ③ ㉢   ④ ㉣

※ [42~43] 다음을 읽고 물음에 답하십시오. (각 2점)

나는 화를 눌러 참고 책을 다 읽을 때까지 기다렸다. 그리고 냉담하게 말했다.

"지금 책 읽은 학생이 김영수예요? 자기 이름들도 몰라요? 결석한 친구 대신 대리 대답하는 학생들이 있다더니, 그렇게 하는 것이 아예 버릇이 돼서 이젠 친구 이름을 자기 이름인 줄로 착각할 정도인가?"

나는 놀리기까지 했다. 영수와 서훈이는 고개를 떨구고 있었다.

나는 강의를 계속했지만, 수업이 끝나고도 기분이 썩 좋지 않았다.

그리고 오후에 퇴근 준비를 하고 있는데, 학생 하나가 찾아와 사실을 알려주었다. 김영수는 아주 심각한 말더듬이 증세를 갖고 있고, 그 증세는 사람들 앞에서 말하거나 읽거나 하는 스트레스 상황에서는 더욱 악화된다는 것이었다. 그러니 아까 갑자기 말문이 막혀 책을 읽을 수도, 그렇다고 말을 더듬어서 못 읽겠다고 설명할 수도 없었을 것이고, 그 사정을 잘 아는 서훈이가 당황하는 친구를 도와주려고 대신 읽었다는 것이다.

이야기를 듣고 나서, 나는 정말이지 <u>쥐구멍에라도 숨고 싶은 심정이었다.</u> 어렸을 때 나도 한때 말더듬이 비슷한 증세가 있었기 때문에 영수가 느꼈을 충격과 고뇌, 그리고 수업 시간 이후의 기분을 잘 알 수 있었다.

42. 밑줄 친 부분에 나타난 '나'의 심정으로 알맞은 것을 고르십시오.
① 무안하다
② 흐뭇하다
③ 서운하다
④ 억울하다

43. 윗글의 내용으로 알 수 있는 것을 고르십시오.
① 나는 김영수처럼 말을 더듬은 적이 있다.
② 서훈이는 결석한 친구를 도와주려고 대신 책을 읽었다.
③ 나는 학생의 이름을 착각하여 잘못 부르는 버릇이 있다.
④ 김영수는 나에게 수업 시간에 책을 못 읽은 이유를 알려주었다.

※ [44~45] 다음을 읽고 물음에 답하십시오. (각 2점)

　　오늘날 상업 거래에는 일반적으로 지폐나 신용 카드와 같은 화폐가 사용된다. 화폐가 없던 과거에는 주로 상품과 상품을 직접 맞바꾸는 물물 교환 방식으로 거래가 이루어졌다. 물물 교환으로 물건을 얻고자 할 때, 원하는 물건이 일치하는 사람을 찾기 위해 상당한 시간과 노력을 들여야 하는 것이 일반적이다. 게다가 원하는 물건을 발견하더라도 쉽게 교환이 되는 것은 아니다. 왜냐하면 각자가 물건에 부여하는 가치가 다르기 때문이다. 그러나 화폐의 출현으로 인해 거래의 효율성이 크게 향상되었다. 이제 거래 과정에서 화폐를 매개로 대가를 지불함으로써 거래에 드는 시간과 노력이 줄어들게 되었다. 또한 교환 대상에 대해 (　　　　　), 각 상품의 가치를 화폐의 단위로 측정함으로써 거래에서 발생하는 분쟁이 현저히 감소하였다.

44. (　　　　　)에 들어갈 말로 가장 알맞은 것을 고르십시오.

① 내용물의 차이를 비교할 때

② 원하는 거래 방식이 다를 때

③ 서로 다른 가치를 적용할 때

④ 크기를 측정할 수 있는 도구가 없을 때

45. 윗글의 주제로 가장 알맞은 것을 고르십시오.

① 화폐는 물건이 가진 가치를 저장할 수 있다.

② 화폐는 교환 매개와 가치 기준의 역할을 한다.

③ 물물 교환은 물건을 보관하고 유지하는 데 어려움이 있다.

④ 사람들은 서로 원하는 물건을 교환함으로써 분쟁을 줄일 수 있다.

※ [46~47] 다음을 읽고 물음에 답하십시오. (각 2점)

전 세계가 더위로 인한 물가 상승의 위협에 직면하고 있다. 폭염은 농산물 수확량을 줄이고, 가축 피해를 증가시키며, 어획량마저 감소시키고 있다. 이러한 변화는 필연적으로 식량 가격의 급등을 초래할 수밖에 없다. 폭염으로 각 업계의 생산량이 감소하면서 원재료 가격이 오르고, 가공식품 가격에도 영향을 미치고 있다. 또한, 폭염으로 인한 수확물의 부패를 방지하기 위해 냉방이 필수화되면서 운송 비용과 에너지 요금도 증가하고 있다. 하지만 폭염이 심각한 문제로 여겨지는 이유는 단순한 일시적 현상이 아니라, 지구 온난화로 인한 기후변화가 지속적으로 영향을 미칠 가능성이 크기 때문이다. 기후변화는 지역별 생산 현황에 직접적인 영향을 미쳐, 세계 농수산업의 구조를 완전히 변화시킬 수 있다. 이로 인해 식량 안보 위기가 발생하고, 경제 성장 또한 위축될 수 있다.

46. 윗글에 나타난 필자의 태도로 가장 알맞은 것을 고르십시오.
① 식량 가격 및 물가 상승의 대응책을 강구하고 있다.
② 폭염으로 인한 문제가 일시적 현상임을 주장하고 있다.
③ 지속적인 기후변화가 가져올 악영향에 대해 우려하고 있다.
④ 기후변화로 인한 세계 농수산업의 구조 변화를 낙관하고 있다.

47. 윗글의 내용과 같은 것을 고르십시오.
① 폭염으로 농수산물 생산량이 줄면 가공식품 가격이 변동한다.
② 폭염은 지속적인 현상으로 농수산업에 미치는 영향은 제한적이다.
③ 지구 온난화가 에너지 요금 상승의 주된 원인으로 작용할 수 있다.
④ 기후변화로 농수산업의 구조가 변하면 식량 안보 위기에 대처할 수 있다.

※ [48~50] 다음을 읽고 물음에 답하십시오. (각 2점)

방송 프로그램에서 출연자가 특정 브랜드의 옷이나 자동차를 사용하는 장면을 흔히 볼 수 있다. 이렇게 상업적 의도를 감추고 소비자가 제품이나 기업의 상징물을 인식하도록 만드는 광고를 '간접 광고'라고 한다. 2010년부터 간접 광고가 허용되었는데 허용 초기에는 간접 광고의 정도가 미미했으나 이제는 그 정도가 심해져 내용 전개와 무관한 간접 광고가 자주 등장한다. 간접 광고의 잦은 노출은 프로그램의 완성도를 떨어뜨리고 프로그램의 흐름을 끊어 (   ). 또한 간접 광고는 시청자의 선택권을 빼앗는 문제를 안고 있다. 프로그램 앞뒤에 하는 광고는 시청자가 시청 여부를 선택할 수 있지만, 간접 광고는 프로그램 내에 포함되어 있어 선택할 수 없다. 이는 시청자를 수동적인 존재로 만든다. 그러므로 시청자들은 지나친 간접 광고가 프로그램을 즐겁게 시청할 자신들의 권리를 침해한다는 사실을 인식하고 지나친 간접 광고에 대해 비판의 목소리를 높여야 한다. 시청자들의 목소리는 과도한 간접 광고를 막을 수 있는 또 다른 중요한 축이 될 수 있다.

48. 윗글을 쓴 목적으로 가장 알맞은 것을 고르십시오.
① 시청자의 광고 선택권 보장을 주장하기 위해
② 간접 광고로 인한 문제들의 원인을 분석하기 위해
③ 광고주의 방송 프로그램 제작 참여를 비판하기 위해
④ 간접 광고에 대한 시청자의 태도 변화를 촉구하기 위해

49. (   )에 들어갈 말로 가장 알맞은 것을 고르십시오.
① 시청자가 특정 브랜드의 상품을 구매하게 하였다.
② 광고주가 프로그램 제작에 참여하지 않게 되었다.
③ 시청자들의 몰입을 방해하는 수준에 이르게 되었다.
④ 방송 출연자가 더 이상 방송에 나올 수 없게 하였다.

50. 윗글의 내용과 같은 것을 고르십시오.

① 2010년 이전의 간접 광고는 상업적 의도를 띠지 않았다.

② 프로그램 전후로 하는 간접 광고는 시청자의 선택권을 빼앗는다.

③ 과도한 간접 광고는 프로그램의 자연스러운 내용 전개를 해친다.

④ 프로그램 내용과 관련 없는 간접 광고로 방송 제작에 어려움이 있다.

TOPIK 한국어능력시험

제3회 실전모의고사
The 1st Actual Mock Test

TOPIK II

1교시	듣기, 쓰기 (Listening, Writing)

수험번호 (Registration No.)		
이 름 (Name)	한국어(Korean)	
	영 어(English)	

유 의 사 항
Information

1. 시험 시작 지시가 있을 때까지 문제를 풀지 마십시오.
   Do not open the booklet until you are allowed to start.

2. 수험번호와 이름을 정확하게 적어 주십시오.
   Write your name and registration number on the answer sheet.

3. 답안지를 구기거나 훼손하지 마십시오.
   Do not fold the answer sheet; keep it clean.

4. 답안지의 이름, 수험번호 및 정답의 기입은 배부된 펜을 사용하여 주십시오.
   Use the given pen only.

5. 정답은 답안지에 정확하게 표시하여 주십시오.
   Mark your answer accurately and clearly on the answer sheet.

   marking example

6. 문제를 읽을 때에는 소리가 나지 않도록 하십시오.
   Keep quiet while answering the questions.

7. 질문이 있을 때에는 손을 들고 감독관이 올 때까지 기다려 주십시오.
   When you have any questions, please raise your hand.

제3회 | 듣기 (1번~50번)

듣기 파일

※ [1~3] 다음을 듣고 가장 알맞은 그림 또는 그래프를 고르십시오. (각 2점)

1.

①

②

③

④

2.

①

②

③

④

※ [1~3] 다음을 듣고 가장 알맞은 그림 또는 그래프를 고르십시오. (각 2점)

3.

①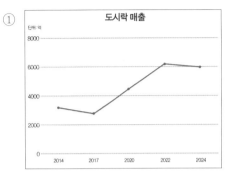

②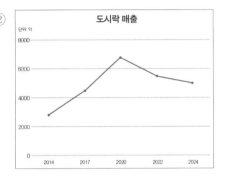

③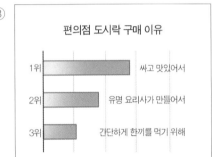

④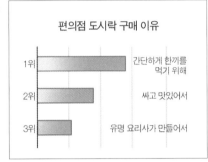

※ [4~8] 다음 대화를 잘 듣고 이어질 수 있는 말을 고르십시오. (각 2점)

4.
① 회의 시간을 다시 정할 거예요.
② 내일 중요한 손님이 오실 거예요.
③ 배가 아파서 병원에 가야할 것 같아요.
④ 회의 자료를 미리 복사해 놓아야겠어요.

5.
① 매일 1시간 정도 운동해요.
② 보통 아침 8시까지 운동해요.
③ 운동한 지는 한 달 정도 됐어요.
④ 주말에 운동하러 공원에 갔어요.

6.　① 비가 금방 그쳐야 할 텐데요.

　　　② 장마가 빨리 왔으면 좋겠어요.

　　　③ 이따가 우산을 가지고 나가야겠어요.

　　　④ 올해는 작년보다 더 많이 올 거래요.

7.　① 내가 대신 반납해 줄까?

　　　② 천천히 읽고 돌려줘도 돼.

　　　③ 도서관에서 빌리는 게 어때?

　　　④ 주말에 같이 책 빌리러 가자.

8.　① 교수님께 문자를 받았어요.

　　　② 생각보다 준비할 게 많던데요.

　　　③ 확인되면 저한테도 알려주세요.

　　　④ 그럼 제가 계획한 대로 진행하세요.

※　**[9~12] 다음 대화를 잘 듣고 여자가 이어서 할 행동으로 알맞은 것을 고르십시오. (각 2점)**

9.　① 주문한 음식을 기다린다.　② 식당에 물을 마시러 간다.

　　　③ 카페에 음료수를 사러 간다.　④ 놀이 기구를 탈 순서를 기다린다.

10.　① 수리기사에게 전화한다.　② 고장 난 에어컨을 수리한다.

　　　③ 날씨가 시원해질 때까지 기다린다.　④ 남자에게 에어컨을 켜달라고 한다.

11.　① 남은 숙제를 하러 간다.　② 남자에게 노트북을 빌려준다.

　　　③ 남자와 함께 노트북을 사러 간다.　④ 노트북을 찾으러 수리센터에 간다.

12.　① 이메일을 보낸다.　② 자료를 수정한다.

　　　③ 부장님께 보고한다.　④ 출장 일정을 준비한다.

13. ① 여자는 텀블러를 새로 샀다.

② 여자는 카페에 텀블러를 가져갈 것이다.

③ 남자는 여자와 함께 카페에 가기로 했다.

④ 남자는 새로 생긴 카페에 가 본 적이 있다.

14. ① 청소작업은 오후 4시부터 시작한다.

② 오늘부터 이틀 동안 지하 주차장을 청소한다.

③ 청소하는 동안 지하 주차장에 주차할 수 없다.

④ 지하 주차장은 주민들이 직접 청소할 예정이다.

15. ① 다양한 체육활동을 하면 집중력이 좋아진다.

② 학교는 학생들의 체육 시간을 줄이려고 한다.

③ 학생들의 학업 성적이 점점 안 좋아지고 있다.

④ 희망하는 학생은 아침 체육활동에 참여할 수 있다.

16. ① 발표를 잘하려면 말의 속도가 빨라야 한다.

② 대부분의 사람들은 발표하는 것을 좋아한다.

③ 목소리 코치는 발표를 잘 할 수 있도록 도와준다.

④ 발표를 할 때는 시각적인 요소를 잘 이용해야 한다.

※ [17~20] 다음을 듣고 남자의 중심 생각으로 가장 알맞은 것을 고르십시오. (각 2점)

17. ① 건강을 위해서는 식당을 잘 골라야 한다.

② 물건을 살 때는 직접 보고 사는 것이 좋다.

③ 가공식품은 영양 성분을 반드시 표시해야 한다.

④ 가공식품을 살 때 영양 성분을 확인하고 사는 것이 좋다.

18. ① 전기 콘센트를 사용하면 안 된다.

② 함께 쓰는 공간에서는 안전에 더 유의해야 한다.

③ 개인 소지품을 잃어버리지 않도록 조심해야 한다.

④ 불이 나기 전에 화재 예방 시설을 설치해야 한다.

19. ① 회의 자료는 인터넷에서 찾을 수 있다.

② 출처를 알 수 없는 자료는 사용하면 안 된다.

③ 인터넷에서 찾은 자료를 사용하는 것이 안전하다.

④ 다른 사람의 자료를 사용할 때는 허락을 받아야 한다.

20. ① 운동을 하면 당뇨를 예방할 수 있다.

② 휴식을 통해 혈당 수치를 낮출 수 있다.

③ 규칙적인 운동은 당뇨 관리에 도움을 준다.

④ 운동을 자주 하지 않으면 건강이 나빠진다.

※ **[21~22] 다음을 듣고 물음에 답하십시오. (각 2점)**

21. 남자의 중심 생각으로 가장 알맞은 것을 고르십시오.

① 부탁할 때는 대안을 제시하며 대화해야 한다.

② 다른 사람의 부탁은 무조건 들어주는 것이 좋다.

③ 무리한 요구는 현명하게 거절할 줄 알아야 한다.

④ 스트레스를 받을 때는 다른 사람에게 부탁해야 한다.

22. 들은 내용으로 맞는 것을 고르십시오.

① 부탁을 할 때는 누구나 스트레스를 받는다.

② 거절할 때는 이유를 명확하게 밝히는 것이 좋다.

③ 다른 사람에게 어려운 부탁은 하지 않는 것이 좋다.

④ 남자는 타인의 부탁을 받고 스트레스를 받은 적이 있다.

※ **[23~24] 다음을 듣고 물음에 답하십시오. (각 2점)**

23. 남자가 무엇을 하고 있는지 고르십시오.

① 지역 행사에 대해 문의하고 있다.

② 중고 거래의 장점을 설명하고 있다.

③ 환경보호의 중요성을 강조하고 있다.

④ 신청에 필요한 서류를 안내하고 있다.

24. 들은 내용으로 맞는 것을 고르십시오.

① 수익금의 20% 이상을 기부해야 한다.

② 남자는 물건을 구매하기 위해 센터에 전화했다.

③ 아나바다 장터 신청은 센터에 직접 방문해서 해야 한다.

④ 아나바다 장터에서는 재활용 가능한 품목을 팔 수 있다.

※ [25~26] 다음을 듣고 물음에 답하십시오. (각 2점)

25. 남자의 중심 생각으로 가장 알맞은 것을 고르십시오.

① 한식을 홍보할 수 있는 공간을 마련해야 한다.

② 국제 음식 축제에 참여하는 것이 가장 중요하다.

③ 한식의 가치를 널리 알릴 수 있도록 노력해야 한다.

④ 현지인의 식습관에 맞게 새로운 음식을 연구해야 한다.

26. 들은 내용과 같은 것을 고르십시오.

① 음식을 골고루 먹는 것이 건강에 좋다.

② 한국 음식이 세계적으로 인기를 끌고 있다.

③ 한식을 알리려면 축제를 개최하는 것이 좋다.

④ 한식 요리 과정을 소개하는 것은 번거로운 일이다.

※ [27~28] 다음을 듣고 물음에 답하십시오. (각 2점)

27. 남자가 말하는 의도로 알맞은 것을 고르십시오.

① 테이블 오더의 장점에 대해 알려주려고

② 인건비의 중요성에 대해 일깨워 주려고

③ 주문 방식의 다양성에 대해 설명하려고

④ 사람들과 대화하는 방법에 대해 조언하려고

28. 들은 내용과 같은 것을 고르십시오.

① 남자는 식당의 서비스에 대해 만족하지 못한다.

② 테이블 오더를 사용하면 인건비를 절약할 수 있다.

③ 식당에서는 필요한 것이 있으면 직접 가져와야 한다.

④ 주문은 테이블에서 할 수 있지만 계산은 나가서 해야 한다.

※ [29~30] 다음을 듣고 물음에 답하십시오. (각 2점)

29. 남자가 누구인지 고르십시오.

① 소비자의 만족도를 조사하는 사람

② 새로운 브랜드의 이름을 만드는 사람

③ 다양한 브랜드의 성격을 파악하는 사람

④ 소비자에게 기업의 제품을 판매하는 사람

30. 들은 내용과 같은 것을 고르십시오.

① 남자는 회사에서 인사 관리를 담당하고 있다.

② 소비자는 브랜드에 가치를 올리는 역할을 한다.

③ 짧은 시간에 소비자의 시선을 끄는 것이 중요하다.

④ 이 브랜드는 소비자에게 특별한 서비스를 제공한다.

※ [31~32] 다음을 듣고 물음에 답하십시오. (각 2점)

31. 남자의 중심 생각으로 가장 알맞은 것을 고르십시오.

① 플라스틱 사용을 막으면 문제가 발생한다.

② 정부에서 플라스틱 제품 사용을 권장해야 한다.

③ 플라스틱 제품은 편리하므로 꾸준히 생산해야 한다.

④ 환경을 보호하기 위해 플라스틱 사용을 규제해야 한다.

32. 남자의 태도로 가장 알맞은 것을 고르십시오.

① 근거를 들어 자신의 주장을 뒷받침하고 있다.

② 구체적인 사례를 통해 문제점을 비판하고 있다.

③ 상대방의 의견에 대해 부분적으로 동의하고 있다.

④ 현행 문제점에 대해 상대방에게 책임을 묻고 있다.

※ **[33~34] 다음을 듣고 물음에 답하십시오. (각 2점)**

33. 무엇에 대한 내용인지 알맞은 것을 고르십시오.

① 자유무역주의의 장단점

② 무역이 주는 긍정적 영향

③ 기업의 일자리 창출 효과

④ 대기업의 수출 경쟁력 강화

34. 들은 내용과 같은 것을 고르십시오.

① 무역은 국내 기업의 경쟁력을 높여준다.

② 질 좋은 상품을 개발하는 것은 어려운 일이다.

③ 우리나라에서 생산되지 않는 상품은 구입할 수 없다.

④ 외국 기업은 저렴하고 질 좋은 상품을 개발하고 있다.

※ **[35~36] 다음을 듣고 물음에 답하십시오. (각 2점)**

35. 남자가 무엇을 하고 있는지 고르십시오.

① 앞으로 출시될 신제품을 소개하고 있다.

② 식재료의 보관 기간에 대해 알아보고 있다.

③ 냉장고 수리 일정에 대한 안내를 하고 있다.

④ 신제품 출시 지연에 대해 양해를 구하고 있다.

36. 들은 내용과 같은 것을 고르십시오.

① 기존 냉장고는 사진을 공유하는 기능이 없었다.

② 냉장고의 온도는 사용자가 직접 조절해야 한다.

③ 냉장고의 색상은 네 가지 중 하나를 선택할 수 있다.

④ 신제품을 구입하면 1년간 무료로 수리를 받을 수 있다.

37. 여자의 중심 생각으로 가장 알맞은 것을 고르십시오.

　① 불면증은 반드시 치료를 받아야 한다.

　② 피곤할 때는 낮잠을 적당히 자는 것이 좋다.

　③ 점심 식사 후에는 운동을 하는 것이 중요하다.

　④ 피로를 풀기 위해서는 깊은 수면이 필수적이다.

38. 들은 내용과 같은 것을 고르십시오.

　① 운동을 하면 에너지를 회복할 수 있다.

　② 피로회복제는 불면증 치료에 도움이 된다.

　③ 건강한 식습관을 유지하는 것이 건강에 좋다.

　④ 낮잠을 많이 자면 수면 부족을 일으킬 수 있다.

39. 대화 전의 내용으로 알맞은 것을 고르십시오.

　① 산업화와 도시화로 인한 부작용이 발생했다.

　② 주택 공급이 부족해서 주거환경이 열악해졌다.

　③ 환경친화적인 제도를 위한 지원이 확대되고 있다.

　④ 도시 개발을 위해서 다양한 정책이 마련되어야 한다.

40. 들은 내용과 같은 것을 고르십시오.

　① 도시화를 위해 신도시를 개발해야 한다.

　② 사회 전체의 이익보다 개인의 이익이 더 중요하다.

　③ 버스 전용 차로제를 시행하면 대기 오염을 유발한다.

　④ 정부는 사회문제를 해결하기 위한 정책을 펼치고 있다.

※ [41~42] 다음을 듣고 물음에 답하십시오. (각 2점)

41. 이 강연의 중심 내용으로 맞는 것을 고르십시오.

① 청소년기에 올바른 소비 습관을 길러야 한다.

② 과소비에 대한 원인을 명확하게 밝혀야 한다.

③ 다른 사람을 따라서 물건을 구매하면 안 된다.

④ 청소년기에는 충동 소비를 하더라도 이해해야 한다.

42. 들은 내용과 일치하는 것을 고르십시오.

① 성인의 소비 습관은 개인마다 차이가 있다.

② 충동구매를 하면 스트레스를 해소할 수 있다.

③ 구매 계획을 미리 세우면 현명한 소비를 할 수 있다.

④ 소비에 대한 경험이 많으면 주체적인 소비가 가능하다.

※ [43~44] 다음을 듣고 물음에 답하십시오. (각 2점)

43. 무엇에 대한 내용인지 알맞은 것을 고르십시오.

① 기록물의 보존 방법

② 조선 시대의 기록 문화

③ 나라별 기록물의 중요성

④ 조선 시대 주요 행사의 절차

44. 의궤를 만든 이유로 맞는 것을 고르십시오.

① 의복을 만드는 방법을 가르치기 위해

② 왕실의 호화로운 생활을 과시하기 위해

③ 사라진 중요 기록 유산을 복구하기 위해

④ 다음에 행사를 진행할 때 참고하기 위해

45. 들은 내용과 일치하는 것을 고르십시오.

① 전기차 충전소를 늘리고 있는 추세이다.

② 배터리를 가득 충전하면 용량을 키울 수 있다.

③ 전기 모터를 사용하는 자동차를 개발하고 있다.

④ 단거리를 운전할 때는 전기차 모드로 주행한다.

46. 여자가 말하는 방식으로 가장 알맞은 것을 고르십시오.

① 전기 자동차 배터리의 충전 방법을 묘사하고 있다.

② 친환경적인 자동차 개발의 필요성을 주장하고 있다.

③ 플러그인 하이브리드 자동차의 특징을 설명하고 있다.

④ 플러그인 하이브리드 자동차의 생산 과정을 요약하고 있다.

※ [47~48] 다음을 듣고 물음에 답하십시오. (각 2점)

47. 들은 내용과 일치하는 것을 고르십시오.

① 남성의 육아 휴직은 출산율에 영향을 미친다.

② 육아 휴직을 신청하는 남성이 줄어들고 있다.

③ 남성은 부담 없이 육아 휴직을 신청할 수 있다.

④ 여성의 경제활동을 통해 가계 부담을 줄일 수 있다.

48. 남자의 태도로 가장 알맞은 것을 고르십시오.

① 여성의 경력 단절을 우려하고 있다.

② 육아 휴직 제도 개선을 촉구하고 있다.

③ 기존 고용 제도의 문제점을 비판하고 있다.

④ 남성의 육아 휴직 제도의 확대를 염려하고 있다.

※ **[49~50] 다음을 듣고 물음에 답하십시오. (각 2점)**

49. 들은 내용과 일치하는 것을 고르십시오.

① 자문화 중심주의는 자기 문화를 낮게 평가한다.

② 문화 사대주의는 세계화 사회에서 반드시 필요하다.

③ 문화 상대주의는 각 사회의 문화를 이해하려는 태도이다.

④ 서로 다른 문화 간의 우열을 가리면 국가 경쟁력이 높아진다.

50. 여자의 태도로 가장 알맞은 것을 고르십시오.

① 다양한 문화의 가치를 배제하고 있다.

② 문화 상대주의의 당위성을 강조하고 있다.

③ 문화 상대주의로 인한 역효과를 우려하고 있다.

④ 다른 나라 문화의 우수성을 높이 평가하고 있다.

※ [51~52] 다음 글의 ㉠과 ㉡에 알맞은 말을 각각 쓰시오. (각 10점)

51.

글쓰기반 수강생을 모집합니다.

이 수업은 소설, 수필, 독후감 등 다양한 종류의 글을 쓰는 수업입니다.

매주 글을 쓰다 보면 어휘력과 사고력이 길러집니다.

글쓰기에 흥미가 있거나 글쓰기를 배우고 싶은 분들의 많은 관심 (㉠   ).

※ 선착순 마감이오니 빨리 신청하시기 바랍니다.

※ 신규 학생을 추천하시면 수강료를 5% (㉡   ).

※ 문의: 01-234-5678

52.

　　최근에 사람들이 건강을 중요하게 생각하면서 식습관에 대한 관심도 높아졌다. 식습관은 보통 청소년기에 형성되는데 이후에는 고치기가 어렵다. 따라서 청소년기에 건강한 식습관을 만들도록 (㉠   ). 만약 노력하지 않으면 빠른 속도로 잘못된 식습관이 형성되기 때문이다. 청소년기의 올바른 식습관은 성장을 증진시키고 평생 건강을 지키는 데에 (㉡   ).

53. 다음은 '노인 인구 비율 변화의 문제와 해결방안'에 대한 자료이다. 이 내용을 200~300자의 글로 쓰시오. 단, 글의 제목은 쓰지 마시오. (30점)

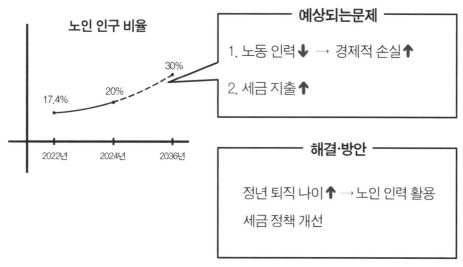

*조사기관: 인구 연구소

54. 다음을 참고하여 600~700자로 글을 쓰시오. 단, 문제를 그대로 옮겨 쓰지 마시오. (50점)

> 오늘날에는 다양한 근무 형태가 존재한다. 그중에서 집에서 근무하는 재택근무는 효율적인 시간 관리 등의 이유로 많은 직장인들이 선호하는 근무 형태이다. 그런데 재택근무를 하게 되면서 회사 근무와는 또 다른 문제점이 나타나고 있다. 아래의 내용을 중심으로 "재택근무의 장점과 문제점"에 대한 자신의 생각을 쓰라.
>
> • 재택근무의 장점은 무엇인가?
> • 재택근무의 문제점은 무엇인가?
> • 재택근무의 문제점에 대한 해결 방안은 무엇인가?

* 원고지 쓰기의 예

	스	트	레	스	는		자	신	의		노	력	으	로		얼	마	든	지
극	복	이		가	능	하	다	.	스	트	레	스	를		없	애	는		좋

제1교시 듣기, 쓰기 시험이 끝났습니다. 제2교시는 읽기 시험입니다.

TOPIK 한국어능력시험

제3회 실전모의고사

The 1st Actual Mock Test

TOPIK II

2교시	읽기 (Reading)

수험번호 (Registration No.)	
이 름 (Name)	한국어(Korean)	
	영 어(English)	

유 의 사 항
Information

1. 시험 시작 지시가 있을 때까지 문제를 풀지 마십시오.
   Do not open the booklet until you are allowed to start.

2. 수험번호와 이름을 정확하게 적어 주십시오.
   Write your name and registration number on the answer sheet.

3. 답안지를 구기거나 훼손하지 마십시오.
   Do not fold the answer sheet; keep it clean.

4. 답안지의 이름, 수험번호 및 정답의 기입은 배부된 펜을 사용하여 주십시오.
   Use the given pen only.

5. 정답은 답안지에 정확하게 표시하여 주십시오.
   Mark your answer accurately and clearly on the answer sheet.

marking example ① ● ③ ④

6. 문제를 읽을 때에는 소리가 나지 않도록 하십시오.
   Keep quiet while answering the questions.

7. 질문이 있을 때에는 손을 들고 감독관이 올 때까지 기다려 주십시오.
   When you have any questions, please raise your hand.

※ [1~2] (   )에 들어갈 말로 가장 알맞은 것을 고르십시오. (각 2점)

1. 장마 기간에는 비가 많이 (   ).
    ① 내릴 뻔했다   ② 내리는 편이다
    ③ 내리기로 했다   ④ 내리는 중이다

2. 키가 (   ) 음식을 골고루 먹어야 한다.
    ① 크려면   ② 크거나
    ③ 크든지   ④ 크거든

※ [3~4] 밑줄 친 부분과 의미가 가장 비슷한 것을 고르십시오. (각 2점)

3. 엄마가 만들어준 음식은 먹어보나 마나 맛있을 것이다.
    ① 먹었는데   ② 먹기만 하면
    ③ 먹기 무섭게   ④ 먹어보지 않아도

4. 성공과 실패는 본인이 노력하기에 달려있다.
    ① 노력한 셈이다   ② 노력하기도 한다
    ③ 노력하기 나름이다   ④ 노력하기 마련이다

※ [5~8] 다음은 무엇에 관한 글인지 고르십시오. (각 2점)

5.

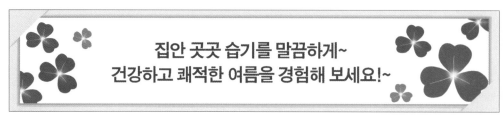

집안 곳곳 습기를 말끔하게~
건강하고 쾌적한 여름을 경험해 보세요!~

① 냉장고　　　② 제습기　　　③ 화장품　　　④ 청소기

6.

일 년에 한 번뿐인 특가 세일!
다양한 물건을 착한 가격에 만나보세요.

① 식당　　　② 마트　　　③ 여행사　　　④ 세탁소

7.

검사 전날 저녁 식사 후부터는 아무것도 드시지 마십시오.
검사 당일 아침 식사는 물론 껌·담배 등도 삼가셔야 합니다.

① 주의사항　　　② 환경 보호　　　③ 예절 교육　　　④ 교통 안전

8.

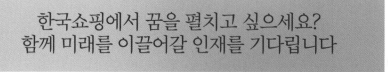

한국쇼핑에서 꿈을 펼치고 싶으세요?
함께 미래를 이끌어갈 인재를 기다립니다

① 봉사 활동　　　② 제품 설명　　　③ 사원 모집　　　④ 문의 방법

※ [9~12] 다음 글 또는 그래프의 내용과 같은 것을 고르십시오. (각 2점)

9.

2025 축제 기간 셔틀버스 이용 안내

◇ 축제 기간: 2025년 5월 8일(목) ~ 5월 11일(일)

◇ 셔틀버스 이용 시간: 17:00 ~ 21:00

  - 20분 간격 운행

  - 주말에는 오후 10시까지 운행

◇ 버스 이용료: 무료

◇ 축제 입장권 구매: 사전 예약 및 현장 구매

  - 현장 구매 시 현금 결제만 가능

◇ 축제장 내 주차 공간 부족으로 대중교통 이용 당부

※ 자세한 사항은 홈페이지를 참고하시기 바랍니다.

① 주말에는 셔틀버스 이용 시간이 연장된다.

② 축제장 안에는 주차할 수 있는 자리가 여유롭다.

③ 사전 예약한 경우에만 셔틀버스를 이용할 수 있다.

④ 대중교통을 타고 가면 축제장에 무료로 입장할 수 있다.

10.

중학생 희망 직업 어떻게 달라졌을까?

조사대상: 중학생 30,000명

2015년	순위	2025년
교사	1위	교사
의사	2위	경찰관
간호사	3위	간호사
운동선수	4위	의사
군인	5위	유튜버

① 운동선수는 4위를 유지했다.

② 간호사는 순위의 변화가 없었다.

③ 군인은 새롭게 5위 안에 들었다.

④ 1위로 희망하는 직업은 기존과 달라졌다.

※ [9~12] 다음 글 또는 그래프의 내용과 같은 것을 고르십시오. (각 2점)

11.

　　최근 기업의 신입 사원 채용이 줄어들며 20대 취업이 늦어지고 있다. 조사 결과, 신입 사원의 나이는 남자가 평균 33.5세, 여자는 평균 31.6세로 나타났다. 이러한 청년들의 늦은 취업은 결혼과 출산 나이를 늦춘다. 여성이 처음 결혼하는 평균 나이는 지난 30년 동안 약 6.5세 올랐고, 같은 기간 여성이 첫아이를 낳는 평균 나이도 약 26.2세에서 33세로 껑충 뛰었다.

① 대기업에서 신입 사원을 채용하지 않고 있다.
② 회사에서 일하려면 결혼을 늦게 하는 것이 좋다.
③ 늦은 취업으로 인해 출산율이 점점 떨어지고 있다.
④ 여성이 처음 결혼하는 연령이 과거에 비해 올라갔다.

12.

　　인주시가 올해 하반기부터 구직 청년을 위한 지원 사업을 확대할 것으로 보인다. 청년들의 경제적 부담을 줄여주고 취업에 도움을 주고자 면접 정장 무료 대여, 취업 멘토 등과 같은 다양한 사업 정책을 검토하고 있다. 이 중에는 어학 시험 응시료 지원 사업도 포함되어 있다. 이 사업은 추후 홈페이지를 통해 확인할 수 있다.

① 청년들의 경제적 부담은 점점 줄어들고 있다.
② 어학 시험은 홈페이지를 통해 신청할 수 있다.
③ 인주시는 모의 면접을 통해 청년을 채용하고 있다.
④ 인주시는 구직 청년들을 위한 지원을 강화할 예정이다.

※ [13~15] 다음을 순서에 맞게 배열한 것을 고르십시오. (각 2점)

13.

> (가) 또한 심한 피로 및 스트레스도 코피의 원인이 될 수 있다.
>
> (나) 코피는 건조한 환경이나 코에 강한 자극이 가해질 때 발생한다.
>
> (다) 응급처치를 해도 계속 코피가 나는 경우에는 병원에 방문하는 것이 좋다.
>
> (라) 코피가 나기 시작했다면 우선 고개를 살짝 앞으로 기울인 뒤 엄지와 검지로 코의 낮고 연한 부위를 잡아야 한다.

① (가)-(나)-(다)-(라)   ② (가)-(다)-(라)-(나)

③ (나)-(가)-(라)-(다)   ④ (나)-(라)-(가)-(다)

14.

> (가) 카공족이란 카페에서 머물며 공부하는 사람을 말한다.
>
> (나) 일부 카페에서는 매장 내 콘센트 사용을 유료화하려고 계획 중이다.
>
> (다) 업주들은 장시간 컴퓨터를 쓰는 카공족들에게 콘센트 사용 자제를 요청하고 있다.
>
> (라) 이들은 너무 오랜 시간 콘센트를 사용해서 카페 업주들의 골칫거리가 되고 있다.

① (가)-(나)-(라)-(다)   ② (가)-(라)-(다)-(나)

③ (라)-(다)-(가)-(나)   ④ (라)-(가)-(나)-(다)

15.

> (가) 편리함에 빠져서 편향된 정보만 받아들일 수 있기 때문이다.
>
> (나) SNS에 들어가면 내가 좋아할 만한 영상이 자동으로 나오곤 한다.
>
> (다) 알고리즘이 평소에 좋아하던 영상을 분석하여 추천해주는 것이다.
>
> (라) 알고리즘을 이용하면 편하긴 하지만 알고리즘에 지나치게 의존하면 안 된다.

① (나)-(가)-(다)-(라)   ② (나)-(다)-(라)-(가)

③ (라)-(가)-(나)-(다)   ④ (라)-(다)-(나)-(가)

※ [16~18] ( )에 들어갈 말로 가장 알맞은 것을 고르십시오. (각 2점)

16.

　　개의 발바닥은 두꺼운 지방이 발바닥 안쪽에 있어서 스펀지처럼 충격을 흡수하는 역할을 한다. 또한 개의 발바닥에는 털이 없기 때문에 미끄러지는 것을 막아줄 수 있다. 개는 땀이 나는 곳이 많지 않은데 개의 몇 안 되는 땀샘 중 하나가 발바닥에 있다. 개는 더울 때 혀를 통해 침을 흘리면서 몸의 온도를 낮추기도 하는데, 혀와 더불어 개의 (　　　　) 있는 부위가 바로 발바닥인 것이다.

① 피부를 보호하는　　　　② 체온을 조절할 수
③ 땀샘을 막아줄 수　　　　④ 피부를 보호할 수

17.

　　아이스크림과 같이 찬 음식을 먹었을 때 두통이 생기는 이유는 신경 때문이다. 찬 음식에 의해 입천장의 혈관이 수축했다가 다시 넓어지는 과정에서 뇌의 삼차 신경이 자극을 받기 때문이다. 급격한 온도 변화에 적응하면서 몸을 따뜻하게 만들기 위해 수축된 혈관에 더 많은 혈액을 보낸다. 이 때 혈관이 (　　　　) 두통이 생기는 것이다.

① 부풀어 오르면서　　　　② 체온을 낮추면서
③ 머리까지 차가워지면서　　④ 온도 변화에 예민하게 반응해서

18.

> 대표적인 군것질거리인 과자는 대부분 봉지가 빵빵하게 부풀어 있다. 과자 봉지가 부풀어 있는 이유는 내용물들이 상하지 않게 하기 위해서이다. 음식물이 상하는 주요 이유 중 하나는 산소가 음식물과 반응해 변질시키기 때문이다. 과자 봉지 안에 질소를 채워 넣으면 (   ) 과자의 변질을 막을 수 있다. 또한 질소를 넣어 봉지를 채우면 봉지 안의 압력이 대기보다 높아져 봉지가 눌리지 않아 내용물인 과자가 눌려 부서지는 것을 막을 수 있다.

① 산소를 침입을 차단하면서   ② 과자의 모양을 보호하면서

③ 내용물의 부피를 줄이면서   ④ 압력을 적당히 유지하면서

※ [19~20] 다음을 읽고 물음에 답하십시오. (각 2점)

> '플라시보'라는 단어는 '마음에 들도록 한다'는 의미의 라틴어에서 유래했다. 플라시보 효과에 따르면, 약효가 없는 가짜 약을 먹어도 환자가 병이 나을 것이라는 믿음을 가지고 있으면 실제로 병이 좋아진다는 것이다. 플라시보 효과가 가장 빛을 발하는 질병은 마음의 병인 우울증이다. 우울증은 자신에게 이성적, 감성적으로 부정적인 마음을 가질 때 비롯된다. (   ) 힘든 상황을 긍정적인 마음으로 바라보려는 마음을 가질 때, 플라시보의 뜻처럼 우리의 상황들이 점점 더 좋아지고 만족스러운 결과들이 나타날 수 있다. 오늘 스스로에게 긍정의 힘을 선물하는 건 어떨까.

19. (   )에 들어갈 말로 가장 알맞은 것을 고르십시오.

① 드디어   ② 따라서   ③ 오히려   ④ 그러나

20. 윗글의 주제로 가장 알맞을 것을 고르십시오.

① 효과 없는 약을 먹어도 병을 치료할 수 있다.

② 우울증을 치료하는 방법은 약효를 믿는 것이다.

③ 긍정적인 자세를 가지면 삶이 더 행복해질 수 있다.

④ 이성적인 사람은 감성적인 사람보다 우울증에 걸리기 쉽다.

'워케이션'은 일을 하면서 동시에 휴가를 즐기는 근무 형태를 뜻하는 신조어이다. 사실 노트북과 인터넷만 있으면 어디에서든 일할 수 있는 시대가 되면서 공간에 제약을 받지 않고 재택 또는 이동 근무를 하는 곳이 늘어났다. 기업에서는 직원들의 만족도를 높이고 업무효율만 높일 수 있다면 워케이션을 지지하고 확대할 가능성이 높다. 직원들도 개인의 힐링은 물론 가족과 함께 특별한 시간을 보낼 수 있는 워케이션을 (   ) 환영하는 분위기이다.

21. (   )에 들어갈 말로 가장 알맞은 것을 고르십시오.

① 두 팔 벌려

② 귀기울이며

③ 손발이 맞게

④ 가슴에 새기며

22. 윗글의 내용과 같은 것을 고르십시오.

① 워케이션을 지원하지 않는 기업이 더 많다.

② 워케이션을 실시하면 업무효율이 떨어진다.

③ 일하면서 동시에 휴가를 즐기는 것은 불가능하다.

④ 공간의 제약을 받지 않고 근무하는 곳이 많아졌다.

※ [23~24] 다음을 읽고 물음에 답하십시오. (각 2점)

중3 가을, 전학생으로 새 학교에 등교한 첫날이었다. 진이는 담임을 따라 교실로 들어가며 속으로 투덜거렸다. 학기 중에, 그것도 졸업까지 다섯 달이 채 남지 않은 때 전학시키는 부모가 얼마나 될까? (중략) 교실 문이 열리자 육십여 개 눈동자가 일제히 담임이 아닌 자신을 향해 꽂히는 걸 느꼈다. <u>배 속이 울렁거렸다.</u> 짧은 순간이었지만 서른 개의 얼굴에 나타난 표정이 딱 두 가지라는 걸 알 수 있었다. 호기심과 무관심. 호기심보다는 무관심이 더 나았다. 호기심이 적대감으로 바뀌는 건 시간문제니까.

23. 밑줄 친 부분에 나타난 '나'의 심정으로 가장 알맞은 것을 고르십시오.
① 아쉽다
② 난감하다
③ 감격스럽다
④ 만족스럽다

24. 윗글의 내용과 같은 것을 고르십시오.
① 진이는 중학교 졸업이 얼마 남지 않았다.
② 진이는 무관심보다는 호기심을 더 선호한다.
③ 교실로 들어가자 학생들이 선생님을 쳐다봤다.
④ 부모님은 진이를 졸업시키기 위해 학교를 옮겼다.

※ [25~27] 다음 신문 기사의 제목을 가장 잘 설명한 것을 고르십시오. (각 2점)

25.

전기차 배터리 사고 확산, 사실상 대비는 전무

① 전기차 배터리 사고가 발생하면서 매출이 떨어졌다.

② 전기차 배터리 사고가 늘어나고 있지만 대응책이 마련되지 않았다.

③ 전기차 배터리 사고를 보상받을 수 있는 서비스 개발에 힘쓰고 있다.

④ 전기차 배터리에 대한 기대가 늘어나면서 새로운 상품을 준비하고 있다.

26.

여행 성수기에도 여행업계 고용시장 '꽁꽁'

① 겨울에도 여행 가는 사람들이 몰리고 있다.

② 성수기에 여행을 가려는 사람이 줄어들고 있다.

③ 성수기에 여행업계의 매출이 예전보다 크게 늘었다.

④ 여행객이 몰리는 시기에도 여행사에서의 고용은 그대로다.

27.

드라마 흥행에 배경음악 인기도 고공행진

① 배경음악이 좋으면 드라마가 흥행할 수 있다.

② 인기 있는 드라마는 배경음악이 좋을 확률이 높다.

③ 드라마가 흥행함에 따라 배경음악의 인기도 높아졌다.

④ 드라마가 흥행하기 위해서는 배경음악이 좋아야 한다.

※ [28~31] (   )에 들어갈 말로 가장 알맞은 것을 고르십시오. (각 2점)

28.

> 우리 뇌에는 나를 인지하는 영역 그리고 타인을 인지하는 영역이 있다. 그런데 나와 가까운 관계일수록 나를 인지하는 영역에 가깝게 저장되어 있다. 가까운 사람일수록 그 사람을 나와 한 몸이라고 착각해서 자꾸 통제하려고 한다. 상대가 (   ) 함부로 화를 내고 상처를 주게 된다. 그래서 우리는 가까운 사람에게 자주 화를 내는 것이다. 가까운 관계일수록

① 일정한 거리를 두면
② 가까이 다가오지 않으면
③ 마음대로 통제되지 않으면
④ 나와 관계를 유지하려고 하면

29.

> '포모증후군'은 흐름을 놓치거나 소외되는 것에 대한 불안 증상을 의미한다. 포모 증후군이 있는 사람은 자신만 흐름을 놓치고 있는 것 같은 심각한 두려움이나 세상의 흐름에서 (   ) 고립에 대한 공포감이 높다. 포모는 '매진 임박', '한정 수량'처럼 소비자를 조급하게 만드는 마케팅 기법의 하나였다. 다양한 SNS 채널에서의 소통이나, 주식시장이나, 암호화폐 시장에서 두드러지게 나타나고 있는 묻지마 투자 등 우리 생활 곳곳에서 포모증후군의 모습이 나타나고 있다.

① 안전한 상황에 있다는
② 혼자 살아갈 수 있다는
③ 유행을 선두하고 있다는
④ 자신이 제외되고 있다는

※ [28~31] ( )에 들어갈 말로 가장 알맞은 것을 고르십시오. (각 2점)

30.

　　샴푸의 주된 성분 중 하나는 바로 계면활성제이다. 계면활성제는 샴푸가 제대로 작용하는 데 있어서 필수적인 역할을 한다. 이 성분은 물과 기름과 같이 서로 섞이지 않는 두 물질을 결합시켜 세정 효과를 발휘하게 한다. 계면활성제는 거품을 생성하는데, 거품은 ( ) 역할을 한다. 거품이 형성되면 계면활성제가 더 넓은 표면적에 분포되어 오염 물질을 더 효과적으로 제거할 수 있다.

① 면적을 넓혀주는
② 결합을 방해하는
③ 기름을 생성하는
④ 세정력을 증가시키는

31.

　　탁구는 작고 가벼운 탁구공을 라켓으로 타격하는 스포츠로 탁구공의 변화무쌍한 회전이 경기에 재미를 더한다. 탁구공은 구기종목 중 가장 가벼운 2.7g으로 외부에서 가하는 힘에 따라 차이가 크게 벌어진다. 탁구공의 회전 방향은 라켓을 통해 ( ) 결정된다. 공의 윗부분을 타격하면 전진 회전, 아랫부분을 타격하면 역회전을 하게 된다. 또한 공에 회전을 강하게 주고 싶다면 공과 라켓이 닿는 시간이 길어야 한다. 이와 같이 탁구공에 회전 및 속도 등 다양한 변화를 주어 재미있는 경기를 이끌어낼 수 있다.

① 타격하는 속도에 따라
② 회전하는 정도에 따라
③ 가해지는 힘의 방향에 따라
④ 탁구공에 닿는 시간에 따라

※ [32~34] 다음을 읽고 글의 내용과 같은 것을 고르십시오. (각 2점)

32.

　　미국의 한 대학에서는 집단 따돌림 피해자의 심리적 고통이 신체적 고통과 비슷할 수 있다는 사실을 밝히는 실험을 진행하였다. 참가자 한 명이 컴퓨터 프로그램과 같이 놀이를 하면서 노골적으로 소외되는 실험이었다. 실험하는 동안 연구자들은 참가자의 뇌 영상을 촬영하였는데 놀이에서 다른 사람들에게 소외된다고 느낀 참가자는 신체적 통증을 알아채도록 불쾌감을 일으키는 특정 뇌 부위가 활성화되었다. 이는 신체적 고통뿐만 아니라 사회적인 고통의 상황에서도 똑같은 부위가 불쾌감을 유발한다는 사실을 뜻한다. 집단 따돌림을 당한 아이들이 두통과 몸살 같은 신체적 고통을 호소하는 것이 엄살이 아니었다.

① 고통을 느낄 수 있는 상황에서 뇌는 쉽게 손상된다.

② 컴퓨터를 자주 하다 보면 사회로부터 소외되기 마련이다.

③ 심리적 고통과 신체적 고통을 담당하는 뇌의 부위는 다르다.

④ 사람은 다른 사람으로부터 소외된다고 느끼면 불쾌감을 느낀다.

33.

　　도파민은 사람의 기분에 중요한 역할을 하는 신경전달물질의 하나이다. 도파민은 동기부여 및 보상과 그에 따른 쾌락에 집중되어 있다. 도파민은 주로 어떤 성과를 이루었을 때 분비된다. 예를 들면, 게임에서 레벨이 올랐을 때나 짝사랑에 성공했을 때, 갖고 싶던 물건을 구매했을 때 뇌에서 도파민이 분비되어 행복감을 느끼게 한다. 도파민은 부족할 경우 주의력이 결핍되는 등의 정신적인 문제를 유발할 수 있다. 하지만 도파민이 짧은 시간에 과도하게 분비될 경우 도파민에 대한 감수성이 낮아져 더 많은 양이 필요하게 된다. 이것을 도파민 중독이라고 하는데, 쉽게 말하면 뇌의 보상 체계에 혼란이 와서 어지간한 도파민 분비로는 더이상 행복감을 느끼지 못하게 되는 것이다.

① 도파민이 부족하면 감수성이 낮아진다.

② 도파민은 사람의 기분에 영향을 미친다.

③ 도파민이 많이 분비될수록 빨리 행복해진다.

④ 도파민에 중독되면 집중력이 좋아질 수 있다.

※ [32~34] 다음을 읽고 글의 내용과 같은 것을 고르십시오. (각 2점)

34.

　　많은 민주주의 국가에서 각종 선거의 투표율이 하락하는 문제가 나타남에 따라 일부 국가에서는 의무적으로 투표에 참여하도록 하는 의무 투표제를 시행하고 있다. 투표율이 낮은 선거에서 당선되는 공직자는 그 대표성에 문제가 있을 수 있기 때문이다. 의무 투표제는 유권자에게 의무적으로 투표에 참여하게 하는 제도로, 투표하지 않은 유권자에게 벌금이나 그 밖의 제재를 가한다. 전 세계 약 30개국에서 이 제도를 시행하고 있다. 우리나라는 투표율이 떨어지는 것을 막기 위해 2013년 '사전 투표제'를 도입했다. 사전 투표제는 투표 당일에 주소지 지역구에서 투표하기 어려운 유권자가 사전 투표 기간에 전국 어디서나 투표할 수 있도록 하는 제도이다. 우리나라를 비롯하여 미국, 일본, 캐나다, 스웨덴, 스위스 등 몇몇 국가에서 이 제도를 시행하고 있다.

① 투표율이 높은 나라는 의무 투표제를 실시하고 있다.
② 사전 투표제는 투표율의 하락을 막기 위한 제도이다.
③ 스위스에서는 투표에 참여하지 않으면 벌금을 내야 한다.
④ 투표율이 낮으면 당선될 수 없으므로 재투표를 실시한다.

※ [35~38] 다음을 읽고 글의 주제로 가장 알맞은 것을 고르십시오. (각 2점)

35.

정보화 시대에 나타날 수 있는 문제 가운데 사이버 폭력은 특히 청소년들이 자주 겪을 수 있는 문제이다. 사이버 폭력은 사이버 공간에서 정보 통신 기술을 사용해 일어나는 폭력으로, 언어폭력에서부터 사이버 스토킹에 이르기까지 다양한 모습으로 나타난다. 사이버 공간에서 정보는 빠른 속도로 퍼지고 계속해서 재생산되므로 그 피해는 오래 지속될 수 있으며, 사이버 폭력의 흔적은 평생을 따라다닐 수 있다. 이러한 사이버 폭력을 예방하려면 자신의 행동이 어떤 결과를 일으킬지 생각해 보고 다른 사람을 배려하는 태도를 가져야 한다. 예를 들어 내가 인터넷에 올리려는 글이나 파일이 다른 사람에게 피해를 주거나 오해를 부르지 않을지, 대화방에서 내가 쓰는 표현이 상대방에게 상처를 주지 않을지 미리 생각해 보아야 한다.

① 여러 매체를 통해 사이버 폭력을 예방해야 한다.
② 정보화 시대에서는 다양한 문제가 발생할 수 있다.
③ 사이버 폭력을 예방할 수 있는 대책 마련이 시급하다.
④ 사이버 공간에서도 상대방을 배려하는 자세가 필요하다.

36.

　　아이가 즐겁게 노는 모습을 상상하면 세상 모든 장난감을 사주고 싶은 게 부모 마음이다. 하지만 너무 많은 장난감은 아이의 정서 발달과 창의력 발달에 전혀 도움이 되지 않는다. 아이들은 장난감을 통해서 정서적인 욕구를 충족시키는데 장난감이 너무 많으면 부모와 친구들과 상호작용을 하기보다 장난감 또는 다른 물질로만 자신의 욕구를 충족하려 한다. 또한 장난감의 소중함을 모르고 한 가지를 꾸준히 탐구하기보다 여러 가지를 동시에 가지려고 하기 때문에 집중력을 떨어뜨리는 결과를 초래한다. 결국 아이에게 가장 중요한 시간은 부모와 함께 노는 시간이다. 아이가 장난감을 가지고 노는 것을 지켜보기만 할 것이 아니라 진정으로 아이와 시간을 보내는 것이 아이들의 정서 안정에 도움이 된다.

① 장난감은 아이의 정서 발달에 많은 도움이 된다.
② 맞벌이 부모는 아이에게 장난감을 많이 사줘야 한다.
③ 아이에게는 장난감보다 부모와 함께 보내는 시간이 중요하다.
④ 장난감은 아이의 창의력 발달에 영향을 주는 중요한 요소이다.

37.

　　더운 여름날 수박은 안 먹으면 서운한 과일이다. 90% 이상이 수분으로 이뤄진 수박은 땀을 많이 흘리는 여름철 수분 충전과 노폐물 배출에 안성맞춤이다. 아울러 과당이 높아 더위에 혹사된 신체 피로를 해소하는 효과가 있다. 특히 눈에 띄는 새빨간 색상의 과육에는 항산화 성분인 라이코펜이 풍부해 면역력 증진에 도움을 줄 수 있다. 하지만 이렇게 맛있는 수박도 누군가에겐 독이 될 수도 있어 주의가 필요하다. 고혈당 식품에 속하는 수박은 섭취 시 빠르게 혈당을 상승시키기 때문에 당뇨환자나 혈당 조절이 필요한 경우에는 부적절한 음식이다. 또한 칼륨 섭취 제한이 필요한 신장 질환자의 경우에도 칼륨 배출에 어려움이 따를 수 있다. 따라서 아무리 맛있는 음식이라도 먼저 내 몸에 맞는지 알아보고 먹는 것이 중요하다.

① 자신의 몸에 적합한 음식을 먹는 것이 좋다.
② 땀을 많이 흘리는 여름철에는 수분을 보충해야 한다.
③ 수박은 혈당을 높여주기 때문에 자주 섭취해야 한다.
④ 맛있는 음식보다는 건강에 좋은 음식을 먹는 것이 좋다.

38.

　　새로 산 고급 소파가 집안의 낡은 커튼과 잘 어울리지 않게 느껴질 때, 사람들은 자연스럽게 커튼도 새로 사야겠다는 생각을 하게 된다. 이처럼, 하나의 소비가 다른 소비로 이어지는 연쇄적 소비 행동을 '디드로 효과'라고 한다. 디드로 효과는 기존에 소유한 물건들과 새로 산 물건의 조화와 통일성을 중요시하기 때문에 발생한다. 디드로 효과는 일시적으로 소유의 만족감을 높여주지만, 지속적인 소비로 인해 경제적 부담을 초래할 수 있다. 우리는 디드로 효과를 통해 연쇄적인 소비심리를 이해함으로써 자신의 소비 습관을 돌아보고, 불필요한 지출을 줄이며 더 나은 경제적 결정을 할 수 있어야 한다.

① 디드로 효과를 제대로 알고 현명한 소비 습관을 길러야 한다.
② 디드로 효과를 활용해도 연쇄적인 소비 행동을 막을 수 없다.
③ 새로운 소비를 통해서 일시적으로라도 만족감을 높이는 것이 좋다.
④ 연쇄적인 소비 행동을 자제하기 위해서는 통일성을 중시해야 한다.

39.

> 한 집에 살고 있는 개개인이 어떤 생활 습관을 가지고 있냐에 따라서 동선 설계를 해야 한다.

집을 지을 때 중요하게 생각해야 할 부분 중 하나는 동선을 고려하여 설계하는 동선 설계이다. (㉠) 동선 설계는 공간에서 사람이 움직이는 경로를 선으로 나타내어 사람의 움직임을 분석하고 계획하는 것이다. (㉡) 동선 설계 시에 가장 먼저 해야 할 것은 집안 구성원의 이동을 파악하는 것이다. (㉢) 그렇게 하면 사람들의 생활 습관에 따른 동선을 파악하여 불필요한 동선을 없애고 낭비되는 공간을 없애는 등의 효과를 누릴 수 있기 때문이다. (㉣)

① ㉠   ② ㉡   ③ ㉢   ④ ㉣

40.

> 특히 밤에 야생동물을 쫓기 위해 상향등을 켜는 건 오히려 위험할 수 있다.

로드킬은 도로를 건너려는 야생동물이 달리는 자동차 등에 치여 죽는 사고를 말한다. (㉠) 고속도로 운전 중에 로드킬 사고를 예방하려면 도로전광표지판에 '동물 찻길 사고다발구간' 표시가 뜨거나 도로변에 동물주의 표지판 등이 보이면 해당 구간에서는 철저히 전방을 주시하고 규정 속도를 준수하는 게 중요하다. (㉡) 또 운행 중에 야생동물을 발견하는 경우에는 핸들과 브레이크를 급하게 조작해서는 안 되고, 경적을 울리면서 통과해야 한다. (㉢) 이는 일시적으로 동물의 시력장애를 일으켜 그 자리에 멈춰 서게 하거나, 갑자기 차를 향해 달려들게 유도할 수도 있기 때문이다. (㉣)

① ㉠   ② ㉡   ③ ㉢   ④ ㉣

41.

> 이처럼 풍속화를 통해 그 당시 사람들의 생활 모습을 재미있고 현실감 있게 살펴볼 수 있다.

> 조선 후기에는 풍속화가 크게 유행했다. (㉠) 풍속화는 주로 서민들의 모습을 정감 있게 표현한 미술 작품이다. (㉡) 대표적인 작품으로는 김홍도의 「씨름」이 있는데 이 작품을 통해 당시에 씨름이 유행하였고, 많은 사람들이 모이는 장소가 있었음을 알 수 있다. (㉢) 다양한 옷차림으로 보아 신분이 서로 다른 사람들이 모여 씨름을 즐겼을 것으로 추정된다. (㉣)

① ㉠   ② ㉡   ③ ㉢   ④ ㉣

우리 가족은 엄마와 나 그리고 두 살 난 동생 서준이, 이렇게 셋이다. 나는 초등학교 6학년 때부터 소년 가장이 되었다. 아침이면 엄마가 '일어나라'고 수십 번을 말해 깨운다 해도 이상할 게 없는 어린 나이였다. 하지만 내게 그런 아침은 한순간에 꿈같은 일이 되어 버렸다. 어느 날 갑자기 엄마가 아픈 이후부터 내 생활이 바뀌었다. (중략)

전에는 동생을 어린이집 선생님께 보내 놓으면 날아갈 것 같은 날이 있었다. 내 몸에서 아주 무거운 것을 덜어낸 느낌이랄까! 마음부터 가벼워졌다. 서준이 없는 유일한 곳이 학교다. 어느 날 수업 중 멍하니 창밖을 바라보고 있을 때였다.

"박서우! 읽어 볼래? 서우야!"

아이들이 '킥킥' 웃는 소리에 놀라 고개를 돌렸다. 내 얼굴은 금방 빨개졌다. 담임 선생님이 빙그레 웃으며 내게 말했다.

"34쪽부터 읽어 봐, 서우야!"

나는 서둘러 책을 펼치며 일어났다.

"서우야 천천히 해도 돼."

따뜻한 말로 내 다급한 마음까지 다독여 주었다. 담임 선생님은 내게 참 친절했다. 놀리는 애들에게 받은 상처에 위안이 좀 됐다. 내가 책을 읽고 나자 수업 끝나는 종이 울렸다.

42. 밑줄 친 부분에 나타난 '서우'의 심정으로 가장 알맞은 것을 고르십시오.

① 서먹하다　　　　　　　　② 의심하다
③ 창피하다　　　　　　　　④ 격분하다

43. 윗글의 내용으로 알 수 있는 것을 고르십시오.

① 서우는 늦잠 자는 습관을 고치지 못했다.
② 서우가 책을 읽자마자 아이들은 크게 웃었다.
③ 서우의 담임 선생님은 책을 잘 읽지 못하는 서우를 혼냈다.
④ 서우는 동생을 어린이집에 보내고 마음이 후련한 적이 있다.

※ [44~45] 다음을 읽고 물음에 답하십시오. (각 2점)

　　최근 건강을 즐겁게 관리하고자 하는 열풍이 불면서 저당 제품을 즐기려는 소비자가 증가하고 있다. 저당 제품에는 설탕을 대신할 수 있는 감미료인 대체당이 들어간다. 하지만 대체당은 과도하게 먹으면 부작용이 발생할 수 있어 적당량 섭취하는 것이 중요하다. 대체당을 많이 섭취하게 되면 복부팽만, 설사 등 위장 장애를 유발할 수 있어 위장이 약한 사람은 주의가 필요하며, 평소 당뇨 관리가 필요하다면 섭취에 주의해야 한다. 현대 사회에서 대체당이 아무리 인기를 끌고 있다고 하더라도 소비자가 (　　　　　) 섭취할 수 있도록 대체당의 부작용 및 주의 문구를 삽입하는 등의 조치가 필요하다.

44. (　　　　　)에 들어갈 말로 가장 알맞은 것을 고르십시오.
　① 개인의 건강 상태에 맞게
　② 저당 제품의 종류에 따라
　③ 저당 제품의 효과를 제대로 알고
　④ 대체당이 함유된 제품을 과도하게

45. 윗글의 주제로 가장 알맞은 것을 고르십시오.
　① 저당 제품을 즐기는 사람이 점점 많아지고 있다.
　② 건강을 위해서 설탕은 최대한 먹지 않는 것이 좋다.
　③ 감미료는 설탕과 비슷하지만 설탕을 대신할 수는 없다.
　④ 대체당의 부작용을 알고 과도한 섭취에 주의해야 한다.

'돌봄 경제(care economy)'란 노인, 장애인, 아동 등의 돌봄 수요를 충족시키고 돌봄이 필요한 사람과 그 가족의 삶의 질을 향상하는 과정에서 관련 산업을 육성해 일자리와 부가가치를 창출하려는 정책 전략을 말한다. 앞으로 노인 인구의 증가와 가족 돌봄 기능의 약화로 인해 돌봄 수요의 증가는 가속화될 전망이다. 정부가 돌봄 경제에 주목하고 있는 것은 돌봄 경제 육성을 통해 대규모 일자리가 창출될 것으로 기대된다는 점이다. 돌봄서비스와 관련된 일자리는 대부분 지역사회를 기반으로 하고 있어 지역경제 활성화와 지역 균형 발전에도 기여할 것이다. 돌봄 경제를 통해 소외된 이웃에 대한 관심과 돌봄이 지역경제 활성화와 일자리 창출로 이어지고 이를 통해 모두가 함께 살아갈 수 있는 지역사회를 만들어 나가야 한다.

46. 윗글에 나타난 필자의 태도로 가장 알맞은 것을 고르십시오.
① 일자리 창출의 중요함을 강조하고 있다.
② 돌봄 경제 정책의 경제적 효과를 기대하고 있다.
③ 노인 돌봄에 대한 정책을 마련해야 한다고 주장하고 있다.
④ 소외된 이웃에 대한 관심이 사라지고 있음을 우려하고 있다.

47. 윗글의 내용과 같은 것을 고르십시오.
① 돌봄서비스에 대한 수요는 증가할 것으로 예측된다.
② 지역사회에서 일자리가 창출되면 삶의 질이 향상된다.
③ 노인 인구가 증가하면서 가족 돌봄 기능이 약화하였다.
④ 돌봄서비스는 지역사회를 기반으로 하는 경우가 흔치 않다.

※ [48~50] 다음을 읽고 물음에 답하십시오. (각 2점)

디지털 기술의 급격한 발전으로 사회의 여러 분야에서 디지털 기술에 대한 의존도가 높아짐에 따라 디지털 문해력의 중요성은 (　　　　　　) 상황이 되었다. 금융 앱 사용이 어려워 은행 창구를 찾아가거나, 온라인 이력서 제출이 어려워 취업을 포기하는 노인 등 디지털 약자가 점점 더 늘어나고 있다. 디지털 문해력은 단순히 컴퓨터나 스마트폰 사용 능력만을 의미하는 것이 아니다. 디지털 문해력은 디지털 기기 사용은 물론이고 기본적인 설정 변경, 소프트웨어 설치 및 업데이트 등의 관리를 할 수 있는 다양한 기술을 포함한다. 인터넷상의 방대한 정보 속에서 필요한 정보를 효과적으로 찾아내고, 그 정보의 신뢰성과 정확성을 판단하는 능력을 길러야 하며 디지털 기술을 활용하여 다른 사람들과 효과적으로 소통하고 협력할 수 있어야 한다. 디지털 문해력은 우리가 더 나은 미래를 만들어가는 데 꼭 필요한 수단이다. 디지털 문해력을 통해 우리는 정보를 더욱 효과적으로 활용할 수 있으며, 이는 우리가 더 나은 미래를 만들어가는 데 필수적이다.

48. 윗글을 쓴 목적으로 가장 알맞은 것을 고르십시오.
① 디지털 문해력 향상의 중요성을 강조하려고
② 다양한 정보의 신뢰성과 정확성을 파악하려고
③ 디지털 기기로 인한 세대 간 갈등을 해소하려고
④ 디지털 문해력이 인간에게 미치는 영향을 분석하려고

49. (　　　　　　)에 들어갈 말로 가장 알맞은 것을 고르십시오.
① 급격하게 떨어지는　　　　② 점차적으로 사라지는
③ 지나치게 강조할 가치가 없는　　　　④ 아무리 강조해도 지나치지 않은

50. 윗글의 내용과 같은 것을 고르십시오.
① 디지털 기술의 활용 능력에 따라 소득의 격차가 발생한다.
② 인터넷에 있는 정보는 대부분 신뢰성과 정확성이 높은 편이다.
③ 디지털 기술의 급격한 발전과 함께 디지털 약자가 증가하고 있다.
④ 디지털 의존도가 높아짐에 따라 사람들 간의 의사소통이 줄어들고 있다.

TOPIK 한국어능력시험

제4회 실전모의고사
The 1st Actual Mock Test

TOPIK II

| 1교시 | 듣기, 쓰기 (Listening, Writing) |

수험번호 (Registration No.)		
이 름 (Name)	한국어(Korean)	
	영 어(English)	

유 의 사 항
Information

1. 시험 시작 지시가 있을 때까지 문제를 풀지 마십시오.
   Do not open the booklet until you are allowed to start.

2. 수험번호와 이름을 정확하게 적어 주십시오.
   Write your name and registration number on the answer sheet.

3. 답안지를 구기거나 훼손하지 마십시오.
   Do not fold the answer sheet; keep it clean.

4. 답안지의 이름, 수험번호 및 정답의 기입은 배부된 펜을 사용하여 주십시오.
   Use the given pen only.

5. 정답은 답안지에 정확하게 표시하여 주십시오.
   Mark your answer accurately and clearly on the answer sheet.

   marking example

6. 문제를 읽을 때에는 소리가 나지 않도록 하십시오.
   Keep quiet while answering the questions.

7. 질문이 있을 때에는 손을 들고 감독관이 올 때까지 기다려 주십시오.
   When you have any questions, please raise your hand.

제4회 | 듣기 (1번~50번)

🔊 듣기 파일

※ [1~3] 다음을 듣고 가장 알맞은 그림 또는 그래프를 고르십시오. (각 2점)

1.

①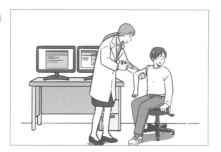

②

③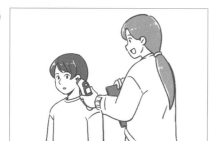

④

2.

①

②

③

④

3.

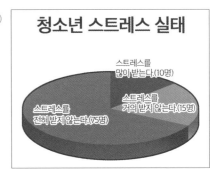

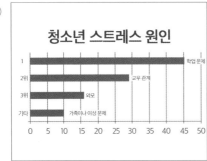

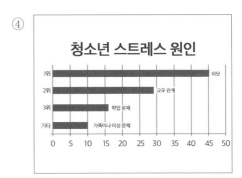

※ [4~8] 다음 대화를 잘 듣고 이어질 수 있는 말을 고르십시오. (각 2점)

4.　① 그래? 그럼 나도 운동해야겠다.

　　② 운동을 안 하니까 몸이 아픈거야.

　　③ 새벽부터 출근하려면 피곤하겠다.

　　④ 그러니까 좀 일찍 일어나지 그래?

5.　① 음악 듣는 걸 좋아해요.

　　② 축제가 벌써 끝났어요?

　　③ 저녁 7시쯤 한다고 해요.

　　④ 빨리 끝났으면 좋겠어요.

6. ① 집에 돌아가서 확인해 볼게요.

② 반품 대신 그냥 환불해 주세요.

③ 그럼 다른 제품으로 보내 주세요.

④ 그럼 나가실 때 문 앞에 놔 주세요.

7. ① 창문을 여는 게 좋겠어요.

② 창문도 좀 닦아야 할 것 같아요.

③ 지금 공사하고 있어서 좀 시끄러워요.

④ 이제 다 된 것 같으니 에어컨을 켤까요?

8. ① 수정하고 작성했어요.

② 오늘까지 꼭 해 주세요.

③ 생각보다 고칠 게 많네요.

④ 연수 날짜 정해지면 알려 주세요.

※ **[9~12] 다음 대화를 잘 듣고 여자가 이어서 할 행동으로 알맞은 것을 고르십시오. (각 2점)**

9. ① 화장실에 간다.   ② 식당에 들어간다.

③ 메뉴를 주문한다.   ④ 공연 시간을 알아본다.

10. ① 결제를 취소한다.   ② 새 옷을 가져온다.

③ 영수증을 확인한다.   ④ 바지를 반품해 준다.

11. ① 반찬을 꺼낸다.   ② 미역국을 끓인다.

③ 수저를 준비한다.   ④ 간장으로 간을 한다.

12. ① 진행 상황을 보고한다.   ② 신청자들에게 연락한다.

③ 신청자가 있는지 확인한다.   ④ 추가로 모집 공고를 올린다.

※ [13~16] 다음을 듣고 들은 내용과 같은 것을 고르십시오. (각 2점)

13. ① 여자는 전에도 이 정원에 자주 왔다.

② 이 정원은 키 큰 나무와 꽃들이 많다.

③ 남자는 50년 전에 이 정원을 설립했다.

④ 이 정원의 입장료는 노인 복지에 사용된다.

14. ① 점검은 사흘 동안 진행된다.

② 점검 시 주민들의 협조는 필요 없다.

③ 점검 중 화재 경보가 울리면 밖으로 나간다.

④ 점검 중 사이렌 소리가 나면 관리실로 연락한다.

15. ① 이 사고는 오늘 새벽에 발생하였다.

② 이 사고로 인해 사람들이 많이 다쳤다.

③ 경찰은 사고 원인에 대해 조사하고 있다.

④ 길을 가는 사람과 택시가 부딪치는 사고가 났다.

16. ① 감기약은 꼭 물과 먹을 필요는 없다.

② 감기약은 주스와 먹으면 효과가 좋다.

③ 처방받은 감기약은 모두 먹는 게 좋다.

④ 감기약은 처방받은 날짜만큼 먹을 필요는 없다.

※ [17~20] 다음을 듣고 남자의 중심 생각으로 가장 알맞은 것을 고르십시오. (각 2점)

17. ① 쓰레기를 아무 데나 버리면 안 된다.

② 주스 병은 다시 재활용하면 안 된다.

③ 재활용이 가능한 것은 다시 쓰는 게 좋다.

④ 쓰레기는 종류별로 분리해서 버려야 한다.

18. ① 정리는 한꺼번에 하는 것이 좋다.

② 정리를 자주 하는 것은 힘이 많이 든다.

③ 시간이 있을 때마다 정리를 하는 게 좋다.

④ 정리를 할 때는 옆 사람의 도움이 필요하다.

19. ① 날씨에 따라 여행하는 기분이 다르다.

② 날씨와 상관없이 여행을 즐길 수 있다.

③ 날씨가 좋아야만 여행을 잘 할 수 있다.

④ 아무 계획 없이 여행하는 것도 나쁘지 않다.

20. ① 갯벌은 좋은 역할만 하는 것이 아니다.

② 갯벌은 홍수가 나면 여러 피해를 준다.

③ 갯벌을 소중하게 생각하고 보존해야 한다.

④ 갯벌은 오염 물질을 분해하는 역할을 한다.

21. 남자의 중심 생각으로 가장 알맞은 것을 고르십시오.

① 홍보에 드는 비용은 절감하면 할수록 좋다.

② 인쇄물 홍보 방식은 여러 면에서 효과가 좋다.

③ SNS를 이용해서 홍보하는 방식은 효과가 별로 안 좋다.

④ 인쇄물을 만들어서 홍보하는 방식은 요즘 세대와 맞지 않다.

22. 들은 내용으로 맞는 것을 고르십시오.

① 인쇄물을 어떻게 구성해야 할지 논의 중이다.

② 인쇄물 홍보는 특정 계층에게만 효과가 있다.

③ SNS로 홍보하는 것은 전통적인 홍보 방식이다.

④ 인쇄물은 비용이 저렴할 뿐만 아니라 홍보 효과도 좋다.

※ [23~24] 다음을 듣고 물음에 답하십시오. (각 2점)

23. 남자가 무엇을 하고 있는지 고르십시오.

① 창업 지원 방법을 안내하고 있다.

② 장비 이용 방법을 알아보고 있다.

③ 작가 초청회 행사를 홍보하고 있다.

④ 세미나실을 이용하려고 문의하고 있다.

24. 들은 내용으로 맞는 것을 고르십시오.

① 지원센터에서 장비도 대여해 준다.

② 남자는 처음 지원센터를 이용한다.

③ 대여 신청을 하려면 직접 방문해야 한다.

④ 세미나실은 이용하려면 대여료를 내야 한다.

※ [25~26] 다음을 듣고 물음에 답하십시오. (각 2점)

25. 남자의 중심 생각으로 가장 알맞은 것을 고르십시오.

① 우수 인력이 많은 병원이 좋다.

② 병원에 대한 정부의 관심이 필요하다.

③ 계속 이 병원에서 일하면서 발전하고 싶다.

④ 질 좋은 서비스를 환자에게 제공해야 한다.

26. 들은 내용으로 맞는 것을 고르십시오.

① 이 남자는 이 병원에서 10년 동안 일했다.

② 이 남자는 이 병원에 의사의 꿈을 이루고자 입사했다.

③ 이 병원은 서비스 향상을 위해 직원 교육이 필요하다.

④ 이 병원은 앞으로 우수한 인력을 많이 채용할 것이다.

※ [27~28] 다음을 듣고 물음에 답하십시오. (각 2점)

27. 남자가 말하는 의도로 알맞은 것을 고르십시오.

① 육아의 소중함을 일깨워 주려고

② 새로 개선된 제도에 대해 소개하려고

③ 육아기 근로시간 단축제의 문제를 해결하려고

④ 육아기 근로시간 단축제 신청 방법에 대해 조언하려고

28. 들은 내용과 같은 것을 고르십시오.

① 아이를 돌볼 수 있는 시간을 확보하기가 쉽지 않다.

② 육아기 근로시간 단축제도가 이번에 새로 마련되었다.

③ 1년 동안 근로시간을 단축해서 육아에 집중할 수 있다.

④ 이 제도를 이용하면 정부 지원이 없어서 생활이 더 힘들다.

※ [29~30] 다음을 듣고 물음에 답하십시오. (각 2점)

29. 남자가 누구인지 고르십시오.

① 감정과 어울리는 색깔을 찾아주는 사람

② 자신에게 어울리는 색깔을 찾아주는 사람

③ 상담과 교육을 통해 인재를 양성하는 사람

④ 일과 연애에 성공할 수 있도록 도와주는 사람

30. 들은 내용과 같은 것을 고르십시오.

① 생활의 활력을 주면 누구나 성공한다.

② 기존의 색깔 진단 도구는 효과가 좋다.

③ 자신만의 색깔을 찾으면 큰 변화가 생긴다.

④ 자신만의 색깔은 찾은 후 자신감이 떨어졌다.

※ [31~32] 다음을 듣고 물음에 답하십시오. (각 2점)

31. 남자의 중심 생각으로 가장 알맞은 것을 고르십시오.

① 고령층의 생계를 정부가 나서서 해결해야 한다.

② 고령 운전자에게 조건을 걸어 면허를 허용해야 한다.

③ 고령 운전자의 면허증 반납 제도는 실제 효율성이 낮다.

④ 고령 운전자로 인해 발생하는 교통사고 문제가 심각하다.

32. 남자의 태도로 가장 알맞은 것을 고르십시오.

① 문제를 지적하고 새 제도를 검토하고 있다.

② 상황을 분석하며 해결 방안을 촉구하고 있다.

③ 비교를 통해 차이점을 구체적으로 설명하고 있다.

④ 제도의 실효성이 없다는 것에 대한 책임을 묻고 있다.

※ [33~34] 다음을 듣고 물음에 답하십시오. (각 2점)

33. 무엇에 대한 내용인지 알맞은 것을 고르십시오.

　① 자동차 공유 서비스의 탄생 배경

　② 자동차 공유 서비스의 이용 방법

　③ 자동차 공유 서비스의 활성화 방안

　④ 자동차 공유 서비스의 여러 문제점

34. 들은 내용과 같은 것을 고르십시오.

　① 출퇴근할 때는 개인 자동차가 있어야 한다.

　② 대중교통이 발달되어 개인 자동차는 필요 없다.

　③ 개인 자동차를 소유하는 것은 효율적인 방법이다.

　④ 자동차를 보유할 때 들어가는 비용이 상당히 많다.

※ [35~36] 다음을 듣고 물음에 답하십시오. (각 2점)

35. 남자가 무엇을 하고 있는지 고르십시오.

　① 해군 제복의 세탁 방법을 소개하고 있다.

　② 해군 제복의 실제 쓰임에 대해 설명하고 있다.

　③ 해군 제복을 입어 본 소감에 대해 말하고 있다.

　④ 해군 제복에 대한 관심과 지원을 부탁하고 있다.

36. 들은 내용과 같은 것을 고르십시오.

　① 사각형 깃은 소리를 잘 듣기 위해 사용된다.

　② 나팔바지는 갑판 청소할 때 상당히 불편하다.

　③ 나팔바지는 사람이 다쳤을 때 붕대로 쓰인다.

　④ 넥타이는 소리가 잘 들리지 않을 때 유용하다.

※ [37~38] 다음을 듣고 물음에 답하십시오. (각 2점)

37. 여자의 중심 생각으로 가장 알맞은 것을 고르십시오.

① 동물들도 인간처럼 항상 욕심을 부린다.

② 동물들이 평화롭게 살기 위해서는 시간이 필요하다.

③ 초원의 생명들은 먹이를 얻기 위해 계속 싸워야 한다.

④ 초원의 생명들은 인간에게 더불어 사는 법을 가르쳐 준다.

38. 들은 내용과 같은 것을 고르십시오.

① 얼룩말은 비교적 짧은 풀을 먹는다.

② 얼룩말은 뛰어난 후각을 가지고 있다.

③ 누는 시각이 뛰어나서 얼룩말을 잘 발견한다.

④ 누와 얼룩말은 서로 보호하기 위해 같이 산다.

※ [39~40] 다음을 듣고 물음에 답하십시오. (각 2점)

39. 이 대화 전의 내용으로 가장 알맞은 것을 고르십시오.

① 사람은 각각 다른 기준으로 행복을 느낀다.

② 행복해지기 위해서 사소한 노력을 실천해야 한다.

③ 사회가 적극적으로 개인의 행복을 찾아줘야 한다.

④ 행복한 삶을 살기 위해 개인의 노력만이 필요하다.

40. 들은 내용과 같은 것을 고르십시오.

① 행복을 찾기 위해 사회와 공동체는 중요하지 않다.

② 자기 행복만 찾다 보면 타인에게 피해를 주기도 한다.

③ 공동체가 모두 행복할 수 있는 사회는 마련되기 힘들다.

④ 비도덕적인 행위더라도 나만 행복하면 모든 것이 괜찮다.

※ [41~42] 다음을 듣고 물음에 답하십시오. (각 2점)

41. 이 강연의 중심 내용으로 맞는 것을 고르십시오.

① 우리는 남녀 구별 없이 모두 다른 언어를 사용한다.

② 남성과 여성은 어휘나 문법을 구별해서 언어를 사용한다.

③ 어떤 범주나 형식에서도 남성과 여성의 언어 차이는 없다.

④ 남성과 여성 언어의 구별은 없으나 선호의 차이는 존재한다.

42. 들은 내용과 일치하는 것을 고르십시오.

① 지금까지 남성과 여성의 어떠한 언어 차이도 없었다.

② 남성은 직접적인 명령문보다는 청유문을 더 많이 사용한다.

③ 여성은 직접적인 표현보다는 간접적으로 대화하는 것을 선호한다.

④ 남성은 자기 주장이 강한 표현을 사용하기에 의문문을 더 선호한다.

※ [43~44] 다음을 듣고 물음에 답하십시오. (각 2점)

43. 무엇에 대한 내용인지 알맞은 것을 고르십시오.

① 한옥의 건축 특징

② 한옥의 관리 방법

③ 한옥의 건축 과정

④ 한옥의 현대적 기능

44. 한옥에 대한 설명으로 맞는 것을 고르십시오.

① 한옥은 강풍에 약한 특징을 가지고 있다.

② 한옥은 콘크리트 같은 인공 소재로 짓는다.

③ 한옥은 지붕에서 처마까지 곡선으로 이어져 있다.

④ 한옥은 자연 소재로 지어졌지만 살기에는 불편하다.

※ [45~46] 다음을 듣고 물음에 답하십시오. (각 2점)

45. 들은 내용과 일치하는 것을 고르십시오.

① 블랙컨슈머는 다수의 소비자를 보호해 준다.

② 블랙컨슈머는 기업의 이미지를 좋게 만들어 준다.

③ 블랙컨슈머는 착한 마음으로 기업의 문제점을 분석해 준다.

④ 블랙컨슈머를 없애기 위해 철저한 관리와 감독을 해야 한다.

46. 여자가 말하는 방식으로 가장 알맞은 것을 고르십시오.

① 최근 발생한 문제점과 해결 방안을 제시하고 있다.

② 블랙컨슈머와 기업의 관계를 비교하여 설명하고 있다.

③ 사례를 들어 블랙컨슈머의 탄생과정을 분석하고 있다.

④ 다양한 연구를 바탕으로 자신만의 기준을 주장하고 있다.

※ [47~48] 다음을 듣고 물음에 답하십시오. (각 2점)

47. 들은 내용과 일치하는 것을 고르십시오.

① 이제 부유한 나라도 온실가스를 적게 배출한다.

② '적응'은 온실가스 배출량을 감소시키는 방안이다.

③ 취약 계층을 위한 지원과 사회 기반 시설을 마련해야 한다.

④ '저감'은 화학연료를 사용하여 에너지 효율을 높이는 방안이다.

48. 남자의 태도로 가장 알맞은 것을 고르십시오.

① 기후 변화의 위험성을 방관하고 있다.

② 기후 변화에 대응하는 방안을 제안하고 있다.

③ 기후 변화 대응이 효과가 없음을 지적하고 있다.

④ 기후 변화가 우리에게 미치는 영향을 설명하고 있다.

※ [49~50] 다음을 듣고 물음에 답하십시오. (각 2점)

49. 들은 내용과 일치하는 것을 고르십시오.

① 디지털 치매는 단순하게 받아들이면 안 된다.

② 디지털 치매는 병이기에 걸리지 않게 조심해야 한다.

③ 디지털 기술 의존 현상은 현대 사회의 부적응을 초래한다.

④ 디지털 기술 의존 현상은 인간의 진화 과정에서 늘 있었다.

50. 여자의 태도로 가장 알맞은 것을 고르십시오.

① 디지털 치매의 문제점을 지적하고 있다.

② 디지털 치매 예방 방법을 연구하고 있다.

③ 디지털 치매 현상이 확대될까 걱정하고 있다.

④ 디지털 치매에 대응하는 자세를 설명하고 있다.

※ [51~52] 다음 글의 ㉠과 ㉡에 알맞은 말을 각각 쓰시오. (각 10점)

51.

받는 사람 tao@maver.com
제 목 노트북 수리 문의
보낸 사람 kim@hanguk.siwon.com

안녕하세요. 노트북이 고장나서 문의합니다.
노트북을 아무리 충전해도 전원이 자꾸 (㉠).
이번 주에 노트북이 꼭 필요해서 오늘 수리를 맡기고 싶습니다.
오늘 노트북 수리를 (㉡) 얼마나 걸릴까요?
이번 주 안에 수리가 되었으면 좋겠습니다.
답변 부탁드립니다.

52.

　　바람은 우리의 생활에서 다양한 일을 한다. 사막의 모래를 옮겨 언덕을 쌓기
도 하고 바위를 깎아 멋진 조각 작품을 (㉠). 또 꽃씨를 멀리
퍼뜨리고 배가 앞으로 나아가게 한다. 가끔 너무 강한 바람은 우리에게 피해를
(㉡) 평상시에 부는 바람은 우리에게 많은 도움을 준다.

53. 다음은 '한국인의 흡연율 변화'에 대한 자료이다. 이 내용을 200~300자의 글로 쓰시오. 단, 글의 제목은 쓰지 마시오. (30점)

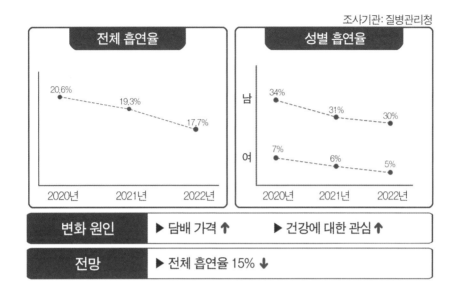

54. 다음을 참고하여 600~700자로 글을 쓰시오. 단, 문제를 그대로 옮겨 쓰지 마시오. (50점)

> 최근 다양한 상품들과 편리한 구매 방법 등으로 많은 사람들이 쇼핑을 즐길 수 있게 되었다. 그런데 자신의 경제력을 넘어가는 물건을 사거나 불필요한 물건들을 계속해서 구매하는 '쇼핑 중독'에 빠지는 사람들이 늘고 있다. 아래의 내용을 바탕으로 '쇼핑 중독의 문제점과 쇼핑 중독에 빠지지 않기 위한 방안'에 대해 자신의 의견을 쓰라.
>
> - '쇼핑 중독'이 발생한 배경은 무엇인가?
> - '쇼핑 중독'의 문제점은 무엇인가?
> - 쇼핑 중독에 빠지지 않기 위한 방안은 무엇인가?

＊ 원고지 쓰기의 예

		스	트	레	스	는		자	신	의		노	력	으	로		얼	마	든	지
극	복	이		가	능	하	다	.	스	트	레	스	를		없	애	는		좋	

제1교시 듣기, 쓰기 시험이 끝났습니다. 제2교시는 읽기 시험입니다.

TOPIK 한국어능력시험

제4회 실전모의고사
The 1st Actual Mock Test

TOPIK II

| 2교시 | 읽기
(Reading) |

수험번호 (Registration No.)		
이 름 (Name)	한국어(Korean)	
	영 어(English)	

유 의 사 항
Information

1. 시험 시작 지시가 있을 때까지 문제를 풀지 마십시오.
   Do not open the booklet until you are allowed to start.

2. 수험번호와 이름을 정확하게 적어 주십시오.
   Write your name and registration number on the answer sheet.

3. 답안지를 구기거나 훼손하지 마십시오.
   Do not fold the answer sheet; keep it clean.

4. 답안지의 이름, 수험번호 및 정답의 기입은 배부된 펜을 사용하여 주십시오.
   Use the given pen only.

5. 정답은 답안지에 정확하게 표시하여 주십시오.
   Mark your answer accurately and clearly on the answer sheet.

6. 문제를 읽을 때에는 소리가 나지 않도록 하십시오.
   Keep quiet while answering the questions.

7. 질문이 있을 때에는 손을 들고 감독관이 올 때까지 기다려 주십시오.
   When you have any questions, please raise your hand.

※ [1~2] (   )에 들어갈 말로 가장 알맞은 것을 고르십시오. (각 2점)

1. 그 가게는 야채가 (   ) 가격도 싸다.

① 신선해서   ② 신선하더라도

③ 신선한 데다가   ④ 신선해서 그런지

2. 밤에는 바람이 거세게 (   ) 아침이 되니까 조용해졌다.

① 불길래   ② 불더니

③ 불었더니   ④ 부는 탓에

※ [3~4] 밑줄 친 부분과 의미가 가장 비슷한 것을 고르십시오. (각 2점)

3. 이번 시험에는 꼭 90점을 <u>넘도록</u> 열심히 노력할 것이다

① 넘어도   ② 넘기 위해서

③ 넘어 가지고   ④ 넘기만 하면

4. 두 사람이 오늘 한마디도 안 하는 걸 보니 <u>싸웠나 보다</u>

① 싸운 셈이다   ② 싸우는 편이다

③ 싸운 모양이다   ④ 싸우기 마련이다

※ [5~8] 다음은 무엇에 관한 글인지 고르십시오. (각 2점)

5.

한여름 소나기처럼 입안을 시원하게~
충치 예방부터 미백까지 한 번에 해결하세요!

① 치약　　　　② 냉장고　　　　③ 에어컨　　　　④ 화장품

6.

진드기와 먼지까지 싹!
이불을 깨끗하고 뽀송뽀송하게 만들어 드립니다.

① 병원　　　　② 마트　　　　③ 세탁소　　　　④ 여행사

7.

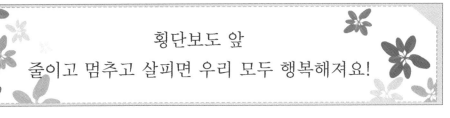

횡단보도 앞
줄이고 멈추고 살피면 우리 모두 행복해져요!

① 안전 운전　　　　② 이웃 사랑　　　　③ 생활 예절　　　　④ 화재 예방

8.

1. 공공 자전거 홈페이지나 앱에서 회원가입을 합니다.
2. 대여 시간을 선택하고 자전거 번호를 입력하면 잠금장치가 풀립니다.

① 교환 안내　　　　② 제품 설명　　　　③ 이용 방법　　　　④ 판매 장소

※ [9~12] 다음 글 또는 그래프의 내용과 같은 것을 고르십시오. (각 2점)

9.

한강공원 눈썰매장 이용 안내

▶ 운영 기간: 12월 16일 ~ 2월 11일
▶ 이용 시간: 1회 1시간 (준비 시간 30분)

1회	10:00 ~ 11:00
2회	11:30 ~ 12:30
3회	13:00 ~ 14:00
4회	14:30 ~ 15:30
5회	16:00 ~ 17:00

**주말에는 17:30~18:30 1회 연장 운영

▶ 요금: 1회 1,000원 (현금 결제만 가능)
▶ 이용권 구매: 당일 현장 구매만 가능(사전 예약 불가)
▶ 주차: 눈썰매장 이용 시 4시간 무료

※ 모자나 장갑 같은 안전 장비나 눈썰매는 무료로 대여 가능합니다.
※ 자세한 사항은 홈페이지를 참고하시기 바랍니다.

① 안전 장비는 현장에서 빌릴 수 있다.
② 일요일에는 눈썰매를 다섯 시간까지 탈 수 있다.
③ 미리 티켓을 구매하고 싶으면 홈페이지를 이용하면 된다.
④ 사천 원을 내면 세 시간 동안 눈썰매장을 이용할 수 있다.

10.

연령별 자원봉사 참여자

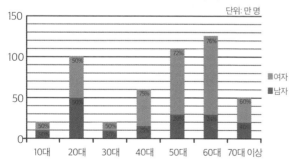

① 10대와 40대는 남자의 참여율이 여자보다 낮다.
② 50대는 여자가 남자보다 자원봉사에 덜 참여했다.
③ 60대 남자가 자원봉사에 가장 많이 참여하고 있다.
④ 30대 이하는 자원봉사에 참여하는 남녀의 비율이 같다.

※ [9~12] 다음 글 또는 그래프의 내용과 같은 것을 고르십시오. (각 2점)

11.

  클래식 공연장 인주 콘서트홀이 차별화된 서비스로 관객들의 만족도를 높이고 있다. 관람객들의 가장 큰 호응을 얻고 있는 것은 음료 보관 서비스다. 공연장 내부는 음료 반입 불가이므로 관람객은 갖고 있던 음료를 직원에게 보관해 달라고 부탁할 수 있다. 따뜻한 음료는 온장고에, 아이스 음료는 냉장고에 보관되며 관람객은 공연 중간의 쉬는 시간에 휴게 공간에서 남은 음료를 즐길 수 있다.

① 현재 서비스 만족도 조사를 실시하고 있다.
② 공연 관람 중에는 음료를 돌려받을 수 없다.
③ 다른 공연장에서도 비슷한 서비스를 실시하고 있다.
④ 관람객은 쉬는 시간에 원하는 음료를 주문할 수 있다.

12.

  인주시가 장애인 가족 지원을 강화할 예정이다. '장애인 가정 출산 지원금'은 기존 100만 원에서 120만 원으로 올리고 18세 미만 장애 아동이 있는 가정에는 월 20만 원의 '육아 수당'을 지원한다. 또한 9세 미만 자녀가 있는 장애인 가정에는 '육아 도우미'를 무료로 파견하는 서비스도 준비 중이다. 변경된 내용은 내년 1월 1일부터 적용될 예정이다.

① 장애인 가족 지원금은 축소될 전망이다.
② 장애인 자녀가 18세인 경우에는 육아 수당을 받을 수 없다.
③ 인주시는 장애인들이 육아 도우미로 취업할 수 있게 돕고 있다.
④ 내년부터 장애인 가정에서는 20만 원의 출산 지원금을 받을 수 있다.

※ [13~15] 다음을 순서에 맞게 배열한 것을 고르십시오. (각 2점)

13.

(가) 스위스는 유럽에서 가장 많은 빙하를 가진 나라이다.

(나) 이로 인해 스위스와 이탈리아의 국경선이 새롭게 형성되었다.

(다) 빙하가 자연 경계 역할을 했지만, 이제 녹아 없어졌기 때문이다.

(라) 지난해 스위스 빙하 부피의 4%가 사라져, 역사상 두 번째로 큰 감소를 기록했다.

① (가)-(나)-(다)-(라)　　　　② (가)-(라)-(나)-(다)
③ (라)-(가)-(다)-(나)　　　　④ (라)-(나)-(다)-(가)

14.

(가) 이러한 기술은 판단력과 집중력을 키우는 데 도움을 준다.

(나) 태권도가 상대에 대한 존중과 예의도 중요시하기 때문이다.

(다) 또한 태권도는 올바른 인격 형성에도 긍정적인 영향을 미친다.

(라) 한국 전통 스포츠인 태권도는 손과 발로 상대를 공격하거나 방어하는 기술로 구성된다.

① (나)-(가)-(다)-(라)　　　　② (나)-(라)-(가)-(다)
③ (라)-(가)-(다)-(나)　　　　④ (라)-(다)-(나)-(가)

15.

(가) 전통적으로 가족은 결혼과 혈연으로 구성되어 왔다.

(나) 그러므로 가족의 다양성을 인정하고 편견 없이 긍정적으로 받아들일 수 있어야 한다.

(다) 가족의 형태는 다양하지만, 모든 가족은 애정으로 하나가 된 집단이라는 공통점을 갖는다.

(라) 반면 오늘날에는 과거에 비해 다양한 가족 형태를 찾아볼 수 있다.

① (가)-(다)-(나)-(라)　　　　② (가)-(라)-(다)-(나)
③ (라)-(나)-(가)-(다)　　　　④ (라)-(다)-(나)-(가)

※ [16~18] (   )에 들어갈 말로 가장 알맞은 것을 고르십시오. (각 2점)

16.

   (   ) 홍수와 가뭄 같은 자연재해를 막는 좋은 방법이 될 수 있다. 숲의 푹신푹신하고 빈틈이 많은 토양의 구조는 땅 속의 다양한 동식물들이 만든다. 이러한 땅속 공간들은 빗물을 저장했다가 서서히 흘려보내어 홍수로 인한 산사태를 막고 가뭄에도 계곡과 강을 마르지 않게 한다. 이처럼 숲은 스스로 홍수를 조절하고 가뭄을 예방하는 댐과 같은 역할을 하기 때문에 '녹색 댐'이라고도 불린다.

① 숲을 가꾸는 일은   ② 산불을 예방하는 것은
③ 산에 댐을 설치하는 것은   ④ 숲의 빗물을 모으는 일은

17.

   옷차림은 개성을 표현하는 기능뿐만 아니라 건강을 위한 기능도 한다. 디자인이 아름다운 옷이더라도 잘못 착용하면 건강에 해가 될 수 있다. 예를 들어 지나치게 끼는 옷은 혈액 순환 장애나 소화 장애를 유발할 수 있고 너무 얇은 옷은 자외선으로부터 우리 몸을 지킬 수 없다. 따라서 옷차림을 할 때는 디자인뿐만 아니라 (   ) 옷차림을 결정하도록 해야겠다.

① 치수와 두께를 확인하여   ② 개성 표현 기능을 추가하여
③ 신체 보호 기능을 고려하여   ④ 장애 발생 가능성을 비교하여

18.

> 발명은 사회에 큰 영향을 끼치며 발명가에게도 명예와 경제적 이익을 가져다 준다. 그러나 (   ) 제품을 만들면, 발명가는 큰 피해를 보게 되므로 이후에 발명을 공개하지 않을 수도 있다. 이를 방지하기 위해 국가에서 발명자의 권리를 보호해 주는데, 이를 특허라고 한다. 특허가 있으면 일정 기간 생산, 판매 등에 대한 독점적인 권리를 가질 수 있다.

① 발명가가 재능을 기부하여   ② 발명가가 국가에 특허를 신청하여
③ 다른 사람이나 기업이 명예를 위해   ④ 다른 사람이나 기업이 발명을 모방하여

※ [19~20] 다음을 읽고 물음에 답하십시오. (각 2점)

> 과학자와 의학자를 대상으로 한 설문조사에서 인류의 가장 위대한 성과로 '상하수도의 발전'이 꼽혔다. 과거에는 많은 사람들이 오염된 물 때문에 전염되는 콜레라와 같은 질병으로 사망했지만, 하수도가 설치되고 깨끗한 수돗물이 보급된 20세기부터는 사망자가 급격히 줄어들었다. 이로 인해 인간의 평균 수명이 30년 이상 증가할 수 있었다고 한다. (   ) 깨끗한 물의 보급은 인간의 건강과 밀접한 관련이 있다고 할 수 있다.

19. (   )에 들어갈 말로 가장 알맞은 것을 고르십시오.
① 드디어   ② 따라서   ③ 게다가   ④ 오히려

20. 윗글의 주제로 가장 알맞은 것을 고르십시오.
① 콜레라는 오염된 물 때문에 전염되는 질병 중 하나이다.
② 하수도가 설치되면서 물의 오염으로 인한 사망이 급증했다.
③ 오염되지 않은 물의 보급은 인류의 생명 연장에 큰 도움이 됐다.
④ 과학자와 의학자들은 상하수도의 발전에 관심을 기울일 필요가 있다.

최근 경제 상황이 나빠지면서 월급 외의 수익을 위해 많은 사람들이 너도나도 (   ) 주식에 뛰어들고 있다. 특히 이제 막 사회생활을 시작한 20~30대들이 투자에 대한 진지한 고민 없이 수익에만 집중하여 가볍게 주식에 접근하고 있다. 이처럼 보상에만 지나치게 몰두하면 자칫 중독에 빠지기 쉽다. 뇌가 즉각적인 보상에 반응하면서 도파민이 한꺼번에 다량 분비되는데 이러한 일이 반복되면 중독에 이르게 되는 것이다.

21. (   )에 들어갈 말로 가장 알맞은 것을 고르십시오.

① 시치미를 떼고

② 눈살을 찌푸리고

③ 바람을 일으키고

④ 앞뒤를 재지 않고

22. 윗글의 내용과 같은 것을 고르십시오.

① 20~30대의 주식 중독 현상이 사회 문제화되고 있다.

② 도파민이 지나치게 분비되면 즉시 치료를 받아야 한다.

③ 최근 경제 불황으로 많은 사람들이 투자에 실패하고 있다.

④ 수익을 얻는 것에만 과도하게 집중하다 보면 중독에 빠지기 쉽다.

※ **[23~24] 다음을 읽고 물음에 답하십시오. (각 2점)**

문 뒤에 숨겨 둔 공이 간 데가 없다. 팔을 넣어 아무리 더듬어도 허탕이다. 문기는 <u>가슴이 두근거리기 시작하였다.</u>

'혹 동네 아이들이 집어 갔을까?'

도리어 그랬으면 다행이다. 만일에 그 공이 작은어머니 손에 들어가기나 했으면 큰일이다.

문기는 아무 일 없는 태도로 전날과 다름없이 안마당에서 화분에 물을 주면서 연신 작은어머니의 눈치를 살핀다. 자기를 보는 작은어머니 눈에 별다른 것이 없다 싶었던 문기는 차츰 생각을 고친다.

'공은 동네 아이들이 집어 갔겠지. 그렇지 않으면 작은어머니가 알고 가만있을 리 있나.'

조금 후 문기는 아랫방으로 내려가 책상 서랍을 열어 보았을 때 문기는 또 좀 놀랐다. 서랍 속에 깊숙이 간직해 둔 쌍안경이 보이질 않는다. 그것뿐이 아니다. 서랍 안이 뒤죽박죽이고 누가 손을 댔음이 분명하다.

23. 밑줄 친 부분에 나타난 '나'의 심정으로 가장 알맞은 것을 고르십시오.

① 서운하다

② 담담하다

③ 후련하다

④ 초조하다

24. 윗글의 내용과 같은 것을 고르십시오.

① 문기는 작은어머니를 위해 선물을 숨겨 두었다.

② 작은어머니의 태도가 평소와 달라 매우 의심스럽다.

③ 문기는 작은어머니가 사 주신 쌍안경을 잃어버렸다.

④ 문기는 차라리 동네 아이들이 공을 가져갔기를 바라고 있다.

※ [25~27] 다음 신문 기사의 제목을 가장 잘 설명한 것을 고르십시오. (각 2점)

25.

불꽃축제 구경 온 수십만 인파, 돗자리 펼 곳 없어 발만 '동동'

① 불꽃축제를 구경하면서 너무 많이 걸어서 발이 아팠다.
② 불꽃축제를 보러 온 많은 사람들이 표가 비싸서 입장하지 못했다.
③ 불꽃축제를 구경하면서 기념품 등을 사는데 수십만 원을 소비했다.
④ 불꽃축제를 보러 온 많은 사람들이 앉을 곳이 없어 불편을 겪었다.

26.

역대급 폭염에 논 초토화, 농민들 '시름시름'

① 기록적인 무더위로 벼농사를 망친 농민들이 힘들어하고 있다.
② 기록적인 홍수로 벼농사를 망친 농민들이 벼농사를 포기하고 있다.
③ 기록적인 홍수로 벼농사를 망친 농민들이 생계에 어려움을 겪고 있다.
④ 기록적인 무더위로 벼농사를 망친 농민들이 정부에 보상을 요구하고 있다.

27.

하늘 높은 줄 모르는 배춧값, 정부 대책 미흡

① 배춧값이 폭등하고 있어 정부가 발 빠르게 대처하고 있다.
② 배춧값이 폭등하고 있는데 정부의 대응이 부족하고 불만스럽다.
③ 배춧값이 폭락하고 있어 정부가 농민들에게 보조금을 지급하고 있다.
④ 배춧값이 폭락하고 있는데 정부가 농민들에게 아무것도 해 주고 있지 않다.

※ [28~31] (   )에 들어갈 말로 가장 알맞은 것을 고르십시오. (각 2점)

28.

> 설탕이 몸에 해롭다는 것을 알면서도 자꾸만 단 음식을 찾게 되는 이유는 무엇일까? 신체적으로는 음식을 충분히 섭취하지 않았을 때 호르몬이 에너지가 필요하다고 신호를 보내기 때문에 설탕에 대한 갈망이 강력하게 느껴지게 된다. 또 심리적으로는 스트레스를 받을 때 배고픔을 느끼는 호르몬을 증가시켜 이러한 갈망을 통제하기 어렵게 만든다. 이렇게 설탕에 대한 (   ) 구체적인 원인을 알게 되면 설탕을 조절할 수 있다.

① 갈망이 생기는
② 호르몬을 치료하는
③ 이상 신호를 점검하는
④ 고른 섭취를 방해하는

29.

> 예로부터 서예는 인격 수양의 방법으로 활용되었다. 말은 마음의 소리이고 글씨는 (   ) 표현하는 것이기 때문에 마음이 곧으면 글씨도 곧아서 아름답다고 여겼다. 이러한 서예 작품에는 작가의 내면세계가 그림을 그리듯 그대로 드러나기 때문에 조상들의 정신 수양에 있어서 필수적인 교양이자 학문이었다. 빠르게 변화하는 환경으로 인해 정신적인 피로를 호소하는 현대인들에게도 서예는 내면을 발견하고 마음을 수련할 수 있는 기회를 제공할 것이다.

① 고요한 마음을 말로
② 말을 음악처럼 아름답게
③ 사람의 마음을 그림처럼
④ 수양하는 방법을 다양하게

30.

> 정상적인 근육 수축이 중단돼 근육 일부분이 경련을 일으키는 증상을 '쥐가 난 다'고 표현하는데 이러한 증상이 반려견에게도 나타날 수 있다. 반려견에게 쥐가 나면 보통 뒷다리와 같은 (   ) 보이고, 만져서 느낄 수도 있다. 몸의 다른 부분에서도 쥐가 날 수 있는데 신경 손상, 과도한 운동 등 원인은 다양하다. 쥐가 나면 휴식을 취하게 하고 근육이 떨리는 부위를 부드럽게 마사지해 주는 것도 도움이 된다.

① 땀이 많은 곳이 가려운 게
② 특정 부위의 근육이 떨리는 게
③ 움직임이 많은 곳에 땀이 나는 게
④ 피로가 심한 곳의 근육이 커지는 게

31.

> 뉴스 보도 자체가 범죄 발생을 증가시킬 수 있다. 특히 성범죄 보도의 경우 선정 적인 내용 때문에 (   ) 비판이 제기되고 있다. 대부분의 성범죄 보도가 범죄 방법을 지나치게 상세히 설명하고 있기 때문이다. 언론 보도는 대중에게 미치 는 영향력이 크므로 범죄에 대한 호기심과 관심을 유발하기보다는 범죄의 심각성 에 집중해서 보도하도록 해야 한다.

① 모방 범죄의 우려가 있다는
② 용의자를 검거할 수 없다는
③ 대중에 대한 영향력이 약하다는
④ 피해자의 고통을 위로해 줄 수 있다는

※ [32~34] 다음을 읽고 글의 내용과 같은 것을 고르십시오. (각 2점)

32.

　　치아 건강을 지키기 위한 방법은 뭐가 있을까? 알려진 바와 달리 치아를 오래 닦는 것은 좋지 않다. 닦는 부분만 반복적으로 닦이다 보니 치아의 마모가 심해져 이가 시릴 수 있기 때문이다. 이보다는 치아 결을 따라 꼼꼼히 칫솔질을 하고 헹굴 때는 치약의 잔여물이 남지 않게 여러 번 헹궈야 한다. 양치질을 잘하는 것만큼 보관법도 중요한데 이물질을 잘 털어낸 후 칫솔 살균기나 통풍이 잘되는 곳에 두고 건조하면 된다.

① 양치질을 오래 하면 치아가 많이 닳을 수 있다.
② 치약의 잔여물을 제대로 헹구지 않으면 충치가 심해진다.
③ 칫솔 살균기를 이용하면 칫솔에 남은 이물질을 잘 털 수 있다.
④ 이가 시릴 때는 평소보다 오래 꼼꼼히 칫솔질을 하는 것이 좋다.

33.

　　스타를 좋아하는 팬들의 '팬덤 문화'가 진화하고 있다. 과거에는 콘서트에서 팬클럽을 상징하는 풍선을 흔들거나 스타에게 편지와 선물을 보내면서 스타에 대한 그들의 애정을 표현했다. 이제는 이런 애정 표현의 방식과 규모의 차원이 완전히 달라졌다. 스타와 팬들이 함께 자원봉사를 하거나 스타의 이름으로 기부하는 일도 흔하다. 또한 환경과 관련된 이색 기부도 많아지고 있는데 대표적인 것이 '스타 숲 만들기'이다. 지금까지 스타의 이름을 딴 숲이 무려 97개나 조성됐다고 한다.

① 최근 나무에 스타의 이름을 새기는 것이 유행이다.
② 새로운 팬덤 문화는 스타들의 사생활을 침해하고 있다.
③ 팬들은 좋아하는 스타에게 과거보다 덜 기부하고 있다.
④ 요즘 팬들은 사회적 기여 활동으로 스타에 대한 애정을 표현한다.

※ [32~34] 다음을 읽고 글의 내용과 같은 것을 고르십시오. (각 2점)

34.

　　산소는 눈에 보이지 않지만 우리 주변에 늘 존재한다. 그런데 만약 5초 동안 지구상의 모든 산소가 갑자기 사라지면 우리는 어떤 변화를 겪게 될까? 대기 속 산소가 사라지면 우리의 피부는 즉시 화상을 입게 될 것이다. 산소가 태양에서 오는 자외선을 차단해 주는 역할을 하고 있기 때문이다. 또한 땅 위의 콘크리트 건물들은 콘크리트 속 결합제 역할을 하던 산소가 사라져 모두 무너지게 될 것이다. 건물뿐만이 아니다. 지구 지각의 45%를 차지하고 있는 산소가 사라지면 땅조차 부서져 버리고 말 것이다.

① 대기 속 산소가 사라지는 일은 흔하다.
② 산소는 지구 지각 구성 물질의 과반을 차지한다.
③ 콘크리트 속의 산소는 콘크리트가 부서지지 않게 결합시켜 준다.
④ 산소가 5초 동안 사라지면 태양으로부터 나온 자외선도 함께 사라진다.

※ [35~38] 다음을 읽고 글의 주제로 가장 알맞은 것을 고르십시오. (각 2점)

35.

　　발표를 효과적으로 하려면 어떻게 해야 할까? 대개 중요한 발표일수록 화려한 시각적 자료에 의존하는 경우가 많다. 그러나 정작 중요한 것은 이야기의 전달이다. 발표를 잘하기로 유명한 스티브 잡스는 개요를 제시하여 전체 내용의 밑그림을 그려주는 것으로부터 발표를 시작한다고 한다. 곧이어 문제나 의문을 제기하고 자신의 해결책과 그에 따른 구체적인 혜택을 설명하여 청중을 설득한다. 그의 발표 자료에는 한두 줄의 핵심 키워드와 몇 개의 사진이 있을 뿐이다. 그에게 자료는 이야기의 진행을 돕는 수단에 불과하다.

① 청중은 자신들에게 돌아올 혜택에 관심이 많다.
② 중요한 발표일수록 구체적인 그림 자료가 필요하다.
③ 문제를 제기한 후에는 곧바로 해결책을 제시해야 한다.
④ 화려한 자료보다는 이야기를 잘 전달하는 것이 중요하다.

36.

　　개인의 소비 생활은 태어나면서부터 죽을 때까지 평생 이루어지지만 생산 활동에 참여해 소득을 얻을 수 있는 시기는 한정되어 있기 마련이다. 사회 초년기는 보통 소비보다 소득이 적은 시기인 반면, 가족 형성기~가족 성숙기에 해당하는 30~50대에는 소득이 높아지면서 저축이나 투자가 가능해 재정적으로 여유가 생기게 된다. 노후 생활기에는 보통 은퇴를 한 이후이기 때문에 소비는 비슷하나 소득이 급감하게 된다. 그런데 이러한 노후 생활기가 의학의 발달과 생활 습관의 개선 등에 의해 점점 더 길어지고 있다. 따라서 생애 주기별 저축 가능 기간과 소비를 고려한 재무 설계로 노후를 미리 준비할 필요가 있겠다.

① 정기적 건강검진과 생활 습관의 개선이 필요하다.
② 가족 성숙기에는 생산 활동 참여를 줄일 필요가 있다.
③ 생애 단계에 따라 소비, 저축, 투자를 미리 계획해야 한다.
④ 사회 초년기에는 소득이 부족하므로 부업을 하는 것이 도움이 된다

37.

　　공감적 듣기란 상대방의 생각이나 감정을 깊이 이해하려 노력하며 듣는 것을 말한다. 이때 상대방의 말을 분석하거나 비판하는 것은 자제할 필요가 있다. 눈을 맞추고 표정이나 음성 등을 살피다 보면 상대의 생각과 감정을 더 잘 이해할 수 있어 깊이 있는 대화가 가능하다. 또 상대방은 이러한 경청하는 태도로부터 자신이 존중받고 있다는 느낌을 받게 된다. 그렇기에 대화 중 잘 경청하는 것만으로도 상대를 위로하고 갈등을 해결하며 관계를 더욱 돈독하게 할 수 있다. 인간관계를 원만하게 유지하려면 상대방의 감정에 공감하고 경청하려는 노력이 필요하다.

① 상대의 잘못을 지적하는 것은 피하는 것이 좋다.
② 공감하고 경청하는 태도는 상대와의 관계를 원만하게 만든다.
③ 공감적 듣기를 하면서 스스로가 존중받고 있는 느낌을 받아야 한다.
④ 인간관계로 인한 스트레스를 피하기 위해서는 비판하는 자세가 필요하다.

※ [35~38] 다음을 읽고 글의 주제로 가장 알맞은 것을 고르십시오. (각 2점)

38.

경제학자들에 따르면 행복은 소비 나누기 욕망, 분수로 표현하면 욕망 분의 소비라고 한다. 다시 말해서 행복의 크기를 키우기 위해서는 분모인 욕망을 줄이거나 분자인 소비를 키워야 하는 것이다. 그런데 소비를 키워 더 큰 행복을 갖는 것은 불가능하다. 소비를 늘리기 전에 소비에 대한 욕망이 먼저 증가하게 되는데 그럼 분자와 분모가 모두 증가하게 되므로 결국 원래의 값과 차이가 없게 되기 때문이다. 또한 욕망에 비해 소유하고 소비할 수 있는 것은 항상 작기 마련이다. 결국 행복값을 늘리기 위해서는 욕망을 줄이는 방법밖에 없다는 결론이 나온다.

① 욕망을 줄여야 생활에 만족과 기쁨이 커진다.
② 욕망은 소비가 증가함에 따라서 같이 증가한다.
③ 소비에 대한 욕망의 크기가 커질수록 행복의 크기도 증가한다.
④ 경제학자들은 행복의 크기를 키우는 것은 불가능하다고 결론지었다.

※ [39~41] 주어진 문장이 들어갈 곳으로 가장 알맞은 것을 고르십시오. (각 2점)

39.

당연히 책 가격은 매우 비싸서 교회와 귀족들이 아니라면 살 수 없었다.

15세기 이전 유럽의 책은 거의 종교 서적이었기 때문에 대개 교회의 수도사들이 책 제작에 참여했다. (㉠) 책 제작은 양가죽에 연필로 밑 작업을 하고 잉크로 윤곽선을 그린 후 색을 입히는 순서로 진행되었다. (㉡) 그런데 이러한 작업은 아무나 할 수 있는 일이 아니어서 숙련된 장인들이 책 제작에 고용되어야 했다. (㉢) 또 종이 역할을 하는 양가죽을 만들기 위해서는 수백 마리의 양이 필요하기도 했다. (㉣) 하지만 이렇게 공을 들여 만들어진 책은 그만큼 긴 생명력을 가지고 후대에 다양한 지식과 정보를 전해주고 있다.

① ㉠   ② ㉡   ③ ㉢   ④ ㉣

40.

> 반면에 인터넷은 정보의 생산자와 수용자의 역할이 고정적이지 않다.

책, 신문, 잡지, 라디오, 텔레비전 등의 정보 제공자는 동일한 정보를 한꺼번에 많은 사람에게 전달할 수 있다. (㉠) 비교적 소수의 사람이 정보를 제공할 수 있다는 점에서 정보 제공자의 범위가 폐쇄적이라 할 수 있다. (㉡) 누구나 정보를 접할 수 있고 특별한 지식이나 경험을 갖지 않은 사람도 정보 제공자로 참여할 수 있다는 점에서 제공자의 범위가 개방적이라고 할 수 있다. (㉢) 이러한 인터넷의 정보 개방성은 의사소통의 무한한 가능성을 열어준다. (㉣) 하지만 다른 한편으로는 개인의 사생활 침해, 사이버 테러 등의 부작용을 낳기도 한다.

① ㉠　　　　　② ㉡　　　　　③ ㉢　　　　　④ ㉣

41.

> 말하자면 짝꿍을 탄생시킨 것이다.

한국어를 공부하다 보면 짝이 되는 단어들을 쉽게 찾을 수 있다. 예를 들어 '낡다/늙다'와 같은 것이 그렇다. 비슷한 생김새에 뜻도 비슷해 꽤 흥미롭다. 겨우 모음 'ㅏ'가 'ㅡ'로 바뀌었을 뿐인데 연관된 새 단어가 만들어졌다. (㉠) 또 다른 짝꿍 단어로 '작다/적다'를 들 수 있는데 이들의 경우 한국 사람들도 헷갈려 잘못 쓰는 일이 많을 정도이다. (㉡) 의성어와 의태어에는 이러한 짝이 되는 단어들을 더 많이 찾을 수 있다. (㉢) 달랑달랑/덜렁덜렁, 깔깔/껄껄, 깡충/껑충, 번쩍번쩍/반짝반짝……. (㉣) 이렇게 비슷한 단어의 짝들을 찾아 의미의 차이를 이해하려 노력하다 보면 한국어를 더 깊이 있고 재미있게 익힐 수 있게 될 것이다.

① ㉠　　　　　② ㉡　　　　　③ ㉢　　　　　④ ㉣

위층의 소리는 멈추지 않았다. 그르륵거리는 소리에 머리털이 진저리를 치며 곤두서는 것 같았다. 철없고 상식 없는 요즘 젊은 엄마들이 아이들에게 집 안에서 자전거나 스케이트보드 따위를 타게도 한다는데, 아무래도 그런 것 같았다. 인터폰의 수화기를 들자, 경비원의 응답이 들렸다. 내 목소리를 알아채자마자 길게 말꼬리를 늘이며 지레 짚었다. 귀찮고 성가셔하는 표정이 눈앞에 역력히 떠올랐다.

"위층이 또 시끄럽습니까? 조용히 해 달라고 말씀드릴까요?"

잠시 후 인터폰이 울렸다.

"충분히 주의하고 있으니 염려 마시랍니다."

염려 마시라고? 다분히 도전적인 저의가 느껴지는 말이었다. 이젠 한 판 싸워 보자는 얘긴가. 나는 인터폰을 들어 다짜고짜 909호를 바꿔 달라고 말했다. 신호음이 서너 차례 울린 후에야 신경질적인 젊은 여자의 응답이 들렸다.

"아래층인데요. 나도 참을 만큼 참았다고요. 공동 주택에는 지켜야 할 규칙들이 있잖아요?"

"여보세요. 해도 너무 하시네요. 하루가 멀다하고 전화를 해 대시니 저도 <u>피가 마르는 것 같아요</u>. 저더러 어쩌라는 거예요?"

"하여튼 아래층 사람 고통도 생각하시고 주의해 주세요."

나는 거칠게 수화기를 내려놓았다.

42. 밑줄 친 부분에 나타난 '여자'의 심정으로 가장 알맞은 것을 고르십시오.

① 허탈하다   ② 무안하다

③ 홀가분하다   ④ 조마조마하다

43. 윗글의 내용으로 알 수 있는 것을 고르십시오.

① 경비원은 909호의 목소리를 금방 알아챘다.

② 위층 아이들이 자주 집 안에서 자전거를 탔다.

③ 나는 위층 소음 문제 때문에 인내에 한계를 느낀다.

④ 위층 사람은 소음 문제 때문에 경비원에게 여러 번 전화했다.

※ [44~45] 다음을 읽고 물음에 답하십시오. (각 2점)

궁금한 것이 생기면 스마트폰을 검색해 바로 답을 찾을 수 있는 시대이다. 최근 급속도로 발전한 AI 기술은 검색의 정확도를 높여주었다. 그러나 인터넷 검색에서 얻은 지식은 결국 남의 생각이다. (   ) 정보와 정보를 결합하고 꿰어 낼 수 있는 지혜를 키워야 한다. 그 힘은 바로 사색의 시간으로 키울 수 있다. 검색과 검색 사이에 사색의 징검다리를 놓아야 한다. 사색으로 얻는 내 생각이 있어야, 넘쳐나는 정보들 속에서 나에게 정말 필요한 지식이 무엇인지 고를 수 있다. 또한 잘못된 정보를 거를 수 있는 여과 장치도 가질 수 있게 된다.

44. (   )에 들어갈 말로 가장 알맞은 것을 고르십시오.

① 내 생각을 만들려면

② 정확한 답을 찾기 위해

③ 필요한 지식을 추가해서

④ 검색 시간이 부족하기 때문에

45. 윗글의 주제로 가장 알맞은 것을 고르십시오.

① 지혜를 얻기 위해서는 검색 활용 능력이 필요하다.

② AI 기술은 정보 검색의 오류를 획기적으로 줄여 주었다.

③ 정보의 홍수 시대를 살아가려면 사색의 시간이 필요하다.

④ 잘못된 정보를 여과 없이 받아들이지 않도록 주의해야 한다.

디지털 기기의 홍수 시대에 노인들의 '디지털 소외 문제'가 심각하다. 스마트폰, 무인단말기 등 디지털 기기의 빠른 보급으로 인한 환경 변화에 적응하지 못하는 노인들은 일상생활에서 정보 접근권이나 이동권 등 기본 권리들로부터 소외되고 있다. 16일 국가인권위원회가 발표한 '디지털 격차로 인한 노인의 인권상황 실태조사'에 따르면 노인층의 정보화 수준이 장애인이나 저소득층 등 기타 소외계층에 비해서도 현격히 낮은 것으로 나타났다. 디지털 이용 환경 조사에서도 노인 4명 중 1명은 인터넷을 활용할 수 없는 상황인 것으로 조사되었다. 현재 각 지역마다 노인층을 대상으로 정보화 교육을 지속적으로 실시하고 있으나 격차는 쉽게 해소되지 않고 있다. 이로 인해 노인층의 사회 참여가 제한되고 삶의 질이 저하되고 있다.

46. 윗글에 나타난 필자의 태도로 가장 알맞은 것을 고르십시오.
① 디지털 기기 보급의 필요성을 강조하고 있다
② 노인들의 디지털 소외 문제를 우려하고 있다.
③ 소외 계층의 정보화 교육의 필요성을 부정하고 있다.
④ 노인 소외 문제에 대한 정부의 개입을 경계하고 있다.

47. 윗글의 내용과 같은 것을 고르십시오.
① 디지털 소외 문제는 인권 문제와 관련이 없다.
② 기타 소외계층의 정보화 수준은 노인층과 동일한 수준이다.
③ 디지털 환경에 적응하지 못하면 관련 권리들을 누리기 힘들다.
④ 각 지역의 정보화 교육은 정보화 격차 해소에 전혀 도움이 되지 않는다.

※ [48~50] 다음을 읽고 물음에 답하십시오. (각 2점)

　　해외 전자상거래 기업들이 국내에서 돌풍을 일으키고 있다. 통계청에 따르면 온라인 해외 직접 구매 금액은 전년 대비 약 27% 증가했으며 그중 식품 부문 금액이 전체 금액 중 약 22%를 차지하고 있다. 해외 식품을 수입할 때 업체의 경우는 미리 원료나 제조 과정 등을 확인하고 식품 정보를 한글로 표시한 후에 수입 신고를 하게 되어 있다. 식약처에서 신고된 식품의 안전성을 확인해서 국내 기준에 적합하다고 판단될 때 해당 식품의 국내 반입을 허가한다. 하지만 국내 소비자가 해외 판매자의 판매 사이트에서 식품을 직접 구매하는 해외직구의 경우는 이와 같은 수입 검사 절차가 없다. 또한 나라별로 식품 원료나 성분에 대한 관리 기준이 다르고 위해 성분이 포함되어 있을 수 있어 소비자의 각별한 주의가 필요하다.
　　이러한 해외 직구 소비자의 피해를 예방하기 위해 식약처에서는 반입이 차단된 식품 원료나 성분을 지정해 관리하고, 검사 결과 위해 성분이 확인된 해외 직구 위해 식품 목록을 매년 발표하고 있다. 그렇지만 온라인을 통해 전 세계적으로 판매되는 모든 해외 식품을 정부가 (　　　　　　). 따라서 해외 직구보다는 가능한 정식 수입 검사 절차를 거친 제품을 구매하는 것이 안전하겠다. 부득이하게 해외 직구로 식품을 구매하려는 소비자라면 식약처 누리집 '해외직구 식품 올바로' 또는 식품안전정보 필수앱 '내손안'을 활용해 국내 반입 차단 원료 성분과 해외 직구 위해 식품 목록을 잘 확인하고 구입하기를 권한다.

48. 윗글을 쓴 목적으로 가장 알맞은 것을 고르십시오.
① 식품 과잉 섭취를 경고하기 위해
② 위해 식품 피해 상황을 조사하기 위해
③ 해외 직구 식품 구매로 인한 피해를 예방하기 위해
④ 해외 직구 식품 수입을 신고하는 방법을 알리기 위해

49. (　　　　　　)에 들어갈 말로 가장 알맞은 것을 고르십시오.
① 위생적으로 검사하고 있다.　　　　　② 관리하는 데에는 한계가 있다.
③ 보호하는 데 어려움을 겪고 있다.　　④ 보증하는 제도를 이용할 수 있다.

50. 윗글의 내용과 같은 것을 고르십시오.
① 안전 문제로 해외 직구를 통한 소비가 급감하고 있다.
② 해외 직구를 할 때 사전에 식품 정보를 신고해야 한다.
③ 식품 원료와 성분 관리 기준은 나라별로 차이가 나지 않는다.
④ 식약처는 해외 직구 식품 소비자를 위한 웹사이트를 운영하고 있다.

TOPIK 한국어능력시험

제5회 실전모의고사

The 1st Actual Mock Test

TOPIK II

| **1교시** | **듣기, 쓰기**
(Listening, Writing) |

수험번호 (Registration No.)		
이 름 (Name)	한국어(Korean)	
	영 어(English)	

유의사항
Information

1. 시험 시작 지시가 있을 때까지 문제를 풀지 마십시오.

   Do not open the booklet until you are allowed to start.

2. 수험번호와 이름을 정확하게 적어 주십시오.

   Write your name and registration number on the answer sheet.

3. 답안지를 구기거나 훼손하지 마십시오.

   Do not fold the answer sheet; keep it clean.

4. 답안지의 이름, 수험번호 및 정답의 기입은 배부된 펜을 사용하여 주십시오.

   Use the given pen only.

5. 정답은 답안지에 정확하게 표시하여 주십시오.

   Mark your answer accurately and clearly on the answer sheet.

   marking example

6. 문제를 읽을 때에는 소리가 나지 않도록 하십시오.

   Keep quiet while answering the questions.

7. 질문이 있을 때에는 손을 들고 감독관이 올 때까지 기다려 주십시오.

   When you have any questions, please raise your hand.

제5회 | 듣기 (1번~50번)

듣기 파일

※ [1~3] 다음을 듣고 가장 알맞은 그림 또는 그래프를 고르십시오. (각 2점)

1.

①

②

③

④

2.

①

②

③

④

※ [1~3] 다음을 듣고 가장 알맞은 그림 또는 그래프를 고르십시오. (각 2점)

3. ①

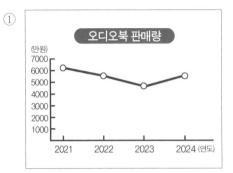

②

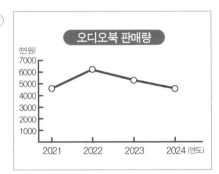

③

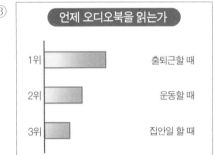

④

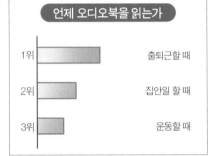

※ [4~8] 다음 대화를 잘 듣고 이어질 수 있는 말을 고르십시오. (각 2점)

4. ① 내가 지금 갔다 올게.

② 그럼 점검이 끝나면 갔다 오렴.

③ 계란 요리는 맛이 없을 것 같아.

④ 5분 후에 엘리베이터를 이용하는 게 좋겠어.

5. ① 잔디를 깎는 게 힘들 것 같아.

② 지금 운동장에 사람이 많이 모여 있어.

③ 한 달 후에는 파란 운동장을 볼 수 있겠네.

④ 다음 주에 운동장에서 공놀이를 하면 좋겠어.

6. ① 세탁이 잘 안 될 때가 많았어.

② 운동화도 세탁이 아주 잘 되었더라고.

③ 집에서 이불 빨래하는 것이 너무 힘들어.

④ 한 달 동안은 개업 기념으로 10% 할인도 한대.

7. ① 그래요? 그럼 다시 해 볼게요.

② 맞아요. 칼라 복사기가 좋아요.

③ 맞아요. 칼라 복사기는 비싸요.

④ 그래요? 우리도 칼라 복사기가 있으면 좋겠어요.

8. ① 도서관 출입이 어렵습니다.

② 일주일 후에나 가능하십니다.

③ 도서관에서는 책을 판매하지 않습니다.

④ 빌려 가신 책이 아직 반납이 안 되었네요.

※ **[9~12] 다음 대화를 잘 듣고 여자가 이어서 할 행동으로 알맞은 것을 고르십시오. (각 2점)**

9. ① 수박을 자른다.   ② 마트에 칼을 사러 간다.

③ 옆집에 칼을 받으러 간다.   ④ 서랍에서 새 칼을 꺼낸다.

10. ① 차를 주차하러 간다.   ② 차량 번호를 말한다.

③ 주차권을 가지러 간다.   ④ 식당에 밥을 먹으러 간다.

11. ① 에어컨을 켠다.   ② 고무장갑을 낀다.

③ 집 밖으로 나온다.   ④ 에어컨 청소를 한다.

12. ① 동생을 기다린다.   ② 동생에게 전화한다.

③ 환전 신청서를 쓴다.   ④ 여권을 가지러 간다.

13. ① 참가 접수는 목요일까지 하면 된다.

② 여자와 남자는 토요일에 만날 것이다.

③ 행사에 참여하려면 참가비를 내야 한다.

④ 접수 없이 전통문화회관에 바로 가도 된다.

14. ① 이름표를 2시까지 받으면 된다.

② 대강당의 아무 좌석에나 앉으면 된다.

③ 글쓰기 대회 장소는 인주대학교 글쓰기 센터이다.

④ 이름표를 받아야만 글쓰기 대회에 참여할 수 있다.

15. ① 전기차의 화재는 이번이 처음이 아니다.

② 화재로 인하여 화상을 입은 사람이 있다.

③ 이번 화재는 전기차가 달리다가 발생하였다.

④ 경찰이 화재의 원인을 면밀히 조사하고 있다.

16. ① 남자는 찻집을 유행에 맞추어 운영해왔다.

② 손님들은 이 찻집에 주로 커피를 마시러 온다.

③ 남자는 자기가 좋아하는 일을 직업으로 선택했다.

④ 전통 찻집을 운영해오는 동안 여러 번 찻집을 옮겼다.

※ [17~20] 다음을 듣고 남자의 중심 생각으로 가장 알맞은 것을 고르십시오. (각 2점)

17. ① 건강을 위해서는 살을 빼야 한다.

② 살을 빼기 위해서는 식사량을 줄여야 한다.

③ 살이 많이 찐 사람은 살을 빼는 것이 좋다.

④ 균형 있는 식사를 할 때 살을 더 잘 뺄 수 있다.

18. ① 달리기를 잘 하기 위해 교육을 받는 것이 좋다.

② 잘 달리는 사람은 달리기 교육이 필요하지 않다.

③ 달리기를 잘 하기 위해 열심히 연습하는 것이 좋다.

④ 오래 달리기 위해서는 올바른 호흡법을 배워야 한다.

19. ① 건조기는 세일할 때 사야 한다.

② 빨래는 햇빛과 바람으로 충분히 말릴 수 있다.

③ 잘 마르지 않은 눅눅한 빨래는 다시 빨아야 한다.

④ 장마철에는 빨래를 말리기 위해 건조기를 사용해야 한다.

20. ① 휴대폰이 흔한 지금, 시계는 수리할 필요가 없다.

② 사람들이 가지고 있는 시계에 대한 추억은 소중하다.

③ 시계는 고장이 나더라도 수리해서 계속 사용해야 한다.

④ 시계를 살 때는 수리할 때를 대비하여 부속품을 같이 사야 한다.

21. 남자의 중심 생각으로 가장 알맞은 것을 고르십시오.

　① 만찬회 때 선물은 텀블러가 가장 좋다.

　② 만찬회 때 종이컵을 사용하는 것이 효율적이다.

　③ 환경을 위해 만찬회 때 텀블러를 사용하는 것이 좋다.

　④ 안내 책자에 만찬회 내용을 적어놓으면 참여자들이 이해하기 쉽다.

22. 들은 내용과 같은 것을 고르십시오.

　① 남자는 선물의 취지를 안내 책자에 적으려 한다.

　② 만찬회 때 받은 선물은 세척해서 사용해야 한다.

　③ 여자는 만찬회 때 종이컵을 사용하자고 건의하고 있다.

　④ 선물 받은 물건을 행사장에서 바로 쓰는 것은 좋지 않다.

23. 남자가 무엇을 하고 있는지 고르십시오.

　① 면접 장소를 알아보고 있다.

　② 특정 주제로 글쓰기를 하고 있다.

　③ 신문 기자를 뽑는 전형 과정을 점검하고 있다.

　④ 기자가 되기 위해 전형 과정을 물어보고 있다.

24. 들은 내용과 같은 것을 고르십시오.

　① 여자는 글쓰기 시험을 볼 예정이다.

　② 면접 질문은 작년의 면접 질문과 같다.

　③ 글쓰기 시험 장소와 면접 장소는 같다.

　④ 신문 기자를 뽑는 전형은 이번이 처음이다.

※ [25~26] 다음을 듣고 물음에 답하십시오. (각 2점)

25. 남자의 중심 생각으로 가장 알맞은 것을 고르십시오.

① 결혼식에서는 드라이플라워를 사용해야 한다.

② 꽃 알레르기가 있는 사람한테는 조화를 선물해야 한다.

③ 플라스틱으로 만들어진 조화를 선물하는 것은 좋지 않다.

④ 생화와 조화의 단점을 보완한 드라이플라워는 사용 가치가 높다.

26. 들은 내용과 같은 것을 고르십시오.

① 생화를 이용하여 드라이플라워를 만든다.

② 드라이플라워의 보존 기간은 조화보다 더 길다.

③ 꽃은 주는 사람보다 받는 사람의 기분을 더 좋게 한다.

④ 드라이플라워를 오래 보존하기 위해서는 특별한 관리가 필요하다.

※ [27~28] 다음을 듣고 물음에 답하십시오. (각 2점)

27. 남자가 말하는 의도로 알맞은 것을 고르십시오.

① 학교 앞 과속의 위험성을 강조하려고

② 학교 앞 표지판 설치의 필요성을 말하려고

③ 시간별 제한 속도의 변경이 적절하지 않음을 알리려고

④ 속도 제한이 교통의 흐름을 방해한다는 불만을 표현하려고

28. 들은 내용과 같은 것을 고르십시오.

① 밤 시간대의 속도 제한이 더욱 엄격해진다.

② 속도 제한 표지판은 제한 속도를 알리는 것에 효과가 없다.

③ 어린이들이 학교에 가지 않는 휴일에 속도 제한이 완화된다.

④ 교통의 흐름을 원활히 하기 위해 속도 제한을 완화하려 한다.

29. 남자가 누구인지 고르십시오.

① 시력을 검사하는 사람

② 안경을 제작하는 사람

③ 눈 질환을 치료하는 사람

④ 렌즈나 안경을 골라주는 사람

30. 들은 내용과 같은 것을 고르십시오.

① 최근에 안경을 끼는 사람들이 늘었다.

② 눈 질환이 있는 사람은 안경을 착용할 수 없다.

③ 얼굴 형태는 렌즈 선택에 중요한 영향을 끼친다.

④ 전문가의 권유로 안경 대신 렌즈를 선택하는 사례가 많다.

※ [31~32] 다음을 듣고 물음에 답하십시오. (각 2점)

31. 남자의 중심 생각으로 가장 알맞은 것을 고르십시오.

① 마을버스는 시 외곽에서만 운행되어야 한다.

② 마을버스는 기존 버스회사의 이익을 침해한다.

③ 버스회사는 회의에서 결정된 사항을 따라야 한다.

④ 시 외곽의 주민들을 위해 마을버스를 운행해야 한다.

32. 남자의 태도로 가장 알맞은 것을 고르십시오.

① 협상이 결렬될 것을 걱정하고 있다.

② 근거를 들어 의견을 뒷받침하고 있다.

③ 협의가 잘 이루어지리라 낙관하고 있다.

④ 상대방에게 자신의 주장을 수용할 것을 요구하고 있다.

※ [33~34] 다음을 듣고 물음에 답하십시오. (각 2점)

33. 무엇에 대한 내용인지 알맞은 것을 고르십시오.

① 물물교환의 필요성

② 화폐를 만드는 방법

③ 화폐가 탄생한 배경

④ 초기 사회의 거래형태

34. 들은 내용과 같은 것을 고르십시오.

① 최초의 화폐는 금속으로 만들어졌다.

② 가축은 자급자족 생활에 꼭 필요한 것이다.

③ 물건의 가치가 맞지 않으면 물물교환이 가능하다.

④ 초기 사회에는 필요한 물건을 스스로 만들어 썼다.

※ [35~36] 다음을 듣고 물음에 답하십시오. (각 2점)

35. 남자가 무엇을 하고 있는지 고르십시오.

① 새로운 포상 제도에 대해 소개하고 있다.

② 국가대표 선수단에게 감사를 표하고 있다.

③ 양궁 국가대표 수상자 명단을 발표하고 있다.

④ 훈련에 매진한 선수들에게 양해를 구하고 있다.

36. 들은 내용과 같은 것을 고르십시오.

① 이번 대회에서는 메달을 받지 못했다.

② 국가대표 선수에게만 포상금이 지급될 것이다.

③ 상비군 선수는 국가대표 선수와 함께 훈련했다.

④ 제주도 훈련 일정에 차질이 없도록 지원할 예정이다.

37. 여자의 중심 생각으로 가장 알맞은 것을 고르십시오.

    ① 건강을 위해서는 근육량을 늘려야 한다.

    ② 무엇이든 지나친 것보다 부족한 것이 낫다.

    ③ 단백질은 우리 몸을 구성하는 필수 영양소이다.

    ④ 양질의 단백질을 적당히 섭취하는 것이 건강에 좋다.

38. 들은 내용과 같은 것을 고르십시오.

    ① 단백질이 부족하면 관절염이 생길 수 있다.

    ② 단백질을 많이 먹을수록 건강에 도움이 된다.

    ③ 통풍에 걸리면 단백질을 자주 섭취해야 한다.

    ④ 근육량을 늘리려면 단백질을 먹은 후에 운동해야 한다.

※ [39~40] 다음을 듣고 물음에 답하십시오. (각 2점)

39. 이 대화 전의 내용으로 알맞은 것을 고르십시오.

    ① 청년층의 고용 문제는 출산율과 관련이 있다.

    ② 인구가 줄어들면 국가에 안 좋은 영향을 미친다.

    ③ 육아하기 좋은 환경을 만들어 주는 제도가 있다.

    ④ 정부는 아동 수당 지급을 통해 출산을 장려하고 있다.

40. 들은 내용과 같은 것을 고르십시오.

    ① 현금성 지원은 출산율 높이는 데 효과가 없다.

    ② 아동 수당을 지급하면 근본적인 문제가 해결된다.

    ③ 삶의 질을 개선하는 것은 저출산 문제와 무관하다.

    ④ 사망자 수가 출생아 수보다 많은 현상이 발생하고 있다.

※ [41~42] 다음을 듣고 물음에 답하십시오. (각 2점)

41. 이 강연의 중심 내용으로 가장 알맞은 것을 고르십시오.

① 유행에 뒤처지지 않는 것이 중요하다.

② 무작정 유행을 따라가는 것은 옳지 않다.

③ 현명한 소비란 과소비를 하지 않는 것이다.

④ 젊은 층은 최신 문화에 민감하게 반응해야 한다.

42. 들은 내용과 같은 것을 고르십시오.

① 유행 상품이 나올 때마다 구매해야 한다.

② 유행에 따라가기 위해 옷을 많이 사야 한다.

③ 삶의 질을 높이기 위해서는 유행을 좇아야 한다.

④ 트렌드에 지나치게 빠지다 보면 부작용이 발생한다.

※ [43~44] 다음을 듣고 물음에 답하십시오. (각 2점)

43. 무엇에 대한 내용인지 알맞은 것을 고르십시오.

① 미모사의 잎이 위장하는 과정

② 외부 자극에 의한 미모사의 변화

③ 미모사의 움직임과 수면과의 관계

④ 미모사의 움직임을 관찰하는 방법

44. 미모사에 대한 설명으로 맞는 것을 고르십시오.

① 천적들은 미모사의 잎을 좋아하지 않는다.

② 낮에는 미모사 잎의 움직임을 관찰할 수 없다.

③ 미모사는 외부 자극에 반응하는 유일한 식물이다.

④ 미모사는 적으로부터 자신을 보호하기 위해 잎을 접는다.

45. 들은 내용과 일치하는 것을 고르십시오.

① 구멍이 뚫려 있는 것은 흔한 연의 형태이다.

② 전통 연은 새가 나는 모습을 본떠 만들었다.

③ 바람을 막기 위해 연의 윗부분은 튀어나오게 제작된다.

④ 연을 가볍고 빠르게 움직이도록 연의 하단에 댓살이 없다.

46. 여자가 말하는 방식으로 가장 알맞은 것을 고르십시오.

① 전통 연의 형태에 따라 분류하여 설명하고 있다.

② 전통 연의 구조와 그 역할에 대해 분석하고 있다.

③ 전통 연을 구성하는 부분의 명칭을 유추하고 있다.

④ 전통 연이 만들어지는 과정을 순서대로 나열하고 있다.

※ [47~48] 다음을 듣고 물음에 답하십시오. (각 2점)

47. 들은 내용과 일치하는 것을 고르십시오.

① 환경주의로 생 분해성 플라스틱 산업이 발전하고 있다.

② 생분해 플라스틱의 친환경 인증은 논란을 일으킬 수 있다.

③ 생분해 플라스틱이 환경 보호에 도움이 된다고 착각할 수 있다.

④ 생분해성 플라스틱과 친환경 제품은 별도로 인증받을 필요 없다.

48. 남자의 태도로 가장 알맞은 것을 고르십시오.

① 생분해성 플라스틱의 사용을 적극 권장하고 있다.

② 생분해성 플라스틱 정보를 제공하는 것에 부정적이다.

③ 생분해성 플라스틱 산업 성장의 효과를 낙관하고 있다.

④ 생분해성 플라스틱 사용을 환경주의로 보는 것을 경계하고 있다.

※ [49~50] 다음을 듣고 물음에 답하십시오. (각 2점)

49. 들은 내용과 일치하는 것을 고르십시오.

① 디지털 기술의 발달로 실물 화폐가 생겨났다.

② 디지털 화폐는 금융 회사를 통해서만 이체가 가능하다.

③ 디지털 화폐의 등장으로 이용자 간의 거래가 용이해졌다.

④ 디지털 화폐는 중앙은행에서 보증하므로 보안이 철저하다.

50. 여자의 태도로 가장 알맞은 것을 고르십시오.

① 디지털 화폐 도입을 지지하고 있다.

② 지급 수단 변화의 가속화를 염려하고 있다.

③ 안전한 금융 거래를 위한 대비책을 촉구하고 있다.

④ 디지털 자산을 보호하기 위한 제도 마련을 유보하고 있다.

제5회 | 쓰기 (51번~54번)

※ [51~52] 다음 글의 ㉠과 ㉡에 알맞은 말을 각각 쓰시오. (각 10점)

51.

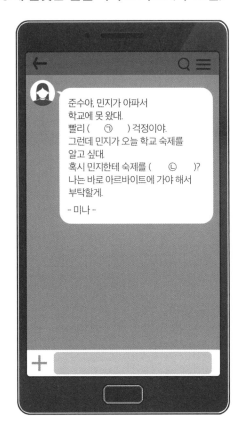

준수야, 민지가 아파서
학교에 못 왔대.
빨리 (㉠   ) 걱정이야.
그런데 민지가 오늘 학교 숙제를
알고 싶대.
혹시 민지한테 숙제를 (㉡   )?
나는 바로 아르바이트에 가야 해서
부탁할게.

- 미나 -

52.

　　우리는 건강을 가장 중요하다고 생각하지만 한편으로는 건강을 소홀히 생각하는 경향이 있다. 그러나 건강은 재산과 똑같다. 돈을 낭비하지 말고 관리해야 하는 것처럼 건강도 (　　㉠　　). 예를 들어 몸에 안 좋은 음식을 많이 먹지 말고 오늘 해야 할 운동을 내일로 (　　㉡　　).

53. 다음은 '성인 독서율 변화'에 대한 자료이다. 이 내용을 200~300자의 글로 쓰시오. 단, 글의 제목은 쓰지 마시오. (30점)

조사기관: 문화부 / 조사대상: 성인 남녀 1,000명

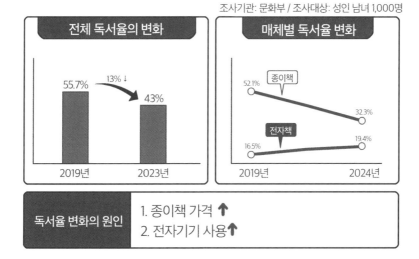

54. 다음을 참고하여 600~700자로 글을 쓰시오. 단, 문제를 그대로 옮겨 쓰지 마시오. (50점)

최근 전 세계적으로 틱톡, 인스타그램 등과 같은 소셜 미디어(SNS)를 청소년이 지나치게 사용하는 것에 대한 우려의 목소리가 나오고 있다. 이미 몇몇 국가에서는 청소년의 SNS 사용을 제한하거나 금지하는 법안이 시행되거나 논의되고 있다. 하지만 이에 대해 찬성하는 입장과 반대하는 입장이 뜨겁게 부딪히고 있다. 아래의 내용을 바탕으로 '청소년의 SNS 사용 제한'의 필요성과 문제점에 대해 자신의 의견을 쓰라.

- '청소년의 SNS 사용 제한'의 필요성은 무엇인가?
- '청소년의 SNS 사용 제한'의 문제점은 무엇인가?
- '청소년의 SNS 사용 제한'에 찬성하는가, 반대하는가? 근거를 들어 자신의 의견을 쓰라.

* 원고지 쓰기의 예

	스	트	레	스	는		자	신	의		노	력	으	로		얼	마	든	지
극	복	이		가	능	하	다	.		스	트	레	스	를		없	애	는		좋

제1교시 듣기, 쓰기 시험이 끝났습니다. 제2교시는 읽기 시험입니다.

TOPIK 한국어능력시험

제5회 실전모의고사

The 1st Actual Mock Test

TOPIK II

2교시

읽기
(Reading)

수험번호 (Registration No.)		
이 름 (Name)	한국어(Korean)	
	영 어(English)	

유 의 사 항
Information

1. 시험 시작 지시가 있을 때까지 문제를 풀지 마십시오.
   Do not open the booklet until you are allowed to start.

2. 수험번호와 이름을 정확하게 적어 주십시오.
   Write your name and registration number on the answer sheet.

3. 답안지를 구기거나 훼손하지 마십시오.
   Do not fold the answer sheet; keep it clean.

4. 답안지의 이름, 수험번호 및 정답의 기입은 배부된 펜을 사용하여 주십시오.
   Use the given pen only.

5. 정답은 답안지에 정확하게 표시하여 주십시오.
   Mark your answer accurately and clearly on the answer sheet.

6. 문제를 읽을 때에는 소리가 나지 않도록 하십시오.
   Keep quiet while answering the questions.

7. 질문이 있을 때에는 손을 들고 감독관이 올 때까지 기다려 주십시오.
   When you have any questions, please raise your hand.

※ [1~2] (   )에 들어갈 말로 가장 알맞은 것을 고르십시오. (각 2점)

1. 길이 막혀서 비행기를 (   ).

① 놓칠 뻔했다   ② 놓쳐야 했다

③ 놓칠 걸 그랬다   ④ 놓칠 리가 없다

2. 이 음식이 (   ) 안 먹었는데 생각보다 맵지 않네요.

① 매워야   ② 맵다면

③ 매운데도   ④ 매울까 봐

※ [3~4] 밑줄 친 부분과 의미가 가장 비슷한 것을 고르십시오. (각 2점)

3. 어두운 곳에서 책을 자주 <u>읽다 보면</u> 눈이 나빠질 거예요.

① 읽다가는   ② 읽느라고

③ 읽는 대로   ④ 읽고 해서

4. 이 제품은 실용성과 디자인 면에서 우수하다고 <u>소개된 바</u> 있다.

① 소개된 셈이다   ② 소개하곤 했다

③ 소개하려고 한다   ④ 소개된 적이 있다

※ [5~8] 다음은 무엇에 관한 글인지 고르십시오. (각 2점)

5.

흐릿한 글자, 희미한 사람
당신에게 필요한 건 선명한 세상!

① 수건   ② 세제   ③ 안경   ④ 거울

6.

이거 타 봤니? 안 타 봤으면 타 봐!
꿈이 현실이 되는 곳~~ 놀러 오세요!!

① 백화점   ② 영화관   ③ 놀이공원   ④ 문화센터

7.

횡단보도에서 뛰지 않아요.
키가 작은 학생은 손을 들고 차를 보세요.

① 봉사활동   ② 교통안전   ③ 예절 교육   ④ 건강 관리

8.

· 상품을 사용하기 전에 제품구성이 맞는지 살펴보세요.
· 문제가 발생했을 시 사용 설명서를 보시고 계속 이상이 생기면 고객센터로 문의하세요.

① 주의사항   ② 이용방법   ③ 제품 소개   ④ 교환 안내

※ [9~12] 다음 글 또는 그래프의 내용과 같은 것을 고르십시오. (각 2점)

9.

나도 가수다 선발대회
– 신나고 흥겨운 노래 한마당 –

▶ 일시: 3. 15.(토) 14:00
▶ 장소: 인주시 민속시장 야외공연장
 예선: 2.20(일), 10:00 / 장소: 인주시 체육관
(예선에서 뽑힌 사람만 대회에 참가할 수 있음)

▶ 시상: 최우수상 (1명)————— 100만 원
　　　　우수상(2명)————— 각 50만 원
　　　　장려상(3명)————— 각 30만 원

▶ 축하 가수 공연(3.15): 트로트 가수 이현규
▶ 접수 및 문의: 인주시청 홈페이지

① 예선에서 축하 가수의 공연이 있다.

② 상을 받는 사람들의 상금은 모두 같다.

③ 접수하려면 직접 시청을 방문해야 한다.

④ 이 대회는 예선에서 합격한 사람만 갈 수 있다.

10.

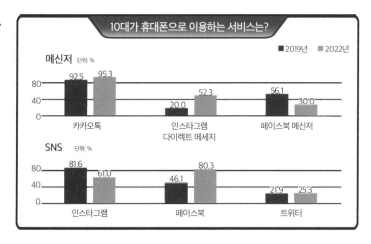

① SNS 이용 서비스는 모두 증가하였다.

② 10대가 가장 많이 이용한 서비스는 카카오톡이다.

③ 3년 동안 가장 많은 감소율을 보인 것은 트위터이다.

④ 2022년에는 대체로 메신저보다 SNS를 더 많이 이용했다.

11.

　　인주시가 올해 처음 시민을 대상으로 무료 건강검진을 실시한다. 지역에 사는 모든 시민은 무료로 기본적인 건강검진 및 상담 서비스를 받을 수 있다. 이에 5월 한 달 동안 매주 토요일 인주 시청 1층 로비에서 접수하고 바로 진료를 받을 수 있다. 검진 후 이상이 발생했을 시 인주시 병원을 이용해 추가 진료를 받을 수 있도록 안내할 예정이다. 시는 평소 병원에 잘 가지 않는 노약자분들도 많이 방문해 주시기를 바란다고 밝혔다.

① 이 지역에 사는 시민은 나이에 상관없이 진료받을 수 있다.
② 건강검진을 실시한 후 만족도가 높으면 계속 운영할 계획이다.
③ 건강에 문제가 생겼을 때는 시청에서 다시 검사를 받아야 한다.
④ 평소에 건강에 관심이 없는 사람은 무료 서비스를 이용할 수 없다.

12.

　　국밥 가게를 운영하는 김민수 씨의 사연이 감동을 주고 있다. 최근 김 씨는 자전거를 타고 은행에 다녀오면서 주머니에 있던 약 120만 원의 현금을 그만 길에 떨어뜨렸다. 돈이 떨어진 줄 몰랐던 김 씨는 그대로 집에 갔고 길을 지나던 한 여고생이 돈을 발견했다. 여고생은 돈을 주워 경찰서에 가 신고했다. 경찰서의 전화를 받은 김 씨는 돈을 찾게 돼 기쁘다면서 여고생에게 평생 국밥을 무료로 제공해 주겠다고 하며 언제든지 와서 먹으라고 고마움을 전했다.

① 김 씨는 돈을 잃어버린 곳에 다시 가서 찾았다.
② 여고생이 주운 돈은 무사히 김 씨에게 돌아갔다.
③ 경찰서에서 돈을 주운 여고생에게 국밥을 시켜줬다.
④ 김 씨는 여고생들에게 국밥을 주는 봉사활동을 하게 되었다.

※ [13~15] 다음을 순서에 맞게 배열한 것을 고르십시오. (각 2점)

13.

(가) 범죄 예방을 위한 CCTV 설치에 대해 지역 주민이 환영하고 있다.

(나) 그러나 CCTV가 개인의 사생활을 침해한다고 생각하는 사람들이 있다.

(다) 범죄 예방뿐만 아니라 사건 해결에도 중요한 역할을 하고 있기 때문이다.

(라) 이에 CCTV 설치 안내 표지판을 세우고 공익적 목적을 강조할 필요가 있다.

① (가)-(나)-(라)-(다)   ② (가)-(다)-(나)-(라)
③ (다)-(가)-(라)-(나)   ④ (다)-(나)-(가)-(라)

14.

(가) 또한 물건을 가지고 다녀야 하는 불편함이 있었다.

(나) 초기의 교환은 물건과 물건을 바꾸는 형태로 이루어졌다.

(다) 이에 물건의 가치를 정하고 불편함을 없애기 위해 시장과 화폐가 생겼다.

(라) 하지만 서로가 원하는 물품의 종류와 수량이 맞는 사람을 찾기 어려웠다.

① (나)-(다)-(라)-(가)   ② (나)-(라)-(가)-(다)
③ (다)-(가)-(라)-(나)   ④ (다)-(라)-(가)-(나)

15.

(가) 하지만 플라스틱 사용량이 늘면서 환경 문제가 발생하고 있다.

(나) 플라스틱 제품은 저렴하면서도 오래 쓸 수 있다는 장점이 있다.

(다) 새들은 플라스틱 끈에 묶이고 고래의 뱃속에서 그것들이 발견되기도 했다.

(라) 썩지 않는 플라스틱이 자연환경에 주는 피해를 심각하게 생각해 봐야 한다.

① (나)-(가)-(다)-(라)   ② (나)-(다)-(가)-(라)
③ (다)-(나)-(라)-(가)   ④ (다)-(라)-(가)-(나)

※ [16~18] (   )에 들어갈 말로 가장 알맞은 것을 고르십시오. (각 2점)

16.

여가는 다양한 취미활동을 할 수 있는 개인의 자유로운 시간으로, 정신적이고 육체적인 균형을 위해 반드시 필요하다. 주말과 휴가, 방과 후의 시간을 이용해 (   ) 그 일을 즐기는 과정에서 스트레스를 해소하며 재충전의 기회를 갖는다.

① 구직 활동을 하고   ② 밀린 업무를 처리하고
③ 전공 과제를 해결하다 보면   ④ 자신이 좋아하는 일을 찾아

17.

책 읽기 습관을 갖기 위해서는 먼저 이 책을 '왜' 읽을 것인지에 관한 고민이 필요하다. 우선 자신이 책을 읽는 목적에 맞는 독서 방법을 터득해 읽어야 끝까지 읽을 수 있다. 또한 (   ) 것도 좋다. 이것은 책의 내용뿐만 아니라 자신의 독서 습관에 관해서도 스스로 확인하며 잘못된 부분이 있다면 조정을 하면서 읽어야 한다는 뜻이다.

① 공감하면서 비교하는   ② 독서 시간을 확보하는
③ 책 속에서 메시지를 찾는   ④ 자신에게 질문하면서 읽는

18.

> 픽토그램은 그림을 뜻하는 '픽토(picto)'와 전보를 뜻하는 '텔레그램(telegram)'을 합쳐 만든 말이다. 사물, 시설, 행위, 개념 등 누구나 쉽게 알아볼 수 있도록 상징적으로 나타낸 일종의 그림 문자이다. 이것을 활용한 것으로 지하철, 화장실과 같은 공공장소의 픽토그램과 올림픽 픽토그램을 들 수 있다. 오늘날 새로운 의사소통의 수단으로 (   ) 누구에게나 정보를 전달한다는 점에서 주목받고 있다.

① 문자 해석 능력에 따라   ② 국적과 언어에 상관없이

③ 자신이 좋아하는 그림을 골라   ④ 추상적인 그림 형태를 띠고 있어

※ [19~20] 다음을 읽고 물음에 답하십시오. (각 2점)

> 과거 미국의 한 신문 기사에 자동차가 인류를 위협한다는 내용이 있었다. 이 신문 기사에서 새로운 발명품인 자동차를 죽음의 기계로 묘사하여 자동차가 곧 인류를 멸망시킬 것이라고 예상하였다. 당시에 자동차를 이렇게 생각한 이유는 교통신호가 없었기 때문이다. 세월이 흐른 지금, 인류가 멸망하였는가? (   ) 자동차는 우리에게 없어서는 안 될 도구가 되었다. 사람들은 자동차를 안전하게 사용하기 위해 차도와 신호등을 만들었고 운전면허 제도도 만들었다. 무엇이든지 이에 필요한 법과 제도를 만들면 안전하게 사용할 수 있다.

19. (   )에 들어갈 말로 가장 알맞은 것을 고르십시오.

① 그래서   ② 이처럼   ③ 오히려   ④ 더구나

20. 윗글의 주제로 가장 알맞을 것을 고르십시오.

① 자동차는 인류의 생활을 변화시킨 발명품이다.

② 교통신호 체계가 자동차의 발전에 영향을 준다.

③ 자동차는 생활필수품으로서 사람들에게 필요한 도구여야 한다.

④ 새로운 발명품은 법과 제도가 있어야 안전하게 사용할 수 있다.

> 요즘은 소비자들도 인터넷을 이용하여 다른 나라의 할인 행사 때 물건을 산다. 이른바 '해외 직구'이다. 해외 직구는 시장이 급성장하면서 인터넷 사이트 외에 이동 통신 애플리케이션을 이용하여 물건을 사는 사람도 늘고 있다. 해외 직구를 이용하면 가격 비교가 쉽고 중간 유통 단계가 적어서 더욱 (   ) 있다. 그러나 국내 매장에서 사는 것보다 교환이나 환불이 쉽지 않고 배송 시간이 오래 걸린다는 단점이 있다.

21. (   )에 들어갈 말로 가장 알맞은 것을 고르십시오.

① 한눈을 팔고

② 가슴을 치고

③ 등을 돌리고

④ 눈길을 끌고

22. 윗글의 내용과 같은 것을 고르십시오.

① 해외 직구는 유통 과정이 단순해서 배송이 빠르다.

② 정보 통신의 발달로 해외 직구가 활발하게 이루어지고 있다.

③ 해외 직구는 일반 시장처럼 직접 물건을 비교해 보고 살 수 있다.

④ 최근 소비자들의 소비 형태는 국외에서 국내로 바뀌고 있는 추세이다.

※ [23~24] 다음을 읽고 물음에 답하십시오. (각 2점)

어머니는 내가 집에서 책만 읽는 것을 싫어하셨다. 그래서 학교가 끝나 골목길에 아이들이 모일 때쯤이면 어머니는 대문 앞 계단에 작은 방석을 깔고 나를 거기에 앉히셨다. 불편한 다리 때문에 오래 서 있기 힘든 나는 항상 목발을 옆에 두고 앉아 친구들이 노는 것을 구경했다. (중략)

초등학교 1학년 때였던 것 같다. 하루는 우리 반이 좀 일찍 끝나서 나 혼자 집 앞에 앉아 있었다. 그런데 마침 깨엿 장수가 골목을 지나고 있었다. 그 아저씨는 가위만 쩔렁이며 내 앞을 지나더니 다시 돌아와 내게 깨엿 두 개를 내밀었다. 순간 그 아저씨와 눈이 마주쳤다. 아저씨는 아무 말도 하지 않고 아주 잠깐 미소를 지어 보이며 말했다.

"괜찮아."

무엇이 괜찮다는 것인지는 몰랐다. 돈 없이 깨엿을 공짜로 받아도 괜찮다는 것인지, 아니면 목발을 짚고 살아도 괜찮다는 것인지……(중략)

참으로 신기하게도 힘들어서 주저앉고 싶을 때마다 난 내 마음속에서 작은 속삭임을 듣는다. 오래전 따뜻한 추억 속 골목길 안에서 들은 말,

"괜찮아! 조금만 참아 이제 다 괜찮아 질거야"

아, 그래서 '괜찮아'는 이제 다시 시작할 수 있다는 희망의 말이다.

23. 밑줄 친 부분에 나타난 '나'의 심정으로 가장 알맞은 것을 고르십시오.

① 창피하다

② 안타깝다

③ 든든하다

④ 섭섭하다

24. 윗글의 내용과 같은 것을 고르십시오.

① 나는 돈이 없어서 엿을 자주 사 먹지 않았다.

② 나는 엿장수 아저씨의 말에서 삶의 희망을 느꼈다.

③ 나는 노는 것을 좋아하지만 어머니가 싫어해서 앉아 있기만 했다.

④ 나는 다리가 불편한 엿장수 아저씨를 위해 위로의 말을 자주 해 드렸다.

25.

> 경제 불황 속 복권업계 호황, 판매액 작년보다 증가

① 경제가 복권 판매의 호황 속에 점점 되살아나고 있다.

② 경제 불황 속에 복권은 올해보다 작년이 더 잘 팔렸다

③ 경제 불황이 예상돼 잘 팔리던 복권 판매가 작년보다 줄었다.

④ 경제 불황에도 복권 판매가 증가하면서 판매액이 작년에 비해 늘어났다.

26.

> 내년 시급 '1만 원' 시대, 첫 돌파 여부 관심 집중

① 올해에 이어 내년도 시급이 1만 원으로 정해졌다.

② 시급이 1만 원으로 오르면서 사람들에게 환영받고 있다.

③ 요즘 시급 1만 원을 주는 업무에 사람들이 몰리고 있다.

④ 내년에 시급이 1만 원으로 오를 수 있을지 관심을 모으고 있다

27.

> 개화 시기 지나 꽃 활짝, 각지에서 꽃 축제 활발

① 늦어진 개화 날짜 때문에 각 지역의 축제가 축소 운영되고 있다.

② 꽃 개화 시기가 맞지 않아 꽃 소식이 전해지면 축제가 열릴 전망이다.

③ 개화 날짜가 지난 후 꽃이 폈지만 여러 지역에서 꽃 축제가 열리고 있다.

④ 개화 시기에 핀 꽃이 오래가면서 각 지역의 꽃 축제도 계속 진행되고 있다.

※ [28~31] (   )에 들어갈 말로 가장 알맞은 것을 고르십시오. (각 2점)

28.
> 인간은 체온 유지나 심장 박동 등 최소한의 생존을 위해 에너지를 소비하며, 일상생활에서도 일정 정도의 에너지를 소비한다. 그러나 소비하는 에너지보다 (   ) 영양 과잉 상태가 된다. 사람마다 차이가 있지만 현대인은 보통 하루에 300킬로칼로리 정도 과잉에너지가 체내에 쌓이게 된다.

① 칼로리를 더 많이 쓰면
② 운동 에너지를 더 만들면
③ 체내 에너지 발생률이 높으면
④ 섭취하는 에너지가 더 많으면

29.
> 지구의 생물 다양성이 빠른 속도로 감소하고 환경 개발로 인해 생물이 살고 있는 서식지마저 줄어들고 있다. 이에 산을 뚫고 도로를 건설할 때 (   ) 생태통로를 만들고 있다. 생태통로는 도로 건설 등으로 단절된 서식지를 연결하기 위해 설치한다. 그러면 고립되어 먹이 부족으로 인해 죽거나 멸종되는 상황은 피할 수 있다.

① 사람들이 쉴 수 있게
② 공사를 쉽게 할 수 있게
③ 동물이 이동할 수 있도록
④ 사람이 동물을 구경할 수 있도록

30.

텔레비전 홈쇼핑이나 인터넷 쇼핑을 통해 손쉽게 저렴한 물건을 살 수 있다는 유혹에 빠져 필요하지도 않은 물건을 많이 사는 쇼핑족들이 늘면서 쇼핑 중독이 사회적인 문제가 되고 있다. 그러나 최근 등장하고 있는 '미니멀리즘'은 '이것으로는 부족해'가 아니라 '(   )' 라는 생활 양식을 추구한다. 이 사람들은 최대한 적게 소유하려고 한다. 그래서 물질적 만족감에서 벗어나 소비와 소유를 최소한으로 줄여 생활한다.

① 이것이면 충분해

② 이것으로 뭘 할 수 있어

③ 이것뿐만 아니라 더 필요해

④ 이것만으로 생활할 수 있을까

31.

운전자가 위험을 감지하고 브레이크를 밟으면 자동차의 바퀴가 멈춰도 자동차는 미끄러지게 되고, 이때 자동차의 타이어와 도로 면 사이에 마찰이 발생하면서 자동차가 정지할 때까지 시간이 걸린다. 발로 브레이크를 밟은 후부터 자동차가 정지할 때까지의 거리를 제동거리라고 한다. 제동거리는 자동차의 속력이 2배가 되면 제동거리는 4배가 되고 자동차의 속력이 3배가 되면 제동거리는 9배가 된다. 이처럼 속력이 빨라지면 제동거리는 훨씬 길어지기 때문에 자동차의 속력이 빠르면 운전자는 (   ).

① 위험을 피하기 어려워진다

② 브레이크를 천천히 밟아야 한다

③ 타이어의 교체 여부를 확인해야 한다

④ 제동거리를 정확히 계산해 운전해야 한다.

※ [32~34] 다음을 읽고 글의 내용과 같은 것을 고르십시오. (각 2점)

32.

'모두를 위한 디자인'은 노인이나 장애를 가진 사람도 사용하는 데 불편하지 않은 디자인을 말한다. 단지 사회적 약자만을 위한 디자인이 아니라 보통 사람에게도 보편적으로 유용한 물건과 시설, 환경을 추구한다. 디자이너가 개성이나 상상력을 발휘하여 튀어보려는 마음보다 사람들이 인식하지 못하는 불편한 점을 찾아내어 그 개선사항을 반영한 것이다. 횡단보도에서 파란불이 켜질 때 나오는 소리, 엘리베이터 버튼을 나이나 시력의 여부에 상관없이 사용할 수 있도록 한 것이 '모두를 위한 디자인'이라 볼 수 있다.

① '모두를 위한 디자인'은 특정 사람들에게 사랑받는다.
② 이 디자인은 누구나 쉽고 편리하게 이용하도록 해 준다.
③ '모두를 위한 디자인'의 디자이너는 자신만의 개성이 담긴 디자인을 만든다.
④ 이 디자인은 우리 주변에서 흔히 볼 수 없기 때문에 사람들이 인식하지 못한다.

33.

일하는 환경이 바뀜에 따라 우리 뇌의 능력은 점점 기억하는 뇌가 아닌 필요한 정보를 빨리 찾는 뇌로 바뀌어 가고 있다. 자신이 알고 있는 몇 가지 정보보다 다른 사람이 갖고 있는 정보를 모아 놓은 것이 훨씬 더 가치가 있다. 또 자신만의 정보를 잘 기억하는 능력보다 여기저기 있는 정보들을 효과적으로 잘 찾는 능력이 훨씬 중요하게 여겨지고 있다. 이런 디지털 기술 의존 현상이 인간의 기억력 퇴보를 말하지 않는다. 정보를 어디에서 찾을 수 있는지에 대한 정보도 기억해야 하고 정보를 찾을 수 있는 방법을 기억하는 것도 더 중요해지고 있기 때문이다.

① 뇌의 능력이 변화하는 사회에 따라 달라지고 있다.
② 뇌는 디지털 기술의 발달로 점점 기능이 떨어지고 있다.
③ 필요한 정보를 찾는 것보다 기억하는 능력이 더 중요하다.
④ 과거에는 정보를 검색하거나 찾는 방법을 기억하는 것이 중요했었다.

34.

> 동양화의 그림 재료는 주로 한지나 화선지 또는 비단에 그림을 그린다. 이런 종이나 고운 천에 일단 선으로 그린 다음 먹의 진하고 연함이나 채색을 더해 준다. 그러나 먹물로 그리면 바로 스며들기 때문에 덧칠하거나 다시 고치기 어려워서 한 번에 잘 그려야 한다. 반면 서양화의 재료는 캔버스라고 불리는 천에 유화물감으로 그림을 그린다. 캔버스 종이는 질겨서 계속 덧칠하여 그림을 고칠 수 있는 데다 두꺼워지고 표면에 질감도 생긴다. 그 결과 캔버스에 그린 그림이 더 입체적으로 표현되기도 한다.

① 그림의 재료에 따라 덧칠 가능 여부가 결정된다.

② 동양화는 그림을 덧칠할 수 있어서 수정이 가능하다.

③ 서양화는 그림을 고칠수록 종이가 얇아져 질감이 떨어진다.

④ 그림을 입체적으로 표현하고 싶다면 동양화처럼 그려야 한다.

※ [35~38] 다음을 읽고 글의 주제로 가장 알맞은 것을 고르십시오. (각 2점)

35.

> 영화는 기본적으로 허구성을 지닌다. 따라서 역사적 배경을 토대로 하여 창작했더라도 그 영화의 내용이 실제 역사 속 그대로의 모습일 수는 없다. 영화 제작자들은 역사의 시대적 배경과 사건을 탐구해 인물과 이야기를 창조해 내고 개연성 있게 표현하는 사람일 뿐 역사를 있는 그대로 담으려는 사람과는 거리가 멀다. 전문가들은 "영화는 창작의 영역에 속하기 때문에 사실을 바탕으로 창작했을지라도 작가적 표현을 최대한 보장받아야 하며 해당 영화에 대한 평가는 관객의 몫이다"라고 강조했다.

① 영화는 새로운 창작물로서 표현의 자유를 보장받아야 한다.

② 영화는 역사적 사건을 다루며 역사 속 인물을 표현해야 한다.

③ 배경, 인물, 이야기는 모두 영화의 허구성을 보여주는 요소들이다.

④ 관객은 영화의 의도를 파악하기 위해 역사적 배경을 알 필요가 있다.

36.

청소년들의 팬덤 문화가 변화하고 있다. 팬덤이란 특정한 인물이나 분야를 열성적으로 좋아하는 사람들, 또는 그러한 문화 현상을 가리키는데 그동안 청소년들의 팬덤 활동은 맹목적인 우상 추종과 팬덤 사이의 갈등으로 인해 부정적인 시각이 많았다. 요즘은 연예인들의 선행이 팬클럽 회원들의 선행으로 이어지고 있어 우리 사회에 긍정적인 영향력을 끼치고 있다. 이와 같은 팬덤 문화가 청소년들에게 소중한 추억을 만들어 주고 청소년기의 넘치는 에너지를 건전하게 표출하는 계기가 되고 있다.

① 연예인을 좋아해야 팬덤 문화에 참여할 수 있다.
② 팬덤 문화가 사회적 갈등을 해결하는데 역할을 다하고 있다.
③ 올바른 팬덤 문화는 청소년기의 건전한 생활에 큰 영향을 준다.
④ 팬덤 문화를 누리기 위해 연예인의 행동을 적극적으로 따라 해야 한다.

37.

간접 광고는 영화나 드라마 속에 소품으로 등장시켜 상품을 광고하는 것을 말한다. 상표가 보이는 상품뿐만 아니라 이미지, 명칭 등을 노출시켜 관객들에게 홍보하는 마케팅 전략이다. 이를 통해 소비자들의 잠재의식 속에 해당 제품에 대한 이미지를 심고 그 제품을 갖고 싶다는 욕망을 불러일으키게 된다. 간접 광고를 통해 기업은 매출을 늘리고 방송사는 제작비를 벌게 되므로 모두 서로에게 이로운 영향을 준다. 그로 인해 방송사는 시청률을 높여 더 많은 수익을 위해 노력하고 기업은 제품을 자연스럽게 광고한다.

① 제품 소비는 간접 광고의 영향을 많이 받는다.
② 간접 광고는 대중문화의 상업성을 잘 보여준다.
③ 기업이 광고를 위해 방송사와 협력하는 것이 중요하다.
④ 제품이 인기를 얻기 위해서는 간접 광고에 투자해야 한다.

※ [35~38] 다음을 읽고 글의 주제로 가장 알맞은 것을 고르십시오. (각 2점)

38.

　　세계기상기구는 지금처럼 물을 소비할 경우, 2050년에는 3명 중 2명이 물 부족 상태로 생활하게 될 것이라고 전망했다. 인구는 앞으로도 계속 증가할 것이며 늘어나는 인구만큼 식량이 더 필요하고 곡식의 재배를 위해 물이 더 필요하다. 그러나 기후 변화로 가뭄이 심화되어 지금처럼 물을 쓰다가는 인류는 물 부족으로 큰 위기에 처해질 수 있다. 이러한 위기는 전쟁과 같은 국가 간의 갈등을 초래할 가능성이 높다. 물은 인간의 생존을 위해 반드시 필요하지만 한정적이기 때문에 물을 차지하기 위한 갈등이 벌어질 것이다.

① 물을 차지하기 위한 전쟁은 생존을 위해 필요하다.
② 물이 부족한 상태가 인류에게 큰 위기로 다가오고 있다.
③ 물 부족을 해결하기 위해 국가별 곡식 재배를 통제해야 한다.
④ 물 부족으로 인한 위기에서 벗어날 구체적인 대책을 마련해야 한다.

※ [39~41] 주어진 문장이 들어갈 곳으로 가장 알맞은 것을 고르십시오. (각 2점)

39.

그리고 경쟁을 통해 성공한 사람들에 대해 존중하는 마음도 생길 것이다.

　　동등한 경쟁이 되기 위해서는 경쟁에 참여할 수 있는 동등한 기회를 부여해야 한다. (㉠) 또한 동일 기준으로 평가가 이루어질 수 있도록 해야 한다. (㉡) 그렇게 해야 경쟁에 참여하는 사람들이 최선의 노력을 기울인다. (㉢). 이처럼 공정한 경쟁의 결과는 건강한 사회 발전으로 이어질 수 있다. (㉣)

① ㉠　　　　② ㉡　　　　③ ㉢　　　　④ ㉣

40.

> 반대로 '못되고 까칠한' 아이라고 믿고 대하면 그 아이는 실제로 그렇게 된다.

'피그말리온 효과'는 무언가에 대한 사람의 믿음, 기대, 예측이 실제로 일어나는 경향을 말한다. (㉠) 처음 만나는 아이가 '착하고 친절할 것'이라고 믿고 기대면 그 아이는 실제로 노력해서 착하고 친절한 친구가 된다. (㉡) 긍정적인 기대를 가지면 긍정적인 결과를 낳고 부정적인 전망을 가지면 무의식적으로 부정적인 방향으로 실현된다. (㉢) 우리도 무엇인가 이루어질 것이라고 믿고 행동한다면 그것이 현실이 되지 않을까? (㉣)

① ㉠   ② ㉡   ③ ㉢   ④ ㉣

41.

> 또한 치료에 사용되는 약재에 우리나라 이름을 같이 적어 놓았다.

『동의보감』의 편찬은 왕의 지시로 시작하여 14년 만에 완성되었다. (㉠) 처음에는 허준을 비롯하여 5인이 참여하였으나 후에 허준이 단독으로 완성하였다. (㉡) 허준은 조선의 의학 전통을 계승하고 그 표준을 세웠다는 의미에서 『동의보감』이라고 이름을 정하였다. (㉢) 이 책에는 병에 따른 증상을 중심으로 쓰여 있어 치료할 때 편리하게 볼 수 있다. (㉣) 그래서 의학 지식이 부족한 사람도 쉽게 병을 치료할 수 있도록 하였다.

① ㉠   ② ㉡   ③ ㉢   ④ ㉣

    나는 지금 그림에 천재적인 재능이 있다고 평가받는 화가이다. 과거 초등학교 3학년 때 4학년 이상만 참가할 수 있는 대회에 나가서도 1등을 했다. 나는 4학년이 되어 정식으로 그림 대회에 나가서 또 1등을 했다. 전체 학생들이 보는 앞에서 상도 받고 크레파스와 스케치북을 상품으로 받았다. 집이 가난하여 그림 도구를 사기가 어려웠는데 이 상품은 큰 도움이 되었다. 학교 강당에서 이번 그림 대회에서 좋은 성적을 거둔 작품들을 일주일간 전시했다. 당연한 결과였기에 굳이 보러 가고 싶지 않았지만 마지막 날 작품들이 전시되어 있는 곳으로 갔다. <u>그런데 그 그림은 내가 그린 그림이 아니었다.</u> 누군가 이 그림 뒷면에 나와 같은 참가 번호를 쓴 것이다. 나와 비슷한 장소에서 그린 풍경화이지만 그림 속 나무에 칠해진 회색 크레파스는 나에게 없는 크레파스였다. 누가 이런 실수를 해서 내가 1등이 되었단 말인가? 그럼 원래 나의 그림은 어디로 간 것인가?

42. 밑줄 친 부분에 나타난 '서우'의 심정으로 가장 알맞은 것을 고르십시오.

① 감격스럽다

② 부담스럽다

③ 당황스럽다

④ 원망스럽다

43. 윗글의 내용으로 알 수 있는 것을 고르십시오.

① 나는 4학년 때 처음으로 대회에서 1등을 했다.

② 그림이 바뀐 것을 모든 사람들이 알아서 부끄러웠다.

③ 나는 크레파스를 색깔별로 모두 가지고 있지 않았다.

④ 나는 어린 시절 경험 때문에 그림 그리는 것을 포기했다.

※ [44~45] 다음을 읽고 물음에 답하십시오. (각 2점)

자화상을 그린다는 것은 곧 내 안의 우주를 그리는 것이다. 비록 종이에 나의 모습이 들어 있지만 그림 속의 '나'는 늘 그림 밖의 세상을 바라본다. 그러므로 나의 자화상에는 내 시선에 실린 세계의 모습이 담겨 있다. 내 시선이 삐딱하면 삐딱한 대로, 자부심에 차 있다면 차 있는 대로, 나는 내 안의 우주를 다른 사람에게 (   ) 것이다. 그런데 많은 화가들의 자화상에서 우리가 편하고 푸근한 인상을 받기가 쉽지 않은 것은 왜일까? 그것은 우리의 삶이 평탄하지 않았음을 보여주는 증거가 아닐까? 결국 이들 그림은 단순히 화가 개개인의 모습을 표현한 것이 아니라 바로 그들과 같은 시대를 살아온, 그리고 살아가고 있는 우리 모두의 자화상이기 때문이다. 곧 화가의 자화상은 그들의 세상, 그들의 시선에 담긴 우주의 모습인 것이다.

44. (   )에 들어갈 말로 가장 알맞은 것을 고르십시오.

① 실력으로 보여주는

② 솔직히 드러내 보이는

③ 누구인지를 가르쳐주는

④ 불편한 감정을 표현하는

45. 윗글의 주제로 가장 알맞은 것을 고르십시오.

① 자화상을 그리는 것이 화가로서 큰 작업 중의 하나이다.

② 자화상은 화가의 내면을 보여주는 가장 세밀한 작품이다.

③ 자화상은 자신의 모습뿐만 아니라 시대의 모습을 동시에 반영한다.

④ 자화상 속 화가는 힘들어하는 모습을 표현하여 직업적 회의를 담고 있다.

'잊힐 권리'는 인터넷 사이트나 SNS에 올라와 있는 자신과 관련된 각종 정보의 삭제를 요구할 권리를 말한다. 2014년 스페인의 한 변호사가 자신과 관련된 기사 링크를 삭제해달라고 요청한 소송에서 해당 기사의 링크를 없애라며 잊힐 권리를 인정하는 판결을 내렸다. 이후 전 세계적으로 잊힐 권리 도입을 위한 논의가 활발해졌고 국내에서도 법제화해야 한다는 여론이 형성되었다. '잊힐 권리'는 개인 정보 유출과 사생활 침해로부터 최소한의 인권을 보호하는 장치로 반드시 필요하다. 개인의 행복 추구권이나 사생활 보호를 강화하기 위해 자신의 정보를 자신이 결정해야 한다는 것은 매우 중요한 부분이다. 그러나 '잊힐 권리'가 범죄를 저지른 사람들의 과거 행적을 지우는 용도로 이용되거나 공익적인 게시물도 삭제한다면 국민의 알 권리와 표현의 자유를 침해할 수 있으므로 세세한 부분에 대한 논의가 필요하다.

46. 윗글에 나타난 필자의 태도로 가장 알맞은 것을 고르십시오.
① 잊힐 권리에 대해 개인적, 공익적 측면을 제시하고 있다.
② 잊힐 권리를 위해 개인의 권리 보호 도입을 주장하고 있다.
③ 잊힐 권리에 대한 법적 도입에 부정적 자세를 가지고 있다.
④ 잊힐 권리로 인해 무분별한 정보 삭제를 가장 우려하고 있다.

47. 윗글의 내용과 같은 것을 고르십시오.
① 자신의 개인 정보는 자신이 결정해야 한다.
② 국민의 알 권리를 위해 공익적 게시물을 삭제한다.
③ 인터넷의 발달로 잊힐 권리에 대한 인식이 높지 않다.
④ 범죄자도 잊힐 권리를 통해 자신의 범죄정보를 없애야 한다.

※ **[48~50] 다음을 읽고 물음에 답하십시오. (각 2점)**

미국의 그랜드 캐니언 북쪽에 있는 카이밥 공원에는 약 4000마리의 사슴들이 살고 있었다. 사람들은 약한 사슴들을 살리기 위해 늑대나 퓨마 등을 잡아 죽이기 시작했다. 사슴을 잡아먹는 포식동물들이 사라지자 사슴들은 20년 사이에 6~7만 마리나 늘어났다. 그런데 그 뒤로는 사슴의 수가 줄어들기 시작했다 왜 갑자기 사슴의 수가 늘었다가 줄었을까? 사슴이 늘어난 이유는 당연히 사슴을 잡아먹는 포식동물이 사라졌으니 자연스럽게 사슴의 수가 늘어난 것이다. 사슴의 수가 줄어든 이유는 사슴이 너무 많아지면서 (   ). 굶어 죽는 사슴이 많아지고 사슴이 먹는 식물도 제대로 자라지 못해 사슴은 포식동물처럼 사라지게 되었다. 카이밥 공원의 사례를 보면 인간은 자연에서 약한 동물을 잡아먹는 동물이 사라진다면 약한 동물이 평화롭게 살 수 있을 것이라 생각했다. 그래서 자연 생태계의 질서를 파괴한 것이다. 수많은 생명이 오랜 세월 동안 지켜온 생명의 그물을 함부로 끊어버린 것이다. 이 생명의 그물은 우리가 생각하는 것보다 훨씬 복잡하고 거대하다. 자연 생태계의 한 인간으로서 생명의 그물을 지켜내는 것 또한 우리가 우리를 지키는 것임을 깨닫게 되기를 바란다.

48. 윗글을 쓴 목적으로 가장 알맞은 것을 고르십시오.
① 인간이 위대한 존재라는 것을 강조하려고
② 자연 보호를 하지 않는 행동을 비판하려고
③ 자연에 대한 인간의 무분별한 개입을 경계하려고
④ 자연 속에 살아가는 약한 동물에게 동정심을 갖게 하려고

49. (   )에 들어갈 말로 가장 알맞은 것을 고르십시오.
① 먹이가 부족했기 때문이다   ② 인간이 사슴을 사냥해서이다
③ 살 곳이 사라졌기 때문이다   ④ 사슴끼리 서로 죽인 데에 있다

50. 윗글의 내용과 같은 것을 고르십시오.
① 사람들은 사슴을 사냥하여 개체 수를 조절하였다.
② 생태계 질서는 사람들의 영향을 거의 받지 않는다.
③ 약한 동물을 보호한다면 생태계를 잘 유지할 수 있다.
④ 포식동물의 감소는 결국 사슴의 개체 수 감소로 이어졌다.

토픽300⁺

TOPIK II

NEW 실전모의고사

정답 및 해설

실전모의고사 정답 및 풀이

듣기		1번~50번							

1	③	2	④	3	③	4	④	5	②
6	②	7	③	8	①	9	②	10	②
11	①	12	②	13	④	14	①	15	④
16	③	17	①	18	③	19	④	20	①
21	④	22	②	23	②	24	②	25	③
26	①	27	③	28	②	29	③	30	①
31	②	32	④	33	①	34	④	35	①
36	②	37	①	38	③	39	②	40	①
41	④	42	②	43	②	44	③	45	③
46	④	47	④	48	②	49	③	50	①

1. 일치하는 그림 고르기 p.05

여자 : 여기서 1. 자전거를 빌릴 수 있나요?
남자 : 네, 그럼요. 1. 여기 있는 자전거 중에서 고르시면 됩니다.
여자 : 네, 알겠습니다.

정답 ③

해설 여러 자전거가 세워져 있고 그것 중에서 하나의 자전거를 선택해 빌리려고 하는 상황임을 알 수 있다.

오답 ① 2인용 자전거를 타는 상황이 아니다.
② 2명이 자전거를 타는 상황이 아니다
④ 자전거를 탄 후 쉬고 있는 상황이 아니다.

Key-Point! 3급 수준의 문제로, 개인적인 대화를 통해 어디에서 무슨 대화를 하는지 중심으로 파악하고 이에 해당하는 그림을 찾아야 한다.

2. 일치하는 그림 고르기 p.05

남자 : 바다에 들어가기 전에 꼭 2. 준비운동을 해야 돼?
여자 : 그럼, 이렇게 2. 준비운동을 해야 안전하게 물놀이를 할 수 있어.
남자 : 그렇구나. 2. 준비운동을 하니까 몸이 가벼워지는 것 같아.

정답 ④

해설 바다에 들어가 수영을 하기 전에 준비운동을 하
는 상황임을 알 수 있다.

오답 ① 바다에서 수영하는 상황이 아니다.
② 바다에서 튜브를 타고 물놀이하는 상황이 아
니다.
③ 바다에서 산책하는 상황이 아니다.

Key-Point! 3급 수준의 문제로, 개인적인 대화를 통해
어디에서 무슨 대화를 하는지 중심으로 파악하고 이에
해당하는 그림을 찾아야 한다.

3. 일치하는 도표 고르기   p.06

남자 : 최근 우리나라 성인의 독서율이 **3.** 계속
해서 줄고는 있지만 꾸준히 독서를 이어
가는 사람들도 적지 않은 것으로 나타났
습니다. 성인들에게 가장 중요한 독서의
목적은 **3.** '마음의 성장을 위해서'가 가장
많았으며, '책 읽는 것이 재미있어서', '지식
과 정보 습득'이 그 뒤를 이었습니다.

정답 ③

해설 성인들에게 가장 중요한 독서 목적은 '마음의 성
장을 위해서', '책 읽는 것이 재미있어서', '지식과
정보 습득'의 순이다.

오답 ① 성인의 독서율은 점점 감소하고 있다.
② 성인의 독서율은 계속 감소 추세이다.

④ 2위는 '책 읽는 것이 재미있어서'이다.

Key-Point! 4급 수준의 문제로, 뉴스(보도)내용을 통
해 통계 결과를 잘 이해하고 이에 일치하는 그래프를 찾
아야 한다.

4. 듣고 이어지는 말 고르기   p.06

여자 : 왜 이렇게 늦게 왔어?
남자 : 시계에서 얼마 전부터 이상한 소리가 나더
니 결국 **4.** 고장이 나서 시간을 잘 못 봤
어. 미안해.
여자 : _____

정답 ④

해설 시계가 고장이 나서 늦게 왔다고 말하였으므로
고장 난 것에 대해 대응되는 대답 (시계를 고친다
는 내용)을 해야 한다.

오답 ① 건전지가 소모된 상황이 아니다.
② 시계를 찾으라는 말이 적절하지 않다.
③ 시계를 선물해 달라는 말이 적절하지 않다.

Key-Point! 3급 수준의 문제로, 개인적 대화를 통해
앞뒤 상황을 이해하여 답을 찾아야 한다.

5. 듣고 이어지는 말 고르기   p.06

남자 : 수영장에서는 뛰면 안 돼요?
여자 : 네, **5.**바닥이 미끄러워서 넘어질 수 있으
니까 뛰면 안 됩니다.
남자 : _____

정답 ②

해설 수영장에서는 미끄러워 넘어질 수 있으므로 뛰면
안 되고 천천히 걸어야 한다.

오답 ① 넘어지지 않도록 해야 한다.
③ 빨리 수영을 하라는 내용이 아니다.
④ 다치면 어떻게 하면 되는지를 물어보는 상황
이 아니다.

Key-Point! 3급 수준의 문제로, 사회적 대화를 통해
앞뒤 상황을 이해하여 답을 찾아야 한다.

6. 듣고 이어지는 말 고르기   p.07

남자 : 병원이죠? 오후 6시에 가면 진료를 받을
　　　　수 있나요?

여자 : 진료 시간은 6시까지지만 **6.** 5시 40분에
　　　　접수가 마감됩니다.

남자 : ＿＿＿＿＿＿＿＿＿＿＿＿

정답 ②

해설 수영장에서는 미끄러워 넘어질 수 있으므로 뛰면
안 되고 천천히 걸어야 한다.

오답 ① 넘어지지 않도록 해야 한다.
　　　 ③ 빨리 수영을 하라는 내용이 아니다.
　　　 ④ 다치면 어떻게 하면 되는지를 물어보는 상황
　　　　이 아니다.

Key-Point! 3급 수준의 문제로, 사회적 대화를 통해
앞뒤 상황을 이해하여 답을 찾아야 한다.

7. 듣고 이어지는 말 고르기   p.07

여자 : 이 **7.** 사과, 집 앞 가게에서 샀는데 가격
　　　　도 싸고 맛있더라고요.

남자 : 그렇죠? **7.** 집 앞 가게에서는 신선한 과일
　　　　을 싸게 팔더라고요.

여자 : ＿＿＿＿＿＿＿＿＿＿＿＿

정답 ③

해설 신선한 과일을 파는 이유가 사장님이 직접 농사
를 지어서 그렇다고 답하고 있다.

오답 ① 가격이 싸다고 하였다.
　　　 ② 가격이 싸고 맛있다고 하였다.
　　　 ④ 사과가 싸다고 하였다.

Key-Point! 3급 수준의 문제로, 개인적 대화를 통해
앞뒤 상황을 이해하여 답을 찾아야 한다.

8. 듣고 이어지는 말 고르기   p.07

여자 : 어제 주방 세제를 샀는데 집에 가서 보니
　　　　까 **8.** 유통기한이 지났더라고요.

남자 : 아, 죄송합니다. **8.** 현재 이 제품은 남은
　　　　물건이 없네요. 교환하시려면 내일 다시
　　　　오셔야 합니다.

여자 : ＿＿＿＿＿＿＿＿＿＿＿＿

정답 ①

해설 유통기한이 지난 물건을 구입한 후에 교환이 바로
이루어지지 않자 환불을 요청하고 있다.

오답 ② 다른 주방 세제를 사용하라고 권하지 않았다.
　　　 ③ 주방 세제가 필요해서 주방 세제를 샀으나 유
　　　　통기한이 지난 제품을 산 상황이다.
　　　 ④ 구입한 주방 세제에 대해서 이야기하고 있다.

Key-Point! 4급 수준의 문제로, 사회적 대화를 통해
앞뒤 상황을 이해하여 답을 찾아야 한다.

9. 알맞은 행동 고르기   p.07

여자 : 여기 **9.** 수저가 없어요. 수저 좀 갖다 주
　　　　세요.

남자 : 네 알겠습니다. **9.** 조금만 기다려주세요.

여자 : 바쁘신 것 같으니까 **9.** 제가 옆 테이블에
　　　　서 가져갈게요.

남자 : 네 감사합니다.

여자 : ＿＿＿＿＿＿＿＿＿＿＿＿

정답 ②

해설 수저가 필요한데 식당 종업원이 바빠 보이므로 직
접 옆자리에서 수저를 가져오는 상황이다.

오답 ① 음식을 주문하는 상황이 아니다.
　　　 ③ 일회용 수지를 꺼낸다는 내용은 없으며, 수저
　　　　를 옆 테이블에서 가져간다고 하였다.
　　　 ④ 수저를 직접 가져간다고 하였으므로 가져다줄
　　　　때까지 기다리는 상황은 아니다.

Key-Point! 3급 수준의 문제로, 대화를 통해 앞뒤 상
황과 순서를 고려해 답을 찾아야 한다.

10. 알맞은 행동 고르기 p.07

남자 : 이렇게 일하는 중간에 회사에서 나와 산
책하니까 좋네.

여자 : 맞아! 기분 전환도 되고.

남자 : 어? **10.** 너 운동화 끈이 풀렸네. 걷다가
넘어질 수 있으니까 지금 묶어.

여자 : **10.** 응 알았어. 고마워.

정답 ②

해설 산책을 하다가 신발 끈이 풀린 것을 발견하고 묶
으려는 상황이다.

오답 ① 신발을 벗으려는 상황이 아니다.
③ 회사에서 나와 산책하는 상황이다.
④ 여자의 신발 끈이 풀렸다.

Key-Point! 3급 수준의 문제로, 대화를 통해 앞뒤 상
황과 순서를 고려해 답을 찾아야 한다.

11. 알맞은 행동 고르기 p.07

남자 : 손님, 우리 미술관에 들어가실 때는 휴대
폰을 가방에 넣어야 합니다.

여자 : 아, 그래요? 그런데 전 지금 가방이 없는
데요.

남자 : 그러면 **11.** 휴대폰을 끄신 후 여기 안내
직원에게 맡기시면 됩니다.

여자 : 네, 알겠습니다. 그렇게 하도록 할게요.

정답 ①

해설 미술관에 들어가기 전, 안내 직원에게 휴대폰을
맡기기 위해 휴대폰을 끄는 상황이다.

오답 ② 미술관 안으로 들어가기 전 휴대폰을 가방에
넣거나 안내 직원에게 맡겨야 한다.
③ 휴대폰을 직원에게 맡기기 전에 먼저 전원을
꺼야 한다.
④ 휴대폰의 전원을 끈 후 휴대폰을 친구가 아닌
직원에게 맡겨야 한다.

Key-Point! 3급 수준의 문제로, 대화를 통해 앞뒤 상
황과 순서를 고려해 답을 찾아야 한다.

12. 알맞은 행동 고르기 p.07

남자 : 김대리, 회의실 문이 잠겨 있는데 열쇠 어
디 있는지 알아요?

여자 : 저도 모르는데 제가 찾아볼까요?

남자 : 아니에요. 열쇠는 내가 찾아볼 테니까 회
의실 담당 직원한테 전화 한번 해봐요.

여자 : 네. 전화해 보았는데 통화 중입니다. **12.**
바로 문자를 보내겠습니다.

정답 ②

해설 회의실 문이 잠겨 있어 담당 직원에게 전화했으나
담당 직원이 통화중이어서 문자를 보내는 상황이
다.

오답 ① 전화를 이미 했으나, 담당 직원이 통화 중이어
서 문자를 보내려는 상황이다.
③ 열쇠를 찾는 것은 남자가 이어서 할 행동이다.
④ 회의실 문이 잠겨 있는 것을 여자와 남자가 알
고 있기 때문에 회의실 문을 열지 않는다.

Key-Point! 4급 수준의 문제로, 사회적 대화를 통해
앞뒤 상황과 순서를 고려해 답을 찾아야 한다.

13. 일치하는 내용 고르기 p.08

여자 : 이 공원에 처음 와 봤는데 예쁜 나무들이
많이 있네.

남자 : 이 공원은 다양한 꽃과 나무들을 심어 놓
은 나무 공원이래.

여자 : **13.** 나무마다 이름이 적혀 있는 푯말이
붙어 있어서 좋네.

남자 : 그렇지. **13.** 나무 이름을 알게 되니까 나
무를 오래 기억할 수 있을 것 같아.

정답 ④

해설 나무들마다 이름이 적혀 있는 푯말이 붙어 있어
서 이름을 알 수 있다고 했다.

오답 ① 여자는 전에도 이 공원에 자주 왔다.
② 남자는 나무의 이름을 많이 알고 있다.
③ 남자는 이 공원에 꽃과 나무를 심었다.

Key-Point! 4급 수준의 문제로, 대화를 통해 들은 내
용과 일치하는 답을 찾아야 한다.

14. 일치하는 내용 고르기   p.08

(딩동댕)
여자 : 관리사무소에서 안내 말씀 드립니다. 지금
우리 아파트 3주차장에 1234 차량이 불법
으로 주차를 하여 14. 다른 차량이 통행
하지 못하고 있습니다. 1234 차량 주인께
서는 이웃들이 불편을 겪지 않도록 차량
을 지금 바로 다른 곳으로 이동 주차하여
주시기 바랍니다.
(댕딩동)

정답   ①

해설   1234 차량이 불법으로 차량을 주차하여 다른 차
량이 통행을 하지 못하고 있다고 했다..

오답   ② 아파트에 불법 주차한 차량 주인은 ~~벌금을 내
야 한다.~~
③ 1234 차량 주인은 오늘 안으로 차를 이동 주차
하면 된다.
④ 불법 주차된 차량으로 인해 ~~경찰이~~ 안내 방송
을 하고 있다.

Key-Point!   3급 수준의 문제로, 공지를 통해 들은 내
용과 일치하는 답을 찾아야 한다.

15. 일치하는 내용 고르기   p.08

남자 : 오늘 아침 10시 인주시 인주백화점에서
많은 사람들이 넘어지는 사고가 발생했
습니다. 인주백화점이 5년 만에 진행하는
파격 할인 행사에 예상보다 많은 사람이
몰리면서 이와 같은 사고가 일어났습니
다. 백화점의 대표는 미리 안전 요원을 배치하
지 못한 것에 대해 15. 고객들께 사과하
면서 재발 방지를 약속했습니다.

정답   ④

해설   백화점의 대표가 사과하면서 재발 방지를 약속했
다.

오답   ① 백화점에는 안전 요원이 ~~많이 있었다.~~
② 인주백화점은 ~~매년~~ 파격 할인 행사를 한다.
③ 백화점에 ~~물건이 많아서~~ 사람들이 넘어지는
일이 발생했다.

Key-Point!   4급 수준의 문제로, 뉴스(보도)를 통해 들
은 내용과 일치하는 답을 찾아야 한다.

16. 일치하는 내용 고르기   p.08

남자 : 야생동물 재활사라는 직업을 모르는 분
들이 많은데요. 어떤 일을 하시나요?

여자 : 다친 야생동물을 구조하여 치료하고, 다
시 자연에서 살 수 있도록 재활 훈련하여
돌려보내는 일을 합니다. 야생동물은 다
양한 이유로 부상을 당합니다. 이때 그물
등을 이용하여 동물을 구조하고, 구조된
동물의 상태에 따라 16. 적합한 서식 환
경 및 먹이를 제공합니다. 그리고 야생 적
응 훈련을 실시한 후 동물을 자연에 돌려
보내는 일을 합니다.

정답   ③

해설   인터뷰의 세 번째 문장에서 적합한 서식 환경 및
먹이를 제공한다고 밝혔다.

오답   ① 여자는 구조한 동물을 ~~계속해서 기른다.~~
② 여자는 동물을 ~~구조하자마자 야생에 돌려보낸
다.~~
④ 구조된 동물 ~~대부분이 사람에 의해 부상을 당
한 것이다.~~

Key-Point!   4급 수준의 문제로, 인터뷰를 통해 들은
내용과 일치하는 답을 찾아야 한다.

17. 일치하는 내용 고르기   p.09

남자 : 17. 비가 올 수도 있으니까 우산을 가져가
요.

여자 : 그냥 갈래요. 비가 오면 가까운 편의점에
서 하나 살게요.

남자 : 17. 가까운 곳에 편의점이 없을 수도 있으
니까 미리 우산을 준비해 가는 게 좋아요.

정답   ①

해설   처음 발화에서 비가 올 수도 있다고 말하였고 마
지막 발화에서도 가까운 곳에 편의점이 없을 수
도 있으니까 우산을 미리 준비하는 게 좋다고 했

다.

오답 ② 비가 안 올 때를 이야기하는 것이 아니다.

③ 비가 올 것이라고 예상될 때 우산을 준비해야
한다.

④ 비가 올 때 가까운 곳에 편의점이 없을 수도 있
다고 했다.

Key-Point! 3급 수준의 문제로, 개인적 대화를 통해
남자의 중심 생각을 찾아야 한다.

18. 중심 생각 고르기   p.09

남자 : 요즘 인주시 동호회 연합회에서 태권도를
수련할 성인 회원을 모집하고 있대.

여자 : 그래? 난 태권도는 어린이만 하는 줄 알았
는데.

남자 : **18.** 어린이든 어른이든 누구나 할 수 있
지. 성인이 수련할 수 있는 태권도장이 없
어서 오히려 인주시 태권도 동호회가 성인
사이에서 인기가 많대.

정답 ③

해설 어린이든 어른이든 누구나 태권도를 할 수 있다고
말하였다.

오답 ① 인주시 태권도 동호회는 성인들에게 인기가
많다고 하였다.

② 태권도와 관련하여 건강 이야기를 하는 것이
아니다.

④ 일반적으로 어른이 태권도를 하지 않는다는
것은 여자의 생각이다.

Key-Point! 3급 수준의 문제로, 대화를 통해 남자의
중심 생각을 찾아야 한다.

19. 중심 생각 고르기   p.09

여자 : 다음 달에 민수가 고등학교를 졸업하면
바로 운전면허를 따겠다고 해요. 집에서
가까운 곳에 있는 학원을 알아봐야겠어
요.

남자 : 이제 스무 살인데 면허를 따기에는 좀 어
리지 않아요? 어린 나이에 운전을 하면
조심하지 않아서 위험할 수 있어요.

여자 : 어리다고 해서 무조건 조심하지 않는 건
아니잖아요.

남자 : 그렇죠. 하지만 **19.** 사회생활을 한 후에
면허를 따도 늦지 않아요. 몇 년 후에 따
면 좋겠어요.

정답 ④

해설 남자는 고등학교를 졸업한 직후인 스무 살 때보다
사회생활을 하여 좀 더 나이가 든 후 운전면허를
따는 것이 좋겠다고 말하였다.

오답 ① 스무 살이 되면 누구나 운전을 할 수 있다는
것은 일반적인 견해이다.

② 여자가 나이와 운전을 안전하게 하는 것은 관
계가 없다고 말하였다.

③ 운전면허를 따기 위해 집 가까운 학원을 알아
봐야겠다고 말한 것은 여자이다.

Key-Point! 4급 수준의 문제로, 개인적 대화를 통해
남자의 중심 생각을 찾아야 한다.

20. 중심 생각 고르기   p.09

여자 : 한의사 선생님은 환자를 치료할 때 주로
어떤 부분에 중점을 두시나요?

남자 : 저는 근육의 아픈 곳을 주로 치료하는데
요. 근육에 통증이 발생하는 것은 잘못된
생활 습관이나 자세 때문인 경우가 많습
니다. 그래서 **20.** 환자의 몸 상태를 잘 관
찰하여 통증의 원인을 찾고 환자에게 올
바른 자세를 가지도록 유도하고 있습니다.

정답 ①

해설 환자의 몸 상태를 잘 관찰하여 통증의 원인을 찾
고 올바른 자세를 가지도록 유도하여 치료한다고
하였다. 즉, 한의사는 올바르지 않은 자세를 바로
잡음으로써 통증을 줄이는 치료를 하고 있다.

오답 ② 근육을 치료하는 것이 가장 중요하다고 말한
것이 아니라 주로 근육을 치료한다고 하였다.

③ 잘못된 생활 습관으로 생긴 통증은 한의사만
치료할 수 있다고 말하지 않았다.

④ 환자의 몸 상태를 잘 관찰하는 이는 환자가 아
니라 한의사이다.

[21~22]

여자 : 교장 선생님, 이번 학기 체험학습 장소로 놀이공원과 한옥마을 중 어디를 선택해야 할까요? 학생들은 놀이공원을 선호하고 있습니다.

남자 : **22.**놀이공원은 전에도 많이 가 보았고 **21.**체험학습의 의미가 부족해요.

여자 : 그럼 이번 학기 체험학습 장소는 한옥마을로 정하겠습니다.

남자 : 네, **21.**한옥마을에서 할 수 있는 다양한 문화체험 행사를 준비해 보시고 많은 학생들이 참여할 수 있도록 안내하세요.

21. 남자의 중심 생각으로 가장 알맞은 것을 고르십시오.
   [중심 생각 고르기]   p.10

정답   ④

해설   놀이공원은 체험학습의 의미가 부족하다고 하였고, 체험학습을 한옥마을에서 다양한 문화체험을 하는 것으로 정하였기에 남자는 체험학습에서 체험 프로그램에 참여하는 것을 중요하게 생각하고 있다는 것을 알 수 있다.

오답   ① 체험학습 장소로 놀이공원이 좋다는 것은 학생들의 생각이다.
       ② 놀이공원은 전에 가보기는 했지만 체험학습 장소로 선택되지 않은 주된 이유는 체험학습의 의미가 부족해서이다.
       ③ 체험학습 장소로 학생들이 좋아하는 곳은 놀이공원이라고 여자가 단순히 언급한 것이다.

Key-Point!   4급 수준의 문제로, 내화를 통해 남자의 중심 생각을 찾아야 한다.

22. 들은 내용과 같은 것을 고르십시오.
   [일치하는 내용 고르기]   p.10

정답   ②

해설   남자가 놀이공원에는 전에 많이 가보았다고 말하였다.

오답   ① 이번 학기 체험학습 장소는 **놀이공원**과 한옥마을이다.
       ③ 학생들은 한옥마을의 문화체험 행사에 의무적으로 참여해야 한다.
       ④ 학생들은 체험학습 장소로 놀이공원과 한옥마을 중에서 선택할 수 있다.

Key-Point!   4급 수준의 문제로, 대화를 통해 내용과 일치하는 답을 찾아야 한다.

[23~24]

남자 : 저희가 보내드린 **23.** 전기자전거 홍보기획안 검토하셨나요?

여자 : **24.** 전기자전거 타기 행사에 대학생들의 참여가 많지 않을 것 같은데요?

남자 : 그렇지 않습니다. 대학교의 자전거 동아리를 대상으로 홍보활동을 하면 적지 않은 학생들이 행사에 참여할 것으로 보입니다. 실제 세 학교에서 예비 조사를 실시한 결과 총 50명의 학생이 참여하겠다고 답했습니다.

여자 : 알겠습니다. 기획안대로 진행하도록 하겠습니다.

23. 남자가 무엇을 하고 있는지 고르십시오.
   [담화 상황 고르기]   p.10

정답   ②

해설   홍보기획안의 내용을 설명하고 있다.

오답   ① 전기자전거의 장점을 설명하는 내용은 없다.
       ③ 대학교의 자전거 동아리를 대상으로 홍보활동을 하겠다고 한다.
       ④ 전기자전거 타기 행사에 참여할 것을 권하는 내용이 홍보기획안의 내용이다.

Key-Point!   4급 수준의 문제로, 사회적 대화를 통해 남자가 무엇을 하고 있는 상황인지를 찾아야 한다.

24. 들은 내용과 같은 것을 고르십시오.
   [일치하는 내용 고르기]   p.10

정답   ③

해설 홍보기획안의 주 내용이 전기자전거 타기 행사이다.

오답 ① 여자는 남자의 기획안을 검토하자 ~~않았다.~~
② 남자는 ~~다섯 학교에서~~ 예비 조사를 실시하였다.
④ 여자는 홍보 활동에 ~~참여가 적을 것을 우려하고 있다.~~

🔑 **Key-Point!** 4급 수준의 문제로, 사회적 대화를 통해 들은 내용과 일치하는 답을 찾아야 한다.

[25~26]

여자 : 아프리카와 아시아의 일부 지역에서 사막화가 빠르게 진행되고 있다고 하는데요. 그 원인은 무엇이고 대책에는 무엇이 있을까요

남자 : 아프리카와 아시아의 일부 지역에서 **25.** 원주민들이 땔감으로 나무를 채취하기 때문에 사막화가 더욱 빠르게 진행되고 있습니다. 이러한 지역에 태양열 조리기를 설치 보급해야 합니다. 태양열 조리기는 특별한 연료 없이 직사광선의 에너지만을 이용하여 마실 물과 음식 재료를 가열, 조리하는 장치인데요. **26.** 태양열 조리기를 이용하면 더 이상의 나무 채취를 막을 수 있어 사막화를 늦출 수 있고 대기 오염도 줄일 수 있습니다.

25. 남자의 중심 생각으로 가장 알맞은 것을 고르십시오. [중심 생각 고르기]   p.11

정답 ③

해설 땔감을 원료로 조리하는 대신 태양열 조리기를 이용하면 나무 채취가 줄어들기 때문에 사막화를 막을 수 있다고 했다.

오답 ① 태양열 조리기를 이용하면 아프리카와 아시아의 일부 지역의 사막화를 막을 수 있다고 했다.
② 땔감으로 쓰기 위해 나무를 채취하는 것을 막자는 내용으로 땔감을 살 돈이 없는 이들에게 태양열 조리기를 제공하자는 것은 중심 내용이 아니다.
④ 마실 물과 음식 재료를 가열 조리할 때 태양열

조리기를 이용하면 사막화를 막을 수 있다는 내용이다.

🔑 **Key-Point!** 4급 수준의 문제로, 인터뷰를 통해 남자의 중심 생각을 찾아야 한다.

26. 들은 내용과 같은 것을 고르십시오. [일치하는 내용 고르기]   p.11

정답 ①

해설 태양열 조리기를 사용하면 땔감이 필요 없으므로 나무 채취를 막을 수 있다.

오답 ② 태양열 조리기를 사용하려면 ~~특별한 연료가 필요하다.~~
③ 태양열 조리기에서 ~~발생하는 연기로 대기가 오염될 수 있다.~~
④ ~~기후 이상으로~~ 아프리카와 아시아의 일부 지역이 사막화되고 있다.

🔑 **Key-Point!** 5급 수준의 문제로, 인터뷰를 통해 내용과 일치하는 답을 찾아야 한다.

[27~28]

남자 : 집 앞의 초등학교 말이야. 몇 해 전 없앴던 울타리와 문을 다시 설치한대. **27.** 울타리가 없으니까 휴일에도 아이들이 자유롭게 운동장에 들어가 뛰어놀 수 있어서 좋았는데.

여자 : 뉴스에서 들었는데 **28.** 울타리가 없다 보니까 학교와 관계없는 사람들이 학교에 들어와 학교 시설을 부숴서 그런 거래.

남자 : **27.** 울타리와 문을 설치해 잠그면 공휴일에는 초등학생들이 운동장에 들어갈 수가 없어. CCTV를 설치하거나 경찰이 자주 순찰하면 되잖아.

여자 : 그런 결정은 쉽지 않아. 휴일에도 시간을 정해서 경비원이 문을 열어주면 운동장을 이용할 수 있을 것 같아.

27. 남자가 말하는 의도로 알맞은 것을 고르십시오. [화자의 의도 고르기]   p.11

정답 ③

해설 현재는 아이들이 자유롭게 운동장에 들어가 뛰어

놀 수 있는데 울타리가 생기면 그러하지 못할 수도 있음을 우려하고 있으면서 울타리 설치가 적절하지 않음을 말하려고 한다.

오답 ① 학교 시설을 훼손하는 사람을 막기 위해 울타리를 설치하는 대신 경찰이 순찰하여 예방하자고 하는 것이지 경찰의 정기적인 순찰이 필요함을 알리려는 것은 아니다.
② 학교 시설에 대한 경비원의 관리가 중요함을 강조하려고 하는 것은 아니다.
④ 학교 시설을 훼손하는 사람을 처벌하자고 말하는 것은 아니라 울타리를 설치하는 대신 경찰이 자주 순찰하면 된다고 이야기하고 있다.

Key-Point! 5급 수준의 문제로, 대화를 통해 남자가 여자에게 말하는 목적이나 의도를 찾아야 한다.

28. 들은 내용과 같은 것을 고르십시오.
[일치하는 내용 고르기] p.11

정답 ②

해설 학교 시설을 훼손하는 사람을 막기 위해 울타리를 설치한다고 한다.

오답 ① 학교 시설의 훼손 방지를 위해 ~~CCTV를 설치할 계획이다.~~
③ 울타리가 설치되면 학생들은 운동장을 ~~전혀 이용할 수 없다.~~
④ 현재 휴일에 운동장을 이용하려면 ~~경비원의 허락이 필요하다.~~

Key-Point! 5급 수준의 문제가 출제되며 대화를 통해 내용과 일치하는 답을 찾아야 한다.

[29~30]

여자 : 교통량이 많은 수도권에서는 주로 야간에 도로포장을 합니다. 이런 현장에는 많은 사람이 일을 하는데요. **29.** 팀장님은 작업 중에 차량을 통제하신다고요?

남자 : **29.** 네. 차량 흐름의 방해를 최소화하기 위해 주로 야간에 도로포장을 합니다. 야간에 교통량이 줄어들긴 하지만 여전히 차량이 다니므로 도로 차단 및 방향 전환 계획을 철저히 세워 실행하고 있습니다.

여자 : 이런 공사 현장에서는 무엇보다 안전이 제일 중요하지 않겠습니까? 특히 야간에 작업이 진행되기 때문에 더욱 신경을 쓰실 것 같습니다.

남자 : **30.** 충분한 조명을 준비하고 특히 운전자들에게 안전 운전을 요청하면서 일정 속도 이하로 주행해 주실 것을 전광판 등을 통해서 전달하고 있습니다.

29. 남자가 누구인지 고르십시오.
[담화 참여자 고르기] p.12

정답 ③

해설 교통량이 많은 수도권에서는 야간에 도로를 포장하는 데 이곳에서 남자는 차량을 통제하는 역할을 하는 사람이다.

오답 ① 전광판을 제작하는 사람이 아니라 사용하는 사람이다.
② 야간에 도로를 포장하는 현장에서 일을 하지만 도로를 포장하는 사람은 아니다.
④ 공사 중인 현장에서 차량을 운전하는 사람이 아니라 그러한 차량을 통제하는 사람이다.

Key-Point! 5급 수준의 문제로, 인터뷰를 통해 남자가 어떤 일을 하는 사람인지 찾아야 한다.

30. 들은 내용과 같은 것을 고르십시오.
[일치하는 내용 고르기] p.12

정답 ①

해설 야간에 일을 하기 때문에 충분한 조명을 준비한다고 말하였다.

오답 ② 남자는 ~~아침에~~ 일을 시작한다.
③ ~~남자는 안전 운전을 해야 한다.~~
④ 남자는 ~~모든~~ 차량을 멈추게 한다.

Key-Point! 5급 수준의 문제로, 인터뷰를 통해 내용과 일치하는 답을 찾아야 한다.

[31~32]

여자 : 이번 발명 대회 수상자들에게 줄 상금의 액수는 작년과 동일하게 할까요?

남자 : 이번 대회부터는 상금의 액수를 줄이고 대신 **31.** 발명과 관련된 교육기관에서 수상자들이 연수를 받을 수 있도록 기획했으면 좋겠어요. 발명 관련 연수가 우리 대회의 취지에도 잘 맞을 것 같아요.

여자 : 연수 기관을 선정하기에는 시간이 촉박할 것 같은데요.

남자 : **32.** 최근에 가까운 대학에서 발명 관련 연수가 진행된다는 신문 기사를 읽은 적이 있어요. 제가 알아볼 테니까 수상자들이 발명 관련 연수를 받는 것으로 해요.

31. 남자의 중심 생각으로 가장 알맞은 것을 고르십시오.

[중심 생각 고르기]   p.12

정답 ②

해설 발명 관련 교육기관에서 수상자들이 연수받는 것을 기획했으면 좋겠다고 하였다.

오답 ① 이번 대회부터는 상금의 액수를 줄인다고 했다.
③ 발명대회 수상자들에게 상금의 액수를 줄이고 발명 관련 연수를 받게 하자고 했다.
④ 수상자들이 연수할 연수 기관을 선정하기에 시간이 부족하다는 것은 여자의 의견이다.

Key-Point! 5급 수준의 문제로, 인터뷰를 통해 남자의 중심 생각을 찾아야 한다.

32. 남자의 태도로 가장 알맞은 것을 고르십시오.

[화자의 태도 고르기]   p.12

정답 ④

해설 예상되는 문제를 본인 스스로 해결하겠다고 했다.

오답 ① 자신의 의견을 전혀 바꾸지 않고 있다.
② 상대방 의견에 대하여 근거를 요구하고 있는 상황이 아니며, 상대방이 제시하는 문제점에 대하여 직접 해결 방안을 찾겠다고 말하였다.
③ 지난 사례를 바탕으로 상대방의 의견에 공감하고 있는 것이 아니라 새로운 의견을 제시하고 있다.

Key-Point! 5급 수준의 문제로, 인터뷰를 통해 남자의 태도나 심정으로 맞는 답을 찾아야 한다.

[33~34]

여자 : 현대인은 하루 종일 스마트폰을 만지작거립니다. 이렇게 현대인은 스마트폰 덕분에 따분할 틈이 없습니다. 동시에 생활의 상당 부분을 스마트폰에 기대어 살고 있습니다. **33.** 그러다 보니 기억이나 의식의 전개 과정을 고스란히 스마트폰에 맡겨 버려, 이것을 휴대하지 않았을 경우 불안하고 일이 손에 잡히지 않는 '모바일 의존증' 상태가 빈번히 발생하고 있습니다. 또한 이러한 의존이 심해져 '모바일 치매'로 발전하기도 합니다. 모바일 치매란 뇌의 휴식 시간이 없이 **34.** 스마트폰을 계속 사용하다 보니, 필요한 집중력이 일시적으로 부족해지고 학습 능력이 감퇴하는 현상을 말합니다.

33. 무엇에 대한 내용인지 알맞은 것을 고르십시오.

[주제 고르기]   p.13

정답 ①

해설 여자는 모바일 의존증, 모바일 치매와 같은 스마트폰 사용의 문제점과 부작용에 대하여 말하고 있다.

오답 ② 모바일 치매의 치료 방법에 대해서는 언급하지 않고 있다.
③ 스마트폰을 계속 사용한다는 내용은 있지만 스마트폰을 사용하는 일상은 나오지 않는다.
④ 모바일 의존증에 대한 내용은 나오지만 그것을 발생시키는 디지털 기기에 대해서는 스마트폰 외에는 언급하지 않고 있다.

Key-Point! 5급 수준의 문제로, 여자의 강연을 통해 주제를 찾아야 한다.

34. 들은 내용과 같은 것을 고르십시오.

[일치하는 내용 고르기]   p.13

정답 ④

해설 여자는 스마트폰을 계속 사용하다 보면, 필요한 집중력이 일시적으로 부족해진다고 말하였다.

오답 ① 현대인은 스마트폰을 사용할 때마다 따분함을 느낀다.
② 스마트폰 사용과 현대인의 일상은 관련성이

높지 않다.
③ 현대인은 스마트폰을 사용하면서 학습 능력이 향상되었다.

Key-Point! 5급 수준의 문제로, 여자의 강연을 통해 들은 내용과 일치하는 답을 찾아야 한다.

[35~36]

남자 : **35.** 우리나라 최초의 국어사전은 어떻게 만들어졌을까요? 1930년대 말 일제가 우리말 사용을 금지하자 조선어 학회는 "우리말 큰사전"의 편찬을 서둘렀습니다. 그러나 **36.** 일제는 사전 편찬에 참여한 사람들을 모두 구속하였고 그동안 썼던 모든 원고를 압수하였습니다. 이로 인해 사전 편찬은 중단될 수밖에 없었습니다. 광복 이후 조선어 학회는 일제에 압수당한 원고를 찾아 나섰습니다. 당시 서울역 창고에는 갈 곳 없는 화물들이 많이 쌓여 있었는데, 우연히 이곳에서 "우리말 큰사전"의 원고가 발견되었습니다. 이에 **35.** 사전 편찬 작업을 다시 시작해서 1957년에 책을 완성했습니다.

35. 남자가 무엇을 하고 있는지 고르십시오.
[화자의 목적 고르기]   p.13

정답   ①

해설   우리말 큰사전이 여러 우여곡절 끝에 완성된 과정을 알리고 있다.

오답   ② 잃어버린 원고를 다시 찾았다는 내용은 있지만 이때의 감정은 나오지 않는다.
③ 일제가 원고를 압수해간 것에 대한 내용은 있지만 이것에 대한 아쉬움은 나오지 않는다.
④ 우리말 큰사전의 편찬 과정 중 중단된 사례가 있기는 하나 결국은 완성되었다는 내용이 주된 내용이다.

Key-Point! 5급 수준의 문제로, 강연을 통해 남자가 말하는 의도를 찾아야 한다

36. 들은 내용과 같은 것을 고르십시오.
[일치하는 내용 고르기]   p.13

정답   ②

해설   일제는 사전 편찬 작업에 참여한 사람을 모두 구속하였다고 하였다.

오답   ① 광복 이후 일제는 압수해간 원고를 돌려주었다.
③ 조선어 학회는 원고를 빼앗겼지만 계속해서 사전을 만들었다.
④ 잃어버린 원고를 찾았지만 우리말 큰사전을 완성하지는 못했다.

Key-Point! 5급 수준의 문제로, 강연을 통해 들은 내용과 일치하는 답을 찾아야 한다.

[37~38]

남자 : 최근 안전에 대한 관심이 높아지면서 머리를 보호할 수 있는 안전모가 주목받고 있습니다.

여자 : 생활 속 또는 스포츠 현장에서의 여러 활동으로 **37.** 머리를 다칠 수 있다면 이를 예방하는 조치를 반드시 취해야 하는데 이때 착용하는 것이 안전모입니다. 공사장을 포함해서 자전거를 탈 때 주로 쓰며, 태권도나 야구와 같은 스포츠 경기에서도 씁니다. 전에는 철로 만들었지만 최근에는 가벼우면서도 튼튼한 소재로 만들며, 외부에서 가해지는 충격을 흡수하기 위해 충격 흡수재가 사용됩니다. 또한 안전모는 제대로 쓰는 것이 중요한데요. **38.** 우선 자신의 머리에 맞는 안전모를 골라 쓴 다음 턱끈을 조여 알맞게 조절합니다. 그다음 머리를 가볍게 흔들어 안전모가 흔들리지 않는지 확인해야 합니다.

37. 여자의 중심 생각으로 가장 알맞은 것을 고르십시오. [중심 생각 고르기]   p.14

정답   ①

해설   머리를 다칠 수 있다면 이를 예방하는 조치로 안전모를 써야 한다고 생각한다.

오답   ② 머리를 보호하기 위해 안전모를 써야 한다고 생각하고 있다.
③ 최근 안전에 대한 관심이 높아지면서 안전모가 주목받고 있다는 것은 맞지만 여자의 중심

생각은 아니다.

④ 머리에 맞는 안전모를 고른 다음 턱끈으로 조
절해야 한다고 하였다.

Key-Point!   5급 수준의 문제로, 프로그램을 통해 여자
의 중심 생각을 찾아야 한다.

38. 들은 내용과 같은 것을 고르십시오.
[일치하는 내용 고르기]   p.14

정답   ③

해설   안전모를 쓴 다음 머리를 가볍게 흔들어 안전모가
흔들리지 않는지 확인해야 한다.

오답   ① 철로 만든 안전모가 가장 안전하다.
② 자전거를 탈 때 안전모를 쓰지 않으면 처벌받
는다.
④ 안전모에 반드시 충격 흡수재가 들어 있는 것
은 아니다.

Key-Point!   6급 수준의 문제로, 교양 프로그램을 통해
들은 내용과 일치하는 답을 찾아야 한다.

[39~40]

여자 : **39.** 이렇게 서큘레이터의 판매량이 급증
했는데 그 이유는 무엇일까요?

남자 : 최근 냉방의 형태는 에어컨이나 선풍기를
단독으로 사용하는 경우보다 에어컨과 선
풍기를 동시에 사용하는 경우가 훨씬 많
습니다. 선풍기는 에어컨 이전에 만들어
진 것으로 가까운 곳에 바람을 넓게 보내
기 위한 것이죠. 그런데 에어컨과 같이 사
용하게 되자 단순히 바람을 일으키는 **40.**
선풍기보다는 공기를 빠르게 교환하는 장
치가 필요해진 거죠. 그것이 서큘레이터입
니다. 그러니까 서큘레이터는 공기 순환을
목적으로 만들어진 장치인 것이죠.

39. 이 대화 전의 내용으로 가장 알맞은 것을 고르십시오.
[담화 앞의 내용 고르기]   p.14

정답   ②

해설   여자의 첫 번째 발화에서 서큘레이터의 판매량이
급증한 것에 대해서 '이렇게'라고 말하였으므로
앞에는 서큘레이터의 판매량이 급증한 내용이 있

을 것이다.

오답   ① 대담 앞이 아닌 대담 중간에 서큘레이터의 작
동원리에 대해서 간단히 제시하고 있다.
③ 에어컨이 시원한 바람을 만들어내는 과정은
없다.
④ 대담 앞이 아닌 대담 중간에 에어컨을 더 시원
하게 사용하기 위해 서큘레이터를 사용한다는
내용이 나온다.

Key-Point!   6급 수준의 문제로, 대담을 통해 앞뒤 상
황을 추론하여 답을 찾아야 한다.

40. 들은 내용과 같은 것을 고르십시오.
[일치하는 내용 고르기]   p.14

정답   ①

해설   선풍기보다 더 빠르게 공기를 교환하는 장치가 서
큘레이터이다.

오답   ② 선풍기는 에어컨의 찬바람을 빠르게 먼 곳까
지 전달할 수 있다.
③ 서큘레이터와 선풍기를 같이 사용하는 냉방의
형태가 늘어나고 있다.
④ 에어컨은 찬바람을 만들어내므로 에어컨만 사
용해도 충분히 시원하다.

Key-Point!   6급 수준의 문제로, 대담을 통해 들은 내
용과 일치하는 답을 찾아야 한다.

[41~42]

여자 : 세계화로 인하여 지역의 경쟁을 제한하는
장벽이 사라지고, **41.** 지역이 가지는 장점
이 지역의 수준을 넘어 세계적인 가치를
지니게 되었습니다. 지역 경쟁력이 국가 경
쟁력의 바탕을 이루면서 각 지역은 지역
경제를 활성화하기 위하여 다양한 노력을
하고 있습니다. 예를 들면, 지역이 만든 이
미지는 경제적인 기반이 됩니다. **42.** 상품
화된 지역 이미지는 관련 산업을 발달시키
고, 지역의 토지 이용과 산업 구조를 변화
시켜 주민 생활에 변화를 가져옵니다. 또
한 지역 문화는 지역 공동체의 형성, 유지
및 지역 사회의 발전에 기여합니다. 지역
은 지역 문화를 다른 지역에 전파함으로
써 지역 경쟁력을 더욱 높일 수 있습니다.

41. 이 강연의 중심 내용으로 가장 알맞은 것을 고르십시오. [중심 내용 고르기] p.15

정답 ④

해설 지역이 가지는 장점, 즉 지역 경쟁력이 세계적인 가치를 지니게 되었다고 말하고 있다.

오답 ① 세계화는 지역의 경쟁을 제한하는 장벽을 사라지게 했다는 내용이 중심 내용은 아니다.
② 지역 문화를 다른 지역에 전파할 때 지역 경쟁력을 높일 수 있다.
③ 지역 경쟁력을 높이기 위해 지역의 산업 구조의 변화가 필요한 것이 아니고 상품화된 지역이미지가 지역의 산업 구조를 변화시킨다고 하였다.

🔖Key-Point! 6급 수준의 문제로, 강연을 통해 중심 생각이나 핵심 내용을 찾아야 한다.

42. 들은 내용과 같은 것을 고르십시오. [일치하는 내용 고르기] p.15

정답 ②

해설 상품화된 지역 이미지는 지역의 산업 구조를 변화시켜 주민 생활에 변화를 가져온다.

오답 ① 지역 문화는 ~~국가의 산업 구조를 변화시킨다~~.
③ ~~국가는 지역 경제를 활성화하기 위해 다양한 노력을 하고 있다~~
④ 지역 문화는 ~~국가 공동체의 형성, 유지 및 국가 발전에 기여한다~~.

🔖Key-Point! 6급 수준의 문제로, 강연을 통해 들은 내용과 일치하는 답을 찾아야 한다.

[43~44]

남자 : 사람의 장내에는 1,000가지가 넘는 세균이 있다. 이 중에는 질병을 일으키는 세균도 있지만 유산균과 같이 건강을 유지하는 데 도움을 주는 세균도 있다. **44.** 유산균은 장 속에 살면서 해로운 세균을 물리치는 성질이 있어 우리 몸의 건강을 유지하는 데 도움을 주는 세균이다. **43.** 유산균은 음식물의 소화를 도와주고 변비를 예방한다. 그리고 **44.** 몸을 건강하게 유지하는 데 도움을 주어 다른 질병을 예방하

는 효과도 있다. 건강에 도움을 주는 유산균이 장 속에 많이 살도록 하는 방법이 있다. **43.** 유산균의 먹이가 되는 과일이나 채소를 먹거나 운동을 하면 유산균이 활발하게 활동한다. 그리고 유산균이 들어있는 김치나 요구르트를 먹으면 장 속에 유산균이 들어갈 수 있다.

43. 무엇에 대한 내용인지 알맞은 것을 고르십시오. [중심 내용 고르기] p.15

정답 ②

해설 유산균은 소화에 도움을 주고 변비 예방, 다른 질병 예방 등의 역할을 하고 과일, 채소, 김치, 요구르트 등을 먹어서 창자 속에 유산균을 증식시킬 수 있다.

오답 ① 창자 속에 해로운 세균이 있다고 단순히 언급되었을 뿐이다.
③ 유산균이 많이 들어있는 음식에 대한 이야기는 나오나 그것이 유산균의 증식 방법에 대한 이야기는 아니다
④ 유산균이 해로운 세균을 물리친다는 내용은 나오나 그 방법은 나오지 않는다.

🔖Key-Point! 6급 수준의 문제로, 다큐멘터리를 통해 중심 생각이나 핵심 내용을 찾아야 한다.

44. 유산균에 대한 설명으로 맞는 것을 고르십시오 [일치하는 내용 고르기] p.15

정답 ③

해설 유산균은 창자 속에 살면서 해로운 균을 물리치는 성질이 있어 우리 몸의 건강을 유지하는 데 도움을 준다고 하였으며, 다른 질병을 예방하는 효과가 있다고 하였다.

오답 ① 사람의 장내에 사는 균이 1,000가지가 넘는다고 하였다.
② 유산균은 질병을 일으키는 해로운 세균을 없애는 역할을 한다.
④ 김치나 요구르트를 많이 먹으면 유산균이 줄어드는 것이 아니라 늘어난다.

🔖Key-Point! 6급 수준의 문제로, 다큐멘터리를 통해 들은 내용과 일치하는 답을 찾아야 한다.

[45~46]

여자 : 유리는 컵이나 그릇, 건축 자재, 장신구,
첨단 기기에 이르기까지 우리 생활에서
다양한 용도로 사용되고 있는데요. 투명
한 유리의 역사는 약 5,000년에 이릅니다.
인류가 유리를 처음으로 발견하고 난 후
옛날 사람들은 유리의 성질을 이용하여
장식품 등을 만들기 시작하였습니다. 이
때부터 유리를 재료로 한 유리공예가 시
작되었다고 할 수 있죠. **45.** 유리를 가열
하면 입자의 배열이 바뀌면서 흐르는 성
질이 생기므로 다양한 모양을 만들 수 있
습니다. **46.** 모양을 만든 후에 서서히 냉
각하면 굳어서 일정한 형태를 유지합니
다. 또 가열한 유리에 색을 띠는 재료를 넣
으면 다양한 색의 유리 공예품을 만들 수
있습니다.

45. 들은 내용과 같은 것을 고르십시오.
[일치하는 내용 고르기]
p.16

정답 ③

해설 유리를 가열하면 입자의 배열이 바뀌어서 모양을
변형시킬 수 있다. 변형시킨 유리를 서서히 냉각
하면서 형태를 유지하게 하여 유리 공예품을 만
든다고 하였으므로 유리에 열을 가함으로써 유리
공예가 이루어지는 것이다.

오답 ① 유리공예는 유리에 장식품을 덧붙여 만든다.
② 유리공예는 인류가 태어나면서부터 시작되었
다.
④ 유리공예는 전적으로 유리의 투명성을 이용하
는 것이다.

🔑**Key-Point!** 6급 수준의 문제로, 강연을 통해 여자의
들은 내용을 찾아야 한다.

46. 여자가 말하는 방식으로 알맞은 것을 고르십시
오. [화자의 태도 고르기]
p.16

정답 ④

해설 유리의 특징(가열하면 입자의 배열이 바뀜, 모양
을 만든 후 서서히 냉각하면 형태 유지, 가열한 유
리에 색을 띠는 재료를 넣으면 다양한 색의 유리
공예품을 만들 수 있음)을 들어 유리 공예의 방법
을 설명하고 있다.

오답 ① 유리공예의 어려운 점이 아닌 유리의 특징을
나열하고 있다.
② 유리공예의 예술적 가치에 대해서는 언급하고
있지 않다.
③ 유리의 역사를 제시하고 있으나 유리 공예의
역사를 설명하고 있지 않다.

🔑**Key-Point!** 6급 수준의 문제로, 강연을 통해 여자의
태도나 심정으로 알맞은 답을 찾아야 한다.

[47~48]

여자 : 오늘날 청소년들은 인터넷을 하며 여가를
즐기고 있습니다. 그런데 적지 않은 청소
년들이 인터넷을 활용한 게임에만 몰두하
고 있습니다. 학생들이 어떤 점에 유의해
야 할까요?

남자 : 우리가 많은 시간을 보내는 인터넷 문화
를 어떻게 만드는 것이 좋을까 고민해 볼
필요가 있습니다. 인터넷은 정보의 보고
이며 학습의 도구가 됩니다. 또 사회적 여
론 형성에도 활용될 수 있습니다. 따라서
48. 우리가 인터넷을 새로운 정보를 얻고
토론하는 소통의 공간으로 활용한다면,
인터넷은 세계로 열린 문이 될 것입니다.
그런데 이미 **47.** 인터넷 게임에 노출되어
그것에 중독된 청소년은 인터넷을 올바르
게 사용할 수 없습니다. 이러한 청소년은
전문가와의 상담을 통해 인터넷에 대한 올
바른 사용법을 교육받는 것이 중요합니다.

47. 들은 내용과 같은 것을 고르십시오.
[일치하는 내용 고르기]
p.16

정답 ④

해설 인터넷 게임에 중독된 청소년은 인터넷에 대한 올
바른 사용법을 교육받는 것이 중요하다고 했다.

오답 ① 청소년들은 공부에 인터넷을 활용하고 있다.
② 적은 수의 청소년들만 인터넷을 활용하고 있
다.
③ 인터넷은 소통의 공간으로 활발하게 활용되고
있다.

🔑**Key-Point!** 6급 수준의 문제로, 대담을 통해 내용과
일치하는 답을 찾아야 한다.

48. 남자의 태도로 알맞은 것을 고르십시오.
　　[화자의 태도 고르기]　　　　　　　p.16

정답　②

해설　인터넷의 장점을 제시하며 청소년이 인터넷을 올
　　바르게 사용하길 바라고 있다.

오답　① 인터넷이 청소년에게 끼칠 해를 우려하고 있는
　　　　내용은 나오지 않는다.
　　　③ 인터넷이 청소년에게 긍정적으로 작용할 것을
　　　　바라고 있는 것이지 그렇게 되리라고 기대하고
　　　　있는 것은 아니다.
　　　④ 인터넷을 활용하여 여론을 형성할 수 있다고
　　　　하였으나 청소년이 여론을 형성할 것이라고 확
　　　　신하고 있는 것은 아니다.

Key-Point!　6급 수준의 문제로, 대담을 통해 여자의
태도로 알맞은 답을 찾아야 한다.

[49~50]

　　남자 : 인간의 삶에서 정의가 요청되는 이유는
　　　　　무엇일까요? 우선 정의가 실현되면 사회
　　　　　구성원의 기본적 권리를 보장할 수 있습
　　　　　니다. 사회 구성원을 부당하게 차별하는
　　　　　정의롭지 못한 사회에서는 자유권이나 평
　　　　　등권과 같은 개인의 기본권이 충분히 실
　　　　　현되기 어렵습니다. 따라서 **50.** 사회 구성
　　　　　원이 기본권을 보장받으며 인간다운 삶을
　　　　　누리기 위해서는 정의가 실현되어야 합니
　　　　　다. 또한 정의가 실현되면 사회 통합의 기
　　　　　반을 마련할 수 있습니다. 정의롭지 못한
　　　　　사회에서 구성원들은 사회에 불신을 갖
　　　　　게 되며, 이는 개인이나 집단 간의 갈등으
　　　　　로 이어져 사회 통합을 저해할 수 있습니
　　　　　다. 반면 **49.** 정의로운 법과 제도가 세워
　　　　　진 사회에서 구성원들은 공동체를 신뢰하
　　　　　고 서로 협력할 수 있습니다.

49. 들은 내용과 같은 것을 고르십시오.
　　[일치하는 내용 고르기]　　　　　　　p.17

정답　③

해설　정의로운 법과 제도가 세워진 사회에서 구성원들
　　은 공동체를 신뢰하고 서로 협력할 수 있다.

오답　① 정의와 기본권 보장과는 상관관계가 적다.
　　　② 정의가 실현된 사회에서 집단 간의 갈등은 발
　　　　생할 수 없다.
　　　④ 인간다운 삶을 누리기 위해서는 법치주의가
　　　　실현되어야 한다.

Key-Point!　6급 수준의 문제로, 강연을 통해 내용과
일치하는 답을 찾아야 한다.

50. 남자의 태도로 알맞은 것을 고르십시오.
　　[화자의 태도 고르기]　　　　　　　p.17

정답　①

해설　정의 실현이 당연히 필요함을 강조하고 있다.

오답　② 정의 실현의 필요성을 인정하고 있다.
　　　③ 정의 사회에 대한 맹신을 경계하고 있는 것이
　　　　아니라 정의 사회의 필요성을 강조하고 있다.
　　　④ 정의 실현과 사회 통합의 관련성이 상당한 것
　　　　으로 보고 있다.

Key-Point!　6급 수준의 문제로, 강연을 통해 여자의
태도로 알맞은 답을 찾아야 한다.

쓰기   51번~53번

51. 들어갈 표현 쓰기   p.18

```
세탁소 폐업 안내

개인적 사정으로 세탁소를 8월 31일까지만 운영하게 되었습니다.
맡기신 옷은 8월 31일까지 꼭 방문하셔서 (   ㉠   ).
8월 31일까지 방문이 (   ㉡   ) 세탁소로 꼭 전화 주시기 바랍니다.
전화번호는 123-4567입니다.
```

세탁소 폐업 안내

개인적 사정으로 세탁소를 **51-㉠.** 8월 31일까지만 운영하게 되었습니다.
맡기신 옷은 **51-㉠.** 8월 31일까지 꼭 방문하셔서 (㉠   ).
8월 31일까지 방문이 (㉡   ) **51-㉡.** 세탁소로 꼭 전화 주시기 바랍니다.
전화번호는 123-4567입니다.

㉠

Key-Point! 세탁소를 8월 31일까지만 운영하므로 8월 31일까지 옷을 꼭 찾아갈 것을 부탁하는 상황이다.

문형 ~기 바랍니다.
정답 찾아가시기 바랍니다.
오답 찾아갑니다.
    → 내가 찾아가는 것이 아니라 손님들에게 찾아가라고 말하는 상황이다.

㉡

Key-Point! 옷을 맡긴 사람 중 8월 31일까지 방문이 어려운 사람은 세탁소로 전화를 달라는 상황이다.

문형 -(으)면, -다면
정답 어려우시면
    어렵다면
오답 안 하다면, 하지 않는다면
    → 앞의 단어가 '방문을'이라는 목적어가 아니고 '방문이'라는 주어이기 때문에 주어에 맞는 서술어를 써야 한다.

52. 들어갈 말을 문장으로 쓰기   p.18

건물에 화재가 발생했을 때 화재 확산을 막고 대피로 역할을 하는 복도 및 계단, **52-㉠.** 출입구에 설치된 문을 방화문이라 한다. 건물주는 법적으로 건물의 크기에 따라 알맞은 방화문을 (㉠   ). **52-㉠.** 설치된 방화문 주위에 **52-㉡.** 물건이 있으면 화재 시 닫히지 않을 수 있다. 따라서 평소에 방화문 주위에 물건을 (㉡   ) 주의해야 한다.

㉠

Key-Point! · 이어지는 문장에서 답의 근거를 찾는다.
· 문장의 주어가 건물주이므로 건물주가 해야 할 행동을 생각하여야 한다.

문형 -아야/어야 한다
정답 설치해야 한다.
오답 설치한다
    → 설치를 반드시 해야 한다는 당위의 의미가 있어야 한다.

· 바로 뒤에 '주의해야 한다.'는 표현이 나
왔으므로 주의사항이 무엇인지 생각해야 한다.

· 앞 문장에 물건이 있으면 화재 시 닫히지 않는다는 표
현이 있으므로 물건을 놓으면 안 된다는 문장을 써야 한
다.

문형   -지 않다
       -도록

정답   놓지 않도록
       쌓아 두지 않도록

오답   놓지 않는다.
       → 뒤에 '주의해야 한다.'와 연결되어야 하므로 '-
       도록'표현을 써야 한다.

53. 표/그래프 보고 단락 쓰기   p.19

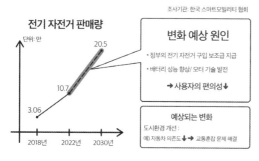

조사기관: 한국 스마트모빌리티 협회

전기 자전거 판매량

그래프1	각 연도별 전기 자전거 판매량에 대한 그래프 읽기 - 2018년 3만 600대에서 2022년 10만 7000대로 증가하였다. 그리고 2030년에는 20만 5000대로 증가할 것이다.
그래프2	변화 예상 원인 - 정부가 전기 자전거 구입 보조금을 지급하고 배터리 성능이 향상되고 모터 기술이 발전되어 사용자의 편의성이 높아질 것으로 보이기 때문이다.
그래프3	예상되는 변화 - 이렇게 전기 자전거 판매량이 늘어나면 도시환경이 개선될 것으로 보인다. 예를 들어 자동차 의존도가 낮아져 교통 혼잡 문제가 해결될 것으로 보인다.

정답   (그래프1) 한국 스마트모빌리티 협회에서 한국의

전기 자전거 판매량 변화에 대해 조사하였다. 전
기 자전거 판매량을 살펴보면 2018년 3만 600대
에서 2022년 10만 7000 대로 약 3배 증가하였다.
그리고 2030년에는 20만 5000대까지 약 2배 증
가할 것으로 예상되었다.

(그래프2) 이렇게 전기 자전거 판매량이 늘어날
것으로 예상되는 이유는 정부가 전기 자전거 구입
보조금을 지급하기 때문이다. 또한 배터리 성능이
향상되고 모터 기술이 발전하여 사용자의 편의성
이 높아질 것으로 예상되기 때문이다.

(그래프 3) 이로 인해 도시환경이 개선될 것으로
예상된다. 예를 들어 자동차 의존도가 하락하여
교통혼잡 문제가 해결될 것으로 보인다

54. 주제에 대한 글쓰기   p.19

현대사회에서 기업과 같은 상품 공급자는 자신들의
상품을 팔기 위해 다양한 광고를 한다. 그런데 광고
가 상품의 성능을 지나치게 과장하여 표현하거나 없
는 성능을 있는 것처럼 허위로 표현하는 경우가 있다.
이에 소비자는 광고를 볼 때 비판적인 시각으로 볼 필
요가 있다. 아래의 내용을 중심으로 허위 과장 광고에
대해 자신의 의견을 쓰라.

과제1	허위 과장 광고가 생겨나는 배경은 무엇인가?
과제2	허위 과장 광고의 문제점은 무엇인가?
과제3	허위 과장 광고에 대한 소비자의 적절한 대응 방안은 무엇인가?

과제1	허위 과장 광고의 정의 허위 과장 광고가 생겨나는 배경 기업 간의 경쟁 이익을 우선시하는 일부 몰지각한 판매자
과제2	허위 과장 광고의 문제점 - 소비자에게 손해를 끼쳐 결국은 경제 전반에 부정적 영향을 끼침 - 불필요한 소비 조장

과제3	허위 과장 광고에 대한 소비자의 적절한 대응 방안 성능이 지나치게 좋은 상품에 대해서는 비판적인 접근 필요 상품 구매 시 상품의 정보를 꼼꼼히 따져볼 필요가 있음

정답   과제1) 현대 사회에서 이익을 얻기 위해 상품을 파는 사람들은 상품을 잘 팔기 위해 여러 광고 활동을 한다. 그런데 상품의 실제 성능과 같지 않은 정보를 소개하는 광고가 많다. 제품의 성능을 부풀려 알리거나 제품에는 없는 성능을 마치 있는 것처럼 알리는 광고가 그러한 것이다. 허위 과장 광고는 상품 공급자간의 치열한 경쟁과 이익만을 우선시하는 몰지각한 판매자들로 인해 끊임없이 생산되고 있다.

과제2) 허위 과장 광고는 소비자의 상품 선택을 그릇되게 하여 소비자에게 손해를 끼친다는 문제점이 있다. 게다가 허위 과장 광고는 소비자의 심리를 자극해서 과소비를 조장할 수 있다. 광고는 상품의 장점만 강조해서 좋게 보여주기 때문에 필요 없는 물건도 사도록 만들기 때문이다. 소비자의 피해뿐만 아니라 어위 과장 광고를 하는 기업에도 부정적인 영향을 끼칠 수 있다. 이러한 점은 경제 전반에 좋지 않은 영향을 줄 수 있다.

과제3) 이러한 허위 과장 광고를 방지하기 위해서는 소비자의 적절한 대응이 필요하다. 먼저 소비자는 상품을 구매할 때 성능이 지나치게 좋은 상품에 대해서는 비판적으로 접근할 필요가 있다. 광고가 상품의 정보를 그대로 전달하기보다는 소비자를 끌어들이는 데에 사용되고 있지는 않은지 잘 살펴봐야 한다. 또한 상품의 정보를 정확히 따져볼 필요가 있다. 제품에는 없는 성능이 제시되었거나 제품의 기능이 과대하게 부풀려지지는 않은 것인지 꼼꼼히 따져볼 필요가 있다.

실전모의고사 정답 및 풀이

읽기	1번~50번								

1	③	2	①	3	④	4	④	5	①
6	③	7	②	8	①	9	③	10	④
11	①	12	③	13	①	14	②	15	④
16	①	17	③	18	④	19	②	20	④
21	②	22	③	23	①	24	①	25	①
26	①	27	④	28	④	29	④	30	②
31	③	32	③	33	④	34	①	35	②
36	④	37	③	38	②	39	③	40	①
41	④	42	③	43	②	44	②	45	①
46	④	47	③	48	②	49	②	50	③

1. 어휘나 표현의 의미 고르기   p.23

어젯밤에 책을 (   ) 잠이 들었어요.

정답   ③

해설   -자마자 : 앞의 말이 나타내는 사건이나 상황이
일어나고 곧바로 뒤의 말이 나타내는 사건이나 상
황이 일어남을 나타내는 연결 어미이다.

ⓔ 기다리는 사람이 없어서 병원에 가자마자 진료
를 보았어요.

오답   ① -도록 : 앞에 오는 말이 뒤에 오는 말에 대한
목적이나 결과, 방식, 정도임을 나타내는 연결
어미이다.

ⓔ 길이 미끄러우니까 넘어지지 않도록 조심하세
요.

② -지만 : 앞에 오는 말을 인정하면서 그와 반대

되거나 다른 사실을 덧붙일 때 쓰는 연결어미
이다.

ⓔ 한국어 공부가 재미있지만 어렵다.

④ -으니까 : 뒤에 오는 말에 대하여 앞에 오는 말
이 원인이나 근거, 전제가 됨을 강조하여 나타
내는 연결 어미이다

ⓔ 아침에 일찍 나간다고 하니까 어머니께서 도
시락을 싸 주셨다.

Key-Point!   기본 문법 사용 능력을 측정하는 문항으
로 3급 수준의 문법이 출제되며 기출문제를 중심으로 문
법을 정리해 두면 좋다.

2. 어휘나 표현의 의미 고르기   p.23

오늘 아침에 늦잠을 자느라고 학교에 (   ).

정답 ①

해설 -(으)ㄹ 뻔하다 : 어떤 일이 거의 일어날 것 같음을 나타내는 표현이다.

🔵 예 길을 걸어가다가 돌에 걸려서 넘어질 뻔했어요.

오답 ② -곤 하다: 어떤 상황의 반복을 나타내는 표현이다.

🔵 예 어린 시절 고향의 모습이 꿈에 나오곤 했다.

③ -는 척하다 : 어떤 행동을 거짓으로 그럴듯하게 꾸밈을 나타내는 표현이다.

🔵 예 요리가 맛이 없었지만 맛있는 척했어요.

④ -기 마련이다 : 어떤 일이 일어나거나 어떤 상태가 되는 것이 당연함을 나타내는 표현이다.

🔵 예 과식을 하면 배탈이 나기 마련이다.

🔖 Key-Point! 기본 문법 사용 능력을 측정하는 문항으로 3급 수준의 문법이 출제되며 기출문제를 중심으로 문법을 정리해 두면 좋다.

3. 어휘나 표현의 의미 고르기　　p.23

밤에 바람이 세게 불어서 모든 촛불이 꺼졌다.

정답 ④

해설 -아서/어서 : 이유나 근거를 나타내는 연결 어미이다.

🔵 예 머리가 매우 아파서 학교에 가지 못했다.

-는 바람에 : 뒤에 일어나는 상황의 원인이나 근거를 나타내는 표현이다.

오답 ① -어/아 봐야 : 앞의 상황이 소용이 없음을 나타내는 표현이다.

🔵 예 지금 학교에 가 봐야 선생님을 만나지 못할 것이다.

② -는 대로 : 앞선 현재 동작이나 상태와 같은 모양으로 일이 되는 것을 나타내는 표현이다.

🔵 예 선생님이 말하는 대로 따라 하세요.

③ -다고 해도 : 앞의 상황이 뒤의 상황에 큰 영향을 끼치지 못함을 나타내는 표현이다.

🔵 예 지금 약을 먹는다고 해도 통증이 사라지지는 않을 것이다.

🔖 Key-Point! 유의 표현 능력을 측정하는 문항으로 4급 수준의 문항이 출제되며 기출문제를 중심으로 문법을 정리해 두면 좋다.

4. 어휘나 표현의 의미 고르기　　p.23

나에겐 친구가 너 말고도 많다.

정답 ④

해설 말고도 : 앞말의 대상 이외에 또 다른 것이 있음을 나타내는 보조사이다.

🔵 예 숙제가 국어 과목 말고도 더 있다.

외에도 : 어떤 대상을 벗어난 밖의 부분을 나타내는 말 '외'에 조사 '에도'가 결합한 표현으로 앞의 대상 이외에 또 다른 것이 있음을 나타내는 표현이다.

🔵 예 이 대회에 참가한 나라는 한국 외에도 많다.

오답 ① 뿐 : 앞의 대상만 있고 더는 없음을 나타내는 보조사이다.

🔵 예 먹을 만한 것이 이것뿐이다.

② 하나이다 : 대상이 유일함을 나타내는 표현이다.

🔵 예 내가 사랑하는 사람은 너 하나이다.

③ 밖에 : 그것 이외에는 다른 가능성이나 선택의 여지가 없음을 나타내는 표현이다.

🔵 예 냉장고에 물밖에 없다.

🔖 Key-Point! 유의 표현 능력을 측정하는 문항으로 4급 수준의 문항이 출제되며 기출문제를 중심으로 문법을 정리해 두면 도움이 된다.

5. 무엇에 대한 글인지 고르기　　p.24

발이 편안해야 몸 전체가 편안합니다.
여러분이 가는 곳 어디든 편안하고 안전하게

정답 ①

해설 발 / 가는 / 편안하다 / 안전하다

오답 ② 손 / 따뜻하다
　　③ 이 / 깨끗하다
　　④ 머리 / 멋있다

6. 무엇에 대한 글인지 고르기   p.24

> 당신에게 어울리는 집
> 저희가 바로 당신이 되어 찾아드립니다.

정답 ③

해설 집 / 저희가 / 찾아드립니다

오답 ① 과거 / 유물
　　② 책 / 독서 / 성장
　　④ 어린이 / 놀이

7. 무엇에 대한 글인지 고르기   p.24

> 투명 페트병 속두 겉도 깨끗하게!
> 내용물은 버리고 라벨은 제거하세요!

정답 ②

해설 투명페트병 / 라벨은 제거하세요!

오답 ① 건강 / 운동
　　③ 전원을 끄다 / 아끼다
　　④ 타인을 위하다 / 봉사 기관

8. 무엇에 대한 글인지 고르기   p.24

> ◎ 졸리면 꼭 쉬었다 가세요.
> ◎ 절대 휴대 전화를 보거나 만지지 마세요.

정답 ①

해설 졸리면/휴대 전화를 보거나 만지지 마세요.

오답 ② 식당 / 미리 준비하다
　　③ 상품 / 이용 방법

④ 상품 / 사용 방법

9. 내용이 같은 것 고르기   p.25

> **실내 인테리어 공사 안내문**
>
> 안녕하세요. 404호에서 내부 인테리어 공사를 진행합니다.
> 공사로 인해 이웃 분들에게 불편함을 드려 죄송합니다.
> ※ 공사 기간 : 2024. 12. 10(목) ~ 2024. 12. 16(수)
> ※ 공사 세대 : 108동 404호
> ※ 공사 내용 : 시스템에어컨 설치공사(12월 10일) *소음 발생
> 전기, 조명공사(12월 11일~12일) *소음 발생
> 도배 공사, 필름 공사
> ※ 공사 주관 : 새집 인테리어
> ※ 전화 번호 : 010 - 1234 - 5678
>
> 주민 여러분의 양해를 부탁드립니다.

정답 ③

해설 10일, 11일, 12일 3일 동안 소음이 발생하는 공사를 한다.

오답 ① 인테리어 공사를 열흘 동안 진행한다.
　　② 아파트 전체가 인테리어 공사를 진행한다.
　　④ 인테리어 공사에 화장실 공사가 포함되어 있다.

10. 내용이 같은 것 고르기   p.25

정답 ④

해설 대중교통 이용하기의 비율은 22%로 이면지를 사용한다의 11%의 2배이다.

오답 ① 성인 ~~500~~명을 대상으로 조사하였다.
　　② 종이컵을 사용하지 않는다는 비율이 ~~절반을 넘었다.~~

③ 환경을 위해 이면지를 사용한다는 응답은 세 번째로 많았다.

Key-Point! 주로 안내지, 도표, 설명문 등이 제시되는 문항으로 3급 수준의 문항이 출제된다. 먼저 보기를 읽고 그 내용이 맞는지 도표에서 확인하며 풀면 문제 푸는 시간을 절약할 수 있다.

11. 내용이 같은 것 고르기
p.26

일회용으로 사용되는 플라스틱 숟가락은 분해되는 데 1,000년 이상이 걸린다. 이러한 단점을 보완하여 만들어진 친환경 숟가락이 있다. **11. 친환경 숟가락은 사용하고 나서 먹을 수 있다.** 이 숟가락은 수수, 쌀, 밀가루를 혼합해 만들어졌기 때문에 사용 후에 먹어도 인체에 아무런 해가 없다. 먹지 않고 버린다고 하더라도 땅속에서 비교적 짧은 시간에 분해가 다 된다.

정답　①

해설　수수, 쌀, 밀가루를 혼합해 만들어진 친환경 숟가락은 먹을 수 있다.

오답　② 친환경 숟가락은 버릴 경우 분해가 ~~되지 않는다.~~
③ 플라스틱 숟가락은 분해되는 데 ~~100년~~ 정도 걸린다.
④ ~~플라스틱~~ 숟가락을 ~~만들 때~~ 쌀이나 밀가루가 들어간다.

Key-Point! 주로 설명문 등이 제시되는 문항으로 3급 수준의 문항이 출제된다. 먼저 보기를 읽고 그 내용이 맞는지 지문을 확인하며 문제를 풀면 시간을 절약할 수 있다.

12. 내용이 같은 것 고르기
p.26

한파 속에서 쓰러진 80대 할머니를 한 시민이 구한 사실이 화제다. 눈 쌓인 골목길에서 80대 할머니가 손수레를 끌며 폐지를 줍다 갑자기 의식을 잃고 쓰러졌다. 때마침 출근 중이던 간호사 출신 공무원이 달려와 심폐소생술을 한 덕에 할머니는 목숨을 구할 수 있었다. 이 공무원은 갑자기 내린 눈의 제설 작업을 위해 **12. 평소보다 일찍 출근하던 길이었다.** 할머니는 자신을 구해 준 시민에게 감사의 인사를 전했다.

정답　③

해설　할머니를 구한 공무원은 제설 작업을 위해 평소보다 일찍 출근하던 길이었다.

오답　① 할머니는 ~~폭염~~ 때문에 쓰러졌다.
② 할머니를 구해준 이는 ~~현재 간호사~~로 일하고 있다.
④ 할머니의 ~~가족~~은 할머니를 구해준 이에게 감사의 인사를 전했다.

Key-Point! 주로 설명문 등이 제시되는 문항으로 3급 수준의 문항이 출제된다. 먼저 보기를 읽고 그 내용이 맞는지 지문을 확인하며 문제를 풀면 시간을 절약할 수 있다.

13. 순서대로 맞게 나열한 것 고르기
p.27

(가) 적당히 말린 **13. 옥수수 알갱이에 열을 가한다.**
(나) **13. 수분이 수증기로 변화하면서 부피가 크게 커진다.**
(다) 알갱이 속 껍질 내부의 **13. 수분이 열에 의해 수증기로 변한다.**
(라) 늘어난 부피로 인해 **13. 옥수수 껍질이 터지면서 팝콘이 만들어진다.**

정답　① (가) - (다) - (나) - (라)

해설　팝콘이 만들어지는 과정을 기술하고 있다. 적당히 말린 옥수수 알갱이에 열을 가하면 알갱이 속 수분이 수증기로 변하고 이 과정에서 부피가 커지게 된다. 늘어난 부피로 인해 옥수수 껍질이 터지면서 팝콘이 만들어지는 것이다.

오답　②, ③, ④
팝콘이 만들어지는 과정에서 팝콘의 재료가 되는 적당히 말린 옥수수 알갱이에 대해 나와 있는 (가)가 가장 처음에 와야 한다. 그리고 적당히 말린 옥수수에 열을 가하게 되면 일어나는 변화를 차례대로 찾으면 된다. 수분이 수증기로 변하고 이 과정에서 부피가 커지고 커진 부피로 인해 옥수수 껍질이 터지면서 팝콘이 되는 것이다. 따라서 팝콘이 만들어진다고 하는 (라)가 가장 마지막에 나와야 한다.

Key-Point! 맥락의 이해 능력을 측정하는 문항으로 3급 수준의 문항이 출제된다. 보기 4개 중 2개가 고정되어

제시되며 두 개 중 첫 번째로 오는 문장을 찾으면 쉽게
답을 찾을 수 있다. 또한 접속사, 지시어, 조사를 잘 확인
해야 한다.

14. 순서대로 맞게 나열한 것 고르기   p.27

> (가) 동네 사람들이 달려와 **14.** 불을 끄고 동생
> 을 구했다.
> (나) 나는 술래가 되었고 **14.** 동생은 촛불을 들
> 고 안방 옷장 안에 숨었다.
> (다) 동생과 내가 **14.** 숨바꼭질을 하던 중 정전
> 이 되어 **14.** 마루에 촛불을 켰다.
> (라) 동생을 찾으러 장독대에 갔다가 집에 **14.**
> 불이 난 것을 발견하고 소리를 질렀다.

정답   ② (다) - (나) - (라) - (가)

해설   동생과 숨바꼭질한 이야기가 촛불을 켜는 과정과
함께 전개되고 있다.

오답   ①, ③, ④
동생과 숨바꼭질을 하던 중 정전이 되어 촛불을
켰다는 이야기가 나온 (다)가 가장 처음에 와야
한다. 그리고 내가 술래가 되었는데 동생은 촛불
을 들고 안방 옷장 안에 숨었다는 이야기, 나는 동
생을 찾으러 장독대에 갔다가 집에서 불이 난 것
을 발견하고 소리를 질렀다는 이야기가 차례대로
나와야 한다. 그리고 불이 난 것을 발견한 동네 사
람들이 집으로 와서 동생을 구했다는 (가)가 가장
마지막에 나와야 한다.

🔑 **Key-Point!**   맥락의 이해 능력을 측정하는 문항으로 3
급 수준의 문항이 출제된다. 보기 4개 중 2개가 고정되어
제시되며 두 개 중 첫 번째로 오는 문장을 찾으면 쉽게
답을 찾을 수 있다. 또한 접속사, 지시어, 조사를 잘 확인
해야 한다.

15. 순서대로 맞게 나열한 것 고르기   p.27

> (가) **15.** 현재는 내부에 찬 습기를 조절하기 위해
> 제습기를 사용하고 있다.
> (나) 석굴 바닥에 **15.** 물이 흐르지 않자 내부에
> 습기가 차고 조각상에 이슬이 맺혔다.
> (다) 석굴암을 지을 때 **15.** 습기 방지를 위해 샘
> 을 두어 석굴 바닥에 물이 흐르게 했다.

> (라) **15.** 1140년 후 석굴암을 발견한 이들은 물
> 의 역할을 몰라 석굴 밖으로 흘려보냈다.

정답   ④ (다) - (라) - (나) - (가)

해설   습기를 방지하기 위해 만들어진 석굴 바닥에 흐
르는 차가운 샘을 막고 그 물을 석굴 외부로 빠져
나가도록 하자 석굴암에 습기가 차기 시작했다는
이야기이다. 그래서 지금은 습기를 제거하기 위해
제습기를 사용하고 있다는 내용이다.

오답   ①, ②, ③
습기를 방지하지 위해 만들어진 석굴 바닥을 흐르
는 물이 나온 (다)가 가장 먼저 나와야 한다. 석굴
내부 바닥에 흐르는 샘을 막고 물을 외부로 빠져
나가도록 하자 석굴 내부에 습기가 찼다는 내용이
차례대로 나와야 한다. 그리고 현재는 많아진 습
기를 조절하기 위해 제습기를 사용하고 있다는 내
용이 마지막에 나와야 한다. 따라서 (가)가 가장
마지막에 와야 한다.

🔑 **Key-Point!**   맥락의 이해 능력을 측정하는 문항으로 3
급 수준의 문항이 출제된다. 보기 4개 중 2개가 고정되어
제시되며 두 개 중 첫 번째로 오는 문장을 찾으면 쉽게
답을 찾을 수 있나. 또한 접속사, 지시어, 조사를 질 확인
해야 한다.

16. 빈 칸에 알맞은 것 고르기   p.28

> 열기구가 떠오르는 것도 기체의 온도와 부피의
> 관계를 이용하는 현상이다. **16.** 열기구의 풍선
> 속 기체를 가열하면 (   ) 기체의 부피가 늘
> 어나 풍선이 크게 부풀어 오른다. 이때 풍선 속
> 기체의 일부가 밖으로 밀려 나가면서 열기구가
> 가벼워져 하늘 위로 떠오른다.

정답   ①

해설   열기구의 풍선 속 기체에 열을 가하면 기체의 온
도가 높아지면서 풍선이 부풀어 오르게 된다. 이
때 풍선 속 기체의 일부가 밖으로 밀려 나가면서
열기구가 가벼워져 하늘 위로 떠오르게 된다.

오답   ② 풍선 속 기체를 가열하는 것은 풍선 주위의 온
도 변화와 상관없다.
③ 풍선 속 기체를 가열하면 풍선 안과 밖이 온도
가 달라진다.

④ 풍선 속 기체를 가열하면 풍선 내부에 온도가 변하게 된다.

Key-Point! 문장 안에서 필요한 표현을 찾는 능력을 측정하는 문항으로 4급 수준의 문항이 출제된다. 괄호의 앞과 뒤를 집중해 읽고, 접속사나 담화 표지를 신경 써 문장 간의 관계를 파악해야 한다.

17. 빈 칸에 알맞은 것 고르기　　　　p.28

17. 산업화와 도시화는 거주 공간의 변화를 가져왔다. 사람들은 산업화와 도시화 이후 (　　　) 되었다. **17.** 도시에 많은 사람과 기능이 집중하면서 제한된 공간을 효율적으로 이용하기 위하여 고층 건물이 들어서고, 아파트와 같은 공동 주택이 등장하였다. 또한 도시에는 주거, 업무, 상업, 교육, 여가 등을 수행하기 위한 다양한 공간이 형성되었다.

정답 ③

해설 산업화와 도시화로 사람들은 도시로 몰리게 되었다. 좁은 도시에 사람들이 집중되자 제한된 공간을 효율적으로 이용하기 위해 토지를 집약적으로 사용하게 되었다. 그 결과로 고층 건물과 아파트와 같은 공동 주택이 등장하게 되었다.

오답 ① 제한된 공간을 효율적으로 이용하기 위해 공원을 많이 만들지는 않는다.
② 제한된 공간을 효율적으로 이용하는 것과 대중교통이 발달하는 것과는 직접적 관련이 없다.
④ 제한된 공간을 효율적으로 이용하기 위해 도시 안에서 농사를 짓지는 않는다.

Key-Point! 문장 안에서 필요한 표현을 찾는 능력을 측정하는 문항으로 4급 수준의 문항이 출제된다. 괄호의 앞과 뒤를 집중해 읽고, 접속사나 담화 표지를 신경 써 문장 간의 관계를 파악해야 한다.

18. 빈 칸에 알맞은 것 고르기　　　　p.28

18. 식테크는 식물과 재테크를 합친 신조어로서 식물을 키워 (　　　) 행위를 뜻한다. 코로나19 여파로 외부 활동이 줄어들고 집에서 할 수 있는 취미에 대한 관심이 커지면서 식물 가꾸기에 대한 관심이 증가했다. 동시에 검역 강화로 식물 수입이 까다로워진 탓에 **18.** 기존에 키우고 있던 식물에 대해 중고 플랫폼 내 개인 간 거래가 활성화되면서 식테크가 자리 잡을 수 있게 되었다.

정답 ④

해설 식물을 잘 가꾸어서 더 비싼 가격에 판다는 식테크에 대해 이야기 하고 있다.

오답 ① 식물을 키워 사막에 보낸다는 내용이 아니다.
② 식물을 키워 비싸게 파는 것이지 무료로 나누어주는 것이 아니다.
③ 식물을 키워 판다는 내용이지 공공기관에 기부한다는 내용이 아니다.

Key-Point! 문장 안에서 필요한 표현을 찾는 능력을 측정하는 문항으로 4급 수준의 문항이 출제된다. 괄호의 앞과 뒤를 집중해 읽고, 접속사나 담화 표지를 신경 써 문장 간의 관계를 파악해야 한다.

[19~20]

인간은 오래전부터 생물이 지닌 놀라운 특징을 발견하고 모방해 왔다. **19.** 생물을 모방한 예로는 잠자리를 모방한 헬리콥터, 도꼬마리의 열매를 모방한 벨크로 테이프, 상어 비늘을 모방한 전신수영복 등이 있다. (　　　) **19.** 다양한 생물의 특징을 모방해 새로운 기술이나 장치를 개발하는 연구 분야를 생체 모방이라고 한다. **20.** 생체 모방은 자동차, 항공기, 로봇, 의료 등 여러 분야에서 활용되고 있어 기존의 과학과 공학의 한계를 뛰어넘게 해 줄 것으로 기대하고 있다.

19. (　　　)에 들어갈 말로 가장 알맞은 것을 고르십시오.
[빈 칸에 알맞은 어휘나 표현 고르기]　　　　p.29

정답 ②

해설 이처럼 : 이와 같이. 앞 내용의 양상을 받아 뒤의 문장을 이끄는 말.

　🔵**예** 올해 공영버스 이용률이 작년에 비해 9% 증가하였다. 이처럼 공영버스 이용객이 증가한 것은 공영버스의 친절 서비스 강화 및 저상버스 도입 운행 때문으로 풀이된다.

오답 ① 또한 : 앞 내용에 새로운 내용을 덧붙일 때 쓰여 앞뒤 문장을 이어 주는 말.

　　　예 제가 반장이 된다면 교실을 깨끗하게 만드는 데 앞장서겠습니다. <u>또한</u> 조용한 학급을 만들 수 있도록 노력하겠습니다.

　　③ 오히려 : 일반적인 예상이나 기대와는 전혀 다르거나 반대가 되게.

　　　예 그는 잘못했는데도 <u>오히려</u> 나에게 화를 냈다.

　　④ 이를테면 : 예를 들어 말하자면. 앞의 내용에 대하여 부연하거나 구체적인 예를 제시할 때 이어 주는 말.

　　　예 요즘은 여름에 나는 과일 <u>이를테면</u> 참외, 복숭아, 포도 등을 자주 먹을 수 있다.

Key-Point! 문항 안에서 필요한 어휘를 찾는 능력을 측정하는 문항으로 4급 수준의 문항이 출제된다. 괄호의 앞과 뒤를 집중해 읽고 기출문제에 제시된 접속사를 정리해 두면 도움이 된다.

20. 윗글의 주제로 가장 알맞을 것을 고르십시오.
[주제 고르기]　　　　　　　　　　　p.29

정답　④

해설　생체 모방은 자동차, 항공기, 로봇, 의료 등 여러 분야에서 활용되고 있어 기존의 과학과 공학의 한계를 뛰어넘을 것으로 기대하고 있다.

오답 ① 헬리콥터는 잠자리를 모방하여 만들었으나 주제는 아니다.

　　② 생체 모방은 자동차, 항공기, 로봇, 의료 등 여러 분야에서 활용되고 있다.

　　③ 인간은 오래전부터 생물이 지닌 놀라운 특징을 발견하고 모방해 왔다.

Key-Point! 중심 내용의 이해 능력을 측정하는 문항으로 4급 수준의 문항이 출제된다. 중심 생각은 '-아야 하다, -는 게 좋다, 그래서' 등의 표현과 함께 사용되니 이런 표현이 있는지 확인하여 문제를 풀면 도움이 된다.

[21~22]

　자녀의 성장에 부모들은 늘 관심이 많다. 특히 키 성장에 관심이 많은데 **22. 성장기에 성장 호르몬이 부족하면 키가 충분히 크지 못할 수 있다.** 성장 호르몬의 충분한 분비에 필수적으로 필

요한 것은 충분한 수면과 균형 있는 영양 섭취 그리고 운동이다. 특히 성장 호르몬은 **21. 여러 가지 음식물을 골고루 먹어야 부족하지 않을 수 있는데 (　　　) 21. 아이는 균형 있는 영양 섭취에 문제가 있을 수 있고 이것은 성장 호르몬의 부족으로 나타날 수 있다.**

21. (　　　)에 들어갈 말로 가장 알맞은 것을 고르십시오.
[빈 칸에 알맞은 어휘나 표현 고르기]　　　p.30

정답　②

해설　입이 짧다 : 음식을 적게 먹거나 가려 먹는 버릇이 있다.

　　　예 입이 짧았던 형은 병치레를 자주 했다.

오답 ① 손이 크다 : 씀씀이가 크고 후하다.

　　　예 부잣집 며느리였던 어머니는 <u>손이 크셨다.</u>

　　③ 다리가 길다 : 음식 먹는 자리에 우연히 가게 되어 먹을 복이 있다.

　　　예 뭐 먹을 때마다 부르지도 않았는데 오는 것을 보면 저 친구 참 <u>다리가 길지.</u>

　　④ 머리가 굵다 : 성장하여 어른이 된다.

　　　예 <u>머리가 굵은</u> 아이들은 학교에서 돌아오면 인사하자마자 방으로 들어갔다.

Key-Point! 문항 안에서 필요한 어휘를 찾는 능력을 측정하는 문항으로 4급 수준의 문항이 출제된다. 괄호의 앞과 뒤를 집중해 읽고 기출문제에 제시된 관용어를 정리해 두면 도움이 된다.

22. 윗글의 내용과 같은 것을 고르십시오.
[내용과 같은 것 고르기]　　　　　　p.30

정답　③

해설　성장기에 성장 호르몬이 부족하면 키가 충분히 크지 않을 수 있다.

오답 ① 수면과 키는 ~~전혀 관계가 없다.~~

　　② 부모는 자녀의 ~~공부에 가장 관심이 많다.~~

　　④ 영양 섭취가 부족하더라도 ~~운동을 하면 키가 클 수 있다.~~

Key-Point! 세부 내용의 이해 능력을 측정하는 문항으로 4급 수준의 문항이 출제된다. 먼저 보기를 읽고 그 내용이 맞는지 내용을 확인하며 풀면 문제 푸는 시간을 절약할 수 있다.

[23~24]

24. 시간이 흐를수록 대야의 물이 시커멓게 변했다. 나는 더러워진 물을 버리고 깨끗한 물을 받아 헹구었다. 물속에 잠긴 건반들이 **23.** 눈이 부시도록 하얗게 반짝였다. 이마에는 어느새 땀이 송골송골 맺혔다. **24.** 다음에는 검은 건반들을 대야에 쏟아 부었다. 검은 건반들에서 검은 물이 조금씩 배어 나왔다. 건반을 문지르는 나의 손에도 검은 물이 스몄다. 검은 건반까지 모두 다 깨끗하게 씻은 뒤, 나는 바지랑대를 내려 빨랫줄을 눈언저리까지 낮췄다. **24.** 먼저 흰 건반이 담긴 바구니를 들고 와서 아직도 물기가 흥건한 건반을 하나하나 집어서 넣었다. 하얀 건반들은 양말들처럼 나란히 줄을 맞춰서 매달렸다. 검은 건반이 담긴 바구니도 들고 왔다. 검은 건반도 빨래집게로 꼭꼭 집어서 매달았다. 빨랫줄에는 하얀 건반과 검은 건반이 나란히 걸렸다. **23.** "다 됐다."

23. 밑줄 친 부분에 나타난 '나'의 심정으로 가장 알맞은 것을 고르십시오.
  [주인공의 태도/심정 고르기]   p.31

정답   ①

해설   상쾌하다 : 썩 시원하고 유쾌하다
  ⓔ 오랜만에 산에 오르니 기분이 상쾌하다
  더러운 피아노의 건반을 깨끗하게 씻어서 기분이 매우 상쾌하다.

오답   ② 미안하다 : 괴로움이나 폐를 끼쳐 마음이 불편하고 거북하다.
  ⓔ 혼자만 토픽 시험에 합격하여서 다른 친구들에게 괜히 미안하였다.
  ③ 섭섭하다 : 기대에 어그러져 불만스럽거나 못마땅하다.
  ⓔ 친구가 연락을 끊어서 섭섭하였다.
  ④ 아찔하다 : 갑자기 어지럽고 아뜩하다.
  ⓔ 갑자기 눈앞이 아찔하면서 심한 현기증이 났다.

🔑 **Key-Point!** 글쓴이의 태도를 파악하는 능력을 측정하는 문항으로 5급 수준의 문항이 출제된다. 등장인물의 행동이나 표정 변화가 어떤 감정을 드러내는지 먼저

파악하는 것이 중요하다.

24. 윗글의 내용과 같은 것을 고르십시오.
  [내용과 같은 것 고르기]   p.31

정답   ①

해설   피아노의 하얀 건반을 먼저 씻고 다음에는 검은 건반을 씻었다.

오답   ② ~~양말~~과 하얀 건반을 빨랫줄에 같이 널었다.
  ③ ~~하얀 건반~~에서 나온 물 때문에 손에 검은 물이 들었다.
  ④ 다 씻은 하얀 건반과 검은 건반을 ~~바구니 안에 넣고 말렸다.~~

🔑 **Key-Point!** 세부 내용의 이해 능력을 측정하는 문항으로 5급 수준의 문항이 출제된다. 먼저 보기를 읽고 그 내용이 맞는지 내용을 확인하며 풀면 문제 푸는 시간을 절약할 수 있다.

25. 기사 제목 설명 고르기   p.32

  25. 혀 일부 절단한 가수 진영, **25.** 설암 극복하고 컴백

정답   ①

해설   혀 일부 절단 : 혀의 일부를 잘라냈다.
  설암 극복하고 컴백 : 설암을 이겨내고 가수로 다시 활동하게 되었다.

오답   ② 설암을 극복하고 복귀했다는 내용이므로 가수를 그만두게 된 것은 아니다.
  ③ 설암을 극복하고 복귀할 것을 약속했다는 내용이 아니라 가수로 복귀를 했다는 내용이다.
  ④ 관객이 혀가 잘리는 사고를 당했다는 것은 잘못된 내용이다.

🔑 **Key-Point!** 머리글을 이해하는 능력을 측정하는 문항으로 4급 수준의 문항이 출제된다. 두 가지 맥락 사이의 관계를 파악하는 것이 중요하다.

26. 기사 제목 설명 고르기   p.32

  한여름 **26.** 같은 9월, **26.** 오늘 폭염 신기록 또 갱신

정답 ①

해설 한여름 같은 9월 : 9월에도 여름과 같은 더운 날
씨가 계속되고 있다.
오늘 폭염 신기록 또 갱신 : 오늘이 가장 더운 날
로 기록되었다.

오답 ② '폭염 신기록 또 갱신'으로 보아 신기록을 세운
날이 처음이 아니다.
③ 이미 9월에 더운 날씨를 보이고 있다. 9월에도
더워질 날씨가 이어질 것이라는 예상이 아니다.
④ 9월이 덥다고 해서 9월을 여름으로 불러야 한
다는 내용이 아니다.

Key-Point! 머리글을 이해하는 능력을 측정하는 문항
으로 4급 수준의 문항이 출제된다. 두 가지 맥락 사이의
관계를 파악하는 것이 중요하다.

27. 기사 제목 설명 고르기 p.32

27. 고물가에 지갑 닫은 추석, **27.** 지난해와 달
리 송편 하루 **27.** 한 판도 안 팔려

정답 ④

해설 고물가에 지갑 닫은 추석 : 물가가 많이 올라 추석
에 물건을 사지 않는다.
지난해와 달리 송편 하루 한 판도 안 팔려 : 지난
해는 송편이 팔렸는데 올해는 송편이 하루에 한
판도 팔리지 않았다.

오답 ① 지난해 추석에는 올해 추석과 달리 송편이 팔
렸다.
② 올해 송편이 한 판도 안 팔렸다는 내용이다.
작년보다 하루에 한 판 정도 더 팔렸다는 내용
은 잘못된 내용이다.
③ 송편을 판매하는 계획에 대한 내용이 아니므
로 추석에 송편을 팔 계획이 없다는 것은 잘못
된 정보이다.

Key-Point! 머리글을 이해하는 능력을 측정하는 문항
으로 4급 수준의 문항이 출제된다. 두 가지 맥락 사이의
관계를 파악하는 것이 중요하다.

28. 빈 칸에 알맞은 것 고르기 p.33

뇌사란 뇌간을 포함한 뇌의 활동이 ( ) 상
태를 말한다. 뇌사에 이른 환자는 **28.** 자발적 호
흡이 불가능하다. 인공호흡기 등 연명 의료 기기
를 이용하여 일정 기간 호흡을 유지할 수는 있지
만 결국 가까운 시일 안에 심장과 폐 기능이 정
지한다. 이러한 뇌사와 관련된 윤리적 쟁점은 뇌
사를 죽음의 판정 기준으로 삼을 것인지 말 것인
지의 여부이다.

정답 ④

해설 뇌사란 뇌의 활동이 거의 없어 회복할 수 없는 상
태를 말한다.

오답 ① 뇌사는 뇌의 활동이 없는 것을 말하므로 매우
활발한 상태라는 것은 적절하지 않다.
② 뇌사는 뇌의 활동이 전혀 없는 것을 말하므로
일시적으로 멈춘 상태라는 것은 적절하지 않
다.
③ 뇌사는 뇌의 활동이 없는 것을 말하는 것이다.
간헐적으로 운동한다는 것은 적절한 답이 아
니다.

Key-Point! 문항 안에서 필요한 표현을 찾는 능력
을 측정하는 문항으로 5급 수준의 문항이 출제된다.
[16~18]번 문제 유형과 동일하나 어휘와 문법의 난이도
가 높다.

29. 빈 칸에 알맞은 것 고르기 p.33

동물 권리 논쟁의 핵심은 동물이 도덕적으로 고
려 받을 권리를 가지는가이다. 이에 관하여 동
물은 도덕적으로 고려 받을 권리를 가지지 않는
다는 입장이 있다. 예를 들면 데카르트는 동물
을 '자동인형' 또는 '움직이는 기계'에 불과하다
고 주장하면서 **29.** 동물은 고통과 쾌락을 경험
할 수 없으며, 동물이 고통을 느낄 때 몸부림치
거나 고통스러운 소리를 내는 것은 자동인형이
움직이거나 시계가 째깍거리는 소리와 같다고 주
장했다. 데카르트의 이런 주장은 당시 유럽에서
( ) 데 이용되었다.

정답 ④

해설 동물 권리 논쟁에서 동물이 도덕적으로 고려 받을 권리를 가지지 못한다는 입장에 대한 설명이다. 이 입장에 선 사람들은 동물은 고통을 경험할 수 없다고 보았다. 따라서 마취제 없이 동물 실험을 해도 동물은 고통을 느끼지 못한다고 생각하였다.

오답 ① 동물이 고통을 느끼지 못한다는 주장이 주 내용이다. 육식을 장려한다고 하는 것은 적절하지 않다.

② 동물권이라는 입장에 반대하는 견해이다. 따라서 동물권이라는 개념을 생성한다는 것은 적절하지 않다.

③ 동물 복지에 대해 반대하는 입장이다. 따라서 동물 복지를 한 단계 끌어올린다는 것은 적절하지 않다.

🔑 **Key-Point!** 문항 안에서 필요한 표현을 찾는 능력을 측정하는 문항으로 5급 수준의 문항이 출제된다. [16~18]번 문제 유형과 동일하나 어휘와 문법의 난이도가 높다.

30. 빈 칸에 알맞은 것 고르기   p.34

태권도와 같은 투기 도전 활동은 움직이는 상대에게 도전하기 때문에 항상 상대방의 움직임에 집중해야 하며, (   ) 방법을 짧은 시간 안에 판단해야 한다. 이러한 **30.** 순간적인 판단은 경기 전 상대방의 전력을 미리 분석하거나, 경기 중 상대방의 움직임을 예상함으로써 얻을 수 있다. 이처럼 경기 중에 발생하는 문제에 적절한 대처 방법을 실행하는 과정을 통해 문제 해결력을 기를 수 있다.

정답 ②

해설 태권도는 투기 도전 활동으로 겨루기를 하는 활동이다. 따라서 상대방의 움직임을 자세히 살피는 것이 매우 중요한 운동이다.

오답 ① 상대방의 움직임에 대한 내용이므로 나의 움직임을 숨긴다는 것은 문맥상 적절하지 않다.

③ 상대방의 움직임을 잘 살피는 것이 중요하다. 상대방의 움직임을 무시한다는 내용은 적절하지 않다.

④ 상대방의 움직임에 대한 내용이므로 나의 움직임을 과장되게 보여준다는 것은 문맥상 적절하지 않다.

🔑 **Key-Point!** 문항 안에서 필요한 표현을 찾는 능력을 측정하는 문항으로 5급 수준의 문항이 출제된다. [16~18]번 문제 유형과 동일하나 어휘와 문법의 난이도가 높다.

31. 빈 칸에 알맞은 것 고르기   p.34

오늘날에는 게임, 쇼핑, 정보 검색, 동영상 시청 등 인터넷을 통해 할 수 있는 활동이 늘어나면서 생활은 편리해졌다. 하지만 인터넷 사용에 지나치게 몰입하여 문제가 발생하기도 한다. **31.** 인터넷 중독은 약물 중독처럼 (   ) **31.** 내성이 생기고 중단했을 때 우울, 불안 등의 금단 증상이 나타나는 등 일상생활에 지장을 주는 상태를 말한다.

정답 ③

해설 중독에 관한 내용이므로 중독의 일반적인 특징인 더 자극적인 행동을 요구한다는 내용이 답이 된다.

오답 ① 일관된 행동을 보여준다는 것은 중독의 내성에 관한 내용이 아니다.

② 중독에서 내성은 더 자극적인 것을 요구하게 되므로 자극이 덜한 행동을 원한다는 것은 적절하지 않다.

④ 점진적으로 완화된 반응을 일으킨다는 것은 중독의 내성에 관한 내용이 아니다.

🔑 **Key-Point!** 문항 안에서 필요한 표현을 찾는 능력을 측정하는 문항으로 5급 수준의 문항이 출제된다. [16~18]번 문제 유형과 동일하나 어휘와 문법의 난이도가 높다.

32. 내용이 같은 것 고르기   p.35

조각칼로 판을 새겨 찍어 낸 판화는 그 독특한 느낌을 선명하게 드러낸다. 하지만 초기 판화는 서적이나 회화작품의 보급을 위한 복제 수단으로 사용되었다. 이러한 이유로 오랫동안 판화 작품은 복제품으로 간주되어 왔으며, 예술의 영역으로 취급받지 못했다. 그러나 시간이 흐르자 미술가들은 **32. 사용하는 도구, 재료, 인쇄법 등에 따라 매우 독특한 질감 및 효과를 보이는** 판화의 특수성에 매료되었다.

정답 ③

해설 판화는 사용하는 도구, 재료, 인쇄법 등에 따라 독특한 질감, 효과를 보여준다.

오답 ① 판화는 현재 복제품으로 인식되고 있다.
② 판화는 초가부터 예술작품으로 인정받았다.
④ 판화가 예술작품으로 인정받으려면 꼭 조각칼을 이용해야 한다.

🔑 **Key-Point!** 세부 내용의 이해 능력을 측정하는 문항으로 5급 수준의 문항이 출제된다. 먼저 보기를 읽고 그 내용이 맞는지 내용을 확인하며 풀면 문제 푸는 시간을 절약할 수 있다.

33. 내용이 같은 것 고르기   p.35

보호 무역은 대부분 후진국에서 지지할 것으로 생각하기 쉽지만, 반드시 그렇지만은 않다. 자유 무역을 통해 외국의 값싼 상품을 수입하게 되면 국내 상품의 공급량 감소로 이어지고 그 과정에서 실업이 발생할 수 있다. 이는 후진국뿐만 아니라 선진국에서도 나타나는 문제이다. 더욱이 **33. 선진국은 자유 무역을 통한 저임금 노동자의 유입으로 임금 수준이 하락하게 되어 고용 불안이 심화될 수 있다.** 따라서 이러한 문제를 해소하기 위해 선진국에서도 보호 무역이 필요하다.

정답 ④

해설 보호 무역은 후진국뿐만 아니라 선진국에서도 필요하다. 특히 선진국은 자유 무역을 통한 저임금 노동자의 유입으로 임금 수준이 하락할 수 있어서 이를 해소하기 위해서는 선진국에서도 보호 무역을 할 필요가 있다.

오답 ① 보호 무역은 후진국에서만 지지한다.
② 선진국에서도 여러 상황에 따라 자유 무역이 필요하다.
③ 보호 무역을 통해 외국의 값싼 상품을 수입할 수 있다.

🔑 **Key-Point!** 세부 내용의 이해 능력을 측정하는 문항

으로 5급 수준의 문항이 출제된다. 먼저 보기를 읽고 그 내용이 맞는지 내용을 확인하며 풀면 문제 푸는 시간을 절약할 수 있다.

34. 내용이 같은 것 고르기   p.36

사격은 총으로 표적을 맞혀 그 정확도를 겨루는 경기로, 안전한 장소와 장비만 갖추어지면 남녀노소 누구나 손쉽게 즐길 수 있다. 과거에는 사격이 주로 수렵이나 군사적 목적으로 사용되었으나, 오늘날에는 대표적인 표적 도전 스포츠로 발전하였다. 사격은 비교적 움직임이 적은 활동이지만 훈련을 통해 근력과 근지구력을 기를 수 있다. 또한, **34. 표적에 대한 주의 집중 훈련을 통해 심리적 안정을 얻을 수 있으며,** 자신의 기록을 경신할 때마다 자신감과 성취감을 기를 수 있다.

정답 ①

해설 사격에 대한 설명으로 사격은 표적에 대한 주의 집중 훈련을 통해 심리적 안정을 얻을 수 있다.

오답 ② 사격은 총을 다루는 스포츠로 성인만 할 수 있다.
③ 사격은 많은 활동으로 근력과 근지구력을 기를 수 있다.
④ 사격은 다른 사람의 기록을 넘어설 때 자신감을 얻는다.

🔑 **Key-Point!** 세부 내용의 이해 능력을 측정하는 문항으로 5급 수준의 문항이 출제된다. 먼저 보기를 읽고 그 내용이 맞는지 내용을 확인하며 풀면 문제 푸는 시간을 절약할 수 있다.

35. 주제 고르기   p.36

오늘날에는 의료 기술의 발달과 생활수준의 향상으로 사람들의 평균 수명이 늘어남에 따라 노후 생활을 대비해야 할 필요성이 더욱 높아졌다. 또한 미래에 예상되는 지출과 더불어 뜻밖의 사고나 질병 등과 같이 예기치 못한 지출에도 대비해야 한다. 이에 따라 **35. 안정적인 경제생활을 위한 효율적인 자산 관리의 필요성이 커지고 있다.**

정답 ②

해설 의료 기술의 발달과 생활수준의 향상으로 노후 기간이 길어짐에 따라 안정적인 경제생활을 위한 효율적인 자산 관리의 필요성이 커졌다.

오답 ① 의료 기술의 발달은 평균 수명을 연장시킨 것은 맞으나 이 글의 주제는 아니다.
③ 뜻밖의 사고나 질병 등으로 인한 예기치 못한 지출에 대비하기 위해 효율적인 자산관리가 필요하다.
④ 건강한 노후 생활을 보내기 위해 효율적인 자산 관리가 필요해졌다.

Key-Point! 중심 내용의 이해 능력을 측정하는 문항으로 5급 수준의 문항이 출제된다. 중심 생각은 '-아야 하다, -는 게 좋다, 그래서'등의 표현과 함께 사용되니 이런 표현이 있는지 확인하며 문제를 풀면 도움이 된다.

36. 주제 고르기   p.37

36. 환경문제 관련 국가들의 자발적 참여를 유도하기 위해서는 지역 사회 및 민간 부문의 적극적인 참여가 중요하다. 따라서 최근에는 비정부 기구(NGO)와 민간단체의 활동이 환경 관련 국제 협력에 크게 기여하고 있다. 예를 들면, 환경 관련 연구와 캠페인 진행, 국제회의 참여, 환경 관련 대회 유치 등 다양한 방식으로 환경 문제 해결에 적극적으로 참여하고 있다. 1990년대 말부터 진행되고 있는 황사 발원지의 숲 만들기 사업 역시 한국, 중국, 일본, 몽골 등 각국 정부와 함께 민간단체의 활발한 참여를 통해 이루어지고 있다.

정답 ④

해설 환경문제를 해결하기 위해서는 관련 국가들이 자발적으로 참여를 해야 한다. 그런데 이를 유도하기 위해서는 지역 사회 및 민간 부문의 적극적인 활동이 중요하다.

오답 ① 환경문제를 해결하기 위한 국가의 대응을 이끌어내기 위해 비정부 기구의 활동이 중요하다.
② 환경문제를 해결하기 위해 특정 국가가 앞장서야 한다는 내용이 아니다.
③ 환경문제 관련 국가들의 참여를 유도하기 위해서 비정부 기구와 민간단체가 적극적으로 활동해야 한다.

Key-Point! 중심 내용의 이해 능력을 측정하는 문항으로 5급 수준의 문항이 출제된다. 중심 생각은 '-아야 하다, -는 게 좋다, 그래서'등의 표현과 함께 사용되니 이런 표현이 있는지 확인하며 문제를 풀면 도움이 된다.

37. 주제 고르기   p.37

교통·통신의 발달과 세계화의 영향으로 인구 이동이 국제적으로 활발해지면서 서로 다른 문화권에 속한 사람들 간의 접촉이 빈번해지고 있다. 그 결과 다양한 인종, 종교, 언어 등 서로 다른 문화적 배경을 가진 사람들이 함께 살아가는 사회, 즉 다문화 사회로 변화하게 되었다. 다문화 사회로의 변화는 사회에 긍정적인 영향을 끼치기도 하지만 문화적 갈등을 초래하는 사회 문제를 발생하기도 한다. 37. 다문화 사회로의 변화 과정 속에서 사회가 발전하기 위해서는 다문화 사회 구성원이 다문화 사회에 대한 올바른 이해를 전제로 갈등을 최소화하려는 태도가 필요하다.

정답 ③

해설 다문화 사회로 변화하면서 사회가 발전하기 위해서는 다문화 사회 구성원이 다문화 사회에 대한 올바른 이해를 전제로 갈등을 최소화하려는 태도가 필요하다.

오답 ① 교통과 통신이 발달하면서 다문화 사회가 나타난 것은 맞지만 주제는 아니다.
② 다문화 사회는 다양한 인종, 종교, 언어가 공존하는 사회이다. 따라서 서로에 대한 이해가 중요한데 이것 중 가장 중요한 것에 대한 언급은 없다.
④ 다문화 사회에서 드러나는 갈등을 최소화하고 치유하려는 노력이 필요하다.

Key-Point! 중심 내용의 이해 능력을 측정하는 문항으로 5급 수준의 문항이 출제된다. 중심 생각은 '-아야 하다, -는 게 좋다, 그래서'등의 표현과 함께 사용되니 이런 표현이 있는지 확인하며 문제를 풀면 도움이 된다.

38. 주제 고르기　　　　　　　　p.38

　　현대 사회에서 사회적 자원을 구성원에게 분배하는 것과 관련된 정의를 분배적 정의라고 한다. 분배적 정의의 실질적 기준에는 능력, 업적, 필요 등이 있는데 그것을 바라보는 사람에 따라 공정하다고 생각되는 것이 달라질 수 있다. 능력에 따라 분배하는 것은 타고난 재능이나 환경과 같은 우연적 요소가 개입할 수 있다. 업적에 따라 분배하는 것은 사회적 약자에 대한 배려가 부족할 수 있다. 필요에 따른 분배는 사회적 자원이 모든 사람의 필요를 충족할 수 없다는 문제가 있다. 이처럼 **38.** 분배적 정의의 다양한 기준은 각각의 문제점이 있어서 어느 한 가지 기준만이 정의롭다고 말할 수 없다.

정답　②

해설　분배적 정의의 기준은 사람에 따라 다르므로 한 가지 기준만을 말하기 어렵다. 따라서 분배적 정의가 요구될 때 그 상황에 가장 적합한 기준을 찾는 것이 중요하다.

오답　① 분배적 정의의 기준은 사람에 따라 다르므로 업적이 가장 공정하다고 말하는 것은 적절하지 않다.
　　　③ 분배적 정의의 여러 기준의 단점이 제시되었을 뿐 이것을 없애야 한다는 주장은 나와 있지 않다.
　　　④ 분배적 정의의 기준은 사람에 따라 다르므로 어느 한 가지 기준만이 정의롭다고 말할 수 없다고 하였으므로 하나의 기준이 일관되게 적용되어야 한다는 것은 적절하지 않다.

Key-Point! 중심 내용의 이해 능력을 측정하는 문항으로 5급 수준의 문항이 출제된다. 중심 생각은 '-아야 하다, -는 게 좋다, 그래서'등의 표현과 함께 사용되니 이런 표현이 있는지 확인하며 문제를 풀면 도움이 된다.

39. 문장이 들어갈 곳 고르기　　　　p.38

　　39. 또한 춤을 통해서 줄거리의 극적 전개를 보여준다.

　　뮤지컬은 20세기 초 미국의 브로드웨이와 영국의 웨스트사이드를 중심으로 발달하였다. (㉠) 이것은 노래가 중심이 되어 **39.** 음악, 무용, 연극적인 요소가 조화를 이룬 현대적인 음악극의 한 유형이다.(㉡) **39.** 음악은 대중적인 재즈나 민요 등을 많이 사용한다. (㉢) 다양한 이야기 소재와 여러 가지 음악 양식을 폭넓게 수용하고 있어 대중에게 많은 사랑을 받고 있으며 음악 영화로도 제작되고 있다. (㉣)

정답　③

해설　뮤지컬에 대한 설명이다. 뮤지컬은 노래, 음악, 무용, 연극적 요소가 조화를 이루고 있다. 음악에 대한 설명이 나온 다음 접속사 '또한'으로 연결되면서 춤에 대한 설명이 나오는 것이 적절하므로 ㉢의 자리에 오는 것이 적절하다.

오답　① ㉠
　　　② ㉡
　　　④ ㉣

Key-Point! 문맥의 이해 능력을 측정하는 문항으로 6급 수준의 문항이 출제된다. 접속사, 지시어, 조사를 활용하여 알맞은 순서에 문장을 넣으면 된다.

40. 문장이 들어갈 곳 고르기　　　　p.39

　　40. 다양한 역량 중에서 성공적인 직업 생활을 위해 **40.** 필요한 역량이 직업윤리이다.

　　성공적인 직업 생활을 위해서는 그 직업을 수행하는 데 필요한 **40.** 다양한 역량을 갖추어야 한다. (㉠) **40.** 직업윤리는 사회에서 직업인에게 요구하는 도덕적 원리와 행동 규범, 마음가짐, 태도 등을 뜻한다. (㉡) 직업에 대한 긍정적이면서 윤리적인 태도는 직업 생활과 사회 조직 내 공동생활에 영향을 끼친다.(㉢) 따라서 청소년 시기에는 건전한 직업인으로서 직업윤리를 바르게 이해하고 실천하려는 의지를 기르도록 노력해야 한다. (㉣)

정답　①

해설　성공적인 직업 생활을 위해 필요한 역량이 직업윤

리임을 밝히고 직업윤리의 특징을 설명하는 것이므로 ㉠의 자리에 오는 것이 적절하다.

오답 ② ㉡
③ ㉢
④ ㉣

Key-Point! 문맥의 이해 능력을 측정하는 문항으로 6급 수준의 문항이 출제된다. 접속사, 지시어, 조사를 활용하여 알맞은 순서에 문장을 넣으면 된다.

41. 문장이 들어갈 곳 고르기   p.39

41. 하지만 방짜는 독특한 제작 방식을 사용하기에 **41.** 쉽게 깨지지 않는다.

구리를 주재료로 하여 주석, 아연 등을 섞은 합금을 유기라고 한다. (㉠) 우리 선조들은 독특한 합금 기술로 유기의 일종인 방짜를 만들어 사용해 왔다. (㉡) 유기에서 **41.** 주석의 합금 비율이 10%를 넘으면 쉽게 깨진다. (㉢) 방짜는 합금 비율이 구리 78%, 주석 22%로 **41.** 주석의 비율이 10% 이상이다. (㉣) 선조들은 방짜 제품을 만들 때 구리와 주석의 합금을 불에 달구면서 망치나 메로 쳐서 모양을 잡아가며 만들었는데 **41.** 이러한 제작 방식은 방짜가 깨지는 것을 방지하였다.

정답 ④

해설 유기의 일종인 방짜에 대한 설명이다. 유기는 주석의 비율이 10%를 넘으면 쉽게 깨진다. 방짜의 주석 비율은 22%이다. 그러나 방짜는 쉽게 깨지지 않는다. 그 이유는 독특한 제작 방식에 있는데 선조들은 방짜 제품을 만들 때 구리와 주석의 합금을 불에 달구면서 망치나 메로 쳐서 모양을 잡아가며 만들었기 때문이다. 이러한 제작 방식이 방짜가 깨지는 것을 방지한 것이다. 따라서 글의 흐름상 <보기>는 ㉣에 위치해야 한다.

오답 ① ㉠
② ㉡
③ ㉢

Key-Point! 문맥의 이해 능력을 측정하는 문항으로 6급 수준의 문항이 출제된다. 접속사, 지시어, 조사를 활용하여 알맞은 순서에 문장을 넣으면 된다.

[42~43]

내가 당한 것만도 이번이 두 번째였다. 우방국 원수를 위해 교통을 차단하는 바람에 무려 세 시간 이상을 인파에 밀려 시달리다 에라 모르겠다 약속을 둘이나 깨고, 물먹은 솜이 되어 돌아와 보니 이런 반갑잖은 일이 나를 기다리고 있었다.
"뭐가 없어졌어요? 좀 들어가서 기다리겠다고 하길래 아는 분이어서 아무 생각도 없이 그러라고 했는데."
"<u>저 없을 땐 누구든지 방엔 들여보내지 마세요.</u>" 나는 방문을 닫아버렸다.
망할 자식. 첫 번째는 잠을 재워줬더니 새벽같이 달아나면서 손목시계를 집어가 버렸었다. 말을 할까 말까 했으나, **43.** 그것이 놈의 소행이라는 것을 알기 때문에 언제고 제 편에서 먼저 이야기가 있기만 기다리던 참이었는데, **42.** 오늘은 또 내 유일한 재산 목록으로 되어 있는 트랜지스터 라디오를 집어가 버린 것이다. (중략)
그러던 어느 날, 그가 불쑥 학교로 나타나서 이틀 뒤에 영국으로 떠나겠다는 것이었다. 그리고 이틀 뒤 그는 정말로 영국으로 떠나가 버렸다. (중략)
그는 돌아와서 아무것도 하지 않았다. 사실은 아무것도 할 수 없었다. 그에게는 박사학위를 가져오지 못한 약점을 보완할 지인도 없었고, 지인을 만들 만한 주변머리도 없었다.

42. 밑줄 친 부분에 나타난 '나'의 심정으로 알맞은 것을 고르십시오.
[주인공의 태도/심정 고르기]   p.40

정답 ③

해설 짜증스럽다 : 보기에 짜증나는 데가 있다.
예 전화벨 소리에 단잠에서 깬 영선이는 짜증스러운 목소리로 전화를 받았다.
내가 없을 때 친구가 방에 들어와서 나의 물건을 가져가서 몹시 짜증이 난 상황이다.

오답 ① 허전하다 : 의지할 곳이 없어지거나 무엇을 잃은 것같이 서운한 느낌이 있다.
예 기숙사에 자식을 남겨 두고 돌아선 어머니는 <u>허전한</u> 마음을 견디기가 어려웠다.

② 우울하다 : 답답하거나 근심스러워 활기가 없다.

　⑩ 나는 우울할 때면 옥상에서 햇볕을 쬔다.

④ 자랑스럽다 : 남에게 드러내어 뽐낼 만한 데가 있다

　⑩ 그녀는 무당의 손녀라는 부끄러움보다 의병의 후예라는 자랑스러움을 더 크게 생각하고 있었다.

🔑 **Key-Point!** 등장인물의 태도를 파악하는 능력을 측정하는 문항으로 6급 수준의 문항이 출제된다. 등장인물의 행동이나 표정 변화가 어떤 감정을 드러내는지를 먼저 파악하는 것이 중요하다.

43. 윗글의 내용으로 알 수 있는 것을 고르십시오.
[내용과 같은 것 고르기]　　　　　　p.40

정답　②

해설　지난번에 친구가 손목시계를 가져간 것을 알고 있으며 친구가 먼저 이야기하기를 기다리고 있었다.

오답　① 문을 열어 준 사람은 그를 전혀 모른다.
　　　③ 그는 영국에서의 성공적인 유학 생활로 박사 학위를 땄다.
　　　④ 그는 내가 방에 없을 때 방에 들어와 나의 손목시계를 가져갔다.

🔑 **Key-Point!** 세부 내용의 이해 능력을 측정하는 문항으로 6급 수준의 문항이 출제된다. 먼저 보기를 읽고 그 내용이 맞는지 내용을 확인하며 풀면 문제 푸는 시간을 절약할 수 있다.

[44~45]

조선 후기에는 농업과 상공업이 발달하면서 **45.** 서민들의 경제력이 향상되었다. 이에 따라 문화의 폭이 서민층에까지 확대되었으며, (　　　) **45.** 서민 문화가 발달하였다. 이와 함께 서당이 널리 보급되고 한글 사용이 늘면서, 서민들의 의식 수준도 높아졌다. 이에 따라 서민들의 소망과 양반 사회의 비판을 담은 한글 소설이 유행하였다. '홍길동전'은 서얼에 대한 차별 철폐와 이상 사회 건설을 묘사하여 사회 문제를 비판하였고, '춘향전'은 신분을 뛰어넘는 남녀 간의 사랑을 묘사하였다. 또 사설시조가 널리 유행하였는데, 형식에 얽매이지 않고 **44.** 서민들의 솔직하고 소

박한 감정을 자유로이 표현한 작품이 많았다. 서민을 비롯해 많은 사람이 즐긴 오락에는 판소리와 탈춤이 있었다. 판소리는 감정 표현이 솔직하여 여러 계층에서 인기가 많았으며 탈춤은 양반의 위선을 폭로하거나 사회 모순을 풍자하는 내용이 많았다.

44. (　　　)에 들어갈 말로 가장 알맞은 것을 고르십시오.
[빈칸에 알맞은 것 고르기]　　　　　p.41

정답　②

해설　조선 후기 서민들의 경제력이 향상되면서 서민들이 자신들의 생각과 감정을 표현한 서민 문화가 발달하게 되었다.

오답　① 서민 문화는 형식에 얽매이지 않는 것이 특징이다.
　　　③ 서민 문화는 양반 계층과 별개이며 양반의 위선을 폭로하는 것이 특징이다.
　　　④ 서민 문화는 양반 계층을 포함하고 있지 않다. 주로 서민 계층의 솔직함과 소박한 감정을 표현한 것이다.

🔑 **Key-Point!** 문장 안에서 필요한 표현을 찾는 능력을 측정하는 문항으로 6급 수준의 문항이 출제된다.

45. 윗글의 주제로 가장 알맞은 것을 고르십시오.
[주제 고르기]　　　　　　　　　p.41

정답　①

해설　조선 후기 서민들의 경제력이 향상되면서 서민들도 자신들의 생각과 감정을 자유롭게 표현하며 한글소설, 사설시조, 판소리, 탈춤 등 다양한 문화를 즐겼다.

오답　② 솔직한 남녀의 사랑이 서민들이 즐긴 문화 중 일부이긴 하나 주제는 아니다.
　　　③ 서민들이 즐긴 문화에서 양반에 대한 내용은 주로 그들의 위선과 모순을 폭로하는 내용이다.
　　　④ 서민들은 서당에서 한글 공부를 하게 되면서 의식 수준이 높아졌다.

🔑 **Key-Point!** 주제를 찾는 능력을 측정하는 문항으로 6급 수준의 문항이 출제된다. 중심 생각은 '-아야 한다, -

는 게 좋다. 그래서' 등의 표현과 함께 사용되니 이런 표현이 있는지 확인하며 문제를 풀면 도움이 된다.

[46~47]

과거에는 번성했지만 현재 개체 수가 많이 줄어 멸종 위기에 처한 생물종을 멸종 위기종이라고 한다. 멸종 위기종이 늘고 많은 생물이 사라지는 주요 원인은 인간 활동과 깊은 관련이 있다. 숲의 나무를 베거나 습지를 없애 생물의 서식지가 파괴되었고, **47.** 지나친 채집과 사냥으로 야생 동식물의 개체 수가 급격히 줄었다. 또, 외래 생물을 들여와 그 지역에 살던 고유 생물이 살아가는 데 어려움을 겪고 있으며, 환경오염과 기후 변화가 일어나 서식지의 환경이 변하고 있다. 이와 같은 인간의 활동으로 현재 지구의 생물 다양성은 빠른 속도로 줄고 있다. 생물의 멸종을 막고 생물 다양성을 보전하려면 인간의 활동이 생물 다양성 감소에 미치는 영향을 이해하고, **46.** 생물 다양성을 유지하기 위해 우리가 할 수 있는 활동을 찾아야 한다. 최근 우리나라에서는 생물 다양성을 보전하기 위해 우리 밀 살리기, 토종 얼룩소 키우기, 외래 생물 제거하기 등의 **46.** 사회적인 노력을 하고 있다. 이러한 노력은 앞으로 더욱 활성화되어야 한다.

46. 윗글에 나타난 필자의 태도로 가장 알맞은 것을 고르십시오.

[필자의 태도 고르기]   p.42

정답 ④

해설 생물 다양성을 유지하기 위해 우리가 할 수 있는 활동을 찾아야 한다. 최근 우리나라에서는 생물 다양성을 보전하기 위해 우리 밀 살리기, 토종 얼룩소 키우기, 외래 생물 제거하기 등의 사회적인 노력을 하고 있다고 하면서 이러한 사회적 노력이 더욱 활성화되어야 한다고 주장하고 있다.

오답 ① 동식물의 생태계가 인간의 활동에 미치는 영향을 분석하고 있지 않다. 오히려 인간의 활동이 동식물의 생태계에 영향을 주고 있다고 말하고 있다.
② 외래 생물이 들여와 그 지역에 살고 있던 고유 생물이 살아가는 데 어려움을 겪고 있다고 말

하고 있다.
③ 동식물이 환경오염을 이겨내기 위해 사회적인 노력이 필요하다는 것을 주장하고 있다. 동식물이 서식지를 바꿀 것을 기대하고 있지는 않다.

Key-Point! 필자의 태도를 파악하는 능력을 측정하는 문항으로 6급 수준의 문항이 출제된다.

47. 윗글의 내용과 같은 것을 고르십시오.

[내용이 같은 것 고르기]   p.42

정답 ③

해설 숲의 나무를 베거나 습지를 없애 생물의 서식지가 파괴되었고, 지나친 채집과 사냥으로 야생 동식물의 개체 수가 급격히 줄었다.

오답 ① 외국에서도 생물 다양성을 지키려고 노력하고 있다.
② 인간의 노력으로 생물 다양성이 증가하는 나라가 있다.
④ 많은 생물이 사라지는 데에는 동물의 활동이 관계가 깊다.

Key-Point! 세부 내용의 이해 능력을 측정하는 문항으로 6급 수준의 문항이 출제된다. 먼저 보기를 읽고 그 내용이 맞는지 내용을 확인하며 문제를 풀면 문제 푸는 시간을 절약할 수 있다.

[48~50]

저작권 침해란 저작권법에 의해 배타적으로 보호되는 저작물을 무단으로 이용하여 저작권자의 권리를 침해하는 행위를 말한다. 저작권 침해는 저작자의 소유물인 저작물을 무단으로 사용하는 것이며, 이러한 현상이 널리 퍼지면 저작자의 창작 의욕을 감소시키고 궁극적으로 양질의 정보를 생산할 수 없게 만든다. 이에 저작권이 침해되지 않도록 **48.** '저작권 보호'가 강화되고 있다. 하지만 저작물의 자유로운 공유를 강조하는 **48.** '정보 공유 권리'를 주장하는 입장도 있다. **50.** 이 입장에서는 모든 저작물이 인류가 생산한 정보와 지식을 활용하여 구성된 공공재로, 저작물에 관한 과도한 권리 행사는 새로운 창작을 방해할 수 있으며 정보 격차에 따른 불평등을 발생시킨다고 말한다. 또한 정보를 공

유할 때 정보의 질적인 발전이 가능하다고 주장한다. **49.** 이처럼 '저작권 보호'와 '정보 공유 권리'의 (　　　) 우리는 정보가 사회에 미치는 영향력을 인식하고, 더 많은 양질의 정보를 생산할 수 있는 환경을 조성해야 한다.

48. 윗글을 쓴 목적으로 가장 알맞은 것을 고르십시오.
[글을 쓴 목적 고르기]   p.43

정답　②

해설　저작권에 대한 상반된 두 입장 즉, '저작권 보호'와 '정보 공유 권리'의 두 가지 입장을 소개하고 있다.

오답　① 배타적 특성은 저작권에 대한 두 입장 중 저작권 보호의 한 특징일 뿐이다.
　　③ 저작권법을 위배할 경우 처벌 받을 수 있다는 것은 저작권에 대한 두 입장 중 하나일 뿐이다.
　　④ 저작권법이 가지는 창작 의욕을 고취하는 특징은 '저작권 보호'에 대한 의견 중 일부이다.

Key-Point!　글의 목적이나 이유, 근거를 파악하는 능력을 측정하는 문항으로 6급 수준의 문항이 출제된다.

49. (　　　)에 들어갈 말로 가장 알맞은 것을 고르십시오.
[빈 칸에 알맞는 것 고르기]   p.43

정답　②

해설　저작권에 대한 상반된 두 입장 즉, '저작권 보호'와 '정보 공유 권리'의 두 가지 입장을 소개하고 있다.

오답　① 두 가지 입장에 대한 개념을 이해하지 못하는 것은 아니다.
　　③ 두 가지 입장의 차이는 명백하므로 차이가 없다는 것은 적절하지 않다.
　　④ 두 가지 입장이 상호 배타적인 성질을 가지고 있으나 문맥상 그 특징을 무시한다는 것은 적절하지 않다.

Key-Point!　문장 안에서 필요한 표현을 찾는 능력을 측정하는 문항으로 6급 수준의 문항이 출제된다.

50. 윗글의 내용과 같은 것을 고르십시오.
[내용이 같은 것 고르기]   p.43

정답　③

해설　정보 공유 권리를 주장하는 입장은 모든 저작물을 인류가 생산한 정보와 지식을 활용하여 구성된 공공재로 생각한다.

오답　① 저작권을 계속 침해받게 되면 창작자는 창작 의욕이 줄어 양질의 정보를 만들지 않게 된다.
　　② 저작권 침해는 저작자의 허락 없이 저작물을 사용하는 것이다.
　　④ 저작물에 관한 과도한 권리 행사는 정보 격차에 따른 불평등을 초래한다.

Key-Point!　세부 내용의 이해 능력을 측정하는 문항으로 6급 수준의 문항이 출제된다. 먼저 보기를 읽고 그 내용이 맞는지 내용을 확인하여 풀면 문제 푸는 시간을 절약할 수 있다.

2회 실전모의고사 정답 및 풀이

듣기		1번~50번							

1	①	2	②	3	①	4	①	5	③
6	④	7	②	8	③	9	①	10	④
11	①	12	②	13	③	14	①	15	①
16	②	17	②	18	④	19	②	20	③
21	①	22	④	23	②	24	④	25	③
26	④	27	④	28	③	29	③	30	②
31	①	32	④	33	④	34	①	35	④
36	③	37	②	38	④	39	③	40	①
41	③	42	①	43	①	44	④	45	③
46	②	47	②	48	③	49	①	50	②

1. 일치하는 그림 고르기   p.47

남자 : 이건 어디에 넣어야 하지요?

여자 : 1. 페트병은 이쪽에 버리시면 돼요. 그런데 페트병 바깥쪽 비닐은 벗기고 버리셔야 해요.

남자 : 그렇군요. 쓰레기 분리하는 게 좀 어렵네요.

정답   ①

해설   남자가 여자에게 페트병을 버리는 곳을 묻고 있으므로 장소는 쓰레기 분리 수거함 앞임을 알 수 있다.

오답   ② 여자는 남자에게 쓰레기 분리하는 방법을 말하고 있다.

③ 남자는 여자에게 페트병 버리는 곳을 묻고 있다.

④ 남자와 여자는 마트에 있는 것이 아니다.

🔑 Key-Point!   3급 수준의 문제로, 대화를 통해 어디에서 무슨 대화를 하는지 중심으로 파악하고 이에 해당하는 그림을 찾는다.

2. 일치하는 그림 고르기   p.47

여자 : 어떤 꽃을 찾으시나요?

남자 : 내일이 어버이날이라 부모님께 꽃을 선물하려고요.

여자 : 그러시면 꽃다발보다는 2. 꽃이 있는 이 화분이 좋을 것 같아요.

정답 ②

해설 남자는 꽃을 사려고 하므로 장소는 꽃집이며 여자는 화분을 사라고 말하고 있는 상황임을 알 수 있다.

오답 ① 남자는 부모님께 선물할 꽃을 고르고 있다.
③ 남자와 여자는 정원에서 꽃을 보는 것이 아니다.
④ 남자와 여자가 화분에 꽃을 심고 있는 것이 아니다.

Key-Point! 3급 수준의 문제로, 개인적인 대화를 통해 어디에서 무슨 대화를 하는지 중심으로 파악하고 이에 해당하는 그림을 찾는다.

3. 일치하는 도표 고르기 p.48

남자 : 작년, 10대 청소년이 하루에 자유롭게 활용할 수 있는 **3.** 여가는 하루 1~2시간이 27%로 가장 많았고, 이어 2~3시간이 22%, 1시간 미만이 16%로 나타났습니다. 나중에 시간이 생기면 하고 싶은 활동으로는 관광 활동을 가장 선호했으며 이어 취미활동, 공연 관람과 같은 문화예술 활동이 그 뒤를 이었습니다.

정답 ①

해설 10대 청소년의 여가 시간 중 1~2시간이 가장 많게 나타났다. 시간이 생기면 가장 하고 싶은 활동은 관광 활동이며 그다음이 취미활동이다.

오답 ② 1시간 미만이 가장 적게 나타났다.
③ 관광 활동이 가장 높게 나타났다.
④ 관광 활동 다음으로 취미활동이라고 답했다.

Key-Point! 4급 수준의 문제로, 보도 내용과 일치하는 그래프를 찾아야 한다.

4. 듣고 이어지는 말 고르기 p.48

여자 : 내일 학교 앞에서 버스 타고 미술관에 가자.
남자 : 여기 보니까 버스 정류장보다는 **4.** 지하철역이 미술관에 더 가깝다고 나오는데?
여자 : _____.

정답 ①

해설 남자가 지하철역에서 미술관까지 더 가깝다고 하므로 지하철을 타는 게 낫겠다고 대답하는 것이 적절하다.

오답 ② 미술관에 어떻게 가야 하는지 이미 알아보았다.
③ 남자가 버스 정류장보다 지하철역에서 미술관까지 더 가깝다고 했으므로 버스를 타고 가면 늦을 것이라는 답변은 적절하지 않다.
④ 내일 만날 장소를 아직 말하지 않았다.

Key-Point! 3급 수준의 문제로, 개인적 대화를 통해 앞뒤 상황을 이해하여 답을 찾아야 한다.

5. 듣고 이어지는 말 고르기 p.48

여자 : 저기 벽에 있는 포스터들은 뭐야?
남자 : 아! 저거? 지난 수업 시간에 **5.** 미래에 생겨날 직업에 대해 그린 그림이야.
여자 : _____.

정답 ③

해설 여자가 미래에 생길 직업에 대한 그림을 보는 상황이므로 그림에 대해 말하는 것이 적절하다.

오답 ① 수업 시간에 그린 그림을 보고 이야기하는 상황이다
② 어디에 포스터를 붙여야 하는지 물어보지 않았다.

④ 미래에 생겨날 직업에 관한 대화이다.

Key-Point! 3급 수준의 문제로, 개인적 대화를 통해 앞뒤 상황을 이해하여 답을 찾아야 한다.

6. 듣고 이어지는 말 고르기　　　p.49

여자 : 걱정이 있는 것 같은데 무슨 일 있어?

남자 : 내가 기르는 **6.** 강아지가 아프거든. 어제부터 아무것도 못 먹고 있어.

여자 : _____.

정답　④

해설　남자가 강아지가 아프다고 했기 때문에 동물병원에 가야 한다는 대답이 적절하다.

오답　① 강아지를 훈련하는 것에 대한 대화가 아니다.
　　　② 남자는 배가 아프다고 말하지 않았다.
　　　③ 강아지가 아파서 아무것도 못 먹고 있다.

Key-Point! 3급 수준의 문제로, 개인적 대화를 통해 앞뒤 상황을 이해하여 답을 찾아야 한다.

7. 듣고 이어지는 말 고르기　　　p.49

여자 : 장학금 신청하려고 왔는데요. 어떻게 해야 하나요?

남자 : **7.** 먼저 학생증을 보여주세요. 그리고 저기 장학금 신청서에 이름과 전공 학과를 쓰시면 돼요..

여자 : _____.

정답　②

해설　남자가 신청서를 쓰기 전 우선 학생증을 보여달라고 하는 상황이므로 학생증과 관련된 대답을 하는 것이 적절하다.

오답　① 신청서의 위치를 묻는 것이 아니다.
　　　③ 학생증을 보여준 후에 학과를 써야 한다.
　　　④ 장학금을 신청하러 왔다.

Key-Point! 3급 수준의 문제로, 사회적 대화를 통해 앞뒤 상황을 이해하여 답을 찾아야 한다.

8. 듣고 이어지는 말 고르기　　　p.49

남자 : 우리 회사 옆에 베트남 쌀국수 식당이 새로 생겼던데 거기 갈까?

여자 : 베트남 쌀국수? **8.** 한 번도 안 먹어 봤는데. 맛있어?

남자 : _____.

정답　③

해설　여자가 쌀국수가 맛있는지를 물었으므로 맛있다는 의미를 갖는 '먹어 보면 좋아하게 될 거야'라는 대답이 적절하다.

오답　① 음식 맛에 대해 물었으므로 기대된다는 말은 적절하지 않다.
　　　② 베트남 쌀국수 식당은 새로 생겼다.
　　　④ 음식이 맛있는지를 물었으므로 회사 근처에 맛있는 음식점이 많아서 좋다는 답은 적절하지 않다.

Key-Point! 3급 수준의 문제로, 개인적 대화를 통해 앞뒤 상황을 이해하여 답을 찾아야 한다.

9. 알맞은 행동 고르기　　　p.49

여자 : 아이고, 목이야. 목이 너무 뻣뻣해 목을 움직일 수 없네요.

남자 : 하루 종일 고개를 숙이고 핸드폰을 보니까 그러지.

여자 : 그럼, 이렇게 고개를 위로 들고 핸드폰을 보면 되나요?

남자 : 아이고, 그러지 말고 **9.** 따뜻한 수건을 목에 올려놓고 찜질해 봐. 계속 아프면 병원에 가서 치료를 받아야 돼.

정답　①

해설　남자가 여자에게 목에 따뜻한 수건을 놓고 찜질해 보고 나서 병원에 가서 치료를 받으라고 하였다.

오답　② 고개를 높이 들고 핸드폰을 볼 것이 아니라 찜질을 하라고 하였다.
　　　③ 따뜻한 수건으로 찜질하고 계속 아프면 병원에 가 보라고 하였다.
　　　④ 남자가 여자에게 따뜻한 수건으로 목을 찜질

하라고 했다.

🔑 Key-Point! 3급 수준의 문제로, 대화를 통해 앞뒤 상황과 순서를 고려해 답을 찾아야 한다.

10. 알맞은 행동 고르기   p.49

남자 : 불고기 도시락은 지금 주시고요. 도시락 포장도 되지요? 점심을 못 먹은 직원들이 있어서요.

여자 : 포장해 가실 메뉴를 먼저 말씀해 주시겠어요? 재료가 충분한지 확인을 해야 할 것 같아서요.

남자 : 닭갈비 도시락 2개, 비빔밥 도시락 2개 포장해주세요. 아니, 10. 남아있는 재료로 만들 수 있는 메뉴들을 알려주시겠어요?

여자 : 10. 네, 알겠습니다. 그럼 잠시만 기다려 주세요.

정답   ④

해설 남자가 여자에게 남아있는 재료로 만들 수 있는 메뉴를 말해 달라고 했다.

오답 ① 불고기 도시락 재료를 확인한다는 내용은 나오지 않는다.

② 남아있는 재료로 만들 수 있는 도시락을 알려주어야 하는 상황이다.

③ 닭갈비 도시락과 비빔밥 도시락을 포장하는 상황은 아니다.

🔑 Key-Point! 3급 수준의 문제로, 대화를 통해 앞뒤 상황과 순서를 고려해 답을 찾아야 한다.

11. 알맞은 행동 고르기   p.49

남자 : 이번 주 토요일 할머니 생신에 가족들끼리 식사하는 거 잊지 않았지?

여자 : 다음 주 토요일이 아니고요? 토요일에 친구하고 영화 보기로 했는데.

남자 : 영화는 다음에 보는 게 어떠니? 친구한테 다음에 보자고 전화해.

여자 : 다음 주 토요일이 할머니 생신인 것 같은데, 11. 달력을 다시 봐야겠어요.

정답 ①

해설 여자가 남자에게 달력을 보겠다고 했으므로 날짜를 확인해 볼 것이다.

오답 ② 토요일에 볼 영화표를 예매한다는 말은 대화 중에 나오지 않는다.

③ 가족들과 식사할 식당을 예약한다는 말은 대화 중에 나오지 않는다.

④ 남자가 친구에게 다음에 영화를 보자고 말하라고 했지만 여자는 대답하지 않았다.

🔑 Key-Point! 3급 수준의 문제로, 대화를 통해 앞뒤 상황과 순서를 고려해 답을 찾아야 한다.

12. 알맞은 행동 고르기   p.50

여자 : 내일 민수 씨 집들이 선물로 뭘 사가면 좋을까?

남자 : 해바라기꽃 그림은 어때? 해바라기꽃은 집에 좋은 일을 가져다준대.

여자 : 그게 좋겠다. 내일 오전까지 12. 그림을 배달해 주는 곳이 있는지 알아볼게.

남자 : 그림 포장은 내가 할게.

정답 ②

해설 여자가 그림을 배달해 주는 곳이 있는지 알아본다고 한 상황이다.

오답 ① 민수 씨에게 해바라기꽃을 가져다준다는 말은 대화 중에 나오지 않는다.

③ 같이 해바라기꽃 그림을 사러 간다는 말은 대화 중에 나오지 않는다.

④ 집들이 선물을 보낼 주소를 물어본다는 말은 대화 중에 나오지 않는다.

🔑 Key-Point! 3급 수준의 문제로, 대화를 통해 앞뒤 상황과 순서를 고려해 답을 찾아야 한다.

13. 일치하는 내용 고르기   p.50

여자 : 민수 씨, 다음 주 회의에 발표하기로 한 거 준비 잘하고 있어요?

남자 : 네, 팀장님. 발표 자료 다 준비했습니다. 내일 한번 봐주시겠어요?

여자 : 그러죠. 내일 오전에는 회의가 있으니까 오후 3시에 볼까요?

남자 : 네. **13.** 오후에 팀장님 사무실에서 뵙겠습니다.

정답 ③

해설 남자는 내일 오후에 팀장님 사무실에서 뵙겠다고 했으므로 여자의 사무실로 갈 것이다.

오답 ① 여자는 다음 주에 발표하기로 했다.
② 여자는 내일 오전에 남자를 만나기로 했다.
④ 남자는 다음 주까지 발표 자료를 준비할 것이다.

Key-Point! 3급 수준의 문제로, 대화를 통해 내용과 일치하는 답을 찾아야 한다.

14. 일치하는 내용 고르기   p.50

여자 : 이번 주 토요일에 국제 전통 음식 축제가 열립니다. 이번 행사에는 14개국의 요리사들이 참여합니다. 이번 축제에는 특별히 **14.** 아이들이 식접 음식을 만들어 볼 수 있는 프로그램도 준비되어 있습니다. 비행기를 타지 않고도 여러 나라 음식을 맛볼 수 있는 기회를 놓치지 마십시오.

정답 ①

해설 이번 축제에는 아이들이 음식을 만들어 볼 수 있는 프로그램이 준비되어 있다.

오답 ② 이번 요리 대회에는 14명의 요리사들이 참가한다.
③ 여러 나라의 음식을 맛보려면 비행기를 타야 한다.
④ 이번 주 토요일에 한국 전통 음식을 먹을 수 있다.

Key-Point! 3급 수준의 문제로, 공지를 통해 내용과 일치하는 답을 찾아야 한다.

15. 일치하는 내용 고르기   p.50

여자 : 어제 여수에서 바다에 빠진 승객 한 명이 오후 1시경 구조됐습니다. 근처에서 낚시를 하던 사람의 구조 요청으로 이 승객은 1시간 만에 바다에서 빠져나오게 되었습니다. **15.** 이 승객은 배에 올라타던 중 발이 미끄러져 바다에 빠진 것으로 조사됐습니다.

정답 ①

해설 이 승객이 배에 올라타던 중에 바다에 빠진 것으로 조사되었다.

오답 ② 이 승객은 오후 1시쯤에 바다에 빠졌다.
③ 이 승객은 배에서 미끄러져 발을 다쳤다.
④ 이 승객은 낚시를 하다가 바다에 빠졌다.

Key-Point! 4급 수준의 문제로, 뉴스(보도)를 통해 내용과 일치하는 답을 찾아야 한다.

16. 일치하는 내용 고르기   p.50

남자 : **16.** 여러 나라의 맛집에 대한 책을 출간하셨는데요. 맛집 정보는 어떻게 얻으세요?

여자 : 저는 주로 맛집이 나온 책을 찾아봅니다. 우리나라의 경우는 일부러 오래된 책을 찾아보기도 합니다. 30년 전에 출간된 책에 나왔던 식당이 요즘 책에도 나온다면 그 식당은 좋은 식당이라고 생각합니다. 새로 생긴 식당은 조금 기다렸다가 생각해 보고 가는 편입니다.

정답 ②

해설 남자의 질문에서 여자가 여러 나라의 맛집에 대한 책을 출간했다고 했다.

오답 ① 여자는 30년 전에 생긴 맛집을 가 봤다.
③ 여자는 새로 생긴 식당은 바로 찾아가 보는 편이다.
④ 여자는 요즘 책에 나온 식당이 좋은 식당이라고 생각한다.

Key-Point! 4급 수준의 문제로, 인터뷰를 통해 내용과 일치하는 답을 찾아야 한다.

17. 중심 생각 고르기   p.51

남자 : 지난주부터 개인 컵을 가지고 다니기로 했어.

여자 : 일회용 종이컵을 사용하면 편하고 좋은데 왜 컵을 가지고 다녀?

남자 : 종이컵은 한 번 쓰고 버리니까 아깝잖아. 무엇보다 17. 개인 컵을 사용하면 환경도 보호할 수 있고.

정답 ②

해설 남자는 무엇보다 개인 컵을 사용하면 환경도 보호할 수 있어 좋다고 생각한다.

오답 ① 여자는 일회용 종이컵을 사용하면 편하다고 했다.
③ 남자는 한 번 쓰고 버리는 종이컵을 사용하는 것은 아깝다고 했다.
④ 일회용 종이컵을 여러 번 사용하고 버려야 한다는 말은 대화 중에 나오지 않는다.

Key-Point! 3급 수준의 문제로, 대화를 통해 남자의 중심 생각을 찾아야 한다.

18. 중심 생각 고르기   p.51

남자 : 물을 왜 이렇게 많이 마시는 거야?

여자 : 어제 텔레비전에서 봤는데 물을 많이 마시는 것이 몸에 좋대.

남자 : 자신의 몸 상태를 먼저 확인하고 물을 마셔야지. 18. 몸에 좋다는 것을 무조건 많이 먹으면 안 돼.

정답 ④

해설 남자는 물을 마시더라도 자신의 몸 상태에 맞게 물을 마셔야 한다고 생각한다.

오답 ① 물을 많이 마시는 것이 몸에 좋지 않다고 이야기하는 것은 아니다.
② 의사에게 물어봐야 한다는 것은 중심 내용이 아니다.
③ 물을 마시는 것에 대해 이야기하고 있다.

Key-Point! 3급 수준의 문제로, 대화를 통해 남자의 중심 생각을 찾아야 한다.

19. 중심 생각 고르기   p.51

여자 : 배고픈데, 간편하게 만들어 먹을 수 있는 게 없을까?

남자 : 김밥 어때? 김 위에 밥을 깔고 채소를 함께 놓고 말기만 하면 돼.

여자 : 그래 그게 좋겠다. 간편하게 들고 먹을 수 있고.

남자 : 19. 만들기도 쉽고 여러 가지 채소를 한번에 먹을 수 있으니까 영양가도 높지.

정답 ②

해설 남자는 김밥은 만들기도 쉽고 여러 가지 채소가 먹을 수 있어 영양가가 높다고 했다.

오답 ① 김밥은 들고 먹기에 편한 음식이라는 것은 여자의 생각이다.
③ 김밥은 배가 고플 때 먹기 좋은 음식이라는 것은 중심 생각이 아니다.
④ 김밥에 다양한 재료를 넣는 것에 대해 이야기하는 것이 아니다.

Key-Point! 4급 수준의 문제로, 대화를 통해 남자의 중심 생각을 찾아야 한다.

20. 중심 생각 고르기   p.51

여자 : 광고 포스터와 같은 광고물을 사람들 눈에 잘 띄게 하려면 어떻게 하면 되나요?

남자 : 사람들이 많이 다니는 길에는 항상 광고물들이 있지요. 이 광고물은 상품의 정보를 알리려고 만든 것이죠. 광고물을 만들 때는 사람들의 눈길을 끌기 위해 여러 방법을 사용합니다. 글씨를 크게 하거나 밝은색을 사용하지요. 하지만 글씨보다도 상품의 이미지나 글의 내용에 제일 신경을 써야 해요. 20. 사람들에게 깊은 인상을 남겨야 하니까요.

정답 ③

해설 남자는 상품의 이미지나 글의 내용에 신경을 써 광고가 사람들에게 깊은 인상을 남겨야 한다고 생각한다.

오답 ① 광고 포스터를 만들 때 글씨가 작으면 안 된다는 것은 중심 생각이 아니다.

② 광고 포스터가 눈에 띄기 위해 밝은색을 사용하는 것은 중요한 것이 아니다.

④ 광고 포스터는 사람들이 많이 지나다니는 길에 붙여야 한다는 것은 중심 생각이 아니다.

Key-Point! 4급 수준의 문제로, 대화를 통해 남자의 중심 생각을 찾아야 한다.

[21~22]

여자 : 몇 달 전부터 아침 일찍 일어난다고 하던데 왜 일찍 일어나는 거예요?

남자 : 22. 미라클 모닝이라는 것을 하고 있어요. 미라클 모닝은 아침 일찍 일어나 독서나 운동 등 자기 계발을 하는 것을 말해요.

여자 : 몇 시에 일어나는데요? 일찍 일어나면 몸이 더 피곤하지 않아요?

남자 : 평소 일어나는 것보다 2시간 일찍 일어나는 것이 처음에는 힘들어요. 하지만 21. 일찍 일어나서 자기가 하려고 마음먹은 일을 하다 보면 피곤한 것보다는 자연스럽게 집중력이 좋아지는 것을 느끼게 돼요.

21. 남자의 중심 생각으로 가장 알맞은 것을 고르십시오.
[중심 생각 고르기]   p.52

정답 ①

해설 남자는 일찍 일어나서 정해 놓은 것을 하다 보면 집중력이 좋아진다고 말하고 있다.

오답 ② 독서나 운동을 하면 처음에는 힘들다고 했다.
③ 자기 계발은 한 달 이상 하는 것이 효과적이라는 말은 대화 중에 나오지 않는다.
④ 평소보다 2시간 일찍 일어나 자기가 마음먹은 일을 해야 집중력이 좋아진다고 했다.

Key-Point! 4급 수준의 문제로, 대화를 통해 남자의 중심 생각을 찾아야 한다.

22. 들은 내용으로 맞는 것을 고르십시오.
[일치하는 내용 고르기]   p.52

정답 ④

해설 남자는 몇 달 동안 아침 일찍 일어나 자기 계발을 하는 미라클 모닝을 하고 있다.

오답 ① 남자는 매일 일찍 일어나서 ~~몸이 피곤하다.~~
② 남자는 ~~일주일 전부터~~ 독서와 운동을 하고 있다.
③ 남자는 마음먹은 일을 하기 위해 ~~2시에 일어난~~다.

Key-Point! 4급 수준의 문제로, 인터뷰를 통해 내용과 일치하는 답을 찾아야 한다.

[23~24]

남자 : 여보세요. 인주시 평생 교육원이지요? 다음 학기부터 영어 회화 수업을 듣고 싶은데요. 23. 나이가 많은 사람만 수업을 들을 수 있나요?

여자 : 24. 인주시에 사는 지역민이시면 누구나 수업을 들으실 수 있습니다. 수강 신청하실 때 지역민임을 확인할 수 있도록 거주지가 나와 있는 신분증을 가지고 오셔야 합니다.

남자 : 그렇군요? 평생 교육원은 어르신들만 수강할 수 있는 곳인 줄 알았어요.

여자 : 그리고 65세 이상이시고 평생 교육 지원 대상자이시면 30% 수강료 할인 혜택이 있습니다.

23. 남자가 무엇을 하고 있는지 고르십시오.
[담화 상황 고르기]   p.52

정답 ②

해설 남자는 나이가 많은 사람만 수업을 들을 수 있는지 수강 신청 자격을 확인하고 있다.

오답 ① 다음 학기 수업을 신청하는 것은 아니다.
③ 여자가 수강료 할인에 대해 안내하고 있다.
④ 수강 신청에 필요한 서류를 문의하는 것은 아니다.

Key-Point! 4급 수준의 문제로, 남자가 무엇을 하고 있는지를 찾아야 한다.

24. 들은 내용으로 맞는 것을 고르십시오.

[일치하는 내용 고르기]　　　　　　　p.52

정답　④

해설　여자는 인주시에 사는 지역민이면 누구나 수업을
　　　들을 수 있다고 했다.

오답　① 남자는 이번 학기에 영어 회화 수업을 들었다.
　　　② 수강 신청을 할 때 반드시 거주지를 말해야 한
　　　　다.
　　　③ 65세 이상이면 누구나 수강료 할인을 받을 수
　　　　있다.

Key-Point!　4급 수준의 문제로, 사회적 대화를 통해
내용과 일치하는 답을 찾아야 한다.

[25~26]

여자 : 즉석식품에 들어가는 채소는 얼려 말린다
　　　는데 그 말이 잘 이해가 가질 않는데요?

남자 : 26. 보통 채소를 건조하면 말리는 과정에
　　　서 색깔도 어둡게 변하고 냄새도 안 좋게
　　　변하게 됩니다. 그러면 즉석식품의 맛에
　　　도 영향을 주고 보기에도 안 좋지요. 그
　　　래서 즉석식품에 넣는 채소는 영하 40도
　　　의 공기가 없는 상태에서 압력을 낮추어
　　　얼립니다. 그러면 열을 가하지 않아도 채
　　　소 속의 얼음이 사라지게 됩니다. 다시 점
　　　점 온도를 올리면 건조가 끝납니다. 이를
　　　25. 동결건조라 하는데 채소가 갖는 향과
　　　색을 보존시키는 중요한 방법입니다.

25. 남자의 중심 생각으로 가장 알맞은 것을 고르십
　　　시오.

　　　[중심 생각 고르기]　　　　　　　p.53

정답　③

해설　남자는 즉석식품에 들어가는 채소는 향과 색을
　　　보존시킨 동결건조 과정을 거쳐야 한다고 생각한
　　　다.

오답　① 남자는 즉석식품에 말린 채소를 넣으면 안 좋
　　　　다고 말하고 있다.
　　　② 채소를 얼리고 말리면 향과 색이 좋아지는 것
　　　　이 아니라 보존된다고 했다.
　　　④ 채소에 압력과 열을 가하면 채소의 특징이 변
　　　　해서 좋지 않다는 것은 중심 생각이 아니다.

Key-Point!　4급 수준의 문제로, 대화를 통해 남자의
중심 생각을 찾아야 한다.

26. 들은 내용으로 맞는 것을 고르십시오.
　　　[일치하는 내용 고르기]　　　　　　　p.53

정답　④

해설　남자는 보통 채소를 건조하면 색깔과 냄새도 안
　　　좋게 변한다고 말하고 있다.

오답　① 즉석식품에 넣는 채소는 높은 압력에서 말린
　　　　것이다.
　　　② 동결건조는 높은 온도에서 채소를 건조시키는
　　　　것이다.
　　　③ 채소를 얼리고 열을 가하면 채소 속의 얼음이
　　　　없어진다.

Key-Point!　5급 수준의 문제로, 인터뷰를 통해 내용과
일치하는 답을 찾아야 한다.

[27~28]

여자 : 이번 선거일에 해외 출장을 가게 돼서 투
　　　표 못 할 것 같아. 미리 투표할 수 있으면
　　　좋을 텐데.

남자 : 너처럼 선거일에 투표를 못하는 사람들을
　　　위해 미리 투표할 수 있는 제도가 생겼어.
　　　사전투표제라고 하는데. 27. 나도 지난번
　　　에 전주로 출장을 갔을 때 그곳 사전투표
　　　소에서 투표를 했어. 생각보다 간단하더라
　　　고.

여자 : 그런 좋은 제도가 있었구나. 국민의 권리
　　　를 행사할 수 있는 좋은 제도인 거 같다.
　　　그런데 사전투표는 어떻게 하는 거야?

남자 : 우선 네가 있는 곳에서 가까운 사전투표
　　　소를 찾아봐. 그리고 거기에 가서 28. 신
　　　분증을 보여주고 투표용지를 받아 투표하
　　　면 돼.

27. 남자가 말하는 의도로 알맞은 것을 고르십시오.
　　　[화자의 의도 고르기]　　　　　　　p.53

정답　④

해설　남자는 지난번 사전투표를 했던 경험을 바탕으로

투표 방법을 여자에게 말해주고 있다.

오답 ① 여자가 국민의 권리인 투표권에 대해 이야기하였다.

② 사전투표를 위해 투표소의 위치를 안내하려는 것은 아니다.

③ 사전투표를 하지 않는 것에 대한 불만을 말하려는 것은 아니라 사전투표를 하는 방법을 말하고 있다.

Key-Point! 5급 수준의 문제로, 대화를 통해 남자가 여자에게 말하는 의도를 찾아야 한다.

28. 들은 내용과 같은 것을 고르십시오.
[일치하는 내용 고르기] p.53

정답 ③

해설 남자는 사전투표소를 찾아가 신분증을 보여주면 투표용지를 받을 수 있다고 말하고 있다.

오답 ① 선거일에 출장을 가면 ~~투표를 할 수 없다.~~

② ~~출장을 가는 사람들만~~ 사전투표를 할 수 있다.

④ 선거일 전에 미리 투표할 수 있는 제도가 ~~올해 처음 생겼다.~~

Key-Point! 5급 수준의 문제로, 대화를 통해 내용과 일치하는 답을 찾아야 한다.

[29~30]

여자 : 사람들이 선생님처럼 머리가 긴 남자를 보면 이상하게 여기지는 않나요?

남자 : 사람들이 흘깃거리면서 보기도 하고 남자가 머리를 길게 기른다고 탐탁지 않게 여기기도 했습니다. 하지만 아픈 어린이들에게 머리카락을 나눠주기 위해 머리를 기르고 있다고 이야기하면 다들 저를 칭찬하십니다. 암에 걸린 어린이들은 치료를 받는 동안 머리카락이 빠져 심리적으로 우울해진다고 합니다. '어린 암 환자를 위한 머리카락 나눔 운동본부'에서는 **29.** 제가 기부한 머리카락으로 어린 암 환자들의 맞춤형 가발을 만들어 선물합니다.

여자 : 머리카락도 기부할 수 있는지 몰랐어요. 기부하시니까 어떠신가요?

남자 : 아주 작은 나눔이지만 나눔을 통해 누군

가가 희망을 품고 치료를 잘 받을 수 있다는 생각에 **30.** 다시 부지런히 머리를 길러서 기부해야겠다고 다짐했습니다.

29. 남자는 누구인지 맞는 것을 고르십시오.
[담화 참여자 고르기] p.54

정답 ③

해설 남자는 어린 암 환자들의 맞춤형 가발을 만드는 곳에 자신의 머리카락을 기부한 사람이다.

오답 ① 머리카락을 길게 길렀다고는 했지만 가장 길게 기른 사람은 아니다.

② 암 치료로 머리카락이 빠져 우울한 어린 환자에게 머리카락을 기부하는 사람이다.

④ 기부한 머리카락으로 맞춤형 가발을 만드는 사람은 아니다.

Key-Point! 5급 수준의 문제로, 인터뷰를 통해 남자가 어떤 일을 하는 사람인지 찾아야 한다.

30. 들은 내용과 같은 것을 고르십시오.
[일치하는 내용 고르기] p.54

정답 ②

해설 남자는 아픈 어린이들이 희망을 품고 치료받을 수 있도록 다시 머리를 길러 기부해야겠다고 다짐하였다.

오답 ① 남자는 머리를 ~~길게 길러서 칭찬을 받았다.~~

③ 남자는 ~~암에 걸렸지만 희망을 갖고 치료를 잘 받았다.~~

④ 어린 암 환자를 위한 가발은 ~~여자 머리카락으로 만들 수 없다.~~

Key-Point! 5급 수준의 문제로, 인터뷰를 통해 내용과 일치하는 답을 찾아야 한다.

[31~32]

여자 : **31.** 공원에서 어린이들에게 축구나 야구 같은 공놀이를 하지 말라고 하는 건 너무한 거 아닌가요? 아파트와 건물이 많은 도심에서 공원이 아니면 아이들이 뛰어놀 수 있는 공간이 없어요. 공원은 어린이들이

자유롭게 놀 수 있도록 만들어진 공간 아닌가요?

남자 : 공원 주변에 사는 주민들도 생각해야지요. **32.** 공 튀기는 시끄러운 소리 때문에 주민들이 스트레스를 받기도 하고 공이 날아와서 창문이 깨지는 피해를 당하는 경우도 있었어요.

여자 : 밤늦게 공놀이를 하는 것도 아니고 낮에 한두 시간 정도 노는 건데 이걸 못 하게 하는 것은 어른들의 이기심이라고 생각해요.

남자 : 공원은 어린이들만 있는 곳이 아니에요. 잘 걷지 못하는 **32.** 영유아나 나이가 많은 어르신들이 공에 맞아 다친 적도 있다고 해요.

31. 남자의 중심 생각으로 가장 알맞은 것을 고르십시오.

[중심 생각 고르기] p.54

정답 ①

해설 공원에서 어린이들이 공놀이를 해도 되는지에 대한 토론이다. 남자는 공원에서 공놀이하면 공원 주변에 사는 주민들과 공원에 있는 다른 사람들에게 피해를 주므로 하지 말아야 한다고 생각한다.

오답 ② 어린이들은 늦은 시간에 공원에서 놀면 안 된다는 내용은 나오지 않는다.
③ 어린이들이 공놀이를 할 수 있는 공원이 필요하다는 말은 대화 중에 나오지 않는다.
④ 공원에서 공놀이할 때 주민들의 허락을 받아야 하는 것이 아니라 공원에서 공놀이를 하지 말아야 한다고 생각한다.

🔑 **Key-Point!** 5급 수준의 문제로, 대화를 통해 남자의 중심 생각을 찾아야 한다.

32. 남자의 태도로 가장 알맞은 것을 고르십시오.

[화자의 태도 고르기] p.54

정답 ④

해설 남자는 주민들이 스트레스를 받거나 창문이 깨지는 등 사람들에게 피해를 준 사례를 들고 있다.

오답 ① 남자는 발생할 사고에 대해 염려하는 것이 아니라 이미 발생한 사고에 대해 말하고 있다.
② 남자는 피해 사례를 말하며 자신의 의견을 주장하고 있으므로 문제의 해결 방안을 촉구하고 있는 것은 아니다.
③ 남자는 피해 사례를 말하면서 자신의 의견을 주장하므로 여자의 의견을 조심스럽게 반박하고 있는 것은 아니다.

🔑 **Key-Point!** 5급 수준의 문제로, 대화를 통해 남자의 태도나 심정으로 맞는 답을 찾아야 한다.

[33~34]

남자 : **33.** 가짜뉴스, 거짓 정보들은 미디어나 인터넷을 통해 사람들에게 전염병처럼 퍼져 나가 사회 모든 곳에 나쁜 영향을 미칩니다. 이런 거짓 정보는 **34.** 큰 재난이나 경제 위기, 감염병 유행 등의 상황에서 더 빨리 확산되는 경향이 있습니다. 사람들의 불안감이 높아지면 거짓 정보의 공유가 활발해지기 때문입니다. 온라인이나 미디어에서 특정 이슈에 대한 정보가 쏟아져 나올수록 잘못된 정보나 가짜뉴스가 포함될 가능성도 커집니다. 결과적으로 사람들이 신뢰할 만한 정보를 찾기 더욱 어려워집니다.

33. 무엇에 대한 내용인지 알맞은 것을 고르십시오.
[주제 고르기] p.55

정답 ④

해설 남자는 큰 재난이나 경제 위기 등의 사회 상황이 나빠질수록 거짓 정보의 공유가 활발해진다며 거짓 정보의 확산 과정에 대해 설명하고 있다.

오답 ① 거짓 정보를 구별하는 방법에 대해 남자의 발화에 나오지 않는다.
② 사람들이 전염병에 걸리는 이유는 남자의 발화에 나오지 않는다.
③ 거짓 정보가 사람들에게 나쁜 영향을 준다고 했지만 자세한 내용은 나오지 않는다.

🔑 **Key-Point!** 5급 수준의 문제로, 남자의 강연을 통해 주제를 찾아야 한다.

제2회

제2회 실전모의고사 정답과 해설 273

34. 들은 내용과 같은 것을 고르십시오.
[일치하는 내용 고르기]   p.55

정답 ①

해설 남자는 거짓 정보는 사회에 큰 위기 상황일 때 더 빨리 확산되는 경향이 있다고 말하고 있다.

오답 ② 전염병은 미디어나 온라인을 통해 퍼져나간다.
~~③ 신뢰할만한 정보는 사람들의 불안감을 높인다.~~
~~④ 미디어나 인터넷의 정보에는 항상 거짓 정보가 있다.~~

Key-Point! 5급 수준의 문제로, 강연을 통해 내용과 일치하는 답을 찾아야 한다.

[35~36]

여자 : 도시를 여행할 때 놀이공원처럼 입장료를 내야 하는 곳이 생겼습니다. 바로 이탈리아의 '물의 도시' **35.** 베네치아가 오늘부터 세계 최초로 당일 관광객에게 입장료를 받습니다. 너무 많은 관광객이 몰리자 한국 돈 약 7천 원을 받으며 관광객을 조절해 보겠다는 것입니다. 대신 **36.** 하루라도 숙박하는 사람들은 입장료를 면제받습니다. 베네치아는 매년 2,000만 명이 넘는 관광객이 몰려 골머리를 앓아 왔습니다. 주민들은 소음과 사생활 침해로 이 도시를 떠났다고 합니다. 관광객들을 분산시켜 주민들의 불편을 해소하고 주요 문화재 등 시설을 보호하기 위해서라도 입장료를 받아야 한다는 게 시의 입장입니다.

35. 여자는 무엇을 하고 있는지 고르십시오.
[화자의 목적 고르기]   p.55

정답 ④

해설 여자는 베네치아에 관광 입장료가 생기게 된 이유에 대해 설명하고 있다.

오답 ① 이탈리아의 유명 관광지를 소개하는 것은 아니다.
② 베네치아 관광객이 2,000만 명이라는 내용은 나오지만 관광객 수를 발표하려는 것은 아니다.

③ 베네치아를 관광할 때 불편한 점에 대한 내용은 나오지 않는다.

Key-Point! 5급 수준의 문제로, 보도를 통해 여자가 말하는 의도를 찾아야 한다.

36. 들은 내용과 같은 것을 고르십시오.
[일치하는 내용 고르기]   p.55

정답 ③

해설 여자는 베네치아에서 하루라도 숙박하는 사람들은 관광 입장료가 면제라고 말했다.

오답 ① 베네치아의 ~~놀이공원은~~ 입장료를 내야 한다.
② 베네치아는 세계 ~~최초로~~ 물의 도시가 되었다.
④ 베네치아에 사는 주민들은 ~~소음 때문에 두통이 생겼다.~~

Key-Point! 5급 수준의 문제로, 보도를 통해 내용과 일치하는 답을 찾아야 한다.

[37~38]

남자 : 책 내용을 간단하게 설명해주는 영상 시청으로 독서를 대신하는 것에 대해 어떤 생각을 가지고 계신가요?

여자 : **37.** 독서 대신 영상을 보는 습관이 들면 당장은 새롭게 만들어진 지식을 얻는 듯한 느낌이 들지만 장기적으로는 스스로 생각하는 능력을 잃게 될 가능성이 높습니다. 자칫하면 궁금한 주제를 짧고 흥미롭게 만든 영상만 골라 보고, 요약된 내용에만 익숙한 사람이 될 수 있어요. 세상은 갈수록 복잡해지고 단순화할 수 없는 일들이 많아지는데 **38.** 영상 제작자가 주관적으로 편집한 지식에 길들여지면 한쪽으로 치우친 생각을 하게 되며, 가짜 정보에 대한 분별력도 떨어지기 쉬워요.

37. 여자의 중심 생각으로 가장 알맞은 것을 고르십시오.
[중심 생각 고르기]   P.56

정답 ②

해설 여자는 책의 내용을 요약한 영상 시청은 스스로 생각하는 능력을 잃게 될 가능성이 있으므로 영상 시청은 독서를 대신 할 수 없다고 생각한다.

오답 ① 생각하는 능력을 기르려면 반드시 독서를 해야 한다는 내용은 나오지 않는다.
③ 책 내용이 모두 포함된 흥미로운 영상을 만들어야 한다는 내용은 중심 생각이 아니다.
④ 책을 읽는 대신 영상을 보면 새로운 지식을 얻을 수 있다는 내용은 없다.

Key-Point! 5급 수준의 문제로, 프로그램을 통해 여자의 중심 생각을 찾아야 한다.

38. 들은 내용과 같은 것을 고르십시오.
[일치하는 내용 고르기] p.56

정답 ④

해설 여자는 주관적으로 편집된 영상을 시청하면 한쪽으로 치우친 생각을 하게 되며, 가짜 정보에 대한 분별력도 떨어지기 쉽다고 말했다.

오답 ① 세상의 복잡해질수록 단순화된 영상이 많이 제작된다.
② 편집된 영상 시청은 분별력을 향상시키는 데 도움이 된다.
③ 책 내용을 편집한 영상을 시청하면 궁금한 것을 빨리 찾을 수 있다.

Key-Point! 6급 수준의 문제로, 프로그램을 통해 내용과 일치하는 답을 찾아야 한다.

[39~40]

여자 : **39.** 딥페이크 범죄가 유명인들에게만 일어나는 것은 아니었군요. 그럼 주로 어떤 방식으로 대상이 되는 사진을 가지고 와서 범죄에 활용하는 건가요?

남자 : 요즘 배우나 가수뿐 아니라 불특정 다수의 얼굴에 음란물을 합성하는 딥페이크 불법 영상물이 많습니다. 이것들이 무분별하게 공유되기 때문에 누구나 피해자가 될 수 있습니다. 우리가 인터넷 공간에 올리는 개인 사진이나 졸업 사진들을 범죄자들이 불법으로 도용해서 딥페이크 영상물을 만드는 겁니다. **40.** 이러한 영상물을 다른 사람에게 배포하거나 소지하는 것 또한 불법이며 시청만 하더라도 강력한 처벌을 받습니다. 피해자 역시 숨거나 방관하지 말고 적극적으로 도움을 요청해야 할 것입니다. 그리고 딥페이크 영상물이 인터넷으로 빠르게 확산되기 때문에 경찰의 집중적이고 대대적인 단속이 필요해 보입니다.

39. 이 대화 전의 내용으로 가장 알맞은 것을 고르십시오.
[담화 앞의 내용 고르기] p.56

정답 ③

해설 여자의 첫 번째 발화에서 딥페이크 범죄가 유명인들에게만 일어나는 범죄가 아니라고 말하고 있으므로 앞에는 일반인들에게 일어난 딥페이크 범죄에 대한 내용이 있었을 것이다.

오답 ① 여자의 첫 번째 발화에서 불법 영상물에 유명인들이 나오는 일이 있다고 이미 말했다.
② 인터넷에서 딥페이크 불법 영상물이 만들어지는 과정은 대담 중간에 나온다.
④ 딥페이크 영상물의 피해자들은 자신의 사진이 사용된 것을 알았다는 내용은 나오지 않는다.

Key-Point! 6급 수준의 문제로, 대담을 통해 앞뒤 상황을 추론하여 답을 찾아야 한다.

40. 들은 내용과 같은 것을 고르십시오.
[일치하는 내용 고르기] p.56

정답 ③

해설 다른 사람들에게 딥페이크 영상물을 배포하면 처벌을 받을 수 있다고 대담의 중간에 나온다.

오답 ① 인터넷에 개인 사진을 올리는 것은 불법이다.
② 특정한 사람들만 딥페이크 영상물의 피해자가 된다.
④ 딥페이크 영상물은 유명인들의 사진만을 활용해 만들어진다.

Key-Point! 6급 수준의 문제로, 대담을 통해 내용과 일치하는 답을 찾아야 한다.

여자 : 최근 **41.** 새로운 형태의 사기 수법들이 온라인에서 끊임없이 나타나고 있으므로 조심해야 합니다. 한 가지 새로운 사기 수법 중 하나는 **42.** 가짜 주차 위반 스티커를 사용해 사람들의 정보가 담긴 컴퓨터를 해킹하는 것입니다. 이들의 사기 방법은 주차된 자동차의 앞 유리창에 가짜 주차 위반 스티커들이 놓이면서 시작됩니다. 이 스티커에는 주차 위반 벌금을 감면받는 방법과 납부를 피하는 방법을 알려주는 웹사이트 주소가 나와 있어 피해자들이 이 웹사이트를 방문하도록 유도합니다. 일단 그 사이트로 들어가면, 사용자들은 지정된 버튼을 클릭하여 특정 아이콘을 설치하도록 지시를 받게 됩니다. 그러나 이 아이콘은 심각한 개인 정보 손실을 야기시킬 수 있는 바이러스로 컴퓨터를 감염시킵니다.

41. 이 강연의 중심 내용으로 맞는 것을 고르십시오.
[중심 내용 고르기] p.57

정답 ③

해설 개인 정보 손실을 야기하는 새로운 형태의 사기 수법이 나타났으므로 조심해야 한다고 말하고 있다.

오답 ① 주차 위반 벌금을 반드시 내야 한다는 것은 중심 내용이 아니다.
② 주차 위반 벌금을 내는 새로운 방법이 생겼다는 내용은 나오지 않는다.
④ 주차 위반 스티커가 가짜인지 확인할 필요가 있다는 것은 논점이 아니다.

Key-Point! 6급 수준의 문제로, 강연을 통해 중심 내용이나 핵심 내용을 찾아야 한다.

42. 들은 내용과 일치하는 것을 고르십시오.
[일치하는 내용 고르기] p.57

정답 ①

해설 여자는 최근 새로운 형태의 사기법 중에 가짜 주차 위반 스티커가 사람들의 컴퓨터를 해킹한다고 말하고 있다.

오답 ② 주차 위반 벌금을 내려면 웹사이트를 방문해야 한다.
③ 가짜 주차 위반 스티커를 받으면 개인 정보가 사라진다.
④ 가짜 웹사이트에 방문하면 컴퓨터가 바이러스에 감염된다.

Key-Point! 6급 수준의 문제로, 강연을 통해 내용과 일치하는 답을 찾아야 한다.

[43~44]

여자 : 바닷속을 관찰한 영상을 살펴보면 **43.** 물고기들이 떼를 지어 하나의 무리로 다니는 모습을 볼 수 있다. 함께 다니면 포식자가 한 물고기만을 개별적으로 포착하고 습격하기가 어려워 무리 속의 물고기는 외부의 적으로부터 자신을 보호할 수 있다. 또한 물고기가 떼로 이동할 때 생기는 작은 소용돌이와 물줄기는 혼자 움직일 때보다 힘이 덜 들어 이동에 따른 에너지를 절약할 수 있다. 무엇보다 많은 **44.** 물고기가 한데 모여 있으면 암수가 만날 기회가 높아져 종족 번식에 유리할 뿐만 아니라 물고기는 체외 수정을 하기 때문에 흩어져 있는 것보다 모여 있을 때 수정 확률도 높아진다.

43. 무엇에 대한 내용인지 알맞은 것을 고르십시오.
[중심 내용 고르기] p.57

정답 ①

해설 물고기가 무리 지어 다니면 외부의 적으로부터 자신을 보호하고 이동에 따른 에너지가 절약되는 등 무리 지어 다닐 때 유리한 점에 대한 내용이다.

오답 ② 물고기가 무리 지어 다니는 방향에 대한 내용은 나오지 않는다.
③ 물고기가 무리로 다닐 때의 모습에 대한 내용은 아니다.
④ 바닷속에서 물고기들이 이동하는 방법에 대해 발화의 앞부분에 나와 있지만 전체적인 내용은 아니다.

Key-Point! 6급 수준의 문제로, 다큐멘터리를 통해 중심 내용을 찾아야 한다.

44. 물고기들이 함께 다니는 것이 종족 번식에 유리한 이유로 맞는 것을 고르십시오.

[일치하는 내용 고르기] p.57

정답 ④

해설 물고기가 한데 모여 있으면 암수가 만날 기회가 높아져 종족 번식에 유리하다.

오답 ① 체외 수정을 한 후 흩어진다는 말은 내용 중에 나오지 않는다.
② 물고기들이 떼를 지어 이동할 때 에너지를 절약하는 것은 종족 번식과는 관계없다.
③ 무리로 다니면 적이 습격하기 어려운 것이지 종족 번식과는 관계없다.

Key-Point! 6급 수준의 문제로, 다큐멘터리를 통해 내용과 일치하는 답을 찾아야 한다.

[45~46]

여자 : '우회전 일시 정지' 정책이 시행된 지 2년이 지났는데도 관련 사고가 끊이지 않자 우회전 차량 사고를 예방하기 위해 인공지능 첨단 기술을 활용한 우회전 차량 주의 알리미를 설치했습니다. 이 장치는 차량과 보행자의 교차로 접근 여부에 따라 다르게 안내됩니다. **45.** 인공지능시스템이 운전자와 보행자 모두 교차로로 진입하는 경우를 실시간으로 판단하여 쌍방향으로 안내합니다. 이에 따라 운전자는 교차로에서 우회전하기 전부터 보행자가 횡단보도에 접근하고 있는지, 실제로 건너고 있는지 사전에 전달받을 수 있습니다. 이 시스템은 사각지대 등으로 발생할 수 있는 **46.** 우회전 차량 사고를 선제적으로 차단하는 데 도움이 됩니다. 또, 운전자와 보행자가 동시에 경고 안내를 받기 때문에 '2중 예방' 효과도 기대할 수 있습니다.

45. 들은 내용과 일치하는 것을 고르십시오.

[일치하는 내용 고르기] p.58

정답 ③

해설 우회전 차량 주의 알리미는 운전자와 보행자 모두 교차로로 진입하는 경우 실시간으로 판단해 쌍방향으로 안내한다.

오답 ① 이 장치는 2년 전에 설치되었다.
② 이 장치는 운전자에게 사각지대를 보여준다.
④ 이 장치는 보행자가 교차로에 접근하는 것을 차단한다.

Key-Point! 6급 수준의 문제로, 강연을 통해 내용과 일치하는 답을 찾아야 한다.

46. 여자가 말하는 방식으로 가장 알맞은 것을 고르십시오.

[화자의 태도 고르기] p.58

정답 ②

해설 우회전 차량 주의 알리미는 실시간으로 판단해 보행자와 운전자에게 정보를 전달하기 때문에 우회전 차량 사고 예방에 효과가 있을 것이라며 기대하고 있다.

오답 ① 우회전 차량 사고가 발생하는 과정이 아닌 이 장치가 우회전 사고를 예방할 것이라고 말하고 있다.
③ 우회전 차량 사고를 예방하기 위한 대책으로 만든 장치에 대해 말하고 있다.
④ 이 장치로 인해 우회전 사고가 감소되었다는 내용은 나오지 않는다.

Key-Point! 6급 수준의 문제로, 강연을 통해 여자의 태도나 심정으로 알맞은 답을 찾아야 한다.

[47~48]

여자 : 정부가 청년 실업 문제를 해소하기 위한 대책으로 임금피크제를 내놨습니다. 어떻게 보십니까? 이 대책이 좀 효과가 있을까요?

남자 : 지금 청년 실업 문제가 심각해 정부도 나름대로 애를 쓰고 있습니다. 기존에 일자리를 갖고 있는 사람들이 정년을 연장하면 그들의 임금은 올라가게 될 것이고 그러면 청년들은 더욱 일자리를 얻기 힘들어지게 될 것입니다. 그래서 **47. 48.** 정년을 연장한 고위직의 임금을 좀 깎는 임금피크제를 도입하려고 합니다. 사실 임금피크제를 통해서는 청년들에게 새로운 일자리를 제공할 수 있는 규모는 그리 크지 않을

것입니다. 그렇기 때문에 민간 부문의 경우는 근로 시간 단축을 통해서 세대 간의 일자리를 좀 나누어야 할 것이고 정부는 청년실업의 심각성을 고려하여, 국민들의 수요가 있는 공공 부문의 일자리를 적극적으로 발굴하고 창출해야 할 것입니다. 민간 부문과 공공 부문 모두에서 청년들의 일자리를 제공하려는 보다 적극적인 노력이 필요하지 않을까 생각합니다.

47. 들은 내용과 일치하는 것을 고르십시오.
[일치하는 내용 고르기]   p.58

정답 ②

해설 남자는 고위직의 임금을 깎는 임금피크제를 통해 청년들이 새롭게 일자리를 제공할 수 있는 규모는 크지 않을 것이라고 말하고 있다.

오답 ① 임금피크제로 청년들이 모두 일자리를 갖게 ~~되었다.~~
③ 정부는 근로 시간 단축을 통해 청년들에게 일자리를 제공한다.
④ 새로운 일자리를 창출하기 위해 민간 부문에서 노력해야 한다.

🔑Key-Point! 6급 수준의 문제로, 대담을 통해 내용과 일치하는 답을 찾아야 한다.

48. 남자의 태도로 가장 알맞은 것을 고르십시오.
[화자의 태도 고르기]   p.58

정답 ③

해설 남자는 정부가 내놓은 임금피크제로는 청년 일자리를 제공하기 힘들다며 정부의 대책에 대해 회의적인 태도를 보이고 있다.

오답 ① 임금피크제의 도입에 대해 부정적인 입장이기 때문에 반기는 것은 아니다.
② 청년 실업 문제가 심각하다는 내용은 있지만 전반적인 내용은 민간 부문과 공공 부문의 대책을 말하고 있다.
④ 공공 부문에서도 일자리 창출을 위해 노력해야 한다고 말하고 있다.

🔑Key-Point! 6급 수준의 문제로, 대담을 통해 남자의

태도로 알맞은 답을 찾아야 한다.

[49~50]

여자 : 49. 머그샷은 사람이 경찰에게 체포된 후 촬영한 어깨 위 사진을 의미하는 비공식 용어입니다. 최근 머그샷이 범죄 예방과 범죄자 처벌에 대한 효과적인 수단으로 여겨지고 있습니다. 얼마 전 시행된 '중대범죄 신상 공개법 시행령'에 따라 특정 중대범죄자의 경우 대상자의 동의 여부와 관계없이 수사기관이 '머그샷'을 활용해 범죄자의 신상을 공개할 수 있게 되었습니다. 일각에서는 머그샷 공개에 대해 범죄자의 인권침해와 관련된 부작용을 우려하는 목소리도 존재합니다. 하지만 머그샷 공개가 가져올 다양한 이점도 분명히 있습니다. 먼저, 50. 범죄자의 얼굴 공개함으로써, 범죄 예방에 효과적일 수 있고 범죄자의 신상 정보를 공개함으로써, 범죄자의 재범을 방지할 수 있습니다. 또한 신상 정보 공개를 통해 범죄자의 사회적 지위를 박탈함으로써 범죄자 처벌에 대한 인식을 강화할 수 있지요.

49. 들은 내용과 일치하는 것을 고르십시오.
[일치하는 내용 고르기]   p.59

정답 ①

해설 여자는 머그샷은 비공식적인 용어라고 말하고 있다.

오답 ② 머그샷 공개에서 범죄자의 ~~개인 정보는 제외된다.~~
③ 머그샷을 활용하려면 반드시 ~~대상자의 동의가 있어야 한다.~~
④ 머그샷 공개로 범죄자의 ~~사회적 지위 박탈을 막을 수 있다.~~

🔑Key-Point! 6급 수준의 문제로, 강연을 통해 내용과 일치하는 답을 찾아야 한다.

50. 여자의 태도로 가장 알맞은 것을 고르십시오.
[화자의 태도 고르기]   p.59

정답 ②

해설 여자는 머그샷 공개함으로써 범죄 예방 효과, 범죄자의 재범 방지 및 범죄자 처벌에 대한 인식이 강화될 것이라며 머그샷 공개의 긍정적인 효과를 기대하고 있다.

오답 ① 범죄자의 인권침해에 대해 우려하는 내용은 나오지 않는다.
③ 범죄자 처벌에 대한 인식 변화를 당부하는 내용은 나오지 않는다.
④ 머그샷 공개로 인한 수사기관의 어려움을 호소하는 내용은 나오지 않는다.

Key-Point! 6급 수준의 문제로, 강연을 통해 여자의 태도로 알맞은 답을 찾아야 한다.

2회 실전모의고사 정답 및 풀이

쓰기 51번~53번

51. 들어갈 표현 쓰기   p.60

화장실 이용 안내

화장실에서는 금연이므로 담배를 (㉠) 안 됩니다.
또한 화장실에 화장지가 없으니 미리 (㉡) 후에 이용하시기 바랍니다.
사람이 많을 때는 줄을 서서 기다리시기 바랍니다.

화장실 이용 안내

화장실에서는 **51-㉠.** 금연이므로 담배를 (㉠) 안 됩니다. 또한 **51-㉡.** 화장실에 화장지가 없으니 미리 (㉡) 후에 이용하시기 바랍니다. 사람이 많을 때는 줄을 서서 기다리시기 바랍니다.

㉠

Key-Point! · 금연이기 때문에 담배를 피울 수 없음을 안내해야 한다.

문형   -면 안 되다

정답   1) 피우면
     2) 피우시면

오답   피우지, 피울 수
     → '안 됩니다'와 연결되는 표현을 사용해야 한다.

㉡

Key-Point! · 화장실에 화장지가 없기 때문에 이용자가 미리 준비해야 함을 안내해야 한다.

문형   -(으)ㄴ 후에

정답   1) 준비한
     2) 준비하신

오답   있은
     → '준비하다'라는 어휘가 적절하다.

52. 들어갈 말을 문장으로 쓰기   p.60

52-㉠. 사람은 다른 사람의 감정을 똑같이 느끼는 능력이 있다. 친구가 슬퍼하면 함께 슬퍼하고, 기뻐하면 함께 기뻐한다. **51-㉠.** 그런데 개도 사람의 감정을 똑같이 (㉠) 연구 결과가 나왔다. 이 연구에 따르면 개에게 사람의 웃음소리와 울음소리를 들려줬을 때, 정확히 울음소리에만 (㉡). **52-㉡.** 하품을 하는 것은 개가 슬픈 감정을 느껴 스트레스를 받고 있다는 의미이다.

㉠

Key-Point! · 앞문장과 연결되어 감정을 '느끼다'라는 어휘가 적절하다.
· 뒤에 '연구 결과'를 수식하는 문법을 사용해야 한다.

문형   -는

정답   1) 느낀다는
     2) 느낄 수 있다는

오답   느낀다
     → '연구 결과'를 수식하기 위해 '-는' 문법을 사용해야 한다.

㉡

Key-Point! · 개가 사람의 좋은 감정과 슬픈 감정을 구분하여 반응한다.
· 뒷문장에 나온 '하품'과 연결지어야 한다.

문형 -았/었-
　　　-다고 하다

정답 1) 하품을 했다
　　　2) 하품을 했다고 한다

오답 하품을 한다
　　　→ 연구 결과를 인용했기 때문에 과거형을 사용
　　　해야 한다.

53. 표/그래프 보고 단락 쓰기

p.61

조사기관 : 문화체육관광부

그래프1	각 연도별 한국인의 생활체육 참여율의 그래프 읽기 - 2012년부터 2018년까지 참여율이 꾸준히 증가하였다.
그래프2	성별에 따른 참여 종목 순위에 대한 그래프 읽기 - 남성은 등산, 걷기, 보디빌딩 순으로 참여율이 높았고, 여성은 걷기, 등산, 수영 순으로 참여율이 높다. - 등산과 걷기는 남성과 여성이 모두 많이 참여하는 운동이다.
그래프3	생활체육 참여율의 변화 원인 쓰기 - 건강에 대한 관심이 늘어나고 체육 동호회 수가 증가했기 때문에 생활체육 참여율이 증가하였다.

정답 (그래프1)문화체육관광부에서 한국인의 생활
　　　체육 참여율을 조사한 결과 2012년에 35%였고
　　　2015년에 45%, 2018년에는 52%로 점차 증가하
　　　였다.
　　　(그래프2)다음으로 성별에 따른 참여 종목 순위
　　　를 살펴보면 남성은 등산, 걷기, 보디빌딩 순이고
　　　여성은 걷기, 등산, 수영 순으로 나타났다. 이를
　　　통해 등산과 걷기는 남성과 여성이 모두 많이 참

여하는 운동임을 알 수 있다.
(그래프3)이렇게 생활체육 참여율이 증가한 원인
은 첫째로 건강에 대한 관심이 늘었기 때문이고,
둘째로 체육 동호회 수가 증가했기 때문이다.

54. 주제에 대해 글쓰기

p.61

키오스크는 가게나 식당 등에서 직원 대신 서비스를 제공하기 위해 설치된 기기로 손님들이 화면을 눌러 주문하거나 결제할 수 있다. 이러한 기능을 갖춘 키오스크의 등장으로 최근 직원을 채용하는 대신 키오스크를 설치하는 곳이 늘고 있다.
아래의 내용을 중심으로 키오스크의 장점과 문제점에 대해 자신의 의견을 쓰라.

과제1	키오스크 사용의 장점은 무엇인가?
과제2	키오스크 사용의 문제점은 무엇인가?
과제3	키오스크 사용의 문제점을 해결할 수 있는 방법은 무엇인가?

과제1	키오스크의 정의 키오스크 사용의 장점 효율적이고 빠른 일처리 주문 오류 문제 방지 인건비 절약
과제2	키오스크 사용의 문제점 -실직자들의 증가 -기기에 미숙한 노인이나 장애인들의 불편
과제3	키오스크 사용의 문제점을 해결할 수 있는 방법 직원과 키오스크를 함께 배치 키오스크 안내 음성 지원 기능 추가

정답 과제1)키오스크는 매장에서 무인으로 서비스를
　　　제공하는 기기로, 최근 키오스크를 설치하는 매
　　　장이 빠르게 늘고 있다. 키오스크는 빠르고 효율
　　　적으로 일을 처리할 수 있게 도와준다. 고객은 직
　　　원과 길게 대화할 필요 없이 원하는 상품이나 메
　　　뉴를 선택하고 결제하면 된다. 이렇게 고객이 직
　　　접 주문하고 결제하기 때문에 주문 오류 문제도
　　　방지할 수 있다. 또한 가게의 입장에서는 인건비
　　　를 절약할 수 있어 만족도가 높은 편이다.
　　　과제2)그러나 장점만큼이나 단점도 존재한다. 키
　　　오스크가 직원들의 업무를 대신하면서 일자리를

잃은 사람들이 생겼다. 키오스크가 늘어나고 있는 상황에 자신의 일자리를 걱정하는 사람들도 늘어나고 있다. 또한 키오스크는 화면을 눌러서 주문하기 때문에 전자기기에 익숙하지 않은 노인이나 앞을 볼 수 없는 시각 장애인들이 불편을 겪는 경우가 많다.

과제3)이러한 키오스크의 단점을 보완할 수 있는 방법을 살펴보면 먼저 가게에서 키오스크만 설치하는 것이 아니라 키오스크와 더불어 직원도 같이 배치해야 한다. 그렇게 되면 직원도 일자리를 잃지 않으면서 키오스크를 통해 능률을 높일 수 있다. 나이가 많은 손님들은 직원에게 도움을 요청할 수 있기 때문에 불편함을 해결할 수 있다. 또한 키오스크에 안내 음성 기능을 추가하면 시각 장애인들이 보다 쉽게 서비스를 이용할 수 있을 것이다.

2회 실전모의고사 정답 및 풀이

읽기	1번~50번

1	④	2	②	3	④	4	②	5	①
6	④	7	③	8	①	9	③	10	②
11	③	12	④	13	④	14	①	15	③
16	①	17	①	18	②	19	②	20	③
21	③	22	④	23	②	24	④	25	②
26	④	27	②	28	③	29	④	30	①
31	②	32	①	33	①	34	③	35	②
36	③	37	④	38	①	39	④	40	③
41	②	42	①	43	①	44	③	45	②
46	③	47	①	48	④	49	③	50	③

1. 어휘나 표현의 의미 고르기   p.65

아무리 화가 (　　　) 친구와 싸우면 안 된다.

정답　④

해설　-더라도 : 앞에 오는 말을 가정하거나 인정하지만
뒤에 오는 말에는 관계가 없거나 영향을 끼치지
않음을 나타내는 연결 어미이다.

　　　예 무슨 일이 있더라도 올해 안으로 일을 마쳐야
한다.

오답　① -듯이 : 앞의 내용과 뒤의 내용이 거의 같음을
나타내는 연결 어미이다.

　　　예 물 쓰듯이 돈을 쓰다.

　　　② -든지 : 두 가지 사실 가운데 어느 하나를 선
택함을 나타내는 연결 어미이다.

　　　예 졸리면 들어가서 자든지 하세요.

③ -으니까 : 뒤에 오는 말에 대하여 앞에 오는 말
이 원인이나 근거, 전제가 됨을 강조하여 나타
내는 연결 어미이다.

　　　예 1시간 전에 출발했으니까 곧 도착할 거예요.

Key-Point! 　기본 문법 사용 능력을 측정하는 문항으
로 3급 수준의 문법이 출제되며 기출문제를 중심으로 문
법을 정리해 두면 좋다.

2. 어휘나 표현의 의미 고르기   p.65

밥을 조금만 먹는 것을 보니 입맛이 (　　　).

정답　②

해설　-나 보다 : 어떤 사실이나 상황으로 미루어 볼 때
그런 것 같다는 추측을 나타내는 표현이다.

ⓔ 민수 씨가 큰 가방을 멘 걸 보니 여행을 <u>가나
보다</u>.

오답 ① −게 하다 : 다른 사람에게 어떤 행위를 시키거
나 허락할 때, 또는 어떤 사물이 어떤 작동을
하도록 만들 때 쓰는 표현이다.

ⓔ 엄마가 아이에게 우유를 <u>마시게 한다</u>.

③ −는 셈이다 : 어떤 형편이나 결과를 나타내는
표현이다.

ⓔ 열 개 중에 아홉 개를 먹었으면 혼자 다 <u>먹은
셈이다</u>.

④ −을 리가 없다 : 앞의 말이 나타내는 내용에
대해 그럴 이유나 가능성이 없다고 말하는 사
람의 확신을 나타내는 표현이다.

ⓔ 이 옷은 내 몸에 맞춘 것이니까 너한테 <u>맞을 리
가 없다</u>.

Key-Point! 기본 문법 사용 능력을 측정하는 문항으
로 3급 수준의 문법이 출제되며 기출문제를 중심으로 문
법을 정리해 두면 좋다.

3. 어휘나 표현의 의미 고르기   p.65

회사에 <u>늦을까 봐</u> 택시를 타고 갔다.

정답 ④

해설 −을까 봐 : 앞말이 뜻하는 상황이 될 것을 걱정하
거나 두려워함을 나타내는 표현이다.

ⓔ 나는 날씨가 <u>추울까 봐</u> 옷을 두껍게 입고 왔다.

−을 것 같아서 : 추측을 나타내는 표현이다.

ⓔ 손님이 많이 <u>오실 것 같아서</u> 음식을 더 준비했
다.

오답 ① −을수록 : 앞의 말이 나타내는 정도가 심해지
면 뒤의 말이 나타내는 내용의 정도도 그에 따
라 변함을 나타내는 연결 어미이다.

ⓔ 산은 높이 <u>올라갈수록</u> 기온이 떨어진다.

② −는데 : 뒤의 말을 하기 위하여 그 대상과 관련
이 있는 상황을 미리 말함을 나타내는 연결 어
미이다.

ⓔ 식사 시간이 <u>되었는데</u> 괜찮다면 같이 밥 먹을
래?

③ −는 바람에 : 앞말이 나타내는 행동이나 상태

가 뒤에 오는 말의 원인이나 이유가 됨을 나타
내는 표현이다.

ⓔ 길이 너무 <u>막히는 바람에</u> 늦었다.

Key-Point! 유의 표현 능력을 측정하는 문항으로 4급
수준의 문항이 출제되며 기출문제를 중심으로 문법을
정리해 두면 도움이 된다.

4. 어휘나 표현의 의미 고르기   p.65

약속 시간이 다 되어서 지금 막 <u>나가려던 참이었
다</u>.

정답 ②

해설 −으려던 참이다 : 무엇을 하는 경우나 때, 또는 무
엇을 할 생각이나 마음을 나타
내는 표현이다.

ⓔ 배가 고파서 막 식사를 <u>하려던 참이다</u>.

−려고 하다 : 어떤 행동을 할 의도나 욕망을 가지
고 있음을 나타내는 표현이다.

ⓔ 나는 손을 들고 질문을 <u>하려고 했다</u>.

오답 ① −을 뻔하다 : 어떤 일이 일어날 수 있었으나 결
국 그렇게 되지 않았음을 나타내는 표현이다.

ⓔ 나는 음악을 크게 듣고 운전하다가 사고를 낼
<u>뻔했다</u>.

③ −았/었어야 하다 : 과거에 어떤 일이 일어나면
좋았거나 일어나지 않았으면 좋았다고 생각하
며 아쉬움을 나타내는 표현이다.

ⓔ 오늘 지각했다. 어젯밤에 일찍 <u>잤어야 했다</u>.

④ −는 척하다 : 실제로 그렇지 않은데도 어떤 행
동이나 상태를 거짓으로 꾸밈을 나타내는 표
현이다.

ⓔ 한국어를 잘 못하는데 잘하는 <u>척했다</u>.

Key-Point! 유의 표현 능력을 측정하는 문항으로 4급
수준의 문항이 출제되며 기출문제를 중심으로 문법을
정리해 두면 도움이 된다.

5. 무엇에 대한 글인지 고르기   p.66

얇고 가벼워~ 한 손에 쏙!
이제 모든 곳이 나의 사무실이 된다~

정답 ①

해설 얇고 가벼워 / 모든 곳 / 사무실

오답 ② 시원하다 / 바람
③ 어디나 / 빠르다
④ 추억하다 / 기억하다

Key-Point! 주로 표어, 광고지, 포스터, 전단지, 플랜카드 등이 제시되는 문항으로 3급 수준의 문항이 출제된다. 주제별로 관련 어휘를 정리해 두면 도움이 된다.

---

6. 무엇에 대한 글인지 고르기 p.66

> 이제는 미래를 위해 가입하세요.
> 어려울 때 큰 도움이 됩니다.

정답 ④

해설 미래 / 가입하세요 / 어려울 때 / 도움이 되다

오답 ① 지갑 / 안심하다 / 지키다
② 휴가 / 세계 여행 / 경험
③ 신랑 / 신부 / 인생 / 가족

Key-Point! 주로 표어, 광고지, 포스터, 전단지, 플랜카드 등이 제시되는 문항으로 3급 수준의 문항이 출제된다. 주제별로 관련 어휘를 정리해 두면 도움이 된다.

---

7. 무엇에 대한 글인지 고르기 p.66

> 지하철 안이 복잡할수록 교통 약자를 위해 일어나세요~
> 배려하는 마음, 항상 노약자를 위해 비워 두세요.

정답 ③

해설 지하철 안 / 일어나세요 / 배려하는 / 노약자 / 비워 두세요

오답 ① 따뜻한 마음 / 이웃 / 돕다
② 운동하다 / 영양소 / 튼튼하다
④ -지 마세요 / 지키다

Key-Point! 주로 표어, 광고지, 포스터, 전단지, 플랜카드 등이 제시되는 문항으로 3급 수준의 문항이 출제된다. 주제별로 관련 어휘를 정리해 두면 도움이 된다.

---

8. 무엇에 대한 글인지 고르기 p.66

> 1편보다 더 큰 재미와 따뜻한 감동!
> 세계가 인정한 봉준호 감독의 새로운 작품, 5월 개봉!

정답 ①

해설 1편 / 감동 / 감독 / 작품 / 개봉

오답 ② 장소 / 일정 / 참여하다
③ 핸드폰을 끄다 / 조용히 / 금지
④ 제품 / 사용 순서 / 방법

Key-Point! 주로 표어, 광고지, 포스터, 전단지, 플랜카드 등이 제시되는 문항으로 3급 수준의 문항이 출제된다. 주제별로 관련 어휘를 정리해 두면 도움이 된다.

---

9. 내용이 같은 것 고르기 p.67

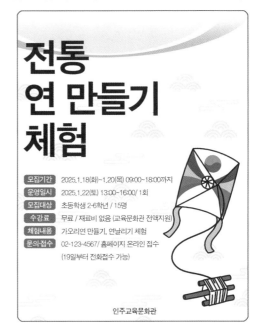

정답 ③

해설 교육문화관에서 수강료를 모두 지원해 준다.

오답 ① 이 체험은 오전에 진행된다.
② 체험할 학생들을 이틀 동안 모집한다.
④ 가오리연 만들기 체험 신청은 전화접수만 가능하다.

Key-Point! 주로 설명문 등이 제시되는 문항으로 3급 수준의 문항이 출제된다. 먼저 보기를 읽고 그 내용이 맞는지 지문을 확인하며 문제를 풀면 시간을 절약할 수 있다.

10. 내용이 같은 것 고르기
p.68

해수욕장 쓰레기양

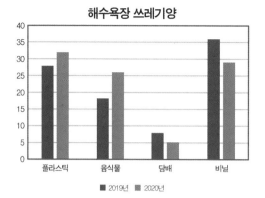

■ 2019년 ■ 2020년

정답 ②

해설 비닐 쓰레기양은 다른 쓰레기양보다 가장 많이 감소했다.

오답 ① 두 해 모두 음식물 쓰레기양이 가장 많다.
③ 2020년에 담배 쓰레기양은 전년에 비해 ~~크게 늘었다.~~
④ 플라스틱 쓰레기양은 ~~2019년보다 2020년이 더 적었다.~~

Key-Point! 주로 설명문 등이 제시되는 문항으로 3급 수준의 문항이 출제된다. 먼저 보기를 읽고 그 내용이 맞는지 지문을 확인하며 문제를 풀면 시간을 절약할 수 있다.

11. 내용이 같은 것 고르기
p.69

프랑스 우체국에서 프랑스 대표 음식인 바게트를 기념하기 위해 만든 우표가 사람들에게 인기를 끌고 있다. 이 우표에는 프랑스 국기를 상징하는 파란색, 흰색, 빨간색의 리본을 묶은 바게트가 그려져 있다. 11. 이곳을 손으로 문지르면 방금 구운 빵 냄새가 난다. 실제로 우표 냄새를 맡은 사람들은 빵집에 있는 것 같다고 말했다.

정답 ③

해설 이 우표를 손으로 문지르면 방금 구운 빵 냄새가 난다.

오답 ① 이 우표에는 리본이 묶여 있다.
② 프랑스 우체국에서 만든 ~~바게트가 인기다.~~
④ 바게트가 그려진 ~~우표는 빵집에서 판매한다.~~

Key-Point! 주로 설명문 등이 제시되는 문항으로 3급 수준의 문항이 출제된다. 먼저 보기를 읽고 그 내용이 맞는지 지문을 확인하며 문제를 풀면 시간을 절약할 수 있다.

12. 내용이 같은 것 고르기
p.69

지난 주말 아무것도 하지 않기 위해 모인 사람들이 있다. 바로 '멍때리기 대회'에 참가한 사람들이다. 12. '멍때리기 대회'는 일정한 시간 동안 어떤 말이나 행동도 하지 않고 그대로 자세를 유지하는 대회로, 2014년부터 시작되었다. 이 대회를 통해 자기의 12. 몸과 마음을 잠시 쉬게 할 수 있는 기회가 되기 때문에 회사나 학교에서 12. 스트레스를 받는 직장인과 학생들의 참여가 꾸준히 늘고 있다.

정답 ④

해설 어떤 말이나 행동도 하지 않고 그대로 자세를 유지하면 몸과 마음을 잠시 쉬게 할 수 있다. 그래서 스트레스를 받는 사람들에게 좋다.

오답 ① 2014년부터 ~~일하지 않는 사람들이 늘어나고 있다.~~
② 멍때리기 대회는 ~~직장인과 학생만 참가할 수 있다.~~
③ 이 대회에 참가하면 ~~주말 내내 아무 말도 하면 안 된다.~~

Key-Point! 주로 설명문 등이 제시되는 문항으로 3급 수준의 문항이 출제된다. 먼저 보기를 읽고 그 내용이 맞는지 지문을 확인하며 문제를 풀면 시간을 절약할 수 있다.

13. 내용이 같은 것 고르기
p.70

(가) 13. 그러면 오히려 건강을 해칠 수 있으므로 주의해야 한다.
(나) 13. 하지만 몸무게를 줄이려고 굶는 시간을 더 늘리려는 사람들이 있다.
(다) 13. 보통 16시간을 굶고 8시간 동안 음식을 13. 먹는 방식이 많이 사용된다.
(라) 13. 정해진 시간에만 음식을 먹고 나머지 시간에는 굶는 것이 13. 건강에 좋다고 한다.

정답 ④ (라)-(다)-(나)-(가)

해설 정해진 시간에만 음식을 먹으면 건강에 좋다고 하여 보통 16시간 굶는 방법을 많이 사용한다. 하지만 사람들이 이 방법을 잘못 사용하면 오히려 건강이 나빠질 수 있다는 이야기이다.

오답 ①,②,③

전체적인 이야기를 담고 있는 문장이 먼저 나와야 하므로 (라)가 가장 먼저 글의 앞에 위치해야 한다. 음식을 먹는 정해진 시간이 구체적으로 나와 있는 (다), 이 방법을 잘못 사용하는 예로 (나)가 와야 한다. 그러므로 그 방법이 나쁜 결과를 줄 수 있어 조심해야 한다는 (가)가 마지막에 나와야 한다.

> **Key-Point!** 맥락의 이해 능력을 측정하는 문항으로 3급 수준의 문항이 출제된다. 보기 4개 중 2개가 고정되어 제시되며 두 개 중 첫 번째로 오는 문장을 찾으면 쉽게 답을 찾을 수 있다. 또한 접속사, 지시어, 조사를 잘 확인해야 한다.

14. 내용이 같은 것 고르기 p.70

(가) **14.** 현대인들에게 냉장고는 없어서는 안 될 필수품이다.

(나) **14.** 그곳에 얼음을 저장하면 여름에도 얼음이 녹지 않았다고 한다.

(다) 외부에서 들어오는 뜨거운 열을 막아 **14.** 내부 온도를 유지했기 때문이다.

(라) **14.** 하지만 냉장고가 없던 옛날에도 얼음을 보관할 수 있는 **14.** 창고가 있었다.

정답 ① (가)-(라)-(나)-(다)

해설 현대인들이 사용하는 냉장고처럼 옛날 사람들이 사용했던 냉장 창고에 대한 이야기로, 그 원리에 대해서도 나타나 있다.

오답 ②③④

첫 문장으로 올 수 있는 것은 (가)로, 그 다음에는 현대의 냉장고와 같은 기능을 했던 옛날 창고에 대한 이야기인 (라)가 나와야 한다. 그 창고에 대한 설명으로 (나)가 나와야 하며 마지막으로 창고의 원리인 (다)가 와야 한다.

> **Key-Point!** 맥락의 이해 능력을 측정하는 문항으로 3급 수준의 문항이 출제된다. 보기 4개 중 2개가 고정되어 제시되며 두 개 중 첫 번째로 오는 문장을 찾으면 쉽게 답을 찾을 수 있다. 또한 접속사, 지시어, 조사를 잘 확인해야 한다.

15. 내용이 같은 것 고르기 p.70

(가) 우리가 **15.** 사용하는 돈도 **15.** 그중에 하나이다.

(나) **15.** 돈을 함부로 사용하거나 훼손하면 그만큼 **15.** 세금이 낭비된다.

(다) **15.** 그러므로 돈을 찢거나 구기지 않고 깨끗하게 사용해야 한다.

(라) 국민이 낸 **15.** 세금으로 국가에 필요한 **15.** 여러 가지 것들이 만들어진다.

정답 ③ (라)-(가)-(나)-(다)

해설 국민이 낸 세금으로 다양한 것들이 만들어지는데 그 중 돈을 예로 들어 이야기하고 있다. 돈은 세금으로 만들어지므로 깨끗하게 사용해야 한다는 설명이다.

오답 ①②④

국민이 낸 세금으로 만들어지는 것에 대한 이야기이므로 (라)가 첫 문장으로 와야 한다. 그 다음으로 세금으로 만들어지는 것의 중 하나인, 돈이 나와야 한다. 따라서 (가)가 오며 돈을 함부로 사용하는 것은 세금 낭비라는 (나)의 설명이 와야 한다. 세금을 낭비하지 않기 위한 방법으로 (다)가 마지막에 와야 한다.

> **Key-Point!** 맥락의 이해 능력을 측정하는 문항으로 4급 수준의 문항이 출제된다. 보기 4개 중 2개가 고정되어 제시되며 두 개 중 첫 번째로 오는 문장을 찾으면 쉽게 답을 찾을 수 있다. 또한 접속사, 지시어, 조사를 잘 확인해야 한다.

16. 빈칸에 알맞은 것 고르기 p.71

북극성은 예로부터 뱃사람들에게 매우 중요한 별이라고 한다. 왜냐하면 북극성은 1년 내내 북쪽에서 빛나고 있어서 뱃사람들의 나침반 역할을 하기 때문이다. 이러한 북극성을 사람들은 **16.** 방향을 알려주는 기준이 된다고 해서 '길잡이 별', '여행자의 별'이라고 불렀다. 우리는 넓고 넓은 바다에서 **16.** 길을 잃어도 북극성만 찾아 낸다면 자신이 가려고 하는 방향을 찾을 수 있다. 또 **16.** 원하는 곳에 도착할 수 있다는 희망을 품을 수 있다. 북극성을 바라보며 가면 (　　　) 때문이다.

정답　①

해설　북극성은 방향을 알려주는 기준이 되기 때문에 길을 잃어도 북극성만 찾아내면 방향을 찾을 수 있고 원하는 곳에 도착할 수 있다.

오답　② 집에 도착할 수 있다는 내용은 방향을 알려주는 기준이 되는 북극성의 특성과 연결되지 않는다.
　　　③ 북극성은 길을 찾아내기 위해 보는 것이므로 다른 별들을 볼 수 없다는 것은 관련이 없다.
　　　④ 북극성을 이용하면 원하는 방향을 알 수 있다는 것이므로 원하는 것을 찾을 수 있다는 것은 적절하지 않다.

Key-Point!　문장 안에서 필요한 표현을 찾는 능력을 측정하는 문항으로 4급 수준의 문항이 출제된다. 괄호의 앞과 뒤를 집중해 읽고, 접속사나 담화 표지를 신경 써 문장 간의 관계를 파악해야 한다.

17. 빈칸에 알맞은 것 고르기　　　p.71

오늘날 우리는 **17.** 세계가 한마을과 같은 지구촌에서 살아가고 있다. 우리는 지구 반대편에 사는 농부가 재배한 밀을 먹고, **17.** 이웃 나라 공장에서 만든 운동화를 신기도 하고, **17.** 반대로 우리나라에서 만든 전자 제품을 다른 나라 사람이 사용하기도 한다. 또한 **17.** 외국 문화가 우리나라에서 유행하는 모습이나 문화가 다른 나라에 퍼지는 모습도 낯선 광경이 아니다. 이처럼 지구촌의 많은 사람이 (　　　) 살아가면서, **17.** 함께 관심을 두고 해결해 나가야 하는 문제도 더욱 많아졌다.

정답　①

해설　세계의 여러 나라 사람들이 자신의 나라에 필요한 것을 주고받을 뿐만 아니라 문화도 교류하며 살아가고 있다. 따라서 서로 영향을 주고받는다는 내용이 적절하다.

오답　② 유행하는 문화를 퍼트리는 것은 전체 글의 내용과 어울리지 않는다.
　　　③ 서로의 문화도 교류하므로 서로에게 필요한 물건을 만드는 것은 내용의 일부만 포함하는 내용이다.
　　　④ 공장에서 만든 제품을 사용한다는 앞의 내용과 연결되지 않는다.

Key-Point!　문장 안에서 필요한 표현을 찾는 능력을 측정하는 문항으로 4급 수준의 문항이 출제된다. 괄호의 앞과 뒤를 집중해 읽고, 접속사나 담화 표지를 신경 써 문장 간의 관계를 파악해야 한다.

18. 빈칸에 알맞은 것 고르기　　　p.71

역사는 '과거에 일어난 사실'과 '과거에 일어난 사실에 대한 기록'이라는 두 가지 의미를 가지고 있다. **18.** '과거에 일어난 사실'로서의 역사는 과거부터 현재까지 일어난 **18.** 모든 사실을 의미하기 때문에 객관적이다. **18.** 반면 '과거에 일어난 사실에 대한 기록'으로서의 역사는 기록하는 과정에서 (　　　) 들어가기 때문에, 일어난 사실에 대한 **18.** 개인의 주관적인 해석이 포함된다.

정답　②

해설　'과거에 일어난 사실'의 의미를 지닌 역사는 인간의 살아온 과정을 기록하는 객관적인 기록이다. 이와 반대로 '과거에 일어난 사실에 대한 기록'은 기록하는 과정에서 포함되는 개인의 주관적인 해석이 포함되어야 하므로 기록하는 사람의 의견이라는 표현이 적절하다.

오답　① 과거에 일어난 사실에 대한 기록이므로 기록하는 과정에서 기억하고 있는 사실만 들어가 있다는 것은 적절하지 않다.
　　　③ 과거에 일어난 사실은 객관적인 기록이므로 이와 반대되는 표현이 들어가는 것이 옳다. 따라서 인간이 경험한 것들이 들어간다는 내용은 자연스럽게 연결되지 않는다.
　　　④ 과거에 일어난 사실에 대한 기록이 역사이므로 과거 사실의 한 부분이 들어가는 것은 관련이 없다.

Key-Point!　문장 안에서 필요한 표현을 찾는 능력을 측정하는 문항으로 4급 수준의 문항이 출제된다. 괄호의

앞과 뒤를 집중해 읽고, 접속사나 담화 표지를 신경 써
문장 간의 관계를 파악해야 한다.

[19~20]

연극의 종류 중, 희극은 쉽게 말해서 웃음을 주
는 장르로 사람이 겪는 사건과 문제들을 재미있
게 표현하는 연극이다. 반면 비극은 슬프고 무거
운 주제의 내용들로 구성되어 있으나 고통을 통
해 인류가 조금 더 발전할 수 있다는 희망을 제
공하는 연극이다. 희극과 비극은 (   ) **19.**
그 성격은 다르지만, **20.** 사회의 다양한 문제들
을 다루며 관객들에게 희망을 전하려는 **19.** 공
통된 목적을 가지고 있다.

19. (   )에 들어갈 말로 가장 알맞은 것을 고르
십시오.
[빈칸에 알맞은 어휘나 표현 고르기]   p.72

정답 ②

해설 비록 : 아무리 그러하더라도.

　🔵 지수가 <u>비록</u> 우리보다 나이는 어리지만 우리
　　 들에 비해 훨씬 어른스럽다.

오답 ① 과연 : 생각대로 정말로.

　🔵 듣던 대로 <u>과연</u> 훌륭한 작품이군요.

　③ 만약 : 있을지도 모르는 뜻밖의 경우에.

　🔵 <u>만약</u> 내일 비가 오면 약속을 취소해야지.

　④ 설마 : 그럴 리는 없겠지만 혹시나.

　🔵 그가 아무리 돈이 급하다고 해도 <u>설마</u> 도둑질
　　 이야 하겠습니까?

🔑 **Key-Point!**   문장 안에서 필요한 어휘를 찾는 능력을
측정하는 문항으로 4급 수준의 문항이 출제된다. 괄호의
앞과 뒤를 집중해 읽고, 기출문제에 제시된 접속사를 정
리해 두면 도움이 된다.

20. 윗글의 주제로 가장 알맞은 것을 고르십시오.
[주제 고르기]   p.72

정답 ③

해설 희극과 비극은 서로 다른 방식으로 웃음과 슬픔
을 통해 사회 문제를 다루며 관객에게 희망을 전

달하는 연극 장르이다.

오답 ① 이 글은 비극이 무거운 주제의 내용으로 구성
　　 되어 있으나 관객에게 희망을 준다는 내용이
　　 다.

　② 희극과 비극은 사람들의 감정에 대한 연극이
　　 라는 내용은 나오지 않으므로 주제에 맞지 않
　　 는다.

　④ 비극과 희극은 서로 다른 방식으로 사회 문제
　　 를 나타내지만 희망을 준다는 공통점이 있다.

🔑 **Key-Point!**   중심 내용의 이해 능력을 측정하는 문항
으로 4급 수준의 문항이 출제된다. 중심 생각은 '-어야
하다, -는 게 좋다. 그래서' 등의 표현과 함께 사용되니
이런 표현이 있는지 확인하며 문제를 풀면 도움이 된다.

[21~22]

22. 아이들은 호기심을 해결하기 위해 온갖 감
각들을 동원하는데 이 중 가장 쉽고 유용한 자
극이 손과 입이다. 따라서 **22.** 뭔가를 자꾸 입에
넣어보거나 집어 먹는 등의 행동을 하는데 이는
큰 사고로 이어질 수 있다. 아이들은 주로 **22.**
작고 먹음직하게 생긴 장난감이나 동전 등을 입
에 넣는 경우가 많다. 문제는 **22.** 이런 것들을
삼킨 직후에는 증상이 잘 나타나지 않는다는 것
이다. 그래서 보호자가 (   ) **21.** 아이가 물
건들을 삼켰는데도 알아채지 못하는 경우가 많
다.

21. (   )에 들어갈 말로 가장 알맞은 것을 고르
십시오.
[빈칸에 알맞은 어휘나 표현 고르기]   p.73

정답 ③

해설 한눈을 팔다 : 마땅히 볼 데를 보지 아니하고 딴
데를 보다.

　🔵 지수 씨는 근무 시간 중에 <u>한눈을 팔지</u> 않고
　　 맡은 일을 열심히 한다.

오답 ① 열을 올리다 : 어떤 일에 정신과 정성을 쏟다.

　🔵 한국 기업들이 새로운 시장을 개척하려고 <u>열
　　 을 올리고</u> 있다.

　② 눈 밖에 나다 : 믿음을 잃고 미움을 받게 되다.

　🔵 김 대리는 잦은 지각으로 윗사람들의 <u>눈 밖에</u>

나 버렸다.

④ 진땀을 흘리다 : 어려운 일이나 난처한 일을 당해서 몹시 애를 쓰다.

예 주민들이 항의하자 김 의원은 변명을 하느라 진땀을 흘렸다.

Key-Point! 문장 안에서 필요한 어휘를 찾는 능력을 측정하는 문항으로 4급 수준의 문항이 출제된다. 괄호의 앞과 뒤를 집중해 읽고, 기출문제에 제시된 접속사를 정리해 두면 도움이 된다.

22. 윗글의 내용과 같은 것을 고르십시오.
[내용과 같은 것 고르기]   p.73

정답 ④

해설 아이들은 호기심을 해결하기 위해 뭔가를 자꾸 입에 넣어보거나 집어 먹는 행동을 한다.

오답 ① 아이들은 큰 ~~장난감만~~ 입에 넣으려고 한다.
② 아이들은 작고 먹을 수 있는 장난감을 ~~좋아한다.~~
③ 보호자는 아이들이 삼킨 물건을 ~~바로 알 수 있다.~~

Key-Point! 세부 내용의 이해 능력을 측정하는 문항으로 4급 수준의 문항이 출제된다. 먼저 보기를 읽고 그 내용이 맞는지 내용을 확인하며 풀면 문제 푸는 시간을 절약할 수 있다.

[23~24]

나는 공연을 계속 지켜보며 풀잎 역을 맡은 현이의 모습을 기다렸다. 무대의 배경에 풀잎들이 앉아 있었다. **23.** '현이가 저 많은 풀잎 중의 하나로 끼여 앉아 있는 거구나!' **23.** 지금까지 흥분해 있던 마음이 싹 가셨다. 현이는 바로 그런 역을 맡고 있었다. **24.** 양손에 든 풀잎 그림판으로 얼굴을 계속 가리고 앉아 있어서, 누가 현이인지 알 수 없었다. 나는 무대 위에서 벌어지는 중요한 장면을 보는 대신, 풀잎의 움직임만 보았다. 연극이 끝나고 현이를 찾아갔다.
"엄마! 나 하는 것 보았어요?"
현이가 물었을 때, 보았다고 해야 할지, 못 보았다고 해야 할지, 망설였다. 혹시 못 보았다는 것을 알아채고 실망하는 게 아닌가 눈치를 살폈는데,

"엄마, 나 못 보았지? 내 뒤에 있던 **24.** 친구가 건드리는 바람에 모자가 벗겨져서, 그것을 엄마가 보았으면 어떻게 하나 하고 얼마나 걱정했는지 몰라."
이렇게 말하는 것이 아닌가? 나는 현이의 이 말에 또 한 번 마음속으로 놀랐다.

23. 밑줄 친 부분에 나타난 '나'의 심정으로 가장 알맞은 것을 고르십시오.
[주인공의 태도/심정 고르기]   p.74

정답 ②

해설 실망스럽다 : 기대하던 대로 되지 않아 희망을 잃거나 마음이 몹시 상한 데가 있다.

예 동생은 원하던 학교에 불합격했다는 소식을 듣고 실망스러운 표정을 지었다.

무대의 배경인 많은 풀잎들 중에 하나인 것을 알고 흥분해 있던 마음이 싹 없어졌다고 표현했다.

오답 ① 감격스럽다 : 마음에 느끼는 감동이 크다.

예 유명한 연주가들을 직접 볼 수 있어서 감격스러웠어요.

③ 걱정스럽다 : 좋지 않은 일이 있을까 봐 두렵고 불안하다.

예 어머니는 혼자 미국으로 유학을 가 있는 아들이 걱정스러웠다.

④ 자랑스럽다 : 자랑할 만한 데가 있다.

예 나는 공부를 열심히 하는 아들이 자랑스럽고 고마웠다.

Key-Point! 글쓴이의 태도를 파악하는 능력을 측정하는 문항으로 5급 수준의 문항이 출제된다. 등장인물의 행동이나 표정 변화가 어떤 감정을 드러내는지를 먼저 파악하는 것이 중요하다.

24. 윗글의 내용과 같은 것을 고르십시오.
[내용과 같은 것 고르기]   p.74

정답 ④

해설 나는 양손에 든 풀잎 그림판으로 얼굴을 계속 가리고 앉아 있어서, 누가 현이인지 알 수 없었다.

오답 ① ~~현이만~~ 풀잎 역할을 맡았다.

② 나는 풀잎 그림판을 들고 있었다.
③ 바람이 불어 현이의 모자가 벗겨졌다.

Key-Point! 세부 내용의 이해 능력을 측정하는 문항으로 5급 수준의 문항이 출제된다. 먼저 보기를 읽고 그 내용이 맞는지 내용을 확인하며 풀면 문제 푸는 시간을 절약할 수 있다.

25. 기사 제목 설명 고르기   p.75

영화 '제하' 관객 100만 명 **25.** 돌파! 올해 최고 **25.** 흥행작

정답 ②

해설 돌파 : 정해진 목표나 이전의 기록을 넘어서는 것을 나타낸다.
흥행작 : 연극이나 영화 등의 공연이 상업적으로 큰 수익을 거둔 작품을 말한다.
ㄴ영화 관객 수가 100만 명이 넘어 올해 최고 수익을 낸 작품이다.

오답 ① 영화 '제하'는 올해 최고 수익을 낸 작품이므로 제작 비용이 들었다는 표현은 맞지 않다.
③ 영화 '제하'의 관객 수가 100만 명이 넘어 가장 성공한 작품이 된 것은 맞지만 인기상을 받는다는 내용이 없으므로 적절하지 않다.
④ 관객 수 100만 명이 올해 가장 인기 있는 작품으로 영화 '제하'를 뽑았다는 내용은 관계가 없다.

Key-Point! 머리글을 이해하는 능력을 측정하는 문항으로 4급 수준의 문항이 출제된다. 두 가지 맥락 사이의 관계를 파악하는 것이 중요하다.

26. 기사 제목 설명 고르기   p.75

위반 차량 **26.** 수두룩, **26.** 갈 길 먼 '우회전 통행법'

정답 ④

해설 수두룩 : 매우 많고 흔하다는 의미이다.
갈 길이 멀다 : 앞으로 해야 할 일들이 많이 남아 있다는 의미이다.
ㄴ '우회전 통행법'을 위반하는 차량이 많아 이 법

이 지켜지려면 더 많은 노력이 필요하다.

오답 ① '우회전 통행법'이 잘 지켜지지 않아 더 많은 노력을 해야 한다는 의미이지 먼 길로 돌아서 가야 한다는 것은 잘못된 해석이다.
② '우회전 통행법'을 위반하는 차량들이 많은 것과 도로가 막혀 문제가 된다는 것과는 관계가 없다.
③ '우회전 통행법'을 지키기 위한 노력을 해야 하는 것이지 우회전하는 방법을 교육해야 한다는 표현은 아니다.

Key-Point! 머리글을 이해하는 능력을 측정하는 문항으로 4급 수준의 문항이 출제된다. 두 가지 맥락 사이의 관계를 파악하는 것이 중요하다.

27. 기사 제목 설명 고르기   p.75

64년 만에 아시아 대회, **27.** 우승 도전 **27.** 물거품

정답 ②

해설 우승 도전 : 경기에 이기기 위해 시도하고 노력한다는 의미이다.
물거품 : 노력이나 기대 등이 헛되게 되는 것을 의미한다.
ㄴ 아시아 대회에 참가하여 우승하기 위해 노력했지만 우승하지 못했다.

오답 ① '우승 도전 물거품'은 대회에서 이긴 것이 아닌 졌다는 것을 의미한다.
③ '물거품'은 노력했지만 결과가 좋지 않았다는 것이지 비가 와서 경기가 취소되었다는 표현은 맞지 않는다.
④ 대회에 출전해 실패했다는 것이지 대회에서 우승하기 위해 훈련하고 있다는 내용은 아니다.

Key-Point! 머리글을 이해하는 능력을 측정하는 문항으로 4급 수준의 문항이 출제된다. 두 가지 맥락 사이의 관계를 파악하는 것이 중요하다.

28. 빈칸에 알맞은 것 고르기   p.76

상품을 선택하는 기준은 가격과 품질이다. 품질이 같은 두 상품이 있다면 대부분의 사람들은 더 저렴한 상품을 구입한다. 이를 합리적 소비라 한다. 그런데 최근 또 다른 소비 형태가 생겨났다. **28. 가격과 품질보다 (   ) 상품을 구매**하는 것이다. 이는 **28. 아동의 노동력이나 잔인한 동물 실험을 통해 생산되는 제품은 구매하지 않겠다는 것이다.**

정답   ③

해설   최근 생산 과정에서 아동의 노동력이나 동물 실험으로 만들어지는 제품을 선택하지 않는 새로운 소비 형태가 생겨났다.

오답   ① 제품이 만들어질 때 아동의 노동력이나 동물 실험을 통해 만들어졌는지를 보는 것이므로 제품을 사용한 사람들의 글을 읽는 것은 적절하지 않다.
② 상품이 만들어지는 과정을 살펴보는 것과 회사 이름을 확인하고 상품을 구매하는 것은 관련이 없다.
④ 아동의 노동력과 동물 실험을 통해 생산된 것인지를 알아보는 것이지 깨끗한 환경에서 생산되었는지를 알아보는 것은 아니다.

🔑 **Key-Point!**   문장 안에서 필요한 표현을 찾는 능력을 측정하는 문항으로 5급 수준의 문항이 출제된다. [16-18]번 문제 유형과 동일하나 어휘와 문법의 난이도가 높다.

29. 빈칸에 알맞은 것 고르기   p.76

어떤 대상을 **29. 표현하는 방법과 그 형식이 정**해지면, 같은 언어를 사용하는 사람들은 그 규칙을 따라야 원활한 의사소통이 가능하다. 언어는 **29. 사회적 약속으로 이루어지기 때문이**다. 다시 말해, 사회적으로 특정한 의미를 특정한 소리로 표현하자고 정한 뒤에는 (   ). 이러한 언어의 특성을 우리는 '언어의 사회성' 이라고 한다. 언어는 **29. 따라서 개인의 창**의성이 아닌, 사회적 합의에 의해 형성된다.

정답   ④

해설   언어는 사회적 약속으로 형식이 정해지면 그 규칙을 지켜야 의사소통이 가능하므로 개인이 바꿀 수 없다.

오답   ① 언어는 사회적으로 정해진 것이므로 그 후에 변경할 수 있다는 표현은 적절하지 않다.
② 언어는 사회적 합의에 의해 형성되므로 개인의 의견을 말해야 한다는 것은 적절하지 않다.
③ 사회적 합의에 의해 정해졌으므로 규칙을 따라야 하는 것이므로 새로운 언어를 만들어야 한다는 것과 연결되지 않는다.

🔑 **Key-Point!**   문장 안에서 필요한 표현을 찾는 능력을 측정하는 문항으로 5급 수준의 문항이 출제된다. [16-18]번 문제 유형과 동일하나 어휘와 문법의 난이도가 높다.

30. 빈칸에 알맞은 것 고르기   p.77

인간의 시각은 다양한 색을 인지하는 데 뛰어나지만 색이 없는 **30. 흑백 이미지를 처리하는 데**도 능숙하다. 신생아 초기에는 색을 감지하는 원추세포가 제대로 발달하지 않아 색을 잘 인지하지는 못하지만 **30. 빛의 밝기로 사물의 구별할**수는 있다. 이는 신생아가 색이 아닌 (   ) 사물을 구별하기 때문이다. 그러므로 신생아에게 컬러 이미지를 흑백으로 바꿔 보여줘도 물체를 인식하는 데에 전혀 문제가 없다.

정답   ①

해설   인간은 흑백 이미지를 처리하는 데 능숙하므로 신생아도 빛의 밝기, 즉 빛이 강하고 약한 정도로 사물을 구별한다.

오답   ② 신생아는 빛의 밝은 정도로 사물을 구별하므로 물체의 크기에 따라 구별한다는 사실과 연결되지 않는다.
③ 신생아는 빛의 밝기로 사물을 구별하기 때문에 시각이 적응하는 상태는 적절하지 않다.
④ 신생아는 원추세포가 제대로 발달하지 않아 빛의 밝기로 사물을 구별할 수 있으므로 원추세포의 발달 정도와 연결되지 않는다.

🔑 **Key-Point!**   문장 안에서 필요한 표현을 찾는 능력을 측정하는 문항으로 5급 수준의 문항이 출제된다. [16-18]번 문제 유형과 동일하나 어휘와 문법의 난이도가 높다.

31. 빈칸에 알맞은 것 고르기 p.77

동양에서는 주로 종이나 비단에 먹물로 그림을 그렸다. 종이나 비단에 그림을 그리면 먹물이 즉시 스며들기 때문에 한번 그린 그림을 덧칠하거나 수정하기가 어렵다. 그래서 먹물로 그릴 때는 **31. 한 번의 붓질로 완성해야 하므로 (   )** 매우 중시되었다. 이렇듯 동양의 미술은 붓의 움직임과 **31. 그 순간의 감정을 담아내는 데 중점**을 두기 때문에 '선의 예술'이라고 불린다.

정답 ②

해설 동양의 미술은 한 번의 붓질로 순간의 감정을 담아내므로 순간적인 표현력이 중시된다.

오답 ① 그림에 순간의 감정을 담아내는 것이므로 붓을 잡는 방법과 연결되지 않는다.
③ 동양의 미술은 순간의 감정을 담아내는 것에 중점을 둔 것이지 먹물의 양을 조절하는 것은 적절하지 않다.
④ 순간의 감정을 담아내어 그림을 그리는 것이지 편안한 장소에서 그리는 것은 적절하지 않다.

🔑 **Key-Point!** 문장 안에서 필요한 표현을 찾는 능력을 측정하는 문항으로 5급 수준의 문항이 출제된다. [16-18]번 문제 유형과 동일하나 어휘와 문법의 난이도가 높다.

32. 내용이 같은 것 고르기 p.78

반려견은 가족의 일원으로 사람들과 정서적 교류를 나누는 존재이다. 반려견 훈련은 행동을 조절하고 인간과의 관계를 개선하는 데 필수적이다. '앉아', '기다려'와 같은 기본 명령어 훈련은 반려견이 다른 동물이나 사람과 잘 어울리도록 돕고, 적절한 사회화를 통해 공격성을 감소시킨다. 또한, 주인을 동반한 훈련은 **32. 주인과의 유대감을 강하게 형성하는 기회를 제공하여, 깊은 신뢰를 쌓을 수 있다.** 이런 훈련은 반려견이 행복하고 안정적인 삶을 살 수 있도록 만들어준다.

정답 ①

해설 주인과의 훈련은 주인과 유대감을 강하게 형성하

며 깊은 신뢰를 쌓을 수 있다.

오답 ② 주인은 기본 명령어 교육을 받아야 반려견을 ~~키울 수 있다.~~
③ 반려견이 다른 동물을 공격하면 ~~가족의 일원이 될 수 없다.~~
④ 반려견의 훈련은 ~~다른 동물과의 상호관계에 더 중점을 둔다.~~

🔑 **Key-Point!** 세부 내용의 이해 능력을 측정하는 문항으로 5급 수준의 문항이 출제된다. 먼저 보기를 읽고 그 내용이 맞는지 내용을 확인하며 풀면 문제 푸는 시간을 절약할 수 있다.

33. 내용이 같은 것 고르기 p.78

제주도에 관리로 부임한 최부는 아버지가 돌아가셨다는 소식을 듣고 고향으로 가다가 폭풍우를 만난다. 그는 16일간 바다에서 길을 잃고 표류하다가 결국 중국의 명나라에 도착하게 된다. **33. 뜻하지 않게 도착한 명나라에서 그는 여러 차례 고난을 겪다가 반년 만에 조선으로 돌아온다.** 그는 성종의 지시에 따라 명나라에서의 경험을 책으로 엮었는데 이 책이 바로 『표해록』이다. 이 책은 조선 시대 최초의 표류기로 명나라의 교통, 풍속, 기후 등에 대한 내용이 일기 형식으로 자세히 기록되어 있다.

정답 ①

해설 명나라에 도착한 최부는 반년 만에 조선으로 돌아왔다.

오답 ② 최부는 바다에서 표류하다가 ~~명나라에 갈 계획을 세웠다.~~
③ 이 책은 명나라에서 지내면서 쓴 ~~최부의 일기를 엮은 책이다.~~
④ 최부는 성종의 지시로 명나라를 ~~방문하여 새로운 지식을 쌓았다.~~

🔑 **Key-Point!** 세부 내용의 이해 능력을 측정하는 문항으로 5급 수준의 문항이 출제된다. 먼저 보기를 읽고 그 내용이 맞는지 내용을 확인하며 풀면 문제 푸는 시간을 절약할 수 있다.

34. 내용이 같은 것 고르기 p.79

땅속에 사는 지렁이는 농사를 짓는 데 아주 유용한 동물이다. **34.** 지렁이는 먹이를 소화하는 과정에서 해로운 미생물을 제거하고 **34.** 질소, 칼슘 등이 포함된 분변토를 배출하여 식물 생장을 돕는다. 또한 지렁이는 땅 표면과 땅속을 오가면서 지표면의 물질과 땅속의 흙을 순환시킨다. 이때 땅속에 생긴 미세한 구멍은 식물의 뿌리가 성장하는 데에 도움을 줄 뿐만 아니라 빗물을 스며들게 하여 식물이 필요한 수분을 저장하고 지하수를 확보하는 데에 도움이 된다.

정답 ③

해설 지렁이는 질소, 칼슘 등이 포함된 분변토를 배출하여 식물 생장을 돕는다.

오답 ① 지렁이는 ~~필요한 수분을 빗물을 통해 얻는다.~~
　　 ② 지렁이는 ~~농작물의 수확량을 높이는 데 기여한다.~~
　　 ④ 지렁이는 ~~식물의 뿌리가 수분을 저장하도록~~ 땅속에 구멍을 만든다.

🔑 **Key-Point!** 세부 내용의 이해 능력을 측정하는 문항으로 5급 수준의 문항이 출제된다. 먼저 보기를 읽고 그 내용이 맞는지 내용을 확인하며 풀면 문제 푸는 시간을 절약할 수 있다.

35. 주제 고르기　　p.79

현대 사회에서 경제적 불안정이 심화됨에 따라, 국민에게 조건 없이 정기적으로 금액을 지급하는 기본 소득 제도가 주목받고 있다. 이 제도는 개인과 가정의 최소한의 생계를 보장하여 **35.** 경제적 안정성을 높이는 것을 목표로 한다. 또한 취업 여부와 관계없이 경제적 지원을 제공하여 불평등을 줄임으로써 **35.** 사회적 안전망을 강화한다. 따라서 **35.** 기본 소득 제도는 단순한 재정 지원이 아니라, 경제와 사회를 건강하게 만드는 중요한 역할을 할 것이다.

정답 ②

해설 기본 소득 제도는 국민에게 최소한의 생계를 보장하는 재정 지원 제도이다. 이 제도는 경제 안정성을 높이고 경제적 불평등을 줄여 사회적 안전망을 강화시키는 중요한 역할을 할 것이다.

오답 ① 취업 여부와 관계없이 경제적인 지원을 하여 경제 안정성을 높이자는 것이므로 재정 지원을 피해야 하는 것은 주제가 아니다.
　　 ③ 기본 소득 제도는 경제적 불평등을 줄이는 것이지 초래하는 것은 아니므로 주제로 적절하지 않다.
　　 ④ 국민에게 조건 없이 경제적 재정을 지원하여 최저 생계를 보장하자는 내용이므로 생계 보장에 어려움이 있다는 내용은 주제와 관계가 없다.

🔑 **Key-Point!** 중심 내용의 이해 능력을 측정하는 문항으로 5급 수준의 문항이 출제된다. 중심 생각은 '-어야 하다, -는 게 좋다. 그래서' 등의 표현과 함께 사용되니 이런 표현이 있는지 확인하며 문제를 풀면 도움이 된다.

36. 주제 고르기　　p.80

대부분의 사람이 자신이 소속된 문화를 가장 바람직하고 옳은 것으로 인식하는 경향이 있다. 하지만 이러한 시각은 자신의 것만 옳다고 주장하는 편협한 시각에 불과하다. **36.** 인간 사회의 모든 문화 간에는 일방적인 우열이 있을 수 없다. 힌두교 교인들이 쇠고기를 먹지 않는 것, 유대교 교인들이 돼지고기를 먹지 않는 것과 같은 음식 문화 역시 인간 사회의 서로 다른 방식으로 형성된 다양한 문화적 양상이다. **36.** 따라서 인간 사회의 다양한 문화는 일방적으로 우열을 가리거나 옳고 그름을 따지는 것은 합당하지 않다.

정답 ③

해설 인간 사회의 모든 문화는 다양한 문화적 양상을 띠므로 일방적인 우열이 있을 수 없다.

오답 ① 다양한 문화는 각자의 고유한 가치를 가지고 있다는 내용이다. 음식 문화에 대한 내용이 아니다.
　　 ② 인간 사회의 모든 문화는 그 양상이 다양하므로 다른 문화의 우열을 평가하는 것은 글의 주제가 될 수 없다.
　　 ④ 다양한 문화는 우열을 가릴 수 없다는 내용이므로 문화 간에 우열을 가리는 것은 문화의 다양성을 인정하는 것이 아니다.

🔑 **Key-Point!** 중심 내용의 이해 능력을 측정하는 문항

으로 5급 수준의 문항이 출제된다. 중심 생각은 '-어야
하다, -는 게 좋다. 그래서' 등의 표현과 함께 사용되니
이런 표현이 있는지 확인하며 문제를 풀면 도움이 된다.

37. 주제 고르기

37. 무언가를 진정으로 이해하려는 사람은 고정
된 생각에서 벗어나야 한다. 우리가 가진 지식은
새로운 것을 배우는 데 방해가 될 수 있다. 기존
의 지식으로 인해 새로운 경험을 과거의 틀로 해
석하게 되는데, 이로 인해 진정한 이해가 방해받
는다. **37. 새로운 것을 경험하기 위해서는 이전
의 지식이나 선입견이 개입하지 않아야 한다.** 따
라서 기존의 지식에서 자유로워질 때, 우리는 진
정한 이해를 위한 자유를 얻을 수 있다.

정답　④

해설　무언가를 진정으로 이해하기 위해서는 고정된 기
존의 생각을 벗어나 새로운 것을 경험해야 한다.

오답　① 진정한 이해는 기존의 지식에서 벗어나야 한
다는 내용이다. 기존의 지식이 필요하다는 것
은 주제에서 벗어난 내용이다.
② 진정한 이해에 대한 내용이므로 자유롭게 생
활해야 하는 것과는 관련이 없다.
③ 무언가를 진정으로 이해하기 위해서는 새로운
경험이 필요하다는 내용이다. 새로운 경험이
진정한 이해를 방해한다는 것은 주제와 맞지
않는다.

🔑 **Key-Point!**　중심 내용의 이해 능력을 측정하는 문항
으로 5급 수준의 문항이 출제된다. 중심 생각은 '-어야
하다, -는 게 좋다. 그래서' 등의 표현과 함께 사용되니
이런 표현이 있는지 확인하며 문제를 풀면 도움이 된다.

38. 주제 고르기

투명하게 경영하고 윤리적으로 제품을 생산하
며 기업의 이익을 지역 사회에 환원하면 실질적
인 이윤은 줄어들 것이라 생각한다. 그러나 장
기적으로 보면 **38. 이미지가 좋아지고 소비자
의 신뢰를 얻어 기업은 더 큰 혜택을 받을 수 있
다.** 한 설문 조사에서 소비자의 대부분은 가
격이 비슷할 경우 **38. 사회적 책임을 위해 노**

력하는 기업의 제품을 선택하겠다고 응답했
다. 그러므로 **38. 기업이 사회적 책임을 다한다
고 해서 기업의 이익이 줄어드는 것은 아니다.**

정답　①

해설　사회적 책임을 위해 노력하는 기업은 이미지가 좋
아지고 소비자의 신뢰를 얻어 기업의 이익을 높일
수 있다.

오답　② 기업의 이윤 증가는 기업에 대한 이미지가 아
니라 기업의 사회적 책임 실천에 달려있다.
③ 이 글은 기업의 제품을 선호하는 기준에 대한
것이 아닌 기업의 사회적 책임 실천에 초점이
있다.
④ 기업의 사회적 책임 실천은 기업 이미지를 좋
게 하여 기업의 이익을 가져다준다는 것이 이
글의 주제이다.

🔑 **Key-Point!**　중심 내용의 이해 능력을 측정하는 문항
으로 5급 수준의 문항이 출제된다. 중심 생각은 '-어야
하다, -는 게 좋다. 그래서' 등의 표현과 함께 사용되니
이런 표현이 있는지 확인하며 문제를 풀면 도움이 된다.

39. 문장이 들어갈 곳 고르기

39. 홍합의 사례 외에도, 생명체를 모방하여
39. 우리의 삶에 적용하려는 노력은 다양한 분
야에서 계속되고 있다.

홍합은 바닷물 속에서도 표면이 거친 바위에 잘
붙어 있다. 이는 홍합의 '족사'에 있는 접착 단백
질 때문이다. (　　㉠　　) 족사의 접착 단백
질은 독성이 없고 감염의 우려가 적으며 질기고
탄성이 뛰어나 천연 접착제로 활용될 수 있다.
(　　㉡　　) 예를 들어, **39. 홍합에서 접착 단
백질을 추출하여 여기에 접착력과 유연성 등을
강화하는 과정을 거치면 39. 의료용 접착제로
사용된다.** (　　㉢　　) 이러한 기술은 **39. 치
과용 접착제나 외과 수술용 접착제 등, 의료 분
야에서 널리 활용되고 있다.** (　　㉣　　)

정답　④

해설　<보기>에서 '홍합의 사례 외에도'라고 하였으므

로 홍합이 사람들의 삶에 적용된 사례를 우선 찾아야 한다. <보기>는 홍합의 사례의 마지막 ㉣에 위치해야 한다.

오답 ① ㉠
② ㉡
③ ㉢

Key-Point! 문맥의 이해 능력을 측정하는 문항으로 6급 수준의 문항이 출제된다. 접속사, 지시어, 조사를 활용하여 알맞은 순서에 문장을 넣으면 된다.

40. 문장이 들어갈 곳 고르기 p.82

40. 이런 가치들을 지닌 운석을 연구하기 위해서는 **40.** 많은 운석이 필요하다

지구 밖에서 온 운석은 태양계와 지구의 비밀을 풀 수 있는 중요한 자료가 된다. (㉠) 태양계가 탄생할 때 생겨난 **40.** 운석에는 태양계가 탄생할 당시에 어떤 일이 있었는지를 알 수 있는 **40.** 정보가 담겨 있다. (㉡) 게다가 태양계가 생성된 이후의 운석에는 **40.** 행성의 초기 진화에 대한 기록이 보존되어 있다. (㉢) 그런데 흥미롭게도, 지구에 떨어지는 **40.** 운석의 상당수는 남극에서 발견된다. (㉣) 이는 남극의 독특한 지형 조건으로 인해 운석이 특정 장소에 집중되기 때문이다.

정답 ③

해설 <보기>의 '이런 가치'가 무엇인지 찾아야 한다. 운석에는 태양계에 대한 정보와 행성 초기 진화에 대한 기록이 보존되어 있다. 따라서 <보기>는 ㉢에 위치해야 한다.

오답 ① ㉠
② ㉡
④ ㉣

Key-Point! 문맥의 이해 능력을 측정하는 문항으로 6급 수준의 문항이 출제된다. 접속사, 지시어, 조사를 활용하여 알맞은 순서에 문장을 넣으면 된다.

41. 문장이 들어갈 곳 고르기 p.82

41. 그래서 우리는 잘 우는 사람들이 그렇지 않은 사람들보다 **41.** 부정적인 정서가 더 많을 거라고 생각한다.

우리는 '눈물'을 참아내는 것에 익숙해져 있다. 이처럼 우는 것에 인색한 우리들에게 눈물을 적극 권하는 책이 있다. 최근 주목받고 있는 『울어야 삽니다』라는 책에서는 눈물이 내면의 상처를 치유하는 데 필수적이라고 강조한다. (㉠) 치열하게 경쟁하며 사는 현대 사회에서 눈물은 종종 부정적 요소로 여겨진다. (㉡) **41.** 하지만 한 심리학과에서 실시한 조사 결과에 따르면 **41.** 우리의 예상과 달리, 잘 우는 사람이 오히려 긍정적인 정서가 더 많이 느낀다는 사실이 밝혀졌다. (㉢) 이는 눈물이 부정적인 정서를 배출하고, 마음을 치유하는 데 효과적인 방법이 될 수 있기 때문이다. (㉣)

정답 ②

해설 눈물이 아픔을 치유하는 데 도움을 준다. 그래서 잘 우는 사람은 부정적인 정서를 가진다는 것은 일반적인 사람들의 생각이다. <보기>의 이런 생각과는 다르게 조사 결과에 대한 내용이 나오는 것이 자연스럽다. 따라서 <보기>는 ㉡에 위치해야 한다.

오답 ① ㉠
③ ㉢
④ ㉣

Key-Point! 문맥의 이해 능력을 측정하는 문항으로 6급 수준의 문항이 출제된다. 접속사, 지시어, 조사를 활용하여 알맞은 순서에 문장을 넣으면 된다.

[42~43]

나는 화를 눌러 참고 책을 다 읽을 때까지 기다렸다. 그리고 냉담하게 말했다.
"지금 책 읽은 학생이 김영수예요? 자기 이름들도 몰라요? 결석한 친구 대신 대리 대답하는 학생들이 있다더니, 그렇게 하는 것이 아예 버릇이 돼서 이젠 친구 이름을 자기 이름인 줄로 착각할 정도인가?"

나는 놀리기까지 했다. 영수와 서훈이는 고개를 떨구고 있었다.

나는 강의를 계속했지만, 수업이 끝나고도 기분이 썩 좋지 않았다.

그리고 오후에 퇴근 준비를 하고 있는데, **42.** 학생 하나가 찾아와 사실을 알려주었다. 김영수는 아주 심각한 말더듬이 증세를 갖고 있고, 그 증세는 사람들 앞에서 말하거나 읽거나 하는 스트레스 상황에서는 더욱 악화된다는 것이었다. 그러니 아까 갑자기 말문이 막혀 책을 읽을 수도, 그렇다고 말을 더듬어서 못 읽겠다고 설명할 수도 없었을 것이고, 그 **42.** 사정을 잘 아는 서훈이가 당황하는 친구를 도와주려고 대신 읽었다는 것이다.

이야기를 듣고 나서, 나는 정말이지 <u>쥐구멍에라도 숨고 싶은 심정이었다.</u> **43.** 어렸을 때 나도 한때 말더듬이 비슷한 증세가 있었기 때문에 **42.** 영수가 느꼈을 충격과 고뇌, 그리고 수업 시간 이후의 기분을 잘 알 수 있었다.

42. 밑줄 친 부분에 나타난 심정으로 가장 알맞은 것을 고르십시오.
[주인공의 태도/심정 고르기]   p.83

정답 ①

해설 무안하다 : 얼굴을 들지 못할 만큼 수줍거나 창피하다.

   예 길바닥에 넘어져 많이 아팠지만 <u>무안함</u>을 감추려고 아무렇지 않은 척했다.

   ㄴ사람들 앞에서 말을 심하게 더듬는 김영수를 도와주려고 서훈이가 대신 책을 읽어준 사실을 모르고 학생들을 혼낸 것에 대한 부끄러움을 표현하고 있다.

오답 ② 흐뭇하다 : 마음에 들어 매우 만족스럽다.

   예 열심히 공부하는 동생을 보니 마음이 <u>흐뭇했</u>다.

   ③ 서운하다 : 생각처럼 되지 않아 만족스럽지 못하다.

   예 나는 친구들이 내 말을 믿어 주지 않는 것이 너무 <u>서운했</u>다.

   ④ 억울하다 : 잘못한 것도 없이 피해를 입어 속이 상하고 답답하다.

   예 그는 <u>억울하게</u> 남의 돈을 훔쳤다는 의심을 받았다.

🔊 **Key-Point!** 등장인물의 태도를 파악하는 능력을 측정하는 문항으로 6급 수준의 문항이 출제된다. 등장인물의 행동이나 표정 변화가 어떤 감정을 드러내는지를 먼저 파악하는 것이 중요하다.

43. 윗글의 내용으로 알 수 있는 것을 고르십시오.
[내용과 같은 것 고르기]   p.83

정답 ①

해설 김영수는 말을 더듬는 증세가 있다. 그리고 나도 어렸을 때 말더듬이 비슷한 증세가 있었다.

오답 ② 서훈이는 결석한 친구를 도와주려고 대신 책을 읽었다.

   ③ 나는 학생의 이름을 착각하여 잘못 부르는 버릇이 있다.

   ④ 김영수는 나에게 수업 시간에 책을 못 읽은 이유를 알려주었다.

🔊 **Key-Point!** 세부 내용의 이해 능력을 측정하는 문항으로 6급 수준의 문항이 출제된다. 먼저 보기를 읽고 그 내용이 맞는지 내용을 확인하며 풀면 문제 푸는 시간을 절약할 수 있다.

[44~45]

오늘날 상업 거래에는 일반적으로 지폐나 신용카드와 같은 화폐가 사용된다. 화폐가 없던 과거에는 주로 상품과 상품을 직접 맞바꾸는 물물교환 방식으로 거래가 이루어졌다. 물물 교환으로 물건을 얻고자 할 때, 원하는 물건이 일치하는 사람을 찾기 위해 상당한 시간과 노력을 들여야 하는 것이 일반적이다. 게다가 원하는 물건을 발견하더라도 쉽게 교환이 되는 것은 아니다. 왜냐하면 **44.** 각자가 물건에 부여하는 가치가 다르기 때문이다. 그러나 **45.** 화폐의 출현으로 인해 거래의 효율성이 크게 향상되었다. 이제 **45.** 거래 과정에서 화폐를 매개로 대가를 지불함으로써 거래에 드는 시간과 노력이 줄어들게 되었다. 또한 교환 대상에 대해 (   ), **44/45.** 각 상품의 가치를 화폐의 단위로 측정함으로써 거래에서 발생하는 분쟁이 현저히 감소하였다.

44. ( )에 들어갈 말로 가장 알맞은 것을 고르십시오.

[빈칸에 알맞은 것 고르기] p.84

정답 ③

해설 화폐 출현 전에는 원하는 물건을 발견하더라도 각자의 물건에 부여하는 가치가 다르기 때문에 물물 교환을 하기 어려웠다. 하지만 화폐의 등장으로 상품의 가치를 화폐의 단위로 측정할 수 있게 되었다.

오답 ① ( ) 뒤의 '각 상품의 가치를 화폐의 단위로 측정함'과 내용물의 차이를 비교하는 것과 어울리지 않는다.
② 상품의 가치를 화폐로 측정할 수 있게 되었으므로 원하는 거래 방식의 차이와는 거리가 멀다.
④ 상품의 가치를 나타내는 화폐의 기능에 대한 내용이 뒤에 있으므로 크기를 측정할 수 있는 도구와 관계가 없다.

Key-Point! 문장 안에서 필요한 표현을 찾는 능력을 측정하는 문항으로 6급 수준의 문항이 출제된다.

45. 윗글의 주제로 가장 알맞은 것을 고르십시오.

[주제 고르기] p.84

정답 ②

해설 화폐의 출현으로 물건을 거래하는 과정에서 화폐를 사용하게 되면서 대가를 지불하고 물건의 가치 차이를 화폐로 측정할 수 있게 되었다.

오답 ① 화폐는 물건이 가진 가치를 표현하는 것뿐만 아니라 교환 매개의 역할도 한다.
③ 이 글은 화폐 출현 전에 물건 보관과 유지의 어려움에 대한 내용이 아니라 화폐의 역할에 관한 내용이다.
④ 사람들은 서로 원하는 물건을 교환함으로써 분쟁을 줄일 수 있다는 것은 화폐의 역할이 아니므로 이 글의 주제와 벗어나 있다.

Key-Point! 주제를 찾는 능력을 측정하는 문항으로 6급 수준의 문항이 출제된다. 중심 생각은 '-어야 하다, -는 게 좋다, 그래서' 등의 표현과 함께 사용되니 이런 표현이 있는지 확인하며 문제를 풀면 도움이 된다.

[46~47]

전 세계가 **47.** 더위로 인한 물가 상승의 위협에 직면하고 있다. 폭염은 농산물 수확량을 줄이고, 가축 피해를 증가시키며, 어획량마저 감소시키고 있다. 이러한 변화는 필연적으로 식량 가격의 급등을 초래할 수밖에 없다. 폭염으로 각 업계의 **47.** 생산량이 감소하면서 원재료 가격이 오르고, 가공식품 가격에도 영향을 미치고 있다. 또한, 폭염으로 인한 수확물의 부패를 방지하기 위해 냉방이 필수화되면서 운송 비용과 에너지 요금도 증가하고 있다. 하지만 폭염이 심각한 문제로 여겨지는 이유는 단순한 일시적 현상이 아니라, 지구 온난화로 인한 기후변화가 지속적으로 영향을 미칠 가능성이 크기 때문이다. **46.** 기후변화는 지역별 생산 현황에 직접적인 영향을 미쳐, 세계 농수산업의 구조를 완전히 변화시킬 수 있다. 이로 인해 식량 안보 위기가 발생하고, 경제 성장 또한 위축될 수 있다.

46. 윗글에 나타난 필자의 태도로 가장 알맞은 것을 고르십시오.

[필자의 태도 고르기] p.85

정답 ③

해설 기후변화가 농수산물 생산에 영향을 미치므로, 세계 농수산업의 구조가 변화되고 이로 인해 식량 안보 위기와 경제 성장이 위축될 것을 우려하고 있다.

오답 ① 폭염으로 인한 농수산물 가격 및 물가 상승의 대응책을 세우는 내용은 나오지 않는다.
② 지구 온난화로 인한 기후변화가 일시적인 문제가 아닌 지속적으로 영향을 미칠 가능성이 크다고 이야기하고 있다.
④ 기후변화로 인해 농수산업의 구조 변화를 일으켜 식량 안보 위기 및 경제 성장이 위축될 것을 우려하고 있다.

Key-Point! 필자의 태도를 파악하는 능력을 측정하는 문항으로 6급 수준의 문항이 출제된다.

47. 윗글의 내용과 같은 것을 고르십시오.

[내용이 같은 것 고르기] p.85

정답 ①

해설 폭염으로 인해 농수산물의 생산량이 감소하면서
원재료 가격이 오르고, 가공식품 가격에도 영향
을 미치고 있다.

오답 ② 폭염은 지속적인 현상으로 농수산업에 미치는
영향은 제한적이다.
③ 지구 온난화가 에너지 요금 상승의 주된 원인
으로 작용할 수 있다.
④ 기후변화로 농수산업의 구조가 변하면 ~~식량
안보 위기에 대처할 수 있다.~~

🔑 Key-Point! 세부 내용의 이해 능력을 측정하는 문항
으로 6급 수준의 문항이 출제된다. 먼저 보기를 읽고 그
내용이 맞는지 내용을 확인하며 풀면 문제 푸는 시간을
절약할 수 있다.

[48~50]

방송 프로그램에서 출연자가 특정 브랜드의 옷
이나 자동차를 사용하는 장면을 흔히 볼 수 있
다. 이렇게 상업적 의도를 감추고 소비자가 제품
이나 기업의 상징물을 인식하도록 만드는 광고를
'간접 광고'라고 한다. 2010년부터 간접 광고가
허용되었는데 허용 초기에는 간접 광고의 정도
가 미미했으나 이제는 그 정도가 심해져 **49/50.**
내용 전개와 무관한 간접 광고가 자주 등장한다.
간접 광고의 잦은 노출은 프로그램의 완성도를
떨어뜨리고 프로그램의 흐름을 끊어 (   ).
또한 간접 광고는 시청자의 선택권을 빼앗는 문
제를 안고 있다. 프로그램 앞뒤에 하는 광고는
시청자가 시청 여부를 선택할 수 있지만, 간접
광고는 프로그램 내에 포함되어 있어 선택할 수
없다. 이는 시청자를 수동적인 존재로 만든다.
그러므로 **48/49. 시청자들은 지나친 간접 광고**
가 프로그램을 즐겁게 시청할 자신들의 권리를
침해한다는 사실을 인식하고 지나친 간접 광고에
대해 비판의 목소리를 높여야 한다. 시청자들의
목소리는 과도한 간접 광고를 막을 수 있는 또
다른 중요한 축이 될 수 있다.

48. 윗글을 쓴 목적으로 가장 알맞은 것을 고르십시
오.
[글을 쓴 목적 고르기]   p.86

정답 ④

해설 시청자들은 지나친 간접 광고가 프로그램을 즐
겁게 시청할 자신들의 권리를 침해한다는 사실을
인식하고 이에 대한 비판의 목소리를 높여야 한
다.

오답 ① 지나친 간접 광고를 막기 위해 시청자들의 태
도 변화가 요구된다. 시청자의 광고 선택권 보
장에 대한 주장이 아니다.
② 간접 광고로 인한 프로그램을 즐길 시청자들
의 권리 침해당한다는 사실을 인식하여 시청
자 태도 변화를 촉구하고 있다. 간접 광고로
발생하는 문제의 원인을 분석하기 위해서는
아니다.
③ 광고주의 방송 프로그램 제작 참여를 비판하
려는 것이 아니라 간접 광고에 대한 시청자의
태도 변화를 요구하고 있다.

🔑 Key-Point! 글의 목적이나 이유, 근거를 파악하는 능
력을 측정하는 문항으로 6급 수준의 문항이 출제된다.

49. (   )에 들어갈 말로 가장 알맞은 것을 고르
십시오.
[빈칸에 알맞은 것 고르기]   p.86

정답 ③

해설 내용 전개와 무관한 간접 광고의 잦은 노출은 프
로그램의 완성도를 떨어뜨리고 프로그램의 흐름
을 끊어 시청자가 프로그램을 즐겁게 시청할 수
없다고 하였다. 따라서 시청자들의 몰입을 방해하
는 수준에 이르게 되었다가 적절하다.

오답 ① 프로그램 내의 간접 광고로 인해 내용의 흐름
이 끊긴다는 내용이다. 시청자가 특정 브랜 드
의 상품을 구매하는 것은 아니다.
② 프로그램의 내용 전개와 무관한 간접 광고의
출현으로 시청자가 방송을 즐겁게 시청할 수
없디는 내용이다. 광고주가 프로그램 제작에
참여하지 않게 되었다는 내용은 적절하지 않
다.
④ 프로그램 내의 간접 광고에 대한 내용이다. 따
라서 방송 출연자가 더 이상 방송에 나올 수
없게 하는 것과 연결되지 않는다.

🔑 Key-Point! 문장 안에서 필요한 표현을 찾는 능력을
측정하는 문항으로 6급 수준의 문항이 출제된다.

50. 윗글의 내용과 같은 것을 고르십시오.
[내용이 같은 것 고르기]   p.87

정답 ③

해설 내용 전개와 무관한 간접 광고의 잦은 노출은 프
로그램의 완성도를 떨어뜨리고 프로그램의 흐름
을 끊는다.

오답 ① 2010년 이전의 간접 광고는 ~~상업적 의도를 띠
자 않았다.~~
② 프로그램 전후로 하는 간접 광고는 시청자의
선택권을 빼앗는다.
④ 프로그램 내용과 관련 없는 간접 광고로 방송
제작에 어려움이 있다.

Key-Point!   세부 내용의 이해 능력을 측정하는 문항
으로 6급 수준의 문항이 출제된다. 먼저 보기를 읽고 그
내용이 맞는지 내용을 확인하며 풀면 문제 푸는 시간을
절약할 수 있다.

3회 실전모의고사 정답 및 풀이

듣기   1번~50번

1	②	2	①	3	④	4	③	5	③
6	④	7	①	8	③	9	④	10	①
11	②	12	①	13	③	14	③	15	④
16	③	17	④	18	②	19	④	20	③
21	③	22	②	23	①	24	④	25	③
26	②	27	①	28	②	29	②	30	③
31	④	32	①	33	②	34	①	35	①
36	④	37	②	38	④	39	①	40	④
41	①	42	③	43	②	44	④	45	④
46	③	47	①	48	②	49	③	50	②

1. 일치하는 그림 고르기   p.91

여자 : 어제 여기서 친구에게 선물할 운동화를 샀는데요. 환불할 수 있을까요?

남자 : **1.** 영수증 있으신가요? 확인 후에 처리해 드릴게요.

여자 : 네, 여기 있습니다.

정답   ②

해설   두 사람의 대화로 여자가 운동화를 환불하러 온 상황임을 알 수 있다.

오답   ① 친구에게 선물하려고 했던 신발을 환불하러 왔다.
③ 여자가 아니라 친구의 운동화를 구매했다.
④ 어제 가게에서 운동화를 구매했다.

🔑 **Key-Point!**   3급 수준의 문제로, 개인적인 대화를 통해 세부적인 내용을 파악하고 이에 해당하는 그림을 찾아야 한다.

2. 일치하는 그림 고르기   p.91

남자 : **2.** 드라이 클리닝 맡기러 왔는데요. 얼마나 걸릴까요?

여자 : 이틀 정도 걸릴 거예요. **2.** 여기 바구니에 담아주시고 성함이랑 연락처를 남겨 주세요.

남자 : 네, 그럼 이틀 후에 찾으러 올게요.

정답 ①

해설 남자의 말에 여자가 세탁물을 바구니에 담아 달라고 하므로 세탁물을 맡기는 상황임을 알 수 있다.

오답 ② 남자는 세탁기에 옷을 세탁하지 않는다.
③ 남자는 세탁기를 사러 가지 않았다.
④ 여자의 세탁기는 고장나지 않았다.

🔑 Key-Point! 3급 수준의 문제로, 개인적인 대화를 통해 세부적인 내용을 파악하고 이에 해당하는 그림을 찾아야 한다.

3. 일치하는 도표 고르기   p.92

남자 : 최근 10년간 편의점 도시락을 이용하는 사람들이 계속해서 증가하고 있는 것으로 나타났습니다. 편의점 도시락을 이용하는 이유로는 3. '간단하게 한 끼를 먹기 위해'가 가장 많았고, '싸고 맛있어서', '유명 요리사가 만들어서'가 그 뒤를 이었습니다.

정답 ④

해설 편의점 도시락 구매 이유는 '간단하게 한 끼를 먹기 위해', '싸고 맛있어서', '유명 요리사가 만들어서' 순이다.

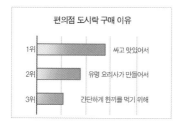

오답 ① 도시락 매출은 계속해서 증가하고 있다.
② 도시락 매출은 꾸준히 증가하는 추세이다.
③ 1위는 '간단하게 한 끼를 먹기 위해'이다

🔑 Key-Point! 4급 수준의 문제로, 뉴스(보도) 내용을 통

해 통계 결과를 잘 이해하고 이에 일치하는 그래프를 찾아야 한다.

4. 듣고 이어지는 말 고르기   p.92

여자 : 미안하지만 오늘 회의에 참석하지 못할 것 같아요.
남자 : 4. 왜요? 무슨 일이 있어요?
여자 : _____

정답 ③

해설 남자가 여자에게 회의에 참석하지 못하는 이유를 질문했기 때문에 그 이유(배가 아파서)를 답해야 한다.

오답 ① 회의 시간을 다시 정할 것이라는 말이 적절하지 않다.
② 내일이 아니라 오늘 회의에 참석하지 못하는 상황이다.
④ 여자는 회의에 참석하지 못한다고 했다.

🔑 Key-Point! 3급 수준의 문제로, 개인적 대화를 통해 앞뒤 상황을 이해하여 답을 찾아야 한다.

5. 듣고 이어지는 말 고르기   p.92

남자 : 매일 아침 운동을 했더니 몸이 가벼워진 것 같아요.
여자 : 그래요? 5. 언제부터 아침 운동을 하기 시작했어요?
남자 : _____

정답 ③

해설 여자는 언제부터 아침 운동을 하기 시작했는지 물어봤기 때문에 '운동한 지는 한 달 정도 됐다'고 대답하는 것이 적절하다.

오답 ① 얼마나 운동하는지 시간을 물어보는 상황이 아니다.
② 몇 시까지 운동하는지 물어보지 않았다.
④ 어디에서 운동했는지 물어보지 않았다.

🔑 Key-Point! 3급 수준의 문제로, 개인적 대화를 통해 앞뒤 상황을 이해하여 답을 찾아야 한다.

6. 듣고 이어지는 말 고르기　　　　　p.93

남자 : 뉴스에서 봤는데 올해는 장마가 일찍 시
　　　작된대요.
여자 : 그래요? **6.** 작년에 비가 많이 왔는데 올해
　　　도 그럴까요?
남자 : ＿＿＿＿＿＿＿＿＿＿＿＿＿＿＿

정답　④

해설　여자가 올해도 비가 많이 올 것인지 물어보고 있
　　　기 때문에 올해는 작년보다 작년이 더 많이 올 거
　　　라고 답할 수 있다.

오답　① 현재 비가 오는 지 알 수 없다.
　　　② 비가 많이 올 지에 대해 물어보고 있기 때문에
　　　　 장마가 빨리 오면 좋겠다는 답은 적절하지 않
　　　　 다.
　　　③ 올해 장마는 아직 시작되지 않았다.

Key-Point!　3급 수준의 문제로, 개인적 대화를 통해
앞뒤 상황을 이해하여 답을 찾아야 한다.

7. 듣고 이어지는 말 고르기　　　　　p.93

여자 : 지난주에 도서관에서 빌린 책 반납했어?
남자 : 시간이 없어서 아직 도서관에 못 갔어. **7.**
　　　내일까지 반납해야 하는데.
여자 : ＿＿＿＿＿＿＿＿＿＿＿＿＿＿＿

정답　①

해설　남자는 시간이 없어서 도서관에 가지 못했고, 내
　　　일까지 반납해야 할 책이 있으므로 여자가 대신
　　　반납해 주겠다고 답할 수 있다.

오답　② 도서관에서 빌린 책은 내일까지 반납해야 한
　　　　 다.
　　　③ 도서관에서 이미 책을 빌렸고 빌린 책을 빈납
　　　　 해야 한다.
　　　④ 내일까지 책을 반납해야 한다는 내용이 있기
　　　　 때문에 주말에 같이 책을 빌리러 가자는 답변
　　　　 은 적절하지 않다.

Key-Point!　3급 수준의 문제로, 개인적 대화를 통해
앞뒤 상황을 이해하여 답을 찾아야 한다.

8. 듣고 이어지는 말 고르기　　　　　p.93

여자 : 이번 신입생 오리엔테이션 준비는 잘 되고
　　　있어요?
남자 : 장소는 정해졌는데 **8.** 아직 교수님들 일정
　　　을 확인하지 못했어요.
여자 : ＿＿＿＿＿＿＿＿＿＿＿＿＿＿＿

정답　③

해설　남자가 아직 교수님의 일정을 확인하지 못했다고
　　　했으므로 확인되면 알려달라고 답할 수 있다.

오답　① 아직 교수님의 일정을 확인하지 못했다고 했
　　　　 으므로 문자를 받았다고 답변하는 것은 어색
　　　　 한 답변이다.
　　　② 남자가 여자에게 준비를 잘하고 있는지 물어
　　　　 봤기 때문에 준비할 게 많다고 답변할 수 없다.
　　　④ 남자가 아니라 여자가 오리엔테이션을 준비하
　　　　 고 있다. 남자가 오리엔테이션을 계획했다는
　　　　 내용은 없다.

Key-Point!　4급 수준의 문제로, 사회적 대화를 통해
앞뒤 상황을 이해하여 답을 찾아야 한다.

9. 알맞은 행동 고르기　　　　　p.93

여자 : **9.** 놀이 기구 앞에 사람이 정말 많다. 우
　　　리도 가서 기다릴까?
남자 : 나는 목이 좀 마른데 카페에 가서 음료수
　　　부터 마시는 게 어때?
여자 : 이따가 사람이 더 많아질 것 같은데…. **9.**
　　　내가 여기에서 먼저 줄을 서서 기다리고
　　　있을게.
남자 : 알겠어. 그럼 내가 마실 걸 사 올게.

정답　④

해설　여자는 사람이 많으니까 놀이 기구 앞에 줄 서서
　　　기다리고 있겠다고 했다.

오답　① 여자는 음식을 주문하지 않았다.
　　　② 물이 아니라 음료수를 마시겠다고 했다.
　　　③ 남자가 음료수를 사러 가기로 했다.

Key-Point!　3급 수준의 문제로, 개인적 대화를 통해
앞뒤 상황과 순서를 고려하여 답을 찾아야 한다.

10. 알맞은 행동 고르기   p.93

여자 : 사무실 안이 좀 더운 것 같지 않아요?

남자 : 에어컨이 또 고장이 났나 보네요.

여자 : 아, 그래요? **10. 그럼 바로 수리기사님께 연락해 볼게요.**

남자 : 네, 날씨가 더 더워지기 전에 고쳐야 할 텐데요.

정답 ①

해설 여자는 에어컨이 고장 났으니까 수리기사에게 바로 전화하겠다고 했다.

오답 ② 여자는 고장 난 에어컨을 수리해달라고 수리기사에게 전화한다고 했다.

③ 날씨가 더워지기 전에 에어컨을 고쳐야 한다고 했다.

④ 남자에게 에어컨을 켜달라는 말은 내용 중에 나오지 않는다.

Key-Point! 3급 수준의 문제로, 사회적 대화를 통해 앞뒤 상황과 순서를 고려하여 답을 찾아야 한다.

11. 알맞은 행동 고르기   p.93

남자 : 어제 숙제하다가 노트북을 떨어뜨려서 화면이 깨졌어.

여자 : 노트북은 수리센터에 맡겼어?

남자 : 응, 남은 숙제를 해야 하는데 걱정이야. 그래서 말인데 **11. 노트북 하루만 빌려줄 수 있어?**

여자 : 그래, 난 오전에 숙제를 끝냈으니까 **11. 편하게 써.**

정답 ②

해설 남자가 숙제를 위해 여자에게 노트북을 빌려달라고 했는데 여자가 편하게 쓰라고 대답했으므로 남자에게 노트북을 빌려준다.

오답 ① 여자는 오전에 숙제를 마쳤다.

③ 남자와 함께 노트북을 사러 간다는 말은 내용 중에 나오지 않는다.

④ 여자가 노트북을 찾으러 수리센터에 간다는 말은 내용 중에 나오지 않는다.

Key-Point! 3급 수준의 문제로, 개인적 대화를 통해 앞뒤 상황과 순서를 고려하여 답을 찾아야 한다.

12. 알맞은 행동 고르기   p.93

여자 : 과장님, 지난번에 말씀하신 기획안을 다 작성했습니다.

남자 : 저한테 메일로 보내주세요.

여자 : 지금 **12. 바로 보내드리겠습니다.** 수정할 부분이 있으면 말씀해주세요.

남자 : 네, 확인할게요. 부장님이 출장 중이시니까 돌아오시면 같이 보고합시다.

정답 ①

해설 여자는 작성한 기획안을 과장님에게 이메일로 보낸다고 했다.

오답 ② 과장님이 기획안을 검토한 다음 수정할 부분을 말해주면 내용을 수정하겠다고 했다.

③ 부장님이 출장을 다녀오시면 과장님과 함께 보고하기로 했다.

④ 출장 일정을 준비한다는 말은 내용 중에 나오지 않는다.

Key-Point! 4급 수준의 문제로, 사회적 대화를 통해 앞뒤 상황과 순서를 고려하여 답을 찾아야 한다.

13. 일치하는 내용 고르기   p.94

여자 : 학교 앞에 카페가 새로 생겼다는데 가 봤어?

남자 : 아직 안 가봤어. 매장도 넓고 빵도 먹을 수 있다고 들었어. 이따가 **13. 수업 끝나고 같이 가 볼까?**

여자 : **13. 좋아.** 텀블러를 가져가면 음료도 할인해준대.

남자 : 그럼 텀블러 챙겨서 가야겠다.

정답 ③

해설 남자는 여자와 함께 수업이 끝난 후에 카페에 가자고 했고 여자도 좋다고 했다.

오답 ① 여자는 텀블러를 새로 샀다.

② 여자는 카페에 텀블러를 가져갈 것이다.

④ 남자는 새로 생긴 카페에 가 본 적이 있다.

Key-Point! 3급 수준의 문제로, 개인적 대화를 통해 들은 내용과 일치하는 답을 찾아야 한다.

14. 일치하는 내용 고르기 　　　　　　　p.94

(딩동댕)

남자 : 관리사무소에서 안내 말씀드립니다. 내일부터 이틀 동안 우리 아파트 지하 주차장을 청소할 예정입니다. 14. 청소를 하는 동안은 지하 주차장 이용이 불가능하오니 해당 주차구역에 주차하신 분들은 지상 주차장으로 이동 주차하여 주시기 바랍니다. 모든 청소작업은 오후 4시 전에는 마무리될 예정입니다. 쾌적한 지하 주차장을 위해서 주민 여러분의 협조 부탁드립니다.

정답 ③

해설 청소를 하는 동안 지하 주차장 이용이 불가능하다고 했다.

오답 ① 청소작업은 오후 4시부터 시작한다.
② 오늘부터 이틀 동안 지하 주차장을 청소한다.
④ 지하 주차장은 주민들이 직접 청소할 예정이다.

Key-Point! 3급 수준의 문제로, 공지를 통해 들은 내용과 일치하는 답을 찾아야 한다.

15. 일치하는 내용 고르기 　　　　　　　p.94

여자 : 요즘 학생들의 신체활동이 줄어들고 있다는 문제가 지속적으로 제기되면서 '0교시 체육'이 전국 초중고에 도입되고 있습니다. '0교시 체육'은 1교시 수업 전에 하는 아침 체육활동을 말합니다. 15. 참여를 원하는 학생들은 1교시 전에 운동장에서 다양한 체육활동에 참여할 수 있습니다. 여러분도 운동으로 하루를 시작해보는 건 어떨까요?

정답 ④

해설 참여를 원하는 학생은 아침에 체육활동에 참여할

수 있다고 했다.

오답 ① 다양한 체육활동을 하면 집중력이 좋아진다.
② 학교는 학생들의 체육 시간을 줄이려고 한다.
③ 학생들의 학업 성적이 점점 안 좋아지고 있다.

Key-Point! 4급 수준의 문제로, 뉴스(보도)를 통해 들은 내용과 일치하는 답을 찾아야 한다.

16. 일치하는 내용 고르기 　　　　　　　p.94

여자 : 선생님께서는 발표하는 사람들을 위한 목소리 코치로 활약하고 계신데요. 정확히 목소리 코치가 하는 일이 무엇인가요?

남자 : 현대사회에서는 사람들 앞에서 발표해야 하는 상황이 자주 생기게 됩니다. 그런데 발표에 어려움을 느끼는 사람들이 많습니다. 이런 사람들을 위해 16. 목소리 코치는 사람들 앞에서 당당한 목소리로 발표할 수 있도록 호흡, 음색, 말의 속도 등을 16. 지도하는 일을 합니다.

정답 ③

해설 목소리 코치는 발표를 잘 할 수 있도록 지도하는 일을 하는 사람이라고 했다.

오답 ① 발표를 잘하려면 말의 속도가 빨라야 한다.
② 대부분의 사람들은 발표하는 것을 좋아한다.
④ 발표를 할 때는 시각적인 요소를 잘 이용해야 한다.

Key-Point! 4급 수준의 문제로, 인터뷰를 통해 들은 내용과 일치하는 답을 찾아야 한다.

17. 중심 생각 고르기 　　　　　　　p.95

남자 : 나는 마트에서 가공식품을 살 때 항상 17. 영양 성분을 확인하고 사.

여자 : 그래? 매번 확인하는 건 좀 귀찮지 않아?

남자 : 귀찮긴 하지만 17. 안전하고 건강한 식사를 하려면 잘 보고 선택해야지.

정답 ④

해설 남자는 첫 번째 발화에서 항상 영양 성분을 확인하고 산다고 하였고 마지막 발화에서 건강한 식사를 하려면 가공식품을 살 때 영양 성분을 확인하고 사는 것이 좋다고 하였다.

오답 ① 남자는 건강을 위해서는 영양 성분을 잘 보고 골라야 한다고 했다.

② 물건을 살 때는 직접 보고 사는 것이 좋다고 직접적으로 말하지 않았다.

③ 가공식품은 영양 성분을 보고 사야 한다고 말했으나 반드시 표시해야 한다고 말하지 않았다.

Key-Point! 3급 수준의 문제로, 개인적인 대화를 통해 남자의 중심 생각을 찾아야 한다.

18. 중심 생각 고르기   p.95

남자 : 지난주에 기숙사에서 불이 날 뻔했대. 전기를 한꺼번에 많이 썼나 봐.

여자 : 정말이야? 불이 안 나서 다행이네.

남자 : 불이 나면 한순간에 모든 것을 잃어버릴 수 있어. **18. 여러 사람이 같이 사용하는 공간에서는 더 조심해야지.**

정답 ②

해설 여러 사람이 같이 사용하는 공간에서는 더 조심해야 한다고 했으므로 함께 쓰는 공간에서는 더 안전에 유의해야 한다고 생각한다.

오답 ① 사용하지 않는 가전제품의 플러그를 빼야 한다고 말했으나 전기 콘센트를 사용하면 안 된다고 하지 않았다.

③ 불이 나면 한순간에 모든 것을 잃어버릴 수 있다고 했지만 개인 소지품을 잃어버리지 않도록 조심해야 한다는 내용은 대화 중에 나오지 않았다.

④ 기숙사는 화재 예방 시설을 설치해야 한다는 내용은 대화 중에 나오지 않았다.

Key-Point! 3급 수준의 문제로, 개인적인 대화를 통해 남자의 중심 생각을 찾아야 한다.

19. 중심 생각 고르기   p.95

여자 : 인터넷에서 찾은 자료를 그대로 복사해서 회의 자료로 사용해도 될까요?

남자 : 안 되죠. 만든 사람의 허락을 받고 사용해야 해요.

여자 : 그럼 따로 연락을 해보는 게 좋을까요?

남자 : 네, 다른 사람이 올린 자료를 마음대로 사용해서는 안 돼요. **19. 반드시 그 글을 쓴 사람의 동의를 구해야 해요.**

정답 ④

해설 남자는 다른 사람의 자료를 사용할 때는 반드시 그 글을 쓴 사람의 동의를 구해야 한다고 했으므로, 즉 글쓴이의 허락을 받아야 한다고 생각한다.

오답 ① 여자는 인터넷에서 좋은 회의 자료를 찾았다고 말했지만 이것이 남자의 중심 생각은 아니다.

② 원래 그 글을 쓴 사람의 허락을 받아야 한다고 말했지만 출처를 알 수 없는 자료는 사용하면 안 된다고 말하지 않았다.

③ 인터넷에서 찾은 자료를 사용하는 것이 안전하다는 이야기는 대화 중에 나오지 않는다.

Key-Point! 4급 수준의 문제로, 개인적인 대화를 통해 남자의 중심 생각을 찾아야 한다.

20. 중심 생각 고르기   p.95

여자 : 박사님, 당뇨를 관리하려면 어떻게 관리하는 것이 좋을까요?

남자 : 당뇨병이 있거나 혈당 수치를 관리해야 하는 사람에게 걷기는 아주 효과적인 건강 관리법입니다. **20. 당뇨병이 있다면 규칙적인 운동을 하는 것이 중요합니다.** 꾸준한 걷기 운동은 혈당 수치를 낮추고 당뇨 관리에 도움이 됩니다.

정답 ③

해설 남자는 당뇨병이 있다면 규칙적인 운동을 하는 것이 중요하다고 했고 꾸준한 걷기 운동은 혈당 수치를 낮추고 당뇨 관리에 도움이 된다고 생각한다.

오답 ① 운동을 하면 당뇨를 예방할 수 있는 것이 아니라 당뇨와 혈당 수치를 관리할 수 있다고 했다.

② 휴식이 아니라 꾸준하고 규칙적인 운동을 통해 혈당 수치를 낮출 수 있다.

④ 운동을 자주 하지 않으면 건강이 나빠진다는 이야기는 대화 중에 나오지 않는다.

Key-Point! 4급 수준의 문제로, 인터뷰를 통해 남자의 중심 생각을 찾아야 한다.

[21~22]

여 : 저는 가끔 다른 사람의 부탁을 거절하지 못해서 스트레스를 받을 때가 있어요.

남 : 충분히 생각해 봤는데도 **21.** 들어주기 어려운 부탁이라면 거절하는 게 맞지요. 무리하게 요구를 들어주다 보면 더 스트레스 받을 거예요.

여 : 그렇지만 부탁하는 것을 거절하면 상대방이 상처를 받을까봐 두려워요.

남 : 그럴 때는 솔직하게 이야기하고 **22.** 거절하는 이유를 분명하게 설명하는 것이 좋아요. 다른 대안을 제시하면서 예의 있게 거절하는 것도 현명하게 거절하는 방법 중 하나고요.

21. 남자의 중심 생각으로 가장 알맞은 것을 고르십시오.
[중심 생각 고르기]   p.96

정답 ③

해설 남자는 들어주기 어려운 부탁이라면 거절하는데 맞다고 했으므로 무리한 요구는 현명하게 거절할 줄 알아야 한다고 했다.

오답 ① 부탁할 때가 아니라 거절할 때 대안을 제시하면서 예의 있게 거절하는 것이 현명하게 거절하는 방법 중에 하나라고 했다.
      ② 다른 사람의 요구를 무리하게 들어주다 보면 스트레스를 받을 수 있기 때문에 무조건 들어주는 것이 좋지 않다고 생각한다.
      ④ 다른 사람의 부탁을 거절하지 못해서 스트레스를 받을 때가 있다고 언급한 적이 있지만 스트레스를 받을 때 다른 사람에게 부탁해야 한다고 말하지 않았다.

Key-Point! 4급 수준의 문제로, 대화를 통해 남자의 중심 생각을 찾아야 한다.

22. 들은 내용과 같은 것을 고르십시오.
일치하는 내용 고르기   p.96

정답 ②

해설 거절할 때는 솔직하게 이야기하고 이유를 분명하게 밝히는 것이 좋다고 했다.

오답 ① 부탁을 할 때는 누구나 스트레스를 받는다.
      ③ 다른 사람에게 어려운 부탁은 하지 않는 것이 좋다.
      ④ 남자는 타인의 부탁을 받고 스트레스를 받은 적이 있다.

Key-Point! 4급 수준의 문제로, 대화를 통해 내용과 일치하는 답을 찾아야 한다.

[23~24]

남 : 여보세요. 거기 행정복지센터지요? 올해 열리는 아나바다 장터에 **23.** 참여 신청하려고 연락드렸는데요.

여 : 네, 인주시에 거주하시는 시민이라면 누구나 참여 가능합니다. 성함과 연락처 남겨주시면 신청해드리겠습니다.

남 : 어떤 물건을 판매할 수 있나요?

여 : 집에서 사용하지 않는 물건 중에서 **24.** 재활용할 수 있는 모든 품목을 판매할 수 있고, 판매 후에는 수익금의 10%를 기부해주셔야 합니다. 자세한 내용은 홈페이지에서 확인하실 수 있습니다.

23. 남자가 무엇을 하고 있는지 고르십시오.
[담화 상황 고르기]   p.96

정답 ①

해설 남자는 인주시에서 개최하는 아나바다 시장에 대해 문의하고 있다.

오답 ② 남자는 중고 거래의 장점을 설명하는 것이 아니라 아나바다 시장에 대해 알아보고 있다.
      ③ 환경보호의 중요성을 강조하는 내용은 대화 중에 나오지 않는다.
      ④ 신청에 필요한 서류에 대해 안내하고 있는 것이 아니라 문의하고 있다.

Key-Point! 4급 수준의 문제로, 사회적 대화를 통해 남자가 무엇을 하고 있는 상황인지를 찾아야 한다.

24. 들은 내용과 같은 것을 고르십시오.
[일치하는 내용 고르기]　　　　p.96

정답　④

해설　여자는 아나바다 장터에는 재활용 가능한 모든 품목을 판매할 수 있다고 했다.

오답　① 수익금의 ~~20% 이상을~~ 기부해야 한다.
　　　② 남자는 물건을 ~~구매하기 위해~~ 센터에 전화했다.
　　　③ 아나바다 장터 신청은 센터에 ~~직접 방문해서~~ 해야 한다.

🔑 **Key-Point!**　4급 수준의 문제로, 사회적 대화를 통해 들은 내용과 일치하는 답을 찾아야 한다.

[25~26]

여자 : **26.** 세계적으로 한식이 주목을 받고 있는데요. 한식을 더 널리 알리려면 어떻게 해야 할까요?

남자 : 한식은 종류가 다양하고 건강한 음식으로, 세계적으로도 그 우수성을 인정받고 있습니다. 소셜 미디어를 활용해서 한식 요리 과정을 소개하거나 국제 음식 축제에 참여하는 것도 한식을 알리는 좋은 방법입니다.
다른 나라에 한식을 알릴 때는 각 나라의 문화와 식습관을 고려하여 현지화 전략을 세우는 것도 좋을 것 같습니다. 더 많은 사람들이 **25.** 한국 음식의 진정한 가치를 발견하고 즐길 수 있도록 우리의 노력과 관심이 필요하겠습니다.

25. 남자의 중심 생각으로 가장 알맞은 것을 고르십시오.
[중심 생각 고르기]　　　　p.97

정답　③

해설　남자는 인터뷰를 통해 한식을 알리는 방법을 소개하고 더 많은 사람들이 한식의 가치를 알 수 있도록 노력과 관심이 필요하다고 했다.

오답　① 남자는 한식을 홍보할 수 있는 공간을 마련해야 한다고 언급하지 않았다.
　　　② 한식을 알리기 위해서는 국제 음식 축제에 참

여하는 것도 하나의 방법이라고 했으나 중심 생각은 아니다.
④ 남자는 현지인의 식습관에 맞게 한식을 알릴 수 있도록 해야 한다는 내용은 있지만 중심 생각은 아니다.

🔑 **Key-Point!**　4급 수준의 문제로, 인터뷰를 통해 남자의 중심 생각을 찾아야 한다.

26. 들은 내용과 같은 것을 고르십시오.
[일치하는 내용 고르기]　　　　p.97

정답　②

해설　여자는 처음에 전 세계에서 한식이 주목받고 있다고 말했다.

오답　① 음식을 골고루 먹는 것이 ~~건강에 좋다.~~
　　　③ 한식을 알리려면 축제를 ~~개최하는 것이 좋다.~~
　　　④ 한식 요리 과정을 소개하는 것은 ~~번거로운 일이다.~~

🔑 **Key-Point!**　5급 수준의 문제로, 인터뷰를 통해 내용과 일치하는 답을 찾아야 한다.

[27~28]

남자 : 요즘에는 식당에서 태블릿 PC로 앉아서 주문할 수 있는 테이블 오더가 있으니까 **27.** 좋은 것 같지 않아?

여자 : 그렇긴 하지만 종업원과 직접 대화하지 않으니까 사람들 간의 소통이 줄어들고 서비스의 질도 떨어지는 것 같아.

남자 : 그래도 태블릿 PC로 주문부터 계산까지 모두 앉아서 할 수 있어서 나는 **27.** 오히려 더 편리하다고 생각해. 사장님 입장에서도 **28.** 인건비가 줄어들면 더 좋지 않을까?

여자 : 듣고 보니 정말 그럴 수도 있겠네.

27. 남자가 말하는 의도로 알맞은 것을 고르십시오.
[화자의 의도 고르기]　　　　p.97

정답　①

해설　남자는 여자에게 테이블 오더의 편리한 점과 장점에 대해서 알려주고 있다.

오답 ② 테이블 오더를 사용하면 인건비를 줄일 수 있
다는 내용이 나오긴 하지만 인건비의 중요성에
대해 일깨워 주려고 이야기하는 것은 아니다.
③ 테이블에서 주문하는 것이 새로운 주문 방식
이기는 하지만 주문 방식의 다양성에 대해서
설명하고 있는 것은 아니다.
④ 사람들과 대화하는 방법에 대해서는 대화에
나오지 않았다.

Key-Point! 5급 수준의 문제로, 대화를 통해 남자가
여자에게 말하는 목적이나 의도를 찾아야 한다.

28. 들은 내용과 같은 것을 고르십시오.
[일치하는 내용 고르기]   p.97

정답 ②

해설 테이블 오더를 사용하면 사장님 입장에서 인건비
를 줄일 수 있어서 좋다고 했으므로 테이블 오더
를 사용하면 인건비를 절약할 수 있다.

오답 ① 여자는 식당의 서비스에 대해 ~~만족하지 못한~~
~~다.~~
③ 식당에서는 필요한 것이 있어도 종업원과 ~~대~~
~~화할 수 없다.~~
④ 주문은 테이블에서 할 수 있지만 ~~계산은 나가~~
~~서 해야 한다.~~

Key-Point! 5급 수준의 문제로, 대화를 통해 내용과
일치하는 답을 찾아야 한다.

[29~30]

여자 : 새로운 브랜드에 생명을 불어넣는 일이 쉽
지 않을 것 같은데요.
남자 : 네, 브랜드는 소비자가 제품이나 기업을
이해하고 판단하는 첫 번째 기준이 되기
때문에 **29. 소비자의 눈길을 끌 수 있는
좋은 이름을 짓는 것이 중요합니다.**
여자 : 그렇다면 어떤 방식으로 브랜드의 이름을
지으시나요?
남자 : 소비자에게 친숙한 내용으로 제품이나 서
비스의 성격과 특징을 쉽게 전달하고 품
질에 대한 신뢰를 끌어 올리도록 합니다.
**30. 짧은 순간에 소비자의 시선을 사로잡
아 친밀감을 형성하는 것이 중요합니다.**

29. 남자가 누구인지 고르십시오.
담화 참여자 고르기   p.98

정답 ②

해설 남자는 새로운 브랜드의 이름을 지어내는 사람이
다.

오답 ① 소비자의 눈길을 끌 수 있는 좋은 이름을 짓는
사람이지 만족도를 조사하는 사람이 아니다.
③ 다양한 브랜드의 성격과 특징을 소비자에게
쉽게 전달하는 사람이다.
④ 소비자에게 기업의 제품을 판매하는 사람이
라는 내용은 대화 중에 나오지 않는다.

Key-Point! 5급 수준의 문제로, 인터뷰를 통해 남자가
어떤 일을 하는 사람인지 찾아야 한다.

30. 들은 내용과 같은 것을 고르십시오.
[일치하는 내용 고르기]   p.98

정답 ③

해설 짧은 순간에 소비자의 시선을 사로잡는 것이 중요
하다고 했다.

오답 ① 남자는 회사에서 ~~인사 관리를~~ 담당하고 있다.
② 소비자는 브랜드에 생명을 불어넣는 역할을
한다.
④ 이 브랜드는 소비자에게 ~~특별한 서비스를 제~~
~~공한다.~~

Key-Point! 5급 수준의 문제로, 인터뷰를 통해 내용과
일치하는 답을 찾아야 한다.

[31~32]

여자 : 정부에서는 플라스틱 사용을 규제하고 있
습니다. 하지만 저는 이런 강압적인 규제
보다는 자발적인 변화가 더 중요하다고 생
각합니다.
남자 : 우리가 사는 지구에는 플라스틱 쓰레기
가 쌓여가고 있고, 이로 인해 생태계에 악
영향을 끼치고 있습니다. 이런 상황에서
**31. 플라스틱 사용을 제한해야 환경을 보
호할 수 있습니다.**
여자 : 하지만 현실적으로 이미 많은 제품이 플
라스틱으로 되어 있습니다. 플라스틱이 주
는 편의성을 무시할 수 없고, 플라스틱 사

용을 규제한다면 많은 사람들이 경제적으로 큰 타격을 입을 수 있습니다.

남자 : 플라스틱 빨대를 종이 빨대로 대체하는 것처럼 굳이 **32.** 플라스틱을 사용하지 않아도 환경과 편리함 둘 다 챙길 수 있는 대안이 존재합니다. 그러므로 일회용 플라스틱 제품을 줄이도록 노력해야 합니다.

31. 남자의 중심 생각으로 가장 알맞은 것을 고르십시오.
[중심 생각 고르기]　　　　　　　　p.98

정답　④

해설　남자는 플라스틱 사용을 제한해야 환경을 보호할 수 있다고 했으므로 환경을 보호하기 위해 플라스틱 사용을 규제해야 한다고 생각한다.

오답　① 플라스틱 사용을 막으면 문제가 발생한다는 것은 여자의 생각이다.
　　　② 남자는 정부에서 플라스틱 제품 사용을 권장이 아니라 제한해야 한다고 말한다.
　　　③ 남자는 플라스틱 제품의 대안도 있으므로 플라스틱 제품을 줄여야 한다고 생각한다.

🔑 **Key-Point!**　5급 수준의 문제로, 인터뷰를 통해 남자의 중심 생각을 찾아야 한다.

32. 남자의 태도로 가장 알맞은 것을 고르십시오.
[화자의 태도 고르기]　　　　　　　　p.98

정답　①

해설　근거(플라스틱 때문에 지구에 쓰레기가 쌓여가고 있다, 생태계에 악영향을 끼치고 있다, 플라스틱을 사용하지 않아도 대안이 존재한다 등)를 들어 자신의 주장을 뒷받침하고 있다.

오답　② 남자는 구체적인 사례를 이야기하지 않았다.
　　　③ 남자는 여자의 의견에 전적으로 반대하고 있는 입장이다.
　　　④ 남자가 여자의 주장에 대해 반대하고 있지만 현행 문제점에 대해 여자에게 책임을 묻고 있지는 않다.

🔑 **Key-Point!**　5급 수준의 문제가 출제되며 인터뷰를 통해 남자의 태도나 심정으로 맞는 답을 찾아야 한다.

※ [33~34] 다음을 듣고 물음에 답하십시오. (각 2점)
[33~34]

여자 : **33.** 무역이 활발해짐에 따라 우리 삶에 주는 영향이 더욱 커지고 있습니다. 수입을 통해 우리나라에서 생산되지 않는 상품을 싸게 구매할 수 있습니다. 덕분에 우리는 다양한 제품을 저렴하게 구입함으로써 소비 생활의 만족감이 높아질 수 있습니다. 또한 **34.** 국내 기업의 경쟁력 강화에도 도움이 됩니다. 외국 기업과의 경쟁에서 이기기 위해 더욱 값싸고 질 좋은 상품을 개발하려는 과정에서 국내 기업의 효율성과 생산성이 높아지게 되고, 이 과정에서 국내 경제가 활성화되고 일자리가 창출되는 효과가 있습니다. 이처럼 **33.** 무역은 국가 경제와 개인의 삶에 영향을 주고 있습니다.

33. 무엇에 대한 내용인지 알맞은 것을 고르십시오.
[주제 고르기]　　　　　　　　p.99

정답　②

해설　여자는 무역이 우리 삶에 주는 긍정적 영향(다양한 제품을 저렴하게 살 수 있고, 국내 기업의 경쟁력 강화 등)에 대해 이야기하고 있다.

오답　① 무역이 주는 긍정적인 영향에 대한 내용을 설명하고 있으며, 자유무역주의의 장단점에 대한 내용은 여자의 발화에서 나오지 않는다.
　　　③ 무역이 기업의 일자리를 창출하는 효과가 있다는 내용은 있지만 구체적으로 어떻게 효과가 있는지는 나오지 않는다.
　　　④ 무역이 기업의 경쟁력 강화에 도움이 되고 있다는 내용은 있지만 대기업의 수출 경쟁력 강화에 대한 내용은 나오지 않는다.

🔑 **Key-Point!**　5급 수준의 문제로, 여자의 강연을 통해 주제를 찾아야 한다.

34. 들은 내용과 같은 것을 고르십시오.
[일치하는 내용 고르기]　　　　　　　　p.99

정답　①

해설　여자는 무역이 국내 기업의 경쟁력 강화에 도움이 된다고 했다.

오답 ② 질 좋은 상품을 개발하는 것은 ~~어려운 일이다.~~
③ 우리나라에서 생산되지 않는 상품은 ~~구입할 수 없다.~~
④ 외국 기업은 저렴하고 질 좋은 상품을 ~~개발하고 있다.~~

Key-Point! 5급 수준의 문제로, 여자의 강연을 통해 들은 내용과 일치하는 답을 찾아야 한다.

[35~36]

남자 : 저희 회사의 냉장고를 사랑해 주시는 고객 여러분께 감사드립니다. **35. 저희 회사가 오는 14일에 새로운 냉장고를 출시할 예정입니다.** 식품을 더욱 신선하게 보관할 수 있도록 자동으로 온도가 조절되어 편리함을 제공하고 에너지를 절약할 수 있습니다. 또한 내장된 카메라를 사용해서 사용자가 보관 중인 식재료의 종류와 보관 기간을 쉽게 알려줍니다. 기존 냉장고와 같이 스마트폰과 사진 공유도 가능하고 뉴스를 보거나 요리 방법을 검색할 수 있습니다. 냉장고의 색상은 최대 4개까지 선택하여 조합할 수 있으며 앞으로도 차별화된 기능을 계속 추가할 예정입니다. 또한 **36. 신제품 구매 시 1년 동안 무상으로 수리해주는 서비스를 제공합니다.** 많은 관심 부탁드립니다.

35. 남자가 무엇을 하고 있는지 고르십시오.
[화자의 목적 고르기]
p.99

정답 ①

해설 남자는 새로 출시될 제품(냉장고)의 기능(자동 온도 조절, 내장 카메라, 요리 방법 검색 가능 등)에 대해 소개하고 있다.

오답 ② 냉장고에 들어 있는 식재료의 보관 기간을 알려준다는 내용은 있지만 보관 기간에 대한 내용은 나오지 않는다.
③ 신제품 구매시 1년간 무상수리 해준다는 내용은 있지만 냉장고 수리 일정에 대한 내용은 나오지 않는다.
④ 출시될 신제품을 소개하는 내용은 나오지만 신제품 출시가 지연된다는 내용은 없다.

Key-Point! 5급 수준의 문제로, 공식적인 인사말을 통해 남자의 목적이나 의도를 찾아야 한다.

36. 들은 내용과 같은 것을 고르십시오.
[일치하는 내용 고르기]
p.99

정답 ④

해설 신제품 구매 시 1년 동안 무상으로 수리해주는 서비스를 제공한다고 했으므로 신제품을 구입하면 1년 동안 무료로 수리를 받을 수 있다.

오답 ① 기존 냉장고는 사진을 공유하는 기능이 ~~없었다.~~
② 냉장고의 온도는 사용자가 ~~직접 조절해야 한다.~~
③ 냉장고의 색상은 네 가지 중 ~~하나를 선택할 수 있다.~~

Key-Point! 5급 수준의 문제로, 공식적인 인사말을 통해 들은 내용과 일치하는 답을 찾아야 한다.

[37~38]

남자 : 점심 먹고 오후만 되면 졸음이 쏟아지는데요. 그때 낮잠을 자는 것이 우리 몸에 좋을까요?

여자 : 점심 식사 후에 피곤하고 졸릴 때는 **37. 잠깐의 달콤한 낮잠이 피로회복제보다 효과적입니다.** 잠깐이라도 눈을 붙이고 나면 머리도 맑아지고 피로도 풀리고 에너지를 회복할 수 있습니다. **38. 하지만 너무 오래 자면 밤에 불면증과 수면 부족을 초래할 수 있습니다.** 따라서 낮잠을 너무 오래 자지 않도록 해야 합니다. 낮잠 시간은 20분에서 25분 정도가 적당하며 오후 2시 이전의 낮잠을 추천합니다.

37. 여자의 중심 생각으로 가장 알맞은 것을 고르십시오.
[중심 생각 고르기]
p.100

정답 ②

해설 여자는 낮잠이 피로회복에 효과적이므로 피곤할 때 낮잠을 적당히 자는 것이 좋다고 생각한다.

오답 ① 불면증을 반드시 치료해야 한다는 대화 내용

중에 없다.

③ 점심 식사 후 적당한 낮잠을 자는 것이 피로회 복에 좋다고 생각하며, 점심 식사 후에 운동을 하는 것이 중요하다는 내용은 여자의 중심 생각이 아니다.

④ 피로를 풀기 위해서 짧은 낮잠이 필요한 건 맞지만 깊은 수면이 필수적이라는 것은 여자의 중심 생각이 아니다.

Key-Point! 5급 수준의 문제로, 프로그램을 통해 여자의 중심 생각을 찾아야 한다.

38. 들은 내용과 같은 것을 고르십시오.
[일치하는 내용 고르기] p.100

정답 ④

해설 낮잠을 많이 자면 수면 부족을 초래할 수 있다고 했다.

오답 ① 운동을 하면 에너지를 회복할 수 있다.
② 피로회복제는 불면증 치료에 도움이 된다.
③ 건강한 식습관을 유지하는 것이 건강에 좋다.

Key-Point! 6급 수준의 문제로, 교양 프로그램을 통해 들은 내용과 일치하는 답을 찾아야 한다.

[39~40]

여자 : 39. 이처럼 산업화와 도시화로 인해 문제점이 나타나기도 하는데요. 이러한 문제점들을 어떻게 해결할 수 있을까요?

남자 : 이러한 문제점을 해결하려면 사회와 개인 모두의 노력이 필요할 텐데요. 40. 우선 정부는 주택 부족 문제를 해결하기 위해 주택을 공급하고 도시 재개발 사업을 위한 각종 정책을 추진하고 있습니다. 신도시를 개발하여 인구를 분산시키고, 버스 전용 차로제를 실시하여 40. 대기 오염과 교통 문제를 해결하려는 여러 가지 제도를 마련하여 시행하고 있습니다. 이와 더불어 개인적 차원에서는 사회 전체의 발전을 위한 공동체 의식이 필요하고 자신의 행동이 환경에 미치는 영향을 고려해야 합니다. 쓰레기 분리수거를 하거나 대중교통을 이용하는 등 환경친화적인 삶을 실천하기 위해 노력해야 합니다.

39. 대화 전의 내용으로 알맞은 것을 고르십시오.
[담화 앞의 내용 고르기] p.100

정답 ①

해설 여자는 첫 번째 발화에서 '이처럼' 산업화와 도시화로 인해 문제점이 나타난다는 내용이 있으므로 앞에는 산업화와 도시화로 인한 부작용에 대한 내용이 있을 것이다.

오답 ② 주거환경이 열악해진 이유가 주택 공급이 부족하기 때문이라는 내용은 없다.
③ 대담 마지막 부분에 환경친화적인 삶을 실천하기 위해 개인도 노력해야 한다는 내용이 나온다.
④ 도시 개발을 위해서 다양한 정책이 마련되어야 한다는 내용은 없다.

Key-Point! 6급 수준의 문제로, 대담을 통해 앞뒤 상황을 추론하여 답을 찾아야 한다.

40. 들은 내용과 같은 것을 고르십시오.
[일치하는 내용 고르기] p.100

정답 ④

해설 정부는 주택문제나 대기 오염, 교통 문제 등의 사회문제를 해결하기 위한 다양한 정책을 추진하고 있다.

오답 ① 도시화를 위해 신도시를 개발해야 한다.
② 사회 전체의 이익보다 개인의 이익이 더 중요하다.
③ 버스 전용 차로제를 시행하면 대기 오염을 유발한다.

Key-Point! 6급 수준의 문제로, 대담을 통해 들은 내용과 일치하는 답을 찾아야 한다.

[41~42]

여자 : 청소년 소비자는 독립하고자 하는 욕구가 소비에 나타나 주체적으로 소비합니다. 하지만 소비에 대한 지식과 경험의 부족, 심리적 미성숙으로 인해 비합리적인 소비 행동을 하기 쉬운데요. 41. 청소년기의 소비 습관은 성인기까지 이어지는 경향이 있으므로 이 시기에 올바른 소비 습관을 형성하여 바람직한 소비 생활의 기초를 다지도

록 해야 합니다. **42.** 이를 위해서는 상품을 구매하기 전에 합리적인 구매 의사 과정을 통해 현명한 구매 계획을 세운 뒤 구매해야 합니다. 순간적인 충동으로 구매하는 충동 소비나 다른 사람들이 구매하는 상품을 따라 구매하는 모방 소비는 바람직하지 못한 소비 행동이므로 자제해야 합니다. 청소년기에는 합리적인 소비 생활을 실천하는 것이 중요합니다.

41. 이 강연의 중심 내용으로 가장 알맞은 것을 고르십시오.
[중심 내용 고르기]   p.101

정답   ①

해설   청소년기의 소비 습관은 성인기까지 이어지는 경향이 있으므로 청소년기에 올바른 소비 습관을 형성해야 한다.

오답   ② 과소비에 대한 원인을 명확하게 밝혀야 한다는 내용은 찾을 수 없다.
③ 다른 사람을 따라서 물건을 구매하는 모방 소비를 하면 안 된다는 내용은 있지만 중심 내용은 아니다.
④ 청소년기에 충동 소비를 하더라도 이해해야 한다는 내용은 찾을 수 없다.

Key-Point!   6급 수준의 문제로, 강연을 통해 중심 생각이나 핵심 내용을 찾아야 한다.

42. 들은 내용과 같은 것을 고르십시오.
[일치하는 내용 고르기]   p.101

정답   ③

해설   상품을 구매하기 전에 계획을 세운 뒤 구매하는 것이 현명한 소비를 하는 방법 중 하나라고 했으므로 구매 계획을 미리 세우면 현명한 소비를 할 수 있다.

오답   ① 성인의 소비 습관은 개인마다 ~~차이가 있다.~~
② 충동구매를 하면 ~~스트레스를 해소할 수 있다.~~
④ 소비에 대한 경험이 많으면 ~~주체적인 소비가 가능하다.~~

Key-Point!   6급 수준의 문제로, 강연을 통해 들은 내

용과 일치하는 답을 찾아야 한다.

[43~44]

남자 : 유네스코에서는 훼손되거나 영원히 사라질 위험이 있는 중요 기록 유산을 보존하기 위해 세계 기록 유산을 지정하고 있습니다. 우리나라에서는 총 18건이 유네스코 세계 기록 유산으로 등재되었습니다. 이 가운데 11건이 조선 시대에 편찬된 것들입니다. 이는 **43.** 조선 시대에 기록 문화가 크게 발전했기 때문입니다. 조선 시대에는 주요 행사의 모습을 그림으로 남기기도 했습니다. 왕의 행차, 왕실 잔치 등의 주요 행사가 어떻게 이루어졌는지 글과 그림으로 기록하는 의궤를 만들었습니다. **44.** 훗날 주요 행사의 절차를 잘 가르치도록 하는 것이 의궤를 만든 가장 중요한 목적이었습니다. 이렇게 왕실에서도 나라의 중요한 일들을 꼼꼼히 기록했고 또한 지배층인 양반도 자신의 글을 모아 문집을 만들기도 했습니다.

43. 무엇에 대한 내용인지 알맞은 것을 고르십시오.
[중심 내용 고르기]   p.101

정답   ②

해설   조선 시대에 발전된 기록 문화에 대해 이야기하고 있다.

오답   ① 유네스코가 중요 기록 유산을 보호하기 위해 세계 기록 유산을 지정하고 있다는 내용이 있지만 구체적인 기록물의 보존 방법은 나오지 않았다.
③ 조선 시대의 기록 문화에 대해 이야기하고 있으며 나라별 기록물의 중요성은 중심 내용이 아니다.
④ 조선 시대 주요 행사의 절차를 기록한다는 내용이 있지만 중심 내용은 아니다.

Key-Point!   6급 수준의 문제로, 다큐멘터리를 통해 중심 생각이나 핵심 내용을 찾아야 한다.

44. 의궤를 만든 이유로 맞는 것을 고르십시오.

[일치하는 내용 고르기]   p.101

정답 ④

해설 의궤는 훗날 주요 행사의 절차를 잘 가르치고 왕
      실의 주요 행사를 진행할 때 이를 참고하기 위해
      만들어진 것이다.

오답 ① 의복을 만드는 방법을 가르친다는 내용은 나
        오지 않는다.
      ② 왕실의 주요 행사를 기록하기 위해 의궤를 만
        들었으며, 호화로운 생활을 과시하기 위해 의
        궤를 만든 것은 아니다.
      ③ 사라진 중요 기록 유산을 복구하기 위해 의궤
        를 만든 것은 아니다.

🔑 Key-Point!   6급 수준의 문제로, 다큐멘터리를 통해 들
은 내용과 일치하는 답을 찾아야 한다.

[45~46]

여자 : 여러분은 플러그인 하이브리드 자동차에
       대해서 들어보셨나요?
       플러그인 하이브리드 자동차는 기존의 하
       이브리드 자동차와 전기차의 장점을 결합
       한 제품으로, 하이브리드 자동차에서 배
       터리 용량을 키우고 외부 충전이 가능하
       게 만든 자동차를 말합니다. 자동차의 전
       기 충전량이 부족하면 그냥 주유소에서
       기름을 채워서 일반 하이브리드 차량처럼
       운행하면 됩니다. 45. 배터리를 가득 충전
       한 후 출발하면 단거리의 경우 운전을 시
       작하고 40km 전후까지는 전기차 모드로
       주행하고, 그 이후는 배터리 충전량을 일
       정 수준으로 유지하면서 엔진과 전기 모
       터를 동시에 사용하는 하이브리드 모드로
       주행하게 됩니다. 보통 일반 전기차로 장
       거리 운전을 할 경우에는 두세 번씩 충전
       하며 달려야 하는데 전기차 충전소 인프라
       가 부족한 환경에서의 운전이라면 46. 연
       비와 주행거리를 모두 챙긴 최적의 선택이
       될 수 있습니다.

45. 들은 내용과 같은 것을 고르십시오.
    [일치하는 내용 고르기]   p.102

정답 ④

해설 배터리를 충전한 후 단거리의 경우 40km 전후를
      운전할 때는 전기차 모드로 주행한다.

오답 ① 전기차 충전소를 늘리고 있는 추세이다.
      ② 배터리를 가득 충전하면 용량을 키울 수 있다.
      ③ 전기 모터를 사용하는 자동차를 개발하고 있
        다.

🔑 Key-Point!   6급 수준의 문제로, 강연을 통해 여자의
들은 내용을 찾아야 한다.

46. 여자가 말하는 방식으로 알맞은 것을 고르십시오.
    [화자의 태도 고르기]   p.102

정답 ③

해설 여자는 플러그인 하이브리드 자동차의 특징(좋은
      연비, 긴 주행거리 등)을 설명하고 있다.

오답 ① 전기 자동차 배터리의 충전 방법이 아니라 플
        러그인 하이브리드 자동차의 특징과 장점을
        묘사하고 있다.
      ② 친환경적인 자동차 개발의 필요성을 주장하는
        것은 아니다.
      ④ 플러그인 하이브리드 자동차의 생산 과정은
        구체적으로 나오지 않는다.

🔑 Key-Point!   6급 수준의 문제로, 강연을 통해 여자의
태도나 심정으로 알맞은 답을 찾아야 한다.

[47~48]

여자 : 남성의 아이 돌봄이 여성의 경제활동과
       출산율까지 영향을 준다고 하는데요. 남
       성들의 육아 휴직에 대해서 어떻게 생각
       하십니까?

남자 : 요즘에는 남성들이 적극적으로 자녀 육아
       에 참여하고 있습니다. 실제로 남성 육아
       휴직 신청자는 지속적으로 증가하는 추세
       입니다. 이러한 47. 남성의 육아 휴직 참
       여는 여성의 경제활동 참여와 출산율 제
       고에 영향을 줄 수 있습니다. 그러나 남성
       의 육아 휴직이 증가 추세라도 사회적 분
       위기는 여전히 보수적이라는 지적이 나오
       고 있습니다. 사회적 시선 때문에 무능력

한 사람으로 낙인찍힐 수도 있고 중소기업은 육아 휴직을 거의 쓰지 못하는 상황입니다. 또한 경력의 공백기가 생기고 고용이 불안정해질 수 있기 때문에 마음 놓고 육아 휴직을 결심하기 어렵습니다. 이에 **48. 정부는 빠른 시일 내에 남성 육아 휴직과 관련해 급여나 제도에 대한 지원책을 마련해야 합니다.**

47. 들은 내용과 같은 것을 고르십시오.
[일치하는 내용 고르기]   p.102

정답 ①

해설 남성의 육아 휴직은 출산율 제고에 영향을 준다.

오답 ② 육아 휴직을 신청하는 남성이 줄어들고 있다.
③ 남성은 부담 없이 육아 휴직을 신청할 수 있다.
④ 여성의 경제활동을 통해 가계 부담을 줄일 수 있다.

Key-Point! 6급 수준의 문제로, 대담을 통해 내용과 일치하는 답을 찾아야 한다.

48. 남자의 태도로 알맞은 것을 고르십시오.
[화자의 태도 고르기]   p.102

정답 ②

해설 빠른 시일 내에 남성 육아 휴직과 관련해 급여나 제도에 대한 지원책을 마련해야 한다고 했으므로 남자는 현재 육아 휴직 제도 개선을 촉구하고 있다.

오답 ① 여성의 경력 단절에 대한 내용은 구체적으로 나오지 않는다.
③ 기존 고용 제도에 대한 문제점을 비판하고 있는 것은 아니다.
④ 남성의 육아 휴직 제도의 확대를 위한 제도를 마련해야 한다고 주장하고 있다.

Key-Point! 6급 수준의 문제로, 대담을 통해 여자의 태도로 알맞은 답을 찾아야 한다.

[49~50]

여자 : 다양한 문화의 공존을 위해서는 서로 다른 문화 간의 우열을 가리려는 태도를 경계하고 **49. 각 사회의 문화를 이해하려는 문화 상대주의적 태도가 필요합니다.** 문화의 우열을 가리려는 대표적인 태도로 자문화 중심주의와 문화 사대주의를 들 수 있습니다. 자문화 중심주의는 자기 문화를 가장 우월한 것으로 여겨 자기 문화를 기준으로 다른 문화를 평가하는 태도를 말합니다. 문화 사대주의는 다른 문화를 더 우월한 것으로 믿고 동경하여 자기 문화를 무시하거나 낮게 평가하는 태도를 말합니다. **50. 오늘날 세계화가 급속히 진행됨에 따라 여러 문화가 유입되고 문화 간의 교류가 활발해지면서 문화 상대주의의 필요성은 더욱 커지고 있습니다.**

49. 들은 내용과 같은 것을 고르십시오.
[일치하는 내용 고르기]   p.103

정답 ③

해설 각 사회의 문화를 이해하려는 문화 상대주의적 태도가 필요하다고 한 것으로 보아 문화 상대주의는 각 사회의 문화를 이해하려는 태도라는 것을 알 수 있다.

오답 ① 자문화 중심주의는 자기 문화를 낮게 평가한다.
② 문화 사대주의는 세계화 사회에서 반드시 필요하다.
④ 서로 다른 문화 간의 우열을 가리면 국가 경쟁력이 높아진다.

Key-Point! 6급 수준의 문제로, 강연을 통해 내용과 일치하는 답을 찾아야 한다

50. 여자의 태도로 알맞은 것을 고르십시오.
[화자의 태도 고르기]   p.103

정답 ②

해설 오늘날 세계화가 급속히 진행됨에 따라 문화 상대주의의 필요성은 더욱 커지고 있다고 했으므로 문화 상대주의의 당위성을 강조하고 있다.

오답 ① 문화 상대주의의 가치에 대해 긍정적인 입장
이다.

③ 문화 상대주의로 인한 역효과를 우려하고 있
는 것이 아니라 문화 상대주의의 필요성을 이
야기하고 있다.

④ 다른 나라 문화의 우수성을 높이 평가하는 태
도보다는 각 사회의 문화를 이해하려는 문화
상대주의적 태도가 필요하다고 주장하고 있
다.

Key-Point! 6급 수준의 문제로, 강연을 통해 여자의
태도로 알맞은 답을 찾아야 한다.

3회 실전모의고사 정답 및 풀이

쓰기	51번~53번

51. 들어갈 표현 쓰기   p.104

글쓰기반 수강생을 모집합니다.

이 수업은 소설, 수필, 독후감 등 다양한 종류의 글을 쓰는 수업입니다.
매주 글을 쓰다 보면 어휘력과 사고력이 길러집니다.
글쓰기에 흥미가 있거나 글쓰기를 배우고 싶은 분들의 많은 관심 (㉠).
※ 선착순 마감이오니 빨리 신청하시기 바랍니다.
※ 신규 학생을 추천하시면 수강료를 5% (㉡)
※ 문의: 01-234-5678

51-㉠. 글쓰기반 수강생을 모집합니다.
이 수업은 소설, 수필, 독후감 등 다양한 종류
의 글을 쓰는 수업입니다. 매주 글을 쓰다 보면
어휘력과 사고력이 길러집니다. 글쓰기에 흥미가
있거나 글쓰기를 배우고 싶은 분들의 **51-㉠.** 많
은 관심 (㉠).
※ 선착순 마감이오니 빨리 신청하시기 바랍니다.
※ **51-㉡.** 신규 학생을 추천하시면 수강료를 5%
(㉡).
※ 문의: 01-234-5678

㉠

Key-Point! · 수강생을 모집하면서 사람들의 관심을 요청하는 상황이다.
· 격식체 표현을 사용해야 한다.

문형　-ㅂ니다/습니다
정답　1) 바랍니다
　　　2) 부탁드립니다
오답　있습니다
　　　→ 사람들이 관심을 가지기를 요청하고 있으므로 '바라다', '부탁하다' 등의 어휘가 적절하다.

㉡

Key-Point! · 신규 학생을 추천하면 수강료를 5% 저렴하게 해주는 혜택에 대한 내용이다.
· 격식체 표현을 사용해야 한다.

문형　-아/어 드리다
정답　할인해 드립니다
오답　계산해 드립니다
　　　→ 수강료를 5% 저렴하게 해준다는 내용이기 때문에 '할인하다'라는 어휘가 적절하다

52. 들어갈 말을 문장으로 쓰기   p.104

최근에 사람들이 건강을 중요하게 생각하면서
식습관에 대한 관심도 높아졌다. **52-㉠.** 식습관
은 보통 청소년기에 형성되는데 이후에는 고치
기가 어렵다. 따라서 청소년기에 건강한 식습관
을 만들도록 (㉠). **52-㉠.** 만약 노력하
지 않으면 빠른 속도로 잘못된 식습관이 형성되
기 때문이다. 청소년기의 **52-㉡.** 올바른 식습관
은 성장을 증진시키고 평생 건강을 지키는 데에
(㉡).

㉠

Key-Point! · '만들도록'과 연결되는 표현을 찾아야
한다.
· 뒷문장에 '만약 노력하지 않는다면'과 연결되도록 '노
력'이라는 단어를 사용해야 한다.

문형　-아야/어야 한다
정답　노력해야 한다.
오답　노력한다

→ 노력이 필요하다(당위성)의 의미가 있어야 한다.

ⓛ

Key-Point! · 청소년기의 식습관은 이후에 계속 이어지기 때문에 올바른 식습관은 평생 건강을 지키는 데에 도움이 된다.

문형 –에 도움이 되다

정답 도움이 된다

오답 도울 수 있다
　　　→ '건강을 지키는 데에'와 연결되지 않는다.

53. 그래프 분석　　　　　　　　　　p.195

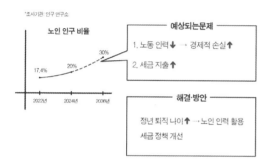

그래프1	노인 인구 비율의 변화를 나타낸 그래프 읽기 – 2022년부터 2024년까지 2.6% 증가하였으며 특히 2024년부터 2036년까지 크게 증가할 것으로 나타났다.
그래프2	예상되는 문제에 대한 그래프 읽기 노동 인력이 감소하여 경제적 손실이 늘어날 것이다. 세금 지출이 늘어날 것이다.
그래프3	해결방안에 대한 그래프 읽기 정년 퇴직 나이를 늘려 노인 인력을 활용해야 한다. 세금 정책을 개선해야 한다.

정답 (그래프1)인구연구소의 노인 인구 비율의 변화에 따른 문제와 해결방안에 대한 자료를 보면, 노인 인구 비율이 2022년에 17.4%에서 2024년에는 20%로 2.6% 증가하였지만 2036년까지 30%로

크게 증가할 것으로 나타났다.

(그래프2)이와 같은 변화로 인해 노동 인력이 감소하여 경제적인 손실이 늘어날 것으로 예상되었으며 또한 세금 지출이 늘어날 것으로 전망되고 있다.

(그래프3)따라서 이러한 문제를 해결하기 위해서는 정년 퇴직 나이를 늘려 노인 인력을 활용해야 하고, 세금 정책을 개선하여 세금 지출을 낮춰야 할 것으로 분석된다.

54. 긴 글 쓰기　　　　　　　　　　p.105

오늘날에는 다양한 근무 형태가 존재한다. 그 중에서 집에서 근무하는 재택근무는 효율적인 시간 관리 등의 이유로 많은 직장인들이 선호하는 근무 형태이다. 그런데 재택근무를 하게 되면서 회사 근무와는 또 다른 문제점이 나타나고 있다. 아래의 내용을 중심으로 "재택근무의 장점과 문제점"에 대한 자신의 생각을 쓰라.

과제1	재택근무의 장점은 무엇인가?
과제2	재택근무의 문제점은 무엇인가?
과제3	재택근무의 문제점에 대한 해결 방안은 무엇인가?

과제1	재택근무의 정의 재택근무의 장점 –유연한 시간 관리 업무의 효율성 증가 각종 비용 및 시간 절약
과제2	재택근무의 문제점 의사소통의 어려움 개인시간과 근무시간의 모호함 우울감을 느낄 수 있음
과제3	재택근무의 문제점에 대한 해결 방안 화상회의를 통한 원활한 의사소통 및 우울감 해소 근무 장소 및 시간의 명확한 구분

정답 (과제1)재택근무는 회사로 출근하지 않고 집에서 근무하는 것을 말한다. 최근 재택근무는 많은 장점 때문에 선호하는 기업이 늘고 있다. 재택근무는 출퇴근에 낭비되는 시간들을 업무에 활용할

수 있어 유연한 시간 관리가 가능하다. 또한 불필요한 서류 업무 대신 온라인으로 일을 처리하기 때문에 업무의 효율성이 증가한다. 교통비, 식비 등의 각종 비용을 절약할 수 있다는 점도 재택근무의 장점이다.

(과제2) 그러나 재택근무는 몇 가지 문제점을 가지고 있다. 재택근무를 하면 동료 및 상사와의 의사소통이 어려워질 수 있다. 사무실에서 함께 일할 때는 바로 찾아가 대화할 수 있지만 재택근무의 경우에는 반드시 통화나 메일로 대화를 해야 하기 때문에 연락을 기다려야 하는 경우가 많다. 또한 집에서 근무하는 환경에서는 개인시간과 근무시간이 모호해질 수 있고 직장 동료와의 소통 부족이나 홀로 있는 시간의 증가 등으로 우울감을 느낄 수 있다.

(과제3) 재택근무가 몇 가지 문제점을 가지고 있지만 이는 충분히 개선이 가능하다. 정기적으로 화상회의를 진행하여 원활한 의사소통을 꾀할 수 있고 화상회의 시 얼굴을 보며 대화하게 되면 우울감 해소에도 도움이 된다. 또한 재택근무를 할 때는 집에서도 근무 장소와 휴식 장소를 구분하고 업무 시간도 정확히 정해서 시간 관리를 한다면 개인시간과 근무시간의 모호함이 개선될 수 있다.

3회 실전모의고사 정답 및 풀이

1	②	2	①	3	④	4	③	5	②
6	②	7	④	8	③	9	①	10	②
11	④	12	④	13	③	14	②	15	②
16	②	17	①	18	①	19	②	20	③
21	①	22	④	23	②	24	①	25	②
26	④	27	③	28	③	29	④	30	④
31	③	32	④	33	②	34	②	35	④
36	③	37	①	38	①	39	③	40	③
41	④	42	③	43	④	44	①	45	④
46	②	47	①	48	①	49	④	50	③

1. 어휘나 표현의 의미 고르기 p.109

장마 기간에는 비가 많이 (   ).

정답 ②

해설 -는 편이다: 어떤 사실을 단정적으로 말하기보다
는 대체로 어떤 쪽에 가깝다거나 속한다고 느낄
때 쓰는 표현이다.

예 제 동생은 중국어를 잘하는 편이에요.

오답 ① -ㄹ 뻔하다 : 어떤 일이 거의 일어나려고 했으
나 실제로는 일어나지 않았음을 나타내는 표
현이다.

예 아침에 계단을 내려가다가 넘어질 뻔했다.

③ -기로 하다 : 어떤 행위에 대하여 그렇게 할 것
을 계획하거나 결정함을 나타내는 표현이다.

예 오늘은 친구와 저녁을 먹기로 했다.

④ -는 중이다 : 어떤 일이 진행되고 있음을 나타
내는 표현이다.

예 나는 음악을 듣는 중이다.

Key-Point! 기본 문법 사용 능력을 측정하는 문항으
로 3급 수준의 문법이 출제되며 기출문제를 중심으로 문
법을 정리해 두면 좋다.

2. 어휘나 표현의 의미 고르기 p.109

키가 (   ) 음식을 골고루 먹어야 한다.

정답 ①

해설 -(으)려면: '어떤 의사를 실현하려고 한다면'의 뜻
을 나타내는 연결 어미이다.

예 토픽 시험에 합격하려면 공부를 열심히 해야

한다.

오답 ② -거나: 두 가지 사실 가운데 어느 하나를 선택
함을 나타내는 연결 어미이다.

⑩ 어른 앞에서 술을 마시거나 담배를 피울 수는
없다.

③ -든지: 나열된 동작이나 상태, 대상 중에서 어
느 것이든 선택될 수 있음을 나타내는 연결 어
미이다.

⑩ 더우면 에어컨을 틀든지 창문을 열든지 하세
요.

④ -거든: '어떤 일이 사실이거나 사실로 실현되
면'의 뜻을 나타내는 연결 어미이다.

⑩ 그분을 만나거든 꼭 안부 인사를 전해 주세요.

Key-Point! 기본 문법 사용 능력을 측정하는 문항으
로 3급 수준의 문법이 출제되며 기출문제를 중심으로 문
법을 정리해 두면 좋다.

3. 어휘나 표현의 의미 고르기   p.109

엄마가 만들어준 음식은 <u>먹어보나 마나</u> 맛있을
것이다.

정답 ④

해설 -나마나: 어떤 행동을 하여도 아니한 것과 다름
이 없을 정도로 뻔하다는 뜻을 나타내는 말이다.

⑩ 아이가 있으면 청소를 하나마나 금방 더러워
진다.

④ -지 않아도 : 어떤 행동을 하지 않아도 그 결
과를 뻔히 알 수 있을 때 사용하는 표현이다.

⑩ 이 채소는 해가 잘 들지 않아도 잘 자란다.

오답 ① -아/어 가지고 : 앞의 내용이 뒤의 내용에 대
한 이유임을 나타내는 연결 어미이다.

⑩ 오후에 커피를 너무 많이 마셔 가지고 잠이 오
지 않는다.

② -기만 하면 : 앞의 행동이나 상황이 생기면 반
드시 뒤의 내용이 옴을 나타내는 연결 어미이
다.

⑩ 나는 책을 펴기만 하면 잠이 쏟아진다.

③ -기가 무섭게: 앞의 행동이 끝나고 바로 다음
행동을 할 때 쓰는 연결 어미이다. (=-자마자)

⑩ 동생이 피곤했는지 눕기가 무섭게 잠이 들었
다.

Key-Point! 기본 문법 사용 능력을 측정하는 문항으
로 4급 수준의 문법이 출제되며 기출문제를 중심으로 문
법을 정리해 두면 좋다.

4. 어휘나 표현의 의미 고르기   p.109

성공과 실패는 본인이 <u>노력하기에 달려있다.</u>

정답 ③

해설 -기에 달려있다 : 어떤 일이 앞말이 나타내는 행
동을 어떻게 하느냐에 따라 달라질 수 있음을 나
타내는 표현.

⑩ 시험 성적은 공부하기에 달려있다.

③ -기 나름이다 : 어떤 일이나 행위를 어떻게 하
느냐에 따라 결과가 달라질 수 있음을 나타내
는 표현.

⑩ 건강은 관리하기 나름이다.

오답 ① -ㄴ 셈이다 : 실제로 그런 것은 아니지만 결국
어떤 일을 하는 것과 비슷함을 나타내는 표현
이다.

⑩ 요즘 다이어트를 위해 하루에 사과 한 개만 먹
으니까 거의 굶는 셈이다.

② -기도 하다 : 앞 말의 행동을 하는 일도 있다
는 것을 나타내는 표현이다.

⑩ 나는 부모님께 가끔 편지를 쓰기도 한다.

④ -기 마련이다 : 어떤 행동이나 상태가 자연스
럽고 당연함을 나타내는 표현이다.

⑩ 아이들은 공부보다 놀기를 더 좋아하기 마련
이다.

Key-Point! 기본 문법 사용 능력을 측정하는 문항으
로 4급 수준의 문법이 출제되며 기출문제를 중심으로 문
법을 정리해 두면 좋다.

5. 무엇에 대한 글인지 고르기   p.110

집안 곳곳 습기를 말끔하게~
건강하고 쾌적한 여름을 경험해 보세요!~

정답 ②

해설 습기 / 말끔하게 / 쾌적한

오답 ① 큰 용량 / 냉동 / 냉장
② 수분 / 효과 / 촉촉하게 / 매끄럽게
④ 깨끗하게 / 집안 구석구석 / 먼지 척척

Key-Point! 주로 표어, 공고지, 포스터, 전단지, 플랜카드 등이 제시되는 문항으로 3급 수준의 문항이 출제된다. 주제별로 관련 어휘를 정리해 두면 도움이 된다.

6. 무엇에 대한 글인지 고르기   p.110

> " 일 년에 한 번뿐인 특가 세일!
> 다양한 물건을 착한 가격에 만나보세요.

정답 ②

해설 세일 / 다양하다 / 물건

오답 ① 정성을 담다 / 신선한 재료 / 맛있다
③ 볼거리 / 먹을거리 / 체험 / 추억
④ 옷 / 빨다 / 운동화 / 배달하다

Key-Point! 주로 표어, 공고지, 포스터, 전단지, 플랜카드 등이 제시되는 문항으로 3급 수준의 문항이 출제된다. 주제별로 관련 어휘를 정리해 두면 도움이 된다.

7. 무엇에 대한 글인지 고르기   p.110

> 검사 전날 저녁 식사 후부터는 아무것도 드시지 마십시오.
> 검사 당일 아침 식사는 물론 껌·담배 등도 삼가셔야 합니다.

정답 ④

해설 검사 / 삼가다

오답 ① 학교 다니는 길 / 지켜 주다
② 자연늘 아끼나 / 새활용
③ 사람 / 인사하다 / 양보

Key-Point! 주로 표어, 공고지, 포스터, 전단지, 플랜카드 등이 제시되는 문항으로 3급 수준의 문항이 출제된다. 주제별로 관련 어휘를 정리해 두면 도움이 된다.

8. 무엇에 대한 글인지 고르기   p.110

> " 한국쇼핑에서 꿈을 펼치고 싶으세요?
> 함께 미래를 이끌어갈 인재를 기다립니다 "

정답 ③

해설 꿈 / 펼치다 / 미래 / 인재

오답 ① 이웃 / 재능 / 기부하다 / 모이다
② 상품 / 장점, 단점 / 주의 사항 – 제품 설명
④ 궁금한 점 / 고객센터

Key-Point! 주로 표어, 공고지, 포스터, 전단지, 플랜카드 등이 제시되는 문항으로 3급 수준의 문항이 출제된다. 주제별로 관련 어휘를 정리해 두면 도움이 된다.

9. 내용이 같은 것 고르기   p.111

2025 축제 기간 셔틀버스 이용 안내

◇ 축제 기간: 2025년 5월 8일(목) ~ 5월 11일(일)
◇ 셔틀버스 이용 시간: 17:00 ~ 21:00
  - 20분 간격 운행
  - 주말에는 오후 10시까지 운행
◇ 버스 이용료: 무료
◇ 축제 입장권 구매: 사전 예약 및 현장 구매
  - 현장 구매 시 현금 결제만 가능
◇ 축제장 내 주차 공간 부족으로 대중교통 이용 당부

※ 자세한 사항은 홈페이지를 참고하시기 바랍니다.

정답 ①

해설 주말에는 셔틀버스 이용 시간이 연장된다.

오답 ② 축제장 안에는 주차장 자리가 ~~여유롭게 있다.~~
③ ~~사전 예약한 경우에만~~ 셔틀버스를 이용할 수 있다.
④ 대중교통을 타고 가면 축제장에 ~~무료로 입장~~ 할 수 있다.

Key-Point! 주로 안내지, 도표, 설명문 등이 제시되는 문항으로 3급 수준의 문항이 출제된다. 먼저 보기를 읽고 그 내용이 맞는지 도표에서 확인하며 풀면 문제 푸는 시간을 절약할 수 있다.

10. 내용이 같은 것 고르기   p.111

중학생 희망 직업 어떻게 달라졌을까?

조사대상: 중학생 30,000명

2015년	순위	2025년
교사	1위	교사
의사	2위	경찰관
간호사	3위	간호사
운동선수	4위	의사
군인	5위	유튜버

정답 ②

해설 간호사는 순위의 변화가 없었다.

오답 ① 운동선수는 4위를 ~~유지했다~~.
      ③ 군인은 새롭게 5위 안에 ~~들었다~~.
      ④ 1위로 희망하는 직업은 기존과 ~~달라졌다~~.

Key-Point! 주로 안내지, 도표, 설명문 등이 제시되는 문항으로 3급 수준의 문항이 출제된다. 먼저 보기를 읽고 그 내용이 맞는지 도표에서 확인하며 풀면 문제 푸는 시간을 절약할 수 있다.

11. 내용이 같은 것 고르기 p.112

최근 기업의 신입 사원 채용이 줄어들며 20대 취업이 늦어지고 있다. 조사 결과, 신입 사원의 나이는 남자가 평균 **33. 5세**, 여자는 평균 **31. 6세**로 나타났다. 이러한 청년들의 늦은 취업은 결혼과 출산 나이를 늦춘다. **11. 여성이 처음 결혼하는 평균 나이는 지난 30년 동안 약 6.5세 올랐고**, 같은 기간 여성이 첫아이를 낳는 평균 나이도 약 **26. 2세에서 33세로 껑충 뛰었다.**

정답 ④

해설 여성이 처음 결혼하는 연령이 과거에 비해 올라갔다.

오답 ① 대기업에서 신입 사원을 ~~채용하지 않고 있다~~.
      ② 회사에서 일하려면 결혼을 늦게 하는 것이 ~~좋다~~.
      ③ 늦은 취업으로 인해 ~~출산율이 점점 떨어지고 있다~~.

Key-Point! 주로 설명문 등이 제시되는 문항으로 3급 수준의 문항이 출제된다. 먼저 보기를 읽고 그 내용이 맞는지 지문을 확인하며 문제를 풀면 시간을 절약할 수 있다.

12. 내용이 같은 것 고르기 p.112

인주시가 올해 하반기부터 **12. 구직 청년을 위한 지원 사업을 확대할 것**으로 보인다. 청년들의 경제적 부담을 줄여주고 취업에 도움을 주고자 면접 정장 무료 대여, 취업 멘토 등과 같은 다양한 사업 정책을 검토하고 있다. 이 중에는 어학 시험 응시료 지원 사업도 포함되어 있다. 이 사업은 추후 홈페이지를 통해 확인할 수 있다.

정답 ④

해설 인주시는 구직 청년들을 위한 지원을 강화할 예정이다.

오답 ① 어학 시험은 홈페이지를 통해 ~~신청할 수 있다~~.
      ② 인주시는 모의 면접을 통해 청년을 ~~채용하고 있다~~.
      ③ 미취업 청년들의 경제적 부담은 ~~점점 증가하고 있다~~.

Key-Point! 주로 설명문 등이 제시되는 문항으로 3급 수준의 문항이 출제된다. 먼저 보기를 읽고 그 내용이 맞는지 지문을 확인하며 문제를 풀면 시간을 절약할 수 있다.

13. 순서대로 맞게 나열한 것 고르기 p.113

(가) **13. 또한** 심한 피로 및 스트레스도 코피의 **13. 원인이 될 수 있다.**

(나) **13. 코피는** 건조한 환경이나 코에 강한 자극이 **13. 가해질 때 발생한다.**

(다) **13. 응급처치를 해도** 계속 코피가 나는 경우에는 병원에 방문하는 것이 좋다.

(라) **13. 코피가 나기 시작했다면** 우선 고개를 살짝 앞으로 기울인 뒤 **13. 엄지와 검지로 코의 낮고 연한 부위를 잡아야 한다.**

정답 ③ (나)-(가)-(라)-(다)

해설 코피는 건조한 환경이나 코에 강한 자극이 가해질 때 발생하며, 심한 피로와 스트레스도 코피의 원인이 될 수 있다. 코피가 나기 시작했다면 고개를 앞으로 기울인 후 엄지와 검지로 코를 잡는 것이 좋으며, 이렇게 응급처치를 해도 계속 코피가 나면 병원에 방문하는 것이 좋다.

오답 ①, ②, ④

코피가 언제 발생할 수 있는지에 대한 내용이 포함된 (나)가 가장 처음에 나와야 한다. 그다음에 추가적으로 심한 피로와 스트레스도 코피가 원인이 될 수 있다는 내용인 (가)가 다음에 나와야 한다. 그다음에는 코피가 나면 어떻게 행동해야 하는지에 대한 내용인 (라)가 다음에 나와야 하고, 이렇게 응급처치를 해도 피가 멈추지 않는다면 병원에 방문해야 한다는 내용이 나와야 한다. 따라서 (다)가 가장 마지막에 나와야 한다.

🔑 Key-Point! 맥락의 이해 능력을 측정하는 문항으로 3급 수준의 문항이 출제된다. 보기 4개 중 2개가 고정되어 제시되며 두 개 중 첫 번째로 오는 문장을 찾으면 쉽게 답을 찾을 수 있다. 또한 접속사, 지시어, 조사를 잘 확인해야 한다.

14. 순서대로 맞게 나열한 것 고르기   p.113

(가) 14. 카공족이란 카페에서 머물며 공부하는 사람을 말한다.

(나) 일부 카페에서는 매장 내 14. 콘센트 사용을 유료화하려고 계획 중이다.

(다) 업주들은 장시간 컴퓨터를 쓰는 카공족들에게 14. 콘센트 사용 자제를 요청하고 있다.

(라) 이들은 14. 너무 오랜 시간 콘센트를 사용해서 카페 14. 업주들의 골칫거리가 되고 있다.

정답 ② (가)-(라)-(다)-(나)

해설 카페에서 장시간 머물며 공부하는 카공족에 대해 업주들은 콘센트 사용 자제를 요청하고 있으며 일부 카페에서는 콘센트 사용을 유료화하려고 계획 중이라는 것을 설명하고 있다.

오답 ①, ③, ④

카공족에 대한 설명이 있어야 하기 때문에 (가)가 가장 먼저 나와야 한다. (가) 다음에는 카공족들이 업주들의 골칫거리가 되고 있다는 내용이 있어야 하기 때문에 (라)가 나와야 한다. (라) 다음에는 업주들은 장시간 컴퓨터를 사용하는 카공족에게 콘센트 사용 자체를 요청하고 있다는 내용인 (다)가 그다음에 나와야 하고, 일부 카페에서는 콘센트 사용을 유료화하려고 계획 중이라는 내용인 (나)가 가장 마지막에 와야 한다.

🔑 Key-Point! 맥락의 이해 능력을 측정하는 문항으로 3급 수준의 문항이 출제된다. 보기 4개 중 2개가 고정되어 제시되며 두 개 중 첫 번째로 오는 문장을 찾으면 쉽게 답을 찾을 수 있다. 또한 접속사, 지시어, 조사를 잘 확인해야 한다.

15. 순서대로 맞게 나열한 것 고르기   p.113

(가) 15. 편리함에 빠져서 편향된 정보만 15. 받아들일 수 있기 때문이다.

(나) SNS에 들어가면 내가 좋아할 만한 영상이 자동으로 15. 나오곤 한다.

(다) 15. 알고리즘이 평소에 좋아하던 영상을 분석하여 15. 추천해주는 것이다.

(라) 알고리즘을 이용하면 편하긴 하지만 15. 알고리즘에 지나치게 의존하면 안 된다.

정답 ② (나)-(다)-(라)-(가)

해설 소셜 미디어에 접속하면 내가 좋아할 법한 영상이 자동으로 나오곤 하는데 이것은 알고리즘이 평소에 좋아하던 영상을 분석하여 추천해주기 때문이다. 하지만 우리는 알고리즘의 편리함에 빠져서 지나치게 의존하지 말아야 한다는 내용을 설명하고 있다.

오답 ①, ③, ④

이야기의 시작은 보통 일상적인 내용으로 시작되기 때문에 (다)가 가장 먼저 나와야 한다. (다) 다음에 알고리즘을 통해 평소에 좋아하던 영상을 분석하여 추측하기 때문에 영상이 자동으로 나온다는 것을 말해야 하기 때문에 (나)가 와야 한다. 그 다음으로는 이러한 알고리즘에 지나치에 의존하면 안 된다는 (라)가 오고, 그 이유를 설명하는 (가)가 가장 마지막에 와야 한다.

🔑 Key-Point! 맥락의 이해 능력을 측정하는 문항으로 4급 수준의 문항이 출제된다. 보기 4개 중 2개가 고정되어 제시되며 두 개 중 첫 번째로 오는 문장을 찾으면 쉽게 답을 찾을 수 있다. 또한 접속사, 지시어, 조사를 잘 확인해야 한다.

16. 빈칸에 알맞은 것 고르기   p.114

개의 발바닥은 두꺼운 지방이 발바닥 안쪽에 있어서 스펀지처럼 충격을 흡수하는 역할을 한다. 또한 개의 발바닥에는 털이 없기 때문에 미끄러지는 것을 막아줄 수 있다. 개는 땀이 나는 곳이 많지 않은데 개의 몇 안 되는 땀샘 중 하나가 발바닥에 있다. 개는 더울 때 혀를 통해 **16.** 침을 흘리면서 몸의 온도를 낮추기도 하는데, **16.** 혀와 더불어 개의 (   ) 있는 부위가 바로 발바닥인 것이다.

정답 ②

해설 개는 혀를 통해 침을 흘리면서 체온을 낮추는데, 혀와 더불어 개의 체온을 조절할 수 있는 부위는 발바닥이다.

오답 ① 혀와 더불어 체온을 조절한다고 해야 하기 때문에 피부를 보호한다 내용이 나오는 것은 적절하지 않다.
③ 개의 발바닥에는 땀샘이 있다고 했기 때문에 적절한 답이 아니다.
④ 피부를 보호할 수 있다는 내용은 나오지 않았다.

Key-Point! 문장 안에서 필요한 표현을 찾는 능력을 측정하는 문항으로 4급 수준의 문항이 출제된다. 괄호의 앞과 뒤를 집중해 읽고, 접속사나 담화 표지를 신경 써 문장 간의 관계를 파악해야 한다.

17. 빈칸에 알맞은 것 고르기 p.114

아이스크림과 같이 찬 음식을 먹었을 때 두통이 생기는 이유는 신경 때문이다. 찬 음식에 의해 입천장의 **17.** 혈관이 수축했다가 다시 넓어지는 과정에서 뇌의 삼차 신경이 자극을 받기 때문이다. 급격한 온도 변화에 적응하면서 몸을 따뜻하게 만들기 위해 수축된 혈관에 **17.** 더 많은 혈액을 보낸다. 이때 혈관이 (   ) 두통이 생기는 것이다.

정답 ①

해설 혈관이 수축했다가 다시 넓어지는(부풀어 오르는) 과정에서 두통이 생기는 것이다.

오답 ② 체온을 낮추는 것이 아니라 몸을 따뜻하게 만

들기 위해 더 많은 혈액을 보낸다.
③ 머리가 차가워져서 두통이 생긴다는 내용은 없다.
④ 급격한 온도 변화에 적응하면서 몸을 따뜻하게 만들기 위해 더 많은 혈액을 보낸다.

Key-Point! 문장 안에서 필요한 표현을 찾는 능력을 측정하는 문항으로 4급 수준의 문항이 출제된다. 괄호의 앞과 뒤를 집중해 읽고, 접속사나 담화 표지를 신경 써 문장 간의 관계를 파악해야 한다.

18. 빈칸에 알맞은 것 고르기 p.115

대표적인 군것질거리인 과자는 대부분 봉지가 빵빵하게 부풀어 있다. 과자 봉지가 부풀어 있는 이유는 내용물들이 상하지 않게 하기 위해서이다. **18.** 음식물이 상하는 주요 이유 중 하나는 산소가 음식물과 반응해 변질시키기 때문이다. 과자 봉지 안에 **18.** 질소를 채워 넣으면 (   ) **18.** 과자의 변질을 막을 수 있다. 또한 질소를 넣어 봉지를 채우면 봉지 안의 압력이 대기보다 높아져 봉지가 눌리지 않아 내용물인 과자가 눌려 부서지는 것을 막을 수 있다.

정답 ①

해설 음식물이 산소를 만나면 변질될 수 있는데 과자 봉지 안에 질소를 채워 넣으면 산소를 침입을 차단하면서 과자의 변질을 막을 수 있다.

오답 ② 질소가 과자 봉지 안에 있는 과자를 보호하는 것은 과자 변질과 관계가 없다.
③ 내용물의 부피를 줄인다는 내용은 나오지 않았다.
④ 압력은 손상을 막기 위한 것이므로 음식물 변질과는 관계가 없다.

Key-Point! 문장 안에서 필요한 표현을 찾는 능력을 측정하는 문항으로 4급 수준의 문항이 출제된다. 괄호의 앞과 뒤를 집중해 읽고, 접속사나 담화 표지를 신경 써 문장 간의 관계를 파악해야 한다.

[19~20]

'플라시보'라는 단어는 '마음에 들도록 한다'는 의미의 라틴어에서 유래했다. 플라시보 효과에 따르면, 약효가 없는 가짜 약을 먹어도 환자가 병이 나을 것이라는 믿음을 가지고 있으면 실제로 병이 좋아진다는 것이다. 플라시보 효과가 가장 빛을 발하는 질병은 마음의 병인 우울증이다. **19.** 우울증은 자신에게 이성적, 감성적으로 부정적인 마음을 가질 때 비롯된다. (   ) **19.** 힘든 상황을 긍정적인 마음으로 바라보려는 마음을 가질 때, 플라시보의 뜻처럼 **19.** 우리의 상황들이 점점 더 좋아지고 만족스러운 결과들이 나타날 수 있다. 오늘 스스로에게 긍정의 힘을 선물하는 건 어떨까.

19. (   )에 들어갈 말로 가장 알맞은 것을 고르십시오.
[빈칸에 알맞은 어휘나 표현 고르기]   p.115

정답 ②

해설 따라서: 앞의 내용이 뒤의 내용의 원인이나 근거, 조건 등이 될 때 쓰는 말

  예 기름값이 많이 올랐다. 따라서 배달비도 조만간 오를 것이다.

오답 ① 드디어: 고대하던 것이 끝내. 결국에 가서

  예 힘든 시험이 드디어 끝났다.

  ③ 오히려: 일반적인 예상이나 기대와는 전혀 다르거나 반대가 되게

  예 언니가 잘못했는데 언니는 오히려 나에게 화를 냈다.

  ④ 그러나: 앞의 내용과 뒤의 내용이 서로 반대될 때 쓰는 말

  예 해외여행을 가고 싶다. 그러나 돈이 부족해서 갈 수 없다.

Key-Point! 문장 안에서 필요한 어휘를 찾는 능력을 측정하는 문항으로 4급 수준의 문항이 출제된다. 괄호의 앞과 뒤를 집중해 읽고, 기출문제에 제시된 접속사를 정리해 두면 도움이 된다.

20. 윗글의 주제로 가장 알맞은 것을 고르십시오.
[주제 고르기]   p.115

정답 ③

해설 긍정적인 자세를 가지면 상황이 좋아지고 긍정적인 결과들이 나타날 수 있다고 했다.

오답 ① 효과 없는 약을 먹어도 병을 치료할 수 있다는 것은 아니다.

  ② 약효를 믿는 것이 우울증을 치료하는 방법이라고 하지는 않았고 긍정적인 자세를 가져야 한다고 했다.

  ④ 우울증은 자신에게 이성적, 감성적으로 부정적인 마음에서 비롯된다고 했지만, 이성적인 사람이 감성적인 사람보다 우울증에 걸리기 쉽다는 내용은 없다.

Key-Point! 중심 내용의 이해 능력을 측정하는 문항으로 4급 수준의 문항이 출제된다. 중심 생각은 '-어야 하다, –는 게 좋다, 그래서' 등의 표현과 함께 사용되니 이런 표현이 있는지 확인하며 문제를 풀면 도움이 된다.

[21~22]

'워케이션'은 일을 하면서 동시에 휴가를 즐기는 근무 형태를 뜻하는 신조어이다. 사실 노트북과 인터넷만 있으면 어디에서든 일할 수 있는 시대가 되면서 **22.** 공간에 제약을 받지 않고 재택 또는 이동 근무를 하는 곳이 늘어났다. 기업에서는 직원들의 만족도를 높이고 업무효율만 높일 수 있다면 워케이션을 지지하고 확대할 가능성이 높다. 직원들도 개인의 힐링은 물론 가족과 함께 특별한 시간을 보낼 수 있는 워케이션을 (   ) **23.** 환영하는 분위기이다.

21. (   )에 들어갈 말로 가장 알맞은 것을 고르십시오.
[빈칸에 알맞은 어휘나 표현 고르기]   p.116

정답 ①

해설 두 팔 벌리다 : 두 팔 벌려 환영하다.

  예 신입 사원은 새로 생긴 휴가 제도를 두 팔 벌려 환영하는 분위기이다.

오답 ② 귀를 기울이다: 남의 말이나 이야기에 관심을 가지고 주의 깊게 듣는다.

  예 수업 시간에 선생님의 말씀에 귀를 기울였다.

  ③ 손발이 맞다: 함께 일을 하는데 마음이나 의

견, 행동 등이 서로 일치하다.

ⓔ 도은이와 성호는 서로 손발이 잘 맞아서 싸울 일이 없다.

④ 가슴에 새기다: 잊지 않게 단단히 마음에 기억하다.

ⓔ 그는 할아버지 말씀을 가슴에 새기고 집을 떠났다.

Key-Point! 문장 안에서 필요한 어휘를 찾는 능력을 측정하는 문항으로 4급 수준의 문항이 출제된다. 괄호의 앞과 뒤를 집중해 읽고, 기출문제에 제시된 접속사를 정리해 두면 도움이 된다.

22. 윗글의 내용과 같은 것을 고르십시오.
[내용과 같은 것 고르기]   p.116

정답 ④

해설 공간의 제약을 받지 않고 근무하는 곳이 많아졌다.

오답 ① 워케이션을 지원하지 않는 기업이 ~~더 많다~~.
② 워케이션을 실시하면 업무효율이 ~~떨어진다~~.
③ 일하면서 동시에 휴가를 즐기는 것은 ~~불가능하다~~.

Key-Point! 세부 내용의 이해 능력을 측정하는 문항으로 4급 수준의 문항이 출제된다. 먼저 보기를 읽고 그 내용이 맞는지 내용을 확인하며 풀면 문제 푸는 시간을 절약할 수 있다.

[23~24]

중3 가을, 전학생으로 새 학교에 등교한 첫날이었다. 진이는 담임을 따라 교실로 들어가며 속으로 투덜거렸다. 학기 중에, 그것도 **24. 졸업까지 다섯 달이 채 남지 않은 때 전학시키는 부모가 얼마나 될까?** (중략) 교실 문이 열리자 **23. 육십여 개 눈동자가 일제히 담임이 아닌 자신을 향해 꽂히는 걸 느꼈다. 23. 배 속이 울렁거렸다.** 짧은 순간이었지만 서른 개의 얼굴에 나타난 표정이 딱 두 가지라는 걸 알 수 있었다. 호기심과 무관심. 호기심보다는 무관심이 더 나았다. 호기심이 적대감으로 바뀌는 건 시간문제니까.

23. 밑줄 친 부분에 나타난 '나'의 심정으로 가장 알맞은 것을 고르십시오.
[주인공의 태도/심정 고르기]   p.117

정답 ②

해설 난감하다: 맞부딪쳐 견디어 내거나 해결하기 어렵다

ⓔ 회사에서 나에게 추가 근무를 요구해서 난감하다.

오답 ① 아쉽다 : 필요한 것이 없거나 모자라서 만족스럽지 못하다. 미련이 남아 안타깝고 서운하다.

ⓔ 한 문제만 더 맞았으면 100점이었을 텐데 정말 아쉽다.

③ 감격스럽다: 마음에 느끼는 감동이 크다.

ⓔ 그 선수가 부상을 딛고 금메달을 따내는 모습은 정말 감격스러웠다.

④ 만족스럽다: 기대하거나 필요한 것이 부족함 없거나 마음에 들어 흐뭇하다.

ⓔ 만족스러운 결과를 얻기 위해 열심히 공부했다.

Key-Point! 글쓴이의 태도를 파악하는 능력을 측정하는 문항으로 5급 수준의 문항이 출제된다. 등장인물의 행동이나 표정 변화가 어떤 감정을 드러내는지를 먼저 파악하는 것이 중요하다.

24. 윗글의 내용과 같은 것을 고르십시오.
[내용과 같은 것 고르기]   p.117

정답 ①

해설 진이는 중학교 졸업이 얼마 남지 않았다.

오답 ② 진이는 무관심보다는 호기심을 ~~더 선호한다~~.
③ 교실로 들어가자 학생들이 ~~선생님을~~ 쳐다봤다.
④ 부모님은 진이를 ~~졸업시키기 위해~~ 학교를 옮겼다.

Key-Point! 세부 내용의 이해 능력을 측정하는 문항으로 5급 수준의 문항이 출제된다. 먼저 보기를 읽고 그 내용이 맞는지 내용을 확인하며 풀면 문제 푸는 시간을 절약할 수 있다.

25. 기사 제목 설명 고르기   p.118

전기차 **25.** 배터리 사고 확산, 사실상 **25.** 대비는 전무

정답 ②

해설 확산: 흩어져 널리 퍼지다. 즉 사고 확산은 사고가 늘어남을 뜻한다.

전무: 전혀 없음을 의미한다.

오답 ① 전기차 배터리 사고는 많아졌는데 대비책은 마련되지 않았다는 내용으로 전기차 배터리 사고가 발생하면서 매출이 떨어졌다는 내용은 없다.

③ 전기차 배터리 사고를 보상받을 수 있는 서비스 개발에 힘쓰고 있다는 것은 잘못된 정보이다.

④ 전기차 배터리에 대한 기대가 늘어나면서 새로운 상품을 준비하고 있다는 내용은 나오지 않았다.

Key-Point! 머리글을 이해하는 능력을 측정하는 문항으로 4급 수준의 문항이 출제된다. 두 가지 맥락 사이의 관계를 파악하는 것이 중요하다.

26. 기사 제목 설명 고르기 p.118

26. 여행 성수기에도 여행업계 **26.** 고용시장 '꽁꽁'

정답 ④

해설 꽁꽁: 물체가 아주 단단히 언 모양을 나타내는 말로, '고용시장 꽁꽁'이라는 말은 고용이 많이 이뤄지지 않음을 의미한다.

오답 ① '꽁꽁'이라는 말이 나왔다고 해서 여행 성수기의 계절이 겨울이라는 것은 아니다.

② 여행을 가려는 사람이 많은 시기에 고용이 줄었다는 것이다.

③ 성수기에 여행업계의 매출이 예전보다 크게 늘었는지는 알 수 없다.

Key-Point! 머리글을 이해하는 능력을 측정하는 문항으로 4급 수준의 문항이 출제된다. 두 가지 맥락 사이의 관계를 파악하는 것이 중요하다.

27. 기사 제목 설명 고르기 p.118

27. 드라마 흥행에 배경음악 인기도 **27.** 고공 행진

정답 ③

해설 고공 행진: 가격이 치솟거나 흥행이 잘되는 등 어떤 것의 수치가 계속하여 오르는 현상을 나타낸다.

배경음악 인기도 고공 행진이라는 말은 배경음악의 인기도 높아졌다는 뜻이다.

오답 ① 배경음악이 좋으면 드라마가 흥행할 수 있다는 것보다는 드라마가 흥행하면서 배경음악의 인기도 올라갔다는 뜻이다.

② 인기 있는 드라마는 배경음악이 좋을 확률이 높다는 뜻은 아니다.

④ 드라마가 흥행하기 위해서는 배경음악이 좋아야 한다는 뜻은 아니다.

Key-Point! 머리글을 이해하는 능력을 측정하는 문항으로 4급 수준의 문항이 출제된다. 두 가지 맥락 사이의 관계를 파악하는 것이 중요하다.

28. 빈칸에 알맞은 것 고르기 p.119

우리 뇌에는 나를 인지하는 영역 그리고 타인을 인지하는 영역이 있다. 그런데 나와 가까운 관계일수록 나를 인지하는 영역에 가깝게 저장되어 있다. **28.** 가까운 사람일수록 그 사람을 나와 한 몸이라고 착각해서 자꾸 통제하려고 한다. 상대가 ( ) 함부로 화를 내고 상처를 주게 된다. 그래서 우리는 가까운 사람에게 자주 화를 내는 것이다. 가까운 관계일수록 거리를 두고 상대를 바라봐야 할 필요가 있다.

정답 ③

해설 가까운 사람일수록 그 사람을 나와 한 몸이라고 착각해서 마음대로 통제되지 않으면 화를 내는 것이다.

오답 ① 가까운 관계일수록 일정한 거리를 두고 상대를 바라보면 화를 내지 않을 수 있다.

② 가까운 사람에게 화를 내는 이유에 대해서 설명하고 있으므로 가까이 오지 않는다는 것은 적절하지 않다.

④ 상대가 나와 관계를 유지하려고 하는 경우에 화를 내고 상처를 주게 된다는 답은 적절하지 않다.

Key-Point! 문장 안에서 필요한 표현을 찾는 능력을 측정하는 문항으로 5급 수준의 문항이 출제된다. [16~18]번 문제 유형과 동일하나 어휘와 문법의 난이도가 높다.

29. 빈칸에 알맞은 것 고르기   p.119

'포모증후군'은 흐름을 놓치거나 **29. 소외되는** 것에 대한 불안 증상을 의미한다. 포모증후군이 있는 사람은 **29. 자신만 흐름을 놓치고 있는 것 같은 심각한 두려움이나 세상의 흐름에서 (　　　) 29. 고립에 대한 공포감이 높다.** 포모는 '매진 임박', '한정 수량'처럼 소비자를 조급하게 만드는 마케팅 기법의 하나였다. 다양한 SNS 채널에서의 소통이나, 주식시장이나, 암호화폐 시장에서 두드러지게 나타나고 있는 묻지마 투자 등 우리 생활 곳곳에서 포모증후군의 모습이 나타나고 있다.

정답   ④

해설   포모증후군이 있는 사람은 자신만 흐름을 놓치고 있는 것 같은 심각한 두려움이나 세상의 흐름에서 자신이 제외되고 있다는 고립에 대한 공포감이 높다고 설명하고 있다.

오답   ① 포모증후군은 안전한 상황에 있다는 것이 아니라 세상의 흐름을 놓치고 있다는 두려움을 느낀다.
    ② 고립에 대한 두려움을 느끼는 것이기 때문에 혼자 살아갈 수 있다는 것과 연결할 수 없다.
    ③ 소외되는 것에 대한 두려움을 느끼는 것이기 때문에 유행을 선두하고 있다는 것과 연결할 수 없다.

Key-Point! 문장 안에서 필요한 표현을 찾는 능력을 측정하는 문항으로 5급 수준의 문항이 출제된다. [16~18]번 문제 유형과 동일하나 어휘와 문법의 난이도가 높다.

30. 빈칸에 알맞은 것 고르기   p.120

샴푸의 주된 성분 중 하나는 바로 계면활성제이다. 계면활성제는 샴푸가 제대로 작용하는 데 있어서 필수적인 역할을 한다. 이 성분은 물과 기름과 같이 서로 섞이지 않는 두 물질을 결합시켜 **30. 세정 효과를 발휘하게 한다.** 계면활성제는 거품을 생성하는데, 거품은 (　　　) 역할을 한다. **30. 거품이 형성되면 계면활성제가 더 넓은 표면적에 분포되어 30. 오염 물질을 더 효과적으로 제거할 수 있다.**

정답   ④

해설   거품이 형성되면 오염 물질을 더 효과적으로 제거할 수 있다고 했으므로 세력력을 증가시키는 역할을 하게 되는 것이다.

오답   ① 거품은 계면활성제가 더 넓은 표면적에 분포될 수 있다고 했지만 보기에서는 어떤 면적을 넓혀주는지 구체적으로 제시하지 않았다.
    ② 계면활성제는 물과 기름을 결합시키는 역할을 하므로 결합을 방해한다는 것은 적절하지 않다.
    ③ 거품이 기름을 생성한다는 것은 내용에 없다.

Key-Point! 문장 안에서 필요한 표현을 찾는 능력을 측정하는 문항으로 5급 수준의 문항이 출제된다. [16~18]번 문제 유형과 동일하나 어휘와 문법의 난이도가 높다.

31. 빈칸에 알맞은 것 고르기   p.120

탁구는 작고 가벼운 탁구공을 라켓으로 타격하는 스포츠로 탁구공의 변화무쌍한 회전이 경기에 재미를 더한다. 탁구공은 구기종목 중 가장 가벼운 2.7g으로 외부에서 가하는 힘에 따라 차이가 크게 벌어진다. 탁구공의 **31. 회전 방향은 라켓을 통해 (　　　) 결정된다. 31. 공의 윗부분을 타격하면 전진 회전, 아랫부분을 타격하면 역회전을 하게 된다.** 또한 공에 회전을 강하게 주고 싶다면 공과 라켓이 닿는 시간이 길어야 한다. 이와 같이 탁구공에 회전 및 속도 등 다양한 변화를 주어 재미있는 경기를 이끌어 낼 수 있다.

정답   ③

해설 공의 윗부분을 타격하면 전진 회전, 아랫부분을 타격하면 역회전을 하게 된다고 나오므로 가해지는 힘의 방향에 따라 탁구공의 회전이 결정된다고 볼 수 있다.

오답 ① 타격하는 속도에 따라 회전 방향이 정해지는 것은 아니다.
② 회전하는 정도에 따라 회전 방향이 정해지지 않는다.
④ 탁구공에 닿는 시간에 따라서 공의 회전이 강하게 들어가는지를 결정된다.

Key-Point! 문장 안에서 필요한 표현을 찾는 능력을 측정하는 문항으로 5급 수준의 문항이 출제된다. [16~18]번 문제 유형과 동일하나 어휘와 문법의 난이도가 높다.

32. 내용이 같은 것 고르기 p.121

미국의 한 대학에서는 집단 따돌림 피해자의 심리적 고통이 신체적 고통과 비슷할 수 있다는 사실을 밝히는 실험을 진행하였다. 참가자 한 명이 컴퓨터 프로그램과 같이 놀이를 하면서 노골적으로 소외되는 실험이었다. 실험하는 동안 연구자들은 참가자의 뇌 영상을 촬영하였는데 놀이에서 **32. 다른 사람들에게 소외된다고 느낀 참가자는 신체적 통증을 알아채도록 불쾌감을 일으키는 특정 뇌 부위가 활성화되었다.** 이는 신체적 고통뿐만 아니라 사회적인 고통의 상황에서도 똑같은 부위가 불쾌감을 유발한다는 사실을 뜻한다. 집단 따돌림을 당한 아이들이 두통과 몸살 같은 신체적 고통을 호소하는 것이 엄살이 아니었다.

정답 ④

해설 실험을 통해 다른 사람에게 소외된다고 느끼면 불쾌감을 일으키는 특정 뇌 부위가 활성화되기 때문에 불쾌감을 느끼게 된다.

오답 ① 고통을 느낄 수 있는 상황에서 뇌는 ~~쉽게 손상된다.~~
② ~~컴퓨터를 자주 하다 보면~~ 사회로부터 소외되기 마련이다.
③ 심리적 고통과 신체적 고통을 담당하는 뇌의 부위는 ~~다르다.~~

Key-Point! 세부 내용의 이해 능력을 측정하는 문항으로 5급 수준의 문항이 출제된다. 먼저 보기를 읽고 그 내용이 맞는지 내용을 확인하며 풀면 문제 푸는 시간을 절약할 수 있다.

33. 내용이 같은 것 고르기 p.121

33. 도파민은 사람의 기분에 중요한 역할을 하는 신경전달물질의 하나이다. 도파민은 동기부여 및 보상과 그에 따른 쾌락에 집중되어 있다. 도파민은 주로 어떤 성과를 이루었을 때 분비된다. 예를 들면, 게임에서 레벨이 올랐을 때나 짝사랑에 성공했을 때, 갖고 싶던 물건을 구매했을 때 뇌에서 도파민이 분비되어 행복감을 느끼게 한다. 도파민은 부족할 경우 주의력이 결핍되는 등의 정신적인 문제를 유발할 수 있다. 하지만 도파민이 짧은 시간에 과도하게 분비될 경우 도파민에 대한 감수성이 낮아져 더 많은 양이 필요하게 된다. 이것을 도파민 중독이라고 하는데, 쉽게 말하면 뇌의 보상 체계에 혼란이 와서 어지간한 도파민 분비로는 더 이상 행복감을 느끼지 못하게 되는 것이다.

정답 ②

해설 도파민은 어떤 성과를 이루었을 때 나오는 신경전달물질 중에 하나로 사람의 기분에 영향을 미친다.

오답 ① 도파민이 **부족하면** 감수성이 낮아진다.
③ 도파민이 많이 분비될수록 **빨리** 행복해진다.
④ 도파민에 중독되면 집중력이 ~~좋아질 수 있다.~~

Key-Point! 세부 내용의 이해 능력을 측정하는 문항으로 5급 수준의 문항이 출제된다. 먼저 보기를 읽고 그 내용이 맞는지 내용을 확인하며 풀면 문제 푸는 시간을 절약할 수 있다.

34. 내용이 같은 것 고르기 p.122

많은 민주주의 국가에서 각종 선거의 투표율이 하락하는 문제가 나타남에 따라 일부 국가에서는 의무적으로 투표에 참여하도록 하는 의무 투표제를 시행하고 있다. 투표율이 낮은 선거에서 당선되는 공직자는 그 대표성에 문제가 있을 수 있기 때문이다. 의무 투표제는 유권자에게 의무적으로 투표에 참여하게 하는 제도로, 투표하지 않은 유권자에게 벌금이나 그 밖의 제재를 가한다. 전 세계 약 30개국에서 이 제도를 시행하고 있다. 우리나라는 **34. 투표율이 떨어지는 것을 막기 위해** 2013년 **34. '사전 투표제'를 도입했다.** 사전 투표제는 투표 당일에 주소지 지역구에서 투표하기 어려운 유권자가 사전 투표 기간에 전국 어디서나 투표할 수 있도록 하는 제도이다. 우리나라를 비롯하여 미국, 일본, 캐나다, 스웨덴, 스위스 등 몇몇 국가에서 이 제도를 시행하고 있다.

정답 ②

해설 사전 투표제는 유권자가 사전 투표 기간에 전국 어디서나 투표할 수 있도록 하는 제도로, 투표율이 떨어지는 것을 막기 위한 제도이다.

오답 ① 투표율이 높은 나라는 의무 투표제를 실시하고 있다.

③ 스위스에서는 투표에 참여하지 않으면 벌금을 내야 한다.

④ 투표율이 낮으면 당선될 수 없으므로 재투표를 실시한다.

Key-Point! 세부 내용의 이해 능력을 측정하는 문항으로 5급 수준의 문항이 출제된다. 먼저 보기를 읽고 그 내용이 맞는지 내용을 확인하며 풀면 문제 푸는 시간을 절약할 수 있다.

35. 주제 고르기   p.123

정보화 시대에 나타날 수 있는 문제 가운데 사이버 폭력은 특히 청소년들이 자주 겪을 수 있는 문제이다. 사이버 폭력은 사이버 공간에서 정보 통신 기술을 사용해 일어나는 폭력으로, 언어폭력에서부터 사이버 스토킹에 이르기까지 다양한 모습으로 나타난다. 사이버 공간에서 정보는 빠른 속도로 퍼지고 계속해서 재생산되므로 그 피해는 오래 지속될 수 있으며, 사이버 폭력의 흔적은 평생을 따라다닐 수 있다. 이러한 **35. 사이버 폭력을 예방하려면 자신의 행동이 어떤 결과를 일으킬지 생각해 보고 다른 사람을 배려하는 태도를 가져야 한다.** 예를 들어 내가 인터넷

에 올리려는 글이나 파일이 다른 사람에게 피해를 주거나 오해를 부르지 않을지, 대화방에서 내가 쓰는 표현이 상대방에게 상처를 주지 않을지 미리 생각해 보아야 한다.

정답 ④

해설 사이버 폭력의 피해는 오래 지속될 수 있으므로 이러한 사이버 폭력을 예방하려면 자신의 행동이 어떤 결과를 일으킬지 생각해보고 다른 사람을 배려하는 태도를 가져야 한다.

오답 ① 사이버 폭력을 예방해야 한다고 말하고 있지만 여러 매체를 통해 사이버 폭력을 예방해야 한다는 것은 구체적으로 나오지 않았다.

② 정보화 시대에서는 다양한 문제가 발생할 수 있다고 말하는 것이 아니라 사이버 폭력이 발생할 수 있고, 사이버 폭력을 예방해야 한다고 말하고 있다.

③ 사이버 폭력을 예방할 수 있는 태도에 대해서 이야기 하고 있으므로 대책 마련이 시급하다고 이야기하는 것은 아니다.

Key-Point! 중심 내용의 이해 능력을 측정하는 문항으로 5급 수준의 문항이 출제된다. 중심 생각은 '-아/어야 하다, -는 게 좋다, 그래서' 등의 표현과 함께 사용되니 이런 표현이 있는지 확인하며 문제를 풀면 도움이 된다.

36. 주제 고르기   p.124

아이가 즐겁게 노는 모습을 상상하면 세상 모든 장난감을 사주고 싶은 게 부모 마음이다. 하지만 너무 많은 장난감은 아이의 정서 발달과 창의력 발달에 전혀 도움이 되지 않는다. 아이들은 장난감을 통해서 정서적인 욕구를 충족시키는데 장난감이 너무 많으면 부모와 친구들과 상호작용을 하기보다 장난감 또는 다른 물질로만 자신의 욕구를 충족하려 한다. 또한 장난감의 소중함을 모르고 한 가지를 꾸준히 탐구하기보다 여러 가지를 동시에 가지려고 하기 때문에 집중력을 떨어뜨리는 결과를 초래한다. 결국 아이에게 **36. 가장 중요한 시간은 부모와 함께 노는 시간이다.** 아이가 장난감을 가지고 노는 것을 지켜보기만 할 것이 아니라 진정으로 **36. 아이와 시간을 보내는 것이 아이들의 정서 안정에 도움이 된다.**

정답 ③

해설 아이에게 가장 중요한 시간은 부모와 함께 노는 시간이라고 했기 때문에 아이들은 장난감보다 부모와 함께 보내는 시간이 중요하다.

오답 ① 맞벌이 부모는 아이에게 장난감을 많이 사줘야 한다는 내용은 글에 나타나 있지 않다.
② 장난감을 좋아하는 아이일수록 부모와의 관계 형성이 쉬워진다는 내용은 없다.
④ 너무 많은 장난감은 아이의 창의력 발달에 도움이 되지 않는다고 했다.

Key-Point! 중심 내용의 이해 능력을 측정하는 문항으로 5급 수준의 문항이 출제된다. 중심 생각은 '-아/어야 하다, -는 게 좋다, 그래서' 등의 표현과 함께 사용되니 이런 표현이 있는지 확인하며 문제를 풀면 도움이 된다.

37. 주제 고르기　　　　　　　　　p.124

더운 여름날 수박은 안 먹으면 서운한 과일이다. 90% 이상이 수분으로 이뤄진 수박은 땀을 많이 흘리는 여름철 수분 충전과 노폐물 배출에 안성맞춤이다. 아울러 과당이 높아 더위에 혹사된 신체 피로를 해소하는 효과가 있다. 특히 눈에 띄는 새빨간 색상의 과육에는 항산화 성분인 라이코펜이 풍부해 면역력 증진에 도움을 줄 수 있다. **37.** 하지만 이렇게 맛있는 수박도 누군가에겐 독이 될 수도 있어 주의가 필요하다. 고혈당 식품에 속하는 수박은 섭취 시 빠르게 혈당을 상승시키기 때문에 당뇨환자나 혈당 조절이 필요한 경우에는 부적절한 음식이다. 또한 칼륨 섭취 제한이 필요한 신장질환자의 경우에도 칼륨 배출에 어려움이 따를 수 있다. 따라서 **37.** 아무리 맛있는 음식이라도 먼저 내 몸에 맞는지 알아보고 먹는 것이 중요하다.

정답 ①

해설 아무리 맛있는 음식이라도 먼저 자신의 몸에 적합한 음식을 먹는 것이 좋다.

오답 ② 땀을 많이 흘리는 여름철에 수박을 먹으면 수분을 보충할 수 있다는 내용이 있지만 몸에 맞는 음식을 먹는 것이 중요하다.
③ 수박은 혈당을 높여주기 때문에 당뇨환자나 혈당 조절이 필요한 사람에게는 부적절한 음식이다.

④ 맛있고 건강에 좋은 음식이라도 내 몸에 맞는 음식인지 확인하고 먹는 것이 중요하다.

Key-Point! 중심 내용의 이해 능력을 측정하는 문항으로 5급 수준의 문항이 출제된다. 중심 생각은 '-아/어야 하다, -는 게 좋다, 그래서' 등의 표현과 함께 사용되니 이런 표현이 있는지 확인하며 문제를 풀면 도움이 된다.

38. 주제 고르기　　　　　　　　　p.125

새로 산 고급 소파가 집안의 낡은 커튼과 잘 어울리지 않게 느껴질 때, 사람들은 자연스럽게 커튼도 새로 사야겠다는 생각을 하게 된다. 이처럼, 하나의 소비가 다른 소비로 이어지는 연쇄적 소비 행동을 '디드로 효과'라고 한다. 디드로 효과는 기존에 소유한 물건들과 새로 산 물건의 조화와 통일성을 중요시하기 때문에 발생한다. 디드로 효과는 일시적으로 소유의 만족감을 높여주지만, 지속적인 소비로 인해 경제적 부담을 초래할 수 있다. 우리는 **38.** 디드로 효과를 통해 연쇄적인 소비심리를 이해함으로써 자신의 소비 습관을 돌아보고, 불필요한 지출을 줄이며 더 나은 경제적 결정을 할 수 있어야 한다.

정답 ①

해설 디드로 효과를 통해서 소비심리를 이해함으로써 자신의 소비 습관을 돌아보고 불필요한 지출을 줄이며 현명한 소비 습관을 길러야 한다.

오답 ② 하나의 소비가 다른 소비로 이어지는 연쇄적 소비 행동을 '디드로 효과'라고 하는데, 이 소비심리를 이해함으로써 소비 습관을 돌아보고 연쇄적인 소비 행동을 막고 불필요한 지출을 줄일 수 있어야 한다고 했으므로 연쇄적인 소비 행동을 막을 수 없다는 내용은 중심 생각이 아니다.
③ 새로운 소비는 일시적으로 만족감을 높여준다는 내용이 있지만, 지속적인 소비로 인해 경제적 부담을 초래할 수 있다고 했으므로 중심 생각은 아니다.
④ 디드로 효과는 기존에 소유한 물건들과 새로 산 물건의 통일성을 중요시한다. 디드로 효과는 연쇄적인 소비 행동을 자제하기 위한 것이 아니라 연쇄적인 소비 행동을 설명할 때 사용

할 수 있는 말이다.

Key-Point! 중심 내용의 이해 능력을 측정하는 문항으로 5급 수준의 문항이 출제된다. 중심 생각은 '-아/어야 하다, -는 게 좋다, 그래서' 등의 표현과 함께 사용되니 이런 표현이 있는지 확인하며 문제를 풀면 도움이 된다.

39. 문장이 들어갈 곳 고르기 p.126

39. 한 집에 살고 있는 개개인이 **39.** 어떤 생활 습관을 가지고 있냐에 따라서 동선 설계를 해야 한다.

집을 지을 때 중요하게 생각해야 할 부분 중 하나는 동선을 고려하여 설계하는 동선 설계이다. (㉠) 동선 설계는 공간에서 사람이 움직이는 경로를 선으로 나타내어 사람의 움직임을 분석하고 계획하는 것이다. (㉡) 동선 설계 시에 가장 먼저 해야 할 것은 집안 구성원의 이동을 파악하는 것이다. (㉢) **39.** 그렇게 하면 사람들의 생활 습관에 따른 동선을 파악하여 불필요한 동선을 없애고 낭비되는 공간을 없애는 등의 효과를 누릴 수 있기 때문이다. (㉣)

정답 ③

해설 생활 습관에 따라 동선을 파악하여 동선 설계를 해야 한다는 내용에 추가적으로 설명해주는 내용이 뒤에 나와야 하므로 ㉢ 자리에 오는 것이 적합하다.

오답 ① ㉠
② ㉡
④ ㉣

Key-Point! 문맥의 이해 능력을 측정하는 문항으로 6급 수준의 문항이 출제된다. 접속사, 지시어, 조사를 활용하여 알맞은 순서에 문장에 넣으면 된다.

40. 문장이 들어갈 곳 고르기 p.126

40. 특히 밤에 야생동물을 쫓기 위해 **40.** 상향등을 켜는 건 오히려 위험할 수 있다.

로드킬은 도로를 건너려는 야생동물이 달리는 자동차 등에 치여 죽는 사고를 말한다. (㉠) 고속도로 운전 중에 로드킬 사고를 예방하려면 도로 전광표지판에 '동물 찻길 사고다발구간' 표시가 뜨거나 도로변에 동물 주의 표지판 등이 보이면 해당 구간에서는 철저히 전방을 주시하고 규정 속도를 준수하는 게 중요하다. (㉡) 또 운행 중에 야생동물을 발견하는 경우에는 핸들과 브레이크를 급하게 조작해서는 안 되고, 경적을 울리면서 통과해야 한다. (㉢) **40.** 이는 일시적으로 동물의 시력 장애를 일으켜 그 자리에 멈춰 서게 하거나, 갑자기 차를 향해 달려들게 유도할 수도 있기 때문이다. (㉣)

정답 ③

해설 밤에 야생동물을 쫓기 위해서 상향등을 켜면 불빛 때문에 위험할 수도 있다는 내용은 보는 것, 즉 시각과 관련이 있다. ㉢ 뒤에 일시적으로 동물의 시력 장애를 일으킨다는 말이 나왔으므로 ㉢ 앞에 오는 것이 적합하다.

오답 ① ㉠
② ㉡
④ ㉣

Key-Point! 문맥의 이해 능력을 측정하는 문항으로 6급 수준의 문항이 출제된다. 접속사, 지시어, 조사를 활용하여 알맞은 순서에 문장에 넣으면 된다.

41. 문장이 들어갈 곳 고르기 p.127

41. 이처럼 풍속화를 통해 그 당시 사람들의 생활 모습을 재미있고 현실감 있게 **41.** 살펴볼 수 있다.

조선 후기에는 풍속화가 크게 유행했다. (㉠) 풍속화는 주로 **41.** 서민들의 모습을 정감 있게 표현한 미술 작품이다. (㉡) 김홍도의 「씨름」이라는 작품을 통해 당시에 **41.** 씨름이 유행하였고, 많은 사람들이 모이는 장소가 있었음을 알 수 있다. (㉢) **41.** 또한 다양한 옷차림으로 보아 **41.** 신분이 서로 다른 사람들이 모여 씨름을 즐겼을 것으로 추정된다. (㉣)

정답 ④

해설 김홍도의 「씨름」이라는 작품을 통해 씨름이 유행하였고, 많은 사람이 모여 씨름을 즐겼을 것으로 추정하고 있으므로 풍속화를 통해 그 당시 사람들의 생활 모습을 재미있게 살펴볼 수 있다는 내용의 ㉣이 가장 마지막에 위치하는 것이 적합하다.

오답 ① ㉠
② ㉡
③ ㉢

Key-Point! 문맥의 이해 능력을 측정하는 문항으로 6급 수준의 문항이 출제된다. 접속사, 지시어, 조사를 활용하여 알맞은 순서에 문장에 넣으면 된다.

[42~43]

우리 가족은 엄마와 나 그리고 두 살 난 동생 서준이, 이렇게 셋이다. 나는 초등학교 6학년 때부터 소년 가장이 되었다. 아침이면 엄마가 '일어나라'고 수십 번을 말해 깨운다 해도 이상할 게 없는 어린 나이였다. 하지만 내게 그런 아침은 한순간에 꿈같은 일이 되어 버렸다. 어느 날 갑자기 엄마가 아픈 이후부터 내 생활이 바뀌었다. (중략)

43. 전에는 동생을 어린이집 선생님께 보내 놓으면 날아갈 것 같은 날이 있었다. 내 몸에서 아주 무거운 것을 덜어낸 느낌이랄까! 마음부터 가벼워졌다. 서준이 없는 유일한 곳이 학교다. 어느 날 **42.** 수업 중 멍하니 창밖을 바라보고 있을 때였다.

"박서우! 읽어 볼래? 서우야!"

42. 아이들이 '킥킥' 웃는 소리에 놀라 고개를 돌렸다. 내 얼굴은 금방 빨개졌다. 담임 선생님이 빙그레 웃으며 내게 말했다.

"34쪽부터 읽어 봐, 서우야!"

나는 서둘러 책을 펼치며 일어났다.

"서우야 천천히 해도 돼."

따뜻한 말로 내 **42.** 다급한 마음까지 다독여 주었다. 담임 선생님은 내게 참 친절했다. 놀리는 애들에게 받은 상처에 위안이 좀 됐다. 내가 책을 읽고 나자 수업 끝나는 종이 울렸다.

---

42. 밑줄 친 부분에 나타난 '서우'의 심정으로 가장 알맞은 것을 고르십시오.
[주인공의 태도/심정 고르기] p.128

정답 ③

해설 창피하다 : 체면이 깎이는 일이나 아니꼬운 일을 당하여 부끄럽다.

🔵 나는 그 사람에게 눈물을 보인 것이 무척 창피했다

수업 중에 선생님이 책을 읽어 보라고 했고 서우는 멍하니 창밖을 바라보고 있어서 바로 읽지 못했다.

이에 아이들이 웃어서 서우가 놀라면서 얼굴이 빨개진 상태로 창피해하고 있다.

오답 ① 서먹하다 : 익숙하거나 친하지 아니하여 어색하다.

🔵 우리는 오늘 처음 만나서 아직 서먹하다.

② 의심하다 : 불확실하게 여기거나 믿지 못하다.

🔵 사람들이 내 말을 믿지 못하고 의심하는 것 같아서 기분이 안 좋았다.

④ 격분하다 : 몹시 화를 내다.

🔵 어머니는 버릇없는 아들의 태도에 격분하셔서 호통을 치셨다.

Key-Point! 글쓴이의 태도를 파악하는 능력을 측정하는 문항으로 6급 수준의 문항이 출제된다. 등장인물의 행동이나 표정 변화가 어떤 감정을 드러내는지를 먼저 파악하는 것이 중요하다.

---

43. 윗글의 내용으로 알 수 있는 것을 고르십시오.
[내용과 같은 것 고르기] p.128

정답 ④

해설 서우는 동생을 어린이집에 보내고 마음이 후련한 적이 있다.

오답 ① 서우는 엄마가 깨워도 쉽게 ~~일어나지 않았다.~~
② 서우가 책을 ~~읽자마자~~ 아이들은 크게 웃었다.
③ 서우의 담임 선생님은 책을 잘 읽지 못하는 서우를 ~~혼냈다.~~

Key-Point! 세부 내용의 이해 능력을 측정하는 문항으로 6급 수준의 문항이 출제된다. 먼저 보기를 읽고 그 내용이 맞는지 내용을 확인하며 풀면 문제 푸는 시간을 절약할 수 있다.

최근 건강을 즐겁게 관리하고자 하는 열풍이 불면서 저당 제품을 즐기려는 소비자가 증가하고 있다. 저당 제품에는 설탕을 대신할 수 있는 감미료인 대체당이 들어간다. 하지만 대체당은 과도하게 먹으면 부작용이 발생할 수 있어 적당량 섭취하는 것이 중요하다. 대체당을 많이 섭취하게 되면 복부팽만, 설사 등 위장 장애를 유발할 수 있어 **44. 위장이 약한 사람은 주의가 필요하며, 평소 당뇨 관리가 필요하다면 섭취에 주의해야 한다.** 현대 사회에서 대체당이 아무리 인기를 끌고 있다고 하더라도 소비자가 (   ) 섭취할 수 있도록 **45. 대체당의 부작용 및 주의 문구를 삽입하는 등의 조치가 필요하다.**

44. (   )에 들어갈 말로 가장 알맞은 것을 고르십시오.
[빈칸에 알맞은 것 고르기]   p.129

정답   ①

해설   대체당을 섭취할 때 위장이 약한 사람이나 당뇨를 관리해야 하는 경우, 섭취에 주의해야 한다고 했으므로 개인의 건강 상태에 맞게 섭취해야 한다는 점을 알 수 있다.

오답   ② '건강 상태'에 초점을 맞추고 이야기하고 있기 때문에 '저당 제품의 종류'와는 어울리지 않는다.

   ③ 뒤에 '대체당'에 대해서 주의해야 한다는 내용이 나오므로 '저당 제품의 효과'가 나오는 것은 적절하지 않다.

   ④ 대체당을 과도하게 섭취했을 때 부작용에 대해서 주의해야 한다는 내용이 본문에 나오고 있으므로 '대체당이 함유된 제품을 과도하게' 섭취할 수 있도록 하는 것은 적절하지 않다.

Key-Point!   문장 안에서 필요한 표현을 찾는 능력을 측정하는 문항으로 6급 수준의 문항이 출제된다.

45. 윗글의 주제로 가장 알맞은 것을 고르십시오.
[주제 고르기]   p.129

정답   ④

해설   대체당은 과도하게 먹으면 부작용이 발생할 수 있으므로 대체당의 부작용을 알고 적당량 섭취하는 것이 좋다는 점을 알 수 있다.

오답   ① 최근 건강을 즐겁게 관리하고자 하는 열풍이 불면서 저당 제품을 즐기려는 소비자가 증가하고 있다는 내용이 나오기는 하지만 저당 제품을 즐기는 사람이 점점 많아지고 있다는 것이 이 글의 주제는 아니다.

   ② 건강을 위해서 대체당을 섭취하는 사람들은 늘고 있지만 대체당의 부작용에 대해서 이야기하고 있으므로 건강을 위해서 대체당을 많이 섭취해야 한다는 내용은 이 글의 주제와 멀다.

   ④ 설탕을 대신한 대체당을 과도하게 섭취했을 때의 부작용에 대해서 설명하고 있으며 설탕을 최대한 먹지 않는 것이 좋다는 내용은 이 글의 주제가 아

Key-Point!   주제를 찾는 능력을 측정하는 문항으로 6급 수준의 문항이 출제된다. 중심 생각은 '-어야 하다. -는 게 좋다. 그래서' 등의 표현과 함께 사용되니 이런 표현이 있는지 확인하며 문제를 풀면 도움이 된다.

[46~47]

'돌봄 경제(care economy)'란 노인, 장애인, 아동 등의 돌봄 수요를 충족시키고 돌봄이 필요한 사람과 그 가족의 삶의 질을 향상하는 과정에서 관련 산업을 육성해 일자리와 부가가치를 창출하려는 정책 전략을 말한다. 앞으로 노인 인구의 증가와 가족 돌봄 기능의 약화로 인해 **47. 돌봄 수요의 증가는 가속화될 전망이다.** 정부가 돌봄 경제에 주목하고 있는 것은 돌봄 경제 육성을 통해 대규모 일자리가 창출될 것으로 기대된다는 점이다. 돌봄서비스와 관련된 일자리는 대부분 지역사회를 기반으로 하고 있어 **46. 지역경제 활성화와 지역 균형 발전에도 기여할 것이다.** 돌봄 경제를 통해 소외된 이웃에 대한 관심과 돌봄이 지역경제 활성화와 일자리 창출로 이어지고 이를 통해 모두가 함께 살아갈 수 있는 지역사회를 만들어 나가야 한다.

46. 윗글에 나타난 필자의 태도로 가장 알맞은 것을 고르십시오.
[필자의 태도 고르기]   p.130

정답 ②

해설 돌봄 경제라는 정책을 통해 지역 경제 활성화와 지역 균형 발전에 기여할 것이라는 효과를 기대하고 있다.

오답 ① 돌봄 경제를 통해 일자리가 창출될 것을 기대하고 있으나 일자리 창출이 중요하다고 강조하고 있지는 않다.

③ 노인 돌봄에 대한 정책이 바로 '돌봄 경제'이며, 돌봄 경제 정책의 효과를 기대하고 있으나 정책을 마련해야 한다고 주장하고 있지는 않다.

④ 소외된 이웃에 대한 관심이 사라지고 있다는 내용은 없으며, 소외된 이웃에 대한 관심과 돌봄이 일자리 창출로 이어질 수 있음을 언급하고 있다.

🚩 **Key-Point!** 필자의 태도를 파악하는 능력을 측정하는 문항으로 6급 수준의 문항이 출제된다.

47. 윗글의 내용과 같은 것을 고르십시오.
[내용이 같은 것 고르기]
p.130

정답 ①

해설 돌봄 수요의 증가는 가속화될 전망이라고 했으므로 돌봄서비스에 대한 수요는 증가할 것이라고 예상하고 있다다.

오답 ② 지역사회에서 ~~일자리가 창출되면~~ 삶의 질이 향상된다.

③ 노인 인구가 ~~증가하면서~~ 가족 돌봄 기능이 약화하였다.

④ 돌봄서비스는 지역사회를 기반으로 하는 경우가 ~~흔치 않다.~~

🚩 **Key-Point!** 세부 내용의 이해 능력을 측정하는 문항으로 6급 수준의 문항이 출제된다. 먼저 보기를 읽고 그 내용이 맞는지 내용을 확인하며 풀면 문제 푸는 시간을 절약할 수 있다.

[48~50]

49. 디지털 기술의 급격한 발전으로 사회의 여러 분야에서 49. 디지털 기술에 대한 의존도가 높아짐에 따라 디지털 문해력의 중요성은 (   ) 상황이 되었다. 금융 앱 사용이 어려워

은행 창구를 찾아가거나, 온라인 이력서 제출이 어려워 취업을 포기하는 노인 등 50. 디지털 약자가 점점 더 늘어나고 있다. 디지털 문해력은 단순히 컴퓨터나 스마트폰 사용 능력만을 의미하는 것이 아니다. 디지털 문해력은 디지털 기기 사용은 물론이고 기본적인 설정 변경, 소프트웨어 설치 및 업데이트 등의 관리를 할 수 있는 다양한 기술을 포함한다. 또한 인터넷상의 방대한 정보 속에서 필요한 정보를 효과적으로 찾아내고, 그 정보의 신뢰성과 정확성을 판단하는 능력을 길러야 하며 디지털 기술을 활용하여 다른 사람들과 효과적으로 소통하고 협력할 수 있어야 한다. 48. 디지털 문해력은 우리가 더 나은 미래를 만들어가는 데 꼭 필요한 수단이다. 48. 디지털 문해력을 통해 우리는 정보를 더욱 효과적으로 활용할 수 있으며, 이는 우리가 더 나은 미래를 만들어가는 데 필수적이다.

48. 윗글을 쓴 목적으로 가장 알맞은 것을 고르십시오.
[글을 쓴 목적 고르기]
p.131

정답 ①

해설 디지털 기술의 급격한 발전으로 사회의 여러 분야에서 디지털 기술에 대한 의존도가 높아짐에 따라 '디지털 문해력'의 중요성은 높아지게 되었다. 디지털 문해력 향상은 더 나은 미래를 만들어가는 데 꼭 필요한 수단이다.

오답 ② 다양한 정보의 신뢰성과 정확성을 파악하려는 것은 아니다. 방대한 정보 속에서 신뢰성과 정확성을 판단하는 능력을 길러야 한다고 이야기하고 있다.

③ 키오스크 사용이 어려워 주문을 포기하거나, 금융 앱 사용이 어려워 은행 창구를 찾아가거나, 온라인 이력서 제출이 어려워 취업을 포기하는 노인 등 디지털 약자가 늘어나고 있다는 내용은 있지만 디지털 기기로 인한 세대 간 갈등에 대한 내용은 없다.

④ 디지털 문해력이 중요하다는 내용이 있지만 디지털 문해력이 인간에게 미치는 영향을 분석하려고 하는 것은 아니다.

🚩 **Key-Point!** 글의 목적이나 이유, 근거를 파악하는 능력을 측정하는 문항으로 6급 수준의 문항이 출제된다.

49. ( )에 들어갈 말로 가장 알맞은 것을 고르십시오.

[빈칸에 알맞은 것 고르기]　　　　　p.131

정답　④

해설　디지털 문해력은 우리가 더 나은 미래를 만들어가
는 데 꼭 필요한 수단이라고 했으므로 '디지털 문
해력'의 중요성이 강조되어야 한다고 말하고 있다.

오답　① 디지털 기술의 급격한 발전으로 디지털 문해
력의 중요성을 강조하고 있으므로 디지털 문
해력이 급격하게 떨어지는 것은 아니다.
　　　② 디지털 기술에 대한 의존도가 높아짐에 따라
디지털 문해력의 중요성은 점차 사라지는 것이
아니라 강조되고 있다.
　　　③ 디지털 기술의 급격한 발전에 따라 디지털 기
술에 대한 의존도가 높아짐에 따라 디지털 문
해력을 강조할 가치가 없는 상황이 아니라 디
지털 문해력의 중요성을 강조하고 있다.

🎵**Key-Point!** 　문장 안에서 필요한 표현을 찾는 능력을
측정하는 문항으로 6급 수준의 문항이 출제된다.

50. 윗글의 내용과 같은 것을 고르십시오.
[내용이 같은 것 고르기]　　　　　p.131

정답　③

해설　디지털 기술의 급격한 발전과 함께 디지털 약자가
증가하고 있다.

오답　① 디지털 기술의 활용 능력에 따라 ~~소득의 격차
가 발생한다.~~
　　　② 인터넷에 있는 정보는 대부분 신뢰성과 정확
성이 ~~높은 편이다.~~
　　　④ 디지털 의존도가 높아짐에 따라 온라인 이력
서 제출이 ~~줄어들고 있다.~~

🎵**Key-Point!** 　세부 내용의 이해 능력을 측정하는 문항
으로 6급 수준의 문항이 출제된다. 먼저 보기를 읽고 그
내용이 맞는지 내용을 확인하며 풀면 문제 푸는 시간을
절약할 수 있다.

실전모의고사 정답 및 풀이

듣기		1번~50번							

1	④	2	②	3	③	4	①	5	③
6	④	7	④	8	②	9	①	10	②
11	①	12	④	13	②	14	①	15	③
16	③	17	③	18	③	19	②	20	③
21	②	22	④	23	④	24	①	25	③
26	①	27	②	28	③	29	②	30	③
31	②	32	①	33	①	34	④	35	②
36	①	37	④	38	④	39	①	40	②
41	④	42	③	43	①	44	③	45	④
46	①	47	③	48	②	49	④	50	④

1. 일치하는 그림 고르기　　　　　p.135

여자 : 네, 여기 앉으세요. **1.**어디가 아파서 오셨어요?

남자 : 축구를 하다가 **1.**다리를 다쳐서 왔어요.

여자 : 어디 좀 봅시다. 다리가 많이 부었네요.

정답　④

해설　남자가 다리를 다쳐서 왔다고 하고 여자가 남자의 상태를 보고 부었다는 진단을 내렸으므로 장소는 병원 진료실 안임을 알 수 있다.

오답　① 여자가 남자에게 주사를 맞히는 상황이 아니다.
　　　② 진료를 받기 위해 접수를 하고 있는 상황이 아니다.
　　　③ 열을 재고 있는 상황이 아니다.

Key-Point!　3급 수준의 문제로, 개인적인 대화를 통해 어디에서 무슨 대화를 하는지 중심으로 파악하고 이에 해당하는 그림을 찾아야 한다.

2. 일치하는 그림 고르기　　　　　p.135

남자 : 아직 식당 문도 안 열었는데 **2.** 저 줄 좀 봐?

여자 : 그러게. 이 식당이 유명하긴 한 가봐.

남자 : 그럼 우리도 **2.** 빨리 가서 줄 서자.

정답 ②

해설 남자와 여자는 식당 앞에 서 있는 줄을 보고 이야기하고 있다. 남자는 여자에게 같이 줄을 서자고 하면서 뛰어가려는 상황임을 알 수 있다.

오답 ① 남자와 여자는 지금 식당 안이 아닌 식당 밖에 있다.
③ 남자와 여자는 손님과 종업원 관계가 아니다.
④ 남자와 여자는 지금 식사를 하고 있는 상황이 아니다.

Key-Point! 3급 수준의 문제로, 개인적인 대화를 통해 세부적인 내용을 파악하고 이에 해당하는 그림을 찾아야 한다.

3. 일치하는 도표 고르기   p.136

남 : 최근 한 조사에 따르면 청소년 100명 중 과반수가 스트레스를 많이 받는 것으로 나타났습니다. 스트레스의 원인으로 3. '학업 문제'라는 응답이 1위를 차지했고, '교우 관계', '외모'가 그 뒤를 이었습니다. 그 밖에 '가족이나 이성 문제' 등으로 스트레스를 받는다는 답변도 있었습니다.

정답 ③

해설 청소년의 스트레스 원인은 '학업 문제', '교우 관계', '외모', '가족이나 이성 문제' 순이다.

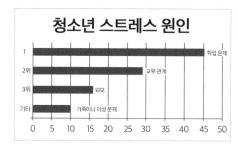

오답 ① '스트레스를 많이 받는다'가 49명으로 과반수를 넘지 않아 답이 아니다.

② '스트레스를 전혀 받지 않는다'가 75명으로 가장 많다.
④ 1위는 '외모'가 아니라 '학업 문제'이다.

Key-Point! 4급 수준의 문제로, 뉴스(보도) 내용을 통해 통계 결과를 잘 이해하고 이에 일치하는 그래프를 찾아야 한다.

4. 듣고 이어지는 말 고르기   p.136

여자 : 요즘도 새벽에 공원에서 4. 조깅해?
남자 : 그럼. 몇 달 동안 꾸준히 했더니 4. 살도 빠지고 건강해졌어.
여자 : _____

정답 ①

해설 남자는 새벽에 조깅을 한다. 남자는 꾸준히 조깅을 해서 살도 빠지고 건강해졌다면서 운동 효과를 이야기한다. 이에 여자는 운동에 긍정적인 반응을 해야 한다.

오답 ② 남자는 몇 달 전부터 새벽에 운동을 하고 있다.
③ 남자는 새벽에 출근하지 않고 운동을 한다.
④ 남자는 요즘 일찍 일어나서 운동을 한다.

Key-Point! 3급 수준의 문제로, 개인적 대화를 통해 앞뒤 상황을 이해하여 답을 찾아야 한다.

5. 듣고 이어지는 말 고르기   p.136

남자 : 요즘 대학교 축제가 한창이래요.
내일은 유명 가수가 공연한다고 해서 구경 가려고요.
여자 : 그래요? 저도 가서 보고 싶은데 공연은 5. 언제 시작한대요?
남자 : _____

정답 ③

해설 여자는 남자에게 공연이 언제 시작하는지 물어봤으므로 남자는 공연 시작 시간을 답해야 한다.

오답 ① 남자와 여자는 음악에 관해서 이야기하지 않았다.
② 요즘 대학교 축제가 한창이라고 말했으므로 축제는 아직 끝나지 않았다.

④ 아직 유명 가수 공연을 시작하지 않았기에 공
  연이 빨리 끝나기를 바라는 대답은 오답이다.

Key-Point! 3급 수준의 문제로, 개인적 대화를 통해
앞뒤 상황을 이해하여 답을 찾아야 한다.

6. 듣고 이어지는 말 고르기   p.137

남자 : 고객님, 반품할 물건이 있다고 해서 연락
      드렸습니다.
      오늘 오후 2시쯤 **6.** 댁에 계신가요?
여자 : 그 시간에는 집에 없는데요. **6.** 어떻게 하
      죠?
남자 : _____

정답 ④

해설 남자가 반품할 물건을 찾으러 집에 올 때 여자는
     집에 없고 어떻게 해야 하는지를 물었기 때문에
     남자는 반품할 물건을 어떻게 할지 대답을 해야
     한다. 그래서 문 앞에 놔 달라는 대답이 가장 자연
     스럽다.

오답 ① 남자에게 확인을 요청하지 않았다.
     ② 여자는 반품을 이미 신청한 상태이다.
     ③ 반품을 하는 상황이다.

Key-Point! 3급 수준의 문제로, 사회적 대화를 통해
앞뒤 상황을 이해하여 답을 찾아야 한다.

7. 듣고 이어지는 말 고르기   p.137

여자 : 사무실이 **7.** 왜 이렇게 더워요?
남자 : 환기하려고 **7.** 창문을 열어놔서 그래요.
여자 : _____

정답 ④

해설 남자가 환기를 위해 창문을 열어 놓은 상태이기에
     사무실이 더워졌다. 사무실이 덥기 때문에 여자는
     환기를 그만하고 에어컨을 켜자는 대답이 자연스
     럽다.

오답 ① 창문은 이미 열려 있다.
     ② 청소를 하는 상황이 아니다.
     ③ 외부 소음 문제에 대해서 이야기하고 있지 않
       다.

Key-Point! 3급 수준의 문제로, 개인적 대화를 통해
앞뒤 상황을 이해하여 답을 찾아야 한다.

8. 듣고 이어지는 말 고르기   p.137

여자 : 김 대리! 직원 연수 계획서 수정했어요?
남자 : 죄송합니다. **8.** 아직 못 했습니다.
여자 : _____

정답 ②

해설 남자는 계획서를 아직 수정하지 못했다고 했으므
     로 여자는 언제까지 수정해줄 것을 요청하는 대
     답이 자연스럽다.

오답 ① 남자는 아직 계획서를 수정하지 못했다.
     ③ 계획서 수정은 여자가 아니라 남자가 해야 한다.
     ④ 연수 날짜가 아니라 연수 계획서에 대해 이야
       기하고 있다.

Key-Point! 4급 수준의 문제로, 사회적 대화를 통해
앞뒤 상황을 이해하여 답을 찾아야 한다.

9. 알맞은 행동 고르기   p.137

여자 : 공연 시작 전까지 시간이 좀 있는데 뭐 좀
      먹을까?
남자 : 그래, 출출했는데 저 식당에서 김밥이랑
      떡볶이 먹자.
여자 : 응, **9.** 그럼 나는 화장실 좀 갔다 올 테니
      까 먼저 들어가서 주문해 줘.
남자 : 알았어.

정답 ①

해설 두 사람은 공연을 보기 전에 식당에서 음식을 먹
     으려고 한다. 그런데 여자가 식당에 가기 전에 먼
     저 화장실에 갔다 온다고 했다.

오답 ② 여자는 화장실에 가고 남자만 먼저 식당에 간
       다.
     ③ 남자가 먼저 식당에 가서 주문할 것이다.
     ④ 두 사람은 공연 시작 시간을 기다리고 있으므
       로 공연 시작 시간을 이미 알고 있다.

Key-Point! 4급 수준의 문제로, 사회적 대화를 통해
앞뒤 상황을 이해하여 답을 찾아야 한다.

10. 알맞은 행동 고르기   p.137

여자 : 손님, 무슨 문제가 있으세요?

남자 : 어제 여기서 바지를 샀는데 집에 가서 다시 입어 보니까 사이즈가 좀 작은 거 같아요. 한 사이즈 큰 걸로 다시 입어 봐도 돼요?

여자 : 네, 그럼요. 그런데 **10.**창고에 가서 옷을 가져와야 해요.

남자 : 알겠어요. 기다릴게요.

정답 ②

해설 남자는 여자에게 큰 사이즈 옷을 요청했고 이에 대해 여자는 창고에서 옷을 가져와야 한다고 했다.

오답 ① 옷을 결제하는 상황이 아니다.
③ 영수증을 확인한다는 내용은 나오지 않는다.
④ 바지를 반품해 준다는 내용은 나오지 않는다.

Key-Point! 3급 수준의 문제로, 대화를 통해 앞뒤 상황과 순서를 고려해 답을 찾아야 한다.

11. 알맞은 행동 고르기   p.137

남자 : 이렇게 국이 끓으면 미역을 넣으면 돼요.

여자 : 간장은 언제 넣어요?

남자 : 미역을 넣고 5분쯤 후에 간장과 소금으로 간을 하면 끝이에요. **11.** 당신은 냉장고에서 반찬 좀 꺼내 줘요.

여자 : 알겠어요. 미역국 만들기가 생각보다 쉽네요.

정답 ①

해설 남자는 요리를 하고 있고 여자는 이를 지켜보고 있다. 남자는 여자에게 냉장고에서 반찬을 꺼내 줄 것을 요청하고 있다.

오답 ② 남자는 미역국을 끓이면서 여자에게 끓이는 방법을 설명하고 있다.
③ 수저를 준비하는 상황이 아니다.
④ 간은 남자가 했다.

Key-Point! 3급 수준의 문제로, 대화를 통해 앞뒤 상황과 순서를 고려해 답을 찾아야 한다.

12. 알맞은 행동 고르기   p.137

여자 : 김민수 씨, 이번 신제품 체험단은 다 모집됐나요?

남자 : 아니요. 신청자가 너무 적어서 추가 모집 공고를 해야 할 것 같아요.

여자 : **12.** 그럼 제가 추가 모집 공고를 낼 테니까 민수 씨는 이미 신청한 사람들 명단 좀 정리해 주세요.

남자 : 네, 알겠습니다.

정답 ④

해설 여자는 추가 모집 공고를 직접 낸다고 했다.

오답 ① 진행 상황을 보고하는 것이 아니라 모집 상황을 확인하고 있다.
② 신청자들에게 연락한다는 말은 대화 중에 나오지 않는다.
③ 남자는 신청자가 너무 적어서 추가 공고를 해야 한다고 했으므로 신청자 확인이 끝난 상황이다.

Key-Point! 4급 수준의 문제로, 사회적 대화를 통해 앞뒤 상황과 순서를 고려해 답을 찾아야 한다.

13. 일치하는 내용 고르기   p.138

여자 : 이 정원에 처음 와 봤는데 **13.** 큰 나무와 예쁜 꽃들이 많네.

남자 : 50여 년 전에 노인복지시설이 설립되면서 어르신들이 행복하게 지낼 수 있도록 이 정원도 같이 만들어졌다고 해.

여자 : 특히 정원 한가운데 키 큰 메타세쿼이아 나무가 있어서 더 좋은 거 같아.

남자 : 그렇지, 2021년 민간 정원으로 등록되면서 일반 시민들에게 무료로 개방되어서 더 좋아.

정답 ②

해설 여자는 이 정원에 있는 나무가 크고 예쁜 꽃들이 많다고 이야기하고 있다.

오답 ① 여자는 전에도 이 정원에 자주 왔다.
③ 남자는 50년 전에 이 정원을 설립했다.
④ 이 정원의 입장료는 노인 복지에 사용된다.

14. 일치하는 내용 고르기   p.138

(딩동댕)

여자 : 관리사무소에서 안내 말씀드립니다. 소방 시설 종합 점검을 실시합니다. 점검 중 화재 경보, 비상 방송, 사이렌이 울리더라도 놀라지 마시고 세대 방문 점검 시 주민 여러분의 적극적인 협조 부탁드립니다. **14.** 점검 일정은 6월 13일부터 6월 15일까지입니다. 감사합니다.

(딩동댕)

정답 ①

해설 점검 일정은 6월 13일부터 15일까지 3일 동안 진행된다.

오답 ② 점검 시 주민들의 협조는 ~~필요 없다.~~
　　　③ 점검 중 화재 경보가 울리면 ~~밖으로 나간다.~~
　　　④ 점검 중 사이렌 소리가 나면 ~~관리실로 연락한다.~~

15. 일치하는 내용 고르기   p.138

남자 : 오늘 오후 2시쯤 인주 시장 앞에서 차량 4대가 충돌하는 사고가 발생했습니다. 이 사고로 1명이 크게 다쳐서 병원으로 이송되었습니다. 경찰 조사에 따르면 **15.** 70대 남성이 운전한 택시가 앞차에 부딪치면서 차량 4대가 연속적으로 추돌한 것을 사고 원인으로 파악하고 있습니다. 현재 택시 운전사는 급발진을 주장하고 있는 것으로 전해집니다.

정답 ③

해설 택시 운전자가 앞에 있는 차에 부딪치면서 차량 4대가 추돌했다.

오답 ① 이 사고는 오늘 ~~새벽에~~ 발생하였다.

② 이 사고로 인해 ~~사람들이 많이 다쳤다.~~
④ ~~길을 가는 사람과 택시가 부딪치는 사고가 났다.~~

16. 일치하는 내용 고르기   p.138

남자 : 선생님! 처방받은 감기약을 끝까지 먹는 게 좋을까요? 아니면 먹다가 몸이 나았다고 생각되면 그만 먹는 게 좋을까요?

여자 : **16.** 감기약을 먹는 중간에 환자 마음대로 감기약을 먹지 않으면 감기가 더 심해지거나 나중에 감기약을 먹어도 낫지 않을 수 있습니다. 의사가 처방한 약을 다 먹어야 합니다. 그리고 감기약을 먹을 때는 물과 함께 먹어야 합니다. 우유나 녹차, 주스와 같은 다른 음료와 함께 먹어서는 안 됩니다.

정답 ③

해설 여자는 감기약을 끝까지 먹지 않으면 여러 문제가 생길 수 있다고 하면서 의사가 처방한 날짜만큼 먹어야 한다고 했다.

오답 ① 감기약은 ~~꼭 물과 먹을 필요는 없다.~~
　　　② 감기약은 ~~주스와 먹으면 효과가 좋다.~~
　　　④ 감기약은 ~~처방받은 날짜만큼 먹을 필요는 없다.~~

17. 중심 생각 고르기   p.139

남자 : 이 꽃병 예쁘지요? 주스 병을 버리지 않고 꽃병으로 사용한 거예요.

여자 : 전 저렇게 꽃병으로 쓸 생각 못 했는데 쓰레기도 안 생기고 좋네요.

남자 : 네, 생각해 보면 **17.** 버리지 않고 다시 쓸 수 있는 물건이 많아요.

정답 ③

해설　남자는 버리지 않고 다시 쓸 수 있는 물건이 많다
　　　고 생각한다.

오답　① 쓰레기 버리는 장소에 대해 언급하지 않았다.
　　　② 남자는 주스 병을 예쁜 꽃병으로 다시 재활용
　　　　 해서 좋다고 했다.
　　　④ 분리 수거에 대한 이야기는 하지 않았다.

Key-Point!　3급 수준의 문제로, 개인적 대화를 통해
남자의 중심 생각을 찾아야 한다.

18. 중심 생각 고르기　　　　　　　　p.139

　남자 : 요즘 하루에 한 곳만 정리를 하고 있는데
　　　　 한꺼번에 정리하는 것보다 좋은 거 같아.

　여자 : 그래? 나는 책상 정리나 옷 정리를 한꺼번
　　　　 에 모아서 하는데.

　남자 : 처음에는 나도 그렇게 했는데 **18. 시간이
　　　　 날 때마다 나눠서 하니까 힘도 덜 들고 빨
　　　　 리 할 수 있어서 좋더라고.**

정답　③

해설　남자는 처음에 한꺼번에 정리했지만, 지금은 시간
　　　이 날 때마다 나눠서 하니까 좋다고 생각한다.

오답　① 남자는 처음에는 한꺼번에 정리했다고 했지만,
　　　　 지금은 시간이 날 때마다 나눠서 한다고 했다.
　　　② 시간이 날 때마다 나눠서 정리하면 힘이 덜 든
　　　　 다는 것은 남자의 중심 생각이 아니다.
　　　④ 정리할 때 옆 사람의 도움이 필요하다는 이야
　　　　 기는 하지 않았다.

Key-Point!　3급 수준의 문제로, 대화를 통해 남자의
중심 생각을 찾아야 한다.

19. 중심 생각 고르기　　　　　　　　p.139

　여자 : 다음 주에 여행 간다고 했지? 일기예보를
　　　　 보니 계속 비가 내린다고 해.

　남자 : 그래? 그럼 어쩔 수 없이 박물관이나 미
　　　　 술관같이 실내에서 즐길 수 있는 일정으
　　　　 로 바꿔야겠다.

　여자 : 그래도 모처럼 여행 가는 건데 날씨가 좋
　　　　 지 않아서 속상하네. 다음에 갈까?

　남자 : 글쎄, 그럴 필요가 있을까? **19. 나는 비가
　　　　 오면 오는 대로 즐거운 여행을 할 수 있다고
　　　　 생각해. 연극 공연 같은 거 봐도 좋잖아.**

정답　②

해설　남자는 날씨와 상관없이 즐거운 여행이 가능하다
　　　고 생각한다.

오답　① 여자는 여행 가는 데 비가 내린다고 해서 여행
　　　　 일정을 변경하려고 한다. 날씨에 따라 여행하
　　　　 는 기분이 다르다는 내용은 나오지 않는다.
　　　③ 남자는 날씨가 좋아야만 여행을 잘 할 수 있다
　　　　 고 생각하지 않는다.
　　　④ 계획 없이 여행하는 것에 대한 내용은 나오지
　　　　 않는다.

Key-Point!　4급 수준의 문제로, 개인적 대화를 통해
남자의 중심 생각을 찾아야 한다.

20. 중심 생각 고르기　　　　　　　　p.139

　여자 : 박사님! 갯벌을 보존해야 하는 이유를 뭐
　　　　 라고 생각하십니까?

　남자 : 갯벌은 다양한 생물이 살 수 있는 장소입
　　　　 니다. 갯벌과 그 속에 사는 여러 생물은
　　　　 자연과 사람에게 좋은 역할을 많이 합니
　　　　 다. 또한 갯벌은 육지에서 나오는 오염 물
　　　　 질을 분해하고 기후를 조절하여 홍수를
　　　　 줄여 주는 역할도 합니다. 그러므로 갯벌
　　　　 은 쓸모없는 땅이 아니라 우리와 함께 살
　　　　 아가는 **20. 소중한 장소입니다. 소중한 갯
　　　　 벌을 잘 보존해야겠습니다.**

정답　③

해설　남자는 소중한 갯벌을 잘 보존해야 한다고 생각
　　　한다.

오답　① 갯벌의 좋은 역할에 대해서만 나왔다.
　　　② 갯벌은 기후를 조절하여 홍수를 줄여 주는 역
　　　　 할을 한다고 했다.
　　　④ 갯벌은 오염 물질을 분해하는 역할을 하지만
　　　　 이것이 남자의 중심 생각은 아니다.

Key-Point!　4급 수준의 문제로, 인터뷰를 통해 남자의
중심 생각을 찾아야 한다.

[21~22]

여 : 오늘은 우리 회사가 후원하는 '농촌 체험 축제'의 홍보 방법에 대해 논의하고자 합니다. 어떻게 홍보하면 좋을지 의견 주세요.

남 : 요즘 너나없이 모두 SNS을 이용해서 홍보를 많이 하지만, 어떤 홍보를 하든 전통적으로 해 왔던 **21. 인쇄물을 만들어 돌리는 방식이 가장 좋은 것 같아요.**

여 : 직접 인쇄물을 만들고 돌리려면 비용이 많이 들지 않을까요?

남 : 그렇지 않아요. 오히려 **22. 비용면에서도 절감할 수 있을 뿐만 아니라 지역 문화센터나 지하철역에 비치할 수도 있어서 다양한 계층과 남녀 모두에게 홍보가 가능해요.**

21. 남자의 중심 생각으로 가장 알맞은 것을 고르십시오.

[중심 생각 고르기]   p.140

정답 ②

해설 남자는 어떤 홍보를 하든 전통적으로 해 왔던 인쇄물을 돌리는 방식이 여러 면에서 가장 좋다고 생각한다.

오답 ① 홍보에 드는 비용은 최대한 절감할수록 좋다는 말은 없다.
③ SNS를 이용해서 홍보하는 방식은 요즘 많이 사용하는 방식이지 효과가 없다는 이야기는 하지 않았다.
④ 인쇄물 홍보 방식이 요즘 세대와 맞지 않다는 이야기는 하지 않았다.

Key-Point!   4급 수준의 문제로, 대화를 통해 남자의 중심 생각을 찾아야 한다.

22. 들은 내용과 같은 것을 고르십시오.

[일치하는 내용 고르기]   p.140

정답 ④

해설 전통적으로 해 왔던 인쇄물 홍보 방식은 저렴하고 홍보 효과도 좋다고 했다.

오답 ① 인쇄물을 어떻게 구성해야 할지 논의 중이다.
② 인쇄물 홍보는 특정 계층에게만 효과가 있다.
③ SNS로 홍보하는 것은 전통적인 홍보 방식이다.

Key-Point!   4급 수준의 문제로, 대화를 통해 내용과 일치하는 답을 찾아야 한다.

[23~24]

남 : 청년 창업 지원센터지요? **23. 센터에서 무료로 빌려주는 세미나실을 이용하려면 어떻게 해야 하나요?**

여 : 저희 센터를 처음 이용하시는 건가요?

남 : 아니요. 올 초에 거기에서 작가 초청회를 한번 했습니다. 그때 반응이 좋아서 다시 한번 이용하려고 하는데 가능하지요?

여 : 네, 세미나실 대여 신청은 지원센터 홈페이지에서 하시면 됩니다. 행사 한 달 전에 다른 행사 일정과 겹치지 않게 신청해 주셔야 합니다. 노트북이나 카메라 등 **24. 행사에 필요한 장비도 대여 가능하니 필요하신 장비가 있으시면 신청해 주세요.**

23. 남자가 무엇을 하고 있는지 고르십시오.

[담화 상황 고르기]   p.140

정답 ④

해설 남자는 청년 창업 지원센터에서 빌려주는 세미나실 이용에 대해 문의하고 있다.

오답 ① 창업 지원 방법에 대해서는 나오지 않는다.
② 물품 이용 방법에 대해 알아보는 것이 아니라 공간 대여 방법에 대해 문의하고 있다.
③ 작가 초청회 홍보를 하고 있지 않다.

Key-Point!   4급 수준의 문제로, 사회적 대화를 통해 남자가 무엇을 하고 있는 상황인지를 찾아야 한다.

24. 들은 내용과 같은 것을 고르십시오.

[일치하는 내용 고르기]   p.140

정답 ①

해설 노트북이나 카메라 등 행사에 필요한 장비가 대여 가능하다고 했다.

오답 ② 남자는 처음 세미나실을 이용한다.
③ 대여 신청을 하려면 직접 방문해야 한다.
④ 세미나실은 이용하려면 대여료를 내야 한다.

Key-Point!   4급 수준의 문제로, 사회적 대화를 통해 들은 내용과 일치하는 답을 찾아야 한다.

[25~26]

여 : **26.** 병원에서 근무하신 지 벌써 10년이 되었는데요. 장기근속을 하시면서 이 병원만의 장점은 무엇이라고 생각하시나요?

남 : 정신과 간호사로서 꿈을 가지고 입사하게 된 이 병원은 환자 한 분 한 분에게 정성스러운 서비스를 제공하는 좋은 병원이라고 생각합니다. 각 분야에서 경험이 많은 의료진과 행정 직원 등 우수한 인력이 많은 것도 이 병원만의 장점이라고 할 수 있습니다. 또 병원의 분위기가 경직되지 않고 성장의 기회가 제공된다는 점입니다. 앞으로도 이 병원에서 계속 일하면서 업무적으로 어려움이 있을 때 서로 도움을 주고 받으며, **25.** 동료들과 함께 성장하고 싶습니다.

25. 남자의 중심 생각으로 가장 알맞은 것을 고르십시오.
[중심 생각 고르기]   p.141

정답   ③

해설   남자는 동료들과 함께 성장하고 싶다고 했다.

오답   ① 우수 인력이 많은 것은 이 병원의 장점이지 중심 생각은 아니다.
      ② 병원에 대한 정부의 관심이 필요하다는 내용은 나오지 않는다.
      ④ 질 좋은 서비스를 환자에게 제공하는 것은 병원의 장점이지 남자의 중심 생각은 아니다.

Key-Point!   4급 수준의 문제로, 인터뷰를 통해 남자의 중심 생각을 찾아야 한다.

26. 들은 내용과 같은 것을 고르십시오.
[일치하는 내용 고르기]   p.141

정답   ①

해설   남자는 이 병원에서 근무한 지 벌써 10년이 되었다고 했다.

오답   ② 이 남자는 이 병원에 의사의 꿈을 이루고자 입사했다.

③ 이 병원은 서비스 향상을 위해 직원 교육이 필요하다.
④ 이 병원은 앞으로 우수한 인력을 많이 채용할 것이다.

Key-Point!   5급 수준의 문제로, 인터뷰를 통해 내용과 일치하는 답을 찾아야 한다.

[27~28]

남 : 얼마 전 **27.** 육아기에 부모가 근로시간을 단축하여 아이들을 돌볼 수 있는 시간을 늘리자는 제도의 개선 방안이 발표되었어. 그동안 동료 눈치 보느라 잘 활용하지 못했는데 이번에 개선된 제도는 이용이 좀 더 쉬워졌나 봐.

여 : 일보다 육아에 좀 더 집중할 수 있는 시간을 확보할 수 있겠네. 그런데 그 제도를 이용하려면 어떤 조건이 있어야 돼?

남 : **27.** 만 8세의 자녀를 둔 부모가 **28.** 1년 동안 주 근로시간을 15~35시간 정도 단축할 수 있고 보상 지원금도 정부에서 지원한대. 이 제도를 눈치 보지 않고 자유롭게 이용할 수 있게 되면 좋을 것 같아.

여 : 그래도 아직까지는 눈치가 보이는 게 사실이야. 이 제도가 더 폭넓게 확대되면 좋겠다.

27. 남자가 말하는 의도로 알맞은 것을 고르십시오.
[화자의 의도 고르기]   p.141

정답   ②

해설   남자는 만 8세의 자녀를 둔 부모가 1년 동안 주 근로시간을 15~35시간 정도 단축할 수 있고 보상 지원금도 정부에서 지원한다는 근로시간 단축제에 대해 설명했다.

오답   ① 남자는 육아기 근로시간 단축제도의 개선된 점을 설명하고 있지 육아의 소중함을 말하는 것은 아니다.
      ③ 남자는 개선된 제도가 어떻게 바뀌었는지 소개하고 있지 이 제도의 문제를 해결하려고 하는 것은 아니다.
      ④ 남자는 이 제도의 신청 방법에 대해 조언하려고 이야기한 것은 아니다.

Key-Point! 5급 수준의 문제로, 대화를 통해 남자가 여자에게 말하는 목적이나 의도를 찾아야 한다.

28. 들은 내용과 같은 것을 고르십시오.
[일치하는 내용 고르기] p.141

정답 ③

해설 이 제도는 1년 동안 주 근로시간을 15~35시간 정도 단축해서 아이들을 돌볼 수 있는 시간을 늘릴 수 있다

오답 ① 아이를 돌볼 수 있는 시간은 ~~확보하기가 쉽지 않다.~~
② 육아기 근로시간 단축제도가 이번에 ~~새로~~ 마련되었다.
④ 이 제도를 이용하면 ~~정부 지원이 없어서 생활~~ 이 더 힘들다.

Key-Point! 5급 수준의 문제로, 대화를 통해 내용과 일치하는 답을 찾아야 한다.

[29~30]

여자 : 요즘 자신이 원하는 이미지를 만들기 위해 자신에게 어울리는 색깔을 찾기도 하는데요. 이 일을 국내 최초로 활동하고 계신다고 들었습니다.

남자 : 네, **29. 저는 색깔을 통해 이미지를 만들 필요가 있는 강사나 아나운서 등 전문가뿐만 아니라 일반인에게도 자신만의 색깔을 찾아주는 상담과 교육을 진행하고 있습니다.** 기존의 색깔 진단 도구가 사용자마다 다르게 나오는 문제점을 분석하고 연구해서 저만의 분석 방법을 정리한 후이 직업을 새로 만들게 되었습니다.

여자 : 그렇다면 이 진단을 선생님께 받으면 어떤 변화가 있나요?

남자 : **30. 자신만의 색깔을 발견한 후 주변의 긍정적인 반응을 얻어 일과 연애에 성공하게 되거나 자신감을 회복하여 생활의 활력이 생기기도 합니다.**

29. 남자가 누구인지 고르십시오.
[담화 참여자 고르기] p.142

정답 ②

해설 남자는 사람들에게 그들이 원하는 이미지를 만들어 주기 위해 어울리는 색깔을 찾아주는 일을 처음 시작한 사람이다.

오답 ① 남자는 감정과 어울리는 색깔을 찾아주는 사람은 아니다.
③ 남자는 자신만의 색깔을 찾아주는 상담과 교육은 진행하지만, 인재를 양성하는 사람은 아니다.
④ 남자는 자신만의 색깔을 발견한 후 일과 연애에 성공하기도 한다고 했지만 직접적으로 성공을 도와주는 사람은 아니다.

Key-Point! 5급 수준의 문제로, 인터뷰를 통해 남자가 어떤 일을 하는 사람인지 찾아야 한다.

30. 들은 내용과 같은 것을 고르십시오.
[일치하는 내용 고르기] p.142

정답 ③

해설 남자는 자신만의 색깔을 발견한 후 주변의 긍정적인 반응을 얻어 여러 변화가 생겼다고 했다.

오답 ① ~~생활의 활력을 주면 누구나~~ 성공한다.
② ~~기존의 색깔 진단 도구는 효과가 좋다.~~
④ 자신만의 색깔은 찾은 후 ~~자신감이 떨어졌다.~~

Key-Point! 5급 수준의 문제로, 인터뷰를 통해 내용과 일치하는 답을 찾아야 한다.

[31~32]

여자 : 고령 운전자의 교통사고를 줄이기 위해 실시되고 있는 면허증 반납 제도의 실효성이 떨어진다는 지적이 많은데 왜 그런가요?

남자 : 여전히 고령층 중에서도 **32. 운전이 생계와 연계된 이들이 있고, 교통 여건이 안좋은 곳은 이동에 어려움이 생길 수 있으니 면허증 반납이 저조한 상황입니다.** 또한 **32. 반납 시 혜택도 크지 않다는 반응도 있고요.**

여자 : 하지만 반복되는 고령 운전자들의 교통사고로 인해 큰 피해가 발생하고 있는데요. 보다 현실적인 관리와 대책이 마련되어야 하는 거 아닌가요?

남자 : **32.** 그래서 현재 '조건부 면허제' 도입을 검토하고 있습니다. 운전 능력이 저하된 고위험군 운전자를 대상으로 야간 운전 금지, 고속도로 운전 금지, 속도 제한 등의 **31.** 조건을 걸어 면허를 허용하자는 것이지요.

31. 남자의 중심 생각으로 가장 알맞은 것을 고르십시오.

[일치하는 내용 고르기]   p.142

정답   ②

해설   남자는 고령 운전자 중에서 운전이 생계와 연계 되거나, 교통 여건이 안 좋은 곳은 이동에 어려움 이 생길 수 있으니 조건을 걸어 면허를 허용하자 고 주장하고 있다.

오답   ① 고령층의 생계 문제를 정부가 해결해야 한다 는 내용은 인터뷰 중 나오지 않는다.
③ 고령 운전자의 면허증 반납 제도의 효율성이 낮은 것은 실제 상황이지 남자의 중심 생각은 아니다.
④ 고령 운전자로 인한 교통사고에서 큰 피해가 발생하고 있지만 이것이 남자의 중심 생각은 아니다.

Key-Point!   5급 수준의 문제로, 인터뷰를 통해 남자의 중심 생각을 찾아야 한다.

32. 남자의 태도로 가장 알맞은 것을 고르십시오.

[일치하는 내용 고르기]   p.142

정답   ①

해설   남자는 고령 운전자의 면허증 반납이 저조한 이 유를 설명하고 그에 대해 새로운 대안을 제시, 검 토하고 있다.

오답   ② 상황을 분석하며 해결 방안을 촉구하는 것이 아니라 새로운 대안을 검토하고 있다.
③ 비교를 통해 차이점을 구체적으로 설명하고 있는 것이 아니다.
④ 제도의 실효성이 없다는 것에 대한 책임을 묻 고 있는 것이 아니라 새 제도를 제시하고 도입 전에 검토하고 있다.

Key-Point!   5급 수준의 문제로, 인터뷰를 통해 남자의 태도나 심정으로 맞는 답을 찾아야 한다.

[33~34]

여자 : 자동차 공유서비스는 스마트폰을 이용 해 자동차를 빌려 사용하고 정해진 장소 에 반납하는 서비스입니다. 대중교통이 편 리해서 평소에는 불편 없이 살 수 있더라 도 개인 자동차가 꼭 필요할 때가 있습니 다. 가족 여행을 한다거나 많은 물품을 날 라야 할 때가 그런 경우입니다. 하지만 일 년에 몇 번 사용하는 것 때문에 자동차를 보유한다는 것은 경제적으로 비효율적인 일입니다. **34.** 구매비용과 보험, 세금처럼 차량을 운행하지 않더라도 들어가는 비용 이 많기 때문입니다. 그래서 **33.** 이런 비 용 부담에서 벗어날 수 있는 '자동차 공유 서비스'가 생겼습니다.

33. 무엇에 대한 내용인지 알맞은 것을 고르십시오.
[주제 고르기]   p.143

정답   ①

해설   남자는 자동차 공유서비스가 무엇인지 설명하고 이 서비스가 어떻게 생겼는지를 설명하고 있다.

오답   ② 자동차 공유 서비스의 이용 방법에 대해서는 나오지 않는다.
③ 자동차 공유 서비스를 활성화하는 방안에 대 해서 구체적으로 언급되지 않는다.
④ 자동차 공유 서비스의 문제점을 지적하고 있 지 않다.

Key-Point!   5급 수준의 문제로, 여자의 강연을 통해 주제를 찾아야 한다.

34. 들은 내용과 같은 것을 고르십시오.
[일치하는 내용 고르기]   p.143

정답   ④

해설   남자는 자동차를 보유할 때 구매비용과 보험, 세 금 등 들어가는 비용이 많다고 했다.

오답   ① 출퇴근할 때는 개인 자동차가 있어야 한다.

② 대중교통이 발달되어 개인 자동차는 필요 없~~다.~~

③ 개인 자동차를 소유하는 것은 효율적인 방법~~이다.~~

Key-Point! 5급 수준의 문제로, 여자의 강연을 통해 들은 내용과 일치하는 답을 찾아야 한다.

[35~36]

남자 : 복고하면 떠오르는 나팔바지가 해군 제복에서 유래되었다는 사실을 알고 계셨나요? 해군 복장의 특징인 나팔바지와 사각형 깃은 영국 해군에서 유래되어 해군 복장의 상징으로 여겨지고 있습니다. 나팔바지는 선원들이 갑판 청소할 때나 얕은 물에 들어갈 때 쉽게 걷어 올릴 수 있도록 바지 밑부분을 넓게 만든 것입니다. **35.** 사각형 깃은 부상자가 발생했을 때 붕대로 쓰이기도 하고, **36.** 바다 위에서 바람이 강해 소리가 잘 들리지 않을 때 깃을 세우고 귓가에 대어 소리를 잘 듣기 위해 사용하기도 했습니다. 또한 **35.** 해군들이 매는 넥타이는 물에 빠진 사람을 쉽게 끌어올리는 도구로 활용할 수 있습니다.

35. 남자가 무엇을 하고 있는지 고르십시오.
[화자의 목적 고르기] p.143

정답 ②

해설 해군 제복의 특징을 설명하면서 실제 상황에서 어떻게 활용되는지에 대해 설명하고 있다.

오답 ① 해군 제복의 세탁 방법이 아니라 실제 쓰임새에 대해 이야기하고 있다.
③ 해군 제복을 입어 본 소감에 대해서는 나오지 않는다.
④ 해군 제복에 대한 관심과 지원을 부탁하는 내용은 나오지 않는다.

Key-Point! 5급 수준의 문제로, 강연을 통해 남자가 말하는 의도를 찾아야 한다.

36. 들은 내용과 같은 것을 고르십시오.

[일치하는 내용 고르기] p.143

정답 ①

해설 사각형 깃은 바다 위에서 소리가 잘 들리지 않을 때 깃을 세우고 귓가에 대어 소리를 잘 듣는 쓰임으로 사용된다.

오답 ② 나팔바지는 갑판 청소할 때 ~~상당히 불편하다.~~
③ 나팔바지는 사람이 ~~다쳤을 때 붕대로 쓰인다.~~
④ 넥타이는 ~~소리가 잘 들리지 않을 때 유용하다.~~

Key-Point! 5급 수준의 문제로, 강연을 통해 들은 내용과 일치하는 답을 찾아야 한다.

[37~38]

남자 : 얼룩말 무리와 누 떼가 함께 어울려 이동하고 있습니다. 같은 종이 아닌데 두 동물은 왜 항상 붙어 다닐까요?

여자 : 초원의 수많은 동물들은 환경과 조화롭게 상호작용을 하면 살아간답니다. 누는 색맹이지만 20km 밖의 냄새를 맡을 수 있는 뛰어난 후각을 가지고 있습니다. 얼룩말은 누만큼 후각이 좋지 않은 대신 15km 밖까지 볼 수 있는 시력을 가지고 있습니다. **38.** 후각이 발달한 누와 시각이 뛰어난 얼룩말은 맹수의 공격으로부터 자신들을 보호하기 위한 전략적인 동거를 하는 셈입니다. 이들이 어울려 사는 또 다른 이유는 먹이에 있습니다. 초식 동물인 누와 얼룩말은 함께 다니면서도 먹이 싸움을 하지 않습니다. 그 이유는 먹는 풀이 다르기 때문입니다. 얼룩말은 크고 거친 풀을 주로 먹는 반면 누는 비교적 짧은 풀을 먹습니다. 이런 차이는 얼룩말과 누 사이에 평화를 가져다주었습니다. **37.** 많은 것을 가지고도 늘 욕심을 부리는 인간에게 초원의 생명들은 더불어 사는 법을 가르쳐 주는 고마운 존재입니다.

37. 여자의 중심 생각으로 가장 알맞은 것을 고르십시오.
[중심 생각 고르기] p.144

정답 ④

해설　여자는 인간에게 초원의 생명들이 더불어 사는
　　　법을 가르쳐 주는 고마운 존재라고 이야기하고 있
　　　다.

오답　① 많은 것을 가지고도 늘 욕심을 부리는 것은 인
　　　　간이라고 했다.
　　　② 동물들이 평화롭게 살기 위해서는 시간이 필
　　　　요하다는 내용은 나오지 않는다.
　　　③ 누와 얼룩말이 먹는 풀은 차이가 있어서 먹이
　　　　싸움을 하지 않는다고 한다.

Key-Point!　5급 수준의 문제로, 프로그램을 통해 여자
의 중심 생각을 찾아야 한다.

38. 들은 내용과 같은 것을 고르십시오.
[일치하는 내용 고르기]　　　　　p.144

정답　④

해설　여자는 후각이 발달한 누와 시각이 뛰어난 얼룩
　　　말은 자신들을 보호하기 위해 동거를 한다고 말하
　　　고 있다.

오답　① 얼룩말은 ~~비교적 짧은~~ 풀을 먹는다.
　　　② 얼룩말은 ~~뛰어난 후각을~~ 가지고 있다.
　　　③ ~~누는 시각이 뛰어나서~~ 얼룩말을 잘 발견한다.

Key-Point!　6급 수준의 문제로, 교양 프로그램을 통해
들은 내용과 일치하는 답을 찾아야 한다.

[39~40]

여자 : **39.** 지금까지 행복은 각자가 가진 사고나
　　　　가치관, 성격 등에 따라 사람마다 다르게
　　　　느낀다고 말씀해주셨는데요. 그렇다면 진
　　　　정한 행복을 이루기 위해서는 사회적 행
　　　　복이 전제되어야만 할까요?
남자: 네, 그렇습니다. 개인의 행복을 추구하는
　　　것도 중요하지만, 행복을 찾기 위하여 사회
　　　와 공동체를 뒤흔드는 일은 바람직하지 않
　　　습니다. **40.** 누군가는 자기 행복을 위하여
　　　양심을 저버리고 비도덕적인 행위를 하기
　　　도 하고 타인을 희생시키기도 합니다. 그렇
　　　게 얻은 행복은 개인에게 잠깐 행복을 줄
　　　수 있을지 모르지만, 사회적 비용을 발생
　　　시켜 더 많은 희생을 낳게 됩니다. 우리가
　　　추구해야 하는 행복은 개인의 행복이면서

동시에 사회의 행복입니다. 공동체가 모두
행복할 수 있는 도덕적이고 양심적인 사회
가 마련되어야 우리는 그 사회 속에서 안
심하고 행복을 찾을 수 있습니다.

39. 이 대화 전의 내용으로 알맞은 것을 고르십시오.
[담화 앞의 내용 고르기]　　　　　p.144

정답　①

해설　지금까지 행복은 각자가 가진 사고나 가치관, 성
　　　격 등에 따라 다르게 느낀다고 말했으므로 담화
　　　앞에는 행복은 사람마다 각각의 기준에 따라 다
　　　르게 느낀다는 내용이 나와야 한다.

오답　② 행복해지기 위해서 사소한 노력을 해야 한다
　　　　는 내용은 대담 전후에 없다.
　　　③ 사회가 적극적으로 개인의 행복을 찾아줘야
　　　　한다는 내용은 남자의 첫 번째 발화와 관계가
　　　　없다.
　　　④ 남자는 우리가 추구해야 할 행복은 개인과 사
　　　　회에서 동시에 이루어져야 한다고 말하고 있
　　　　다. 대화 전 내용은 아니다.

Key-Point!　6급 수준의 문제로, 대담을 통해 앞뒤 상
황을 추론하여 답을 찾아야 한다.

40. 들은 내용과 같은 것을 고르십시오.
[일치하는 내용 고르기]　　　　　p.144

정답　②

해설　자기의 행복을 위해 타인을 희생시키기도 한다고
　　　했다.

오답　① 행복을 찾기 위해 사회와 공동체는 ~~중요하지~~
　　　　~~않다.~~
　　　③ 공동체가 모두 행복할 수 있는 사회는 ~~마련되~~
　　　　~~기 힘들다.~~
　　　④ 비도덕적인 행위라도 ~~나만 행복하면 모든~~
　　　　~~것이 괜찮다.~~

Key-Point!　6급 수준의 문제로, 대담을 통해 들은 내
용과 일치하는 답을 찾아야 한다.

[41~42]

여자 : 우리는 **41. 남성이나 여성의 구별 없이 모두 같은 한국어를 사용하고 있습니다. 따라서 남성과 여성의 언어에서 두드러진 차이를 찾아내는 것은 어렵습니다. 41. 그러나 어떤 범주나 형식을 더 많이 사용하는 선호의 차이는 발견할 수 있습니다.** 예를 들어 남성은 평서문을 더 선호합니다. 이것은 남성이 단정이나 선언과 같이 자기주장이 강한 대화를 더 많이 사용하기 때문입니다. **42. 여성은 주장할 때도 직접적인 단정보다는 간접적으로 대화하는 것을 선호하기 때문에 의문문을 더 많이 사용합니다.** 청자에 대한 요구를 나타낼 때도 남성은 직접적인 명령문을 더 많이 사용하고, 여성들은 청유문이나 의문문으로 표현하는 경우가 많습니다.

41. 이 강연의 중심 내용으로 가장 알맞은 것을 고르십시오.

[중심 내용 고르기] p.145

정답 ④

해설 여자는 남성과 여성의 언어에서 차이는 없으나 어떤 범주나 형식을 더 사용하는 선호의 차이는 있다고 한다.

오답 ① 우리는 남녀 구별 없이 모두 같은 한국어를 사용한다고 했다.
② 남성과 여성은 어휘나 문법을 구별해서 한국어를 사용하지 않는다고 이야기하고 있다.
③ 여자는 어떤 범주나 형식을 더 사용하는 선호의 차이는 있다고 하면서 이를 예를 들어 설명하고 있다.

🔑 **Key-Point!** 6급 수준의 문제로, 강연을 통해 중심 생각이나 핵심 내용을 찾아야 한다.

42. 들은 내용과 같은 것을 고르십시오.

[일치하는 내용 고르기] p.145

정답 ③

해설 자기 주장을 할 때 여성은 직접적인 단정보다는 간접적으로 대화하는 것을 선호하기 때문에 의문문을 더 많이 사용한다.

오답 ① 지금까지 남성과 여성의 ~~어떠한 언어 차이도 없었다.~~
② 남성은 ~~직접적인 명령문보다는 청유문을 더 많이 사용한다.~~
④ 남성은 자기 주장이 강한 표현을 사용하기에 ~~의문문을 더 선호한다.~~

🔑 **Key-Point!** 6급 수준의 문제로, 강연을 통해 들은 내용과 일치하는 답을 찾아야 한다.

[43~44]

남자 : 한옥은 한국 고유의 건축 양식으로 지은 전통 가옥을 말한다. 한옥은 사람에게 편안함을 느끼게 하는 인간적인 집이다. 한옥은 나무, 흙, 돌, 종이 등과 같은 **43. 자연 소재로만 지은 건물이다.** 따라서 콘크리트, 알루미늄, 유리, 비닐 등으로 지은 건물과는 비교할 수 없는 건강한 환경을 제공한다. 또한 한옥은 한국의 건축미를 잘 담아냈다. **44. 지붕에서 시작한 곡선은 처마까지 아름답게 이어진다.** 또한 한옥에는 한국인의 과학적 지혜가 숨어 있다. 한옥은 **43. 비 피해를 피할 수 있는 장소에 지어지며, 건물을 'ㄱ','ㄷ','ㅁ'등의 형태로 지어 강풍을 막아 낼 수 있게 한다.** 이렇듯 한옥은 자연 소재, 건축미, 과학적 지혜가 만나 거기에 사는 사람들의 스트레스를 줄여 주는 평화로운 주거 환경을 만들어 내고 있다.

43. 무엇에 대한 내용인지 알맞은 것을 고르십시오.

[중심 내용 고르기] p.145

정답 ①

해설 한옥을 지을 때 사용하는 소재, 한옥의 건축미, 과학적 지혜 등을 소개하는 내용이다.

오답 ② 한옥의 관리 방법에 대해서 나오지 않는다.
③ 한옥의 건축 과정에 대한 내용은 나오지 않는다.
④ 한옥의 현대적 기능에 대한 내용은 찾을 수 없다.

Key-Point! 6급 수준의 문제로, 강연을 통해 들은 내용과 일치하는 답을 찾아야 한다.

44. 한옥에 대한 설명으로 맞는 것을 고르십시오.
[일치하는 내용 고르기] p.145

정답 ③

해설 한옥은 지붕에서 시작한 곡선이 처마까지 이어진다고 했다.

오답 ① 한옥은 'ㄱ','ㄷ','ㅁ'등의 형태로 지어 강풍을 막아 낼 수 있다고 한다.
② 한옥은 콘크리트 같은 인공 소재가 아니라 나무, 흙, 돌, 종이 등과 같은 자연 소재로 지은 건물이다.
④ 한옥은 자연 소재로 지어졌고 사람에게 편안함을 느끼게 하는 집이다.

Key-Point! 6급 수준의 문제로, 강연을 통해 들은 내용과 일치하는 답을 찾아야 한다.

[45~46]

여자 : 최근 기업들 사이에서 '블랙컨슈머' 경계경보가 내렸습니다. 블랙컨슈머란 악의적으로 기업에 접근해 환불이나 배상 등을 요구하는 고객을 말합니다. 자칫 문제가 엉뚱하게 커질 때 기업 이미지가 손상되기도 합니다. 이런 블랙컨슈머는 기업 이미지에 악영향을 주고 전체적인 서비스 비용을 늘려, 결국 다수의 착한 소비자한테 피해를 줄 수 있습니다. **45.** 따라서 블랙컨슈머를 퇴치하고, 선량한 다수의 소비자를 보호하기 위해서는 품질과 서비스에 대한 철저한 관리와 감독, 기업의 투명하고 능숙한 대응이 무엇보다 중요합니다. 또한 언론이나 소비자의 적절한 대응과 건전한 소비문화 조성이 필요합니다.

45. 들은 내용과 같은 것을 고르십시오.
[일치하는 내용 고르기] p.146

정답 ④

해설 여자는 블랙컨슈머를 퇴치하기 위해서는 철저한

관리와 감독이 중요하다고 했다.

오답 ① 블랙컨슈머는 다수의 소비자를 보호해 준다.
② 블랙컨슈머는 기업의 이미지를 좋게 만들어 준다.
③ 블랙컨슈머는 착한 마음으로 기업의 문제점을 분석해 준다.

Key-Point! 6급 수준의 문제로, 강연을 통해 여자의 들은 내용을 찾아야 한다.

46. 여자가 말하는 방식으로 알맞은 것을 고르십시오.
[화자의 태도 고르기] p.146

정답 ①

해설 블랙컨슈머 등장의 문제점을 지적하고 이를 없애기 위해 어떻게 해야 하는지 해결 방안을 제시하고 있다.

오답 ② 블랙컨슈머와 기업의 관계를 언급하는 내용은 나오지 않는다.
③ 블랙컨슈머가 생긴 과정을 사례를 들어 설명하고 있지 않다.
④ 다양한 연구를 했다는 내용은 없다.

Key-Point! 6급 수준의 문제로, 강연을 통해 여자의 태도나 심정으로 알맞은 답을 찾아야 한다.

[47~48]

여자 : 현재 지구 온난화로 인한 기후 변화에 대한 뉴스가 해마다 나오고 있는 상황입니다. 우리는 이런 기후 변화에 어떻게 대응해야 할까요?

남자 : **48.** 기후 변화 대응은 '적응'과 '저감'을 통해 수행될 수 있습니다. '적응'은 이미 배출한 온실가스로 인한 기후 변화의 부정적인 영향을 줄이는 것입니다. 부유한 나라는 잘살기 위해 온실가스를 많이 배출하는 반면 가난한 나라는 배출 책임과 무관하지만, 기후 변화로 인한 자연재해에 쉽게 노출되어 피해를 입을 가능성이 큽니다. 따라서 빈곤 국가와 **47.** 취약 계층에 대한 지원 및 사회 기반 시설 구축과 예방적 조치 등이 수행되어야 합니다. '저감'은

온실가스 배출량을 줄이는 것입니다. 화석연료의 사용을 줄이면서 신재생 에너지로 전환하거나, 에너지 효율을 높여야 합니다. 이를 실현하려면 적절한 에너지 정책을 펴야 하고 시민의식도 깨어 있어야 합니다.

47. 들은 내용과 같은 것을 고르십시오.
[화자의 태도 고르기]   p.146

정답 ③

해설 남자는 취약 계층에 대한 지원 및 사회 기반 시설 구축이 수행되어야 한다고 말하고 있다.

오답 ① 아제 부유한 나라도 온실가스를 적게 배출한다.
② '적응'은 온실가스 배출량을 감소시키는 방안이다.
④ '저감'은 화학연료를 사용하여 에너지 효율을 높이는 방안이다.

Key-Point! 6급 수준의 문제로, 대담을 통해 내용과 일치하는 답을 찾아야 한다.

48. 남자의 태도로 알맞은 것을 고르십시오.
[화자의 태도 고르기]   p.146

정답 ②

해설 남자는 기후 변화 대응으로 '적응'과 '저감' 두 가지 방안을 제안한다.

오답 ① 기후 변화의 위험성을 방관하고 있지 않고 기후 변화에 대응 방법을 이야기하고 있다.
③ 남자는 기후 변화 대응의 효과 여부는 이야기하고 있지 않다.
④ 남자는 기후 변화에 대응하는 방안에 대해 이야기하고 있으나 기후 변화가 미치는 영향을 설명하고 있지 않다.

Key-Point! 6급 수준의 문제로, 대담을 통해 여자의 태도로 알맞은 답을 찾아야 한다.

[49~50]

남자 : 모든 전화번호가 휴대 전화에 저장되어 있으니 외우고 있는 전화번호는 손가락으로 꼽을 정도이고, 계산기가 없으면 암산은커녕 간단한 계산조차 하지 못합니다. 길을 안내해 주는 기계가 없으면 여러 번 갔던 길도 찾을 수 없고, 심지어는 가족의 생일과 같은 단순한 정보도 기억하지 못하는 경우가 있습니다. 이런 상태를 이른바 '디지털 치매'라고 부릅니다. **49.** 이렇게 디지털 기술 의존 현상은 인간의 진화와 문명의 과정에서 늘 존재해 왔습니다. 많은 정보 처리와 효율적 업무 처리를 요구하는 현대 사회의 환경에 적응하기 위해 불가피한 선택일 뿐이며, 그로 인해 오히려 더욱 창조적인 새로운 능력을 인간에게 가져다준 것으로 보아야 합니다. **50.** 그러니 굳이 디지털 치매라는 이상한 종류의 병에 걸렸다고 걱정하지 말고 미래형 인간이 되기 위한 진보의 결과로 마음 편하게 받아들이기를 권합니다.

49. 들은 내용과 같은 것을 고르십시오.
[일치하는 내용 고르기]   p.147

정답 ④

해설 남자는 디지털 기술 의존 현상은 인간의 진화와 문명의 과정에서 늘 존재해 왔다고 말하고 있다.

오답 ① 디지털 치매는 단순하게 받아들이면 안 된다.
② 디지털 치매는 병이기에 걸리지 않게 조심해야 한다.
③ 디지털 기술 의존 현상은 현대 사회의 부적응을 초래한다.

Key-Point! 6급 수준의 문제로, 강연을 통해 내용과 일치하는 답을 찾아야 한다.

50. 남자의 태도로 알맞은 것을 고르십시오.
[화자의 태도 고르기]   p.147

정답 ④

해설 남자는 디지털 치매에 걸렸다고 걱정하지 말고 미래형 인간이 되기 위한 진보의 결과로 마음 편하게 받아들이기를 권하고 있다.

오답　① 디지털 치매의 문제점을 지적하는 것이 아니다.

　② 디지털 치매의 예방 방법을 연구하고 있다는 내용은 나오지 않는다.

　③ 디지털 치매 현상 확대의 우려보다는 대응하는 자세에 대해서 이야기하고 있다.

Key-Point! 6급 수준의 문제로, 강연을 통해 여자의 태도로 알맞은 답을 찾아야 한다.

쓰기 | 51번~53번

51. 들어갈 표현 쓰기 p.148

제목: 노트북 수리 문의
안녕하세요. **51-㉠**. 노트북이 고장나서 문의합니다.
노트북을 **51-㉠**. 아무리 충전해도 전원이 자꾸
(㉠).
이번 주에 노트북이 꼭 필요해서 **51-㉠**. 오늘 수리를 맡기고 싶습니다.
오늘 노트북 수리를 (㉡) **51-㉠**.
얼마나 걸릴까요?
이번 주 안에 수리가 되었으면 좋겠습니다.
답변 부탁드립니다.

㉠

Key-Point! · 피동표현을 사용해야 한다.
· 현재형 표현을 사용해야 한다.

문형 –아/어지다

정답 꺼집니다

오답 꺼졌습니다
→ 앞에 '자꾸'와 연결되어야 하기 때문에 과거형은 사용할 수 없다.

㉡

Key-Point! · 가정하는 표현을 사용해야 한다.
· 앞내용과 연결되어야 한다.

문형 –(으)면

정답 맡기면

오답 하고
→ 앞 문장의 표현과 연결하여 '맡기다' 어휘를 사용해야 한다.

52. 들어갈 표현 쓰기 p.148

바람은 우리의 생활에서 다양한 일을 한다. **52-㉠**. 사막의 모래를 옮겨 언덕을 쌓기도 하고 바위를 깎아 **52-㉠**. 멋진 조각 작품을 (㉠). 또 꽃씨를 멀리 퍼뜨리고 배가 앞으로 나아가게 한다. 가끔 너무 강한 바람은 **52-㉡**. 우리에게 피해를 (㉡) **52-㉡**. 평상시에 부는 바람은 우리에게 많은 도움을 준다.

㉠

Key-Point! · 나열하는 표현을 사용해야 한다.
· 앞의 표현과 연결되어 '–기도 하다'라는 표현을 사용해야 한다.

문형 –기도 하다

정답 1) 만들기도 한다
2) 만들어내기도 한다

오답 만들었다
→ 행위가 지속되고 있기 때문에 과거형을 사용하면 안 된다.

ⓛ

Key-Point! · 뒷내용과 대조되는 표현을 사용해야 한다.

문형 –지만

정답 1) 주지만 / 주기도 하지만
2) 입히지만 / 입히기도 하지만

오답 주고
→ 대조하는 표현을 사용해야 한다.

53. 그래프 분석
p.149

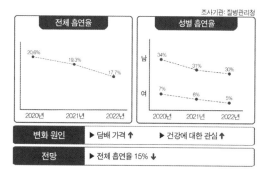

조사기관: 질병관리청

그래프1	한국의 전체 흡연율의 변화를 나타낸 그래프 읽기 –2020년도부터 2022년도까지 꾸준히 감소하였다.
그래프2	성별에 따른 흡연율 변화에 대한 그래프 읽기 남성과 여성이 모두 감소하였다.
그래프3	한국 흡연율의 변화 원인과 전망 쓰기 담배 가격 상승과 건강에 대한 관심 증가로 인해 흡연율이 감소하였고 전체 흡연율이 향후 15%까지 감소할 것으로 전망된다.

정답 (그래프1)질병연구소에서 한국의 흡연율 변화에 대해 조사한 결과에 따르면 전체 흡연율이 2020년에 20.6%, 2021년에는 19.3%, 2022년에는 17.7%로 꾸준히 감소하였다.

(그래프2)이어 성별에 따른 흡연율 변화를 살펴보면 남성은 2020년에 34%, 2021년에는 31%, 2022년에는 30%이고, 여성은 2020년에 7%, 2021년에는 6%, 2022년도에는 5%로 남녀 모두 감소하였다.

(그래프3)이러한 변화의 원인은 담배 가격 상승과 건강에 대한 관심 증가로 볼 수 있으며 한국의 전체 흡연율은 향후 15%까지 감소할 것으로 전망된다.

54. 긴 글 쓰기
p.149

최근 다양한 상품들과 편리한 구매 방법 등으로 많은 사람들이 쇼핑을 즐길 수 있게 되었다. 그런데 자신의 경제력을 넘어가는 물건을 사거나 불필요한 물건들을 계속해서 구매하는 '쇼핑 중독'에 빠지는 사람들이 늘고 있다. 아래의 내용을 바탕으로 쇼핑 중독의 문제점과 쇼핑 중독에 빠지지 않기 위한 방안에 대해 자신의 의견을 쓰라.

과제1	'쇼핑 중독'이 발생한 배경은 무엇인가?
과제2	'쇼핑 중독'의 문제점은 무엇인가?
과제3	쇼핑 중독에 빠지지 않기 위한 방안은 무엇인가?

과제1	쇼핑 중독의 발생 배경 과시하는 문화 쇼핑 매체의 다양화
과제2	쇼핑 중독의 문제점 경제적 어려움 쓰레기 증가
과제3	쇼핑 중독에 빠지지 않기 위한 방안 나의 소비 습관 점검하기 구체적인 소비 계획 세우기 필요한 물건 메모하기

정답 (과제1)쇼핑 중독은 과도하게 비싼 물건을 사거나 필요하지 않은 물건을 지속적으로 구매하는 것을 말한다. 그런데 최근 쇼핑 중독에 빠진 현대인이 점점 늘면서 문제가 되고 있다. 이러한 쇼핑 중독의 발생 배경을 살펴보면 먼저 과시하는 문화를 들 수 있다. 당장 필요하지 않거나 자신의 수입보다 비싼 물건을 구매하여 다른 사람에게 과시하는 것이다. 또한 쇼핑 매체가 다양해지면서 언제든지 원하는 물건을 쉽게 구매할 수 있게 된 점도 주요한 발생 배경이다.

(과제2)쇼핑 중독은 여러 가지 문제점을 야기시킨다. 가장 큰 문제는 경제적인 어려움이다. 자신의 수입보다 더 큰 비용을 소비하기 때문에 필요한

제4회

지출을 해야 할 때 돈이 부족한 상황이 발생할 수 있다. 또한 불필요한 물건을 계속 사다 보니 결국 물건을 버리게 되고 이는 쓰레기가 증가하는 문제로 이어질 수 있다.

(과제3)쇼핑 중독에 빠지지 않기 위해서는 올바른 소비 습관이 필요하다. 먼저 나의 소비 습관을 점검한 후에, 구체적인 소비 계획을 세워 그 계획을 지키도록 노력해야 한다. 구체적인 소비 계획을 세우면 돈을 아낄 수 있을 뿐만 아니라 체계적으로 소비할 수 있다. 그리고 쇼핑하기 전에 꼭 필요한 물건을 메모하는 것도 좋은 방법이다. 메모를 보며 꼭 필요한 물건만 구입하기 때문에 충동적으로 쇼핑하는 것을 방지할 수 있다.

실전모의고사 정답 및 풀이

읽기		1번~50번							
1	③	2	②	3	②	4	③	5	①
6	③	7	①	8	③	9	①	10	④
11	②	12	②	13	②	14	③	15	②
16	①	17	③	18	④	19	②	20	③
21	④	22	④	23	④	24	④	25	④
26	①	27	②	28	①	29	③	30	②
31	①	32	①	33	④	34	③	35	④
36	③	37	②	38	①	39	④	40	②
41	①	42	④	43	③	44	①	45	③
46	②	47	③	48	③	49	②	50	④

1. 어휘나 표현의 의미 고르기　　　p.153

그 가게는 야채가 (　　　) 가격도 싸요.

정답　③

해설　–는 데다가: 앞의 내용에 뒤의 내용을 추가함을 나타내는 표현이다.

예 어제 야근을 한 데다가 술까지 마셔서 아침에 지각을 했다.

오답　① –아서/어서 : 이유나 원인을 나타내는 연결어미이다.

예 한국 노래가 좋아서 한국에 왔어요.

② –더라도 : 앞의 내용은 인정하지만 그것이 뒤의 내용에 영향을 주지 않음을 나타내는 연결 어미이다.

예 폭설이 내리더라도 출근은 제시간에 해야 한

다.

④ 아/어서 그런지 : 앞의 내용이 뒤의 내용의 이유일 거라고 추측함을 나타내는 연결 어미이다.

예 새벽에 비가 와서 그런지 길이 미끄럽다.

Key–Point! 기본 문법 사용 능력을 측정하는 문항으로 3급 수준의 문법이 출제되며 기출문제를 중심으로 문법을 정리해 두면 좋다.

2. 어휘나 표현의 의미 고르기　　　p.153

밤에는 바람이 거세게 (　　　) 아침이 되니까 조용해졌다.

정답　②

해설 −더니: 과거에 관찰하여 알게 된 사실에 대해 반대되는 사실을 나타내는 표현이다.

　　　예 처음에는 쉬운 것 같더니 할수록 더 어렵다.

오답 ① −길래 : 앞의 상황 때문에 어떤 일을 하게 되었음을 나타내는 표현이다.

　　　예 날씨가 좋길래 야외로 나왔어요.

　　　③ −었더니 : 과거에 직접 관찰한 사실이나 경험한 것에 이은 반응을 나타내는 표현이다.

　　　예 공부를 열심히 했더니 성적이 올랐어요.

　　　④ −는 탓에 : 부정적인 결과에 대한 원인이나 까닭을 나타내는 표현이다.

　　　예 늦잠을 잔 탓에 지각을 하고 말았다.

Key-Point! 기본 문법 사용 능력을 측정하는 문항으로 3급 수준의 문법이 출제되며 기출문제를 중심으로 문법을 정리해 두면 좋다.

3. 어휘나 표현의 의미 고르기　　　p.153

이번 시험에는 꼭 90점을 넘도록 열심히 노력할 것이다.

정답 ②

해설 −도록: 행위에 대한 목적을 나타내는 표현이다.

　　　예 기념일을 잊지 않도록 달력에 표시해 놓았다.

　　　−기 위해서: 앞의 내용이 뒤의 내용에 대한 목적임을 나타내는 연결 어미이다.

　　　예 기차 시간에 늦지 않기 위해서 30분 일찍 출발했다.

오답 ① −아/어도 : 앞의 내용을 인정하지만 그것이 뒤의 내용에 영향을 주지 않음을 나타내는 연결 어미이다.

　　　예 아무리 똑똑해도 노력하지 않으면 소용이 없다.

　　　③ −아/어 가지고 : 앞의 내용이 뒤의 내용에 대한 이유임을 나타내는 연결 어미이다.

　　　예 회사에서 커피를 너무 많이 마셔 가지고 잠이 안 온다.

　　　④ −기만 하면 : 앞의 행동이나 상황이 생기면 반드시 뒤의 내용이 옴을 나타내는 연결 어미이다.

예 난 책을 펴기만 하면 잠이 쏟아진다.

Key-Point! 기본 문법 사용 능력을 측정하는 문항으로 3급 수준의 문법이 출제되며 기출문제를 중심으로 문법을 정리해 두면 좋다.

4. 어휘나 표현의 의미 고르기　　　p.153

두 사람이 오늘 한마디도 안 하는 걸 보니 싸웠나 보다.

정답 ③

해설 −나 보다: 말하는 사람의 추측을 나타내는 표현이다.

　　　예 급하게 뛰어가는 저 학생은 수업에 늦었나 보다.

　　　−는 모양이다: 어떤 상황이나 상황을 보고 추측할 때 사용되는 표현이다.

　　　예 사람이 많은 걸 보니 저 집 음식이 맛있는 모양이다.

오답 ① −ㄴ 셈이다 : 실제로 그런 것은 아니지만 결국 어떤 일을 하는 것과 비슷함을 나타내는 표현이다.

　　　예 버릴 뻔한 냉장고를 공짜로 고쳤으니 돈을 번 셈이다.

　　　② −는 편이다 : 어떤 일이 대체로 어떤 쪽에 가까움을 나타내는 표현이다.

　　　예 그 아이는 또래 친구들에 비해 키가 큰 편이다.

　　　④ −기 마련이다 : 어떤 행동이나 상태가 자연스럽고 당연함을 나타내는 표현이다.

　　　예 아이들이 커갈수록 돈이 많이 들기 마련이다.

Key-Point! 기본 문법 사용 능력을 측정하는 문항으로 3급 수준의 문법이 출제되며 기출문제를 중심으로 문법을 정리해 두면 좋다.

5. 무엇에 대한 글인지 고르기　　　p.154

한여름 소나기처럼 입안을 시원하게~
충치 예방부터 미백까지 한 번에 해결하세요!

정답 ①

해설   입안 / 충치 예방 / 미백

오답   ② 큰 용량 / 냉동 / 냉장
　　　③ 바람 / 냉방 / 쾌적하게
　　　④ 수분 / 효과 / 촉촉하게 / 매끄럽게

Key-Point!   주로 표어, 공고지, 포스터, 전단지, 플랜카드 등이 제시되는 문항으로 3급 수준의 문항이 출제된다. 주제별로 관련 어휘를 정리해 두면 도움이 된다.

---

6. 무엇에 대한 글인지 고르기　　　p.154

> 진드기와 먼지까지 싹!
> 이불을 깨끗하고 뽀송뽀송하게 만들어 드립니다.

정답   ③

해설   진드기 / 먼지 / 이불 / 깨끗하고 뽀송뽀송하게 만들어 드리다

오답   ① 환자 / 건강 / 진단 / 진료 / 치료
　　　② 상품 / 할인 / 신선하다 / 다양하다 / 배달 서비스
　　　④ 볼거리 / 관광지 / 체험 / 추억

Key-Point!   주로 표어, 공고지, 포스터, 전단지, 플랜카드 등이 제시되는 문항으로 3급 수준의 문항이 출제된다. 주로 표어, 공고지, 포스터, 전단지, 플랜카드 등이 제시되는 문항으로 3급 수준의 문항이 출제된다. 주제별로 관련 어휘를 정리해 두면 도움이 된다.

---

7. 무엇에 대한 글인지 고르기　　　p.154

> 횡단보도 앞
> 줄이고 멈추고 살피면 우리 모두 행복해져요!

정답   ①

해설   횡단보도 / (속도를) 줄이다 / 멈추다 / (주번을) 살피다

오답   ② 배려 / 공동체 / 정을 나누다
　　　③ 공공 장소 / 에티켓 / 양보
　　　④ 불씨 / 소화기 / 가스 밸브를 잠그다

Key-Point!   주로 표어, 공고지, 포스터, 전단지, 플랜카드 등이 제시되는 문항으로 3급 수준의 문항이 출제된다. 주로 표어, 공고지, 포스터, 전단지, 플랜카드 등이 제

시되는 문항으로 3급 수준의 문항이 출제된다. 주제별로 관련 어휘를 정리해 두면 도움이 된다.

---

8. 무엇에 대한 글인지 고르기　　　p.154

> 1. 공공 자전거 홈페이지나 앱에서 회원가입을 합니다.
> 2. 대여 시간을 선택하고 자전거 번호를 입력하면 잠금장치가 풀립니다.

정답   ③

해설   회원가입을 합니다/ 시간을 선택 / 번호를 입력 / 잠금 장치가 풀립니다.

오답   ① 상품 / 사이즈, 색상 / 영수증 / 지참하다
　　　② 상품 / 장점, 단점 / 주의사항
　　　④ 상품 / 곳, 장소 / 시간

Key-Point!   주로 표어, 공고지, 포스터, 전단지, 플랜카드 등이 제시되는 문항으로 3급 수준의 문항이 출제된다. 주제별로 관련 어휘를 정리해 두면 도움이 된다.

---

9. 내용이 같은 것 고르기　　　p.155

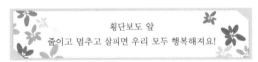

한강공원 눈썰매장 이용 안내

- ▶ 운영 기간: 12월 16일 ~ 2월 11일
- ▶ 이용 시간: 1회 1시간 (준비 시간 30분)

1회	10:00 ~ 11:00
2회	11:30 ~ 12:30
3회	13:00 ~ 14:00
4회	14:30 ~ 15:30
5회	16:00 ~ 17:00

**주말에는 17:30~18:30 1회 연장 운영

- ▶ 요금: 1회 1,000원 (현금 결제만 가능)
- ▶ 이용권 구매: 당일 현장 구매만 가능(사전 예약 불가)
- ▶ 주차: 눈썰매장 이용 시 4시간 무료

※ 모자나 장갑 같은 안전 장비는 눈썰매는 무료로 대여 가능합니다.
※ 자세한 사항은 홈페이지를 참고하시기 바랍니다.

정답   ①

해설   안전모나 장갑은 안전 장비이다. 안전 장비는 무료로 대여할 수 있다고 했다.

오답   ② 일요일에는 눈썰매를 ~~다섯 시간까지~~ 탈 수 있다.
　　　③ 미리 티켓을 구매하고 싶으면 ~~홈페이지를 이용하면 된다.~~
　　　④ ~~사천 원을 내면 세 시간 동안~~ 눈썰매장을 이용할 수 있다.

Key-Point! 주로 안내지, 도표, 설명문 등이 제시되는 문항으로 3급 수준의 문항이 출제된다. 먼저 보기를 읽고 그 내용이 맞는지 도표에서 확인하며 풀면 문제 푸는 시간을 절약할 수 있다.

10. 내용이 같은 것 고르기   p.155

연령별 자원봉사 참여자

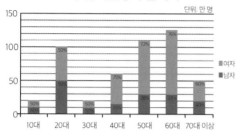

정답 ④

해설 30대 이하는 자원봉사에 참여하는 남녀의 비율이 같다.

오답 ① ~~10대와~~ 40대는 여자보다 남자의 참여율이 낮다.
② 50대는 여자가 남자보다 자원봉사에 덜 참여했다.
③ 60대 ~~남자가~~ 자원봉사에 가장 많이 참여하고 있다.

Key-Point! 주로 설명문 등이 제시되는 문항으로 3급 수준의 문항이 출제된다. 먼저 보기를 읽고 그 내용이 맞는지 지문을 확인하며 문제를 풀면 시간을 절약할 수 있다.

11. 내용이 같은 것 고르기   p.156

클래식 공연장 인주 콘서트홀이 차별화된 서비스로 관객들의 만족도를 높이고 있다. 관람객들의 가장 큰 호응을 얻고 있는 것은 음료 보관 서비스다. **11.공연장 내부는 음료 반입 불가이므로** 관람객은 갖고 있던 음료를 직원에게 보관해 달라고 부탁할 수 있다. 따뜻한 음료는 온장고에, 아이스 음료는 냉장고에 보관되며 **11.관람객은 공연 중간의 쉬는 시간에 휴게 공간에서 남은 음료를 즐길 수 있다.**

정답 ②

해설 공연장 내부는 음료 반입 불가이므로 직원에게 맡기고 공연장에 들어간다. 또 쉬는 시간에 휴게 공간에서 남은 음료를 즐길 수 있다고 했으므로 공연 관람 중에는 음료를 돌려받을 수 없다.

오답 ① ~~현재 서비스 만족도 조사를 실시하고 있다.~~
③ ~~다른 공연장에서도 비슷한 서비스를 실시하고 있다.~~
④ ~~관람객은 쉬는 시간에 원하는 음료를 주문할 수 있다.~~

Key-Point! 주로 설명문 등이 제시되는 문항으로 3급 수준의 문항이 출제된다. 먼저 보기를 읽고 그 내용이 맞는지 지문을 확인하며 문제를 풀면 시간을 절약할 수 있다.

12. 내용이 같은 것 고르기   p.156

인주시가 장애인 가족 지원을 강화할 예정이다. '장애인 가정 출산 지원금'은 기존 100만 원에서 120만 원으로 올리고 **12. 18세 미만 장애 아동이 있는 가정에는 월 20만 원의 '육아 수당'을 지원한다.** 또한 9세 미만 자녀가 있는 장애인 가정에는 '육아 도우미'를 무료로 파견하는 서비스도 준비 중이다. 변경된 내용은 내년 1월 1일부터 적용될 예정이다.

정답 ②

해설 자녀가 18세 미만의 경우에 육아 수당을 지원한다고 했으므로 18세일 경우는 육아 수당을 받을 수 없다.

오답 ① 장애인 가족 지원금은 축소될 전망이다.
③ 인주시는 장애인들이 ~~육아 도우미로 취업할 수 있게~~ 돕고 있다.
④ 내년부터 장애인 가정에서는 ~~20만 원의~~ 출산 지원금을 받을 수 있다.

Key-Point! 주로 설명문 등이 제시되는 문항으로 3급 수준의 문항이 출제된다. 먼저 보기를 읽고 그 내용이 맞는지 지문을 확인하며 문제를 풀면 시간을 절약할 수 있다.

13. 순서대로 맞게 나열한 것 고르기   p.157

(가) **13.** 스위스는 유럽에서 **13.** 가장 많은 빙하를 가진 나라이다.

(나) **13.** 이로 인해 스위스와 이탈리아의 **13.** 국경선이 새롭게 형성되었다.

(다) 빙하가 자연 **13.** 경계 역할을 했지만, 이제 녹아 없어졌기 때문이다.

(라) **13.** 지난해 스위스 빙하 부피의 4%가 사라져, 역사상 두 번째로 큰 감소를 기록했다.

정답   ② (가)-(라)-(나)-(다)

해설   스위스와 이탈리아의 국경선이 새롭게 형성된 과정을 설명하고 있다. 스위스는 빙하가 많은 나라이고 작년에 역사상 두 번째의 해빙량을 기록했음이 나온다. 해빙의 결과로 이웃 나라와의 국경선이 조정되었다는 순서로 기술되어야 한다.

오답   ①, ③, ④
(가)와 (라)가 첫 문장으로 올 수 있는데 (가)에서 스위스와 빙하의 관계를 설명하고 있고 (라)에서 역사상 두 번째로 많은 양의 빙하가 사라졌다고 하였으므로 (가) 다음에 (라)가 와야 한다. (라)와 (나)는 인과 관계이고 다시 (다)가 (나)의 이유를 설명해 주고 있으므로 (가),(라),(나),(다) 순으로 와야 한다.

🔑 **Key-Point!**   맥락의 이해 능력을 측정하는 문항으로 3급 수준의 문항이 출제된다. 보기 4개 중 2개가 고정되어 제시되며 두 개 중 첫 번째로 오는 문장을 찾으면 쉽게 답을 찾을 수 있다. 또한 접속사, 지시어, 조사를 잘 확인해야 한다.

14. 순서대로 맞게 나열한 것 고르기   p.157

(가) **14.** 이러한 기술은 판단력과 집중력을 키우는 데 도움을 준다.

(나) 태권도가 상대에 대한 **14.** 존중과 예의도 중요시하기 때문이다.

(다) **14.** 또한 태권도는 올바른 **14.** 인격 형성에도 긍정적인 영향을 미친다.

(라) 한국 전통 스포츠인 태권도는 손과 발로 상대를 공격하거나 방어하는 **14.** 기술로 구성된다.

정답   ③ (라)-(가)-(다)-(나)

해설   태권도에 대한 정의와 태권도를 배울 때의 장점에 대해 설명하고 있으므로 정의와 기술 구성-장점 1(판단력과 집중력)-장점 2(인격 수양)의 구성으로 연결해야 한다.

오답   ①,②,④
(나)와 (라)가 첫 문장으로 올 수 있는데 (라)가 태권도의 정의를 포함하고 있으므로 (라)가 먼저 와야 한다. (라)의 기술과 관련된 장점인 (가)가 이어진 후 또 다른 장점인 (다)가 나온다. (나)는 (다)를 설명해주고 있으므로 마지막으로 와야 한다.

🔑 **Key-Point!**   맥락의 이해 능력을 측정하는 문항으로 3급 수준의 문항이 출제된다. 보기 4개 중 2개가 고정되어 제시되며 두 개 중 첫 번째로 오는 문장을 찾으면 쉽게 답을 찾을 수 있다. 또한 접속사, 지시어, 조사를 잘 확인해야 한다.

15. 순서대로 맞게 나열한 것 고르기   p.157

(가) **15.** 전통적으로 가족은 결혼과 혈연으로 구성되어 왔다.

(나) **15.** 그러므로 가족의 다양성을 인정하고 **15.** 편견 없이 긍정적으로 받아들일 수 있어야 한다.

(다) **15.** 가족의 형태는 다양하지만, 모든 가족은 애정으로 하나가 된 집단이라는 **15.** 공통점을 갖는다.

(라) **15.** 반면 오늘날에는 과거에 비해 **다양한 가족 형태를** 찾아볼 수 있다.

정답   ② (가)-(라)-(다)-(나)

해설   가족의 형태는 다양화되었지만 본질(애정으로 하나가 된 집단)은 변하지 않았으니 다양성을 인정하고 변화를 받아들이자는 내용이다. 전통적 가족 형태-오늘날의 모습-공통점-다양정 인정의 순서로 이어져야 한다.

오답   ①, ③, ④
(가)와 (라)가 첫 문장으로 올 수 있는데 전통적 가족 형태에서 오늘날 변화된 모습의 순서로 이야기해야 하므로 (가)가 먼저 오고 (라)가 와야 한다. (나)는 위의 내용을 정리하면서 주장하는 문장이므로 맨 마지막에 나와야 한다..

🔑 **Key-Point!**   맥락의 이해 능력을 측정하는 문항으로 3

급 수준의 문항이 출제된다. 보기 4개 중 2개가 고정되어 제시되며 두 개 중 첫 번째로 오는 문장을 찾으면 쉽게 답을 찾을 수 있다. 또한 접속사, 지시어, 조사를 잘 확인해야 한다.

16. 빈칸에 알맞은 것 고르기
p.158

(   ) 홍수와 가뭄 같은 자연재해를 막는 좋은 방법이 될 수 있다. **16.** 숲의 푹신푹신하고 빈틈이 많은 토양의 구조는 땅속의 다양한 동식물들이 만든다. **16.** 이러한 땅속 공간들은 빗물을 저장했다가 서서히 흘려보내어 **16.** 홍수로 인한 산사태를 막고 가뭄에도 계곡과 강을 마르지 않게 한다. 이처럼 **16.** 숲은 스스로 홍수를 조절하고 가뭄을 예방하는 댐과 같은 역할을 하기 때문에 '녹색 댐'이라고도 불린다.

정답 ①

해설 숲은 스스로 홍수와 가뭄을 조절하는 기능을 한다. 그러므로 숲을 가꾸면 홍수와 가뭄과 같은 자연재해를 막을 수 있게 된다.

오답 ② 산불에 관한 내용은 본문에 나오지 않았다.
③ 숲이 댐과 같은 기능을 한다는 내용이지 댐을 설치하자는 내용이 아니다.
④ 빗물을 모았다가 흘려보내는 것은 숲이 스스로 하는 일이다. 우리가 자연재해를 막기 위해 할 수 있는 방법이 아니다.

Key-Point! 문장 안에서 필요한 표현을 찾는 능력을 측정하는 문항으로 4급 수준의 문항이 출제된다. 괄호의 앞과 뒤를 집중해 읽고, 접속사나 담화 표지를 신경 써 문장 간의 관계를 파악해야 한다.

17. 빈칸에 알맞은 것 고르기
p.158

옷차림은 개성을 표현하는 기능뿐만 아니라 **17.** 건강을 위한 기능도 한다. 디자인이 아름다운 옷이더라도 **17.** 잘못 착용하면 건강에 해가 될 수 있다. 예를 들어 지나치게 끼는 옷은 혈액 순환 장애나 소화 장애를 유발할 수 있고 너무 얇은 옷은 자외선으로부터 우리 **17.** 몸을 지킬 수 없다. 따라서 옷차림을 할 때는 디자인뿐만 아니라 (   ) 옷차림을 결정하도록 해야겠다.

정답 ③

해설 옷차림의 신체 보호 기능에 대해 이야기하고 있다. 본문에서 '건강을 위한 기능', '건강에 해가 될 수 있다', '장애를 유발할 수 있고', '몸을 지킬 수 없다'로 신체 보호 기능을 설명하고 있다. 마지막 문장은 첫 번째 문장과 대응되는 문장으로 첫 번째 문장의 '건강을 위한 기능'과 대응하는 표현을 찾으면 된다.

오답 ① 옷의 치수나 두께에 대한 내용은 본문에 나오지 않는다.
② 개성 표현 기능보다 신체 보호 기능을 강조하고 있는 문장이다.
④ 결론을 짓는 문장이므로 예를 든 '장애 발생 가능성'보다는 큰 범주의 단어가 와야 한다.

Key-Point! 문장 안에서 필요한 표현을 찾는 능력을 측정하는 문항으로 4급 수준의 문항이 출제된다. 괄호의 앞과 뒤를 집중해 읽고, 접속사나 담화 표지를 신경 써 문장 간의 관계를 파악해야 한다.

18. 빈칸에 알맞은 것 고르기
p.159

발명은 사회에 큰 영향을 끼치며 발명가에게도 명예와 경제적 이익을 가져다준다. 그러나 (   ) 제품을 만들면, **18.** 발명가는 큰 피해를 보게 되므로 이후에 발명을 공개하지 않을 수도 있다. **18.** 이를 방지하기 위해 국가에서 발명자의 권리를 보호해 주는데, 이를 특허라고 한다. 특허가 있으면 **18.** 일정 기간 생산, 판매 등에 대한 독점적인 권리를 가질 수 있다.

정답 ④

해설 발명가가 피해를 본다고 했고 이를 방지하기 위해 국가에서 일정 기간 생산 판매 등에 대한 독점적 권리를 준다고 했으므로 이러한 결과를 가져오는 상황인 '다른 사람이나 기업이 발명을 모방'이 정답이 된다.

오답 ① 발명가가 큰 피해를 본다고 했으므로 재능 기부와 상관없다.
② 특허를 신청하는 것은 피해를 보지 않기 위해서이다. 피해를 보는 상황과 상관이 없다.
③ 다른 사람의 기술을 훔치는 일은 오히려 명예를 떨어뜨리는 일이다.

제4회

Key-Point! 문장 안에서 필요한 표현을 찾는 능력을 측정하는 문항으로 4급 수준의 문항이 출제된다. 괄호의 앞과 뒤를 집중해 읽고, 접속사나 담화 표지를 신경 써 문장 간의 관계를 파악해야 한다.

[19~20]

과학자와 의학자를 대상으로 한 설문조사에서 인류의 가장 위대한 성과로 '상하수도의 발전'이 꼽혔다. 과거에는 많은 사람들이 오염된 물 때문에 전염되는 콜레라와 같은 질병으로 사망했지만, **20.** 하수도가 설치되고 깨끗한 수돗물이 보급된 20세기부터는 사망자가 급격히 줄어들었다. 이로 인해 인간의 **20.** 평균 수명이 30년 이상 증가할 수 있었다고 한다. (   ) **19.** 깨끗한 물의 보급은 인간의 건강과 밀접한 관련이 있다고 할 수 있다.

19. (   )에 들어갈 말로 가장 알맞은 것을 고르십시오.
      [빈칸에 알맞은 어휘나 표현 고르기]   p.159

정답   ②

해설   따라서: 앞에서 말한 일이 뒤에서 말할 일의 원인이나 이유, 근거가 될 때 쓰는 말

     예 국제 원유 가격이 상승하고 있다. 따라서 국내 휘발유 가격도 곧 오르게 될 것이다.

오답   ① 드디어 : 오랜 기다림의 결과로

     예 드디어 집을 장만하게 되었다. 부모님으로부터 독립한 지 10년 만의 일이다.

     ③ 게다가 : '그러한 데다가'의 줄임말

     예 식당은 지저분했고 직원은 불친절했다. 게다가 맛도 형편없었다.

     ④ 오히려 : 예상이나 기대와는 반대거나 다르게

     예 사고를 당한 친구는 차분했다. 오히려 같이 있던 친구가 더 놀라고 당황스러워했다.

Key-Point! 문장 안에서 필요한 표현을 찾는 능력을 측정하는 문항으로 4급 수준의 문항이 출제된다. 괄호의 앞과 뒤를 집중해 읽고, 기출문제에 제시된 접속사를 정리해 두면 도움이 된다.

20. 윗글의 주제로 가장 알맞은 것을 고르십시오.
      [주제 고르기]   p.159

정답   ③

해설   깨끗한 물이 보급되면서 인류의 수명이 늘어났다.

오답   ① 콜레라가 오염된 물로 인해 생기는 병이지만 글의 주제와는 상관없다.

     ② 하수도가 설치되면서 물의 오염으로 인한 사망이 급증한 것이 아니라 급감했으며 이는 주제를 뒷받침하는 문장일 뿐이다.

     ④ 과학자와 의학자들의 관심이 필요하다는 주장은 글에 나와 있지 않으며 글의 주제와는 상관없다.

Key-Point! 중심 내용의 이해 능력을 측정하는 문항으로 4급 수준의 문항이 출제된다. 중심 생각은 '-어야 한다, -는 게 좋다, 그래서'등의 표현과 함께 사용되니 이런 표현이 있는지 확인하며 문제를 풀면 도움이 된다.

[21~22]

최근 경제 상황이 나빠지면서 월급 외의 수익을 위해 **21.** 많은 사람들이 너도나도 (   ) 주식에 뛰어들고 있다. 특히 이제 막 사회생활을 시작한 20~30대들이 투자에 대한 **21.** 진지한 고민 없이 수익에만 집중하여 **21.** 가볍게 주식에 접근하고 있다. **22.** 이처럼 보상에만 지나치게 몰두하면 자칫 중독에 빠지기 쉽다. **22.** 뇌가 즉각적인 보상에 반응하면서 도파민이 한꺼번에 다량 분비되는데 이러한 일이 반복되면 중독에 이르게 되는 것이다.

21. (   )에 들어갈 말로 가장 알맞은 것을 고르십시오.
      [빈칸에 알맞은 어휘나 표현 고르기]   p.160

정답   ④

해설   앞뒤를 재지 않고: 신중하게 생각하지 않고 마구 행동하다.

     예 앞뒤 재지 않고 무모하게 행동한 후 나중에 후회를 할 때가 많다.

오답   ① 시치미를 떼다: 자기가 하고도 하지 않은 척하거나 알면서도 모르는 척하다.

예 몰래 친구의 돈을 꺼내 자기 주머니에 넣고도 <u>시치미를 떼고 있다.</u>

② 눈살을 찌푸리다: 마음에 안 들어 눈썹과 눈썹 사이를 찡그리다.

예 길거리에 쌓인 쓰레기에 지나가는 사람들마다 <u>눈살을 찌푸렸다.</u>

③ 바람[열풍]을 일으키다 : 화제가 되거나 많은 사람들에게 영향을 미치다.

예 한국 영화와 드라마가 전세계적으로 <u>바람을 일으키고 있다.</u>

Key-Point! 문장 안에서 필요한 표현을 찾는 능력을 측정하는 문항으로 4급 수준의 문항이 출제된다. 괄호의 앞과 뒤를 집중해 읽고, 기출문제에 제시된 관용어를 정리해 두면 도움이 된다.

22. 윗글의 내용과 같은 것을 고르십시오.
    [내용과 같은 것 고르기]   p.160

정답 ④

해설 투자에 대한 진지한 고민 없이 수익을 얻는 것에만 몰두하게 되면 뇌가 도파민을 과다하게 분비하면서 중독으로 이어질 수 있다고 하였다.

오답 ① 20~30대의 주식 중독 현상이 ~~사회 문제화 되고 있다.~~

② 도파민이 지나치게 분비되면 ~~즉시 치료를 받아야 한다.~~

③ 최근 경제 불황으로 많은 사람들이 ~~투자에 실패하고 있다.~~

Key-Point! 세부 내용의 이해 능력을 측정하는 문항으로 4급 수준의 문항이 출제된다. 먼저 보기를 읽고 그 내용이 맞는지 내용을 확인하며 풀면 문제 푸는 시간을 절약할 수 있다.

[23~24]

23. 문 뒤에 숨겨 둔 공이 간 데가 없다. 팔을 넣어 아무리 더듬어도 허탕이다. 문기는 <u>가슴이 두근거리기 시작하였다.</u>
24. '혹 동네 아이들이 집어 갔을까?'
24. 도리어 그랬으면 다행이다. **23.** 만일에 그 공이 작은어머니 손에 들어가거나 했으면 큰일이다.

문기는 아무 일 없는 태도로 전날과 다름없이 안마당에서 화분에 물을 주면서 연신 **23.** 작은어머니의 눈치를 살핀다. 자기를 보는 작은어머니 눈에 별다른 것이 없다 싶었던 문기는 차츰 생각을 고친다.

'공은 동네 아이들이 집어 갔겠지. 그렇지 않으면 작은어머니가 알고 가만있을 리 있나.'

조금 후 문기는 아랫방으로 내려가 책상 서랍을 열어 보았을 때 문기는 또 좀 놀랐다. 서랍 속에 깊숙이 간직해 둔 쌍안경이 보이질 않는다. 그것뿐이 아니다. 서랍 안이 뒤죽박죽이고 누가 손을 댔음이 분명하다.

23. 밑줄 친 부분에 나타난 '나'의 심정으로 가장 알맞은 것을 고르십시오.
    [기사 제목 설명 고르기]   p.161

정답 ④

해설 초조하다: 애가 타서 마음이 조마조마하다.

예 수험생들은 결과 발표를 <u>초조하게</u> 기다리고 있었다.

└ 작은어머니 몰래 숨겨둔 공이 사라져서 혹시 작은어머니 손에 들어갔을까 봐 걱정하고 있다.

오답 ① 서운하다 : 마음에 모자라 아쉽거나 섭섭한 느낌이 있다.

예 가족들이 내 생일을 잊어버리고 챙겨주지 않아서 <u>서운했다.</u>

② 담담하다 : 차분하고 평온하다

예 합격 소식에 온 가족이 야단법석이었지만 정작 본인은 <u>담담한</u> 표정이었다.

③ 후련하다 : 답답하거나 갑갑하여 언짢던 것이 풀려 마음이 시원하다.

예 비밀을 털어놓고 나니 속이 <u>후련했다.</u>

Key-Point! 문장 안에서 필요한 표현을 찾는 능력을 측정하는 문항으로 4급 수준의 문항이 출제된다. 괄호의 앞과 뒤를 집중해 읽고, 기출문제에 제시된 관용어를 정리해 두면 도움이 된다.

24. 윗글의 내용과 같은 것을 고르십시오.
    [내용과 같은 것 고르기]   p.161

정답 ④

해설 공이 없어진 것을 알고 동네 아이들이 가져갔으면 오히려 다행이라고 했다.

오답 ① 문기는 작은어머니를 위해 선물을 숨겨 두었다.
② 작은어머니의 태도가 평소와 달라 매우 의심스럽다.
③ 문기는 작은어머니가 사 주신 쌍안경을 잃어버렸다.

Key-Point! 세부 내용의 이해 능력을 측정하는 문항으로 4급 수준의 문항이 출제된다. 먼저 보기를 읽고 그 내용이 맞는지 내용을 확인하며 풀면 문제 푸는 시간을 절약할 수 있다.

25. 기사 제목 설명 고르기 p.162

불꽃축제 구경 온 수십만 **25.** 인파, **25.** 돗자리 펼 곳 없어 발만 **25.** '동동'

정답 ④

해설 수십만: 십만의 여러 배가 되는 수를 가리킨다.
인파: 수많은 사람을 의미한다.
돗자리: 야외에서 바닥에 깔고 앉는 것을 의미한다.
동동: 매우 안타까워서 발을 가볍게 여러 번 계속 구르는 모양을 가리킨다.
ㄴ불꽃축제를 보러 온 많은 사람들이 앉을 곳이 없어 불편을 겪었다.

오답 ① 수많은 인파가 몰려 앉을 곳이 없다는 내용이고 많이 걸어서 발이 아프다는 내용은 없다.
② 사람들이 많아서 표를 사지 못했다는 내용이나 입장을 못했다는 내용이 없다.
③ 사람들이 불꽃놀이를 구경하면서 물건을 구매했다는 내용은 나오지 않았다.

Key-Point! 머리글을 이해하는 능력을 측정하는 문항으로 4급 수준의 문항이 출제된다. 두 가지 맥락 사이의 관계를 파악하는 것이 중요하다.

26. 기사 제목 설명 고르기 p.162

26. 역대급 폭염에 논 **26.** 초토화, 농민들 **26.** '시름시름'

정답 ①

해설 역대급: 과거부터 지금까지 내려오는 동안 매우 높은 수준에 있는 등급을 의미한다.
폭염: 매우 심한 더위를 의미한다.
초토화: 불에 탄 것처럼 못 쓰게 된 상태를 의미한다.
시름시름: 병이 낫지 않으면서 오래 끄는 모양을 의미한다.
ㄴ기록적인 무더위로 벼농사를 망친 농민들이 힘들어하고 있다

오답 ② 홍수가 아니라 더위에 대한 내용이고 농민들이 벼농사를 포기하고 있다는 표현은 없다.
③ 홍수가 아니라 더위에 대한 내용이고 농민들이 힘든 정도를 넘어 생계까지 어렵다고 표현하는 것은 지나치다.
④ 무더위 때문에 벼농사를 망친 것은 맞으나 농민들이 정부가 무언가를 요구한다는 내용은 없다.

Key-Point! 머리글을 이해하는 능력을 측정하는 문항으로 4급 수준의 문항이 출제된다. 두 가지 맥락 사이의 관계를 파악하는 것이 중요하다.

27. 기사 제목 설명 고르기 p.162

27. 하늘 높은 줄 모르는 배춧값, 정부 **27.** 대책 미흡

정답 ②

해설 하늘 높은 줄 모르다: 끝없이 오르고 있는 가격을 의미한다.
대책: 어떤 일에 대처할 만한 계획이나 방법을 의미한다.
미흡: 부족하다는 의미이다.
ㄴ배춧값이 폭등하고 있는데 이에 대한 정부의 대응이 부족하고 불만스럽다.

오답 ① 배추 가격이 오르고 있는 것은 맞으나 정부의 대책이 충분하지 않다는 내용이지 대처를 빠

르게 잘하고 있다는 내용은 아니다.

③ 폭등이 아니라 폭락하고 있다는 내용이고 보조금에 대한 내용은 언급되지 않았다.

④ 폭등이 아니라 폭락하고 있다는 내용이고 정부의 대책이 충분하지 않다는 내용이지 아무것도 하지 않았다는 것은 아니다.

Key-Point! 문장 안에서 필요한 표현을 찾는 능력을 측정하는 문항으로 5급 수준의 문항이 출제된다. 16-18번 문제 유형과 동일하나 어휘와 문법의 난이도가 높다.

28. 빈칸에 알맞은 것 고르기   p.163

설탕이 몸에 해롭다는 것을 알면서도 자꾸만 단음식을 찾게 되는 이유는 무엇일까? 신체적으로는 음식을 충분히 섭취하지 않았을 때 호르몬이 에너지가 필요하다고 신호를 보내기 때문에 **28.** 설탕에 대한 갈망이 강력하게 느껴지게 된다. 또 심리적으로는 스트레스를 받을 때 배고픔을 느끼는 호르몬을 증가시켜 **28.** 이러한 갈망을 통제하기 어렵게 만든다. 이렇게 설탕에 대한 (   ) 구체적인 원인을 알게 되면 설탕을 조절할 수 있다.

정답 ①

해설 글에서 설탕에 대한 갈망을 일으키는 신체적, 심리적 요인에 대해 설명하고 이것을 알면 설탕을 조절할 수 있다고 했다.

오답 ② 호르몬을 통해 설탕에 대한 갈망을 느끼지만 치료하는 방법에 대해서는 나오지 않았다.

③ 호르몬을 통해 신호를 보내기는 하지만 이상 신호를 점검하는 것에 대해서는 나오지 않았다.

④ 설탕의 섭취만 언급하고 있고 고른 섭취에 대한 내용은 없다.

Key-Point! 문장 안에서 필요한 표현을 찾는 능력을 측정하는 문항으로 5급 수준의 문항이 출제된다. 16-18번 문제 유형과 동일하나 어휘와 문법의 난이도가 높다.

29. 빈칸에 알맞은 것 고르기   p.163

전통 예술의 하나인 서예는 예로부터 인격 수양의 방법으로 활용되었다. **29.** 말은 마음의 소

리이고 글씨는 (   ) 표현하는 것이기 때문에 **29.** 마음이 곧으면 글씨도 곧아서 아름답다고 여겼다. 이렇게 서예 작품에는 **29.** 작가의 내면세계가 그림을 그리듯 그대로 드러나기 때문에 조상들의 정신 수양에 있어서 필수적인 교양이자 학문이었다. 빠르게 변화하는 환경으로 인해 정신적인 피로를 호소하는 현대인들에게도 서예는 **29.** 내면을 발견하고 마음을 수련할 수 있는 기회를 제공할 것이다.

정답 ③

해설 '말은 마음의 소리이고 글씨는 (   ) 표현하는 것이다.'에서 말과 글씨(서예)를 비교하였다. 마음이 곧으면 글씨(서예)도 아름답고, 글씨(서예)에 내면세계가 투영되며 정신 수양에 도움이 된다고 하였으므로 글씨(서예)는 마음을 그림으로 표현하는 것이라고 할 수 있다.

오답 ① 글씨는 말로 표현하는 것이 아니다.

② 글씨는 소리로 표현하는 것이 아니다.

④ 서예가 정신 수양의 방법 중 하나가 될 수는 있지만 서예가 수양하는 방법을 다양하게 표현하는 것은 아니다.

Key-Point! 문장 안에서 필요한 표현을 찾는 능력을 측정하는 문항으로 5급 수준의 문항이 출제된다. 16-18번 문제 유형과 동일하나 어휘와 문법의 난이도가 높다.

30. 빈칸에 알맞은 것 고르기   p.164

정상적인 근육 수축이 중단돼 **30.** 근육 일부분이 경련을 일으키는 증상을 '쥐가 난다'고 표현하는데 이러한 증상이 반려견에게도 나타날 수 있다. 반려견에게 쥐가 나면 보통 **30.** 뒷다리와 같은 (   ) **30.** 보이고, 만져서 느낄 수도 있다. 몸의 다른 부분에서도 쥐가 날 수 있는데 신경 손상, 과도한 운동 등 원인은 다양하다. 쥐가 나면 휴식을 취하게 하고 **30.** 근육이 떨리는 부위를 부드럽게 마사지해 주는 것도 도움이 된다.

정답 ②

해설 반려견에게 쥐가 나면 근육의 일부분이 떨리는데 이를 눈으로 볼 수 있고 만져서 느낄 수도 있다.

오답 ① 땀이나 가려운 증상에 대한 설명은 나오지 않는다.

③ 쥐가 나는 것을 설명하는 글이며 땀과는 관련이 없다.

④ 근육이 커지는 것은 쥐가 나는 것과 관련이 없다. 본문에서는 쥐로 인해 근육이 떨린다(경련이 일어난다)고 말하고 있다.

🔑 **Key-Point!** 문장 안에서 필요한 표현을 찾는 능력을 측정하는 문항으로 5급 수준의 문항이 출제된다. 16-18번 문제 유형과 동일하나 어휘와 문법의 난이도가 높다.

31. 빈칸에 알맞은 것 고르기   p.164

뉴스 보도 자체가 **31.** 범죄 발생을 증가시킬 수 있다. 특히 성범죄 보도의 경우 선정적인 내용 때문에 (　　　) 비판이 제기되고 있다. 대부분의 성범죄 보도가 **31.** 범죄 방법을 지나치게 상세히 설명하고 있기 때문이다. 언론 보도는 대중에게 미치는 영향력이 크므로 **31.** 범죄에 대한 호기심과 관심을 유발하기보다는 범죄의 심각성에 대해서 집중해서 보도하도록 해야 한다.

정답 ①

해설 선정적인 보도로 흥미를 유발하고 범죄가 발생한 경로와 방법을 알려줘서 범죄의 발생에 영향을 준다고 했으므로 범죄를 모방하는 것에 대한 비판이 돼야 될 것이다.

오답 ② 이 글의 주제는 언론 보도가 범죄 발생에 영향을 미친다는 것이며 용의자를 잡는 것에 대한 내용은 본문과 관련이 없다.

③ 언론의 영향력이 약하다는 내용이 아니라 잘못된 보도 방식에 관한 내용이다.

④ '피해자의 고통을 위로해 줄 수 있다'는 내용은 비판이 제기되고 있다는 뒷부분과 어울리지 않는다.

🔑 **Key-Point!** 문장 안에서 필요한 표현을 찾는 능력을 측정하는 문항으로 5급 수준의 문항이 출제된다. 16-18번 문제 유형과 동일하나 어휘와 문법의 난이도가 높다.

32. 내용이 같은 것 고르기   p.165

치아 건강을 지키기 위한 방법은 뭐가 있을까? 알려진 바와 달리 **32.** 치아를 오래 닦는 것은 좋지 않다. 닦는 부분만 반복적으로 닦이다 보니 **32.** 치아의 마모가 심해져 이가 시릴 수 있기 때문이다. 이보다는 치아 결을 따라 꼼꼼히 칫솔질을 하고 헹굴 때는 치약의 잔여물이 남지 않게 여러 번 헹궈야 한다. 양치질을 잘하는 것만큼 보관법도 중요한데 이물질을 잘 털어낸 후 칫솔 살균기나 통풍이 잘되는 곳에 두고 건조하면 된다.

정답 ①

해설 양치질을 오래 하면 같은 부분만 계속 닦이기 때문에 치아의 마모가 심해진다.

오답 ② 치약의 잔여물을 제대로 헹구지 않으면 ~~충치가 심해진다.~~

③ 칫솔 살균기를 이용하면 ~~칫솔에 남아 있는 이물질이 잘 털린다.~~

④ 이가 시릴 때는 ~~평소보다 오래 꼼꼼히 칫솔질을 하는 것이 좋다.~~

🔑 **Key-Point!** 세부 내용의 이해 능력을 측정하는 문항으로 5급 수준의 문항이 출제된다. 먼저 보기를 읽고 그 내용이 맞는지 내용을 확인하며 풀면 문제 푸는 시간을 절약할 수 있다.

33. 내용이 같은 것 고르기   p.165

스타를 좋아하는 팬들의 '팬덤 문화'가 진화하고 있다. 과거에는 콘서트에서 팬클럽을 상징하는 풍선을 흔들거나 스타에게 편지와 선물을 보내면서 스타에 대한 그들의 애정을 표현했다. 이제는 이런 애정 표현의 방식과 규모의 차원이 완전히 달라졌다. **33.** 스타와 팬들이 함께 자원봉사를 하거나 스타의 이름으로 기부하는 일도 흔하다. 또한 **33.** 환경과 관련된 이색 기부도 많아지고 있는데 대표적인 것이 '스타 숲 만들기'이다. 지금까지 스타의 이름을 딴 숲이 무려 97개나 조성됐다고 한다.

정답 ④

해설 자원봉사나 기부는 사회적 기여 활동에 해당한다. 요즘 팬들은 스타의 이름으로 이러한 사회적 기여 활동을 한다고 했다.

오답 ① 최근 ~~나무에 스타의 이름을 새기는 것이 유행~~이다.
② 새로운 팬덤 문화는 스타들의 ~~사생활을 침해하고 있다.~~
③ 팬들은 ~~좋아하는 스타에게 과거보다 덜 기부하고 있다.~~

Key-Point! 세부 내용의 이해 능력을 측정하는 문항으로 5급 수준의 문항이 출제된다. 먼저 보기를 읽고 그 내용이 맞는지 내용을 확인하며 풀면 문제 푸는 시간을 절약할 수 있다.

34. 내용이 같은 것 고르기   p.166

산소는 눈에 보이지 않지만 우리 주변에 늘 존재한다. 그런데 만약 5초 동안 지구상의 모든 산소가 갑자기 사라지면 우리는 어떤 변화를 겪게 될까? 대기 속 산소가 사라지면 우리의 피부는 즉시 화상을 입게 될 것이다. 산소가 태양에서 오는 자외선을 차단해 주는 역할을 하고 있기 때문이다. **34. 땅 위의 콘크리트 건물들도 콘크리트 속 결합제 역할을 하던 산소가 사라져 모두 무너지게 될 것이다.** 건물뿐만이 아니다. 지구 지각의 45%를 차지하고 있는 산소가 사라지면 땅조차 부서져 버리고 말 것이다.

정답 ③

해설 산소는 콘크리트 속에서 결합제의 역할을 한다고 했다.

오답 ① 대기 속 산소가 사라지는 일은 ~~흔하다.~~
② 산소는 지구 지각 구성 물질의 ~~과반을 차지한~~다.
④ 산소가 5초 동안 사라지면 태양으로부터 나온 ~~자외선도 함께 사라진다.~~

Key-Point! 세부 내용의 이해 능력을 측정하는 문항으로 5급 수준의 문항이 출제된다. 먼저 보기를 읽고 그 내용이 맞는지 내용을 확인하며 풀면 문제 푸는 시간을 절약할 수 있다.

35. 주제 고르기   p.166

35. 발표를 효과적으로 하려면 어떻게 해야 할까? 대개 중요한 발표일수록 화려한 시각적 자료에 의존하는 경우가 많다. 그러나 정작 **35. 중요한 것은 이야기의 전달이다.** 발표를 잘하기로 유명한 스티브 잡스는 개요를 제시하여 전체 내용의 밑그림을 그려주는 것으로부터 발표를 시작한다고 한다. 곧이어 문제나 의문을 제기하고 자신의 해결책과 그에 따른 구체적인 혜택을 설명하여 청중을 설득한다. **35. 그의 발표 자료에는 한두 줄의 핵심 키워드와 몇 개의 사진이 있을 뿐이다.** 그에게 **35. 자료는 이야기의 진행을 돕는 수단에 불과하다.**

정답 ④

해설 효과적인 발표를 위해서는 수단에 불과한 자료에 신경 쓰기보다 이야기의 전달을 중요하게 생각해야 한다.

오답 ① 효과적인 발표에서 중요한 것은 이야기의 전달이라고 하였다. 청중이 혜택에 관심이 많다는 것은 이 글의 주제가 아니다.
② 자료는 이야기의 진행을 돕는 수단에 불과하다고 하였다.
③ 스티브 잡스는 개요를 제시하고 문제나 의문을 제기한 후 해결책과 혜택을 설명한다고 하였다. 해결책을 제시하는 것은 이야기를 잘 전달하기 위한 과정의 일부분에 해당한다. 따라서 글 전체의 주제라고 보기는 어렵다.

Key-Point! 중심 내용의 이해 능력을 측정하는 문항으로 5급 수준의 문항이 출제된다. 중심 생각은 '-어야 하다, -는 게 좋다, 그래서'등의 표현과 함께 사용되니 이런 표현이 있는지 확인하며 문제를 풀면 도움이 된다.

36. 주제 고르기   p.167

개인의 **36. 소비 생활은 태어나면서부터 죽을 때까지 평생 이루어지지만 생산 활동에 참여해 소득을 얻을 수 있는 시기는 한정되어 있기 마련이다.** 사회 초년기는 보통 소비보다 소득이 적은 시기인 반면, 가족 형성기~가족 성숙기에 해당하는 30~50대에는 소득이 높아지면서 저축이나 투자가 가능해 재정적으로 여유가 생기게 된다. 노후 생활기에는 보통 은퇴를 한 이후이기 때문에 소비는 비슷하나 소득이 급감하게 된다. 그런데 이러한 노후 생활기가 의학의 발달과 생활 습관의 개선 등에 의해 점점 더 길어지고 있다. 따라서 생애 주기별 **36.** 저축 가능 기간과 소비를 고려한 재무 설계로 노후를 미리 준비할 필요가 있겠다.

정답 ③

해설 소득을 얻을 수 있는 시기는 한정되어 있으므로 재무 설계를 통해 생애 단계별로 소비, 저축, 투자를 계획해야 한다.

오답 ① 이 글의 주제는 생애 주기별 재무 설계가 필요하다는 내용이지 건강한 삶을 유지하는 방법에 관한 내용이 아니다.
　　　② 가족 성숙기에 생산 활동 참여를 줄이자는 내용은 없으며 주제와도 관련이 없다
　　　④ 부업에 관한 내용은 나오지 않았으며 주제와도 관련이 없다.

Key-Point! 중심 내용의 이해 능력을 측정하는 문항으로 5급 수준의 문항이 출제된다. 중심 생각은 '-어야 하다, -는 게 좋다, 그래서'등의 표현과 함께 사용되니 이런 표현이 있는지 확인하며 문제를 풀면 도움이 된다.

37. 주제 고르기　　　　　　　　　　p.167

공감적 듣기란 상대방의 생각이나 감정을 깊이 이해하려 노력하며 듣는 것을 말한다. 이때 상대방의 말을 분석하거나 비판하는 것은 자제할 필요가 있다. 눈을 맞추고 표정이나 음성 등을 살피다 보면 상대의 생각과 감정을 더 잘 이해할 수 있어 깊이 있는 대화가 가능하다. 또 상대방은 이러한 경청하는 태도로부터 자신이 존중받고 있다는 느낌을 받게 된다. 그렇기에 대화 중 **37.** 잘 경청하는 것만으로도 상대를 위로하고 갈등을 해결하며 관계를 더욱 돈독하게 할 수 있다. **37.** 인간관계를 원만하게 유지하려면 상대방의 감정에 공감하고 경청하려는 노력이 필요하다.

정답 ②

해설 경청과 공감적 듣기는 사람들과의 관계를 좋게 만들어 준다.

오답 ① 상대의 잘못을 지적하는 것은 피하는 것이 좋다고 했지만 글 전체에서 주장하는 것은 공감적 듣기와 경청하는 태도이다.
　　　③ 공감적 듣기를 하면 내가 아닌 상대가 존중받는 느낌을 받는다.
　　　④ 스트레스의 해소 방법에 대한 내용이 아니다.

Key-Point! 중심 내용의 이해 능력을 측정하는 문항으로 5급 수준의 문항이 출제된다. 중심 생각은 '-어야 하다, -는 게 좋다, 그래서'등의 표현과 함께 사용되니 이런 표현이 있는지 확인하며 문제를 풀면 도움이 된다.

38. 주제 고르기　　　　　　　　　　p.168

경제학자들에 따르면 행복은 소비 나누기 욕망, 분수로 표현하면 욕망 분의 소비라고 한다. **38.** 다시 말해서 행복의 크기를 키우기 위해서는 분모인 욕망을 줄이거나 분자인 소비를 키워야 하는 것이다. 그런데 소비를 키워 더 큰 행복을 갖는 것은 불가능하다. 소비를 늘리기 전에 소비에 대한 욕망이 먼저 증가하게 되는데 그럼 분자와 분모가 모두 증가하게 되므로 결국 원래의 값과 차이가 없게 되기 때문이다. 또한 욕망에 비해 소유하고 소비할 수 있는 것은 항상 작기 마련이다. **38.** 결국 행복값을 늘리기 위해서는 욕망을 줄이는 방법밖에 없다는 결론이 나온다.

정답 ①

해설 행복하기 위해서는 분모 값인 욕망을 줄이는 방법밖에 없다고 했다.

오답 ② 소비가 먼저 증가하고 욕망이 증가하는 것이 아니다. 또한 주제와도 관계가 없다.
　　　③ 욕망은 분모이므로 크기가 작을수록 전체값인 행복의 크기가 증가한다.
　　　④ 경제학자들은 행복을 계산하는 식을 제시했을 뿐이다. 주제와도 관계가 없다.

Key-Point! 중심 내용의 이해 능력을 측정하는 문항으로 5급 수준의 문항이 출제된다. 중심 생각은 '-어야 하다, -는 게 좋다, 그래서'등의 표현과 함께 사용되니 이런 표현이 있는지 확인하며 문제를 풀면 도움이 된다.

39. 문장이 들어갈 곳 고르기　　　　　p.168

39. 당연히 책 가격은 매우 비싸서 교회와 귀족들이 아니라면 살 수 없었다.

15세기 이전 유럽의 책은 거의 종교 서적이었기 때문에 대개 교회의 수도사들이 책 제작에 참여했다. (㉠) 책 제작은 양가죽에 연필로 밑 작업을 하고 잉크로 윤곽선을 그린 후, 색을 입히는 순서로 진행되었다. (㉡) 그런데 이러한 작업은 아무나 할 수 있는 일이 아니어서 **39.** 숙련된 장인들이 책 제작에 고용되어야 했다. (㉢) 또 종이 역할을 하는 양가죽을 만들기 위해서는 **39.** 수백 마리의 양이 필요하기도 했다. (㉣) 하지만 **39.** 이렇게 공을 들여 만들어진 책은 그만큼 긴 생명력을 가지고 후대에 다양한 지식과 정보를 전해주고 있다.

정답 ④

해설 책 제작에 숙련된 장인들이 고용되고 수백 마리의 양을 필요하므로 돈이 많이 들 것이다. 따라서 이 내용 뒤에 책 가격이 비싸서 일부 사람들만 살 수 있었다는 내용이 나올 수 있다.

오답 ① ㉠
② ㉡
③ ㉢

Key-Point! 문맥의 이해 능력을 측정하는 문항으로 6급 수준의 문항이 출제된다. 접속사, 지시어, 조사를 활용하여 알맞은 순서에 문장을 넣으면 된다.

40. 문장이 들어갈 곳 고르기   p.169

40. 반면에 인터넷은 **40.** 정보의 생산자와 수용자의 역할이 고정적이지 않다.

책, 신문, 잡지, 라디오, 텔레비전 등의 정보 제공자는 동일한 정보를 한꺼번에 많은 사람에게 전달할 수 있다. (㉠) 비교적 소수의 사람이 정보를 제공할 수 있다는 점에서 **40.** 정보 제공자의 범위가 폐쇄적이라 할 수 있다. (㉡) 누구나 정보를 접할 수 있고 특별한 지식이나 경험을 갖지 않은 사람도 정보 제공자로 참여할 수 있다는 점에서 **40.** 제공자의

범위가 개방적이라고 할 수 있다. (㉢)
40. 이러한 인터넷의 정보 개방성은 의사소통의 무한한 가능성을 열어준다. (㉣) 하지만 다른 한편으로는 개인의 사생활 침해, 사이버 테러 등의 부작용을 낳기도 한다.

정답 ②

해설 기존 매체들은 정보 제공자의 범위가 폐쇄적이다. 이와 달리 인터넷은 생산자와 수용자의 역할이 고정되어 있지 않아서 누구나 생산자가 될 수 있으며 이러한 개방성으로 인해 가능성 또한 무한하다.

오답 ① ㉠
③ ㉢
④ ㉣

Key-Point! 문맥의 이해 능력을 측정하는 문항으로 6급 수준의 문항이 출제된다. 접속사, 지시어, 조사를 활용하여 알맞은 순서에 문장을 넣으면 된다.

41. 문장이 들어갈 곳 고르기   p.169

41. 말하자면 짝꿍을 탄생시킨 것이다.

한국어를 공부하다 보면 짝이 되는 단어들을 쉽게 찾을 수 있다. 예를 들어 '낡다/늙다'와 같은 것이 그렇다. 비슷한 생김새에 뜻도 비슷해 꽤 흥미롭다. 겨우 모음 'ㅏ'가 'ㅡ'로 바뀌었을 뿐인데 **41.** 연관된 새 단어가 만들어졌다. (㉠)
41. 또 다른 짝꿍 단어로 '작다/적다'를 들 수 있는데 이들의 경우 한국 사람들도 헷갈려 잘못 쓰는 일이 많을 정도이다. (㉡) 의성어와 의태어에는 이러한 짝이 되는 단어들을 더 많이 찾을 수 있다. (㉢) 달랑달랑/덜렁덜렁, 깔깔/껄껄, 깡충/껑충, 번쩍번쩍/반짝반짝……. (㉣) 이렇게 비슷한 단어의 짝들을 찾아 의미의 차이를 이해하려 노력하다 보면 한국어를 더 깊이 있고 재미있게 익힐 수 있게 될 것이다.

정답 ①

해설 '연관된 새 단어가 만들어졌다'를 다시 '짝꿍을 탄

생시켰다'라고 표현하였으므로 바로 뒤에 오는 것이 맞다. 또한 바로 뒤에 '또 다른 짝꿍'이라는 표현이 나오므로 앞에서 이미 언급되었다는 것을 알 수 있다.

오답　② ㉡
　　　③ ㉢
　　　④ ㉣

🔑 Key-Point!　문맥의 이해 능력을 측정하는 문항으로 6급 수준의 문항이 출제된다. 접속사, 지시어, 조사를 활용하여 알맞은 순서에 문장을 넣으면 된다.

[42~43]

43. 위층의 소리는 멈추지 않았다. 그르륵거리는 소리에 머리털이 진저리를 치며 곤두서는 것 같았다. 철없고 상식 없는 요즘 젊은 엄마들이 아이들에게 집 안에서 자전거나 스케이트보드 따위를 타게도 한다는데, 아무래도 그런 것 같았다. 인터폰의 수화기를 들자, 경비원의 응답이 들렸다. 내 목소리를 알아채자마자 길게 말꼬리를 늘이며 지레 짚었다. 귀찮고 성가셔하는 표정이 눈앞에 역력히 떠올랐다.

43. "위층이 또 시끄럽습니까? 조용히 해 날라고 말씀드릴까요?"
잠시 후 인터폰이 울렸다.
"충분히 주의하고 있으니 염려 마시랍니다."
43. 염려 마시라고? 다분히 도전적인 저의가 느껴지는 말이었다. 이젠 한 판 싸워 보자는 얘긴가. 나는 인터폰을 들어 다짜고짜 909호를 바꿔 달라고 말했다. 신호음이 서너 차례 울린 후에야 **42.** 신경질적인 젊은 여자의 응답이 들렸다.
"아래층인데요. **43.** 나도 참을 만큼 참았다고요. 공동 주택에는 지켜야 할 규칙들이 있잖아요?"
"여보세요. **42.** 해도 너무 하시네요. 하루가 멀다하고 전화를 해 대시니 저도 <u>피가 마르는 것 같아요</u>. 저더러 어쩌라는 거예요?"
"하여튼 아래층 사람 고통도 생각하시고 주의해 주세요."
나는 거칠게 수화기를 내려놓았다.

42. 밑줄 친 부분에 나타난 '여자'의 심정으로 가장 알

맞은 것을 고르십시오.
[주인공의 태도/심정 고르기]　　　　p.170

정답　④

해설　조마조마하다: 닥쳐올 일에 대하여 염려가 되어 마음이 불안하다.
　⑩ 접시를 깬 것을 엄마에게 들킬까 봐 <u>조마조마</u> <u>했다.</u>
　└경비원도 귀찮고 성가셔할 정도로 윗집 사람은 909호에게 수시로 전화를 해왔다. 909호 여자는 아래층 사람의 전화에 불안해 하고 있다.

오답　① 허탈하다: 몸에 기운이 빠지고 정신이 멍하다.
　⑩ 1년 동안 준비한 시험에 떨어져 <u>허탈한</u> 마음에 술만 마셔댔다.
　② 무안하다: 수줍거나 창피하여 볼 낯이 없다.
　⑩ 아내에게 큰소리를 친 것이 <u>무안해서</u> 들어가지 못하고 문 앞에서만 서성였다.
　③ 홀가분하다: 근심이나 걱정 등이 해결되어 상쾌하고 가뿐하다.
　⑩ 며칠을 고민하던 문제가 해결되고 나니 마음이 <u>홀가분해졌다.</u>

🔑 Key-Point!　등장인물의 태도를 파악하는 능력을 측정하는 문항으로 6급 수준의 문항이 출제된다. 등장인물의 행동이나 표정 변화가 어떤 감정을 드러내는지를 먼저 파악하는 것이 중요하다.

43. 윗글의 내용으로 알 수 있는 것을 고르십시오.
[내용이 같은 것 고르기]　　　　p.170

정답　③

해설　909호와의 통화 중에 주인공은 '참을 만큼 참았다'로 말하고 있어 인내에 한계를 느끼고 있음을 알 수 있다.

오답　① 경비원은 ~~909호의 목소리를~~ 금방 알아챘다.
　② 위층 ~~아이들이 자주~~ 집 안에서 ~~자전거를 탔다.~~
　④ ~~위층 사람은~~ 소음 문제 때문에 경비원에게 여러 번 전화했다.

🔑 Key-Point!　세부 내용의 이해 능력을 측정하는 문항으로 6급 수준의 문항이 출제된다. 먼저 보기를 읽고 그 내용이 맞는지 내용을 확인하며 풀면 문제 푸는 시간을 절약할 수 있다.

[44~45]

궁금한 것이 생기면 스마트폰을 검색해 바로 답을 찾을 수 있는 시대이다. 최근 급속도로 발전한 AI 기술은 검색의 정확도를 높여주었다. 그러나 인터넷 검색에서 얻은 지식은 44. 결국 남의 생각이다. (　　　) 정보와 정보를 결합하고 꿰어 낼 수 있는 지혜를 키워야 한다. 45. 그 힘은 바로 사색의 시간으로 키울 수 있다. 45. 검색과 검색 사이에 사색의 징검다리를 놓아야 한다. 사색으로 얻는 44. 내 생각이 있어야, 넘쳐나는 정보들 속에서 나에게 정말 44. 필요한 정보와 지식이 무엇인지 고를 수 있다. 또한 44. 잘못된 정보를 거를 수 있는 여과 장치도 가질 수 있게 된다.

44. (　　　)에 들어갈 말로 가장 알맞은 것을 고르십시오.
[빈칸에 알맞은 것 고르기] p.171

정답 ①

해설　인터넷 검색에서 얻은 지식은 결국 남의 생각이다. 내 생각이 있어야 필요한 정보를 구별할 수 있다.

오답　② 내 생각을 갖기 위해 사색을 하는 것이 중요함을 강조하고 있는 글이다. 답의 정확성과는 관계가 없다.
　　　③ 지식을 추가하는 것은 지혜를 키우는 것과 관련이 없다.
　　　④ 검색 시간이 부족하다는 내용은 본문에 나오지 않는다.

Key-Point!　문장 안에서 필요한 표현을 찾는 능력을 측정하는 문항으로 6급 수준의 문항이 출제된다.

45. 윗글의 주제로 가장 알맞은 것을 고르십시오.
[주제 고르기] p.171

정답 ③

해설　필요한 지식이 무엇인지 구별하고 잘못된 정보에 휩쓸리지 않으려면 내 생각이 필요한데 내 생각을 가지기 위해서는 사색의 시간이 필요하다고 강조하고 있다.

오답　① 지혜를 얻기 위해서는 검색 활용 능력이 아니라 사색이 필요하다고 하였다. 주제는 사색의 중요성이다.
　　　② AI 기술은 이 글의 주제와 관계가 없다.
　　　④ 잘못된 정보에 대해 주의를 주기 위해 쓴 글이 아니다.

Key-Point!　주제를 찾는 능력을 측정하는 문항으로 6급 수준의 문항이 출제된다. 중심 생각은 '-어야 한다,-는 게 좋다, 그래서'등의 표현과 함께 사용되니 이런 표현이 있는지 확인하며 문제를 풀면 도움이 된다.

[46~47]

디지털 기기의 홍수 시대에 46. 노인들의 '디지털 소외 문제'가 심각하다. 스마트폰, 무인단말기 등 디지털 기기의 빠른 보급으로 인한 47. 환경 변화에 적응하지 못하는 노인들은 일상생활에서 정보 접근권이나 이동권 등 기본 권리들로부터 소외되고 있다. 16일 국가인권위원회가 발표한 '디지털 격차로 인한 노인의 인권상황 실태조사'에 따르면 47. 노인층의 정보화 수준이 장애인이나 저소득층 등 기타 소외계층에 비해서도 현격히 낮은 것으로 나타났다. 디지털 이용 환경 조사에서도 노인 4명 중 1명은 인터넷을 활용할 수 없는 상황인 것으로 조사되었다. 47. 현재 각 지역마다 노인층을 대상으로 정보화 교육을 지속적으로 실시하고 있으나 격차는 쉽게 해소되지 않고 있다. 이로 인해 노인층의 사회 참여가 제한되고 삶의 질이 저하되고 있다.

46. 윗글에 나타난 필자의 태도로 가장 알맞은 것을 고르십시오.
[빈칸에 알맞은 것 고르기] p.172

정답 ②

해설　디지털 환경 변화에 적응하지 못하는 노인들의 문제를 걱정하고 있다.

오답　① 현재 디지털 기기 보급이 빠르게 이루어져서 노인들이 변화에 적응하지 못하고 있다고 했으므로 디지털 기기의 보급을 강조하고 있는 것은 아니다.
　　　③ 디지털 격차를 해소하기 위해 노인층을 대상으로 하는 정보화 교육이 실시되고 있다고 하였다. 정보화 교육의 필요성을 부정하고 있지

않다.

④ 정부가 노인 디지털 소외 문제에 대해 개입하는 것을 부정적으로 보는 내용은 없다.

Key-Point! 필자의 태도를 파악하는 능력을 측정하는 문항으로 6급 수준의 문항이 출제된다.

47. 윗글의 내용과 같은 것을 고르십시오.
[내용이 같은 것 고르기]   p.172

정답 ③

해설 디지털 환경에 적응하지 못하는 노인들은 일상생활에서 정보 접근권이나 이동권 등 기본 결정권들로부터 소외되고 있다고 하였으므로 디지털 환경과 관련된 권리들을 누리기 힘들다고 할 수 있다.

오답 ① 디지털 소외 문제는 인권 문제와 관련이 없다.
② 기타 소외계층의 정보화 수준은 노인층과 동일한 수준이다.
④ 지자체의 정보화 교육은 정보화 격차 해소에 전혀 도움이 되지 않는다.

Key-Point! 세부 내용의 이해 능력을 측정하는 문항으로 6급 수준의 문항이 출제된다. 먼저 보기를 읽고 그 내용이 맞는지 내용을 확인하며 풀면 문제 푸는 시간을 절약할 수 있다

[48~50]

해외 전자상거래 기업들이 국내에서 돌풍을 일으키고 있다. 통계청에 따르면 온라인 해외 직접 구매 금액은 전년 대비 약 27% 증가했으며 그중 식품 부문 금액이 전체 금액 중 약 22%를 차지하고 있다. 해외 식품을 수입할 때 업체의 경우는 미리 원료나 제조 과정 등을 확인하고 식품 정보를 한글로 표시한 후에 수입 신고를 하게 되어 있다. 식약처에서 신고된 식품의 안전성을 확인해서 국내 기준에 적합하다고 판단될 때 해당 식품의 국내 반입을 허가한다. 하지만 국내 소비자가 해외 판매자의 판매사이트에서 식품을 직접 구매하는 해외 직구의 경우는 이와 같은 수입 검사 절차가 없다. 또한 **48.** 나라별로 식품 원료나 성분에 대한 관리 기준이 다르고 위해 성분이 포함되어 있을 수 있어 소비자의 각별한 주의가 필요하다. 이러한 해외 직구 소비자의 피해를 예방하기 위해 **49.** 식약처에서는 반입이 차단된

식품 원료나 성분을 지정해 관리하고, 검사 결과에서 위해 성분이 확인된 해외 직구 위해 식품 목록을 매년 발표하고 있다. **49.** 그렇지만 온라인을 통해 전 세계적으로 판매되는 **49.** 모든 해외 식품을 정부가 (   ). **49.** 따라서 해외 직구보다는 가능한 정식 수입 검사 절차를 거친 제품을 구매하는 것이 안전하겠다. 부득이하게 해외 직구로 식품을 구매하려는 소비자라면 **50.** 식약처 누리집 '해외 직구 식품 올바로' 또는 식품안전정보 필수앱 '내손안'을 활용해 **48.** 국내 반입 차단 원료 성분과 해외 직구 위해 식품 목록을 잘 확인하고 구입하기를 권한다.

48. 윗글을 쓴 목적으로 가장 알맞은 것을 고르십시오.
[글을 쓴 목적 고르기]   p.173

정답 ③

해설 해외 직구가 늘고 있는데 직구 상품에 대한 수입 검사 절차가 없어 소비자의 주의가 필요하다고 하였다. 또 피해를 미리 예방하기 위해 식약처 홈페이지의 정보를 활용하도록 정보를 주고 있다.

오답 ① 본문에서 다루고 있는 것은 식품의 과잉 섭취가 아니라 위해 식품의 해외 직구 문제이다.
② 본문에 위해 식품으로 인한 피해 상황은 나와 있지 않다.
④ 업체의 경우 수입 신고를 하지만 개인적인 구매, 직구의 경우는 수입 신고를 하지 않는다고 했다.

Key-Point! 글의 목적이나 이유, 근거를 파악하는 능력을 측정하는 문항으로 6급 수준의 문항이 출제된다.

49. (   )에 들어갈 말로 가장 알맞은 것을 고르십시오.
[빈칸에 알맞은 것 고르기]   p.173

정답 ②

해설 식약처에서 소비자의 피해를 예방하기 위해 위해 식품 목록을 관리하고 있다는 내용이 앞에 나온 후 '그렇지만'이란 연결어가 나왔으므로 관리가 어렵다는 내용이 나와야 한다. 정부가 모든 직구 제품을 관리할 수 없으니 정식 수입된 제품을 구

입하거나 소비자가 직접 위해 상품 목록을 확인해
서 구입하라고 당부하고 있다.

오답 ① 모든 해외 식품을 정부가 검사할 수 없으니까
　　　정식 수입 검사 절차를 거친 제품을 구매하는
　　　것이 좋다는 내용이다. 따라서 '검사하고 있다'
　　　보다는 '할 수 없다'가 와야 한다.

　　　③ 보호해야 할 것은 해외 구매 식품이 아니고 소
　　　비자이다. 문맥에 어울리지 않는다.

　　　④ 해외 직구 제품을 한국 정부가 보증하는 내용
　　　은 본문에 나와 있지 않다.

Key-Point!　문장 안에서 필요한 표현을 찾는 능력을
측정하는 문항으로 6급 수준의 문항이 출제된다.

50. 윗글의 내용과 같은 것을 고르십시오.
[내용이 같은 것 고르기]　　　　　　p.173

정답 ④

해설 '해외 직구 식품 올바로' 는 국내 반입 차단 원료
　　　성분과 해외 직구 위해 식품 목록을 제공하는 식
　　　약처의 누리집이다.

오답 ① 안전 문제로 해외 직구를 통한 소비가 ~~급감하~~
　　　~~고 있다.~~

　　　② 해외 직구를 할 때 ~~사전에 식품 정보를 신고해~~
　　　~~야 한다.~~

　　　③ 식품 원료와 성분 관리 기준은 나라별로 차이
　　　가 ~~나지 않는다.~~

Key-Point!　세부 내용의 이해 능력을 측정하는 문항
으로 6급 수준의 문항이 출제된다. 먼저 보기를 읽고 그
내용이 맞는지 내용을 확인하며 풀면 문제 푸는 시간을
절약할 수 있다.

5회 실전모의고사 정답 및 풀이

듣기		1번~50번							

1	①	2	①	3	③	4	②	5	③
6	④	7	④	8	②	9	④	10	②
11	②	12	②	13	②	14	④	15	①
16	③	17	④	18	①	19	②	20	②
21	③	22	①	23	③	24	③	25	④
26	①	27	③	28	④	29	④	30	①
31	④	32	③	33	③	34	①	35	②
36	③	37	①	38	①	39	②	40	④
41	②	42	④	43	②	44	④	45	④
46	②	47	③	48	④	49	③	50	③

1. 일치하는 그림 고르기   p.177

여자 : 케이크 찾으시나요?

남자 : 네, 아들 생일인데 아들이 초콜릿 케이크
를 좋아해서요.

여자 : **1.** 초콜릿 케이크는 가장 왼쪽에 있습니
다. 거기에서 골라보세요.

정답   ①

해설   빵집에서 케이크를 고르려는 손님에게 직원이 안
내하는 상황임을 알 수 있다.

오답   ② 빵집 문 앞에서 이야기하는 상황이 아니다.
③ 빵을 계산하고 있는 상황이 아니다.
④ 빵집에서 빵을 만들고 있는 상황이 아니다.

> **Key-Point!**   3급 수준의 문제로, 개인적인 대화를 통해
> 어디에서 무슨 대화를 하는지 중심으로 파악하고 이에
> 해당하는 그림을 찾아야 한다.

2. 일치하는 그림 고르기   p.177

여자 : **2.** 어떻게 잘라 드릴까요?

남자 : 이제 날씨가 많이 더워져서요. 짧게 자르
고 싶어요.

여자 : 그럼, **2.** 옆머리는 귀가 잘 보이도록 자르
고요. 앞머리도 좀 자를게요.

정답 ①

해설 머리를 자르기 위해 의자에 앉아 있는 상황임을 알 수 있다.

오답 ② 미용실에서 손님끼리 이야기하는 상황이 아니다.

③ 미용실에서 손님이 돈을 지불하는 상황이 아니다.

④ 미용실에서 미용사끼리 커피를 마시는 상황이 아니다.

Key-Point! 3급 수준의 문제로, 개인적인 대화를 통해 어디에서 무슨 대화를 하는지 중심으로 파악하고 이에 해당하는 그림을 찾아야 한다.

3. 일치하는 도표 고르기   p.178

남자 : 최근 우리나라 종이책의 판매량은 줄어드는 반면에 오디오북 판매량은 꾸준히 증가하고 있습니다. 독자들이 오디오북을 구매하는 이유는 시간을 효율적으로 활용하기 위해서라고 합니다. **3. 언제 오디오북을 읽느냐는 질문에 '출퇴근할 때'가 가장 많았으며, '운동할 때'와 '집안일을 할 때'가 그 뒤를 이었습니다.**

정답 ③

해설 오디오북을 읽는 때는 '출퇴근할 때', '운동할 때', '집안일을 할 때'의 순이다.

오답 ① 오디오북의 판매율은 점점 증가하고 있다.

② 오디오북의 판매율은 계속 증가 추세이다.

④ 2위는 '운동할 때'이다.

Key-Point! 4급 수준의 문제로, 뉴스(보도) 내용을 통해 통계 결과를 잘 이해하고 이에 일치하는 그래프를 찾아야 한다.

4. 듣고 이어지는 말 고르기   p.178

여자 : 요리를 하려는데 계란이 없네. 마트에서 계란 좀 사다 줄래?

남자 : **4. 지금부터 엘리베이터를 10분 동안 점검한다는 방송이 있었어요.**

여자 : _____

정답 ②

해설 엘리베이터를 10분 동안 점검한다는 방송이 있었으므로 점검이 끝나면 다녀오라는 대답을 해야 한다.

오답 ① 여자가 계란을 사러 가겠다는 상황이 아니다.

③ 계란 요리는 맛이 없을 것 같다는 대답은 적절하지 않다.

④ 엘리베이터를 10분 동안 점검한다고 하였으므로 5분 후에는 이용할 수 없다.

Key-Point! 3급 수준의 문제로, 개인적 대화를 통해 앞뒤 상황을 이해하여 답을 찾아야 한다.

5. 듣고 이어지는 말 고르기   p.178

여자 : **5. 한 달 동안 우리 학교 운동장을 출입할 수 없대.**

남자 : 응, **5. 운동장에 잔디를 심는다고 해.**

여자 : _____

정답 ③ 한 달 동안 운동장에 잔디를 심는다고 하였으므로 한 달 후에는 파란 운동장을 볼 수 있다는 대답이 적절하다.

오답 ① 잔디를 깎는 상황이 아니다.

② 운동장에 사람이 모이는 상황이 아니다.

④ 한 달 동안 운동장을 출입할 수 없다고 하였다.

6. 듣고 이어지는 말 고르기 p.179

여자 : 우리 아파트 빈 상가 건물에 **6.** 세탁소가 개업을 한대.

남자 : 잘 됐다. 그럼 이제 세탁 맡기러 멀리 갈 필요 없겠네.

여자 : _____

정답 ④

해설 세탁소가 개업을 한다고 하였으므로 개업과 관련된 이야기가 적절하다.

오답 ① 세탁에 대한 불만을 말하는 상황이 아니다.
② 운동화 세탁이 잘 되었다고 말하는 상황이 아니다.
③ 세탁소에 관한 이야기를 나누고 있다. 집에서의 이불 빨래에 관한 이야기는 적절하지 않다.

Key-Point! 3급 수준의 문제가 출제되며 사회적 대화를 통해 앞뒤 상황을 이해하여 답을 찾아야 한다.

7. 듣고 이어지는 말 고르기 p.179

여자 : **7.** 칼라 복사가 안 되네요.

남자 : **7.** 그 복사기는 흑백만 되는 복사기예요.

여자 : _____

정답 ④

해설 복사기가 흑백만 된다고 하니 칼라 복사기가 한 대 있었으면 좋겠다고 답하고 있다.

오답 ① 칼라 복사를 원하고 있다.
② 흑백만 되는 복사기라는 말에 적절한 대답이 아니다.
③ 칼라 복사기의 가격에 대해서 이야기하는 상황이 아니다.

Key-Point! 3급 수준의 문제로, 개인적 대화를 통해 앞뒤 상황을 이해하여 답을 찾아야 한다.

8. 듣고 이어지는 말 고르기 p.179

여자 : 책을 늦게 반납하신 적이 있어서 현재 도서 대출이 안 됩니다.

남자 : 그럼 **8.** 언제부터 도서를 다시 빌릴 수 있을까요?

여자 : _____

정답 ②

해설 도서 대출이 언제부터 가능한지를 물어봤기에 일주일 후에 가능하다는 대답이 가장 적절하다.

오답 ① 도서관 출입과 관련된 대화가 아니다.
③ 도서 대출에 관한 것이지 판매와 관한 것이 아니다.
④ 늦게 반납한 적이 있다고 하였다.

Key-Point! 4급 수준의 문제로, 사회적 대화를 통해 앞뒤 상황을 이해하여 답을 찾아야 한다.

9. 알맞은 행동 고르기 p.179

남자 : 수박을 잘라서 먹으려고 하는데 칼이 없네.

여자 : 좀 전에 옆집에서 빌려 갔어요.

남자 : 그럼 달라고 해야겠네. 내가 옆집에 가볼게.

여자 : 좀 이따가 가져다주겠죠. **9.** 싱크대 서랍에 새 칼이 있으니까 제가 꺼내올게요.

정답 ④

해설 수박을 자르려는 데 칼이 없어 싱크대 서랍에서 꺼내려는 상황이다.

오답 ① 수박을 자르려는 데 칼이 없는 상황이다.
② 싱크대 서랍에서 칼을 꺼내온다고 하였다.
③ 옆집에 칼을 받기 위해 가려고 했던 사람은 남자이다.

Key-Point! 3급 수준의 문제로, 대화를 통해 앞뒤 상황과 순서를 고려해 답을 찾아야 한다.

10. 알맞은 행동 고르기 p.179

여자 : 식당 앞 주차장에 주차했는데 그냥 가면 되나요?

남자 : 아니요. 주차권에 확인 도장을 받으셔서 사무실에 내야 합니다.

여자 : 아, 그래요? 주차권을 안 받아왔는데요.

남자 : 그럼 **10.** 차량 번호를 말해주세요. 제가 주차장 직원에게 말할 테니까 이번에는 그냥 가셔도 되겠습니다.

정답 ②

해설 주차비를 면제받기 위해 직원에게 차량 번호를 말하는 상황이다.

오답 ① 차를 주차하는 상황이 아니다.
③ 주차권을 가져오는 대신에 직원이 차량 번호를 말하라고 하였다.
④ 식당에 밥을 먹으러 가는 상황이 아니다.

Key-Point! 3급 수준의 문제로, 대화를 통해 앞뒤 상황과 순서를 고려해 답을 찾아야 한다.

11. 알맞은 행동 고르기   p.179

여자 : 날이 더운데 왜 에어컨을 안 켜고 있어요?

남자 : 에어컨 청소를 못 했어요. 요즘 너무 바빴거든요.

여자 : 그럼 제가 청소를 할게요. **11.** 일단 고무장갑부터 껴야겠네요.

남자 : 고마워요. 고무장갑은 저기 욕실에 있어요.

정답 ②

해설 에어컨을 청소하기 위해 먼저 고무장갑을 끼려는 상황이다.

오답 ① 청소를 하지 못해 에어컨을 켜지 못하고 있다.
③ 집 밖으로 나오려는 상황이 아니다.
④ 청소하기 전에 먼저 고무장갑을 끼려는 상황이다.

Key-Point! 3급 수준의 문제로, 대화를 통해 앞뒤 상황과 순서를 고려해 답을 찾아야 한다.

12. 알맞은 행동 고르기   p.179

여자 : 환전하려고 하는데 신분증이 필요한가요?

남자 : 네, 신분증이나 여권을 주시면 됩니다.

여자 : 여권을 차에 놓고 왔거든요. **12.** 동생한테 여권을 가지고 오라고 전화할게요.

남자 : 네, 그러면 동생 분이 여권을 가져오면 그때 신청서를 써 주세요.

정답 ②

해설 환전하기 위해 은행에 갔으나 신분증을 놓고 와서 동생에게 여권을 가져오라고 전화를 하려는 상황이다.

오답 ① 동생을 기다리기 전에 먼저 동생에게 전화를 해야 한다.
③ 동생이 신분증을 가져왔을 때 할 행동이다.
④ 여권을 가져오기 위해 주차장에 가지 않고 동생에게 전화하려고 한다.

Key-Point! 4급 수준의 문제로, 사회적 대화를 통해 앞뒤 상황과 순서를 고려해 답을 찾아야 한다.

13. 일치하는 내용 고르기   p.180

여자 : **13.** 토요일에 한지꽃등을 만드는 무료 체험이 있다고 해. 같이 갈래?

남자 : 그래? 그거 재미있겠다. 어디에서 하는데?

여자 : 시청 옆 전통문화회관에서 한대. 참가비는 없고 체험 전날 오후 6시까지 홈페이지에서 접수만 하면 된대.

남자 : 그럼, **13.** 나도 빨리 접수해야겠다.

정답 ②

해설 여자가 남자에게 토요일에 진행되는 한지꽃등을 만드는 무료체험에 같이 가자고 하였고 남자가 이를 허락하였기에 둘은 토요일에 만날 것이다.

오답 ① 참가 접수는 목요일까지 하면 된다.
③ 행사에 참여하려면 ~~참가비를 내야 한다~~.
④ ~~접수 없이~~ 전통문화회관에 바로 가도 된다.

Key-Point! 4급 수준의 문제로, 대화를 통해 들은 내용과 일치하는 답을 찾아야 한다.

14. 일치하는 내용 고르기   p.180

(딩동댕) 인주대학교 주관 글쓰기 대회에 오신 참가자들께 알립니다. 잠시 후 두 시부터 글쓰기 대회가 열릴 예정입니다. **14.** 참가자들은 글쓰기 센터에서 이름표를 받으신 후 글쓰기 센터 왼쪽에 있는 대강당으로 모여 주시기 바랍니다. 대강당에서 **14.** 자신의 이름표에 적힌 좌석 번호를 찾아 2시까지 자리에 앉아 주시기 바랍니다. (댕동딩)

정답 ④

해설 이름표를 받아 좌석 번호를 확인한 후 번호에 맞는 좌석에 앉아야 한다.

오답 ① 이름표를 2시까지 받으면 된다.
② 대강당의 아무 좌석에나 앉으면 된다.
③ 글쓰기 대회 장소는 인주대학교 글쓰기 센터이다.

Key-Point! 3급 수준의 문제로, 공지를 통해 들은 내용과 일치하는 답을 찾아야 한다.

15. 일치하는 내용 고르기   p.180

남자 : 어젯밤 인주아파트 지하 주차장에서 전기차에 불이 나는 사고가 발생하였습니다. **15.** 이번 화재는 지금까지의 주행 중 화재와 달리 주차된 차에서 돌연 발생하였습니다. 당시 차 안과 주차장에는 사람이 없어서 인명피해는 없었습니다. 주차 중인 차에 갑자기 불이 난 것에 대해 소방 당국과 전기차 제조사가 화재의 원인을 면밀히 조사 중이라고 합니다.

정답 ①

해설 이전에 이미 주행 중 전기차의 화재가 있었다.

오답 ② 화재로 인하여 화상을 입은 사람이 있다.
③ 이번 화재는 전기차가 달리다가 발생하였다.
④ 경찰이 화재의 원인을 면밀히 조사하고 있다.

Key-Point! 4급 수준의 문제로, 뉴스(보도)를 통해 들은 내용과 일치하는 답을 찾아야 한다.

16. 일치하는 내용 고르기   p.180

여자 : 한자리에서 전통 찻집을 30년 넘게 운영해오셨는데요. 특별한 비결이라도 있을까요?

남자 : **16.** 차를 마시는 것을 좋아하고 좋아하는 일을 직업으로 하다 보니 오래 운영할 수 있었던 것 같습니다. 전통 찻집을 오래 운영하기 위해서는 잠깐의 시류나 유행에 휘둘리지 않고 처음 차에 가졌던 마음가짐을 유지하는 것이 중요합니다. 이런 저의 마음을 알고 손님들이 계속 찾아주셔서 30년 넘게 운영할 수 있었던 것 같습니다.

정답 ③

해설 인터뷰의 첫 번째 문장에서 좋아하는 일을 직업으로 한다고 밝혔다.

오답 ① 남자는 찻집을 유행에 맞추어 운영해왔다.
② 손님들은 이 찻집에 주로 커피를 마시러 온다.
④ 전통 찻집을 운영해오는 동안 여러 번 찻집을 옮겼다.

Key-Point! 4급 수준의 문제로, 인터뷰를 통해 들은 내용과 일치하는 답을 찾아야 한다.

17. 중심 생각 고르기   p.181

남자 : 왜 저녁을 안 먹어요?

여자 : 요즘 살이 너무 쪄서요. 살을 빼기 위해서 저녁을 안 먹으려고 해요.

남자 : 밥을 전혀 안 먹는 것보다 **17.** 균형 있는 식사를 하는 것이 건강하게 살을 더 잘 빼는 방법이에요.

정답 ④

해설 남자는 마지막 발화에서 균형 있는 식사를 하는 것이 살을 더 잘 뺄 수 있다고 했다.

오답 ① 남자는 살을 빼는 것과 관련하여 건강 이야기는 하지 않았다.
② 살을 빼기 위해서는 식사량을 줄여야 한다는 것은 여자의 생각이다.
③ 남자는 살이 많이 찐 사람은 살을 빼는 것이 좋다라고 말하지 않았다.

3급 수준의 문제로, 개인적 대화를 통해 남자의 중심 생각을 찾아야 한다.

18. 중심 생각 고르기 p.181

남자 : 최근에 **18.** 달리기를 배우고 있는데 잘 달리는 법을 배우니까 좋더라.

여자 : 잘 달리기 위해서 교육을 받는다고? 그냥 달리면 되는 거 아니야?

남자 : 교육을 받아보니까 내가 잘못된 호흡법으로 달리는 것을 알게 되었어. 올바른 호흡법을 배우니까 더 쉽게 달릴 수 있더라고.

정답 ①

해설 남자는 잘 달리는 법을 배우니까 좋다고 하였다.

오답 ② 잘 달리는 사람은 달리기 교육이 필요하지 않다는 내용은 없다.

③ 달리기를 잘 하기 위해 연습이 아니라 달리는 법을 배우는 것이 좋다고 말하였다.

④ 오래 달리는 것과 올바른 호흡법은 관련이 없다.

3급 수준의 문제로, 대화를 통해 남자의 중심 생각을 찾아야 한다.

19. 중심 생각 고르기 p.181

여자 : 이번에 대리점에서 세일도 하는데 건조기를 하나 사는 게 어때요?

남자 : 군이 건조기는 필요 없을 것 같아요. **19.** 빨래는 햇빛과 바람으로 말려도 충분히 잘 마를 것 같은데요.

여자 : 장마철에는 옷이 잘 안 말라요. 그래서 빨래가 좀 눅눅하고 냄새도 좋지 않아요.

남자 : 장마철 동안만 좀 참으면 되죠. 건조기는 전기를 사용하는 건데 빨래를 말리기 위해 군이 전기까지 사용하는 것은 환경에도 좋지 않다는 생각이 들어요.

정답 ②

해설 남자는 빨래는 햇빛과 바람으로도 충분히 잘 마릴 수 있다고 말하였다.

오답 ① 여자는 세일하고 있으니 건조기를 하나 사자고 말했을 뿐이다.

③ 여자가 장마철에는 빨래가 잘 마르지 않아 눅눅하다고 말했을 뿐이다.

④ 장마철에는 빨래를 말리기 위해 건조기를 사용해야 한다는 것은 여자의 생각이다.

4급 수준의 문제로, 개인적 대화를 통해 남자의 중심 생각을 찾아야 한다.

20. 중심 생각 고르기 p.181

여자 : 주로 시계를 수리하시는 시계 장인이신데요. 시계를 수리하시는 데 어떤 점에 중점을 두시나요?

남자 : 휴대폰이 흔한 지금, **20.** 시계 수리를 맡기는 사람들은 그 시계에 대한 사연을 소중하게 생각하는 경향이 있습니다. 사람들은 시계를 고장 나기 전의 모습 그대로 쓰기를 원합니다. 그래서 **20.** 저는 본래의 모습으로 고스란히 돌려놓으려고 노력하고 있습니다. 그러기 위해서 과거의 장식품이나 부속품을 시계 회사별로 구해서 버리지 않고 오래도록 보관하고 있습니다.

정답 ②

해설 일반 사람들이 시계에 대한 사연을 소중하게 생각하고 있고, 시계 장인은 시계와 관련된 사연을 소중하게 생각하는 사람들의 위해 시계 본래의 모습으로 고쳐 놓으려고 한다고 말하였다.

오답 ① 시계를 본래의 모습으로 돌려놓기 위한 수리를 하고 있다.

③ 수리에 대해 언급하고 있지만 시계가 고장이 나면 수리해서 계속 사용해야 한다고 말하고 있는 것은 아니다.

④ 부속품에 대해 언급하고 있지만 일반 사람이 시계를 살 때는 부속품을 같이 사야 한다고 말하고 있는 것은 아니다.

4급 수준의 문제로, 인터뷰를 통해 남자의 중심 생각을 찾아야 한다.

제5회

여자 : 이번 환경보호 만찬회 때 선물은 무엇으로 하면 좋을까요?

남자 : **21.** 텀블러를 준비해서 바로 사용할 수 있도록 세척한 후에 참여자들에게 나누어 주면 좋을 것 같아요.

여자 : 선물 받은 물건을 행사장에서 바로 사용한다는 것이 참여자들에겐 생소할 것 같은데요.

남자 : **22.** 환경을 위해 종이컵 대신에 깨끗하게 세척된 텀블러를 사용한다는 내용을 안내 책자에 적어놓으면 참여자들이 충분히 이해할 수 있을 것 같아요.

21. 남자의 중심 생각으로 가장 알맞은 것을 고르십시오.
[중심 생각 고르기]   p.182

정답 ③

해설 만찬회 때 종이컵보다는 텀블러를 사용하는 것이 더 좋다고 생각하고 있다.

오답 ① 만찬회 때 선물로 텀블러가 가장 좋다고 말하고 있는 것은 아니다.
② 남자는 만찬회 때 종이컵을 사용하지 말자고 말하고 있다.
④ 안내 책자에 만찬회 내용이 아니라 선물로 세척한 텀블러를 주는 것에 대해 적어놓으면 참여자들이 이해하기 쉬울 것이라고 말하고 있다.

🔑 **Key-Point!** 4급 수준의 문제로, 대화를 통해 남자의 중심 생각을 찾아야 한다.

22. 들은 내용과 같은 것을 고르십시오.
[일치하는 내용 고르기]   p.182

정답 ①

해설 남자는 선물로 세척된 텀블러를 주는 것을 안내 책자에 적어놓자고 말하였다.

오답 ② 만찬회 때 받은 선물은 세척해서 사용해야 한다.
③ 여자는 만찬회 때 종이컵을 사용하자고 건의하고 있다.

④ 선물 받은 물건을 행사장에서 바로 쓰는 것은 좋자 않다.

🔑 **Key-Point!** 4급 수준의 문제로, 대화를 통해 내용과 일치하는 답을 찾아야 한다.

남자 : **23.** 우리 학교 신문사의 기자를 뽑는 전형 과정에 대한 계획안이 나왔나요?

여자 : 네, 간단한 글쓰기 시험과 면접을 전형 과정으로 정했습니다. 그런데 글쓰기의 주제와 면접 질문은 아직 정하지 못했습니다.

남자 : 글쓰기의 주제는 '미래직업과 인공지능'으로 정하고요. 면접 질문은 작년에 선정했던 질문을 참고해서 제가 오늘까지 알려주도록 하겠습니다. **24.** 글쓰기 시험 장소와 면접 장소는 정해졌나요?

여자 : 네, **24.** 두 곳 모두 작년에 면접을 보았던 장소로 정해졌습니다.

23. 남자가 무엇을 하고 있는지 고르십시오.
[담화 상황 고르기]   p.182

정답 ③

해설 신문 기자를 뽑는 전형을 점검하고 있다.

오답 ① 면접 장소는 여자가 알아보았다.
② 신문 기자가 되기 위하여 지원한 사람이 글쓰기를 한다.
④ 남자가 기자가 되려고 하는 것이 아니다.

🔑 **Key-Point!** 4급 수준의 문제로, 사회적 대화를 통해 남자가 무엇을 하고 있는 상황인지를 찾아야 한다.

24. 들은 내용과 같은 것을 고르십시오.
[일치하는 내용 고르기]   p.182

정답 ③

해설 글쓰기 시험 장소와 면접 장소는 모두 작년에 면접 보았던 장소로 같다.

오답 ① 여자는 글쓰기 시험을 볼 예정이다.
② 면접 질문은 작년의 면접 질문과 같다.
④ 신문 기자를 뽑는 전형은 이번이 처음이다.

Key-Point! 4급 수준의 문제로, 사회적 대화를 통해 들은 내용과 일치하는 답을 찾아야 한다.

[25~26]

여자 : 선생님께서 내놓은 드라이플라워가 시장에서 많은 인기를 얻고 있다고 하는데요. 드라이플라워의 어떤 점이 주목받고 있는 걸까요?

남자 : 꽃은 받는 사람뿐만 아니라 주는 사람의 기분도 좋게 하죠. 그런데 생화는 보존 기간이 짧고 관리도 쉽지 않아요. 조화는 플라스틱으로 만들어졌다는 이유로 싫어하는 사람들도 적지 않고요. **25.** 이러한 단점을 보완한 것이 드라이플라워입니다. **26.** 생화가 몇 단계의 과정을 거치게 되면 오래 보관할 수 있으며 특별한 관리가 필요하지 않은 드라이플라워가 됩니다. **25.** 플라스틱이 아니어서 사람들에게 거부감을 주지 않고요. 꽃 알레르기가 있는 사람한테도 선물할 수 있어서 좋습니다. 최근에는 웨딩부케로도 드라이플라워를 찾는 사람이 늘고 있습니다.

25. 남자의 중심 생각으로 가장 알맞은 것을 고르십시오.
[중심 생각 고르기]   p.183

정답 ④

해설 드라이플라워는 생화와 조화의 단점을 보완해 인기를 얻고 있다고 했다.

오답 ① 결혼식에서 드라이플라워를 웨딩부케로 찾는 사람이 늘고 있다고 했다.
② 꽃 알레르기가 있는 사람에게 드라이플라워를 선물하면 좋다고 했다.
③ 드라이플라워는 플라스틱으로 만든 것이 아니어서 거부감을 주지 않는다고 했다.

Key-Point! 4급 수준의 문제로, 인터뷰를 통해 남자의 중심 생각을 찾아야 한다.

26. 들은 내용과 같은 것을 고르십시오.
[일치하는 내용 고르기]   p.183

정답 ①

해설 생화를 가지고 몇 단계의 과정을 거치면 드라이플라워가 된다고 했다.

오답 ② 드라이플라워의 보존 기간은 조화보다 더 길다.
③ 꽃은 주는 사람보다 받는 사람의 기분을 더 좋게 한다.
④ 드라이플라워를 오래 보존하기 위해서는 특별한 관리가 필요하다.

Key-Point! 5급 수준의 문제로, 인터뷰를 통해 내용과 일치하는 답을 찾아야 한다.

[27~28]

남자 : 학교 앞 자동차의 속도 제한이 시간별로 달라진대요. 밤 9시부터 다음 날 7시까지는 속도 제한이 완화된대요.

여자 : **28.** 어린이 통행이 적은 시간에 교통의 흐름을 원활하게 하기 위해 속도 제한을 완화했대요.

남자 : **27.** 시간별로 제한 속도를 달리하면 운전자들이 혼동하여 낮에도 빠른 속도로 달릴 수 있어 위험할 것 같은데요.

여자 : 운전자들에게 학교 앞 시간별 제한 속도를 잘 알려주고 학교 앞 도로에 표지판도 만들면 될 것 같아요.

27. 남자가 말하는 의도로 알맞은 것을 고르십시오.
[화자의 의도 고르기]   p.183

정답 ③

해설 시간별 제한 속도가 달라지면 운전자들이 혼동하여 낮에도 빠른 속도로 달릴 수 있어 위험하다는 것을 말하려고 한다.

오답 ① 학교 앞 속도 제한이 시간별로 달라지는 것에 대해 이야기하고 있다.
② 학교 앞 표지판 설치의 필요성을 이야기하는 것은 아니다.
④ 속도 제한이 교통의 흐름을 방해한다는 불만을 표현하려고 하는 것이 아니라 속도 제한의 일관성을 말하고 있다.

Key-Point! 5급 수준의 문제로, 대화를 통해 남자가 여자에게 말하는 목적이나 의도를 찾아야 한다.

28. 들은 내용과 같은 것을 고르십시오.
   [일치하는 내용 고르기]   p.183

정답 ④

해설 어린이 통행이 적은 시간에 교통의 흐름을 원활하
      게 하기 위해 속도 제한을 완화한다고 했다.

오답 ① 밤 시간대의 속도 제한이 ~~더욱 엄격해진다.~~
      ② 속도 제한 표지판은 제한 속도를 알리는 것에
        ~~효과가 없다.~~
      ③ 어린이들이 학교에 가지 않는 휴일에 ~~속도 제
        한이 완화된다.~~

Key-Point! 5급 수준의 문제로, 대화를 통해 내용과
일치하는 답을 찾아야 한다.

[29~30]

여자 : 선생님께서는 각 개인에게 맞는 안경이나
       콘택트렌즈를 골라주시는 일을 하신다고
       들었습니다.

남자 : **30. 최근 사람들의 시력이 저하되어 안경
       을 착용하는 사례가 늘면서 31. 그들에
       게 최적의 안경을 선택해주는 일이 중요한
       일이 되었습니다.** 사람마다 얼굴 형태, 눈
       사이의 거리, 높낮이 등이 제각기 다르기
       때문에 그에 맞는 안경을 고르는 일이 전
       문화되었습니다.

여자 : 안경 대신에 렌즈를 착용하게 될 때는 주
       로 어떤 점에 신경을 쓰시나요?

남자 : 먼저, 사람마다 특정한 눈 질환이 있을 수
       있음에 유의합니다. 그리고 눈의 구조를
       보다 정밀하게 살펴 고객에게 가장 적합
       한 렌즈를 찾고 있습니다.

29. 남자가 누구인지 고르십시오.
   [담화 참여자 고르기]   p.184

정답 ④

해설 각 개인에게 맞는 안경이나 콘택트렌즈를 골라주
      는 일을 하는 사람이다.

오답 ① 시력을 검사하는 사람이 아니다.

② 안경을 제작하는 사람이 아니라 어울리는 안
  경을 골라주는 사람이다.
③ 눈 질환을 치료하는 사람이 아니라 질환에 맞
  는 콘택트렌즈를 골라주는 사람이다.

Key-Point! 5급 수준의 문제로, 인터뷰를 통해 남자가
어떤 일을 하는 사람인지 찾아야 한다.

30. 들은 내용과 같은 것을 고르십시오.
   [일치하는 내용 고르기]   p.184

정답 ①

해설 최근에 시력이 저하되어 안경을 착용하는 사람이
      늘었다고 말하였다.

오답 ② 눈 질환이 있는 사람은 ~~안경을 착용할 수 없다.~~
      ③ ~~얼굴 형태는 렌즈 선택에 중요한 영향을 끼친
        다.~~
      ④ ~~전문가의 권유로 안경 대신 렌즈를 선택하는
        사례가 많다.~~

Key-Point! 5급 수준의 문제로, 인터뷰를 통해 내용과
일치하는 답을 찾아야 한다.

[31~32]

남자 : 시 산하 시설관리공단에서 소형 버스 30
       대를 매입하여 **31. 시 외곽의 주민들을
       위해 마을버스를 운행하기로 하였습니다.**

여자 : 시 변두리의 주민들에게는 좋은 일이지만
       기존 버스회사는 반기지만은 않았을 것
       같은데요. 협의는 잘 이루어졌나요?

남자 : 처음에는 이견이 있었지만, 시민의 편리
       한 대중교통 이용에는 뜻이 같아서요. 몇
       차례 회의에서 공통된 생각을 확인했습니
       다. 운행 시간을 출퇴근 시간에 집중 배치
       하고 마을버스 노선은 시 외곽에서 시내
       초입까지로 한정하겠다는 **32. 최종 방안
       을 버스회사가 무리 없이 수용할 것으로
       생각하고 있습니다.**

여자 : 만약 버스회사가 수용한다면 시 외곽 주
       민들의 교통 이용에 대한 애로사항이 상
       당 부분 해소되겠네요.

31. 남자의 중심 생각으로 가장 알맞은 것을 고르십시오.

　　[중심 생각 고르기] 　　　　　　 p.184

정답 　④

해설 　시민의 편리한 대중교통 이용을 위해 마을버스를 운행한다고 하였다.

오답 　① 마을버스는 시 외곽에서 시내 초입까지 운행된다고 하였다.

　　　② 마을버스는 기존 버스회사의 이익을 침해한다고 할 수 있으나 남자의 중심 생각은 아니다.

　　　③ 버스회사는 회의에서 결정된 사항을 따라야 하는 것이 아니며 협의하는 것이다.

Key-Point! 　5급 수준의 문제로, 인터뷰를 통해 남자의 중심 생각을 찾아야 한다.

32. 남자의 태도로 가장 알맞은 것을 고르십시오.

　　[화자의 태도 고르기] 　　　　　　 p.184

정답 　③

해설 　버스회사가 최종 방안을 무리 없이 수용할 것으로 생각하고 있다고 했다.

오답 　① 협상이 잘 마무리 될 것이라고 생각하고 있다.

　　　② 의견을 강하게 말하고 있는 상황이 아니다.

　　　④ 상대방에게 자신의 주장을 수용할 것을 요구하고 있는 것이 아니라 회의에서 공통된 생각을 발견했고 그것을 바탕으로 상대방이 협의 내용을 수용할 것이라고 낙관하고 있다.

Key-Point! 　5급 수준의 문제로, 인터뷰를 통해 남자의 태도나 심정으로 맞는 답을 찾아야 한다.

[33~34]

여자 : **34.** 초기 사회에서는 자급자족 생활을 하며 필요한 물건들을 스스로 만들어서 사용했기 때문에 '화폐'라는 개념이 따로 없었습니다. 하지만 인간들의 생활 범위가 넓어지면서 자신이 만들지 못하는 물건들을 다른 사람에게서 얻어야 할 필요성이 생겼습니다. 그래서 생겨난 것이 바로 '물물교환'입니다. 그러나 물물교환 역시 한계점이 있었습니다. 물건의 가치가 서로 맞지 않아서 교환이 어려운 경우가 많았기 때문입니다. **33.** 이러한 문제점을 해결하기 위해 등장한 것이 화폐입니다. 최초의 화폐는 물품화폐였습니다. 조개껍데기, 곡물, 가축 등이 화폐로 사용되었습니다. 이후 금, 은, 동 등의 금속으로 만든 금속화폐가 등장하면서 화폐의 발전이 이루어졌습니다.

33. 무엇에 대한 내용인지 알맞은 것을 고르십시오.

　　[주제 고르기] 　　　　　　 p.185

정답 　③

해설 　여자는 물물교환의 문제점을 해결하기 위해 화폐가 등장했다고 했으므로 화폐가 탄생한 배경에 대해 이야기하고 있다.

오답 　① 자신이 만들지 못하는 물건들을 다른 사람에게서 얻어야 할 필요성이 생겨서 물물교환이 생겼다는 내용이 여자의 발화에서 나오지만 여자는 화폐가 등장한 배경을 설명하고 있다.

　　　② 화폐의 종류에는 물품 화폐나 금속 화폐가 있다는 내용이 나오지만 화폐를 만드는 방법이 구체적으로 나오지 않는다.

　　　④ 초기 사회에는 자급자족 생활을 통해 필요한 물건을 스스로 만들어서 사용한다고 했으며, 초기 사회의 거래 형태에 대한 내용은 여자의 발화에서 나오지 않는다.

Key-Point! 　5급 수준의 문제로, 여자의 강연을 통해 주제를 찾아야 한다.

34. 들은 내용과 같은 것을 고르십시오.

　　[일치하는 내용 고르기] 　　　　　　 p.185

정답 　①

해설 　초기 사회에는 자급자족 생활을 통해 필요한 물건을 스스로 만들어서 사용한다고 했다.

오답 　② 물건의 가치가 다르면 물물교환이 가능하다.

　　　③ 가축은 자급자족 생활에 꼭 필요한 존재였다.

　　　④ 최초의 화폐는 깨지지 않는 금속으로 만들어졌다.

Key-Point! 　5급 수준의 문제로, 여자의 강연을 통해 들은 내용과 일치하는 답을 찾아야 한다.

[35~36]

남자 : 양궁 국가대표팀 환영회에 참석해주신 여러분께 진심으로 감사드립니다. 오늘 행사는 국제 대회에서 메달을 획득한 국가대표 선수단을 축하하고 격려하기 위해 마련된 자리입니다. 이번 대회는 집중력을 잃지 않고 흔들림 없이 훈련에 매진한 **35.** 선수들이 있었기 때문에 좋은 결과를 얻게 되었습니다. 그리고 선수들을 가장 가까이에서 격려해주신 감독님과 지도자분들, **36.** 특별 훈련 기간 동안 숙식을 함께 하면서 동고동락해준 상비군 선수들께도 **35.** 다시 한번 깊은 감사의 말씀을 드립니다. 국민들에게 잊지 못할 순간을 선사한 양궁 국가대표 선수들과 지도자, 상비군에게는 포상금을 지급할 예정이며, 제주 여행권이 함께 제공될 예정입니다.

35. 남자가 무엇을 하고 있는지 고르십시오.
[화자의 목적 고르기]   p.185

정답 ②

해설 남자는 국제 대회에서 메달을 획득한 국가대표 선수단을 축하하고 격려하기 위해 마련된 자리에서 선수, 감독, 상비군 선수에게 감사를 표하고 있다.

오답 ① 선수들에게 포상금을 지급한다는 내용은 있지만 새로운 포상 제도에 대한 내용은 나오지 않는다.
③ 양궁 국가대표 수상자 명단에 대한 내용은 없다.
④ 남자는 훈련에 매진한 선수들을 격려하고 있으며 양해를 구한다는 내용은 나오지 않는다.

🔑**Key-Point!** 5급 수준의 문제로, 공식적인 인사말을 통해 남자의 목적이나 의도를 찾아야 한다.

36. 들은 내용과 같은 것을 고르십시오.
[일치하는 내용 고르기]   p.185

정답 ③

해설 상비군 선수는 특별 훈련 기간 동안 숙식을 함께 하면서 같이 훈련했다.

오답 ① 이번 대회에서는 메달을 받지 못했다.

② 국가대표 선수에게만 포상금이 지급될 것이다.
④ 제주도 훈련 일정에 차질이 없도록 지원할 예정이다.

🔑**Key-Point!** 5급 수준의 문제로, 공식적인 인사말을 통해 들은 내용과 일치하는 답을 찾아야 한다.

[37~38]

남자 : 건강을 위해서 근육량을 늘리는 게 중요하다는 인식이 퍼지면서 주목받게 된 영양소가 바로 단백질인데요. 단백질, 무조건 많이 먹는 것이 좋을까요?

여자 : 단백질은 우리 몸의 조직을 구성하고 우리 몸에 없어서는 안 될 필수 영양소 중 하나입니다. 하지만 뭐든 지나치면 탈이 나는 법입니다. 단백질 또한 과다 섭취하면 여러 가지 문제들이 생길 수 있는데, 바람만 스쳐도 아프다는 통풍도 그중 하나입니다. 물론 단백질을 너무 적게 먹어도 문제가 될 수 있습니다. **38.** 단백질이 부족해지면 근육의 힘이 저하되는데 이는 관절염을 야기할 수 있습니다. 따라서 **37.** 건강을 위해서는 양질의 단백질로 조화와 균형을 맞춘 식단이 중요합니다.

37. 여자의 중심 생각으로 가장 알맞은 것을 고르십시오.
[중심 생각 고르기]   p.186

정답 ①

해설 단백질이 부족하거나 과다 섭취하면 부작용(통풍, 관절염)이 생길 수 있으므로 양질의 단백질을 적당히 섭취하는 것이 건강에 좋다고 생각한다.

오답 ② 뭐든 지나치면 문제가 생긴다고 얘기하고 있지만 이것은 여자의 중심 생각은 아니며 부족한 것이 낫다는 내용은 없다.
③ 단백질은 우리 몸을 구성하는 필수 영양이라는 내용은 있지만 여자의 중심 생각이 아니다.
④ 남자가 건강을 위해서는 근육량을 늘려야 한다는 인식이 퍼지고 있다고 말하고 있으므로 여자의 중심 생각이 아니다.

Key-Point! 5급 수준의 문제로, 프로그램을 통해 여자의 중심 생각을 찾아야 한다.

38. 들은 내용과 같은 것을 고르십시오.
[일치하는 내용 고르기]
p.186

정답 ①

해설 단백질이 부족하면 근육의 힘이 저하되어 관절염을 야기할 수 있다.

오답 ② 단백질을 많이 먹을수록 건강에 도움이 된다.
③ 통풍에 걸리면 단백질을 자주 섭취해야 한다.
④ 근육량을 늘리려면 단백질을 먹은 후에 운동해야 한다.

Key-Point! 6급 수준의 문제로, 교양 프로그램을 통해 들은 내용과 일치하는 답을 찾아야 한다.

[39~40]

여자 : 39. 지금까지 인구 감소로 인해 국가 경제를 비롯한 전반적인 영역에 악영향을 미칠 것이라는 분석을 살펴봤는데요. 정부는 앞으로 어떻게 대처해야 할까요?

남자: 40. 지난해 우리나라에서 사망자 수가 출생아 수를 추월하는 '인구 데드크로스' 현상이 나타나면서 '인구절벽' 위기가 현실화되고 있습니다. 이에 정부는 영아 수당 신설, 출산 진료비 지원, 육아휴직 급여 개편 등 현금성 지원으로 출산을 장려하고 있습니다. 하지만 이와 같은 현금성 지원은 저출산 문제의 근본적 해법이 될 수 없습니다. 아동 수당 지급은 단발성 효과에 그칠 수밖에 없으며 출산하기 좋은 환경을 만드는 등 삶의 질 개선이 중점적으로 검토되어야 합니다.

39. 이 대화 전의 내용으로 알맞은 것을 고르십시오.
[담화 앞의 내용 고르기]
p.186

정답 ②

해설 여자는 첫 번째 발화에서 인구 감소로 인해 국가 경제를 비롯한 전반적인 영역에 악영향을 미칠 것이라는 분석에 대해 살펴봤다는 내용이 있으므로

인구가 줄어들면 국가에 안 좋은 영향을 미친다는 내용이 있을 것이다.

오답 ① 청년층의 고용 문제는 출산율과 관련이 있다는 내용은 없다
③ 육아하기 좋은 환경을 만들어 줘야 한다는 내용은 남자 발화 중간에 나오며 그러한 제도가 있다는 내용은 없다.
④ 정부는 아동 수당 지급을 통해 출산을 장려하고 있다는 내용은 남자의 발화 중간에 나온다.

Key-Point! 6급 수준의 문제로, 대담을 통해 앞뒤 상황을 추론하여 답을 찾아야 한다.

40. 들은 내용과 같은 것을 고르십시오.
[일치하는 내용 고르기]
p.186

정답 ④

해설 지난해 우리나라에서 사망자 수가 출생아 수를 추월하는 '인구 데드크로스' 현상이 나타나고 있다고 했으므로 사망자 수가 출생아 수보다 많은 현상이 발생하고 있다.

오답 ① 현금성 지원은 출산율 높이는 데 효과가 없다.
② 아동 수당을 지급하면 근본적인 문제가 해결된다.
③ 삶의 질을 개선하는 것은 저출산 문제와 무관하다.

Key-Point! 6급 수준의 문제로, 대담을 통해 들은 내용과 일치하는 답을 찾아야 한다.

[41~42]

여자 : 변화의 흐름에 뒤처지지 않는 것이 중요하다는 인식이 커지고 있는 가운데 유행에 따라가기 위해 공부하는 현대인들이 늘고 있습니다. 이들은 문화나 패션을 포함한 유행 등에 민감하게 반응하며, 빠르게 변화하는 최신 트렌드를 따라잡기 위해 시간과 비용을 할애하고 있습니다. 타인에게 보여주는 것에 민감한, 이른바 '비주얼 세대'인 20대·30대 젊은 층의 특징이라고 할 수 있습니다. 41. 하지만 무조건 유행을 좇는 것은 삶의 질을 떨어뜨릴 수 있습니다. 42. 유행 상품이 나올 때마다 구매

제5회

해 경제적인 어려움을 겪는 등 각종 부작용도 발생하고 있기 때문입니다. 트렌드에 지나치게 과몰입하게 되면 자신의 재정은 생각하지 않고 과소비를 하게 되면서 일상생활에 지장을 줄 수 있습니다. 욕구를 조절해 현명한 소비를 하는 것이 필요합니다.

41. 이 강연의 중심 내용으로 가장 알맞은 것을 고르십시오.
[중심 내용 고르기] p.187

정답 ②

해설 하지만 무조건 유행을 좇는 것은 삶의 질을 떨어뜨릴 수 있으므로 무작정 유행을 따라가는 것은 옳지 않다.

오답 ① 유행에 뒤처지지 않는 것이 중요하다는 인식이 커지고 있다는 내용이 나오기는 하지만 중심 내용이라고 할 수 없다.
③ 욕구를 조절해 현명한 소비를 하는 것이 필요하다는 내용은 있지만 중심 내용은 아니다.
④ 젊은 층은 최신 문화에 민감하게 반응하는 세대는 20대, 30대의 젊은 층이라는 내용이 나오기는 하지만 젊은 층은 최신 문화에 민감하게 반응해야 한다는 내용은 중심 내용이라고 할 수 없다.

Key-Point! 6급 수준의 문제로, 강연을 통해 중심 생각이나 핵심 내용을 찾아야 한다.

42. 들은 내용과 같은 것을 고르십시오.
[일치하는 내용 고르기] p.187

정답 ④

해설 유행 상품이 나올 때마다 구매해 경제적인 어려움을 겪는 등 각종 부작용도 발생하고 있다고 했으므로 트렌드에 지나치게 빠지다 보면 부작용이 발생한다.

오답 ① 유행 상품이 ~~나올 때마다~~ 구매해야 한다.
② 유행에 따라가기 위해 옷을 많이 ~~사야 한다~~.
③ 삶의 질을 높이기 위해서는 유행을 ~~좇아야 한~~다.

Key-Point! 6급 수준의 문제로, 강연을 통해 들은 내용과 일치하는 답을 찾아야 한다.

[43~44]

여자 : 미모사는 외형은 그저 평범한 양갈래 잎사귀를 가진 식물이지만 움직이는 식물로 꽤 유명하다. 모든 식물은 운동 능력이 있는데, 일반적인 식물의 운동을 육안으로 체감하기 위해서는 많은 시간이 필요하다. 하지만 미모사는 그렇지 않다. **43.** 미모사는 작은 자극에도 잎을 오므리거나 줄기가 축 처지므로 식물의 운동을 즉시 눈으로 볼 수 있다. **44.** 천적들이 미모사의 잎을 건드리면 미모사는 순식간에 물관에 있는 물을 빼서 잎사귀를 움츠려 잎을 반으로 접어버린다. 그러면 멀쩡한 잎이 사라지고 반으로 접힌 잎이 나타나 시든 것처럼 위장한다. 천적들은 이것만 보고 먹을 가치가 없다고 생각해 미모사에게서 등을 돌린다. 이것은 일종의 방어 작용이라고 할 수 있다. 또한 빛과 온도의 자극에 의해서도 잎이 움직이는데 낮에는 잎을 벌리고 밤이면 마치 잠을 자는 것처럼 잎맥을 중심으로 좌우로 잎을 가지런히 접는 수면 운동을 한다.

43. 무엇에 대한 내용인지 알맞은 것을 고르십시오.
[중심 내용 고르기] p.187

정답 ②

해설 미모사가 천적과 빛, 온도와 같은 외부 자극을 받으면 잎을 오므리거나 줄기가 축 처지는 반응을 보인다는 내용이다.

오답 ① 미모사의 잎이 천적으로부터 자극을 받았을 때 잎이 접히는 과정이 부분적으로 나와 있기는 하지만 글의 전체 내용은 아니다.
③ 미모사의 움직임과 수면과의 관계에 대한 내용은 나오지 않는다.
④ 미모사의 움직임을 관찰하는 방법에 대한 내용은 나오지 않는다.

Key-Point! 6급 수준의 문제로, 다큐멘터리를 통해 중심 내용을 찾아야 한다.

44. 미모사에 대한 설명으로 맞는 것을 고르십시오.
[일치하는 내용 고르기]
p.187

정답 ④

해설 천적들의 자극에 의해 미모사의 잎이 반으로 접히는 현상은 천적을 막는 일종의 방어 작용이라고 하였다.

오답 ① 천적들이 미모사의 잎을 좋아하지 않는다는 내용은 나오지 않는다.
② 낮에는 미모사 잎의 움직임 관찰이 불가능하다는 내용은 나오지 않는다.
③ 외부 자극으로 인해 움직이는 식물은 미모사가 유일하다는 말은 나오지 않는다.

Key-Point! 6급 수준의 문제로, 다큐멘터리를 통해 내용과 일치하는 답을 찾아야 한다.

[45~46]

여자 : 연에 구멍이 뚫려 있는 것은 세계에서 우리 전통 연이 유일합니다. 이 구멍은 맞바람의 저항을 줄이고, 뒷면을 진공상태로 메워주기 때문에 연이 빠르게 움직일 수 있을 뿐 아니라 강한 바람을 받아도 연이 상하지 않고 하늘을 유유히 날 수 있습니다. 또 연의 상단부에 들어가는 머릿살의 양끝은 실을 맨 후 이마처럼 살짝 튀어나오도록 뒤로 젖혀 만드는데 이것은 강한 바람을 상하좌우로 흘려보내기 위한 것입니다. 더불어 연의 하단부에 매는 실은 바람이 아래로 흘러내려 가게 함으로써 연이 뒤집히는 것을 막는 작용을 합니다. 그리고 **45.** 연의 맨 아랫부분에 댓살을 붙이지 않는 것은 하체를 가볍게 해 기동력을 높이기 위함입니다. 만약 여기에 살을 붙이면 공기의 강한 저항을 받아 연이 뜨지 않습니다. 이처럼 **46.** 바람의 흐름을 생각하고, 바람을 거스르지 않음으로써 새처럼 하늘 높이 오를 수 있도록 만든 것이 우리의 전통 연입니다.

45. 들은 내용과 일치하는 것을 고르십시오.
[일치하는 내용 고르기]
p.188

정답 ④

해설 연의 맨 아랫부분에는 댓살을 붙이지 않아서 연을 가볍게 해 기동력을 높인다고 했다.

오답 ① 연에 구멍이 뚫려 있는 것은 흔한 연의 형태이다.
② 전통 연은 새가 나는 모습에 착안하여 만든 것이다.
③ 바람에 저항하기 위해 연의 윗부분은 튀어나오게 제작된다.

Key-Point! 6급 수준의 문제로, 강연을 통해 내용과 일치하는 답을 찾아야 한다.

46. 여자가 말하는 방식으로 가장 알맞은 것을 고르십시오.
[화자의 태도 고르기]
p.188

정답 ②

해설 전통 연을 상단부와 하단부로 나누어 연의 구조를 설명하고 그에 대한 역할을 자세하게 설명하고 있다.

오답 ① 전통 연의 형태에 따라 분류한 것이 아니라 구조에 따라 분류하여 설명하고 있다.
③ 전통 연을 구성하는 부분의 명칭을 유추하는 내용은 나오지 않는다.
④ 전통 연을 만드는 과정은 내용에 나오지 않는다.

Key-Point! 6급 수준의 문제로, 강연을 통해 여자의 태도로 알맞은 답을 찾아야 한다.

[47~48]
다음을 듣고 물음에 답하십시오. (각 2점)

여자 : 일반 플라스틱 대신 생분해성 플라스틱을 사용하는 것이 환경에 더 좋은 건가요?
남자 : 일반 플라스틱은 자연환경에서 잘 분해되지 않지만 **47.** 생분해성 플라스틱은 짧은 시간 안에 미생물에 의해 분해됩니다. 이러한 특성으로 인해 생분해성 플라스틱이 마치 플라스틱의 모든 문제를 해결할 것처럼 과장되면서 플라스틱 사용을 정당화시키는 위장 환경주의 도구가 될 수 있습니다. 생분해성 플라스틱 인증만 받으면 친환경 제품 인증이 되는 현 제도가 생분해

성 플라스틱 논란을 오히려 키우고 있습니
다. 생분해성 플라스틱 인증과 친환경 제
품 인증을 분리할 필요가 있습니다. 생분
해성 플라스틱 인증을 통해서 소비자에게
생분해성 플라스틱 정보를 객관적으로 제
공하되 이 중 친환경 제품으로 제도적 혜
택을 줄 수 있는 제품에 한해서 친환경 제
품 인증을 하면 현재의 논란은 해소될 것
입니다. **48.** 생분해성 플라스틱 산업이 성
장할 수 있는 출구는 열어주되 위장 환경
주의 수단의 도구가 되는 것은 차단하는
접근이 필요합니다.

47. 들은 내용과 일치하는 것을 고르십시오.
[일치하는 내용 고르기]
p.188

정답 ③

해설 생분해성 플라스틱이 자연환경에서 분해되므로
플라스틱 사용을 정당화시키는 위장 환경주의 도
구가 될 수 있다고 하였다.

오답 ① 환경주의로 인해 생분해성 플라스틱 산업이
~~발전하고 있다.~~
② 생분해성 플라스틱과 친환경 제품을 나누어
~~인증받을 필요는 없다.~~
④ 생분해성 플라스틱이 친환경 인증을 받으면
~~환경주의 논란이 생겨날 것이다.~~

🔑 **Key-Point!** 6급 수준의 문제로, 대담을 통해 내용과
일치하는 답을 찾아야 한다.

48. 남자의 태도로 가장 알맞은 것을 고르십시오.
[화자의 태도 고르기]
p.188

정답 ④

해설 생분해 플라스틱 사용이 모든 환경 문제를 해결
해 줄 것처럼 정당화하여 생각하는 것을 경계하
고 있다.

오답 ① 생분해성 플라스틱의 사용을 적극 권장하고
있는 것은 아니다.
② 생분해성 플라스틱 정보를 제공하는 것을 나
쁘게 생각하는 것은 아니다.
③ 생분해성 플라스틱 산업 성장의 효과를 낙관
하는 내용은 나오지 않는다.

🔑 **Key-Point!** 6급 수준의 문제로, 대담을 통해 남자의
태도로 알맞은 답을 찾아야 한다.

[49~50]

여자 : 오늘날의 소비자는 현금이나 실물 카드
없이도 모바일 속 금융 정보를 활용해 결
제하는 등 다양하고도 혁신적인 지급 수
단의 변화를 경험하고 있습니다. 지급 수
단의 변화가 가속화되면서 화폐 또한 디지
털 기술이 접목된 새로운 형태의 디지털
화폐가 생겨났습니다. 디지털 화폐는 암호
화된 코드로 만들어진 디지털 자산입니
다. 실물 화폐와 동일한 교환 비율이 적용
되며, 중앙은행에서 발행하고 보증하기 때
문에 화폐로서의 신뢰도와 안정성이 높습
니다. 특히 **49.** 금융 회사를 거치지 않고
이용자 간 직접 자금 이체가 가능합니다.
이전보다 거래 과정이 간편해짐에 따라 사
용자들의 편의성은 높아지겠지만, 사이버
보안 문제와 개인 정보 노출 위험 등 디지
털 화폐 도입에 따른 부작용이 발생할 수
있습니다. 이에 따라 **50.** 안전한 금융 환
경을 확보하기 위해 사이버 보안을 강화하
는 시스템과 개인 정보 보호 정책 등의 제
도를 하루빨리 마련하는 것이 필요합니다.

49. 들은 내용과 일치하는 것을 고르십시오.
[일치하는 내용 고르기]
p.189

정답 ③

해설 금융 회사를 거치지 않고 이용자 간 직접 거래가
가능해져 사용자의 편의성이 높아졌다고 했다.

오답 ① 디지털 기술의 발달로 ~~실물 화폐가 생겨났다.~~
② 디지털 화폐는 ~~금융 회사를 통해서만 이체가
가능하다.~~
④ 디지털 화폐는 중앙은행에서 보증하므로 ~~사이
버 보안이 철저하다.~~

🔑 **Key-Point!** 6급 수준의 문제로, 강연을 통해 내용과
일치하는 답을 찾아야 한다.

50. 여자의 태도로 가장 알맞은 것을 고르십시오.
　　　[화자의 태도 고르기]　　　　　p.189

정답　③

해설　안전한 금융 환경을 위해 보안 강화와 개인 정보
　　　보호 정책 등의 제도를 급히 마련해야 한다고 요
　　　청하고 있다.

오답　① 디지털 화폐 도입을 지지하는 내용은 나오지
　　　　않는다.
　　　② 지급 수단 변화의 가속화를 염려하는 내용은
　　　　나오지 않는다.
　　　④ 디지털 자산 보호를 위한 제도를 서둘러 마련
　　　　해야 한다고 말하고 있다.

🔑 **Key-Point!**　　6급 수준의 문제로, 강연을 통해 여자의
태도로 알맞은 답을 찾아야 한다.

5회 실전모의고사 정답 및 풀이

쓰기 | 51번~53번

51. 들어갈 표현 쓰기   p.190

준수야, 민지가 **51-㉠**. 아파서 학교에 못 왔대. 빨리 (㉠   ) **51-㉠**. 걱정이야. 그런데 **51-㉡**. 민지가 오늘 학교 숙제를 알고 싶대. 혹시 민지한테 숙제를 (㉡   )? 나는 바로 아르바이트에 가야 해서 **51-㉢**. 부탁할게.

– 미나 –

㉠

Key-Point! · '걱정'을 나타내는 표현을 사용해야 한다.
· 친구가 아픈 상황을 생각하여 '낫다'라는 어휘를 사용해야 한다.

문형 –아/어야 할텐데

정답 나아야 할텐데

오답 낫아야 할텐데
→ ㅅ불규칙 문법에 따라 ㅅ받침은 탈락한다.

㉡

Key-Point! · 다른 사람을 위해 행동하는 의미의 문법을 사용해야 한다.
· 가능한지 물어보는 표현을 사용해야 한다.

문형 –아/어 주다

정답 알려줄 수 있어

오답 → 알려줘
친구에게 부탁하며 가능한지 물어보는 문장이기 때문에 '알려줄 수 있어'가 맞다.

52. 들어갈 표현 쓰기   p.190

우리는 건강을 가장 중요하다고 생각하지만 한편으로는 건강을 소홀히 생각하는 경향이 있다. 그러나 **52-㉠**. 건강은 재산과 똑같다. 돈을 낭비하지 말고 관리해야 하는 것처럼 건강도 (㉠   ). 예를 들어 몸에 안 좋은 음식을 많이 먹지 말고 **51-㉡**. 오늘 해야 할 운동을 내일로 (㉡   ).

㉠

Key-Point! · 돈과 건강은 똑같다는 문맥을 이해한다.
· 앞에 '관리해야 하는 것처럼'과 연결된 표현을 사용해야 한다.

문형 –아/어야 하다

394   토픽300+ TOPIK2 실전모의고사

정답 관리해야 한다

오답 관리한다

　　→ 앞에 '관리해야 하는 것처럼'과 연결되어야 하고 당위성의 의미가 있어야 한다.

Ⓛ

Key-Point!　· '미루다'라는 어휘를 사용해야 한다.
· 금지하는 표현을 사용해야 한다.

문형　－면 안 된다
　　　－지 말아야 한다

정답 1) 미루면 안 된다
　　　2) 미루지 말아야 한다

오답 변경하지 않는다

　　→ 문맥상 '미루다'라는 어휘가 적절하며, 금지의 의미가 있어야 한다.

53. 그래프 분석
　　　　　　　　　　　　　　　　　　p.191

조사기관: 문화부 / 조사대상: 성인 남녀 1,000명

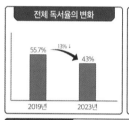

전체 독서율의 변화

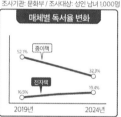

매체별 독서율 변화

독서율 변화의 원인
1. 종이책 가격 ↑
2. 전자기기 사용 ↑

그래프1	성인 남녀 1,000명의 독서율의 변화를 나타낸 그래프 읽기 -2019년도부터 2023년도까지 약 13% 감소하였다.
그래프2	매체에 따른 독서율 변화에 대한 그래프 읽기 -종이책은 52.1%→32.3%로 감소하였다. -전자책은 16.5%→19.4%로 증가하였다.
그래프3	독서율 변화의 원인에 대한 그래프 읽기 종이책 가격의 상승 전자기기 사용 증가

정답 (그래프1)문화부에서 성인 남녀 1,000명을 대상으로 독서율에 대해 조사한 결과 2019년에는

55.7%였지만 2023년에는 43%로 4년간 약 13%가 감소하였다.

(그래프2)매체에 따른 독서율을 살펴보면 종이책은 2019년도에 52.1%였으나 2023년도에 32.3%로 크게 감소하였다. 반면에 전자책은 2019년도에 16.5%였는데 2023년도에 19.4%로 증가하였다.

(그래프3)이와 같이 독서율이 변화한 원인은 종이책 가격의 상승으로 인해 종이책 구매율이 떨어졌고, 전자기기의 사용이 증가하면서 전자책을 이용하는 사람들도 늘었기 때문이다.

54. 긴 글 쓰기
　　　　　　　　　　　　　　　　　　p.191

최근 전 세계적으로 틱톡, 인스타그램 등과 같은 소셜미디어(SNS)를 청소년이 지나치게 사용하는 것에 대한 우려의 목소리가 나오고 있다. 이미 몇몇 국가에서는 청소년의 SNS 사용을 제한하거나 금지하는 법안이 시행되거나 논의되고 있다. 하지만 이에 대해 찬성하는 입장과 반대하는 입장이 뜨겁게 부딪히고 있다. 아래의 내용을 바탕으로 '청소년의 SNS 사용 제한'의 필요성과 문제점에 대해 자신의 의견을 쓰라.

과제1	'청소년의 SNS 사용 제한'의 필요성은 무엇인가?
과제2	'청소년의 SNS 사용 제한'의 문제점은 무엇인가?
과제3	'청소년의 SNS 사용 제한'에 찬성하는가, 반대하는가? 근거를 들어 자신의 의견을 쓰라.

과제1	청소년의 SNS 사용 제한의 필요성 -디지털 중독 예방 -유해 콘텐츠 노출 방지
과제2	청소년의 SNS 사용 제한의 문제점 -청소년의 정보 접근에 대한 자유 제한 -제한 기준의 모호함
과제3	청소년의 SNS 사용 제한에 찬성 -청소년의 SNS 사용 제한의 부정적인 면 인정 -찬성 근거 제시 -최종 결론 제시

정답 (과제1)청소년의 SNS 사용과 관련하여 여러 문제

들이 발생하고 있어 청소년의 SNS 사용 제한의 필요성이 커지고 있다. 먼저 SNS는 중독성이 높은 편인데, 이는 청소년이 자신의 힘으로 이겨내기가 어렵다. SNS 사용을 제한함으로써 디지털 중독을 예방해야 할 수 있다. 또한 SNS에서는 유해 콘텐츠에 노출될 가능성이 높기 때문에 SNS를 제한하여 이를 방지해야 한다.

(과제2)하지만 청소년의 SNS 사용 제한의 문제점도 존재한다. 청소년들의 정보 접근에 대한 자유를 침해할 수 있다는 점이다. SNS를 활용하여 필요한 정보를 얻는 경우가 많기 때문에 이를 제한하는 것은 옳지 않다는 것이다. 그리고 SNS를 제한하는 기준이 모호하다는 문제도 있다. 나이, 제한 시간 등과 같은 기준을 명확하게 정하는 것이 어렵기 때문이다.

(과제3)그렇지만 나는 청소년의 SNS 사용 제한에 대해 찬성한다. SNS을 활용하여 필요한 정보를 얻어 도움을 받는 경우가 있고, 아직 제한의 기준이 모호하다는 사실도 인정하지만 SNS의 유익함보다 유해함이 훨씬 더 크기 때문이다. SNS를 통해 도움을 받는 것보다 학습에 방해를 받는 경우가 더 많으며 SNS를 이용한 사이버범죄도 꾸준히 늘고 있다. 또한 청소년들은 심리적으로 불안정하기 때문에 SNS의 영향으로 불안감과 우울감을 느끼기도 한다. 따라서 나는 청소년의 SNS 사용 제한이 필요하다고 생각한다.

제5회

실전모의고사 정답 및 풀이

1	①	2	④	3	①	4	④	5	③
6	③	7	②	8	①	9	④	10	②
11	①	12	②	13	②	14	②	15	①
16	④	17	④	18	②	19	③	20	④
21	④	22	②	23	③	24	②	25	④
26	④	27	③	28	④	29	③	30	①
31	①	32	②	33	①	34	①	35	①
36	③	37	②	38	②	39	③	40	②
41	④	42	③	43	③	44	②	45	③
46	①	47	①	48	③	49	①	50	④

1. 어휘나 표현의 의미 고르기   p.195

길이 막혀서 비행기를 (   ).

정답   ①

해설   (으)ㄹ 뻔하다: 어떤 일이 거의 일어날 것 같음을 나타낸다.

   예 학교에 가다가 사고가 날 뻔했어요.

오답   ② -아야/어야 하다: 어떤 상황에 필요하거나 의무적인 행위, 반드시 갖춰야 할 상태를 나타내는 표현이다.

   예 이 약을 하루에 3번 8시간마다 먹어야 한다.

   ③ -(으)ㄹ 걸 그랬다: 후회나 아쉬움을 나타낸다.

   예 벌써 기차가 출발해 버렸네, 일찍 출발할 걸 그랬다.

   ④ -(으)ㄹ 리가 없다: 일반적인 이치로 볼 때 불

가능하다고 믿을 때 쓴다.

   예 아침에 만든 음식인데 벌써 상할 리가 없다.

Key-Point!   기본 문법 사용 능력을 측정하는 문항으로 3급 수준의 문법이 출제되며 기출문제를 중심으로 문법으로 정리해 두면 좋다.

2. 어휘나 표현의 의미 고르기   p.195

이 음식이 (   ) 안 먹었는데 생각보다 맵지 않네요.

정답   ④

해설   -(으)ㄹ까 봐: 바라지 않은 일이 생길 것을 미리 걱정할 때 사용한다.

   예 날씨가 더울까 봐 옷을 얇게 입고 왔는데 춥네요.

오답 ① -아야/어야: 앞선 행위나 상태가 뒤의 상황이
　　 되기 위한 필수적인 조건을 나타날 때 쓴다

　　 예 오늘 숙제를 다 해야 게임을 할 수 있어요.

　　 ② -다면: 어떤 사실을 가정하여 그 조건에 따르
　　 는 행위를 하거나 그러한 상태에 있음을 나타
　　 낼 때 쓴다.

　　 예 지금 출발한다면 한 시간 후에 도착할 수 있을
　　 거야.

　　 ③ -은데도: 선행절의 내용과 상관없이 예상하지
　　 않은 다른 상황이 일어날 때 쓰는 표현이다.

　　 예 내 친구는 예쁜데도 아직까지 남자친구가 없
　　 어.

Key-Point! 기본 문법 사용 능력을 측정하는 문항으
로 3급 수준의 문법이 출제되며 기출문제를 중심으로 문
법으로 정리해 두면 좋다.

3. 어휘나 표현의 의미 고르기　　　　p.195

어두운 곳에서 책을 자주 읽다 보면 눈이 나빠
질 거예요

정답　①

해설　-다 보면: 어떤 행동을 지속하거나 반복하면 뒤에
　　 이어질 상황이 올 수 있다. 후행절에 좋은 상황이
　　 나 안 좋은 상황이 올 수 있다.

　　 예 한국어를 계속 공부하다 보면 꼭 시험에 합격
　　 할 거예요.

　　 휴대폰을 오래 보다 보면 눈이 나빠질 거예요.

　　 ① -다가는 : 어떤 행동을 지속하거나 반복해서
　　 하면 안 좋은 상황이 생길 수 있음을 나타낸
　　 다.

　　 예 운동하지 않고 그렇게 먹다가는 살이 찔 거야.

오답　② -느라고: 이유나 원인을 나타내며 어떤 일을
　　 하지 못했거나 부정적인 결과를 나타낼 때 쓰
　　 인다

　　 예 샤워하느라고 전화를 받지 못했다.

　　 ③ -는 대로: 어떤 모양이나 상태와 똑같이 한다
　　 는 것을 나타낼 때 표현한다.

　　 예 내가 말하는 대로 따라 하세요.

　　 ④ -고 해서: 선행절의 내용이 후행절의 행동을

하는 여러 가지 이유 중의 하나임을 말할 때
쓰인다.

　　 예 비도 오고 해서 일찍 퇴근했어요.

Key-Point! 유의 표현 능력을 측정하는 문항으로 4급
수준의 문항이 출제되며 기출문제를 중심으로 문법을
정리해 두면 도움이 된다.

4. 어휘나 표현의 의미 고르기　　　　p.195

이 제품은 실용성과 디자인 면에서 우수하다고
소개된 바 있다.

정답　④

해설　(으)ㄴ 바(가) 있다/없다 : ① 앞에서 말한 그 자체
　　 나 일, 방법을 나타낼 때 표현한다. (~것)

　　 ② 경험 유무를 표현할 때 쓰인다. (~(은)ㄴ적이
　　 있다)

　　 예 네가 알고 있는 바가 있으면 자세해 말해주세
　　 요. → ①

　　 예 나는 그 이야기에 대해 전혀 의심한 바 없다.
　　 → ②

　　 ④ -(으)ㄴ 적이 있다/없다: 어떤 일의 경험 유무
　　 를 나타낼 때 표현한다.

　　 예 지금까지 한 번도 수업에 늦은 적이 있었나요?

오답　① -(으)ㄴ 셈이다: 앞의 근거로 볼 때 결국 어떤
　　 결과에 해당한다는 것을 나타낼 때 표현한다.

　　 예 시험 준비로 오늘 아침까지 한 시간 정도 잤다
　　 거의 밤을 새운 셈이다.

　　 ② -곤 하다: 어떤 상황의 반복을 나타내는 표현
　　 이다.

　　 예 어린 시절 고향의 모습이 꿈에 나오곤 했다.

　　 ③ -(으)려고 하다: 어떤 행위의 의도나 곧 일어날
　　 움직임을 나타내는 표현이다.

　　 예 기분이 나빠서 배가 고팠지만 아무것도 먹으려
　　 고 하지 않았다.

Key-Point! 유의 표현 능력을 측정하는 문항으로 4급
수준의 문항이 출제되며 고급 수준의 문법이 출제되는
경우도 있어 기출문제를 중심으로 문법을 정리해 두면
도움이 된다.

제5회

5. 무엇에 대한 글인지 고르기   p.196

> 흐릿한 글자, 희미한 사람
> 당신에게 필요한 건 선명한 세상!

정답   ③

해설   흐릿하다 / 희미하다 / 선명한 세상

오답   ① 운동 / 땀 / 부드럽다
      ② 깨끗하다 / 때가 쏙 / 빨래
      ④ 보다 / 얼굴 / 옷차림

Key-Point!   주로 표어, 광고지, 포스터, 전단지, 플랜카드 등이 제시되는 문항으로 3급 수준의 문항이 출제된다. 주제별로 관련 어휘를 정리해 두면 도움이 된다.

6. 무엇에 대한 글인지 고르기   p.196

> 이거 타 봤니? 안 타 봤으면 타 봐!
> 꿈이 현실이 되는 곳~~ 놀러 오세요!!

정답   ③

해설   타다 / 꿈 / 놀러 오다

오답   ① 다양한 물건 / 유행의 장소 / 한 곳에서 모두
        해결
      ② 편안하다 / 큰 화면 / 생생한 소리
      ④ 취미 / 배우다

Key-Point!   주로 표어, 광고지, 포스터, 전단지, 플랜카드 등이 제시되는 문항으로 3급 수준의 문항이 출제된다. 주제별로 관련 어휘를 정리해 두면 도움이 된다.

7. 무엇에 대한 글인지 고르기   p.196

> 횡단보도에서 뛰지 않아요.
> 키가 작은 학생은 손을 들고 차를 보세요.

정답   ②

해설   횡단보도 / 손을 들다 / 차

오답   ① 돕다 / 어려운 사람 / 함께 해요
      ③ 인사 / 웃음 / 행복한 사회
      ④ 건강 습관 / 실천

Key-Point!   주로 표어, 광고지, 포스터, 전단지, 플랜카

드 등이 제시되는 문항으로 3급 수준의 문항이 출제된다. 주제별로 관련 어휘를 정리해 두면 도움이 된다.

8. 무엇에 대한 글인지 고르기   p.196

> · 상품을 사용하기 전에 제품구성이 맞는지 살펴보세요.
> · 문제가 발생했을 시 사용 설명서를 보시고 계속 이상이 생기면 고객센터로 문의하세요.

정답   ①

해설   상품 사용 전 / 사용 설명서

오답   ② 상품 / 방법
      ③ 상품 / 용도 / 좋은 점
      ④ 상품 이상 / 교환 방법

Key-Point!   주로 표어, 광고지, 포스터, 전단지, 플랜카드 등이 제시되는 문항으로 3급 수준의 문항이 출제된다. 주제별로 관련 어휘를 정리해 두면 도움이 된다.

9. 내용이 같은 것 고르기   p.197

> ### 나도 가수다 선발대회
> ### – 신나고 흥겨운 노래 한마당 –
>
> ▶ 일시: 3. 15.(토) 14:00
> ▶ 장소: 인주시 민속시장 야외공연장
> ☞ 예선: 2.20(일), 10:00 / 장소: 인주시 체육관
> (예선에서 뽑힌 사람만 대회에 참가할 수 있음)
>
> ▶ 시상: 최우수상 (1명)──────── 100만 원
>   우수상(2명)──────── 각 50만 원
>   장려상(3명)──────── 각 30만 원
>
> ▶ 축하 가수 공연(3.15): 트로트 가수 이현규
> ▶ 접수 및 문의: 인주시청 홈페이지

정답   ④

해설   예선에 먼저 합격한 후 노래 대회에 나갈 수 있다.(예선 2월 20일/선발대회 3. 15일)

오답   ① 예선에서 축하 가수의 공연이 있다. → 축하 가
        수의 공연은 3월 15일이다
      ② 상을 받는 사람들의 상금은 모두 같다. → 순
        위에 따라 상금이 다르다.
      ③ 접수는 직접 시청으로 방문해야 한다. → 접수
        및 문의는 시청 홈페이지에서 할 수 있다.

Key-Point!   주로 안내지, 도표, 설명문 등이 제시되는 문항으로 3급 수준의 문항이 출제된다. 먼저 보기를 읽

고 그 내용이 맞는지 도표에서 확인하며 풀면 문제 푸는 시간을 절약할 수 있다.

10. 내용이 같은 것 고르기
p.197

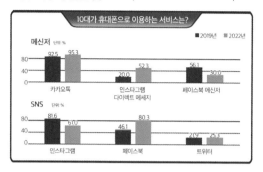

정답 ②

해설 10대가 가장 많이 이용한 서비스는 카카오톡이다.

오답 ① ~~SNS이용 서비스는 모두 증가하였다.~~ → 인스타그램은 증가, 페이스북과 트위터는 감소했다.
③ 3년 동안 가장 많은 감소율을 보인 것은 ~~트위터다.~~ → 페이스북이다.
④ ~~2022년에는 대체로 메신저보다 SNS를 더 많이 이용했다.~~ → 메신저를 더 많이 이용했다.

Key-Point! 주로 안내지, 도표, 설명문 등이 제시되는 문항으로 3급 수준의 문항이 출제된다. 먼저 보기를 읽고 그 내용이 맞는지 도표에서 확인하며 풀면 문제 푸는 시간을 절약할 수 있다.

11. 내용이 같은 것 고르기
p.198

인주시가 올해 처음 시민을 대상으로 무료 건강 검진을 실시한다. **11.** 지역에 사는 모든 시민은 무료로 기본적인 건강검진 및 상담 서비스를 받을 수 있다. 이에 **11.** 5월 한 달 동안 매주 토요일 인주 시청 1층 로비에서 접수하고 바로 진료를 받을 수 있다. **11.** 검진 후 이상이 발생했을 시 인주시 병원을 이용해 추가 진료를 받을 수 있도록 안내할 예정이다. 시는 **11.** 평소 병원에 잘 가지 않는 노약자분들도 많이 방문해 주시기를 바란다고 밝혔다.

정답 ①

해설 이 지역에 사는 시민은 나이에 상관없이 진료받을 수 있다.

오답 ② ~~건강검진을 실시한 후 만족도가 높으면 계속 운영할 계획이다.~~
③ ~~건강에 문제가 생겼을 때는 시청에서 다시 검사를 받아야 한다.~~ → 이상이 발생 시 인주시 병원을 이용해 추가 진료를 받을 수 있다.
④ ~~평상시 건강에 관심이 없는 사람은 무료 서비스를 이용할 수 없다.~~ → 지역에 사는 모든 시민은 무료로 받을 수 있다.

Key-Point! 주로 설명문 등이 제시되는 문항으로 3급 수준의 문항이 출제된다. 먼저 보기를 읽고 그 내용이 맞는지 지문을 확인하며 문제를 풀면 시간을 절약할 수 있다.

12. 내용이 같은 것 고르기
p.198

국밥 가게를 운영하는 김민수 씨의 사연이 감동을 주고 있다. 최근 김 씨는 자전거를 타고 은행에 다녀오면서 주머니에 있던 약 120만 원의 현금을 그만 길에 떨어뜨렸다. 돈이 떨어진 줄 몰랐던 김 씨는 그대로 집에 갔고 길을 지나던 한 여고생이 돈을 발견했다. **12.** 여고생은 돈을 주워 경찰서에 가 신고했다. 경찰서의 전화를 받은 김 씨는 돈을 찾게 돼 기쁘다면서 **12.** 여고생에게 평생 국밥을 무료로 제공해 주겠다고 하며 언제든지 와서 먹으라고 고마움을 전했다.

정답 ②

해설 여고생이 주운 돈은 무사히 김 씨에게 돌아갔다.

오답 ① ~~김 씨는 돈을 잃어버린 곳에 다시 가서 찾았다.~~ → 돈이 떨어질 줄 모르고 그대로 집에 갔다.
③ ~~경찰서에서 돈을 주운 여고생에게 국밥을 사켜줬다.~~
④ ~~김 씨는 여고생들에게 국밥을 파는 봉사활동을 하게 되었다.~~ → 돈을 찾아준 여고생에게 평생 국밥을 무료로 제공해 주겠다고 했다.

Key-Point! 주로 설명문 등이 제시되는 문항으로 3급 수준의 문항이 출제된다. 먼저 보기를 읽고 그 내용이 맞는지 지문을 확인하며 문제를 풀면 시간을 절약할 수 있다.

13. 순서대로 맞게 나열한 것 고르기 p.199

(가) **13.** 범죄 예방을 위한 CCTV 설치에 대해 지역 주민이 환영하고 있다.

(나) **13.** 그러나 CCTV가 개인의 사생활을 침해한다고 생각하는 사람들이 있다.

(다) **13.** 범죄 예방뿐만 아니라 사건 해결에도 중요한 역할을 하고 있기 때문이다.

(라) **13.** 이에 CCTV 설치 안내 표지판을 세우고 공익적 목적을 강조할 필요가 있다.

정답 ② (가)-(다)-(나)-(라)

해설 범죄 예방을 위해 CCTV 설치가 환영을 받고 있는데 그 이유를 제시한 후에 반면 CCTV의 부정적인 의견도 있으니 부정적 의견을 보완할 수 있는 것이 필요하다는 내용으로 설명해야 한다.

오답 ① ③ ④
(가)와 (다)가 첫 문장에 올 수 있으나 말하고자 하는 주제가 먼저 나와야 하므로 (가)가 먼저 나온 후에 주민들이 환영하는 이유를 (다)에서 밝히고 이어서 반대 의견을 (나)에서 제시 후에 그에 맞는 보완적 내용인 (라)가 마지막에 이어져야 한다.

Key-Point! 맥락의 이해 능력을 측정하는 문항으로 3급 수준의 문항이 출제된다. 보기 4개 중 2개가 고정되어 제시되며 두 개 중 첫 번째로 오는 문장을 찾으면 쉽게 답을 찾을 수 있다. 또한 접속사, 지시어, 조사를 잘 확인해야 한다.

14. 순서대로 맞게 나열한 것 고르기 p.199

(가) **14.** 또한 물건을 가지고 다녀야 하는 불편함이 있었다.

(나) **14.** 초기의 교환은 물건과 물건을 바꾸는 형태로 이루어졌다.

(다) **14.** 이에 물건의 가치를 정하고 불편함을 없애기 위해 **14.** 시장과 화폐가 생겼다.

(라) **14.** 하지만 서로가 원하는 물품의 종류와 수량이 맞는 사람을 찾기 어려웠다.

정답 ② (나)-(라)-(가)-(다)

해설 초기의 교환 형태는 물건과 물건을 바꾸는 것임을 먼저 제시해 주고 이 형태의 불편한 점을 접속어를 이용해서 2가지를 제시한 다음 이러한 불편을 해소하기 위해 시장과 화폐가 생겼다는 내용으로 설명해야 한다.

오답 ① ③ ④
지시어나 접속어를 제외하고 가장 큰 내용을 담고 있는 문장인 (나)를 제시하여 주제를 말해주고 이것의 문제점과 어려운 점을 (라)와 (가)에서 제시한 다음 마지막에 결론적으로 이것을 해결하기 위한 방법으로 (다)가 이어서 나와야 내용이 적합하다.

Key-Point! 맥락의 이해 능력을 측정하는 문항으로 3급 수준의 문항이 출제된다. 보기 4개 중 2개가 고정되어 제시되며 두 개 중 첫 번째로 오는 문장을 찾으면 쉽게 답을 찾을 수 있다. 또한 접속사, 지시어, 조사를 잘 확인해야 한다.

15. 순서대로 맞게 나열한 것 고르기 p.199

(가) **15.** 하지만 플라스틱 사용량이 늘면서 환경 문제가 발생하고 있다.

(나) **15.** 플라스틱 제품은 저렴하면서도 오래 쓸 수 있다는 **15.** 장점이 있다.

(다) **15.** 새들은 플라스틱 끈에 묶이고 고래의 뱃속에서 그것들이 발견되기도 했다.

(라) 썩지 않는 플라스틱이 **15.** 자연환경에 주는 피해를 심각하게 생각해 봐야 한다.

정답 ① (나)-(가)-(다)-(라)

해설 플라스틱에 대한 장점을 먼저 제시하고 이로 인해 환경 문제가 생기고 있다는 내용이 연결돼야 한다. 그리고 발생하는 환경 문제의 예를 제시하면서 플라스틱이 주는 피해에 대해 생각해 봐야 한다고 주장하고 있다.

오답 ② ③ ④
첫 문장으로 올 수 있는 것은 (나)로, 플라스틱에 대한 설명과 이러한 편리함으로 인해 환경 문제가 생긴다는 (가)가 다음으로 와야 하고 환경 문제의 예로 (다)가 이어져야 하며 그렇기 때문에 마지막에는 자연환경 피해에 대해 생각해 봐야 한다는 (라)가 와야 한다.

Key-Point! 맥락의 이해 능력을 측정하는 문항으로 3급 수준의 문항이 출제된다. 보기 4개 중 2개가 고정되어 제시되며 두 개 중 첫 번째로 오는 문장을 찾으면 쉽게 답을 찾을 수 있다. 또한 접속사, 지시어, 조사를 잘 확인해야 한다.

16. 빈칸에 알맞은 것 고르기   p.200

여가는 다양한 **16.** 취미활동을 할 수 있는 개인의 자유로운 시간으로, 정신적이고 육체적인 균형을 위해 반드시 필요하다. 주말과 휴가, 방과 후의 시간을 이용해 (   ) 그 **16.** 일을 즐기는 과정에서 스트레스를 해소하며 재충전의 기회를 갖는다.

정답   ④

해설   여가는 취미활동을 통해 개인의 삶의 균형을 맞추는 것이다. 이것은 자신의 쉬는 시간을 활용해서 하고 싶은 일을 함으로써 스트레스를 해소하는 일이다. 따라서 자신이 좋아하는 일을 찾아서 해야 한다는 결과를 도출할 수 있다.

오답   ① 여가 시간에 구직 활동을 할 수도 있지만 그 일을 즐길 수도 없고 스트레스도 해소할 수 없다.
② 여가 시간까지 밀린 업무를 한다는 것은 스트레스를 더 받을 수 있다.
③ 전공 과제를 여가 시간에 할 수 있지만 취미활동이라고 보기에는 정신적으로 어려운 작업이며 재충전을 할 수 있는 것이 아니다.

Key-Point!   문장 안에서 필요한 표현을 찾는 능력을 측정하는 문항으로 4급 수준의 문항이 출제된다. 괄호의 앞과 뒤를 집중해 읽고, 접속사나 담화 표지를 신경 써 문장 간의 관계를 파악해야 한다.

17. 빈칸에 알맞은 것 고르기   p.200

책 읽기 습관을 갖기 위해서는 먼저 이 책을 '왜' 읽을 것인지에 관한 고민이 필요하다. 우선 자신이 책을 읽는 목적에 맞는 독서 방법을 터득해 읽어야 끝까지 읽을 수 있다. 또한 (   ) 것도 좋다. **17.** 이것은 책의 내용뿐만 아니라 자신의 독서 습관에 관해서도 **17.** 스스로 확인하며 잘못된 부분이 있다면 조정을 하면서 읽어야 한다는 뜻이다.

정답   ④

해설   책 읽기 습관을 갖기 위해 먼저 책을 읽는 목적에 맞는 방법이 필요하다. 두 번째 자신의 독서 습관에 대해 스스로 확인하며 읽어야 한다고 했기 때문에 자신에게 질문을 하면서 읽는 습관이 필요하다는 의미이다.

오답   ① 공감하면서 비교한다는 것은 다른 사람의 생각과 의견에 대해 이해하는 건데 여기서 자신에게 스스로 확인해야 한다는 것과 맞지 않는다.
② 독서 시간을 확보해야 한다면 뒤에 시간을 투자하여 읽어야 한다는 내용이 와야 하는데 적절하지 않다.
③ 자신의 독서 습관을 스스로에게 물어보는 것이므로 책 속에 메시지를 찾는다는 내용은 적절하지 않다.

Key-Point!   문장 안에서 필요한 표현을 찾는 능력을 측정하는 문항으로 4급 수준의 문항이 출제된다. 괄호의 앞과 뒤를 집중해 읽고, 접속사나 담화 표지를 신경 써 문장 간의 관계를 파악해야 한다.

18. 빈칸에 알맞은 것 고르기   p.201

픽토그램은 그림을 뜻하는 '픽토(picto)'와 전보를 뜻하는 '텔레그램(telegram)'을 합쳐 만든 말이다. 사물, 시설, 행위, 개념 등 **18.** 누구나 쉽게 알아볼 수 있도록 상징적으로 나타낸 일종의 그림 문자이다. 이것을 활용한 것으로 지하철, 화장실과 같은 **18.** 공공장소의 픽토그램과 올림픽 픽토그램을 들 수 있다. 오늘날 새로운 의사소통의 수단으로 (   ) **18.** 누구에게나 정보를 전달한다는 점에서 주목받고 있다.

정답   ②

해설   픽토그램은 누구나 쉽게 알아볼 수 있도록 만든 상징적 그림 문자이므로 국적과 나이, 언어에 상관없이 쉽게 정보를 전달할 수 있어야 한다.

오답   ① 공공장소에 쓰이는 것이므로 사람마다 문자를 해석하는 능력이 다르면 안 되기 때문에 적절하지 않다.
③ 누구나 쉽게 알아볼 수 있어야 하므로 자신이 좋아하는 그림을 골라서 픽토그램을 만들 수 없어서 맞지 않는다.

④ 성별, 나이, 국적에 상관없이 누구나 알기 쉬운 그림 문자이기 때문에 추상적인 그림을 띠고 있으면 안 되므로 적절하지 않다.

Key-Point! 문장 안에서 필요한 표현을 찾는 능력을 측정하는 문항으로 4급 수준의 문항이 출제된다. 괄호의 앞과 뒤를 집중해 읽고, 접속사나 담화 표지를 신경 써 문장 간의 관계를 파악해야 한다.

[19~20]

과거 미국의 한 신문 기사에 자동차가 인류를 위협한다는 내용이 있었다. 이 신문 기사에서 **20.** 새로운 발명품인 자동차를 죽음의 기계로 표현하여 자동차가 곧 인류를 멸망시킬 것이라고 예상하였다. 당시에 자동차를 이렇게 생각한 이유는 교통신호가 없었기 때문이다. 세월이 흐른 지금, **19.** 인류가 멸망하였는가? (　　　) **19.** 자동차는 우리에게 없어서는 안 될 도구가 되었다. 사람들은 자동차를 안전하게 사용하기 위해 차도와 신호등을 만들었고 운전면허 제도도 만들었다. 무엇이든지 이에 필요한 **19/20.** 법과 제도를 만들면 안전하게 사용할 수 있다.

19. (　　　)에 들어갈 말로 가장 알맞은 것을 고르십시오.
[빈칸에 알맞은 어휘나 표현 고르기]　　p.201

정답　③

해설　오히려 : 일반적인 예상. 기대와는 전혀 다르거나 반대일 때 쓰는 말이다.

　　　(예) 지나친 운동은 생각했던 것과 다르게 <u>오히려</u> 더 건강을 나쁘게 만들 수 있다.

오답　① 그래서 : 앞의 내용이 뒤의 내용의 원인이나 근거, 조건 등이 될 때 쓰이는 말이다.

　　　(예) 저녁 시간은 항상 길이 막히기 마련이다. <u>그래서</u> 약속 시간을 넉넉하게 잡는 것이 좋다.

　　　② 이처럼 : 이와 같이, 앞 내용의 상황을 이어받아 뒤의 문장을 이끌 때 쓰는 말이다.

　　　(예) 강력한 태풍으로 피해가 크다. 상황이 <u>이처럼</u> 악화되자 사람들에게 대피 명령이 내려졌다.

　　　④ 더구나 : 게다가, 이미 있는 사실에 더해

　　　(예) 비가 와서 추운데 <u>더구나</u> 정전까지 돼 추운 밤

을 보내게 되었다.

Key-Point! 문항 안에서 필요한 어휘를 찾는 능력을 측정하는 문항으로 4급 수준의 문항이 출제된다. 괄호의 앞과 뒤를 집중해 읽고 기출문제에 제시된 접속사를 정리해 두면 도움이 된다.

20. 윗글의 주제로 가장 알맞은 것을 고르십시오.
[주제 고르기]　　p.201

정답　④

해설　차도와 신호등, 운전면허 등 자동차를 사용하기 위한 법과 제도를 만들어서 쓰면 안전한 것처럼 새로운 발명품은 이러한 제도적 장치가 있다면 더욱 안전하게 사용할 수 있게 된다는 점을 말하고 있다.

오답　① 자동차가 대단한 발명품이지만 여기에서 말하고 싶은 것은 단순한 발명품이 아니라 그것을 사용하려면 어떤 제도적 장치가 꼭 필요하다는 것이다.

　　　② 교통신호 체계만을 말하기에는 내용이 단편적이다.

　　　③ 자동차에 대한 단편적인 내용만 담고 있다.

Key-Point! 중심 내용의 이해 능력을 측정하는 문항으로 4급 수준의 문항이 출제된다. 중심 생각은 '-아야 하다, -는 게 좋다, 그래서'등의 표현과 함께 사용되니 이런 표현이 있는지 확인하여 문제를 풀면 도움이 된다.

[21~22]

요즘은 소비자들도 인터넷을 이용하여 다른 나라의 할인 행사 때 물건을 산다. 이른바 '해외 직구'이다. 해외 직구는 시장이 급성장하면서 **22.** 인터넷 사이트 외에 이동 통신 애플리케이션을 이용하여 물건을 사는 사람도 늘고 있다. 해외 직구를 이용하면 **21/22.** 가격 비교가 쉽고 중간 유통 단계가 적어서 더욱 (　　　) 있다. 그러나 국내 매장에서 사는 것보다 **22.** 교환이나 환불이 쉽지 않고 배송 시간이 오래 걸린다는 단점이 있다.

21. (　　　)에 들어갈 말로 가장 알맞은 것을 고르십시오.

정답   ④

해설   눈길을 끌다 : 관심을 끌다

　　　⑩ 요즘 젊은 사람들 사이에서 복고 패션이 눈길
　　　　을 끌고 있다.

오답   ① 한눈을 팔다 : 관심이 없거나 다른 일에 정신
　　　　을 팔다

　　　⑩ 10대 청소년들은 공부는 하지 않고 연예인에
　　　　게 한눈을 팔기 쉽다.

　　　② 가슴을 치다 : 마음에 큰 충격을 받다

　　　⑩ 그 사람의 사연이 내 가슴을 쳤다.

　　　③ 등을 돌리다 : 관계를 끊다

　　　⑩ 남편의 계속 둘러대는 거짓말에 그 아내도 등
　　　　을 돌렸다.

Key-Point!   문항 안에서 필요한 어휘를 찾는 능력을
측정하는 문항으로 4급 수준의 문항이 출제된다. 괄호의
앞과 뒤를 집중해 읽고 기출문제에 제시된 관용어를 정
리해 두면 도움이 된다.

22. 윗글에 내용과 같은 것을 고르십시오.
[내용과 같은 것 고르기]   p.202

정답   ②

해설   인터넷 및 이동 통신 애플리케이션의 발달로 해외
　　　직구를 하는 사람들이 많아지고 있다.

오답   ① 해외 직구는 유통 과정이 단순해서 ~~배송이 빠~~
　　　　~~르다.~~

　　　③ 해외 직구는 일반 시장처럼 ~~직접 물건을 비교~~
　　　　~~해 보고 살 수 있다.~~

　　　④ 최근 소비자들의 소비 형태는 국외에서 ~~국내~~
　　　　~~로 바뀌고 있는~~ 추세이다.

Key-Point!   세부 내용의 이해 능력을 측정하는 문항
으로 4급 수준의 문항이 출제된다. 먼저 보기를 읽고 그
내용이 맞는지 내용을 확인하며 풀면 문제 푸는 시간을
절약할 수 있다.

[23~24]

어머니는 내가 집에서 책만 읽는 것을 싫어하셨
다. 그래서 학교가 끝나 골목길에 아이들이 모일
때쯤이면 어머니는 대문 앞 계단에 작은 방석을
깔고 나를 거기에 앉히셨다. **24.** 불편한 다리 때
문에 오래 서 있기 힘든 나는 항상 목발을 옆에
두고 앉아 친구들이 노는 것을 구경했다. (중략)
초등학교 1학년 때였던 것 같다. 하루는 우리 반
이 좀 일찍 끝나서 나 혼자 집 앞에 앉아 있었
다. 그런데 마침 깨엿 장수가 골목을 지나고 있
었다. 그 아저씨는 가위만 쩔렁이며 내 앞을 지
나더니 다시 돌아와 내게 깨엿 두 개를 내밀었
다. 순간 그 아저씨와 눈이 마주쳤다. 아저씨는
아무 말도 하지 않고 아주 잠깐 미소를 지어 보
이며 말했다.
"괜찮아."
무엇이 괜찮다는 것인지는 몰랐다. 돈 없이 깨엿
을 공짜로 받아도 괜찮다는 것인지, 아니면 목발
을 짚고 살아도 괜찮다는 것인지……(중략)
참으로 신기하게도 힘들어서 주저앉고 싶을 때
마다 난 내 마음속에서 작은 속삭임을 듣는다.
23/24. 오래전 따뜻한 추억 속 골목길 안에서
들은 말.
"괜찮아! 조금만 참아 이제 다 괜찮아 질거야"
아, 그래서 **23/24.** '괜찮아'는 이제 다시 시작할
수 있다는 희망의 말이다.

---

23. 밑줄 친 부분에 나타난 '나'의 심정으로 가장 알맞은 것을 고르십시오.
[주인공의 태도/심정 고르기]   p.203

정답   ③

해설   든든하다 : 어떤 것에 대한 믿음으로 마음이 허전
　　　　　　　　하거나 두렵지 않고 굳세다

　　　⑩ 마음을 든든하게 먹고 이 일을 시작해야 한다.

오답   ① 창피하다 : 어떤 일을 당하여 부끄럽다

　　　⑩ 많은 사람들 앞에서 눈물을 보인 것이 창피해
　　　　서 그 순간 어디로 숨고 싶었다.

　　　② 안타깝다 : 뜻대로 되지 않거나 보기에 딱하여
　　　　가슴 아프고 답답하다

　　　⑩ 가족과 같은 반려견을 보내고 혼자 남게 된 아
　　　　들을 보니 마음이 너무 안타까웠다.

④ 섭섭하다 : 서운하고 아쉽다.

　　　　예 떠나는 친구에게 <u>섭섭한</u> 마음을 보이기 싫었다.

Key-Point! 글쓴이의 태도를 파악하는 능력을 측정하는 문항으로 5급 수준의 문항이 출제된다. 등장인물의 행동이나 표정 변화가 어떤 감정을 드러내는지를 먼저 파악하는 것이 중요하다.

24. 윗글의 내용과 같은 것을 고르십시오. [내용과 같은 것 고르기]
　　　　　　　　　　　　　　　　　p.203

정답　②

해설　아저씨가 미소를 보이며 하신 "괜찮아"의 말은 나에게 작은 울림이 되었고 인생을 살아가는 희망의 말이었음을 알 수 있다.

오답　① 나는 <s>돈이 없어서 엿을 자주 사 먹지 않았다.</s> (알 수 없는 내용이다)
　　　③ 나는 노는 것을 좋아하지만 <s>어머니가 싫어해서 앉아 있기만 했다.</s> (몸이 불편해서 친구들과 뛰어놀 수 없다는 내용이 있어야 한다)
　　　④ 나는 <s>다리가 불편한 엿장수 아저씨를 위해</s> 위로의 말을 자주 해 드렸다. (다리가 불편한 사람은 '나'이기 때문에 내용과 맞지 않고 위로의 말도 엿장수 아저씨가 해 준 말이므로 맞지 않다)

Key-Point! 글쓴이의 태도를 파악하는 능력을 측정하는 문항으로 5급 수준의 문항이 출제된다. 등장인물의 행동이나 표정 변화가 어떤 감정을 드러내는지를 먼저 파악하는 것이 중요하다.

25. 기사 제목 설명 고르기
　　　　　　　　　　　　　　　　　p.204

　　25. 경제 불황 속 25. 복권업계 호황, 25. 판매액 작년보다 증가

정답　④

해설　경제 불황 속 : 경제가 안 좋은 상황이지만
　　　복권 업계는 호황 : 복권 판매는 좋은 상황
　　　판매액 작년보다 증가 : 복권 판매액이 작년보다 올해가 더 늘어났다.

오답　① 경제가 호황으로 바뀐 것이 아니라 복권 판매액이 증가한 것이다.

② 복권은 올해가 작년보다 더 많이 팔렸으므로 앞뒤가 바뀐 내용이다.
③ 경제가 불황이지만 복권 판매액이 작년보다 늘었다는 내용이므로 이 문장은 맞지 않다.

Key-Point! 머리글을 이해하는 능력을 측정하는 문항으로 4급 수준의 문항이 출제된다. 두 가지 맥락 사이의 관계를 파악하는 것이 중요하다.

26. 기사 제목 설명 고르기
　　　　　　　　　　　　　　　　　p.204

　　내년 시급 26. '1만 원' 시대, 26. 첫 돌파 여부 관심 집중

정답　④

해설　내년 시급 '1만 원 시대' : 내년 시간당 급여가 1만 원
　　　첫 돌파 관심 집중 : 처음으로 정해질지 모두의 관심이 집중되고 있다.

오답　① 시급 1만 원은 내년에 처음으로 정해지게 되므로 올해에 이어서 연결되지 않는다.
　　　② 아직 시급 1만 원이 정해진 것이 아니므로 환영받고 있다는 문장과 어긋난다.
　　　③ 현재 시급 1만 원을 주는 곳은 아직 없기 때문에 제시된 문장 정보에 맞지 않는다.

Key-Point! 머리글을 이해하는 능력을 측정하는 문항으로 4급 수준의 문항이 출제된다. 두 가지 맥락 사이의 관계를 파악하는 것이 중요하다.

27. 기사 제목 설명 고르기
　　　　　　　　　　　　　　　　　p.204

　　27. 개화 시기 지나 꽃 활짝, 각지에서 27. 꽃 축제 활발

정답　③

해설　개화 시기 지나 꽃 활짝 : 개화 시기가 지나서 꽃이 폈지만 각지에서 꽃 축제 활발 : 여러 지역에서 꽃 축제가 열리고 있다.

오답　① 각 지역에서 꽃 축제가 축소 운영되고 있다는 내용과 맞지 않는다.
　　　② 현재 축제가 많이 열리고 있기 때문에 전망은 적절하지 않다.
　　　④ 개화 시기가 지나서 꽃이 폈기 때문에 개화 시

기에 핀 꽃과 내용이 연결되지 않다.

Key-Point! 머리글을 이해하는 능력을 측정하는 문항으로 4급 수준의 문항이 출제된다. 두 가지 맥락 사이의 관계를 파악하는 것이 중요하다.

28. 빈칸에 알맞은 것 고르기 p.205

인간은 체온 유지나 심장 박동 등 **28.** 최소한의 생존을 위해 에너지를 소비하며, 일상생활에서도 일정 정도의 에너지를 소비한다. 그러나 **28.** 소비하는 에너지보다 (　　　) **28.** 영양 과잉 상태가 된다. 사람마다 차이가 있지만 현대인은 보통 하루에 300킬로칼로리 정도 **28.** 과잉에너지가 체내에 쌓이게 된다.

정답　④

해설　영양 과잉 상태가 된다는 것은 소비하는 에너지보다 섭취하는 에너지가 더 많을 때 발생한다.

오답　① 에너지를 소비하는 것은 칼로리를 소비하는 것과 같은 의미이다.
　　　② 운동 에너지를 만드는 것은 에너지를 소비한다는 의미이다.
　　　③ 체내 에너지 발생률이 높으면 에너지 소비가 늘어나 영양 과잉 상태가 되지 않는다.

Key-Point! 문항 안에서 필요한 표현을 찾는 능력을 측정하는 문항으로 5급 수준의 문항이 출제된다. [16~18]번 문제 유형과 동일하나 어휘와 문법의 난이도가 높다.

29. 빈칸에 알맞은 것 고르기 p.205

지구의 생물 다양성이 빠른 속도로 감소하고 환경 개발로 인해 생물이 살고 있는 서식지마저 줄어들고 있다. 이에 **29.** 산을 뚫고 도로를 건설할 때 (　　　) 생태통로를 만들고 있다. 생태통로는 도로 건설 등으로 **29.** 단절된 서식지를 연결하기 위해 설치한다. 그러면 고립되어 먹이 부족으로 인해 죽거나 멸종되는 상황은 피할 수 있다.

정답　③

해설　환경을 개발할 때 생물이 살 수 있는 서식지를 연결하기 위해 이동할 수 있도록 생태 통로를 만들어야 한다는 것이다.

오답　① 생물을 위한 통로이므로 사람과는 관계가 없다.
　　　② 공사를 쉽게 하기 위해서 생태통로를 만드는 것은 아니다.
　　　④ 단절된 서식지를 찾아 이동할 수 있도록 하기 위한 것이므로 이 통로는 동물을 구경하기 위한 곳이 아니다.

Key-Point! 문항 안에서 필요한 표현을 찾는 능력을 측정하는 문항으로 5급 수준의 문항이 출제된다. [16~18]번 문제 유형과 동일하나 어휘와 문법의 난이도가 높다.

30. 빈칸에 알맞은 것 고르기 p.206

텔레비전 홈쇼핑이나 인터넷 쇼핑을 통해 손쉽게 저렴한 물건을 살 수 있다는 유혹에 빠져 필요하지도 않은 물건을 많이 사는 쇼핑족들이 늘면서 쇼핑중독이 사회적인 문제가 되고 있다. 그러나 최근 등장하고 있는 **30.** '미니멀리즘'은 '이것으로는 부족해'가 아니라 '(　　　)'라는 생활 양식을 추구한다. 이 사람들은 **30.** 최대한 적게 소유하려고 한다. 그래서 물질적 만족감에서 벗어나 소비와 소유를 **30.** 최소한으로 줄여 생활한다.

정답　①

해설　미니멀리즘은 최대한 적게 소유하고 최소한으로 생활하는 사람들로 이것으로 충분하다는 생활 양식을 추구한다.

오답　② 뭘 할 수 있는지가 아니라 이것으로 만족한다는 의미가 와야 한다.
　　　③ 더 필요하다는 것은 미니멀리즘과 반대의 경우이다.
　　　④ 이것으로 충분하고 만족스럽다는 의미이므로 이 문장과 연결되지 않는다.

Key-Point! 문항 안에서 필요한 표현을 찾는 능력을 측정하는 문항으로 5급 수준의 문항이 출제된다. [16~18]번 문제 유형과 동일하나 어휘와 문법의 난이도가 높다.

31. 빈칸에 알맞은 것 고르기 p.206

운전자가 위험을 감지하고 브레이크를 밟으면 자동차의 바퀴가 멈춰도 자동차는 미끄러지게 되고, 이때 자동차의 타이어와 도로 면 사이에 마찰이 발생하면서 자동차가 정지할 때까지 시간이 걸린다. **31.** 발로 브레이크를 밟은 후부터 자동차가 정지할 때까지의 거리를 제동거리라고 한다. 제동거리는 자동차의 속력이 2배가 되면 제동거리는 4배가 되고 자동차의 속력이 3배가 되면 제동거리는 9배가 된다. 이처럼 **31.** 속력이 빨라지면 제동거리는 훨씬 길어지기 때문에 자동차의 속력이 빠르면 운전자는 (   ).

정답 ①

해설 제동거리는 속력의 배가 되므로 속력이 빨라지면 결국 운전자는 제동거리를 확보하기 어려워 위험해질 수밖에 없다.

오답 ② 브레이크를 천천히 밟을수록 제동거리는 길어진다.
③ 자동차 속력이 가속화되는 과정에서 타이어 교체 여부는 내용과 맞지 않는다.
④ 빠른 속도의 자동차를 운전하면서 그 순간에 제동거리를 정확히 계산하면서 운전한다는 내용은 없다.

🔖 Key-Point! 문항 안에서 필요한 표현을 찾는 능력을 측정하는 문항으로 5급 수준의 문항이 출제된다. [16~18]번 문제 유형과 동일하나 어휘와 문법의 난이도가 높다.

32. 내용이 같은 것 고르기 p.207

'모두를 위한 디자인'은 노인이나 장애를 가진 사람도 사용하는 데 불편하지 않은 디자인을 말한다. 단지 **32.** 사회적 약자만을 위한 디자인이 아니라 보통 사람에게도 보편적으로 유용한 물건과 시설, 환경을 추구한다. 디자이너가 개성이나 상상력을 발휘하여 튀어보려는 마음보다 사람들이 인식하지 못하는 **32.** 불편한 점을 찾아내어 그 개선사항을 반영한 것이다. 횡단보도에서 파란불이 켜질 때 나오는 소리, 엘리베이터 버튼을 나이나 시력의 여부에 상관없이 사용할 수 있도록 한 것이 '모두를 위한 디자인'이라 볼 수 있다.

정답 ②

해설 이 디자인은 노인이나 장애를 가진 사람까지 누구나 쉽고 불편하지 않게 사용하기 위해 만든 디자인이다.

오답 ① 사회적 약자뿐만 아니라 모든 사람을 위한 디자인이다.
③ 디자이너의 개성보다 사람들이 느끼는 불편함을 찾아내 개선한 디자인으로 남녀노소 누구에게나 쓰일 수 있어야 하기 때문에 보편적인 디자인이다.
④ 모두를 위한 디자인이 실제 사용한 곳은 모두가 불편하다고 느끼는 일반적인 곳들이다.

🔖 Key-Point! 세부 내용의 이해 능력을 측정하는 문항으로 5급 수준의 문항이 출제된다. 먼저 보기를 읽고 그 내용이 맞는지 내용을 확인하며 풀면 문제 푸는 시간을 절약할 수 있다.

33. 내용이 같은 것 고르기 p.207

일하는 환경이 바뀜에 따라 우리 뇌의 능력은 점점 기억하는 뇌가 아닌 필요한 정보를 빨리 찾는 뇌로 바뀌어 가고 있다. 자신이 알고 있는 몇 가지 정보보다 **33.** 다른 사람이 갖고 있는 정보를 모아 놓은 것이 훨씬 더 가치가 있다. 또 자신만의 정보를 잘 기억하는 능력보다 **33.** 여기저기 있는 정보들을 효과적으로 잘 찾는 능력이 훨씬 중요하게 여겨지고 있다. 이런 디지털 기술 의존 현상이 인간의 기억력 퇴보를 말하지 않는다. 정보를 어디에서 찾을 수 있는지에 대한 정보도 기억해야 하고 정보를 찾을 수 있는 방법을 기억하는 것도 더 중요해지고 있기 때문이다.

정답 ①

해설 환경의 변화는 뇌의 능력도 바꾸어 놓고 있다.

오답 ② 디지털 기술의 발달로 기능이 떨어진다기보다 현재의 상황에 맞게 뇌는 더 가치 있는 일을 하고 더 중요하게 생각하는 부분으로 진화하고 있다.

③ 과거의 뇌가 가지는 특징이다.
④ 과거의 뇌가 가지는 특징이다.

Key-Point!　세부 내용의 이해 능력을 측정하는 문항으로 5급 수준의 문항이 출제된다. 먼저 보기를 읽고 그 내용이 맞는지 내용을 확인하며 풀면 문제 푸는 시간을 절약할 수 있다.

34. 내용이 같은 것 고르기　　　p.208

동양화의 그림 재료는 주로 한지나 화선지 또는 비단에 그림을 그린다. 이런 **34.** 종이나 고운 천에 일단 선으로 그린 다음 먹의 진하고 연함이나 채색을 더해 준다. 그러나 **34.** 먹물로 그리면 바로 스며들기 때문에 덧칠하거나 다시 고치기 어려워서 한번에 잘 그려야 한다. 반면 서양화의 재료는 캔버스라고 불리는 천에 유화물감으로 그림을 그린다. **34.** 캔버스 종이는 질겨서 계속 덧칠하여 그림을 **34.** 고칠 수 있는 데다 두꺼워지고 표면에 질감도 생긴다. 그 결과 캔버스에 그린 그림이 더 **34.** 입체적으로 표현되기도 한다.

정답　①

해설　동양의 한지, 화선지, 비단은 먹이 바로 스며들어서 덧칠이 불가능하지만 서양의 캔버스는 천에 물감을 사용해 그리는 것으로 천이 질겨서 여러 번 덧칠이 가능하다.

오답　② 동양화의 그림 재료는 덧칠을 하며 수정할 수 없다.
　　　③ 서양의 캔버스는 질겨서 덧칠이 가능하고 질감도 표현할 수 있다.
　　　④ 서양화는 여러 번 그릴 수 있고 덧칠이 가능하고 오히려 질감을 통해 입체적인 표현이 가능하다.

Key-Point!　세부 내용의 이해 능력을 측정하는 문항으로 5급 수준의 문항이 출제된다. 먼저 보기를 읽고 그 내용이 맞는지 내용을 확인하며 풀면 문제 푸는 시간을 절약할 수 있다.

35. 주제 고르기　　　p.208

영화는 기본적으로 허구성을 지닌다. 따라서 **35.** 역사적 배경을 토대로 하여 창작했더라도 그

영화의 내용이 실제 역사 속 그대로의 모습일 수는 없다. 영화 제작자들은 역사의 시대적 배경과 사건을 탐구해 인물과 이야기를 창조해 내고 개연성 있게 표현하는 사람일 뿐 역사를 있는 그대로 담으려는 사람과는 거리가 멀다. 전문가들은 **35.** "영화는 창작의 영역에 속하기 때문에 사실을 바탕으로 창작했을지라도 작가적 표현을 최대한 보장받아야 하며 해당 영화에 대한 평가는 관객의 몫이다"라고 강조했다.

정답　①

해설　영화는 역사적 사건을 배경으로 만들어진 창작물이며 역사를 있는 그대로 표현하기보다는 작가의 상상력이 들어간 것이므로 작가의 표현을 인정해 줘야 한다.

오답　② 영화는 창작된 결과물이므로 내용과 적절하지 않다.
　　　③ 영화의 요소이지만 전체 주제를 전달하기에는 미흡하다.
　　　④ 관객 선택의 문제이며 전체 주제의 관점과 맞지 않는다.

Key-Point!　중심 내용이 이해 능력을 측정하는 문항으로 5급 수준의 문항이 출제된다. 중심 생각은 '-아야 하다, -는 게 좋다, 그래서'등의 표현과 함께 사용되니 이런 표현이 있는지 확인하며 문제를 풀면 도움이 된다.

36. 주제 고르기　　　p.209

청소년들의 팬덤 문화가 변화하고 있다. 팬덤이란 특정한 인물이나 분야를 열성적으로 좋아하는 사람들, 또는 그러한 문화 현상을 가리키는데 그동안 청소년들의 팬덤 활동은 맹목적인 우상 추종과 팬덤 사이의 갈등으로 인해 부정적인 시각이 많았다. **36.** 요즘은 연예인들의 선행이 팬클럽 회원들의 선행으로 이어지고 있어 우리 사회에 긍정적인 영향력을 끼치고 있다. 이와 같은 팬덤 문화가 청소년들에게 **36.** 소중한 추억을 만들어 주고 청소년기의 **36.** 넘치는 에너지를 건전하게 표출하는 계기가 되고 있다.

정답　③

해설　올바른 팬덤 문화가 청소년기에 주는 긍정적 효

과에 대해 말하고 있다.

오답 ① 연예인을 좋아하는 팬덤 문화에 대한 내용으로 문장이 전체 주제에 비해 단순하다.

② 사회적 갈등보다는 청소년기의 팬덤 문화가 주는 영향력이 긍정적인 것인데 사회적 갈등을 해결한다는 것은 다소 확대 해석한 면이 있다.

④ 전체 주제와 맞지 않고 무조건 연예인의 행동을 따라 하라는 내용이 없다.

Key-Point! 중심 내용이 이해 능력을 측정하는 문항으로 5급 수준의 문항이 출제된다. 중심 생각은 '-아야 하다, -는 게 좋다, 그래서'등의 표현과 함께 사용되니 이런 표현이 있는지 확인하며 문제를 풀면 도움이 된다.

37. 주제 고르기   p.209

간접 광고는 영화나 드라마 속에 소품으로 등장시켜 상품을 광고하는 것을 말한다. 상표가 보이는 상품뿐만 아니라 이미지, 명칭 등을 노출시켜 관객들에게 홍보하는 마케팅 전략이다. 이를 통해 소비자들의 잠재의식 속에 해당 제품에 대한 이미지를 심고 그 제품을 갖고 싶다는 욕망을 불러일으키게 된다. **37.** 간접 광고를 통해 기업은 매출을 늘리고 방송사는 제작비를 벌게 되므로 모두 서로에게 이로운 영향을 준다. 그로 인해 **37.** 방송사는 시청률을 높여 더 많은 수익을 위해 노력하고 **37.** 기업은 제품을 자연스럽게 광고한다.

정답 ②

해설 간접 광고 속 제품 노출은 기업의 매출을 증가시키고 방송사의 제작비를 벌게 되므로 서로 상업적 특성에서 이익을 만들어 내는 과정이라고 볼 수 있다.

오답 ① 제품 소비는 간접 광고의 영향을 받지만 그로 인해 기업과 방송사가 얻는 영향을 제시해야 하므로 문항 내용이 다소 단편적이다.

③ 기업이 제품 광고를 위해 방송사와 협력할 필요는 있지만 간접 광고의 특성을 나타내는 주제로는 맞지 않는다.

④ 간접 광고는 제품이 인기를 얻기 위한 하나의 방법이며 전체 주제로 미흡하다.

Key-Point! 중심 내용이 이해 능력을 측정하는 문항으로 5급 수준의 문항이 출제된다. 중심 생각은 '-아야 하다, -는 게 좋다, 그래서'등의 표현과 함께 사용되니 이런 표현이 있는지 확인하며 문제를 풀면 도움이 된다.

38. 주제 고르기   p.210

세계기상기구는 지금처럼 물을 소비할 경우, 2050년에는 3명 중 2명이 물 부족 상태로 생활하게 될 것이라고 전망했다. 인구는 앞으로도 계속 증가할 것이며 늘어나는 인구만큼 식량이 더 필요하고 곡식의 재배를 위해 물이 더 필요하다. **38.** 그러나 기후 변화로 **38.** 가뭄이 심화되어 지금처럼 물을 쓰다가는 인류는 물 부족으로 큰 위기에 처해질 수 있다. 이러한 위기는 전쟁과 같은 국가 간의 **38.** 갈등을 초래할 가능성이 높다. 물은 인간의 생존을 위해 반드시 필요하지만 한정적이기 때문에 **38.** 물을 차지하기 위한 갈등이 벌어질 것이다.

정답 ②

해설 물 부족으로 인해 국가 간 문제나 위기가 발생할 수 있다는 내용을 담고 있다.

오답 ① 물을 얻기 위한 전쟁이 발생할 수 있으나 전체 주제로 보기에는 단편적이다.

③ 이러한 방법은 근원적인 해결 방법이 아니므로 주제와 맞지 않는다.

④ 물 부족 현상으로 인해 각종 위기가 발생할 것을 예상했지만 구체적인 대책은 제시하지 않았다.

Key-Point! 중심 내용이 이해 능력을 측정하는 문항으로 5급 수준의 문항이 출제된다. 중심 생각은 '-아야 하다, -는 게 좋다, 그래서'등의 표현과 함께 사용되니 이런 표현이 있는지 확인하며 문제를 풀면 도움이 된다.

39. 문장이 들어갈 곳 고르기   p.210

39. 그리고 경쟁을 통해 성공한 사람들에 대해 존중하는 마음도 생길 것이다.

동등한 경쟁이 되기 위해서는 경쟁에 참여할 수 있는 **39. 동등한 기회를 부여해야 한다.** (㉠) 또한 **39. 동일 기준으로 평가가 이루어질 수 있도록 해야 한다.** (㉡) 그렇게 해야 **39. 경쟁에 참여하는 사람들이 최선의 노력을 기울인다.** (㉢). 이처럼 공정한 경쟁의 결과는 건강한 사회 발전으로 이어질 수 있다. (㉣)

정답 ③

해설 동등한 경쟁을 위해 동등한 기회를 주고 동일 기준으로 평가해야 한다. 그래야 경쟁에 참여하는 사람들은 최선을 다해 임하고 그 결과를 인정하고 경쟁에서 성공한 사람에 대한 존경의 마음이 생긴다는 내용으로 이어져야 한다. 따라서 <보기>는 ㉢에 위치해야 한다.

오답 ① ㉠
② ㉡
④ ㉣

Key-Point! 문맥의 이해 능력을 측정하는 문항으로 6급 수준의 문항이 출제된다. 접속사, 지시어, 조사를 활용하여 알맞은 순서에 문장을 넣으면 된다.

40. 문장이 들어갈 곳 고르기   p.211

40. 반대로 '못되고 까칠한' 아이라고 믿고 대하면 그 아이는 실제로 그렇게 된다.

'피그말리온 효과'는 무언가에 대한 사람의 믿음, 기대, 예측이 실제로 일어나는 경향을 말한다. (㉠) **40. 처음 만나는 아이가 '착하고 친절할 것'이라고 믿고 기대면 그 아이는 실제로 노력해서 착하고 친절한 친구가 된다.** (㉡) **40. 긍정적인 기대를 가지면 긍정적인 결과를 낳고 부정적인 전망을 가지면 무의식적으로 부정적인 방향으로 실현된다.** (㉢) 우리도 무엇인가 이루어질 것이라고 믿고 행동한다면 그것이 현실이 되지 않을까? (㉣)

정답 ②

해설 <보기>의 내용이 반대의 경우를 나타내는 문장이므로 그 앞의 내용과 대조적인 문장이 와야 하며 '착한 아이'와 '까칠한 아이'의 비교를 통해 긍정적 기대는 긍정적 결과를, 부정적 전망은 부정적 방향이 나온다는 문장이 뒤에 이어져야 한다. 따라서 <보기>의 내용은 ㉡에 와야 한다.

오답 ① ㉠
③ ㉢
④ ㉣

Key-Point! 문맥의 이해 능력을 측정하는 문항으로 6급 수준의 문항이 출제된다. 접속사, 지시어, 조사를 활용하여 알맞은 순서에 문장을 넣으면 된다.

41. 문장이 들어갈 곳 고르기   p.211

41. 또한 치료에 사용되는 약재에 우리나라 이름을 같이 적어 놓았다.

『동의보감』의 편찬은 왕의 지시로 시작하여 14년 만에 완성되었다. (㉠) 처음에는 허준을 비롯하여 5인이 참여하였으나 후에 허준이 단독으로 완성하였다. (㉡) 허준은 조선의 의학 전통을 계승하고 그 표준을 세웠다는 의미에서 『동의보감』이라고 이름을 정하였다. (㉢) **41. 이 책에는 병에 따른 증상을 중심으로 쓰여 있어 치료할 때 편리하게 볼 수 있다.** (㉣) **41. 그래서 의학 지식이 부족한 사람도 쉽게 병을 치료할 수 있도록 하였다.**

정답 ④

해설 <보기>는 동의보감에 대한 특징으로 책에 대한 설명에 이어서 '또한'으로 시작하며 우리나라 이름으로 약재를 표기해서 보통의 사람들이 쉽게 병을 고칠 수 있었다는 내용이 바로 다음에 이어져야 하므로 보기는 ㉣에 와야 한다.

오답 ① ㉠
② ㉡
③ ㉢

Key-Point! 문맥의 이해 능력을 측정하는 문항으로 6급 수준의 문항이 출제된다. 접속사, 지시어, 조사를 활용하여 알맞은 순서에 문장을 넣으면 된다.

[42~43]

43. 나는 지금 그림에 천재적인 재능이 있다고 평가받는 화가이다. **43.** 과거 초등학교 3학년 때 4학년 이상만 참가할 수 있는 대회에 나가서도 1등을 했다. 나는 4학년이 되어 정식으로 그림 대회에 나가서 또 1등을 했다. **43.** 전체 학생들이 보는 앞에서 상도 받고 크레파스와 스케치북을 상품으로 받았다. 집이 가난하여 그림 도구를 사기가 어려웠는데 이 상품은 큰 도움이 되었다. 학교 강당에서 이번 그림 대회에서 좋은 성적을 거둔 작품들을 일주일간 전시했다. 당연한 결과였기에 굳이 보러 가고 싶지 않았지만 마지막 날 작품들이 전시되어 있는 곳으로 갔다. <u>그런데 그 그림은 내가 그린 그림이 아니었다.</u> 누군가 이 그림 뒷면에 나와 같은 참가 번호를 쓴 것이다. 나와 비슷한 장소에서 그린 풍경화이지만 **43.** 그림 속 나무에 칠해진 회색 크레파스는 나에게 없는 크레파스였다. **42.** 누가 이런 실수를 해서 내가 1등이 되었단 말인가? 그럼 원래 나의 그림은 어디로 간 것인가?

42. 밑줄 친 부분에 나타난 '나'의 심정으로 가장 알맞은 것을 고르십시오.
[주인공의 태도/심정 고르기] p.212

정답 ③

해설 당황스럽다 : 놀라서 어찌할 바를 모르다.
- 🔘 선생님의 갑작스러운 질문에 나는 당황스러운 표정을 지을 수밖에 없었다.

오답 ① 감격스럽다 : 마음에 느끼는 감동이 크다.
- 🔘 10번의 도전 끝에 따낸 자격증을 보는 순간 너무 감격스러워서 할 말을 잃었다.

② 부담스럽다 : 어떤 의무나 책임을 져야 할 듯한 느낌이 있다.
- 🔘 동생을 잘 돌봐야 한다는 부모님의 당부가 부담스럽기 그지없다.

④ 원망스럽다 : 못마땅하게 여겨 탓하거나 불평을 가지고 미워하고 싶은 마음이 있다.
- 🔘 말로는 이해한다고 했지만 마음속으로 원망스러운 것이 하나둘이 아니다.

Key-Point! 등장인물의 태도를 파악하는 능력을 측정하는 문항으로 6급 수준의 문항이 출제된다. 등장인물의 행동이나 표정 변화가 어떤 감정을 드러내는지를 먼저 파악하는 것이 중요하다.

43. 윗글의 내용으로 알 수 있는 것을 고르십시오.
[내용과 같은 것 고르기] p.212

정답 ③

해설 나는 크레파스를 색깔별로 모두 가지고 있지 않았다. (나와 비슷한 장소에서 그린 풍경화이지만 그림 속 나무에 칠해진 회색 크레파스는 나에게 없는 크레파스였다.)

오답 ① 나는 ~~4학년 때~~ 처음으로 대회에서 1등을 했다. (3학년 때에 이미 1등을 한 적이 있다.)
② 그림이 바뀐 것을 ~~모든 사람들이 알아서 부끄러웠다.~~ (전체 학생들이 보는 앞에서 상도 받고 크레파스와 스케치북을 상품으로 받았다.)
④ 나는 어린 시절 경험 때문에 ~~그림 그리는 것을 포기했다.~~ (나는 지금 그림에 천재적인 재능이 있다고 평가받는 화가이다.)

Key-Point! 세부 내용의 이해 능력을 측정하는 문항으로 6급 수준의 문항이 출제된다. 먼저 보기를 읽고 그 내용이 맞는지 내용을 확인하며 풀면 문제 푸는 시간을 절약할 수 있다.

[44~45]

자화상을 그린다는 것은 곧 내 안의 우주를 그리는 것이다. 비록 종이에 나의 모습이 들어 있지만 그림 속의 '나'는 늘 그림 밖의 세상을 바라본다. 그러므로 나의 자화상에는 내 시선에 실린 세계의 모습이 담겨 있다. **44.** 내 시선이 삐딱하면 삐딱한 대로, 자부심에 차 있다면 차 있는 대로, 나는 내 안의 우주를 다른 사람에게 ( ) 것이다. 그런데 많은 화가들의 자화상에서 우리가 편하고 푸근한 인상을 받기가 쉽지 않은 것은 왜일까? 그것은 우리의 삶이 평탄하지 않음을 보여주는 증거가 아닐까? **45.** 결국 이들 그림은 단순히 화가 개개인의 모습을 표현한 것이 아니라 바로 그들과 같은 시대를 살아온, 그리고 살아가고 있는 우리 모두의 자화상이기 때문이다. 곧 화가의 자화상은 그들의 세상, 그들의 시선에 담긴 우주의 모습인 것이다.

44. ( )에 들어갈 말로 가장 알맞은 것을 고르십시오.

[빈 칸에 알맞은 것 고르기] p.213

정답 ②

해설 '내 시선이 삐딱하면 삐딱한 대로, 자부심에 차 있다면 차 있는 대로'에서 말하는 것은 있는 그대로 솔직하게 드러내 보여준다는 것을 말해준다.

오답 ① 그림 실력이 아니라 그림 속에 들어있는 자아 내면의 모습이다.

③ 그림을 보며 그게 누구인지를 가르쳐주는 것보다는 그림 속 자신의 모습을 그대로 보여주는 것이기 때문에 맞지 않는다.

④ 불편한 감정을 표현하기보다 나의 모습을 직접 표현하는 것이므로 적절하지 않다.

Key-Point! 문장 안에서 필요한 표현을 찾는 능력을 측정하는 문항으로 6급 수준의 문항이 출제된다.

45. 윗글의 주제로 가장 알맞은 것을 고르십시오.

[주제 고르기] p.213

정답 ③

해설 자화상은 단순히 화가 개인의 모습뿐만 아니라 그 시대를 살아온 사람들의 모습까지 반영되어 있기 때문에 자화상을 통해 그 시대를 알 수 있다는 내용이 주제로 알맞다.

오답 ① 자화상을 그리는 것은 화가에게 큰 작업일 수 있지만 전체 주제로는 적절하지 않다.

② 화가의 내면을 보여준다는 표현은 단편적인 내용이다.

④ 자화상 속 모습에서 힘들어하는 모습은 그 자화상을 바라보는 사람들의 마음과 그 시대를 살아가는 사람들의 모습이 반영되어 있기 때문이므로 화가의 직업적 회의와는 관련이 없다.

Key-Point! 주제를 찾는 능력을 측정하는 문항으로 6급 수준의 문항이 출제된다. 중심 생각은 '-아야 한다, -는 게 좋다. 그래서' 등의 표현과 함께 사용되니 이런 표현이 있는지 확인하며 문제를 풀면 도움이 된다.

[46~47]

'잊힐 권리'는 인터넷 사이트나 SNS에 올라와 있는 자신과 관련된 각종 정보의 삭제를 요구할 권리를 말한다. 2014년 스페인의 한 변호사가 자신과 관련된 기사 링크를 삭제해달라고 요청한 소송에서 해당 기사의 링크를 없애라며 잊힐 권리를 인정하는 판결을 내렸다. 이후 전 **47.** 세계적으로 잊힐 권리 도입을 위한 논의가 활발해졌고 국내에서도 법제화해야 한다는 여론이 형성되었다. **46.** '잊힐 권리'는 개인 정보 유출과 사생활 침해로부터 최소한의 인권을 보호하는 장치로 반드시 필요하다. **47.** 개인의 행복 추구권이나 사생활 보호를 강화하기 위해 자신의 정보를 자신이 결정해야 한다는 것은 매우 중요한 부분이다. **46.** 그러나 '잊힐 권리'가 범죄를 저지른 사람들의 과거 행적을 지우는 용도로 이용되거나 공익적인 게시물도 삭제한다면 **46.** 국민의 알 권리와 표현의 자유를 침해할 수 있으므로 세세한 부분에 대한 논의가 필요하다.

46. 윗글에 나타난 필자의 태도로 가장 알맞은 것을 고르십시오.

[필자의 태도 고르기] p.214

정답 ①

해설 잊힐 권리는 개인의 권리 보호와 공익적 권리 보호 모두 중요하므로 그 부분에 대해 논의가 필요하다고 보고 있기 때문에 두 가지 측면을 모두 생각해 봐야 한다는 태도를 보이고 있다.

오답 ② 개인 권리 보호도 중요하지만 필자는 공익적 목적도 중요하다고 보고 있기 때문에 단편적인 내용이다.

③ 법적인 도입에 대해 부정적이지 않으며 다만 여러 측면에서 고려해 봐야 한다고 했기 때문에 맞지 않는다.

④ 공적인 목적의 무분별한 삭제 또한 조심해야 하지만 이것도 ②와 같이 단편적인 접근이다.

Key-Point! 필자의 태도를 파악하는 능력을 측정하는 문항으로 6급 수준의 문항이 출제된다.

47. 윗글의 내용과 같은 것을 고르십시오.

[내용이 같은 것 고르기] p.214

정답 ①

해설 잊힐 권리는 개인의 행복 추구를 위해 자신의 정보는 자신이 결정해야 한다고 본다.

오답 ② 국민의 알 권리를 위해 공익적 게시물을 삭제한다.
③ 인터넷의 발달로 잊힐 권리에 대한 인식이 높자 않다.
④ 범죄자도 잊힐 권리를 통해 자신의 범죄정보를 없애야 한다.

Key-Point! 세부 내용의 이해 능력을 측정하는 문항으로 6급 수준의 문항이 출제된다. 먼저 보기를 읽고 그 내용이 맞는지 내용을 확인하며 문제를 풀면 문제 푸는 시간을 절약할 수 있다.

[48~50]

미국의 그랜드 캐니언 북쪽에 있는 카이밥 공원에는 약 4000마리의 사슴들이 살고 있었다. 사람들은 약한 사슴들을 살리기 위해 늑대나 퓨마 등을 잡아 죽이기 시작했다. 사슴을 잡아먹는 **49/50.** 포식동물들이 사라지자 사슴들은 20년 사이에 6~7만 마리나 늘어났다. 그런데 그 뒤로는 사슴의 수가 줄어들기 시작했다 왜 갑자기 사슴의 수가 늘었다가 줄었을까? 사슴이 늘어난 이유는 당연히 사슴을 잡아먹는 포식동물이 사라졌으니 자연스럽게 **49.** 사슴의 수가 늘어난 것이다. 사슴의 수가 줄어든 이유는 사슴이 너무 많아지면서 (　　　). **49.** 굶어 죽는 사슴이 많아지고 사슴이 먹는 식물도 제대로 자라지 못해 사슴은 포식동물처럼 사라지게 되었다. 카이밥 공원의 사례를 보면 **48/50.** 인간은 자연에서 약한 동물을 잡아먹는 동물이 사라진다면 약한 동물이 평화롭게 살 수 있을 것이라 생각했다. 그래서 자연 생태계의 질서를 파괴한 것이다. 수많은 생명이 **48/50.** 오랜 세월 동안 지켜온 생명의 그물을 함부로 끊어버린 것이다. 이 생명의 그물은 우리가 생각하는 것보다 훨씬 복잡하고 거대하다. 자연 생태계의 한 인간으로서 생명의 그물을 지켜내는 것 또한 우리가 우리를 지키는 것임을 깨닫게 되기를 바란다.

48. 윗글을 쓴 목적으로 가장 알맞은 것을 고르십시오.

[글을 쓴 목적 고르기]　　　　　　　　p.215

정답 ③

해설 인간의 감정으로 인해 자연 생태계에 인위적으로 개입하면 결국 모두에게 피해가 갈 것이므로 이를 통제하지 않으면 안 되기 때문에 경각심을 갖기 위한 것이다.

오답 ① 인간의 생각이 자연의 불행을 초래한 것이므로 맞지 않다.
② 자연 보호보다 자연 생태계의 무분별한 개입을 비판해야 한다.
④ 오히려 인간의 동정심으로 약한 동물을 보호하자는 데에서 출발해 발생한 현상이므로 이것을 조심해야 한다는 내용이 와야 한다.

Key-Point! 글의 목적이나 이유, 근거를 파악하는 능력을 측정하는 문항으로 6급 수준의 문항이 출제된다.

49. (　　　)에 들어갈 말로 가장 알맞은 것을 고르십시오.

[빈 칸에 알맞은 고르기]　　　　　　　p.215

정답 ①

해설 (　　　) 뒤에 '굶어 죽는 사슴이 많아지고'가 이어져 있어 (　　　) 들어갈 내용은 사슴 개체 수가 많아져서 먹이가 부족하다는 내용이 와야 연결이 알맞다.

오답 ② 사슴이 개체 수가 많아지면서 살 곳보다는 식량이 부족해진 것이 가장 큰 원인이 라고 볼 수 있다.
③ 앞뒤 문맥상 사슴을 사냥했다기보다 사슴이 먹을 음식이 부족해 굶어 주는 사슴이 많아졌다고 해야 맞다.
④ 사슴끼리의 문제보다는 살아가는 데 필요한 먹이가 부족해 생긴 결과이므로 내용과 맞지 않는다.

Key-Point! 문장 안에서 필요한 표현을 찾는 능력을 측정하는 문항으로 6급 수준의 문항이 출제된다.

50. 윗글의 내용과 같은 것을 고르십시오.
[내용이 같은 것 고르기]　　　　　　　p.215

정답 ④

해설 포식동물의 감소로 사슴의 개체 수는 증가하였으
      나 결국 먹이 부족으로 사슴의 개체수도 감소하게
      되었다.

오답 ① 사람들은 사슴을 사냥하여 개체 수를 조절하
       였다.
      → 사람들은 약한 동물을 잡아먹는 포식동물을
      사냥하여 포식동물 수를 줄였다.
      ② 생태계 질서는 사람들의 영향을 거의 받지 않
       는다.
      → 인간의 개입으로 포식동물뿐만 아니라 사슴까
      지도 죽게 되는 등 생태계 파괴를 불러왔다.
      ③ 약한 동물을 보호한다면 생태계를 잘 유지할
       수 있다.
      → 약한 동물을 보호하는 것이 생태계 질서 유지
      에 도움이 되는 것이 아니라고 보았다.

Key-Point!   세부 내용의 이해 능력을 측정하는 문항
으로 6급 수준의 문항이 출제된다. 먼저 보기를 읽고 그
내용이 맞는지 내용을 확인하여 풀면 문제 푸는 시간을
절약할 수 있다.

어휘 색인

한국어	영역	회차	문항
(공)튀기다	듣기	2	31,32
(눈을)맞추다	읽기	4	37
~끼리	듣기	2	11
가격	듣기	1	7
가공식품	듣기	3	17
가공식품	읽기	2	46,47
가꾸기	읽기	1	18
가능성	듣기	2	37,38
가발	듣기	2	29,30
가볍다	듣기	1	2
가볍다	듣기	3	5
가속화	듣기	5	49,50
가속화하다	읽기	3	46,47
가시다	읽기	2	23,24
가열하다	읽기	1	16
가입하다	읽기	2	6
가전제품	듣기	3	18
가족 성숙기	읽기	4	36
가족 형성기	읽기	4	36
가지런히	듣기	5	43,44
가짜	듣기	2	33,34
가축	듣기	5	33,34
가축	읽기	2	46,47
가치	읽기	5	14
가치	듣기	1	41,42
가치관	듣기	4	39,40
각별한	읽기	4	48,49,50
간 데 없다	읽기	4	23,24
간격	읽기	3	9
간접 광고	읽기	5	37
간직하다	읽기	4	23,24
간하다	듣기	4	11

한국어	영역	회차	문항
간헐적 단식	읽기	2	13
갈등	읽기	5	38
갈망	읽기	4	28
감각	읽기	2	21,22
감독	읽기	2	8
감동	읽기	2	8
감면받다	듣기	2	41,42
감미료	읽기	3	44,45
감성적	읽기	3	19,20
감수성	읽기	3	33
감염	읽기	2	39
감염병	듣기	2	33,34
감염시키다	듣기	2	41,42
감정	쓰기	2	52
감지하다	읽기	2	30
감지하다	읽기	5	31
감추다	읽기	2	48,49,50
감퇴	듣기	1	33,34
강아지	듣기	2	6
강압적인	듣기	3	31,32
강점	듣기	3	45,46
강화하다	읽기	4	12
강화하다	읽기	2	35
강화하다	읽기	2	39
강화하다	듣기	5	49,50
갖추다	읽기	1	40
개개인	읽기	3	39
개발	읽기	1	19,20
개방	듣기	4	13
개방성	읽기	4	40
개방적	읽기	4	40
개봉	읽기	2	8

한국어	영역	회차	문항
개선	듣기	4	27,28
개선하다	읽기	2	32
개선하다	쓰기	3	53
개성	읽기	4	17
개업	듣기	5	6
개요	읽기	4	35
개인	듣기	2	17
개입하다	읽기	2	37
개체수	읽기	1	46,47
개최하다	듣기	3	23,24
개편	듣기	5	39,40
개화 시기	읽기	5	27
객관적	읽기	2	18
갯벌	듣기	4	20
갱신	읽기	1	26
거래	읽기	2	44,45
거르다	읽기	4	44,45
거부감	듣기	5	25,26
거스르다	듣기	5	45,46
거절하다	듣기	3	21,22
거주	읽기	1	17
거주지	듣기	2	23,24
거주하다	듣기	3	23,24
거짓 정보	듣기	2	33,34
거치다	읽기	2	39
거칠다	읽기	2	39
거칠다	듣기	4	37,38
걱정	쓰기	5	51
건강검진	읽기	5	11
건강하다	듣기	4	4
건드리다	읽기	2	23,24
건물주	쓰기	1	52

한국어	영역	회차	문항
건반	읽기	1	23,24
건전하다	읽기	1	40
건전하다	듣기	4	45,46
건조기	듣기	5	19
건조하다	듣기	2	25,26
건축 자재	듣기	1	45,46
검사	읽기	3	7
검색	읽기	1	31
검역	읽기	1	18
검토하다	읽기	3	12
검토하다	듣기	4	31,32
검토하다	듣기	5	39,40
겨루기	읽기	4	14
격려하다	듣기	5	35,36
격차	읽기	4	46,47
격차	읽기	1	48,49,50
격파	읽기	4	14
겪다	듣기	1	14
결	읽기	4	32
결론	읽기	4	38
결제하다	듣기	5	49,50
결합제	읽기	4	34
결합하다	읽기	3	30
결합하다	읽기	4	44,45
결합하다	듣기	3	45,46
결합하다	듣기	3	45,46
결혼식장	읽기	2	6
겹치다	듣기	4	23,24
경계	읽기	4	13
경계	듣기	4	45,46
경계하다	듣기	3	49,50
경련	읽기	4	30

한국어	영역	회차	문항
경로	읽기	3	39
경보	듣기	4	45,46
경비원	듣기	1	27,28
경신	읽기	1	34
경영하다	읽기	2	38
경쟁	읽기	5	39
경쟁	듣기	1	41,42
경쟁력	듣기	3	33,34
경적	읽기	3	40
경제 위기	듣기	2	33,34
경제력	쓰기	4	54
경제적 부담	읽기	3	12
경제적인	듣기	5	41,42
경제학자	읽기	4	38
경제활동	듣기	3	47,48
경직되다	듣기	4	25,26
경청	읽기	4	37
경향	듣기	5	20
경향	읽기	2	36
경향	듣기	2	33,34
경향	듣기	3	41,42
계면활성제	읽기	3	30
계층	듣기	4	21,22
계획서	듣기	4	8
고개	듣기	2	9
고공 행진	읽기	3	27
고난	읽기	2	33
고뇌	읽기	2	42,43
고래	읽기	5	15
고려하다	읽기	3	39
고르다	듣기	1	1
고르다	듣기	5	1
고립	읽기	3	29
고립	읽기	5	29
고무장갑	듣기	5	11

한국어	영역	회차	문항
고물가	읽기	1	27
고스란히	듣기	5	20
고용	듣기	3	47,48
고용 불안	읽기	1	33
고용되다	읽기	4	39
고용시장	읽기	3	26
고유	읽기	1	46,47
고장	듣기	1	4
고장 나다	듣기	3	10
고정되다	읽기	2	37
고치다	듣기	3	10
고통	읽기	1	29
곡선	듣기	4	43,44
곤두서다	읽기	4	42,43
곧다	읽기	4	29
골고루	읽기	3	2
골고루	읽기	1	21,22
골머리를 앓다	듣기	2	35,36
골목길	읽기	1	12
골목길	읽기	5	23,24
골칫거리	읽기	3	14
공간	듣기	2	31,32
공감	읽기	4	37
공격	듣기	4	37,38
공격성	읽기	2	32
공격하다	읽기	4	14
공고	듣기	4	12
공공 부문	듣기	2	47,48
공공 자전거	읽기	4	8
공공장소	읽기	5	18
공공재	읽기	1	48,49,50
공급자	쓰기	1	54
공급하다	듣기	3	39,40
공기순환	듣기	1	39,40
공놀이	듣기	2	31,32

한국어	영역	회차	문항
공단	듣기	5	31,32
공동생활	읽기	1	40
공동체	듣기	4	39,40
공동체	듣기	1	41,42
공동체 의식	듣기	3	39,40
공무원	읽기	1	12
공백기	듣기	3	47,48
공연	듣기	4	5
공연	읽기	5	9
공예	듣기	1	45,46
공유	듣기	2	33,34
공유	읽기	1	48,49,50
공유되다	듣기	2	39,40
공을 들이다	읽기	4	39
공익적	읽기	5	13
공정	읽기	1	38
공존	듣기	3	49,50
공직자	읽기	3	34
공포감	읽기	3	29
공학	읽기	1	19,20
과다 섭취	듣기	5	37,38
과도하다	읽기	3	44,45
과도하다	읽기	1	48,49,50
과도하다	읽기	2	48,49,50
과몰입하다	듣기	5	41,42
과반수	듣기	4	3
과소비하다	듣기	5	41,42
과장	쓰기	1	54
과장되다	듣기	5	47,48
관객	읽기	1	25
관객	읽기	2	25
관광	듣기	2	3
관람	듣기	2	3
관리	읽기	2	33
관리팀	듣기	3	10

한국어	영역	회차	문항
관리하다	듣기	3	20
관리하다	쓰기	5	52
관절염	듣기	5	37,38
관찰	듣기	1	20
광경	읽기	2	17
광고	쓰기	1	54
광고(물)	듣기	2	20
교류	읽기	2	32
교류	듣기	3	49,50
교양	읽기	4	29
교우	듣기	4	3
교인	읽기	2	36
교차로	듣기	2	45,46
교통량	듣기	1	29,30
교통신호	읽기	5	19,20
교환	읽기	5	14
구기다	읽기	2	15
구리	읽기	1	41
구매하다	듣기	5	3
구별	듣기	4	41,42
구별하다	읽기	2	30
구성되다	읽기	2	19,20
구성원	읽기	1	37
구성원	읽기	1	38
구성원	듣기	1	49,50
구성하다	듣기	5	37,38
구조	듣기	1	16
구조	읽기	4	16
구조	듣기	5	29,30
구조 요청	듣기	2	15
구조되다	듣기	2	15
구체적	읽기	4	28
구축	듣기	4	47,48
국경선	읽기	4	13
국민	듣기	2	27,28

한국어	영역	회차	문항
국밥 가게	읽기	5	12
국제	듣기	2	14
군것질거리	읽기	3	18
굵다	읽기	2	13
권리	읽기	4	18
권리	읽기	1	29
권리	듣기	2	27,28
규범	읽기	1	40
규제하다	듣기	3	31,32
균형	읽기	5	16
균형	듣기	5	17
균형	읽기	1	21,22
균형	읽기	3	46,47
그대로	듣기	3	19
그르다	읽기	2	36
그물	듣기	1	16
극복	읽기	1	25
근력	읽기	1	34
근무하다	듣기	4	25,26
근본적	듣기	5	39,40
근육	듣기	1	20
근육량	듣기	5	37,38
근지구력	읽기	1	34
글쓰기	듣기	5	14
글쓰기	듣기	5	23,24
금단 증상	읽기	1	31
금속	듣기	5	33,34
금연	쓰기	2	51
금융	듣기	5	49,50
급격한	읽기	3	48,49,50
급격히	읽기	4	19,20
급등	읽기	2	46,47
급발진	듣기	4	15
급성장	읽기	5	21,22
급속도	읽기	4	44,45

한국어	영역	회차	문항
급속히	듣기	3	49,50
급증	듣기	1	39,40
긍정적인	읽기	3	19,20
기간	읽기	3	1
기기	읽기	4	46,47
기념하다	읽기	2	11
기능	읽기	4	17
기동력	듣기	5	45,46
기록	읽기	2	18
기록하다	읽기	4	13
기르다	듣기	2	6
기반	읽기	3	46,47
기본 소득 제도	읽기	2	35
기본권	듣기	1	49,50
기부하다	듣기	3	23,24
기부하다	듣기	2	29,30
기분 전환	듣기	1	10
기억	듣기	1	33,34
기억력 퇴보	읽기	5	33
기억에 남다	듣기	2	20
기여하다	읽기	2	41
기여하다	읽기	3	46,47
기자	듣기	5	23,24
기존	읽기	3	10
기존	듣기	5	31,32
기준	읽기	2	28
기준	읽기	1	38
기체	읽기	1	16
기초를 다지다	듣기	3	41,42
기회	듣기	2	14
기획	듣기	1	31,32
기획안	듣기	3	12
기획안	듣기	1	23,24
기후	읽기	2	33
기후	읽기	1	46,47

한국어	영역	회차	문항
길들이다	듣기	2	37,38
길잡이	읽기	2	16
깊숙이	읽기	4	23,24
깔다	듣기	2	19
깨지다	듣기	3	11
꺼내다	듣기	4	11
꼽히다	읽기	4	19,20
꽃 축제	읽기	5	27
꽃다발	듣기	2	2
꽃병	듣기	4	17
꾸준히	듣기	1	3
꾸준히	듣기	5	3
꾸준히	듣기	4	4
꾸준히	읽기	2	12
꿈을 펼치다	읽기	3	8
꿰어내다	읽기	4	44,45
끈	듣기	1	10
끊임없이	듣기	2	41,42
끓다	듣기	4	11
ㄴ 나누기	읽기	4	38
나눔	듣기	2	29,30
나름대로	듣기	2	47,48
나머지	읽기	2	13
나오다	듣기	2	4
나중	듣기	2	3
나침반	읽기	2	16
낙인찍히다	듣기	3	47,48
낚시	듣기	2	15
날로	읽기	3	48,49,50
낡다	읽기	3	38
남극	읽기	2	40
남다	듣기	2	10
납부하다	듣기	2	41,42
낭비되다	읽기	2	15
낭비하다	읽기	3	39

한국어	영역	회차	문항
낮추다	듣기	2	25,26
낯선	읽기	2	17
내면	읽기	4	29
내부	읽기	2	14
내성	읽기	1	31
냉각	듣기	1	45,46
냉담하다	읽기	2	42,43
너무하다	듣기	2	31,32
널다	읽기	1	23,24
넓다	듣기	3	13
넘다	읽기	2	10
넘어지다	듣기	1	15
노골적으로	읽기	3	32
노동력	읽기	2	28
노력하다	읽기	3	4
노약자	읽기	5	11
노약자	읽기	2	7
노출	읽기	2	48,49,50
노출	듣기	5	49,50
노출되다	듣기	4	47,48
노출시키다	읽기	5	37
노폐물	읽기	3	37
노후	읽기	1	35
노후 생활기	읽기	4	36
녹다	읽기	2	14
논의하다	쓰기	5	54
논의하다	듣기	4	21,22
논쟁	읽기	1	29
놀리다	읽기	3	42,43
놀이기구	듣기	3	9
놓치다	듣기	2	14
뇌간	읽기	1	28
뇌사	읽기	1	28
누리다	듣기	1	49,50
누리집	읽기	4	48,49,50

한국어	영역	회차	문항
눅눅하다	듣기	5	19
눈길을 끌다	듣기	2	20
눈길을 끌다	듣기	3	29,30
눈동자	읽기	3	23,24
눈썰매	읽기	4	9
눈언저리	읽기	1	23,24
눈에 띄다	듣기	2	20
눈치를 살피다	읽기	4	23,24
뉴스	듣기	1	27,28
능력	읽기	1	38
능력	쓰기	2	52
능숙하다	읽기	2	30
능숙하다	듣기	4	45,46
다급하다	읽기	3	42,43
다독여 주다	읽기	3	42,43
다수	듣기	2	39,40
다양서	읽기	1	46,47
다양하다	듣기	1	21,22
다양하다	듣기	5	21,22
다짐하다	듣기	2	29,30
다치다	듣기	4	1
단독	읽기	5	41
단발성	듣기	5	39,40
단백질	읽기	2	39
단백질	듣기	5	37,38
단속	듣기	2	39,40
단순하다	읽기	2	35
단정	듣기	4	41,42
단축	듣기	2	47,48
단축하다	듣기	4	27,28
달구다	읽기	1	41
달리기	듣기	5	18
담당	듣기	1	12
담아내다	읽기	2	31
담아내다	듣기	4	43,44

한국어	영역	회차	문항
답변	쓰기	4	51
당국	듣기	5	15
당뇨	듣기	3	20
당당하다	듣기	3	16
당연하다	읽기	4	34
당일	읽기	3	6
당일	읽기	4	9
당일	듣기	2	35,36
대가	읽기	2	44,45
대기	읽기	4	34
대기업	읽기	3	11
대단히	쓰기	2	51
대대적	듣기	2	39,40
대리	읽기	2	42,43
대리점	듣기	5	19
대비	읽기	3	25
대비	읽기	4	48,49,50
대상자	듣기	2	23,24
대안	늗기	3	31,32
대안을 제시하다	듣기	3	21,22
대야	읽기	1	23,24
대여	읽기	4	8
대여하다	듣기	4	23,24
대응	듣기	4	45,46
대중교통	읽기	3	9
대중적인	읽기	1	39
대책	읽기	4	27
대책	듣기	1	25,26
대책	듣기	2	47,48
대처하다	읽기	1	30
대체하다	듣기	3	31,32
대출	듣기	5	8
대피로	쓰기	1	52
댁	듣기	4	6
댐	읽기	4	16

한국어	영역	회차	문항
댓살	듣기	5	45,46
더듬다	읽기	4	23,24
더듬다	읽기	2	42,43
더불어	듣기	4	37,38
덜	읽기	4	10
덧칠	읽기	5	34
덧칠하다	읽기	2	31
도로전광표지판	읽기	3	40
도로포장	듣기	1	29,30
도리어	읽기	4	23,24
도배	읽기	1	9
도서	듣기	5	8
도시락	듣기	2	10
도시화	읽기	1	17
도시화	듣기	3	39,40
도심	듣기	2	31,32
도용하다	듣기	2	39,40
도입	듣기	4	31,32
도입되다	듣기	3	15
도입하다	듣기	2	47,48
도전	읽기	2	27
도전	읽기	1	30
도파민	읽기	4	21,22
독립하다	듣기	3	41,42
독서율	듣기	1	3
독서율	쓰기	5	53
독성	읽기	2	39
독점적	읽기	4	18
독특하다	읽기	1	32
독특하다	읽기	1	41
돈독하다	읽기	4	37
돌봄	읽기	3	46,47
돌연	듣기	5	15
돌파	읽기	2	25
돌파	읽기	5	26

한국어	영역	회차	문항
돌풍을 일으키다	읽기	4	48,49,50
돗자리	읽기	4	25
동거	듣기	4	37,38
동결건조	듣기	2	25,26
동경하다	듣기	3	49,50
동고동락	듣기	5	35,36
동기부여	읽기	3	33
동동	읽기	4	25
동등	읽기	5	39
동선	읽기	3	39
동아리	듣기	1	23,24
동양	읽기	2	31
동양화	읽기	5	34
동원하다	읽기	2	21,22
동의	듣기	2	49,50
동의를 구하다	듣기	3	19
동일하다	듣기	1	31,32
동일한	읽기	4	40
동호회	듣기	1	18
동호회	쓰기	2	53
두근거리다	읽기	4	23,24
두드러지다	듣기	4	41,42
뒤를 잇다	듣기	2	3
뒤죽박죽	읽기	4	23,24
뒤처지다	듣기	5	41,42
뒤흔들다	듣기	4	39,40
드라이 클리닝	듣기	3	2
드라이플라워	듣기	5	25,26
등	듣기	5	13
등록되다	듣기	4	13
등을 돌리다	듣기	5	43,44
등재되다	듣기	3	43,44
디지털	읽기	4	46,47
디지털 기술 의존 현상	읽기	5	33
따다	듣기	1	19

한국어	영역	회차	문항
따돌림	읽기	3	32
따분하다	듣기	1	33,34
땔감	듣기	1	25,26
떠오르다	듣기	4	35,36
떨구다	읽기	2	42,43
떨어지다	듣기	3	27,28
떼	듣기	2	43,44
뚫리다	듣기	5	45,46
뛰다	듣기	1	5
뛰어나다	듣기	4	37,38
띠다	듣기	1	45,46
라벨	읽기	1	7
마감	듣기	1	6
마련하다	듣기	5	35,36
마루	읽기	1	14
마르다	읽기	4	16
마모	읽기	4	32
마무리 되다	듣기	3	14
마음	듣기	1	3
마음가짐	듣기	5	16
마찰	읽기	5	31
마케팅 전략	읽기	5	37
만족도	읽기	4	11
말끔하다	읽기	3	5
말다	듣기	2	19
말더듬이	읽기	2	42,43
말문이 막히다	읽기	2	42,43
망설이다	읽기	2	23,24
망치	읽기	1	41
맞다	듣기	2	18
맞바꾸다	읽기	2	44,45
맞바람	듣기	5	45,46
맞춤형	듣기	2	29,30
맡기다	듣기	3	2
맡기다	듣기	5	6

한국어	영역	회차	문항
맡기다	듣기	1	11
맡기다	쓰기	1	51
맡기다	쓰기	4	51
매개	읽기	2	44,45
매료	읽기	1	32
매입	듣기	5	31,32
매진하다	듣기	5	35,36
매체	쓰기	5	53
맹목적	읽기	5	36
맹수	듣기	4	37,38
머물다	읽기	3	14
먹/먹물	읽기	5	34
먹물	읽기	2	31
먹음직하다	읽기	2	21,22
먼지	읽기	4	6
멀쩡하다	듣기	5	43,44
멍때리기	읽기	2	12
멍하다	읽기	3	42,43
메	읽기	1	41
메워주다	듣기	5	45,46
면밀히	듣기	5	15
면역력 증진	읽기	3	37
면제	듣기	2	35,36
멸망	읽기	5	19,20
멸종	읽기	5	29
멸종	읽기	1	46,47
명단	듣기	4	12
명예	읽기	4	18
모방	읽기	1	19,20
모방 소비	듣기	3	41,42
모방하다	읽기	2	39
모순	읽기	1	44,45
모으다	듣기	4	18
모집	듣기	4	12
모집	듣기	1	18

한국어	영역	회차	문항
모집대상	읽기	2	9
모처럼	듣기	4	19
목록	읽기	1	42,43
목발	읽기	5	23,24
목적	듣기	1	3
몰두하다	읽기	4	21,22
몰두하다	듣기	1	47,48
몰리다	듣기	1	15
몰입	읽기	1	31
묘사	읽기	1	44,45
무관	읽기	2	48,49,50
무관심	읽기	3	23,24
무관하다	듣기	4	47,48
무너지다	읽기	4	34
무단	읽기	1	48,49,50
무려	읽기	4	33
무리	듣기	2	43,44
무리하게	듣기	3	21,22
무분별하다	듣기	2	39,40
무상	듣기	3	35,36
무시하다	듣기	3	49,50
무용	읽기	1	39
무의식적	읽기	5	40
무조건	듣기	2	18
무한히다	읽기	4	40
묶다	듣기	1	10
묶다	읽기	2	11
문명	듣기	4	49,50
문의하다	쓰기	4	51
문지르다	읽기	2	11
문지르다	읽기	1	23,24
문화예술	듣기	2	3
물가	듣기	3	3
물거품	읽기	2	27
물관	듣기	5	43,44

한국어	영역	회차	문항
물놀이	듣기	1	2
물리치다	듣기	1	43,44
물물 교환	읽기	2	44,45
물물교환	듣기	5	33,34
물줄기	듣기	2	43,44
물질적 만족감	읽기	5	30
뮤지컬	읽기	1	39
미끄러지다	듣기	2	15
미끄럽다	듣기	1	5
미니멀리즘	읽기	5	30
미디어	듣기	2	33,34
미라클 모닝	듣기	2	21,22
미래	듣기	2	5
미래	읽기	2	6
미래	읽기	3	8
미리	쓰기	2	51
미만	듣기	2	3
미미하다	읽기	2	48,49,50
미백	읽기	4	5
미생물	읽기	2	34
미생물	듣기	5	47,48
미성숙	듣기	3	41,42
미세하다	읽기	2	34
미술관	듣기	2	4
미흡	읽기	4	27
민간	듣기	4	13
민간	읽기	1	36
민간 부문	듣기	2	47,48
민감하다	듣기	5	41,42
민요	읽기	1	39
밀가루	읽기	1	11
밀접하다	읽기	4	19,20
밑그림	읽기	4	35
ㅂ 바게트	읽기	2	11
바구니	듣기	3	2

한국어	영역	회차	문항
바깥쪽	듣기	2	1
바람직하다	읽기	2	36
바람직하다	쓰기	3	52
바람직하다	듣기	4	39,40
바로	쓰기	5	51
바지랑대	읽기	1	23,24
박탈하다	듣기	2	49,50
반납	듣기	5	8
반납하다	듣기	3	7
반납하다	듣기	4	33,34
반려견	읽기	4	30
반려견	읽기	2	32
반면	읽기	2	19,20
반영하다	읽기	5	32
반응을 얻다	듣기	4	29,30
반입	읽기	4	48,49,50
반찬	듣기	4	11
반품하다	듣기	4	6
발견하다	읽기	1	14
발굴하다	듣기	2	47,48
발명	읽기	4	18
발명	듣기	1	31,32
발생하다	듣기	1	15
발생하다	듣기	4	15
발생하다	듣기	1	33,34
발원지	읽기	1	36
발전하다	읽기	2	19,20
발전하다	읽기	3	48,49,50
발표하다	듣기	2	13
발표하다	듣기	3	16
발휘하다	읽기	3	30
발휘하다	읽기	5	32
방관하다	듣기	2	39,40
방대하다	읽기	3	48,49,50
방석	읽기	5	23,24

한국어	영역	회차	문항
방어	듣기	5	43,44
방어하다	읽기	4	14
방지	읽기	1	15
방지하다	읽기	3	16
방지하다	읽기	4	18
방짜	읽기	1	41
방해	읽기	2	37
방향	읽기	2	16
방화문	쓰기	1	52
배경	읽기	2	23,24
배경음악	읽기	3	27
배달	듣기	2	12
배려	읽기	1	38
배려하다	읽기	2	7
배상	듣기	4	45,46
배출	읽기	3	37
배출하다	읽기	2	34
배출하다	읽기	2	41
배출하다	듣기	4	47,48
배치	듣기	1	15
배치	듣기	5	31,32
배타적	읽기	1	48,49,50
배터리	읽기	3	25
배포하다	듣기	2	39,40
뱃사람	읽기	2	16
버리다	듣기	2	17
버리다	듣기	4	17
번성	읽기	1	46,47
벌금	듣기	2	41,42
벌어지다	읽기	2	23,24
범위	읽기	4	40
범위	듣기	5	33,34
범죄 예방	읽기	5	13
범주	듣기	4	41,42
법안	쓰기	5	54

한국어	영역	회차	문항
벗기다	듣기	2	1
벗어나다	읽기	2	37
벗어나다	듣기	4	33,34
변두리	듣기	5	31,32
변비	듣기	1	43,44
변질시키다	읽기	3	18
변화무쌍하다	읽기	3	31
보고	듣기	1	47,48
보고하다	듣기	3	12
보관하다	읽기	2	14
보관하다	듣기	3	35,36
보급	읽기	1	32
보급	읽기	4	19,20
보급	듣기	1	25,26
보급	읽기	4	46,47
보도	읽기	4	31
보디빌딩	쓰기	2	53
보상	읽기	4	21,22
보상 체계	읽기	3	33
보수적이다	듣기	3	47,48
보안	듣기	5	49,50
보완하다	읽기	1	11
보완하다	읽기	1	42,43
보유하다	듣기	4	33,34
보장하다	읽기	2	35
보전	읽기	1	46,47
보존되다	읽기	2	40
보존시키다	듣기	2	25,26
보존하다	듣기	4	20
보증하다	듣기	5	49,50
보행자	듣기	2	45,46
보험 회사	읽기	2	6
보호 무역	읽기	1	33
복고	듣기	4	35,36
복권업계	읽기	5	25

한국어	영역	회차	문항
복귀	읽기	1	25
복부팽만	읽기	3	44,45
복사	듣기	5	7
복잡하다	읽기	2	7
복제	읽기	1	32
복지	읽기	1	29
봉지	읽기	3	18
부가가치	읽기	3	46,47
부담	쓰기	1	53
부담	듣기	4	33,34
부득이하게	읽기	4	48,49,50
부상	읽기	3	16
부상자	듣기	4	35,36
부서지다	읽기	4	34
부속품	듣기	5	20
부수다	듣기	1	27,28
부여하다	읽기	2	44,45
부위	읽기	3	13
부위	읽기	4	30
부임하다	읽기	2	33
부작용	읽기	3	44,45
부작용	듣기	5	49,50
부족하다	듣기	1	21,22
부족하다	듣기	5	21,22
부탁하다	쓰기	5	51
부패	읽기	2	46,47
부풀다	읽기	1	16
부풀어 있다.	읽기	3	18
부피	읽기	1	13
부피	읽기	4	13
부피	읽기	1	16
북극성	읽기	2	16
분리하다	듣기	5	47,48
분모	읽기	4	38
분배	읽기	1	38

한국어	영역	회차	문항
분변토	읽기	2	34
분별력	듣기	2	37,38
분비	읽기	4	21,22
분산시키다	듣기	2	35,36
분산시키다	듣기	3	39,40
분석	읽기	1	30
분석하다	읽기	3	15
분석하다	읽기	3	39
분석하다	듣기	4	29,30
분수	읽기	4	38
분자	읽기	4	38
분쟁	읽기	2	44,45
분포하다	읽기	3	16
분해되다	읽기	1	11
분해되다	듣기	5	47,48
분해하다	듣기	4	20
불가능하다	듣기	3	14
불가피하다	듣기	4	49,50
불과하다	읽기	2	36
불면증	듣기	3	37,38
불법	듣기	1	14
불신	듣기	1	49,50
불안감	듣기	2	33,34
불안정	읽기	2	35
불안정	듣기	3	47,48
불쾌감	읽기	3	32
불특정	듣기	2	39,40
불필요하다	읽기	3	38
불황	읽기	5	25
붓다	듣기	4	1
붓질	읽기	2	31
붕대	듣기	4	35,36
비결	듣기	5	16
비경부 기구	읽기	1	36
비공식	듣기	2	49,50

한국어	영역	회차	문항
비교적	읽기	4	40
비극	읽기	2	19,20
비늘	읽기	1	19,20
비닐	듣기	2	1
비닐	읽기	2	10
비단	읽기	2	31
비롯되다	읽기	3	19,20
비롯하다	듣기	5	39,40
비밀	읽기	2	40
비상 방송	듣기	4	14
비우다	읽기	2	7
비율	읽기	1	41
비중	듣기	3	3
비치하다	듣기	4	21,22
비판	읽기	1	44,45
비판적	쓰기	1	54
비효율적	듣기	4	33,34
빈번하다	읽기	1	37
빈틈	읽기	4	16
빌리다	듣기	1	1
빌리다	듣기	3	7
빙그레	읽기	3	42,43
빙하	읽기	4	13
빛나다	읽기	2	16
빠지다	듣기	2	15
빨래집게	읽기	1	23,24
뻣뻣하다	듣기	2	9
뽀송뽀송	읽기	4	6
뿌리	읽기	2	34
ㅅ 사각지대	듣기	2	45,46
사격	읽기	1	34
사고다발구간	읽기	3	40
사고력	쓰기	3	51
사기법	듣기	2	41,42
사냥	읽기	1	46,47

한국어	영역	회차	문항
사라지다	듣기	2	25,26
사라지다	듣기	3	43,44
사례	읽기	2	39
사막화	듣기	1	25,26
사망자	듣기	5	39,40
사무실	읽기	2	5
사무실	듣기	2	13
사색	읽기	4	44,45
사생활 침해	듣기	2	35,36
사설시조	읽기	1	44,45
사실	읽기	2	18
사연	읽기	5	12
사연	듣기	5	20
사용 설명서	읽기	5	8
사이렌	듣기	4	14
사이버 폭력	읽기	3	35
사이즈	듣기	4	10
사전 투표제	읽기	3	34
사전투표제	듣기	2	27,28
사정	쓰기	1	51
사회 초년기	읽기	4	36
사회생활	듣기	1	19
사회적 약자	읽기	5	32
산사태	읽기	4	16
산업화	읽기	1	17
산업화	듣기	3	39,40
산하	듣기	5	31,32
살	듣기	5	45,46
살균기	읽기	4	32
살이 빠지다	듣기	4	4
살피다	읽기	4	7
살피다	읽기	4	37
살피다	읽기	2	23,24
삼가다	읽기	3	7
삼키다	읽기	2	21,22

한국어	영역	회차	문항
상가	듣기	5	6
상공업	읽기	1	44,45
상당수	읽기	2	40
상대방	읽기	1	30
상비군	듣기	5	35,36
상세히	읽기	4	31
상징	듣기	4	35,36
상징물	읽기	2	48,49,50
상징적	읽기	5	18
상징하다	읽기	2	11
상태	듣기	2	18
상품	쓰기	1	54
상품화	듣기	1	41,42
상하수도	읽기	4	19,20
상호작용	읽기	3	36
상황	읽기	4	14
상황에 처하다	듣기	3	16
새로	듣기	2	8
새로 생기다	듣기	3	13
새벽	듣기	4	4
색맹	듣기	4	37,38
생겨나다	읽기	2	40
생계	읽기	2	35
생계	듣기	4	31,32
생기다	듣기	2	5
생기다	듣기	2	8
생명을 불어넣다	듣기	3	29,30
생명의 그물	읽기	5	48,49,50
생명체	읽기	2	39
생물	읽기	1	19,20
생물 다양성	읽기	5	29
생물종	읽기	1	46,47
생분해성	듣기	5	47,48
생산성	듣기	3	33,34
생신	듣기	2	11

한국어	영역	회차	문항
생애	읽기	4	36
생일	듣기	5	1
생장	읽기	2	34
생체	읽기	1	19,20
생태계 질서	읽기	5	48,49,50
생태통로	읽기	5	29
생화	듣기	5	25,26
생활 양식	읽기	5	30
생활체육	쓰기	2	53
서당	읽기	1	44,45
서랍	듣기	5	9
서민	읽기	3	41
서비스	읽기	5	10
서비스의 질	듣기	3	27,28
서식 환경	듣기	1	16
서식지	읽기	5	29
서식지	읽기	1	46,47
서얼	읽기	1	44,45
서예	읽기	4	29
서적	읽기	4	39
서큘레이터	듣기	1	39,40
석굴	읽기	1	15
선거일	듣기	2	27,28
선량하다	듣기	4	45,46
선명하다	읽기	1	32
선발대회	읽기	5	9
선보이다	듣기	3	35,36
선사하다	듣기	5	35,36
선언	듣기	4	41,42
선입견	읽기	2	37
선정	듣기	5	23,24
선정	듣기	1	31,32
선정적	읽기	4	31
선제적	듣기	2	45,46
선조	읽기	1	41

한국어	영역	회차	문항
선진국	읽기	1	33
선착순	쓰기	3	51
선택하다	읽기	2	38
선행	읽기	5	36
선호	쓰기	1	53
선호	듣기	1	21,22
선호	듣기	5	21,22
선호	듣기	4	41,42
선호하다	듣기	2	3
선호하다	쓰기	3	54
설립하다	듣기	4	13
설사	읽기	3	44,45
설암	읽기	1	25
설치하다	쓰기	2	54
설치하다	듣기	2	41,42
섭취	읽기	4	30
섭취	읽기	1	21,22
섭취하다	읽기	4	28
섭취하다	읽기	3	44,45
성가시다	읽기	4	42,43
성공	읽기	3	4
성과	읽기	4	19,20
성능	쓰기	1	54
성범죄	읽기	4	31
성분	읽기	3	30
성분	읽기	4	48,49,50
성수기	읽기	3	26
성인	듣기	1	3
성인	듣기	1	18
성장	듣기	1	3
성장	읽기	1	21,22
성장하다	읽기	2	34
성장하다	듣기	4	25,26
성취감	읽기	1	34
세계기상기구	읽기	5	38

한국어	영역	회차	문항
세계화	읽기	1	37
세계화	듣기	1	41,42
세균	듣기	1	43,44
세금	읽기	2	15
세금	쓰기	3	53
세정 효과	읽기	3	30
세제	듣기	1	8
세탁소	듣기	5	6
세탁소	쓰기	1	51
셔틀버스	읽기	3	9
소나기	읽기	4	5
소망	읽기	1	44,45
소방	듣기	5	15
소비 생활	듣기	3	33,34
소비하다	쓰기	4	54
소셜미디어	듣기	3	25,26
소속되다	읽기	2	36
소송	읽기	5	46,47
소수	읽기	4	40
소외	읽기	4	46,47
소외계층	읽기	4	46,47
소외되는	읽기	3	32
소외되다	읽기	3	29
소용돌이	듣기	2	43,44
소음	읽기	1	9
소음	듣기	2	35,36
소재	듣기	1	37,38
소중하다	듣기	4	20
소지하다	듣기	2	39,40
소통하다	읽기	3	48,49,50
소행	읽기	1	42,43
소홀하다	쓰기	5	52
소화	듣기	1	43,44
소화하다	읽기	2	34
속도	듣기	3	16

한국어	영역	회차	문항
속도 제한	듣기	5	27,28
속력	읽기	5	31
속상하다	듣기	4	19
손상	읽기	4	30
손상되다	듣기	4	45,46
손수레	읽기	1	12
손쉽다	듣기	2	19
손실	쓰기	3	53
손실	듣기	2	41,42
송골송골	읽기	1	23,24
쇼핑중독	읽기	5	30
수도권	듣기	1	29,30
수도사	읽기	4	39
수동적	읽기	2	48,49,50
수두룩	읽기	2	26
수량	읽기	5	14
수련	읽기	4	29
수련하다	읽기	4	14
수련하다	듣기	1	18
수렵	읽기	1	34
수리	듣기	5	20
수리센터	듣기	3	11
수면	읽기	1	21,22
수면	듣기	5	43,44
수명	읽기	1	35
수박	듣기	5	9
수분	읽기	1	13
수분	읽기	4	30
수사기관	듣기	2	49,50
수상자	듣기	1	31,32
수수	읽기	1	11
수양	읽기	4	29
수영장	듣기	1	5
수용	읽기	1	39
수익	읽기	4	21,22

한국어	영역	회차	문항
수익금	듣기	3	23,24
수입	듣기	3	33,34
수저	듣기	1	9
수정하다	듣기	4	8
수정하다	듣기	3	12
수정하다	읽기	2	31
수증기	읽기	1	13
수증기	읽기	1	15
수축	읽기	4	30
수축하다	읽기	3	17
수치	듣기	3	20
수행되다	듣기	4	47,48
수행하다	읽기	1	40
수확량	읽기	2	46,47
숙박하다	듣기	2	35,36
숙이다	듣기	2	9
순위	읽기	3	10
순찰	듣기	1	27,28
순환시키다	읽기	2	34
술래	읽기	1	14
숨바꼭질	읽기	1	14
숲	읽기	1	36
스며들다	읽기	2	31
스며들다	읽기	2	34
스며들다	읽기	5	34
스위스	읽기	4	13
스타	읽기	4	33
스토킹	읽기	3	35
스트레스	쓰기	2	52
습격하다	듣기	2	43,44
습관	읽기	5	17
습관	듣기	1	20
습기	읽기	3	5
습기	읽기	1	15
습득	듣기	1	3

한국어	영역	회차	문항
습지	읽기	1	46,47
승객	듣기	2	15
시급	읽기	5	26
시기	읽기	4	36
시달리다	읽기	1	42,43
시력	듣기	5	29,30
시류	듣기	5	16
시름시름	읽기	4	26
시리다	읽기	4	32
시선	읽기	5	44,45
시설	듣기	5	31,32
시청자	읽기	2	48,49,50
시행되다	듣기	2	45,46
시행하다	쓰기	5	54
시행하다	듣기	3	39,40
식물	읽기	2	34
식테크	읽기	1	18
신경	읽기	3	17
신경을 쓰다	듣기	2	20
신경전달물질	읽기	3	33
신경질적	읽기	4	42,43
신기록	읽기	1	26
신기하다	듣기	2	29,30
신뢰	읽기	2	32
신뢰	듣기	3	29,30
신뢰도	듣기	5	49,50
신뢰성	읽기	3	48,49,50
신뢰하다	듣기	2	33,34
신문사	듣기	5	23,24
신분	읽기	3	41
신분	읽기	1	44,45
신분증	듣기	5	12
신분증	듣기	2	27,28
신선하다	듣기	1	7
신설	듣기	5	39,40

한국어	영역	회차	문항
신입생 오리엔테이션	듣기	3	8
신청, 신청서	듣기	2	7
신청서	듣기	5	12
신청하다	듣기	4	12
신체활동	듣기	3	15
신호등	읽기	5	19,20
실망하다	읽기	2	23,24
실물	듣기	5	49,50
실수	읽기	5	42,43
실시하다	듣기	4	14
실질적	읽기	1	38
실질적	읽기	2	38
실천하다	읽기	1	10
실천하다	읽기	1	40
실태	읽기	4	46,47
실패	읽기	3	4
실현	듣기	1	49,50
실현하다	듣기	4	47,48
실효성	듣기	4	31,32
심각하다	읽기	5	15
심리적	듣기	2	29,30
심장 박동	읽기	5	28
심폐소생술	읽기	1	12
심하다	듣기	4	16
심화되다	읽기	2	35
싱크대	듣기	5	9
싹	읽기	4	6
싹	읽기	2	23,24
쌍방향	듣기	2	45,46
쌍안경	읽기	4	23,24
썩	읽기	2	42,43
썩지 않다	읽기	5	15
쏙	읽기	2	5
쏟아지다	듣기	2	33,34
쓰레기	듣기	4	17

한국어	영역	회차	문항
쓰레기 분리	듣기	2	1
쓸모없다	듣기	4	20
⊙ 아깝다	듣기	2	17
아동	읽기	2	28
아연	읽기	1	41
아이콘	듣기	2	41,42
악영향	듣기	5	39,40
악의적	듣기	4	45,46
악화되다	읽기	2	42,43
안내	듣기	1	11
안내하다	듣기	1	21,22
안내하다	듣기	5	21,22
안보	읽기	2	46,47
안성맞춤	읽기	3	37
안전	듣기	1	2
안전 요원	듣기	1	15
안전모	듣기	1	37,38
안전사고	듣기	3	18
안정망	읽기	2	35
알갱이	읽기	1	13
알레르기	듣기	5	25,26
알리미	듣기	2	45,46
알아채다	읽기	2	21,22
알아채다	읽기	4	42,43
암산	듣기	4	49,50
암수	듣기	2	43,44
암에 걸리다	듣기	2	29,30
암호화폐	읽기	3	29
압력	읽기	3	18
압력	듣기	2	25,26
압수	듣기	1	35,36
애로사항	듣기	5	31,32
야기시키다	듣기	2	41,42
야기하다	듣기	5	37,38
야생	듣기	1	16

한국어	영역	회차	문항
야생동물	읽기	3	40
약물	읽기	4	30
약자	읽기	2	7
약점	읽기	1	42,43
약효	읽기	3	19,20
양	읽기	4	39
양가죽	읽기	4	39
양갈래	듣기	5	43,44
양상	읽기	2	36
양식	읽기	1	39
양심	듣기	4	39,40
양질의	듣기	5	37,38
얕다	듣기	4	35,36
어르신	듣기	2	23,24
어리다	듣기	1	19
어버이날	듣기	2	2
어울리다	읽기	1	6
어지간하다	읽기	3	33
어획량	읽기	2	46,47
어휘력	쓰기	3	51
언덕	쓰기	4	52
얼리다	듣기	2	25,26
얼리다	듣기	2	25,26
얽매이다	읽기	1	44,45
엄살	읽기	3	32
업무효율	읽기	3	21,22
업적	읽기	1	38
업주	읽기	3	14
업체	읽기	4	48,19,50
엉뚱하게	듣기	4	45,46
-에 불과하다	읽기	4	35
엘리베이터	듣기	5	4
여가	듣기	2	3
여가	읽기	5	16
여가	듣기	1	47,48

한국어	영역	회차	문항
여과 장치	읽기	4	44,45
여기다	읽기	4	29
여론	듣기	1	47,48
여부	듣기	2	45,46
여부	읽기	2	48,49,50
여유	읽기	4	36
여전하다	읽기	4	42,43
역	읽기	2	23,24
역대급	읽기	4	26
역량	읽기	1	40
역력히	읽기	4	42,43
역할	읽기	2	16
역할	쓰기	1	52
역회전	읽기	3	31
연계되다	듣기	4	31,32
연관되다	읽기	4	41
연구	쓰기	2	52
연구하다	듣기	4	29,30
연극	읽기	1	39
연령별	읽기	4	10
연료	듣기	1	25,26
연명	읽기	1	28
연비	듣기	3	45,46
연속적	듣기	4	15
연쇄적	읽기	3	38
연수	듣기	4	8
연수	듣기	1	31,32
연장 운영하다	읽기	4	9
연하다	읽기	3	13
연합회	듣기	1	18
열	읽기	2	14
열기구	읽기	1	16
열쇠	듣기	1	12
열풍이 불다	읽기	3	44,45
염려	읽기	4	42,43

한국어	영역	회차	문항
영상	듣기	2	43,44
영상 시청	듣기	2	37,38
영수증	듣기	3	1
영양	읽기	1	21,22
영양 과잉 상태	읽기	5	28
영양 성분	듣기	3	17
영양가	듣기	2	19
영역	듣기	5	39,40
영유아	듣기	2	31,32
영향	듣기	3	33,34
영향력	읽기	1	48,49,50
예기하다	읽기	1	35
예방하다	듣기	3	18
예방하다	듣기	1	37,38
예비	듣기	1	23,24
예상	읽기	2	41
예측	읽기	5	40
오디오북	듣기	5	3
오락	읽기	1	44,45
오므리다	듣기	5	43,44
오염	듣기	4	20
옥수수	읽기	1	13
온갖	읽기	2	21,22
온장고	읽기	4	11
온전히	읽기	3	48,49,50
올라타다	듣기	2	15
올바르다	쓰기	3	52
올바르다	쓰기	4	54
올해	듣기	3	6
옳다	읽기	2	36
옷차림	읽기	4	17
옷차림	읽기	3	41
완성하다	읽기	2	31
완화	듣기	5	27,28
왕실	듣기	3	43,44

한국어	영역	회차	문항
왜곡	읽기	4	31
외곽	듣기	5	31,32
외래	읽기	1	46,47
외모	듣기	4	3
외부	읽기	2	14
외형	듣기	5	43,44
요인	읽기	4	28
욕구	듣기	3	41,42
욕구	듣기	5	41,42
욕망	읽기	4	38
욕실	듣기	5	11
용량	듣기	3	45,46
용어	듣기	2	49,50
우려하다	쓰기	5	54
우방국	읽기	1	42,43
우산	듣기	1	17
우상 추종	읽기	5	36
우수성	듣기	3	25,26
우수하다	듣기	4	25,26
우승	읽기	2	27
우연	읽기	1	38
우연히	듣기	1	35,36
우열	읽기	2	36
우열을 가리다	듣기	3	49,50
우울증	읽기	3	19,20
우울하다	듣기	2	29,30
우월하다	듣기	3	49,50
운동	듣기	3	5
운동본부	듣기	2	29,30
운동장	듣기	5	5
운석	읽기	2	40
운영	쓰기	1	51
운영일시	읽기	2	9
운전면허	듣기	1	19
운전면허 제도	읽기	5	19,20

한국어	영역	회차	문항
운행하다	듣기	4	33,34
운행하다	듣기	3	45,46
울렁거리다	읽기	3	23,24
울리다	듣기	4	14
울타리	듣기	1	27,28
움츠리다	듣기	5	43,44
원고	듣기	1	35,36
원래	읽기	4	38
원료	읽기	4	48,49,50
원만하다	읽기	4	37
원수	읽기	1	42,43
원추세포	읽기	2	30
원활하다	읽기	2	29
원활하다	듣기	5	27,28
웨딩부케	듣기	5	25,26
위반	읽기	2	26
위반	듣기	2	41,42
위서	읽기	1	44,45
위인이 되다	읽기	3	42,43
위장	듣기	5	47,48
위장하다	듣기	5	43,44
위축되다	읽기	2	46,47
위해	읽기	4	48,49,50
위협	읽기	5	19,20
위협	읽기	2	46,47
유권자	읽기	3	34
유기	읽기	1	41
유대감	읽기	4	15
유대감	읽기	2	32
유대교	읽기	2	36
유도하다	듣기	1	20
유도하다	읽기	1	36
유도하다	읽기	3	40
유도하다	듣기	2	41,42
유래되다	듣기	4	35,36

한국어	영역	회차	문항
유료화	읽기	3	14
유명인	듣기	2	39,40
유명하다	듣기	4	2
유발	읽기	4	31
유발하다	읽기	4	17
유발하다	읽기	3	32
유발하다	읽기	3	44,45
유산균	듣기	1	43,44
유산소 운동	읽기	5	28
유연성	읽기	2	39
유용하다	읽기	5	32
유용하다	읽기	2	34
유용하다	읽기	2	21,22
유유히	듣기	5	45,46
유일하다	듣기	5	45,46
유일한	읽기	3	42,43
유입	읽기	1	33
유입되다	듣기	3	49,50
유지하다	읽기	3	10
유지하다	읽기	2	12
유통 단계	읽기	5	21,22
유통기한	듣기	1	8
유행	듣기	5	16
유행	듣기	5	41,42
유행	읽기	1	44,45
유행을 좇다	듣기	5	41,42
유행하다	읽기	3	41
육성하다	읽기	3	46,47
육아 수당	읽기	4	12
육안	듣기	5	43,44
육체적	읽기	5	16
윤곽선	읽기	4	39
윤리적	읽기	2	38
윤리적	읽기	1	40
은퇴	읽기	4	36

한국어	영역	회차	문항
음란물	듣기	2	39,40
음료수	듣기	3	9
음색	듣기	3	16
음식	읽기	3	3
음악극	읽기	1	39
응급처치	읽기	3	13
응답하다	읽기	2	38
의도	읽기	2	48,49,50
의료	읽기	1	35
의료용	읽기	2	39
의무적으로	읽기	3	34
의사소통	읽기	5	18
의사소통	읽기	2	29
의성어	읽기	4	41
의식	읽기	1	12
의식	듣기	1	33,34
의식수준	읽기	1	44,45
의존	듣기	4	49,50
의존도	읽기	3	48,49,50
의존하다	읽기	3	15
의존하다	읽기	4	35
의지	읽기	3	15
의태어	읽기	4	41
이견	듣기	5	31,32
이기심	듣기	2	31,32
이끌다	읽기	3	8
이동	듣기	1	14
이력서	읽기	3	48,49,50
이름을 따다	읽기	4	33
이름표	듣기	5	14
이면지	읽기	1	10
이물질	읽기	4	32
이색	읽기	4	33
이성	듣기	4	3
이성적	읽기	3	19,20

한국어	영역	회차	문항
이송되다	듣기	4	15
이슬	읽기	1	15
이용하다	듣기	4	23,24
이윤	읽기	2	38
이체	듣기	5	49,50
익숙하다	읽기	2	41
익숙하다	듣기	2	37,38
익히다	읽기	4	41
인건비	듣기	3	27,28
인격	읽기	4	14
인격	읽기	4	29
인공지능	듣기	2	45,46
인공호흡기	읽기	1	28
인권	읽기	4	46,47
인권침해	듣기	2	49,50
인기	듣기	5	25,26
인력	쓰기	3	53
인력	듣기	4	25,26
인류	읽기	2	19,20
인상	쓰기	4	53
인상 정보	듣기	2	49,50
인색하다	읽기	2	41
인쇄물	듣기	4	21,22
인식	읽기	4	31
인식	듣기	5	37,38
인식	듣기	5	41,42
인식	읽기	1	48,49,50
인식하다	읽기	2	36
인식하다	읽기	2	48,49,50
인재	읽기	3	8
인정하다	읽기	2	8
인정하다	읽기	4	15
인증	듣기	5	47,48
인지하다	읽기	3	28
인지하다	읽기	2	30

한국어	영역	회차	문항
인체	읽기	1	11
인터폰	읽기	4	42,43
인테리어	읽기	1	9
인파	읽기	4	25
인파	읽기	1	42,43
인프라	듣기	3	45,46
일각	듣기	2	49,50
일기예보	듣기	4	19
일방적	읽기	2	36
일부러	듣기	2	16
일시 정지	듣기	2	45,46
일시적으로	읽기	3	38
일원	읽기	2	32
일정	듣기	3	8
일정	듣기	4	19
일종	듣기	5	43,44
일회용	듣기	2	17
임금피크제	듣기	2	47,48
입사하다	듣기	4	25,26
입자	듣기	1	45,46
입장	읽기	1	29
입장	듣기	2	35,36
입장료	듣기	2	35,36
입천장	읽기	3	17
잎맥	듣기	5	43,44
잎사귀	듣기	5	43,44
ㅈ 자극	읽기	3	13
자극	읽기	1	31
자극	듣기	5	43,44
자금	듣기	5	49,50
자급자족	듣기	5	33,34
자기 계발	듣기	2	21,22
자동	읽기	3	15
자료	듣기	2	13
자르다	듣기	5	2

한국어	영역	회차	문항
자발적	읽기	1	28
자발적	읽기	1	36
자발적인	듣기	3	31,32
자부심	읽기	5	44,45
자세	듣기	1	20
자신감	듣기	4	29,30
자연재해	읽기	4	16
자외선	읽기	4	34
자원	읽기	1	38
자유 무역	읽기	1	33
자유롭게	듣기	2	31,32
자유롭다	읽기	2	37
자전거	듣기	1	1
자제	읽기	3	14
자제하다	읽기	4	37
자체	읽기	4	31
자칫	읽기	4	21,22
자칫하다	듣기	2	37,38
작가적 표현	읽기	5	35
작년	듣기	3	6
작은 속삭임	읽기	5	23,24
잔디	듣기	5	5
잔여물	읽기	4	32
잔인하다	읽기	2	28
잠금 장치	읽기	4	8
잠재의식	읽기	5	37
장	듣기	1	43,44
장기근속	듣기	4	25,26
장기적	읽기	2	38
장기적	듣기	2	37,38
장독대	읽기	1	14
장려	읽기	1	29
장려하다	듣기	5	39,40
장르	읽기	2	19,20
장마	듣기	3	6

한국어	영역	회차	문항
장마	읽기	3	1
장마철	듣기	5	19
장바구니	읽기	3	6
장벽	듣기	1	41,42
장비	읽기	1	34
장비	듣기	4	23,24
장식품	듣기	5	20
장신구	듣기	1	45,46
장애	읽기	5	32
장인	듣기	5	20
장인	읽기	4	39
장치	읽기	1	19,20
장치	듣기	1	39,40
장학금	듣기	2	7
잦다	읽기	2	48,49,50
재난	듣기	2	33,34
재능	읽기	1	38
재료	읽기	1	41
재료비	읽기	2	9
재무 설계	읽기	4	36
재발 방지	듣기	1	15
재배하다	읽기	2	17
재범	듣기	2	49,50
재산	쓰기	5	52
재산	읽기	1	42,43
재정	읽기	2	35
재정	듣기	5	41,42
재정적	읽기	4	36
재즈	읽기	1	39
재충전	읽기	5	16
재택근무	쓰기	3	54
재테크	읽기	1	18
재활사	듣기	1	16
재활용	듣기	3	23,24
저감	듣기	4	47,48

한국어	영역	회차	문항
저렴하다	읽기	5	15
저버리다	듣기	4	39,40
저소득층	읽기	4	46,47
저작권	읽기	1	48,49,50
저작물	읽기	1	48,49,50
저장하다	읽기	2	14
저장하다	읽기	2	34
저조하다	듣기	4	31,32
저하	읽기	4	46,47
저하되다	듣기	5	29,30
저하되다	듣기	4	31,32
저하되다	듣기	5	37,38
저항	듣기	5	45,46
저해하다	듣기	1	49,50
적극적으로	듣기	3	47,48
적당하다	듣기	3	37,38
적당히	읽기	1	13
적용되다	읽기	4	12
적용하다	읽기	2	39
적응	듣기	1	16
적응	듣기	4	47,48
적합	읽기	4	48,49,50
적합하다	듣기	1	16
전개	읽기	2	48,49,50
전개 과정	듣기	1	33,34
전공	듣기	2	7
전광판	듣기	1	29,30
전기 자전거	쓰기	1	53
전기차	듣기	5	15
전달	읽기	4	35
전략	읽기	3	46,47
전략을 세우다	듣기	3	25,26
전략적	듣기	4	37,38
전력	읽기	1	30
전망	쓰기	4	53

한국어	영역	회차	문항
전무	읽기	3	25
전문화	듣기	5	29,30
전반적인	듣기	5	39,40
전방	읽기	3	40
전보	읽기	5	18
전액지원	읽기	2	9
전염병	듣기	2	33,34
전자상거래	읽기	4	48,49,50
전제	읽기	1	37
전제되다	듣기	4	39,40
전통	듣기	2	14
전통적	듣기	4	21,22
전학생	읽기	3	23,24
전형	듣기	5	23,24
전환	듣기	1	29,30
전환하다	듣기	4	47,48
절감하다	듣기	4	21,22
절단	읽기	1	25
절반	읽기	2	10
절약하다	듣기	3	35,36
절차	듣기	3	43,44
절차	읽기	4	48,49,50
점검	듣기	5	4
점검	듣기	4	14
점검하다	쓰기	3	52
접근	읽기	4	46,47
접근	듣기	5	47,48
접근하다	읽기	4	21,22
접근하다	듣기	1	45,46
접목되다	듣기	5	49,50
접수	듣기	1	6
접수	듣기	5	13
접착	읽기	2	39
접하다	읽기	4	40
정감 있다	읽기	3	41

한국어	영역	회차	문항
정기적	읽기	2	35
정년	쓰기	3	53
정년 연장	듣기	2	47,48
정당화	읽기	1	29
정당화시키다	듣기	5	47,48
정리하다	듣기	4	18
정밀	듣기	5	29,30
정보	듣기	1	3
정보	듣기	2	16
정보 통신 기술	읽기	3	35
정보화	읽기	4	46,47
정부	듣기	2	47,48
정서	읽기	3	36
정서	읽기	2	41
정서적	읽기	2	32
정성스럽다	듣기	4	25,26
정식	읽기	4	48,49,50
정신적	읽기	5	16
정의	읽기	1	38
정의	듣기	1	49,50
정전	읽기	1	14
정책	읽기	3	12
정책	듣기	2	45,46
정책	읽기	3	46,47
정해지다	듣기	3	8
정해지다	읽기	2	13
정해지다	읽기	2	29
정확성	읽기	3	48,49,50
젖히다	듣기	5	45,46
제고	듣기	3	47,48
제공하다	쓰기	2	54
제공하다	읽기	2	19,20
제공하다	듣기	4	25,26
제기되다	읽기	4	31
제도적	듣기	5	47,48

한국어	영역	회차	문항
제동거리	읽기	5	31
제복	듣기	4	35,36
제설 작업	읽기	1	12
제습기	읽기	1	15
제시하다	읽기	4	35
제약	읽기	3	21,22
제작	읽기	4	39
제작	읽기	1	41
제작자	듣기	2	37,38
제조	읽기	4	48,49,50
제조사	듣기	5	15
제품	듣기	1	8
제한	듣기	1	41,42
제한하다	쓰기	5	54
조각	쓰기	4	52
조각상	읽기	1	15
조각칼	읽기	1	32
조건	듣기	4	27,28
조깅하다	듣기	4	4
조리기	듣기	1	25,26
조명	듣기	1	29,30
조사되다	듣기	2	15
조성	쓰기	5	53
조성되다	읽기	4	33
조성하다	읽기	1	48,49,50
조심하다	듣기	1	19
조작하다	읽기	3	40
조절하다	듣기	4	20
조절하다	읽기	2	32
조절하다	듣기	2	35,36
조정	읽기	5	17
조치	듣기	1	37,38
조치	듣기	4	47,48
조합하다	듣기	3	35,36
조화	읽기	3	38

한국어	영역	회차	문항
조화롭다	듣기	3	25,26
족사	읽기	2	39
존중	읽기	4	14
존중받다	읽기	4	37
졸리다	읽기	1	8
졸음이 쏟아지다	듣기	3	37,38
종업원	듣기	3	27,28
종족 번식	듣기	2	43,44
좌절	읽기	1	25
주거	듣기	4	43,44
주관	듣기	5	14
주관적	읽기	2	18
주관적	듣기	2	37,38
주목받다	읽기	2	35
주목받다	듣기	5	37,38
주목을 받다	듣기	3	25,26
주문하다	듣기	4	9
주민	듣기	2	31,32
주변머리	읽기	1	42,43
주석	읽기	1	41
주시하다	읽기	3	40
주식	읽기	4	21,22
주의력 결핍	읽기	3	33
주의하다	읽기	2	13
주장하다	듣기	4	15
주저앉다	읽기	5	23,24
주제	듣기	5	23,24
주차구역	듣기	3	14
주차권	듣기	5	10
주차장	듣기	5	10
주체	읽기	3	48,49,50
주체적으로	듣기	3	41,42
주행	듣기	5	15
주행	듣기	1	29,30
주행하다	듣기	3	45,46

한국어	영역	회차	문항
준비운동	듣기	1	2
줄 서다	듣기	4	2
줄 서다	듣기	3	9
줄다	읽기	2	10
중독	읽기	1	31
중독	쓰기	4	54
중독	읽기	4	21,22
중독	듣기	1	47,48
중세	읽기	4	39
중시되다	읽기	2	31
중점	듣기	1	20
중점	읽기	2	31
중점적으로	듣기	5	39,40
쥐가 나다	읽기	4	30
쥐구멍	읽기	2	42,43
즉각적인	읽기	4	21,22
즉석식품	듣기	2	25,26
지각	읽기	4	34
지구촌	읽기	2	17
지급	듣기	5	49,50
지급하다	읽기	2	35
지나치게	읽기	3	15
지렁이	읽기	2	34
지레	읽기	4	42,43
지배층	듣기	3	43,44
지불하다	읽기	2	44,45
지속적	읽기	2	46,47
지속적으로	듣기	3	15
지속적으로	듣기	3	47,48
지속적인	읽기	3	38
지시를 받다	듣기	2	41,42
지식	듣기	1	3
지식	듣기	2	37,38
지역민	듣기	2	23,24
지원	읽기	4	12

한국어	영역	회차	문항
지원 사업	읽기	3	12
지장을 주다	듣기	5	41,42
지적	듣기	4	31,32
지적	듣기	3	47,48
지지하다	읽기	3	21,22
지표면	읽기	2	34
지하수	읽기	2	34
지형	읽기	2	40
직면하다	읽기	2	46,47
직사광선	듣기	1	25,26
직업	듣기	5	16
직원	듣기	4	8
직접	듣기	2	14
진공	듣기	5	45,46
진단	듣기	4	29,30
진드기	읽기	4	6
진료	듣기	1	6
진입하다	듣기	2	45,46
진저리	읽기	4	42,43
진정	읽기	2	37
진화	읽기	4	33
진화	읽기	2	40
진화	듣기	4	49,50
질감	읽기	1	32
질기다	읽기	2	39
질병	읽기	4	19,20
질소	읽기	2	34
질환	듣기	5	29,30
집단	읽기	4	15
집들이	듣기	2	12
집안 곳곳	읽기	3	5
집약적	읽기	1	17
집중되다	읽기	2	40
집중력	듣기	2	21,22
집중력	듣기	5	35,36

한국어	영역	회차	문항
집중하다	듣기	4	27,28
징검다리	읽기	4	44,45
짝	읽기	4	41
짝꿍	읽기	4	41
찜질	듣기	2	9
찢다	읽기	2	15
ㅊ 차단	듣기	1	29,30
차단	읽기	1	42,43
차단	듣기	2	45,46
차단	읽기	4	48,49,50
차단하다	듣기	5	47,48
차도	읽기	5	19,20
차량	듣기	5	10
차량	읽기	2	26
차량	듣기	2	45,46
차별화되다	읽기	4	11
차별화하다	듣기	3	35,36
차원	읽기	4	33
착각하다	읽기	3	28
착각하다	읽기	2	42,43
착용	읽기	4	17
착용	듣기	5	29,30
착용	듣기	1	37,38
참가 번호	읽기	5	42,43
참석하다	듣기	3	4
참아내다	읽기	2	41
참여	듣기	1	21,22
참여	듣기	5	21,22
참여율	읽기	4	10
참여율	쓰기	2	53
참여하다	듣기	2	14
창고	듣기	4	10
창고	읽기	2	14
창고	듣기	1	35,36
창구	읽기	3	48,49,50

한국어	영역	회차	문항
창의력	읽기	3	36
창의성	읽기	2	29
창작	읽기	5	35
창작 의욕	읽기	1	48,49,50
창조적	듣기	4	49,50
창출하다	듣기	3	33,34
창출하다	읽기	3	46,47
창출하다	듣기	2	47,48
찾아보다	듣기	2	16
채용	읽기	3	11
채용하다	쓰기	2	54
채우다	듣기	3	45,46
채집	읽기	1	46,47
채취	듣기	1	25,26
책임	읽기	2	38
처리하다	읽기	2	30
처마	듣기	4	43,44
처방하다	듣기	4	16
처벌	듣기	2	39,40
처벌하다	듣기	2	49,50
처지다	듣기	5	43,44
처해지다	읽기	5	38
천연	읽기	2	39
천재적인 재능	읽기	5	42,43
천적	듣기	5	43,44
철폐	읽기	1	44,45
첨단 기술	듣기	2	45,46
청중	읽기	4	35
체감하다	듣기	5	43,44
체온 유지	읽기	5	28
체외 수정	듣기	2	43,44
체포되다	듣기	2	49,50
체험	읽기	2	9
체험학습	듣기	1	21,22
체험학습	듣기	5	21,22

한국어	영역	회차	문항
초래하다	읽기	3	36
초래하다	읽기	1	37
초래하다	읽기	3	38
초래하다	듣기	3	37,38
초래하다	읽기	2	46,47
초청회	듣기	4	23,24
초토화	읽기	4	26
촉박	듣기	1	31,32
촛불	읽기	1	14
최소화	읽기	1	37
최소화	듣기	1	29,30
최적	듣기	5	29,30
최적의	듣기	3	45,46
추가	듣기	4	12
추가 진료	읽기	5	11
추구하다	듣기	4	39,40
추돌하다	듣기	4	15
추세	듣기	3	47,48
추정하다	읽기	3	41
추정하다	듣기	2	47,48
추진하다	듣기	3	39,40
추천하다	읽기	3	15
추천하다	쓰기	3	51
추출하다	읽기	2	39
축	듣기	5	43,44
축	읽기	2	48,49,50
축제	듣기	4	5
축제	듣기	2	14
축제 기간	읽기	3	9
출간하다	듣기	2	16
출산	읽기	3	11
출산	읽기	4	12
출산율	듣기	3	47,48
출연자	읽기	2	48,49,50
출입	듣기	5	5

한국어	영역	회차	문항
출장	듣기	2	27,28
출출하다	듣기	4	9
출현	읽기	2	44,45
충격	읽기	3	16
충격	읽기	2	42,43
충분하다	듣기	2	10
충분하다	읽기	1	21,22
충분히	듣기	3	21,22
충전하다	쓰기	4	51
충족하다	읽기	3	36
충족하다	읽기	3	46,47
충치	읽기	4	5
취지	듣기	1	31,32
치매	듣기	1	33,34
치여 죽다	읽기	3	40
치우치다	듣기	2	37,38
치유하다	읽기	2	41
친밀감	듣기	3	29,30
친숙하다	듣기	3	29,30
친환경	쓰기	1	53
침해	읽기	5	13
침해	읽기	4	40
침해	읽기	5	46,47
침해	읽기	1	48,49,50
침해하다	읽기	2	48,49,50
ㅋ 칼라	듣기	5	7
칼로리	읽기	3	44,45
칼슘	읽기	2	34
컴백	읽기	1	25
콘센트	읽기	3	14
콘크리트	읽기	4	34
콜레라	읽기	4	19,20
쾌락	읽기	1	29
쾌락	읽기	3	33
쾌적하다	읽기	3	5

한국어	영역	회차	문항
큰 호응을 얻다	읽기	4	11
클래식	읽기	4	11
클릭	읽기	3	6
키	읽기	3	2
키오스크	쓰기	2	54
ㅌ 타 보다	읽기	5	6
타격하다	읽기	3	31
탄생하다	읽기	2	40
탄생하다	읽기	4	41
탄생하다	듣기	4	33,34
탄성	읽기	2	39
탈춤	읽기	1	44,45
탐구하다	읽기	3	36
탐탁지 않게 여기다	듣기	2	29,30
태도	읽기	1	40
태블릿	듣기	3	27,28
태양계	읽기	2	40
태양열	듣기	1	25,26
터득하다	읽기	5	17
터지다	읽기	1	13
털어내다	읽기	4	32
토양	읽기	4	16
토종	읽기	1	46,47
통과하다	읽기	3	40
통일성	읽기	3	38
통제	읽기	4	28
통제	듣기	1	29,30
통제하다	읽기	3	28
통증	듣기	1	20
통풍	읽기	4	32
통행	듣기	1	14
통행	듣기	5	27,28
통행법	읽기	2	26
퇴치하다	듣기	4	45,46
투기	읽기	1	30

한국어	영역	회차	문항
투덜거리다	읽기	3	23,24
투명	읽기	1	7
투명하다	읽기	2	38
투명하다	듣기	1	45,46
투명하다	듣기	4	45,46
투영	읽기	4	29
투자	읽기	4	21,22
투표	듣기	2	27,28
투표용지	듣기	2	27,28
투표율	읽기	3	34
트렌드	듣기	5	41,42
특별히	듣기	2	14
특정	듣기	2	33,34
특정	듣기	2	41,42
특허	읽기	4	18
튼튼한	읽기	3	16
틀	읽기	2	37
팀장	듣기	2	13
ㅍ 파격 할인	듣기	1	15
파견하다	읽기	4	12
파악하다	듣기	4	15
파악하다	읽기	3	39
판결	읽기	5	46,47
판단력	읽기	4	14
판단하다	읽기	3	48,49,50
판매량	듣기	5	3
판매량	쓰기	1	53
판매량	듣기	1	39,40
판매액	읽기	5	25
판소리	읽기	1	44,45
판화	읽기	1	32
팬덤	읽기	4	33
팬덤 문화	읽기	5	36
퍼뜨리다	쓰기	4	52
퍼져나가다	듣기	2	33,34

한국어	영역	회차	문항
퍼지다	듣기	5	37,38
퍼지다	읽기	2	17
페트병	듣기	2	1
편	읽기	2	8
편견	읽기	4	15
편리하다	읽기	3	15
편안하다	읽기	1	5
편의성	듣기	5	49,50
편의점	듣기	1	17
편집하다	듣기	2	37,38
편찬	듣기	1	35,36
편찬되다	듣기	3	43,44
편협하다	읽기	2	36
평균	읽기	3	11
평상시	쓰기	4	52
평생	읽기	5	12
평생	듣기	2	23,24
평탄하지 않다	읽기	5	44,45
평화롭다	듣기	4	43,44
폐쇄적	읽기	4	40
폐업	쓰기	1	51
폐지	읽기	1	12
포괄하다	읽기	3	48,49,50
포상금	듣기	5	35,36
포스터	듣기	2	5
포식동물	읽기	5	48,49,50
포식자	듣기	2	43,44
포장	듣기	2	10
포장	듣기	2	12
포착하다	듣기	2	43,44
포함되다	읽기	2	18
포함되다	듣기	2	33,34
폭	읽기	1	44,45
폭넓게	읽기	1	39
폭넓게	듣기	4	27,28

한국어	영역	회차	문항
폭로	읽기	1	44,45
폭염	읽기	1	26
폭염	읽기	4	26
폭염	읽기	2	46,47
폭풍우	읽기	2	33
표류기	읽기	2	33
표류하다	읽기	2	33
표적	읽기	1	34
표준	읽기	5	41
표지판	읽기	5	13
표현의 자유	읽기	5	46,47
표현하다	읽기	3	41
푯말	듣기	1	13
푸근한 인상	읽기	5	44,45
푹신하다	읽기	4	16
풀리다	읽기	4	8
풀잎	읽기	2	23,24
품새	읽기	4	14
품질	읽기	2	28
풍속	읽기	2	33
풍자	읽기	1	44,45
플라스틱	읽기	5	15
플라스틱	듣기	5	25,26
플랫폼	읽기	1	18
플러그	듣기	3	18
피그말리온 효과	읽기	5	40
피로	읽기	3	13
피로회복제	듣기	3	37,38
피하다	듣기	2	41,42
피해를 주다	듣기	2	31,32
피해자	읽기	4	31
피해자	듣기	2	39,40
픽토그램	읽기	5	18
필수 영양소	듣기	5	37,38
필수적	읽기	2	32

한국어	영역	회차	문항
필수품	읽기	2	14
필연적	읽기	2	46,47
필요	읽기	1	38
필요성	듣기	5	33,34
ㅎ 하늘 높은 줄 모르다	읽기	4	27
하락하다	읽기	3	34
하반기	읽기	3	12
하수도	읽기	4	19,20
하품	쓰기	2	52
학과	듣기	2	7
학문	읽기	4	29
학생증	듣기	2	7
학업	듣기	4	3
학원	듣기	1	19
한계	읽기	1	19,20
한계점	듣기	5	33,34
한꺼번에	듣기	4	18
한여름	읽기	4	5
한옥마을	듣기	1	21,22
한옥마을	듣기	5	21,22
한의사	듣기	1	20
한정	읽기	4	36
한정적이다	읽기	5	38
한지	듣기	5	13
한지/화선지	읽기	5	34
한창	듣기	4	5
한파	읽기	1	12
한편으로는	쓰기	5	52
할애하다	듣기	5	41,42
할인하다	듣기	3	13
함부로	읽기	2	15
함부로	읽기	3	28
합금	읽기	1	41
합당하다	읽기	2	36
합리적	읽기	2	28

한국어	영역	회차	문항
합성하다	듣기	2	39,40
합의	읽기	2	29
항산화	읽기	3	37
해결하다	듣기	3	3
해결하다	읽기	2	17
해결하다	읽기	2	21,22
해바라기꽃	듣기	2	12
해법	듣기	5	39,40
해석	읽기	2	18
해소	읽기	4	46,47
해외 직구	읽기	5	21,22
해치다	읽기	2	13
해킹	듣기	2	41,42
행복 추구권	읽기	5	46,47
행사	듣기	2	14
행사	듣기	1	21,22
행사	듣기	5	21,22
행사하다	듣기	2	27,28
향상되다	읽기	2	44,45
향상하다	읽기	3	46,47
허구성	읽기	5	35
허용되다	읽기	2	48,49,50
허용하다	듣기	4	31,32
허위	쓰기	1	54
허탕이다	읽기	4	23,24
헹구다	읽기	1	23,24
혁신적	듣기	5	49,50
현격히	읽기	4	46,47
현금	읽기	5	12
현대인	읽기	2	14
현명하다	듣기	3	21,22
현명하다	듣기	3	41,42
현명한	듣기	5	41,42
현상	읽기	1	48,49,50
현실화	듣기	5	39,40

한국어	영역	회차	문항
현장 구매	읽기	4	9
현저히	읽기	2	44,45
혈관	읽기	3	17
혈당	듣기	3	20
혈액 순환	읽기	4	17
혈연	읽기	4	15
협력하다	읽기	3	48,49,50
협조	듣기	4	14
협조	쓰기	2	51
형성되다	읽기	4	13
형성되다	읽기	2	29
형성하다	읽기	4	14
형성하다	읽기	2	32
형성하다	쓰기	3	52
형성하다	듣기	3	29,30
형식	듣기	4	41,42
형태	읽기	3	21,22
형태	듣기	5	29,30
형태	듣기	2	41,42
혜택	읽기	4	35
혜택	읽기	2	38
혜택	듣기	2	23,24
혜택	듣기	4	31,32
혜택	듣기	5	47,48
호기심	읽기	3	23,24
호르몬	읽기	4	28
호르몬	읽기	1	21,22
호소하다	읽기	3	32
호황	읽기	5	25
호흡	듣기	3	16
호흡법	듣기	5	18
혹사하다	읽기	3	37
혹시	쓰기	5	51
혼동	듣기	5	27,28
혼합하다	읽기	1	11

한국어	영역	회차	문항
홍보	듣기	4	21,22
홍보	듣기	1	23,24
홍합	읽기	2	39
화면	듣기	3	11
화면	쓰기	2	54
화분	듣기	2	2
화상	읽기	4	34
화재	듣기	5	15
화재 경보	듣기	4	14
화제	읽기	1	12
화폐	읽기	5	14
화폐	듣기	5	33,34
화폐	읽기	2	44,45
화폐	듣기	5	49,50
확대되다	듣기	4	27,28
확대하다	읽기	3	12
확대하다	읽기	3	21,22
확보하다	읽기	2	34
확보하다	듣기	4	27,28
확보하다	듣기	5	49,50
확산	읽기	3	25
확산되다	듣기	2	33,34
확산되다	듣기	2	39,40
확인하다	듣기	3	1
환경	읽기	1	10
환경	듣기	5	19
환경보호	듣기	2	17
환경친화적이다	듣기	3	39,40
환기하다	듣기	4	7
환불	읽기	5	21,22
환불하다	듣기	3	1
환원하다	읽기	2	38
활력	듣기	4	29,30
활발하다	듣기	3	33,34
활발하다	듣기	3	49,50

한국어	영역	회차	문항
활성화	읽기	1	18
활성화	듣기	3	33,34
활성화	듣기	1	41,42
활성화	읽기	1	46,47
활용	듣기	5	3
활용	읽기	4	29
활용되다	읽기	2	39
활용하다	듣기	2	3
황사	읽기	1	36
회복하다	듣기	4	29,30
회의	듣기	3	4
회의실	듣기	1	12
회피	쓰기	1	53
획득하다	듣기	5	35,36
횡단보도	읽기	4	7
횡단보도	읽기	5	7
효과적이다	듣기	3	37,38
효율성	읽기	2	44,45
효율적	듣기	5	3
효율적	읽기	1	17
효율적	읽기	1	35
효율적	듣기	4	49,50
후각	듣기	4	37,38
후대	읽기	4	39
후원하다	듣기	4	21,22
후진국	읽기	1	33
훈련	듣기	1	16
훈련	읽기	2	32
훼손되다	듣기	3	43,44
훼손하다	읽기	2	15
흐름	읽기	3	29
흐름	듣기	5	41,42
흐릿하다	읽기	5	5
흑백	듣기	5	7
흑백	읽기	2	30

한국어	영역	회차	문항
흔적	읽기	3	35
흘깃거리다	듣기	2	29,30
흡수하다	읽기	3	16
흡수하다	듣기	1	37,38
흡연율	쓰기	4	53
흥건하다	읽기	1	23,24
흥겹다	읽기	5	9
흥분하다	읽기	2	23,24
흥행	읽기	3	27
흥행작	읽기	2	25
희극	읽기	2	19,20
희망을 품다	읽기	2	16
희망을 품다	듣기	2	29,30
희미하다	읽기	5	5
희생	듣기	4	39,40
힌두교	읽기	2	36

제1회 실전모의고사
TOPIK II
1교시(듣기)

성 명 (Name)	한국어 (Korean)	
	영 어 (English)	

수 험 번 호

8

문제지 유형(Type)

홀수형 (Odd number type) ○

짝수형 (Even number type) ○

※ 결 시
확인란 | 결시자의 영어 성명 및
수험번호 기재 후 표기 | ○

※ 위 사항을 지키지 않아 발생하는 불이익은 응시자에게 있습니다.

※ 감독관
확 인 | 본인 및 수험번호 표기가
정확한지 확인 | (인)

번호	답란			
1	①	②	③	④
2	①	②	③	④
3	①	②	③	④
4	①	②	③	④
5	①	②	③	④
6	①	②	③	④
7	①	②	③	④
8	①	②	③	④
9	①	②	③	④
10	①	②	③	④
11	①	②	③	④
12	①	②	③	④
13	①	②	③	④
14	①	②	③	④
15	①	②	③	④
16	①	②	③	④
17	①	②	③	④
18	①	②	③	④
19	①	②	③	④
20	①	②	③	④

번호	답란			
21	①	②	③	④
22	①	②	③	④
23	①	②	③	④
24	①	②	③	④
25	①	②	③	④
26	①	②	③	④
27	①	②	③	④
28	①	②	③	④
29	①	②	③	④
30	①	②	③	④
31	①	②	③	④
32	①	②	③	④
33	①	②	③	④
34	①	②	③	④
35	①	②	③	④
36	①	②	③	④
37	①	②	③	④
38	①	②	③	④
39	①	②	③	④
40	①	②	③	④

번호	답란			
41	①	②	③	④
42	①	②	③	④
43	①	②	③	④
44	①	②	③	④
45	①	②	③	④
46	①	②	③	④
47	①	②	③	④
48	①	②	③	④
49	①	②	③	④
50	①	②	③	④

제1회 실전모의고사
TOPIK II
2교시(읽기)

| 성 명
(Name) | 한국어
(Korean) | |
| | 영 어
(English) | |

수 험 번 호

| | | | | | | | 8 | | | | | | | |

문제지 유형(Type)

홀수형 (Odd number type) ○
짝수형 (Even number type) ○

※ 결 시 결시자의 영어 성명 및
   확인란 수험번호 기재 후 표기   ○

※ 위 사항을 지키지 않아 발생하는 불이익은 응시자에게 있습니다.

※ 감독관 본인 및 수험번호 표기가
   확 인 정확한지 확인   (인)

번호	답란			
1	①	②	③	④
2	①	②	③	④
3	①	②	③	④
4	①	②	③	④
5	①	②	③	④
6	①	②	③	④
7	①	②	③	④
8	①	②	③	④
9	①	②	③	④
10	①	②	③	④
11	①	②	③	④
12	①	②	③	④
13	①	②	③	④
14	①	②	③	④
15	①	②	③	④
16	①	②	③	④
17	①	②	③	④
18	①	②	③	④
19	①	②	③	④
20	①	②	③	④

번호	답란			
21	①	②	③	④
22	①	②	③	④
23	①	②	③	④
24	①	②	③	④
25	①	②	③	④
26	①	②	③	④
27	①	②	③	④
28	①	②	③	④
29	①	②	③	④
30	①	②	③	④
31	①	②	③	④
32	①	②	③	④
33	①	②	③	④
34	①	②	③	④
35	①	②	③	④
36	①	②	③	④
37	①	②	③	④
38	①	②	③	④
39	①	②	③	④
40	①	②	③	④

번호	답란			
41	①	②	③	④
42	①	②	③	④
43	①	②	③	④
44	①	②	③	④
45	①	②	③	④
46	①	②	③	④
47	①	②	③	④
48	①	②	③	④
49	①	②	③	④
50	①	②	③	④

제1회 실전모의고사
TOPIK II
1교시(쓰기)

주관식 답안은 정해진 답란을 벗어나거나 답란을 바꿔서 쓸 경우 점수를 받을 수 없습니다.
(Answers written outside the box or in the wrong box will not be graded.)

51	㉠	
	㉡	

52	㉠	
	㉡	

53 아래 빈칸에 200자에서 300자 이내로 작문하십시오 (띄어쓰기 포함).
(Please write your answer below; your answer must be between 200 and 300 letters including spaces.)

					50
					100
					150
					200
					250
					300

※ 54번은 뒷면에 작성하십시오. (Please write your answer for question number 54 at the back.)

54

아래 빈칸에 600자에서 700자 이내로 작문하십시오 (띄어쓰기 포함).
(Please write your answer below; your answer must be between 600 and 700 letters including spaces.)

50

100

150

200

250

300

350

400

450

500

550

600

650

700

※ 주어진 답란의 방향을 바꿔서 답안을 쓰면 0점 처리됩니다.
   (Please do not turn the answer sheet horizontally. No points will be given.)

제2회 실전모의고사
TOPIK II
1교시(듣기)

성 명 (Name)	한국어 (Korean)	
	영 어 (English)	

수 험 번 호

8

0	0	0	0	0		0	0	0	0	0	0
1	1	1	1	1		1	1	1	1	1	1
2	2	2	2	2		2	2	2	2	2	2
3	3	3	3	3		3	3	3	3	3	3
4	4	4	4	4		4	4	4	4	4	4
5	5	5	5	5		5	5	5	5	5	5
6	6	6	6	6		6	6	6	6	6	6
7	7	7	7	7		7	7	7	7	7	7
8	8	8	8	8		8	8	8	8	8	8
9	9	9	9	9		9	9	9	9	9	9

문제지 유형(Type)	
홀수형 (Odd number type)	○
짝수형 (Even number type)	○

※ 결 시 결시자의 영어 성명 및
확인란 수험번호 기재 후 표기 ○

※ 위 사항을 지키지 않아 발생하는 불이익은 응시자에게 있습니다.

※ 감독관 본인 및 수험번호 표기가
확 인 정확한지 확인 (인)

번호	답란			
1	①	②	③	④
2	①	②	③	④
3	①	②	③	④
4	①	②	③	④
5	①	②	③	④
6	①	②	③	④
7	①	②	③	④
8	①	②	③	④
9	①	②	③	④
10	①	②	③	④
11	①	②	③	④
12	①	②	③	④
13	①	②	③	④
14	①	②	③	④
15	①	②	③	④
16	①	②	③	④
17	①	②	③	④
18	①	②	③	④
19	①	②	③	④
20	①	②	③	④

번호	답란			
21	①	②	③	④
22	①	②	③	④
23	①	②	③	④
24	①	②	③	④
25	①	②	③	④
26	①	②	③	④
27	①	②	③	④
28	①	②	③	④
29	①	②	③	④
30	①	②	③	④
31	①	②	③	④
32	①	②	③	④
33	①	②	③	④
34	①	②	③	④
35	①	②	③	④
36	①	②	③	④
37	①	②	③	④
38	①	②	③	④
39	①	②	③	④
40	①	②	③	④

번호	답란			
41	①	②	③	④
42	①	②	③	④
43	①	②	③	④
44	①	②	③	④
45	①	②	③	④
46	①	②	③	④
47	①	②	③	④
48	①	②	③	④
49	①	②	③	④
50	①	②	③	④

제1회 실전모의고사
TOPIK II
2교시(읽기)

성 명 (Name)	한국어 (Korean)	
	영 어 (English)	

수 험 번 호

	8											

문제지 유형(Type)

홀수형 (Odd number type) ○
짝수형 (Even number type) ○

※ 결 시 결시자의 영어 성명 및
   확인란 수험번호 기재 후 표기 ○

※ 위 사항을 지키지 않아 발생하는 불이익은 응시자에게 있습니다.

※ 감독관 본인 및 수험번호 표기가   (인)
   확 인 정확한지 확인

번호	답란				번호	답란				번호	답란			
1	①	②	③	④	21	①	②	③	④	41	①	②	③	④
2	①	②	③	④	22	①	②	③	④	42	①	②	③	④
3	①	②	③	④	23	①	②	③	④	43	①	②	③	④
4	①	②	③	④	24	①	②	③	④	44	①	②	③	④
5	①	②	③	④	25	①	②	③	④	45	①	②	③	④
6	①	②	③	④	26	①	②	③	④	46	①	②	③	④
7	①	②	③	④	27	①	②	③	④	47	①	②	③	④
8	①	②	③	④	28	①	②	③	④	48	①	②	③	④
9	①	②	③	④	29	①	②	③	④	49	①	②	③	④
10	①	②	③	④	30	①	②	③	④	50	①	②	③	④
11	①	②	③	④	31	①	②	③	④					
12	①	②	③	④	32	①	②	③	④					
13	①	②	③	④	33	①	②	③	④					
14	①	②	③	④	34	①	②	③	④					
15	①	②	③	④	35	①	②	③	④					
16	①	②	③	④	36	①	②	③	④					
17	①	②	③	④	37	①	②	③	④					
18	①	②	③	④	38	①	②	③	④					
19	①	②	③	④	39	①	②	③	④					
20	①	②	③	④	40	①	②	③	④					

성 명
(Name)

한국어 (Korean)	
영어 (English)	

수 험 번 호

8											
⓪	⓪	⓪	⓪	⓪		⓪	⓪	⓪	⓪	⓪	⓪
①	①	①	①	①		①	①	①	①	①	①
②	②	②	②	②		②	②	②	②	②	②
③	③	③	③	③		③	③	③	③	③	③
④	④	④	④	④		④	④	④	④	④	④
⑤	⑤	⑤	⑤	⑤		⑤	⑤	⑤	⑤	⑤	⑤
⑥	⑥	⑥	⑥	⑥		⑥	⑥	⑥	⑥	⑥	⑥
⑦	⑦	⑦	⑦	⑦		⑦	⑦	⑦	⑦	⑦	⑦
⑧	⑧	⑧	⑧	⑧		⑧	⑧	⑧	⑧	⑧	⑧
⑨	⑨	⑨	⑨	⑨		⑨	⑨	⑨	⑨	⑨	⑨

문제지 유형(Type)

홀수형 (Odd number type)	◯
짝수형 (Even number type)	◯

※ 결 시 결시자의 영어 성명 및
   확인란 수험번호 기재 후 표기
   ◯

※ 위 사항을 지키지 않아 발생하는 불이익은 응시자에게 있습니다.

※ 감독관 본인 및 수험번호 표기가
   확 인 정확한지 확인
   (인)

51
ⓧ
ⓛ

52
ⓧ
ⓛ

53
ⓧ
ⓛ

아래 빈칸에 200자에서 300자 이내로 작문하십시오 (띄어쓰기 포함).
(Please write your answer below: your answer must be between 200 and 300 letters including spaces.)

(50)
(100)
(150)
(200)
(250)
(300)

※ 54번은 뒷면에 작성하십시오. (Please write your answer for question number 54 at the back.)

54	주관식 답란 (Answer sheet for composition)
	아래 빈칸에 600자에서 700자 이내로 작문하십시오 (띄어쓰기 포함). (Please write your answer below; your answer must be between 600 and 700 letters including spaces.)

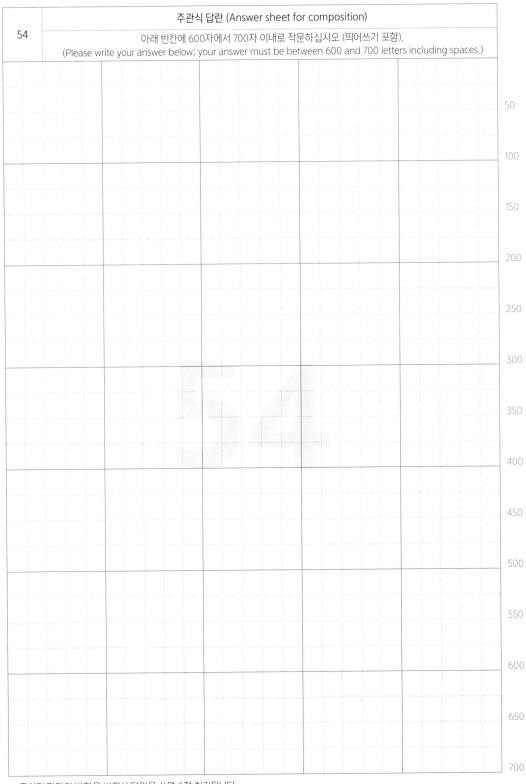

50

100

150

200

250

300

350

400

450

500

550

600

650

700

※ 주어진 답란의 방향을 바꿔서 답안을 쓰면 0점 처리됩니다.
  (Please do not turn the answer sheet horizontally. No points will be given.)

성 명
(Name)

한국어 (Korean)	
영 어 (English)	

수 험 번 호

8

	⓪	⓪	⓪	⓪	⓪		⓪	⓪	⓪	⓪	⓪
	①	①	①	①	①		①	①	①	①	①
	②	②	②	②	②		②	②	②	②	②
	③	③	③	③	③		③	③	③	③	③
	④	④	④	④	④		④	④	④	④	④
	⑤	⑤	⑤	⑤	⑤		⑤	⑤	⑤	⑤	⑤
	⑥	⑥	⑥	⑥	⑥		⑥	⑥	⑥	⑥	⑥
	⑦	⑦	⑦	⑦	⑦		⑦	⑦	⑦	⑦	⑦
	⑧	⑧	⑧	⑧	⑧	●	⑧	⑧	⑧	⑧	⑧
	⑨	⑨	⑨	⑨	⑨		⑨	⑨	⑨	⑨	⑨

문제지 유형(Type)

홀수형 (Odd number type)	○
짝수형 (Even number type)	○

※ 결 시 결시자의 영어 성명 및
확인란 수험번호 기재 후 표기
○

※ 위 사항을 지키지 않아 발생하는 불이익은 응시자에게 있습니다.

※ 감독관
확 인
본인 및 수험번호 표기가
정확한지 확인   (인)

번호	답란			
1	①	②	③	④
2	①	②	③	④
3	①	②	③	④
4	①	②	③	④
5	①	②	③	④
6	①	②	③	④
7	①	②	③	④
8	①	②	③	④
9	①	②	③	④
10	①	②	③	④
11	①	②	③	④
12	①	②	③	④
13	①	②	③	④
14	①	②	③	④
15	①	②	③	④
16	①	②	③	④
17	①	②	③	④
18	①	②	③	④
19	①	②	③	④
20	①	②	③	④

번호	답란			
21	①	②	③	④
22	①	②	③	④
23	①	②	③	④
24	①	②	③	④
25	①	②	③	④
26	①	②	③	④
27	①	②	③	④
28	①	②	③	④
29	①	②	③	④
30	①	②	③	④
31	①	②	③	④
32	①	②	③	④
33	①	②	③	④
34	①	②	③	④
35	①	②	③	④
36	①	②	③	④
37	①	②	③	④
38	①	②	③	④
39	①	②	③	④
40	①	②	③	④

번호	답란			
41	①	②	③	④
42	①	②	③	④
43	①	②	③	④
44	①	②	③	④
45	①	②	③	④
46	①	②	③	④
47	①	②	③	④
48	①	②	③	④
49	①	②	③	④
50	①	②	③	④

제1회 실전모의고사
TOPIK II
2교시(읽기)

성 명 (Name)	한국어 (Korean)	
	영 어 (English)	

수 험 번 호

	8						●					

문제지 유형(Type)

홀수형 (Odd number type) ○
짝수형 (Even number type) ○

※ 결 시 결시자의 영어 성명 및
  확인란 수험번호 기재 후 표기 ○

※ 위 사항을 지키지 않아 발생하는 불이익은 응시자에게 있습니다.

※ 감독관 본인 및 수험번호 표기가
  확 인 정확한지 확인 (인)

번호	답란			
1	①	②	③	④
2	①	②	③	④
3	①	②	③	④
4	①	②	③	④
5	①	②	③	④
6	①	②	③	④
7	①	②	③	④
8	①	②	③	④
9	①	②	③	④
10	①	②	③	④
11	①	②	③	④
12	①	②	③	④
13	①	②	③	④
14	①	②	③	④
15	①	②	③	④
16	①	②	③	④
17	①	②	③	④
18	①	②	③	④
19	①	②	③	④
20	①	②	③	④

번호	답란			
21	①	②	③	④
22	①	②	③	④
23	①	②	③	④
24	①	②	③	④
25	①	②	③	④
26	①	②	③	④
27	①	②	③	④
28	①	②	③	④
29	①	②	③	④
30	①	②	③	④
31	①	②	③	④
32	①	②	③	④
33	①	②	③	④
34	①	②	③	④
35	①	②	③	④
36	①	②	③	④
37	①	②	③	④
38	①	②	③	④
39	①	②	③	④
40	①	②	③	④

번호	답란			
41	①	②	③	④
42	①	②	③	④
43	①	②	③	④
44	①	②	③	④
45	①	②	③	④
46	①	②	③	④
47	①	②	③	④
48	①	②	③	④
49	①	②	③	④
50	①	②	③	④

제3회 실전모의고사
TOPIK II
1교시(쓰기)

성 명
(Name)

한국어 (Korean)
영 어 (English)

수 험 번 호

8											
⓪	⓪	⓪	⓪	⓪		⓪	⓪	⓪	⓪	⓪	⓪
①	①	①	①	①		①	①	①	①	①	①
②	②	②	②	②		②	②	②	②	②	②
③	③	③	③	③		③	③	③	③	③	③
④	④	④	④	④		④	④	④	④	④	④
⑤	⑤	⑤	⑤	⑤		⑤	⑤	⑤	⑤	⑤	⑤
⑥	⑥	⑥	⑥	⑥		⑥	⑥	⑥	⑥	⑥	⑥
⑦	⑦	⑦	⑦	⑦		⑦	⑦	⑦	⑦	⑦	⑦
⑧	⑧	⑧	⑧	⑧		⑧	⑧	⑧	⑧	⑧	⑧
⑨	⑨	⑨	⑨	⑨		⑨	⑨	⑨	⑨	⑨	⑨

문제지 유형(Type)

홀수형 (Odd number type) ○
짝수형 (Even number type) ○

※ 결 시 결시자의 영어 성명 및
확인란 수험번호 기재 후 표기 ○

※ 위 사항을 지키지 않아 발생하는 불이익은 응시자에게 있습니다.

※ 감독관 본인 및 수험번호 표기가
확 인 정확한지 확인 (인)

주관식 답안은 정해진 답란을 벗어나거나 답란을 바꿔서 쓸 경우 점수를 받을 수 없습니다.
(Answers written outside the box or in the wrong box will not be graded.)

51
ㄱ
ㄴ

52
ㄱ
ㄴ

53 아래 빈칸에 200자에서 300자 이내로 작문하십시오 (띄어쓰기 포함).
(Please write your answer below; your answer must be between 200 and 300 letters including spaces.)

50
100
150
200
250
300

※ 54번은 뒷면에 작성하십시오. (Please write your answer for question number 54 at the back.)

	주관식 답란 (Answer sheet for composition)
54	아래 빈칸에 600자에서 700자 이내로 작문하십시오 (띄어쓰기 포함). (Please write your answer below; your answer must be between 600 and 700 letters including spaces.)

50

100

150

200

250

300

350

400

450

500

550

600

650

700

※ 주어진 답란의 방향을 바꿔서 답안을 쓰면 0점 처리됩니다.
(Please do not turn the answer sheet horizontally. No points will be given.)

성 명 (Name) | 한국어 (Korean)
영 어 (English)

수 험 번 호

8

⓪	⓪	⓪	⓪	⓪		⓪	⓪	⓪	⓪	⓪
①	①	①	①	①		①	①	①	①	①
②	②	②	②	②		②	②	②	②	②
③	③	③	③	③		③	③	③	③	③
④	④	④	④	④		④	④	④	④	④
⑤	⑤	⑤	⑤	⑤		⑤	⑤	⑤	⑤	⑤
⑥	⑥	⑥	⑥	⑥		⑥	⑥	⑥	⑥	⑥
⑦	⑦	⑦	⑦	⑦		⑦	⑦	⑦	⑦	⑦
⑧	⑧	⑧	⑧	⑧	●	⑧	⑧	⑧	⑧	⑧
⑨	⑨	⑨	⑨	⑨		⑨	⑨	⑨	⑨	⑨

문제지 유형(Type)

홀수형 (Odd number type) ○
짝수형 (Even number type) ○

※ 결 시 결시자의 영어 성명 및
확인란 수험번호 기재 후 표기

○	

※ 위 사항을 지키지 않아 발생하는 불이익은 응시자에게 있습니다.

※ 감독관 본인 및 수험번호 표기가
확 인 정확한지 확인 (인)

번호	답란			
1	①	②	③	④
2	①	②	③	④
3	①	②	③	④
4	①	②	③	④
5	①	②	③	④
6	①	②	③	④
7	①	②	③	④
8	①	②	③	④
9	①	②	③	④
10	①	②	③	④
11	①	②	③	④
12	①	②	③	④
13	①	②	③	④
14	①	②	③	④
15	①	②	③	④
16	①	②	③	④
17	①	②	③	④
18	①	②	③	④
19	①	②	③	④
20	①	②	③	④

번호	답란			
21	①	②	③	④
22	①	②	③	④
23	①	②	③	④
24	①	②	③	④
25	①	②	③	④
26	①	②	③	④
27	①	②	③	④
28	①	②	③	④
29	①	②	③	④
30	①	②	③	④
31	①	②	③	④
32	①	②	③	④
33	①	②	③	④
34	①	②	③	④
35	①	②	③	④
36	①	②	③	④
37	①	②	③	④
38	①	②	③	④
39	①	②	③	④
40	①	②	③	④

번호	답란			
41	①	②	③	④
42	①	②	③	④
43	①	②	③	④
44	①	②	③	④
45	①	②	③	④
46	①	②	③	④
47	①	②	③	④
48	①	②	③	④
49	①	②	③	④
50	①	②	③	④

제1회 실전모의고사
TOPIK II
2교시(읽기)

성 명 (Name)	한국어 (Korean)	
	영 어 (English)	

수 험 번 호

8

문제지 유형(Type)

홀수형 (Odd number type)　○

짝수형 (Even number type)　○

※ 결 시　결시자의 영어 성명 및
　확인란　수험번호 기재 후 표기　○

※ 위 사항을 지키지 않아 발생하는 불이익은 응시자에게 있습니다.

※ 감독관　본인 및 수험번호 표기가
　확 인　정확한지 확인　　　(인)

번호	답란			
1	①	②	③	④
2	①	②	③	④
3	①	②	③	④
4	①	②	③	④
5	①	②	③	④
6	①	②	③	④
7	①	②	③	④
8	①	②	③	④
9	①	②	③	④
10	①	②	③	④
11	①	②	③	④
12	①	②	③	④
13	①	②	③	④
14	①	②	③	④
15	①	②	③	④
16	①	②	③	④
17	①	②	③	④
18	①	②	③	④
19	①	②	③	④
20	①	②	③	④

번호	답란			
21	①	②	③	④
22	①	②	③	④
23	①	②	③	④
24	①	②	③	④
25	①	②	③	④
26	①	②	③	④
27	①	②	③	④
28	①	②	③	④
29	①	②	③	④
30	①	②	③	④
31	①	②	③	④
32	①	②	③	④
33	①	②	③	④
34	①	②	③	④
35	①	②	③	④
36	①	②	③	④
37	①	②	③	④
38	①	②	③	④
39	①	②	③	④
40	①	②	③	④

번호	답란			
41	①	②	③	④
42	①	②	③	④
43	①	②	③	④
44	①	②	③	④
45	①	②	③	④
46	①	②	③	④
47	①	②	③	④
48	①	②	③	④
49	①	②	③	④
50	①	②	③	④

주관식 답안은 정해진 답란을 벗어나거나 답란을 바꿔서 쓸 경우 점수를 받을 수 없습니다.
(Answers written outside the box or in the wrong box will not be graded.)

51

ㄱ

ㄴ

52

ㄱ

ㄴ

53

아래 빈칸에 200자에서 300자 이내로 작문하십시오 (띄어쓰기 포함).
(Please write your answer below; your answer must be between 200 and 300 letters including spaces.)

※ 54번은 뒷면에 작성하십시오. (Please write your answer for question number 54 at the back.)

50

100

150

200

250

300

	주관식 답란 (Answer sheet for composition)
54	아래 빈칸에 600자에서 700자 이내로 작문하십시오 (띄어쓰기 포함). (Please write your answer below; your answer must be between 600 and 700 letters including spaces.)

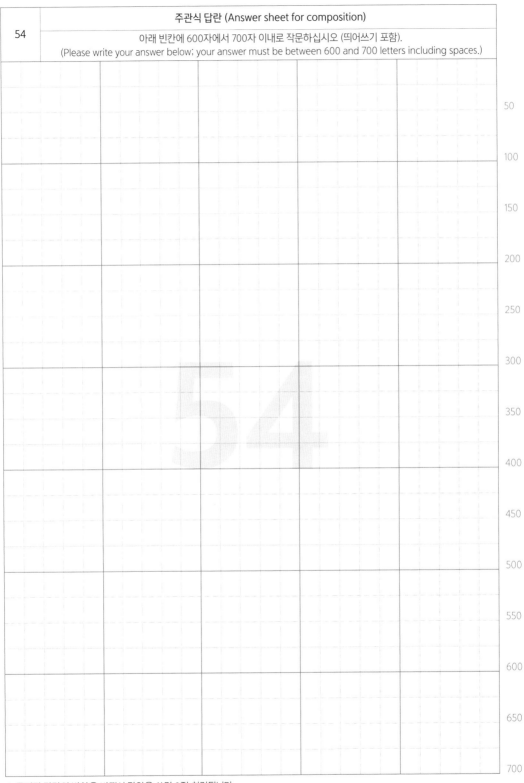

※ 주어진 답란의 방향을 바꿔서 답안을 쓰면 0점 처리됩니다.
  (Please do not turn the answer sheet horizontally. No points will be given.)

제5회 실전모의고사
TOPIK II
1교시(듣기)

성 명 (Name)	한국어 (Korean)	
	영 어 (English)	

수 험 번 호

8

문제지 유형(Type)

홀수형 (Odd number type)	○
짝수형 (Even number type)	○

※ 결 시 결시자의 영어 성명 및
확인란 수험번호 기재 후 표기 ○

※ 위 사항을 지키지 않아 발생하는 불이익은 응시자에게 있습니다.

※ 감독관 본인 및 수험번호 표기가
확 인 정확한지 확인 (인)

번호	답란
1	① ② ③ ④
2	① ② ③ ④
3	① ② ③ ④
4	① ② ③ ④
5	① ② ③ ④
6	① ② ③ ④
7	① ② ③ ④
8	① ② ③ ④
9	① ② ③ ④
10	① ② ③ ④
11	① ② ③ ④
12	① ② ③ ④
13	① ② ③ ④
14	① ② ③ ④
15	① ② ③ ④
16	① ② ③ ④
17	① ② ③ ④
18	① ② ③ ④
19	① ② ③ ④
20	① ② ③ ④

번호	답란
21	① ② ③ ④
22	① ② ③ ④
23	① ② ③ ④
24	① ② ③ ④
25	① ② ③ ④
26	① ② ③ ④
27	① ② ③ ④
28	① ② ③ ④
29	① ② ③ ④
30	① ② ③ ④
31	① ② ③ ④
32	① ② ③ ④
33	① ② ③ ④
34	① ② ③ ④
35	① ② ③ ④
36	① ② ③ ④
37	① ② ③ ④
38	① ② ③ ④
39	① ② ③ ④
40	① ② ③ ④

번호	답란
41	① ② ③ ④
42	① ② ③ ④
43	① ② ③ ④
44	① ② ③ ④
45	① ② ③ ④
46	① ② ③ ④
47	① ② ③ ④
48	① ② ③ ④
49	① ② ③ ④
50	① ② ③ ④

제1회 실전모의고사
TOPIK II
2교시(읽기)

성 명 (Name)	한국어 (Korean)	
	영 어 (English)	

수 험 번 호

문제지 유형(Type)	
홀수형 (Odd number type)	○
짝수형 (Even number type)	○

※ 결 시 결시자의 영어 성명 및
확인란 수험번호 기재 후 표기 | ○

※ 위 사항을 지키지 않아 발생하는 불이익은 응시자에게 있습니다.

※ 감독관 본인 및 수험번호 표기가
확 인 정확한지 확인 | (인)

번호	답란			
1	①	②	③	④
2	①	②	③	④
3	①	②	③	④
4	①	②	③	④
5	①	②	③	④
6	①	②	③	④
7	①	②	③	④
8	①	②	③	④
9	①	②	③	④
10	①	②	③	④
11	①	②	③	④
12	①	②	③	④
13	①	②	③	④
14	①	②	③	④
15	①	②	③	④
16	①	②	③	④
17	①	②	③	④
18	①	②	③	④
19	①	②	③	④
20	①	②	③	④

번호	답란			
21	①	②	③	④
22	①	②	③	④
23	①	②	③	④
24	①	②	③	④
25	①	②	③	④
26	①	②	③	④
27	①	②	③	④
28	①	②	③	④
29	①	②	③	④
30	①	②	③	④
31	①	②	③	④
32	①	②	③	④
33	①	②	③	④
34	①	②	③	④
35	①	②	③	④
36	①	②	③	④
37	①	②	③	④
38	①	②	③	④
39	①	②	③	④
40	①	②	③	④

번호	답란			
41	①	②	③	④
42	①	②	③	④
43	①	②	③	④
44	①	②	③	④
45	①	②	③	④
46	①	②	③	④
47	①	②	③	④
48	①	②	③	④
49	①	②	③	④
50	①	②	③	④

성 명 (Name)

한국어 (Korean)	
영 어 (English)	

수 험 번 호

8

① ① ① ① ① ① ① ① ① ① ① ①
② ② ② ② ② ② ② ② ② ② ② ②
③ ③ ③ ③ ③ ③ ③ ③ ③ ③ ③ ③
④ ④ ④ ④ ④ ④ ④ ④ ④ ④ ④ ④
⑤ ⑤ ⑤ ⑤ ⑤ ⑤ ⑤ ⑤ ⑤ ⑤ ⑤ ⑤
⑥ ⑥ ⑥ ⑥ ⑥ ⑥ ⑥ ⑥ ⑥ ⑥ ⑥ ⑥
⑦ ⑦ ⑦ ⑦ ⑦ ⑦ ⑦ ⑦ ⑦ ⑦ ⑦ ⑦
⑧ ⑧ ⑧ ⑧ ⑧ ● ⑧ ⑧ ⑧ ⑧ ⑧ ⑧
⑨ ⑨ ⑨ ⑨ ⑨ ⑨ ⑨ ⑨ ⑨ ⑨ ⑨ ⑨

문제지 유형(Type)	
홀수형 (Odd number type)	○
짝수형 (Even number type)	○

| 결 시 확인란 | 결시자의 영어 성명 및 수험번호 기재 후 표기 | ○ |

※ 위 사항을 지키지 않아 발생하는 불이익은 응시자에게 있습니다.

※ 감독관 확 인 | 본인 및 수험번호 표기가 정확한지 확인 | (인)

| 51 | ㉠ |
| | ㉡ |

| 52 | ㉠ |
| | ㉡ |

53 아래 빈칸에 200자에서 300자 이내로 작문하십시오 (띄어쓰기 포함).
(Please write your answer below; your answer must be between 200 and 300 letters including spaces.)

50

100

150

200

250

300

※ 54번은 뒷면에 작성하십시오. (Please write your answer for question number 54 at the back.)

	주관식 답란 (Answer sheet for composition)
54	아래 빈칸에 600자에서 700자 이내로 작문하십시오 (띄어쓰기 포함). (Please write your answer below; your answer must be between 600 and 700 letters including spaces.)

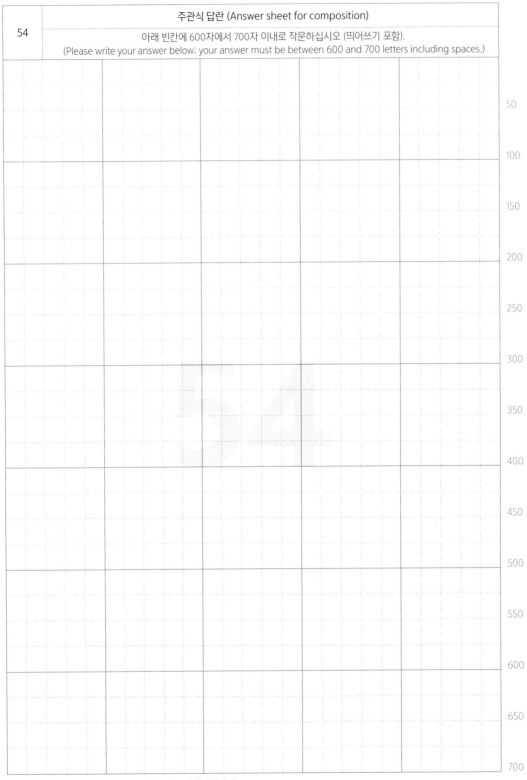

50
100
150
200
250
300
350
400
450
500
550
600
650
700

※ 주어진 답란의 방향을 바꿔서 답안을 쓰면 0점 처리됩니다.
   (Please do not turn the answer sheet horizontally. No points will be given.)